DER GROSSE POLYGLOTT

ITALIEN

Mit 82 Abbildungen und 67 Karten in Farbe und Schwarzweiß

POLYGLOTT-VERLAG MÜNCHEN

11. Auflage 1989/90

Druck: Druckhaus Langenscheidt, Berlin
Printed in Germany / 1/2 + 11/12 W. / 3-10 Bn. III. Zz.
ISBN 3-493-60043-7

73 91 92 121 257

Polyglott-Reiseführer geben Ihnen klar und übersichtlich alle Informationen, die Sie für Ihre Urlaubsreise brauchen.

Die mehr als 25jährige Erfahrung des Verlags dokumentiert sich in der übersichtlichen Gliederung des Bandes: Praktische Hinweise, Land und Leute, Geschichte, Kultur, Städtebeschreibungen. Der ausgefeilte Routenaufbau bzw. die Besichtigungswege bei Städten erschließen einerseits Unbekanntes, andererseits ist mit Hilfe des umfangreichen Registers der rasche Zugriff zu jeder Sehenswürdigkeit möglich, und das Wissen über bereits Bekanntes kann vertieft werden.

Zahlreiche Tips und Hintergrundinformationen, eine speziell auf die Bedürfnisse des Benutzers ausgerichtete thematische Kartographie, viele Illustrationen und Farbabbildungen tragen bei zur optimalen Information über das Reisegebiet. Ein 3-Sterne-Bewertungssystem der Sehenswürdigkeiten erleichtert die Planung Ihrer Besichtigungstouren. Alles zusammengenommen ergibt das unverwechselbare, praktische, millionenfach bewährte Polyglott-System.

Die eingespielte Polyglott-Redaktion reagiert schnell auf Veränderungen im touristischen Markt; mehr als 70 freie Mitarbeiter weltweit sorgen für gleichbleibende Qualität und ständige Aktualität.

VORWORT

Italien hat als Reiseland eine jahrhundertelange Tradition. Goethe war Ende des 18. Jahrhunderts nicht der erste, der tief beeindruckt von seiner Italienischen Reise in die Heimat zurückkehrte. Schon mehrere Jahrhunderte vorher zog es immer wieder Menschen aus dem Norden in dieses Land. Die uralte Sehnsucht nach Wärme und Licht mag dafür weitgehend den Ausschlag gegeben haben. Hinzu kamen die Vielfalt und Schönheit der südlichen Landschaft, die heitere Gelassenheit und jeder Arroganz bare Aufgeschlossenheit ihrer Bewohner dem fremden Gast gegenüber und nicht zuletzt die verschwenderische Fülle von Sehenswürdigkeiten und Kunstschätzen, die einen nahezu lückenlosen Überblick über fast drei Jahrtausende der Geschichte und Kultur eines Landes vermitteln, das seit der Antike ein Mittler zwischen Orient und Okzident war, und dessen lateinische Kultur zusammen mit dem Christentum zu einem kulturellen Bindeglied der Völker des Mittelalters wurde.

Auch heute noch hat Italien, das Land zwischen Alpen und Ionischem Meer, ungeachtet seiner politischen Instabilität und einer inflationären Preisentwicklung nichts von seiner Anziehungskraft auf den „Nordländer" verloren. Es ist für ihn ein bevorzugtes Reiseland geblieben. Hier kommt jeder voll auf seine Kosten, kann sich seinen Ferienaufenthalt gleichsam maßschneidern. Den Bildungshungrigen und Kunstfreund erwarten schier unerschöpfliche Genüsse, den Erholung und Entspannung suchenden „Sonnenanbeter" gepflegte Strände und vorbildliche touristische Einrichtungen. Wer südliche Landschaft und südliches Leben kennenlernen möchte, findet beides in mannigfachen Variationen, und wem der Sinn nach einem Aktivurlaub steht, der kann im Meer und in den Binnenseen Wassersport aller Art treiben oder in den schönen Gebirgsgegenden des Landes wandern und bergsteigen oder im Winter skilaufen. Man sieht: Italien ist mehr als eine Reise wert.

In diesem Reiseführer werden sowohl die Interessen des Bildungsreisenden als auch die des Erholung suchenden Touristen berücksichtigt. Wer sich genauer über regionale Teilgebiete informieren möchte, findet ausführlichere Beschreibungen in den Großen Polyglott-Reiseführern „Ober- und Mittelitalien", „Süditalien" und „Südtirol/Dolomiten". Die „Ewige Stadt", der hier nur 19 Seiten gewidmet sind, wird im Großen Polyglott-Reiseführer „Rom" eingehend beschrieben.

Die übersichtliche Gliederung dieses Bandes macht es dem Leser leicht, sich darin zurechtzufinden und alles für ihn im Hinblick auf eine Italienreise Wissenswerte schnell zu erfahren. Touristische Informationen, die schon für die Vorbereitung der Reise und während ihrer Durchführung nützlich sind, bieten die „Allgemeinen Praktischen Hinweise". Es folgen die Kapitel „Landes- und Volkskunde", „Geschichte" und „Kunst und Kultur", aus denen der Leser viel nicht nur für seine Italienreise Wissenswertes über das Land, seine Menschen, seine Geschichte und seine Kultur erfährt. Das Kapitel „Ferien in Italien" gibt einen Überblick über die Feriengebiete des Landes und nennt sehenswerte Landschaften und Städte.

Es folgt der Hauptteil des Reiseführers. Er beginnt mit der Beschreibung der fünf touristisch interessantesten Städte Italiens: Rom, Florenz, Venedig, Neapel und Mailand. Anschließend werden in 28 ausgewählten Reiserouten, von denen 22 durch das Festland führen, drei mit der Insel Sizilien bekannt machen und die letzten drei der Insel Sardinien gewidmet sind, die Wege zu den an Sehenswürdigkeiten reichsten Orten und schönsten Feriengegenden des Landes beschrieben.

Ein Drei-Sterne-System versucht die Sehenswürdigkeiten zu werten, indem es sie, in der Absicht, die Reiseplanung zu erleichtern, in solche ersten Ranges, in bedeutende und in sehenswerte einteilt.

Zahlreiche Karten, Pläne und Illustrationen dienen als Orientierungshilfen.

In den „Speziellen Praktischen Hinweisen" schließlich werden, nach den Anfangsbuchstaben der im Hauptteil beschriebenen Orte geordnet, wichtige Adressen, Verkehrsverbindungen und Unterkunftsmöglichkeiten genannt.

Das Register am Schluß des Bandes erleichtert ein rasches Nachschlagen.

DIE POLYGLOTT-REDAKTION

Herausgeber:	Die Polyglott-Redaktion
Verfasser:	Dr. Hans Lajta
Karten und Pläne:	Franz Huber und Gert Oberländer
Illustrationen:	Vera Solymosi-Thurzó
Umschlag:	Toni Blank
Fotos:	Bavaria/Barone (S. 204 oben), Bavaria/M. u. H. (S. 136 unten), Bavaria/Picture Finders (S. 136 oben), R. v. Bressensdorf (S. 102, 272), E. Hüsler (S. 135), Image Bank/Gordon (S. 33), M. Kappelhoff (S. 204 unten), H. Weidner (S. 36, 101, 169, 170).
Wir danken:	dem Staatlichen Italienischen Fremdenverkehrsamt ENIT in München für die bereitwillig gewährte Unterstützung.
Zuschriften:	Ergänzende Anregungen, für die wir jederzeit dankbar sind, bitten wir zu richten an: Polyglott-Verlag, Redaktion, Postfach 40 11 20, 8000 München 40.
	Alle Angaben (ohne Gewähr) nach dem Stand April 1989.

Wertung der Sehenswürdigkeiten

*** kennzeichnen Sehenswürdigkeiten ersten Ranges. Sie aufzusuchen, ist eine eigene Reise wert.
** kennzeichnen bedeutende Landschaften, Orte, Gebäude oder Kunstwerke. Um sie zu sehen, lohnt sich ein Umweg.
* kennzeichnet sehenswerte Objekte, die man in einem Land, in einem Ort oder an einem Gebäude beachten soll.

Zeichenerklärung

i	Informationen	🏨 1, 2	Sehr gute Hotels (1. und 2. Kat.)
✈	Flugverbindungen	🏨	Gute Hotels (3. Kat.)
🚢	Schiffsverbindungen	🏨	Einfache Hotels (4. Kat.)
🚆	Bahnverbindungen	⛺	Campingplätze
🏨 L	Luxushotels	⛺	Jugendherbergen

Die in eckigen Klammern gesetzten Ziffern decken sich mit den auf den Plänen eingezeichneten.

Kilometerangaben hinter Ortsnamen zeigen die Entfernung vom Beginn der jeweiligen Route aus an.

INHALTSVERZEICHNIS

Aussprache des Italienischen:

c vor *a*, *o*, *u* und Konsonanten wie k, vor *e* und *i* wie tsch
ch (nur vor *e* und *i*) wie k
ci (nur vor *a*, *o*, *u*) wie tsch (ohne i!)
g vor *a*, *o*, *u* und Konsonanten wie g, vor *e* und *i* wie dsch
gh (nur vor *e* und *i*) wie g
gi vor *a*, *o*, *u* wie dsch (ohne i!)
gli vor Vokalen wie lj
gn wie nj
sc vor *a*, *o*, *u* wie sk, vor *e* und *i* wie sch
sch (nur vor *e* und *i*) wie sk
sci (nur vor *a*, *o*, *u*) wie sch
v wie w
z wie ts oder ds

Betont werden die Wörter meist auf der vorletzten Silbe. Die italienische Rechtschreibung gibt lediglich die Betonung der letzten Silbe durch den Akzent an (Gesù, Trinità).

ALLGEMEINE PRAKTISCHE HINWEISE

Es folgt hier zunächst ein alphabetisches Stichwortverzeichnis. Erfordert ein Stichwort nur eine kurze Erläuterung, wird sie in diesem Kapitel gegeben; sonst wird auf die Seite bzw. das Kapitel hingewiesen, wo das Stichwort behandelt wird.

Anreise siehe Seite 16.

Arzt siehe „Medizinische Versorgung", Seite 26.

Auskunft siehe Seite 14 und unter „Information" (*Inf.*) bei den Speziellen Praktischen Hinweisen, Seiten 348 bis 383.

Autofahrer siehe unter „Reisen nach Italien", Seite 18, und „Reisen in Italien", Seite 19.

Bahnreisen siehe unter „Reisen nach Italien", Seite 17, und „Reisen in Italien", Seite 22.

Banken haben montags bis freitags von 8.30 bis 13.30 und von ca. 15 bis 16 Uhr geöffnet. Samstags und sonntags kann man in größeren Städten an Bahnhöfen und Flughäfen Geld wechseln.

Bedienungsgeld. In Hotels und Restaurants ist das Bedienungsgeld im Rechnungsbetrag enthalten. Trotzdem wird ein Trinkgeld (s. auch S. 14) erwartet.

Benzingutscheine. Die verschiedenen „Sparpakete" mit Ermäßigungsgutscheinen für Benzin und Autobahnbenutzung gibt es bei einigen Banken und den Geschäftsstellen der Automobilclubs.

Botschaften und Konsulate siehe Seite 15.

Camping siehe Seite 28 sowie unter „Spezielle Praktische Hinweise", Seiten 348 bis 383.

Devisen siehe Seiten 15 und 16.

Diebstahl siehe Seite 19.

Einreise siehe Seite 14.

Entfernungsangaben siehe Seite 20.

Eurocheques können bei den Geldinstituten bis zu 300000 Lit. (Lire) je Scheck eingelöst werden.

Fahrpreise und Fahrpreisermäßigungen siehe unter „Reisen nach Italien", Seite 18, und „Reisen in Italien", Seite 22 f.

Feiertage sind der 1. Januar, der 6. Januar, der 25. April, der 1. Mai, der 15. August, der 1. November, der 8. Dezember; außerdem der Ostermontag. Nationalfeiertage: 1. Samstag im Juni und November.

Flugpreise siehe Seite 17.

Geschäftszeiten sind regional unterschiedlich. An Werktagen sind die Geschäfte von 8.30 oder 9 Uhr bis 12.30 oder 13 Uhr und von 16 – 19.30 oder 20 Uhr geöffnet. Einmal in der Woche haben die Geschäfte einen halben Tag geschlossen.

Grenzpapiere siehe „Einreisebestimmungen", Seite 14.

Haustiere siehe Seite 15.

Heil- und Thermalbäder siehe Seite 37.

Hotels siehe „Unterkunft und Verpflegung“, Seite 26, sowie unter „Spezielle Praktische Hinweise“, Seiten 348 bis 383.

Jugendherbergen gibt es in mehr als 70 Orten. Genaue Auskünfte erteilt der Italienische Jugendherbergsverband Associazione Italiana Alberghi per la Gioventu, 00144 Roma, EUR-Palazzo Civiltà del Lavoro, Quadrato della Concordia. Für die Monate Juli und August sowie für die Oster- und Pfingstfeiertage sollten Unterkünfte vorher bestellt werden (s. auch unter „Spezielle Praktische Hinweise“, S. 348 – 383).

Netzspannung. Noch nicht überall in Italien gibt es 220 Volt, und Schukostecker sind meist ungebräuchlich. Zwischenstecker erhält man im Fachhandel.

Notruf. Die italienische Polizei ist unter der Telefonnummer 113, der Automobilklub (ACI) mit Mechaniker- und Abschleppdienst unter der Nummer 116 zu erreichen. Deutschsprachiger Notrufdienst des ACI in Rom (06) 4040404.

Öffnungszeiten in Museen, Galerien usw. sind regional verschieden und wechseln oft. Meist sind sie von 9 bis 12 oder 13 Uhr, oft auch nachmittags geöffnet. In der Regel ist sonntags geöffnet und an einem bestimmten Wochentag, meist montags, geschlossen. Kirchen sind während der landesüblichen Mittagspause (ca. 12 – 16 Uhr) und während der Messen nicht zu besichtigen.

Pkw-Reisen siehe unter „Reisen nach Italien“, Seite 18, und „Reisen in Italien“, Seite 19.

Postgebühren. Das Porto für Briefe bis 20 Gramm beträgt von Italien in EG-Länder 650 Lire, sonst 750 Lire, für Postkarten 550 Lire.

Postsparverkehr. Postsparer aus der Bundesrepublik Deutschland können bei italienischen Postämtern mit einer Rückzahlungskarte kostenlos bis zu 1 000 000 Lire abheben (Rückzahlungskarten vor Reiseantritt bei einem deutschen Postamt beantragen).

Rechnungen und Belege. Ausländische Touristen sind verpflichtet, sich über erhaltene Dienstleistungen eine Quittung (ricevuta fiscale) inkl. Mehrwertsteuer (IVA) ausstellen zu lassen. Dies gilt für Dienstleistungsbetriebe, wie Restaurants und Gaststätten, Hotels, Pensionen, Gasthöfe, Autowerkstätten, Friseure u.a. Bei Kontrollen muß man sonst mit einer Geldstrafe rechnen.

Reiseandenken dürfen im EG-Bereich bis zu einem Gesamtwert von 780 DM zollfrei ausgeführt werden. Bei Kunstgegenständen und Antiquitäten ist eine Genehmigung erforderlich (s. S. 15).

Reisezeit siehe Seite 61.

Restaurants siehe „Unterkunft und Verpflegung“, Seite 28.

Sport siehe Seite 29.

Tankstellen. An Sonn- und Feiertagen sowie über die Mittagszeit (ca. 12 – 16 Uhr) sind die meisten Tankstellen in den Städten und an den Landstraßen geschlossen; nur an Autobahnen durchgehend offen. Über Bleifrei-Tankstellen informieren die Büros der Automobilklubs.

Telefonieren. Öffentliche Münzfernsprecher funktionieren mit 100- und 200-Lire-Münzen bzw. mit besonderen Telefonmünzen

(„gettoni"), die man für 100- und 200-Lire-Münzen aus Automaten ziehen kann; Lokale und Läden, die mit einer gelben Wählscheibe gekennzeichnet sind, haben ebenfalls ein öffentliches Telefon. Einige Telefonzellen erfordern statt Münzen die neuen „Telefonscheine" (scheda telefonica), die man vorher in Bars oder den Tabacchi kauft; der Betrag für das Gespräch wird elektronisch abgezogen, bis er verbraucht ist. Die öffentlichen Fernsprechämter (SIP) sind in Italien von der Post getrennt. Vorwahl in die Bundesrepublik Deutschland: 0049, Schweiz 0041, Österreich 0043.

Treibstoffpreise. Auskünfte über die jeweils gültigen Preise bei den Automobilklubs.

Trinkgelder gibt man u.a. dem Hotelpersonal, dem Kellner im Restaurant, in der Bar, im Café usw., Taxifahrern, Friseuren, Bademeistern und Reiseleitern.

Unterkunft siehe Seite 26.

Verkehrsregeln siehe Seite 19.

Zeit. In Italien gilt wie in Deutschland, Österreich und der Schweiz in den Monaten April bis Ende September die Sommerzeit.

Zollbestimmungen siehe Seite 15.

Informationen vor der Reise

Italienreisende erhalten vom Staatlichen Italienischen Fremdenverkehrsamt ENIT alle gewünschten Auskünfte. ENIT-Büros gibt es u.a. in

4000 Düsseldorf, Berliner Allee 26
6000 Frankfurt/Main, Kaiserstraße 65
8000 München 2, Goethestraße 20
1010 Wien, Kärntner Ring 4
8001 Zürich, Uraniastraße 32
1204 Genf, 3, rue du Marché.

In allen italienischen Städten und Orten von touristischer Bedeutung gibt es Auskunftsbüros und Verkehrsvereine. Adressen in den „Speziellen Praktischen Hinweisen", Seiten 348 bis 383.

Italienische Kulturinstitute gibt es in

5300 Bonn, Karl-Finkelnburg-Straße 51
2000 Hamburg, Hansastraße 6
5000 Köln, Universitätsstraße 5
7000 Stuttgart, Kobelstraße 6
8000 München, Hermann-Schmid-Straße 8
1030 Wien, Ungargasse 3
6020 Innsbruck, Maria-Theresien-Straße 38/C
8008 Zürich, Florastraße 7
3000 Bern, Elfenstraße 10 (c/o Ital. Botschaft)

Einreisebestimmungen

Paß und Visum

Für eine Ferienreise bis zu drei Monaten benötigen Staatsangehörige der Bundesrepublik Deutschland, Österreichs, der Schweiz nur einen amtlichen Personalausweis; Kinder unter 16 Jahren einen Kinderausweis (mit Lichtbild).

Autofahrer

und Benutzer von anderen Motorfahrzeugen benötigen nationale Fahrzeugpapiere (Führerschein, Zulassungsschein), ein Warndreieck, das Nationalitätszeichen (D, A, CH). Dringend empfohlen: Grüne Versicherungskarte.

Fahrräder

können mitgebracht werden, wenn man sie auch bei der Ausreise wieder mitnimmt.

Zoll

Neben den Gegenständen des persönlichen Gebrauchs (u.a. auch zwei Fotoapparate, ein tragbares Rundfunkgerät, Plattenspieler, Campingausrüstung usw.) dürfen von Reisenden aus EG-Staaten eingeführt werden: 300 Zigaretten oder 75 Zigarren oder 400 Gramm Tabak, fünf Liter Wein und eineinhalb Liter Spirituosen, ein Viertelliter Toilettenwasser und 75 Gramm Parfüm (Österreicher und Schweizer nur zwei Drittel der angeführten Mengen). Reiseandenken dürfen im EG-Bereich bis zu 780 DM (Nicht-EG nur bis 115 DM) zollfrei ausgeführt werden, Kunstgegenstände und Antiquitäten jedoch nur mit einer Genehmigung des Amtes für Denkmalschutz (Soprintendenza alle Antichità e Belle Arti). Videogeräte müssen bei der Einreise deklariert werden.

Devisenvorschriften

Die Einfuhr von Landeswährung ist unbeschränkt erlaubt, mehr als 1000000 Lire dürfen nicht ausgeführt werden; die Einfuhr von Fremdwährung ist unbegrenzt; bei Ausfuhr im Gegenwert von über 5000000 Lire pro Person muß der gesamte Betrag bei der Einreise deklariert werden.

Hunde

und andere Haustiere benötigen für die Einreise ein amtsärztliches Gesundheitszeugnis (höchstens 30 Tage alt) und ein Tollwutimpfzeugnis (mindestens 20 Tage, höchstens 11 Monate alt). Maulkorb und Leine sind mitzunehmen.

Diplomatische Vertretungen

Konsulate der Bundesrepublik Deutschland:

Rom (Botschaft), Via Po 25c
Rom (Konsulat), Via Paisiello 24
Bari, Corso Cavour 40
Cagliari, Via Copenaghen 7
Catania, Via Milano 10/A
Florenz, Borgo Santi Apostoli 22
Genua, Via San Vincenzo 4/28
Livorno, Via San Francesco 17
Mailand, Via Solferino 40
Messina, Via San Camillo 16
Neapel, Via Crispi 69
Palermo, Via Emerico Amari 124
Rimini, Via Santa Chiara 10
Triest, Via Cellini 3
Turin, Via Bruno Buozzi 6
Venedig, San Marco 2888

Österreichische Konsulate:

Rom (Botschaft) Via Pergolesi 3; Rom (Konsulat) Piazzale Clodio 56; außerdem in Bari, Florenz, Genua, Mailand, Neapel, Palermo, Taormina, Triest, Turin, Venedig.

Schweizerische Konsulate:

Rom (Botschaft), Via B. Oriani 61; außerdem in Catania, Florenz, Genua, Mailand, Neapel, Venedig.

Italienische Konsulate:

5300 Bonn 2 (Botschaft),
Karl-Finkelnburg-Straße 51
1000 Berlin 30, Graf-Spee-Straße 1—7
2800 Bremen 1, Sielwall 54

4600 Dortmund 1, Goebenstraße 14

6000 Frankfurt/Main 1, Beethovenstraße 17

7800 Freiburg/Brsg., Schreiberstraße 4

2000 Hamburg 13, Feldbrunnenstraße 54

3000 Hannover, Bischofsholerdamm 62

5000 Köln 41, Universitätsstraße 81

6800 Mannheim 1, Viktoriastraße 13 - 15

8000 München 80, Möhlstraße 3

8500 Nürnberg, Gleißbühlstraße 10

6600 Saarbrücken, Preußenstraße 19

7000 Stuttgart 1, Lenzhalde 69

3180 Wolfsburg, Porschestraße 74

1030 Wien (Botschaft); Metternichgasse 13 (Konsulat), Ungargasse, außerdem in Innsbruck und Klagenfurt.

3000 Bern (Botschaft), Elfenstraße 10 43; Generalkonsulat in Basel, Genf, Lausanne, Lugano, Zürich; Konsulate in Bern, Chur, Luzern, Neuchâtel, St. Gallen; Vizekonsulate in Chiasso, Locarno, Sitten; Konsularagenturen in Bellinzona, Biasca, Biel, Brig, Frauenfeld, Fribourg, Glarus, La Chaux-de-Fonds, Rapperswil, Schaffhausen, Solothurn, Winterthur.

Währung und Umrechnungskurse

Die Währungseinheit in Italien und in den beiden von italienischem Gebiet umschlossenen Territorien von San Marino und dem Vatikanstaat ist die Lira (Mehrzahl Lire, Abkürzung L., Lit.). Im Umlauf sind Münzen zu 100, 200 und 500 Lire sowie Banknoten zu 1000, 2000, 5000, 10000, 50000 und 100000 Lire. 1000 Lire entsprechen ca. 1,40 DM; 1 DM = ca. 714 Lire (Stand April 89).

Reisen nach Italien

MIT DEM FLUGZEUG

Von allen deutschen, österreichischen und Schweizer Flughäfen bestehen mehrmals täglich direkte Flugverbindungen nach Rom und Mailand; nach Bologna, Florenz, Venedig täglich, allerdings nur ab oder über München und Frankfurt/M.

Saisonabhängig bedienen Chartergesellschaften von Deutschland, Österreich und der Schweiz aus besondere touristische Ziele im Direktflug. Im Inlandlinienverkehr können mit Umsteigen in Rom oder Mailand bzw. über Querverbindungen die folgenden italienischen Städte erreicht werden: Genua, Turin, Bologna, Verona, Venedig, Triest, Pisa, Florenz, Rimini, Ancona, Cagliari, Alghero, Bari, Brindisi, Catania, Lamezia Terme, Neapel, Olbia, Palermo, Pescara, Reggio di Calabria, Trapani, Pantelleria und Lampedusa.

Preisgünstige Flugreisen

Städteflüge in Form von IT-(Inclusive Tour-)Reisen lassen sich von jedem Flughafen aus buchen. Der Reisepreis enthält außer dem Hin- und Rückflug mit Linienmaschinen ein Hotelarrangement mit Übernachtungen, Transfers und Mahlzeiten sowie Stadtrundfahrten etc. nach Wunsch; solche Pauschalarrangements ermäßigen den Flugpreis um etwa 30%. Anstelle der Unterkunft kann man am Zielort auch einen Mietwagen buchen (Fly and Drive), wodurch man in den Genuß der gleichen Flugpreisermäßigung kommt (Auskunft bei Reisebüros und Fluggesellschaften).

In bestimmte Städte gibt es bis zu 45% ermäßigte Flugscheine für Hin- und Rückflug. Unter dem Namen „Flieg und Spar" dürfen nur Flüge benutzt werden, die von der Fluggesellschaft bestimmt werden, und der Rückflug darf frühestens an dem Sonntag, der auf den Hinreisetag folgt, angetreten werden (Auskunft in Reisebüros und bei den Fluggesellschaften).

Da die Flugpreise ständigen Schwankungen ausgesetzt sind, empfiehlt es sich, über die jeweils aktuellen Tarife Auskunft einzuholen.

MIT DER BAHN

Die besten und schnellsten Züge für eine Reise nach Italien sind die Intercity- (IC) und Eurocity-Züge (EC; zuschlagpflichtig), die von deutschen Städten über den Brenner, Bozen und Verona nach Mailand, Rom und Neapel oder über die Schweiz (Chiasso), Como, Mailand, Genua und San Remo nach Ventimiglia (Nizza) verkehren.

Außerdem gibt es täglich D-Zug-Verbindungen nach fast allen Orten Italiens mit Speisewagen bzw. Schlaf- und Liegewagen.

Für den Transport von Personenwagen stehen Autoreisezüge (so nach Bozen, Verona, Mailand und Rimini) zur Verfügung. Anschlußzüge fahren über Rom und Neapel bis nach Villa San Giovanni (Autofähre nach Messina/Sizilien) sowie bis Bari und Brindisi.

Platzbestellung ist erforderlich, Auskunft und Buchung über alle Fahrkartenausgaben, die DER-Büros und die Automobilklubs.

RIT (Rail Inclusive Tours) sind Pauschalreisen, die von jedermann von jedem beliebigen Bahnhof aus angetreten werden können und die bestimmte Leistungen wie Bahnfahrt (hin und zurück), Transfers zum Hotel, Übernachtungen (oft auch Mahlzeiten), Stadtrundfahrten etc. einschließen. Der Fahrtkostenanteil einer „RIT"-Reise nach Italien liegt etwa 30 Prozent unter den normalen Eisenbahntarifen.

BIGE sind Jugend- und Studentenreisen für alle Personen bis 15 Jahre. Ermäßigte Fahrkarten für alle gängigen Verbindungen geben die Reisebüros aus.

Mit der Europa-Netzkarte „Inter-Rail" können Personen bis 25 Jahre und Senioren (Damen ab 60, Herren ab 65 Jahre) bei zahlreichen europäischen Eisenbahnen beliebig reisen, wobei man im eigenen Land 50 Prozent des Fahrpreises spart.

Für Senioren, die einen Seniorenpaß besitzen, gibt es eine Zusatzkarte „Rail Europ S“ (RES), mit der man in Italien und Österreich 30 Prozent und in der Schweiz 50 Prozent Ermäßigung erhält.

Touristenkarten (Biglietti turistici di libera circolazione) werden nur im Ausland oder bei den italienischen Grenzbahnhöfen ausgegeben.

Familien sparen mit der europäischen Familienkarte „Rail Europ F“ (REF).

Auskunft über weitere Fahrpreisermäßigungen geben die Reisebüros und die Fahrkartenschalter der Deutschen Bundesbahn.

MIT DEM EUROPABUS

Die Linie T 67 verkehrt von verschiedenen Abfahrtsorten nach Abano und Montegrotto Terme. Jeden Samstag: Frankfurt, Würzburg, Nürnberg, München, Abano, Montegrotto. Jeden Samstag: Weinheim, Mannheim, Heidelberg, Karlsruhe, Offenburg, Freiburg, Weil, Abano, Montegrotto. Jeden Samstag: Heilbronn, Stuttgart, Ulm, Augsburg, Abano. Jeden Montag und Samstag: Stuttgart, München, Abano, Montegrotto.

In Abano und Montegrotto Terme wird man zum Hotel gebracht bzw. vom Hotel wieder abgeholt. Die Linien verkehren von Februar bis Ende November und Mitte Dezember.

Reservierungen bei allen DER-Reisebüros und an bestimmten Fahrkartenausgaben der Deutschen Bundesbahn sowie bei den Büros der Deutschen Touring GmbH in Frankfurt/M., Hannover, Hamburg, Köln, München, Nürnberg und Stuttgart.
Reservierungsstelle ab Italien: ATP, Via Jappelli 5, I-35031 Abano Terme.

MIT DEM AUTO

Von Deutschland führen die schnellsten Verbindungen nach Italien über Österreich oder die Schweiz. Problemlos und schnell reist man zu jeder Jahreszeit auf der Brenner-Autobahn, zahlt allerdings eine Maut von DM 32 für die ermäßigte Hin- und Rückfahrt. Für die Fahrt durch den 16 Kilometer langen Gotthardttunnel benötigt man die Schweizer Autobahnvignette, die 1 Jahr gilt und 30 sfr kostet. 1986 wurde das letzte Teilstück zwischen Bellinzona und Biasca fertig; damit ist die Gotthardt-Autobahn durchgehend befahrbar. Mit Ausnahme der Ortsdurchfahrt Villach ist jetzt auch die Tauernautobahn fertiggestellt (ebenfalls mautpflichtig), die sich besonders als direkter Zugang zur „Adria-Route“ in den Süden empfiehlt. Auf den norditalienischen Autobahnen ist zu Stoßzeiten (vor allem am Wochenende) um Mailand und Bologna mit Schlangen vor den Zahlstellen zu rechnen (Kleingeld bereithalten!).

Wichtige Alpenpässe und Grenzübergänge

a) von Österreich:

Brenner (1370 m) ganzjährig
Reschen (1494 m) ganzjährig
Timmelsjoch (2490 m) Juni bis Oktober
Plöcken (1362 m) ganzjährig
Arnoldstein/Tarvis, ganzjährig

b) von der Schweiz:

Großer St. Bernhard (2473 m) Juni bis Oktober (Tunnel ganzj.)
Simplon (2005 m) Mai bis Oktober
Maloja (1805 m) ganzjährig
Splügen (2113 m) Juni bis Oktober
Umbrail (2503 m) Juni bis Oktober
Bernina (2330 m) Juni bis Oktober
Chiasso/Como, ganzjährig

Außerdem können alle Arten von Kraftfahrzeugen mit der Bahn durch mehrere Alpentunnel befördert werden. Es gibt mehrmals täglich Züge durch den Lötschberg- und Simplon-Tunnel und die Tauern-Schleuse.

Reisen in Italien

Das Inland-Verkehrsnetz in Italien ist hervorragend ausgebaut. Eisenbahnen verbinden die wichtigsten Städte. Nur in abgelegenen und dünn besiedelten Gebieten kann es vorkommen, daß der nächste Bahnhof ein paar Kilometer weit entfernt ist. Es gibt aber einen gut organisierten örtlichen Autobusverkehr, der auch die abgelegenen Gebiete einschließt. Außerdem gibt es Expreß-Autobuslinien zwischen den Städten. Die größeren Städte haben Flugverbindungen untereinander.

MIT DEM AUTO

Autofahrer sollten nichts im Wagen liegen lassen, was (wie überall) zum Diebstahl reizen könnte; Wertsachen sollte man besser im Hotelsafe hinterlegen, und das Auto auf einem bewachten Parkplatz oder in einer Garage abstellen. In den Städten empfiehlt sich rechtzeitige Ausschau nach Tankstellen sowie ein Vorrat von passendem Papiergeld für die Tankautomaten. Die meisten der über 200 Bleifrei-Tankstellen liegen an den Autobahnen. Der italienische Automobilklub (ACI) hat in den Städten und Touristenorten Auskunftsbüros für Reisende (ACI-Hauptverwaltung in Rom, Via Marsala 8). Den Straßendienst des ACI erreicht man in ganz Italien über die Rufnummer 116. Die Notrufnummer in Italien ist 113. Entlang einiger wichtiger Autobahnabschnitte sind viersprachige Notrufsäulen in Betrieb, über die man Polizei, Erste Hilfe und den gebührenpflichtigen Pannendienst erreicht.

Das Netz der Autobahnen (autostrade; grüne Hinweisschilder) umfaßt das gesamte Staatsgebiet (Karte S. 21) und ist mit Ausnahme der süditalienischen Strekken und Teilstrecken des sizilianischen Autobahnnetzes nur gegen eine Nutzungsgebühr befahrbar.

Um in dem autoreichen Land eine Verkehrsberuhigung in den Städten zu erreichen, hat man in den letzten Jahren begonnen, die historischen Stadtkerne vom Individualverkehr freizuhalten und nur mehr öffentliche Verkehrsmittel (Autobusse und Taxi) zuzulassen. In diesen Sperrzonen (meist wochentags von 7–20 Uhr) werden Falschparker abgeschleppt. Es empfiehlt sich, die markierten Parkplätze zu benutzen und je nach Größe der Stadt zu Fuß oder mit dem Bus (bzw. Taxi) das Zentrum aufzusuchen.

Fahrgeschwindigkeit

Seit Sommer 1988 hat Italien erstmals auf Autobahnen und Schnellstraßen eine generelle Begrenzung der Höchstgeschwindigkeit festgesetzt. Folgende Geschwindigkeitsregelungen wurden eingeführt: An Werktagen ist die Höchstgeschwindigkeit auf Autobahnen von 130 km/h erlaubt, mit Ausnahme folgender Tage, an denen nur 110 km/h gefahren werden darf: an allen Wochenenden von Freitag Mitternacht bis Sonntag Mitternacht, zu Weihnachten (23.12.–6.1.), zu Ostern während der Schulferien, in den Sommerferien und an sämtlichen Feiertagen. Auf den Landstraßen gilt nach wie vor Höchsttempo 90 km/h für Personenwagen. Bei Überschreiten der Geschwindigkeiten drohen erhebliche Geldstrafen.
Sicherheitsgurte sind ab Februar 1989 für jedes Auto in Italien vorgeschrieben. Die Grenze beim Alkoholtest liegt bei 0,8 Promille.

Entfernungen

Entfernungen in km von den Grenzorten Chiasso, Brenner und Tarvis:

	Chiasso	Brenner	Tarvis
Ancona	468	566	511
Aosta	215	531	660
Belluno	333	200	181
Bologna	260	372	375
Bozen	286	85	281
Brindisi	1058	1152	1098
Catania	1351	1577	1538
Como	6	366	484
Florenz	348	466	479
Genua	193	482	598
Mailand	54	357	474
Neapel	806	953	913
Palermo	1510	1740	1697
Pescara	617	715	660
Pisa	339	520	531
Ravenna	346	420	364
Reggio di C.	1250	1480	1437
Rom	630	740	735
Salerno	895	1008	962
Taranto	1030	1128	1062
Trapani	1610	1840	1797
Trento	230	145	295
Triest	426	418	171
Turin	179	487	605
Venedig	288	306	225
Verona	180	236	225

Mietwagen

sind praktisch überall erhältlich. Auf Verlangen besorgen auch die Tankwarte von Großtankstellen und das Personal größerer Hotels sofort einen Leihwagen. Eine sehr beliebte Einrichtung ist die Bereitstellung von Mietwagen an Flugplätzen und an Bahnhöfen. Autofahrer, die sich den Anreiseweg ersparen wollen und lieber mit dem Zug fahren, können unter anderem an folgenden Bahnhöfen einen Leihwagen bekommen und ihn an jeder beliebigen größeren Station wieder zurückgeben: Agrigento, Alessandria, Ancona, Bari, Bergamo, Bologna Centrale, Bozen, Brescia, Brindisi Centrale, Cagliari, Catania, Catanzaro, Cosenza, Florenz, Foggia, Genua, Lecce, Livorno, Messina Centrale, Mailand, Neapel, Olbia, Padua, Palermo, Pescara, Pisa, Ravenna, Reggio di Calabria, Rimini, Rom Termini, Salerno, Sassari, Siracusa, Taormina, Taranto, Turin, Triest Centrale, Udine, Venedig, Mestre, Venedig (S.ta Lucia), Verona, Vicenza.

Die Verleihfirmen werben mit Sondertarifen (ab drei Tage), in denen unbegrenzte Kilometer und gesetzliche Haftpflicht enthalten sind; Benzin und Steuern (18%) sind in den Preisen nicht enthalten.

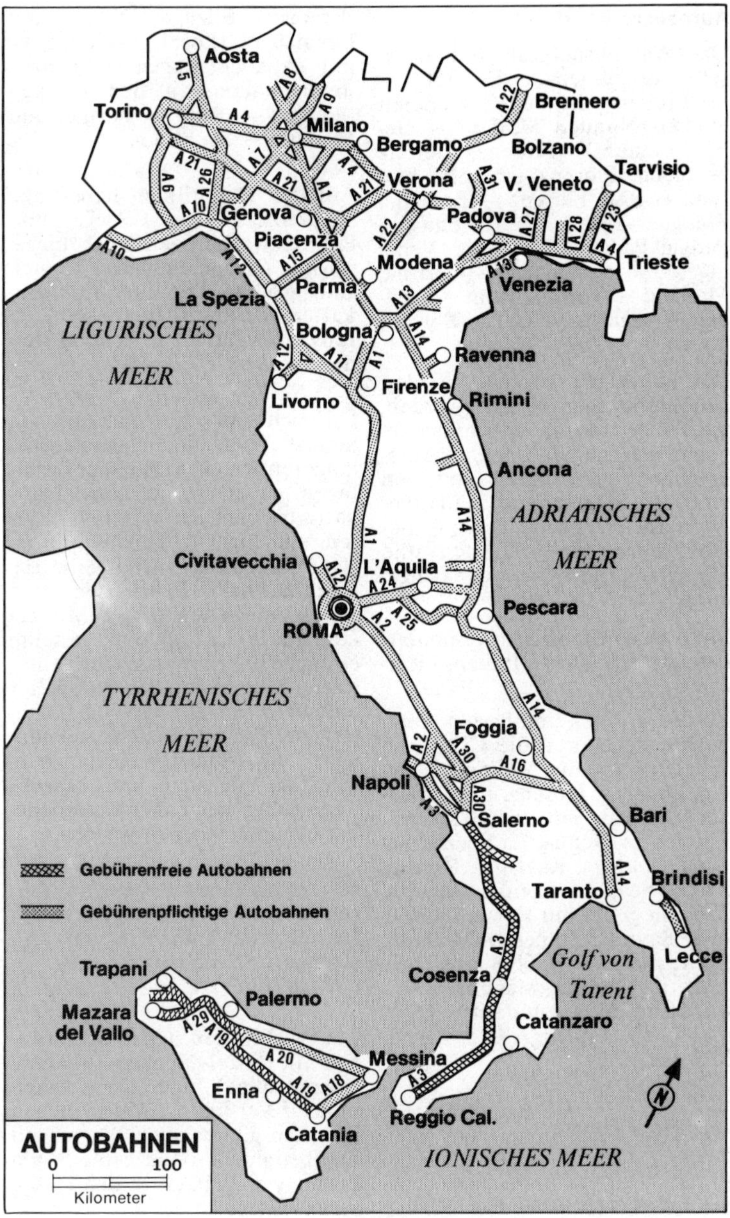
AUTOBAHNEN
0 100
Kilometer
Gebührenfreie Autobahnen
Gebührenpflichtige Autobahnen
LIGURISCHES MEER
ADRIATISCHES MEER
TYRRHENISCHES MEER
IONISCHES MEER
Golf von Tarent
Aosta
Torino
Milano
Bergamo
Brennero
Bolzano
Tarvisio
Verona
V. Veneto
Padova
Trieste
Venezia
Genova
Piacenza
Modena
Parma
La Spezia
Bologna
Ravenna
Livorno
Firenze
Rimini
Ancona
Civitavecchia
L'Aquila
ROMA
Pescara
Foggia
Napoli
Salerno
Bari
Brindisi
Taranto
Lecce
Cosenza
Catanzaro
Messina
Reggio Cal.
Trapani
Palermo
Mazara del Vallo
Enna
Catania
A 1
A 2
A 3
A 4
A 5
A 6
A 7
A 8
A 9
A 10
A 11
A 12
A 13
A 14
A 15
A 16
A 18
A 19
A 20
A 21
A 22
A 23
A 24
A 25
A 26
A 27
A 28
A 29
A 30
A 31
N

Autobusverkehr

Das Autobusnetz in Italien ist sehr gut ausgebaut. Es gibt Expreßlinien, die alle größeren Städte verbinden: Mailand – Genua, Genua – Florenz, Florenz – Siena, Florenz – Rom, Florenz – Pisa, Florenz – Bologna, Bologna – Ravenna, Ravenna – Padua, Padua – Venedig, Venedig – Bozen, Bozen – Cortina, Mailand – Verona, Rom – Neapel – Amalfi, Neapel – Sorrent u.v.a.

Die Fahrpläne können bei den Automobilklubs erfragt werden, die Plätze müssen im voraus gebucht werden. Zahlreiche Autobuslinien veranstalten von den größeren Städten und Touristenorten aus preiswerte Tages-Rundfahrten zu den schönsten und interessantesten Orten der Umgebung.

Mit dem gewöhnlichen Linienbus kann man alle Orte Italiens erreichen.

Zu den größten und besten Autobuslinien gehören die CIAT mit Filialen in Genua, Mailand, Venedig, Bologna, Florenz, Rom, Neapel und Palermo; die SITA mit Filialen in Genua, La Spezia, Savona, Bologna, Ravenna, Rimini, Rom, Neapel, Potenza, Matera, Bari; die SATI mit Filialen in Genua, Savona, Imperia, Mailand, Rom; auf der Insel Sizilien die SAIS in Catania, Messina, Taormina und Enna; auf der Insel Sardinien die Linien ARST, PANI, SFS u. a.

MIT DER BAHN

In Italien gibt es Luxuszüge, Fern-Schnellzüge (Rapidi), Expreßzüge (Espressi), Eilzüge (Diretti) und Lokalzüge (Locali). Luxuszüge mit Aussichtswagen verkehren unter anderem auf den Strecken Mailand – Rom – Neapel und Mailand – Sanremo.

Auf den Hauptlinien haben alle Schnellzüge Schlaf-, Speise- und Pullmanwagen, meist auch Liegewagen. Die Schnellzüge können zum größten Teil nur mit Platzkarten und immer nur gegen Zahlung eines Zuschlags benutzt werden.

Da sich auf den italienischen Staatsbahnen die Fahrpreise bei längeren Strecken erheblich ermäßigen, ist es ratsam, seine Fahrkarte bis zum Zielbahnhof zu lösen, und nicht in Teilabschnitten (Unterbrechungen sind gestattet). Internationale Fahrkarten und Fahrscheinhefte sind zwei Monate lang gültig. In Italien ausgestellte einfache Fahrkarten sind bei einer Entfernung bis zu 250 Kilometer einen Tag, von 251 bis 400 Kilometer zwei Tage, je weitere angefangene 200 Kilometer einen weiteren Tag, höchstens jedoch sechs Tage gültig. Die Fahrt kann beliebig oft unterbrochen werden.

Kinder bis zum 4. Lebensjahr fahren gratis, im Alter von 4 bis 14 Jahren ist der halbe Fahrpreis (ein etwaiger Schnellzugzuschlag jedoch in voller Höhe) zu entrichten.

Für Nachtreisen stehen Schlafwagen mit Einzel-, Spezial- (kleinere Einzelkabine) und Doppelkabinen zur Verfügung. Auf manchen Strecken gibt es auch Wagen mit Dreibettabteilen. Liegeabteile gibt es mit vier Plätzen in der 1. und sechs Plätzen in der 2. Klasse.

Auf allen größeren italienischen Bahnhöfen gibt es Gepäckträger und die Möglichkeit der Gepäckaufbewahrung rund um die Uhr.

Fahrpreisermäßigungen

Für Reisen innerhalb Italiens gibt es Preisermäßigungen verschiedener Art. So gibt es u. a. Netzkarten, Sonntagsrückfahrkarten, Rundreisefahrkarten und Sonderkarten. Die wichtigsten Möglichkeiten dieser Art sind hier aufgeführt.

Kilometerhefte (Biglietti chilometrici): Man kann mit ihnen innerhalb von zwei Monaten 20 Reisen über eine Gesamtstrecke von 3000 Kilometern unternehmen. Sie kosten 30 Prozent weniger als die einfache Fahrkarte für eine Entfernung von 3000 Kilometern. Ein anderer Vorteil besteht auch darin, daß dieses Billett gleichzeitig von mehreren (bis zu fünf) Personen benutzt werden kann.

Rundreisefahrkarten: Diese „Viaggi circolari" werden für jede beliebige Strecke bei einer Mindestentfernung von tausend Kilometern ausgegeben, wobei jedoch eine Teilstrecke nicht mehr als zweimal befahren werden darf. Mit zunehmender Länge der Gesamtstrecke wird der Kilometerpreis immer niedriger. Rundreisekarten sind 60 Tage gültig und können bereits vom Ausland aus bestellt werden.

Netzkarten für ausländische Touristen: Sie werden nur im Ausland oder auf den italienischen Grenzbahnhöfen und nur an Reisende ausgegeben, die ihren Wohnsitz nicht in Italien haben. Zum Erwerb dieser „Biglietti turistici di libera circolazione" ist die Vorlage des Reisepasses oder eines Personalausweises notwendig. Die Netzkarte berechtigt zu beliebig vielen Fahrten in ganz Italien und kann für 8, 15, 21 und 30 Tage gelöst werden. Man kann zwischen der ersten und zweiten Klasse wählen.

Dogenpalast und Markusplatz

Rückfahrkarten: Sie werden bis zu einer Entfernung von 250 Kilometern ausgestellt und sind 15 Prozent ermäßigt. Gewöhnliche Rückfahrkarten sind bis zu 50 Kilometern einen Tag, bis zu 250 Kilometern drei Tage gültig. Fahrtunterbrechungen sind gestattet. Bei Sonntagsrückfahrkarten (sie werden nicht über Ostern, im August und über Weihnachten und Neujahr ausgestellt) beträgt die Ermäßigung 20 Prozent.

Veranstaltungskarten: Sie werden für den Besuch von Messen, Ausstellungen und ähnlichem ausgegeben und sind um 20 Prozent verbilligt. Wird die Reise im Ausland angetreten, so ist die Karte meistens 30 Tage gültig. Vor Antritt der Rückfahrt muß sie mit dem Stempel der Veranstaltung versehen werden, für deren Besuch sie ausgegeben wurde.

Familien-Fahrkarten: Bei Reisen von Familien wird für die ersten drei Personen eine Ermäßigung von 30 Prozent für Erwachsene und von 50 Prozent für Kinder gewährt. Für jeden weiteren Erwachsenen beträgt die Ermäßigung 50 Prozent.

Auskunft geben die DER- bzw. CIT-Reisebüros.

MIT DEM SCHIFF

Der bedeutendste Hafen Italiens für Schiffsreisen in alle Erdteile ist Genua. Andere wichtige Häfen sind Triest, Venedig, Ancona, Brindisi, Bari, Tarent, La Spezia, Livorno, Civitavecchia, Neapel.

Sardinien: Es bestehen täglich Autofährverbindungen und Schiffsverbindungen mit Autoverladung. Die wichtigsten Linien sind: Genua – Porto Torres, Civitavecchia – Cagliari, Genua – Cagliari, Genua – Olbia, Civitavecchia — Olbia, Neapel — Cagliari; Livorno — Olbia, Civitavecchia — Golfo Aranci, Palermo — Cagliari. Außerdem verkehrt mehrmals täglich eine Autofähre zwischen Santa Teresa Gallura (Sardinien) und Bonifacio (Korsika).

Sizilien: Mehrmals täglich verkehren Autofähren zwischen Villa San Giovanni und Messina, sowie zwischen Reggio di Calabria und Messina, mindestens einmal täglich zwischen Neapel und Palermo, mindestens dreimal wöchentlich zwischen Genua und Palermo. Mindestens einmal wöchentlich gibt es ein Fährschiff auf der Strecke Palermo – Cagliari (Sardinien).

Capri: S. Antonio und Phönizische Treppe

Autofahrer, die sich mit ihrem Wagen in Genua, Neapel oder Cagliari nach Sizilien einschiffen, erhalten zu gewissen Zeiten eine Ermäßigung von 50 Prozent für die Schiffspassage des Autos, wenn der Mindestaufenthalt in Sizilien sechs Tage beträgt. Man erkundige sich vor Reiseantritt bei den Schiffsagenturen nach den genaueren Bedingungen.

Elba: Zwischen Piombino und der Insel Elba (Portoferraio) gibt es mehrmals täglich ein Fährschiff mit Autoverladung (Fahrzeit etwa 90 Min.). Außerdem verkehren Tragflügelboote (Fahrzeit etwa 25 Min.).

Giglio: Mehrmals täglich verkehren Fährschiffe zwischen Porto Santo Stefano und Giglio Porto.

Fahrplanmäßige Schiffsverbindungen gibt es auch von Livorno zu den kleineren Inseln des Toskanischen Archipels.

Capri und Ischia: Es bestehen mehrmals täglich gute Schiffsverbindungen von Neapel und Sorrent nach Capri und von Neapel, Sorrent, Capri und Pozzuoli (über Procida) nach Porto d'Ischia. Neben den Fährschiffen verkehren auch Tragflügelboote auf den genannten Strecken. Von Mai bis September dürfen keine Autos nach Capri mitgenommen werden; in Ischia sind Autos mit ausländischen Kennzeichen gestattet.

Ponza: Fährschiffe gibt es mehrmals täglich zwischen Formia und Ponza und Formia – Ventotene – Ponza. Zwischen Anzio und Ponza verkehren täglich ein Tragflügelboot und ein Fährschiff. Mindestens einmal wöchentlich werden die Routen Neapel — Procida — Ischia — Ventotene — Ponza und Terracina — Ponza und Formia — Ponza befahren.

Ägadische Inseln: Im Sommer gibt es mehrmals täglich, im Winter mehrmals wöchentlich Schiffe auf den Routen Trapani – Favignana – Levanzo – Trapani und Trapani – Levanzo – Marettimo.

Pelagische Inseln: Täglich verkehren Schiffe auf den Routen Trapani — Pantelleria — Linosa — Lampedusa und Porto Empedocle — Linosa — Lampedusa.

Äolische (Liparische) Inseln: Täglich gibt es Verbindungen auf den Routen Milazzo – Vulcano – Lipari – Salina und Palermo – Cefalù – Capo d'Orlando – Vulcano – Lipari sowie mehrmals wöchentlich auf den Routen Lipari – Salina – Filicudi – Alicudi und Catania – Taormina – Messina – Lipari (im Sommer). Im Sommer befahren auch täglich Schiffe die Strecken Capo d'Orlando – Lipari, Lipari – Panarea – Stromboli, Milazzo – Vulcano – Panarea, Lipari – Vulcano usw.
Außerdem verkehren mehrmals täglich ein Motorschiff und ein Tragflügelboot zwischen Palermo und Ustica.

Tremiti: Ein Tragflügelboot verkehrt im Sommer täglich zwischen Termoli und Tremiti. Mehrmals wöchentlich gibt es Verbindungen auf den Routen Manfredonia – Rodi Garganico – Tremiti – Termoli, Manfredonia – Vieste – Peschici, Rodi Garganico – Tremiti, Vasto – Tremiti, Ortona – Vasto – Termoli – Tremiti und Manfredonia – Rodi Garganico – Tremiti – Termoli – Ortona.

Binnenseen: Auf den größeren italienischen Binnenseen bestehen fahrplanmäßige Schiffsverbindungen, so auf dem Gardasee, dem Lago Maggiore, dem Comer See, dem Luganer See, dem Iseosee und dem Trasimenischen See.

Lipari

Auskünfte über Schiffsreisen, Fahrpläne und -preise u.a. im Deutschen Reisebüro, Eschersheimer Landstraße 25–27, 6000 Frankfurt, über Autofähren auch bei den Automobilklubs.

Medizinische Versorgung

Am 1. Januar 1980 trat in ganz Italien eine Gesundheitsreform in Kraft, der „servicio sanitario nazionale“. Im ganzen Land wurden zentrale Stellen eingerichtet (U.S.L. = „unita sanitaria locale“), denen ein bestimmter Bereich zugeteilt ist. Alle Bürger sind staatlich pflichtversichert und jeder muß sich aus den Ärztelisten der U.S.L. einen Vertrauensarzt auswählen, der ihn im Krankheitsfall betreut und weiterverweist. Im Notfall ist der *Pronto Soccorso* (Notaufnahme) im Krankenhaus zuständig. Grundsätzlich sind alle Leistungen für den Bürger kostenlos; Sonderwünsche müssen aus eigener Tasche bezahlt werden.

Dieser nationale Gesundheitsdienst steht selbstverständlich auch ausländischen Besuchern Italiens zur Verfügung; man muß sich nur vor Reiseantritt bei der heimischen Krankenkasse eine Anspruchsbescheinigung besorgen (Vordruck E 111).

Da die italienischen Ärzte Ausländer aber nicht auf Krankenschein behandeln müssen und deshalb Barbezahlung ihrer Tätigkeit bevorzugen, empfiehlt es sich in diesem Fall, auf detaillierter Rechnungsstellung zu bestehen für die Verrechnung und Erstattung mit der heimischen Krankenkasse.
Bereitschafts- und Nachtdienst von Ärzten und Apotheken findet man in Tageszeitungen. Außerdem ist der Hotelportier bei der Beschaffung eines Arztes behilflich.

Dringend geraten wird der Abschluß einer privaten Auslandskrankenversicherung (jährl. zwischen 14 u. 20 DM), der auch medizinisch notwendige Rücktransporte aus dem Ausland einschließt.

Unterkunft und Verpflegung

Das Hotelwesen ist in Italien sehr gut organisiert und steht unter der Aufsicht der regionalen Ministerien für Fremdenverkehr. Sie veröffentlichen jedes Jahr für die Provinz offizielle Hotelführer mit Richtpreis-Angaben, die bei den ENIT-Büros erhältlich sind.
Bei allen Unterkunftsstätten unterscheidet man Preise für die Hochsaison und für die Vor- bzw. Nachsaison. So haben beispielsweise Seebäder im Juli und August, Wintersportplätze gewöhnlich von Weihnachten bis Anfang Januar und dann im Februar/März Hochsaison. Für diese Zeiten sind Vorausbestellungen der Zimmer notwendig.

HOTELS

Die Hotels werden nach dem Sternesystem in fünf Kategorien unterteilt: Luxushotels (⌂⌂⌂) L, fünf Sterne; sehr gute Hotels (⌂⌂⌂) 1 und (⌂⌂⌂) 2, vier und drei Sterne; gute Hotels (⌂⌂), zwei Sterne; einfache Hotels (⌂), ein Stern. Diese offizielle Klassifizierung des Italienischen Fremdenverkehrsamtes ist in diesem Reiseführer weitgehend beibehalten worden. Bei Preisanfragen verlange man den Preis für „alles inklusive“ (tutto incluso), in dem bereits der Bedienungszuschlag (meist 15%), die Sonderzuschläge und Steuern (bis 22%), die Kurtaxe und die Aufenthaltssteuer enthalten sind.

Vollpensionspreise werden meist nur bei einem Aufenthalt von mindestens drei Tagen berechnet. Getränke sind im Pensionspreis nicht inbegriffen. Ein Vollpensions-Arrangement ist auf alle Fälle zu empfehlen, da à-la-carte-Mahlzeiten recht teuer kommen.

Zahlreiche sehr gute italienische Hotels haben sich nach amerikanischem Vorbild im ganzen Land zu Hotelketten (z.B. Italhotel, Best Western, Cigahotel) zusammengeschlossen. In jedem dieser Hotels kann man gratis die Zimmer für die folgenden Übernachtungen in einem der Kette angehörenden Hotel in der nächsten Stadt auf der geplanten Reiseroute reservieren lassen. Die meisten dieser Hotels zeichnen sich durch einen sehr guten Leistungsstandard aus, besitzen oft deutsch sprechendes Personal und einen deutsch oder englisch sprechenden Buchungsservice und vermitteln dem Reisegast auf Wunsch Mietwagen jeden Typs. Genaue Auskünfte erteilen Reisebüros und ENIT-Vertretungen (siehe S. 14); sie halten meist auch Übersichtskarten mit den Hotels der betreffenden Kette sowie deren Adressen bereit. Einige solcher Hotels sind in den „Speziellen Praktischen Hinweisen“ ab Seite 348 erwähnt.

Richtpreise

Sie beziehen sich nur auf die Übernachtung pro Person (Angabe in Lire), das Frühstück wird separat berechnet, ist aber in manchen Hotels obligatorisch.

⌂⌂⌂	Luxus	100 000 – 350 000 L
⌂⌂⌂	1. Kat.	70 000 – 180 000 L
⌂⌂⌂	2. Kat.	30 000 – 90 000 L
⌂⌂	3. Kat.	20 000 – 50 000 L
⌂	4. Kat.	15 000 – 30 000 L

Vollpensions-Richtpreise
(alles inklusive)

⌂⌂⌂	Luxus	ab 150 000 L
⌂⌂⌂	1. Kat.	90 000 – 200 000 L
⌂⌂⌂	2. Kat.	50 000 – 120 000 L
⌂⌂	3. Kat.	30 000 – 60 000 L
⌂	4. Kat.	25 000 – 40 000 L

PENSIONEN

Für ausländische Touristen sind die Pensionen in Italien meist weder in der Aufmachung noch im Service-Standard von Hotels zu unterscheiden. Pensionen nehmen aber im allgemeinen nur Gäste auf, die auch die Mahlzeiten im Hause einnehmen. Die Preise entsprechen bei Pensionen der I. Kategorie denen von Hotels der II. Kategorie, bei Pensionen der II. Kategorie denen von Hotels der III. Kategorie und so weiter.

MOTELS

An den Autobahnen kurz vor den Städteausfahrten und an den Hauptverkehrsstraßen Motels, die dem Autofahrer preiswerte Unterkunft bei einem Maximum an Komfort bieten. Diese Motels besitzen unter anderem auch ausgezeichnete (Selbstbedienungs-) Restaurants sowie Telex- und Telefonservice. Sie sind in den „Speziellen Praktischen Hinweisen“ ab Seite 348 bei den jeweiligen Orten unter ihrem Kategorie-Zeichen (⌂⌂⌂ M oder ⌂⌂ M) angeführt.

PRIVATUNTERKÜNFTE

Nähere Auskünfte über Privatunterkünfte, Bungalows und Mietvillen erteilen die Fremdenverkehrsbüros und Kurverwaltungen. (Die Adressen findet man unter Spezielle Praktische Hinweise, *Information.*)

„Urlaub auf dem Bauernhof“ findet besonders bei Familien mit Kindern immer mehr Anhänger. Adressen von italienischen Bauernhöfen vermittelt „Agriturist“ (Associazione Nazionale per l’Agriturismo, l’Ambiente ed il Territorio), Corso Vittorio Emanuele 101, I-00186 Roma.

GASTHÄUSER (LOCANDE)

Gasthäuser bieten im allgemeinen nur einfache Zimmer ohne jeden Komfort, haben sich aber besonders in ländlichen Gegenden eine eigene, regional bedingte Atmosphäre bewahrt. Für den Autoreisenden, der keine besonderen Ansprüche an das Zimmer stellt, eignen sie sich für einen Kurzaufenthalt. Im allgemeinen bekommt man (besonders auf dem Land) in Gasthäusern ein gute, lokal bedingte Hausmannskost.

CAMPING

In Italien gibt es rund 1500 Campingplätze. Möchte man auf einem Privatgrundstück campieren, so ist unbedingt die Erlaubnis des Besitzers notwendig. In allen Landesteilen gibt es genügend organisierte Campingplätze. Diese bewachten Campingplätze sind so zahlreich, daß sie hier nicht gesondert erwähnt werden können. Ein Verzeichnis der italienischen Campingplätze liegt bei den ENIT-Büros auf. Genaue Auskünfte kann man auch direkt beim Italienischen Camping-Verband (Federazione Italiana del Campeggio e del Caravanning) in 50041 Calenzano (FI), Via V. Emanuele 11, Tel. 0 55/88 23 91, einholen. Der Touring Club Italiano (TCI), Corso Italia 10, 20122 Milano, erstellt jährlich einen Führer „Campeggi e vilaggi turistica in Italia“. Die Mitglieder der FICC- und der AIT-Campingverbände erhalten auf fast allen Campingplätzen Preisnachlaß.

RESTAURANTS

Jede Region in Italien hat ihre eigenen kulinarischen Spezialitäten. In Landstrichen, die stark vom Fremdenverkehr bestimmt sind, tut man sich allerdings schwer, in den Genuß der vielgerühmten italienischen Eßkultur zu kommen — hier wird meist „internationale“ Küche serviert oder gute einheimische Küche nur zu sehr hohen Preisen.

Oft lohnt ein Ausflug ins Hinterland; einfache Landgasthäuser können mit köstlichen Gerichten überraschen. Man darf in Italien nicht unbedingt von der Ausstattung der Lokale auf die Qualität der Küche schließen.

In besseren Restaurants erwartet man in der Regel, daß der Gast ein Menü ißt, auf jeden Fall aber ein Hauptgericht. Nudeln gelten nur als Vorspeise. Will man nur eine Kleinigkeit essen, sollte man in eine Trattoria, Pizzeria, Grillstube oder Tavola Calda gehen.

Das vielerorts angebotene Touristenmenü bietet für den Totalinklusivpreis drei Gänge, manchmal auch ein Viertel Wein. Zur Rechnung kommt stets noch ein Betrag für das Gedeck („coperto") hinzu, in dem das Brot inbegriffen ist. Das Mittagessen nimmt man üblicherweise zwischen 12 und 14 Uhr ein, das Abendessen nicht vor 19.30 Uhr.

CAFÉS UND BARS

Sie bestimmen das Straßenbild in Italien und versorgen mit aller Art von Getränken sowie Kleinigkeiten zum Essen. Wer lieber am Tisch sitzt statt an der Theke zu bestellen, muß mit einem Aufschlag rechnen; abgesehen von ganz kleinen Lokalen ist es üblich, bei Thekenbestellung vorher an der Kasse den Bon für das Gewünschte zu holen. Tabakwaren gibt es fast nie in Lokalen, sondern in Spezialgeschäften (tabacchi).

Sport

Italien ist vom Meer umgeben, so daß hier naturgemäß der Wassersport am meisten ausgeübt wird. In der das Land im Norden begrenzenden Alpenkette sind aber auch große und bekannte Wintersportzentren entstanden.
Am Tyrrhenischen Meer gibt es Sandstrände südlich von Rom. Die römischen Badestrände Ostia, Fregene und Fiumicino können wegen der Verschmutzung des Meeres nicht empfohlen werden, obwohl, besonders an Sonntagen, die römischen Familien den Strand bevölkern.

SCHWIMMEN

Vom Baden an den Stränden bei Flußmündungen oder in Stadtnähe muß wegen der möglichen Wasserverunreinigung abgeraten werden.
Am Adriatischen Meer findet man weite Sandstrände; Felsstrände nur in der Gegend um Triest, Ancona und der Gargano-Halbinsel. Baden ist an der Küste vor Macerata (Marken) wegen der Wasserverunreinigung nicht ratsam.
Am Ligurischen Meer findet man Sandstrände an der Blumenriviera und dem bei Chiavari beginnenden Teil der Riviera di Levante über Viareggio bis in die Gegend von Livorno. Felsstrände gibt es nur in der Gegend von Ventimiglia und bei Genua. Auch die toskanische Küste ist zum großen Teil felsig; ca. 19% der Küstengewässer sind hier verunreinigt.

Strand von Lignano

Nördlich und südlich von Neapel gibt es eine prachtvolle Felsenküste, baden sollte man aber weder im Golf noch vor Caserta. Weiter südlich am Tyrrhenischen Meer folgen abwechselnd Sand- und Felsstrände.

Eine schöne Felsenküste gibt es auch an der Ostküste Kalabriens am Ionischen Meer. Weiter nördlich, im Golf von Tarent, aber auch bei Bari, gibt es weite Sandstrände, die aber durch Industrieanlagen zunehmend beeinträchtigt sind.
Während die Ostküste Siziliens hauptsächlich felsig ist (Sandstrände bei Letojanni und Catania), hat die Südküste kilometerlange Sandstrände. Die Küstengewässer vor Palermo und Ragusa sind sehr verschmutzt.
Die Insel Sardinien besitzt im Westen, Süden und Nordosten sehr schöne Sandstrände. Teile der Nord- und der Ostküste haben Felsenstrand. Sauberes Meerwasser.

Durchschnittliche Wassertemperaturen (in Celsiusgraden) in bekannten Seebädern:

Ort	Monat IV	VI	VIII	X
Alghero	17,2	22,3	24	23
Bari	20	25	28	19
Cagliari	14,5	20	24	23
Capri	14	20	26,6	14
Elba	19	24,1	27,3	23,1
Grado	16	23	26	20
Ischia	16,9	22,1	27,1	17,5
La Spezia	13,1	23,4	25	21
Metaponto	18	23,5	26,6	20
Palermo	16,6	22,4	26,5	22,4
Pescara	18	25	26	18
Rimini	16	26	28	22
San Remo	15,6	22	25	19,6
Tarent	17,6	23	26,3	19,9
Taormina	17,6	23	24,2	18,4
Varazze	17,5	22,3	25,2	18,1
Venedig	14,2	24,3	26,1	17,2
Viareggio	16,3	20,3	23,2	19,2

Auch in den italienischen Binnenseen gäbe es gute Möglichkeiten zum Schwimmen, so am Gardasee, am Lago Maggiore, am Comer See, am Iseosee und am Bolsenasee, leider gilt ihre Verschmutzung als eine der schwersten Umweltsünden Italiens; lediglich der Trasimenersee macht eine löbliche Ausnahme (Wasserproben 1987). Die Wassertemperaturen der Binnenseen betragen (Juni – September) zwischen 18 °C und 24 °C.

ANGELN UND FISCHEN

Um in Flüssen, Bächen, Seen und anderen Binnengewässern angeln zu dürfen, benötigt man eine Fischerkarte, die von den zuständigen Provinzialverwaltungen für Ausländer in der Regel für drei Monate ausgestellt wird. Man wende sich um Auskünfte an die Federazione Italiana della Pesca Sportiva, 00196 Rom, Viale Tiziano 70.
Die Oberitalienischen Seen und die Gewässer im Aostatal haben einen reichen Bestand an Forellen, Stören, Schleien und Karpfen. In den Gebirgsgewässern leben ab 600 Meter Höhe vorwiegend Forellen, Salme und Äschen. Köder und Angelgeräte, die den örtlichen Verhältnissen entsprechen, sind auch in kleineren Orten erhältlich. Vom Land aus ist das Fischen im Meer ohne jegliche Genehmigung gestattet. Nur in den Häfen ist eine Erlaubnis der jeweiligen Behörde erforderlich.

UNTERWASSERJAGD

Sie ist nur Personen über 16 Jahren erlaubt. Geeignete Orte für die Unterwasserfischerei und Harpunenjagd sind die Inseln, die Felsenküste am Ligurischen Meer, die Inseln im Tyrrhenischen Meer, die Äolischen Inseln, die Tremiti-Inseln, Sardinien, Sizilien, die Felsenküsten von Süditalien.

Der Gebrauch von Tauchgeräten für die Berufs- und Sport-Unterwasserfischerei ist nicht mehr gestattet, ebenso dürfen in der Sportfischerei keine festgemachten Netze mehr verwendet werden.

SEGELN

Segeln kann man an allen Küsten und auf den größeren Seen. Angehörige ausländischer Segelklubs dürfen die italienischen Jachthäfen benutzen. Landeerlaubnis wird vom zuständigen Hafenamt gewährt. Segelschulen gibt es fast überall. Nähere Auskünfte gibt der Italienische Seglerverband F. I. V., 16126 Genua, Porticciolo Duca degli Abruzzi.

SURFEN UND WASSERSKI

Liebhaber dieser Sportarten haben an den italienischen Seen und Meeresständen mannigfaltige Möglichkeiten. Wassersportclubs gibt es u.a. in folgenden Orten: Alassio, Albisola, Anzio, Arona, Avigliana (Turin), Boretto Po (Reggio Emilia), Chioggia, Caldè (Varese), Calcinate del Pesce (Varese), Candia (Turin), Castagne di Pergine (Trento), Catania, Celle Ligure, Cernobbio (Como), Cesenatico, Chiavari, Cremona, Enna, Ferrara, Florenz, Fondi (Latina), Genua, Imperia, Isola (Como), Lacco Ameno (Ischia), La Spezia, Lecco (Como), Lerici, Lezzeno (Como), Lido delle Nazioni (Ferrara), Jesolo, Lisanza, Sesto Calende (Varese), Loano, Maccagno (Varese), Maderno, Mailand, Mantua, Mazara del Vallo (Trapani), Meina (Novara), Mergozzo (Novara); Milano Marittima, Molfetta (Bari), Mondello, Neapel, Noli, Ognina (Catania), Orsago (Treviso); Palau (Sassari), Palermo, Praia a Mare, Predore (Bergamo), Porto Ceresio (Varese), Pusiano (Como), Rimini, Rom, Sanremo, Santa Croce del Lago (Belluno), Santa Margherita Ligure, Santa Teresa di Gallura (Sassari), Sestri Levante, Stresa, Syrakus, Tarent, Torre del Lago (Lucca), Toricella Sissa (Parma), Trasimenischer See, Triest, Vado Ligure, Valmadrera (Como), Viverone (Vercelli) u.a.

REITEN

Der Reitsport ist in Italien weit verbreitet. Internationale Reitturniere finden hauptsächlich in Rom, Turin, Florenz, Meran, Neapel, Palermo und Catania statt.

Galopp- und Hindernisrennen werden regelmäßig auf den Rennbahnen von Bologna, Cesena, Florenz, Livorno, Mailand, Meran, Montecatini, Neapel, Padua, Rom und Triest veranstaltet.

Reitschulen, bei denen auch ausländische Feriengäste willkommen sind, gibt es in allen Landesteilen, auch auf den Inseln Sardinien, Sizilien und Elba. Eine Liste aller Orte und Auskünfte erhält man beim Italienischen Reitsportverband (Federazione Italiana Sport Equestri; F. I. S. E.; 00196 Rom, Viale Tiziano 70).

GOLF

Die wichtigsten Golfplätze sind Fiano Torinese (bei Turin), Monza (bei Mailand) und Rom; alle drei mit je 27 Löchern. Bekannte Golfplätze mit 18 Löchern sind Almenno San Bartolomeo (Bergamo), Biella (Vercelli), Birago di Camnago (Mailand), Bologna, Florenz, Galzignano (Padua), Garlenda (Savona), Marina di Ginosa (Tarent), Mogliano Veneto, Monza, Pevero (Sassari), Punta Ala (Grosseto), Rapallo, Rom, San Remo, Sestriere, Tarquinia, Varese, Venedig-Lido sowie in der Provinz Como die Plätze von Carimate Parco, Cernobbio und Menaggio.

Daneben gibt es noch zahlreiche Plätze mit neun Löchern. Auskünfte gibt der Italienische Golfverband (Federazone Italiana Golf, 00196 Rom, Viale Tiziano 70).

TENNIS

Jede italienische Stadt und jeder größere Touristenort besitzen Tennisplätze. Im Sommer werden in Pievepelago, Serramazzoni, Sestola, Palagano (alle Provinz Modena) und in anderen Orten Tenniskurse für Jugendliche veranstaltet. Genaue Auskünfte gibt der Italienische Tennisverband F. I. T. 00196 Rom, Viale Tiziano 70.

WINTERSPORT

In allen 20 Regionen Italiens gibt es Wintersportmöglichkeiten — von den Alpen über die Apenninen und Abruzzen bis zum Ätna in Sizilien sind Hunderte von Wintersportplätzen entstanden, die dem Sportfreund von der Babypiste bis zur olympischen Schanze, von der Langlaufloipe bis zur hochalpinen Abfahrt alles bieten.
Der italienische Alpenbogen von Ligurien bis zum julischen Venetien erlebt dank seiner idealen, nach Süden gerichteten Hanglage mehr Sonnentage als andere Alpengebiete, und die Abhänge von Mont Blanc (4810 m), Matterhorn (4478 m), Monte Rosa (4634 m), Ortler (3899 m), Marmolada (3343 m) und Cristallo (3126 m) garantieren Schneesicherheit ebenso wie in den Abruzzen der Gran Sasso (2914 m) und auf Sizilien der Ätna (3269 m). Die Erschließung ist optimal und auf internationalen Maßstab abgestellt; alle Wintersportarten sind vertreten, und im Alpenbogen existieren sogar über 30 Sommerskischulen.

Region Ligurien
Prov. Genua (bis 1800 m)
Prov. Imperia (bis 2500 m)
Prov. Savona (bis 1026 m)

Region Piemont
Prov. Alessandria (bis 1700 m)
Prov. Cuneo (bis 2700 m)
Prov. Novara (bis 3080 m)
Prov. Turin (bis 3280 m)
Prov. Vercelli (bis 3500 m)

Region Aostatal
Eines der großen italienischen Wintersportzentren in den Hochalpen mit Anlagen bis auf die Höhe von 3487 m.

Region Lombardei
Prov. Bergamo (bis 2200 m)
Prov. Brescia (bis 2500 m)
Prov. Como (bis 1876 m)
Prov. Pavia (bis 1600 m)
Prov. Sondrio (bis 3470 m)
Prov. Varese (bis 1119 m)

Region Südtirol
Vintschgauer Oberland/Val Venosta (bis 2500 m)
Watles (bis 2500 m)
Ortlergebiet/Zona Ortles (bis 3400 m)
Vintschgau/Val Venosta (bis 2250 m)
Meran und Umgebung (bis 2400 m)
Bozen und Umgebung (bis 2350 m)
Eisacktal/Valle Isarco (bis 2700 m)

Eine der schönsten römischen Ansichten bietet die Spanische Treppe mit den Doppeltürmen der Kirche SS. Trinità dei Monti.

FRANKREICH
Isère
Grenoble
Gran Paradiso
4061
Mte. Rosa
4634
Ortler
3905
3554
Mte. Adamello
Bozen
Südtirol
Piave
ÖSTERREICH
Graz
Durance
M. Viso
3841
Turin
Piemont
Lago
Maggiore
Ticino
Po
Comer
See
Mailand
Lombardei
Gardasee
Mincio
Verona
Venetien
Save
Meeralpen
Col di
Tenda
Ligurische
Alpen
Giovipaß
472
Trebbia
Piacenza
Brenta
Venedig
G. v.
Triest
Triest
JUGOSLAWIEN
Zagreb
Var
Nizza
MONACO
Ligurien
Genua
Taro
Canossa
Cisapaß
1039
Modena
Adige
Po
Istrien
Rijeka
Golf
von Genua
Mte. Cimone
2165
Reno
Bologna
Emilia
Romagna
Ravenna
Iles d'Hyères
LIGURISCHES
MEER
Gorgona
Mte. Falterona
1654
Arno
Livorno
Florenz
Rimini
S. MARINO
Kapela
Velebit
Una
Save
Capraia
Toskana
Apenninen
Metauro
Esino
Marken
Dalmatinische Inseln
Bastia
Golo
Mte. Cinto
2706
Korsika
(frz.)
Elba
Ombrone
Perugia
Chienti
ADRIATISCHES
MEER
Umbrien
Mti. Sibillini
2476
Nera
Tronto
Dinara
Vrbas
Split
Asinara
Straße von Bonifacio
Marta
Tiber
Gran Sasso
d'Italia
2914
Sabiner
Berge
Abruzz
Pescara
Pescara
La Maiella

GEBIRGE UND FLÜSSE
0
100
Kilometer
N
Monti del Gennargentu
1834
Sardinien
San Pietro
Cagliari
TYRRHENISCHES
MEER
Pontinische Inseln
Neapel
Kampanien
2247
Matese
2050
Apenninen
Cervaro
Ofanto
Vesuv
1277
1809
Mte. Cervialto
Capri
G. v. Salerno
Apulien
Bari
Bradano
Basento
Mte. Sirino
2005
Agri
Pollino
2248
Tarent
Golf von Tarent
Botte Donato
1928
Silagebirge
Neto
Kalabrien
Ustica
Liparische Inseln
Stromboli
Alicudi
Vulcano
Ägadische Inseln
Palermo
Le Madonie
1979
Sizilien
Ätna
3323
Messina
Str. v. Messina
Reggio di Calabria
Catania
IONISCHES
MEER
Straße von Sizilien
Pantelleria
Golf von Tunis
Medjerda
Tunis

Latemar und Rosengarten (bis 2400 m)
Schlern und Seiser Alm (bis 2200 m)
Gröden/Gardena (bis 2680 m)
Hochabteital/Alta Val Badia (bis 2500 m)
Kronplatz/Plan de Corones (bis 2250 m)
Hochpustertal (bis 2200 m)
Tauferer-Ahrn-Antholzer-Gsieser Tal (bis 1640 m)

Region Trentino
Hier befindet sich das zweite Großskigebiet in den Dolomiten mit dem weltberühmten Ort Madonna di Campiglio und Anlagen bis auf 3343 m.

Region Venetien
Prov. Belluno (bis 3365 m) mit Cortina d'Ampezzo
Prov. Treviso (bis 1570 m)
Prov. Verona (bis 2259 m)
Prov. Vicenza (bis 2310 m)

Region Friaul-Julisch Venetien
Prov. Pordenone (bis 2000 m)
Prov. Udine (bis 2580 m)

Region Emilia-Romagna
Prov. Bologna (bis 1945 m)
Prov. Forli (bis 1539 m)
Prov. Modena (bis 2163 m)
Prov. Parma (bis 1800 m)
Prov. Piacenza (bis 1450 m)
Prov. Reggio nell'Emilia (bis 1875 m)

Region Toskana
Prov. Florenz (bis 1450 m)
Prov. Grosseto (bis 1738 m)
Prov. Lucca (bis 1529 m)
Prov. Massa-Carrara (bis 1350 m)
Prov. Pistoia (bis 2165 m)
Prov. Siena (bis 1738 m)

Region Umbrien
Prov. Perugia (bis 1541 m)

Region Marken
Prov. Ascoli Piceno (bis 1650 m)
Prov. Macerata (bis 1800 m)

Region Latium
Prov. Frosinone (bis 1987 m)
Prov. Rieti (bis 2213 m)
Prov. Rom (bis 1650 m)

Region Abruzzen
Prov. Chieti (bis 2795 m)
Prov. L'Aquila (bis 2914 m)
Prov. Teramo (bis 2914 m)

Region Molise
Prov. Campobasso (bis 2050 m)
Prov. Isernia (bis 1746 m)

Region Kampanien
Prov. Avellino (bis 1670 m)

Region Basilikata
Prov. Potenza (bis 1950 m)

Region Kalabrien
Prov. Catanzaro (bis 1350 m)
Prov. Cosenza (bis 1928 m)
Prov. Reggio Calabria (bis 1700 m)

Region Sizilien
Prov. Catania (bis 3269 m)
Prov. Palermo (bis 1910 m)

Region Sardinien
Prov. Nuoro (bis 1595 m)

Heilbäder und Thermalkuren

Italien besitzt eine große Anzahl von Heilquellen, die teilweise schon den Römern bekannt waren. In neuerer Zeit entstanden dort moderne Badeanlagen.

Montecatini Terme. Die Bade- und Parkanlagen von Italiens größtem Kurbad blicken auf eine prunkvolle Vergangenheit zurück.

Die Mineralwässer werden nicht nur am Ort selbst, sondern in ganz Italien in den Handel gebracht.

Die Anwendung von Heilwässern betrifft in Italien vorwiegend Erkrankungen der Leber und der Verdauungsorgane, rheumatische und Gelenkleiden, Hals-, Nasen- und Ohrenleiden, Frauenleiden und Hautleiden. Ebenso wie jedes andere therapeutische Mittel können Thermalkuren zur Verhütung, zur Heilung und zur Behandlung von Nachwirkungen dieser Krankheiten verabreicht werden.

Eine Broschüre über die Thermalkuren in Italien ist in den ENIT-Büros erhältlich.

Einige bekannte Heilbäder sind:

In Ober- und Mittelitalien: Acqui Terme (BSI), Pré St. Didier (B) und Saint Vincent (T), San Pellegrino Terme/Bergamo (TBI), Castel S. Pietro Terme (BSI) und Poretta Terme (TB) bei Bologna, Meran (TB), Boario Terme/Brescia (TBSI), Sirmione (TBSI); Bagni di Vinadio (S), Garessio (T), Lurisia (TBSI) und Valdieri (S), alle in der Provinz Cuneo; Terme di Firenze (BST), Bagno di Romagna (TBS) und Castrocaro Terme (BSI) bei Forli, Grado (BSPI), Bagni di Lucca (TBSI), Abano Terme (BSI), Battaglia Terme (BSI), Galzignano Terme (BSI), Montegrotto Terme (BSI), Salsomaggiore Terme (BSI), Salize Terme/Pavia (TBSI), Montecatini Terme (TBSI) und Monsummano Terme (BS); Brisighella (TBSI), Cervia (BSI), Punta Marina (BSPI) und Riolo Terme (TBSI), alle in der Provinz Ravenna; Bagni di Tivoli (TBSI), Bagni di Bormio (TBS), Recoaro Terme/Vicenza (TBSI), Lignano (BS); Comano Terme (TB), Levico/Vetriolo Terme (TBSI), Peio Terme (T), Rabbi Terme (TB), Roncegno Terme (BSI) und Sant'Orsola (B), alle in der Provinz Trient; Chianciano Terme (TBS), Rapolano Terme (BS), Terme di Bagno Vignoni (TBS), Bagni San Filippo (TBS) und Montepulciano/Terme di S. Albino (TBI), alle in der Provinz Siena.

In Süditalien, auf Sizilien und Sardinien: Agnano Terme (TBSI), Castellamare di Stabia (TBSI), Fonte Salutare/Pompei (BS) und Pozzuoli (BS), alle bei Neapel; Insel Ischia (TBSI), Caramanico Terme/Pescara (TBSI), Contursi (TBSI) und Montesano Terme (TBSI) bei Salerno, Acquasparta (TB), Furapane (T) und Sangemini (T) in der Provinz Terni; Terme di Telese/Benevent (BI), Torre Canne Terme/Brindisi (TBSI), Lamezia Terme/Catanzaro (BSI), Terme Luigiane/Cosenza (BSI); auf der Insel Elba San Giovanni (BS); auf Sizilien Terme Selinuntine (BSI), Acireale (TBSI), Ali Terme (TBS) und Castroreale Terme (TBSI) bei Messina, Sclafani Bagni (TB) und Termini Imerese (BS) in der Provinz Palermo; auf der Insel Sardinien Sàrdara Terme (TBS) in der Provinz Cagliari und Aurora Terme (BS) sowie Casteldoria Terme (BS) und Terme S. Saturnino (BS) in der Provinz Sassari.

T = Trinkkuren, B = Bäder, S = Schlammpackungen, SP = Sandpackungen, I = Inhalationen.

LANDES- UND VOLKSKUNDE

Als Reiseland hat Italien dem ausländischen Besucher in mancherlei Beziehung mehr zu bieten als jedes andere Land. Die Schönheiten der sehr abwechslungsreichen Landschaft, die von sandbedeckten Meeresküsten bis zum Hochgebirge reicht, die heitere Lebensart seiner Bewohner, die ausgezeichneten touristischen Einrichtungen, die Vielseitigkeit seiner Küche und der gute Wein, aber auch zahlreiche historische Erinnerungen aus mehr als drei Jahrtausenden und unzählige Kunstwerke aller Richtungen und aller Epochen sind mitbestimmend für die große Anziehungskraft, die Italien auf Reisende aus allen Ländern ausübt.

Lage und Größe

Die in der charakteristischen Gestalt eines Stiefels von den Alpen bis weit in das Mittelmeer hineinreichende italienische Halbinsel teilt das Mittelmeer in einen westlichen und einen östlichen Teil. Die Grenzen Italiens liegen zwischen 6 Grad 30 Minuten und 18 Grad 15 Minuten östlicher Länge und 47 Grad 5 Minuten und 36 Grad 40 Minuten nördlicher Breite. Die Nordwestgrenze des Landes stößt an Frankreich, die Nordgrenze an die Schweiz und an Österreich, und die Nordostgrenze an Jugoslawien. Die selbständige Republik San Marino und der Kirchenstaat (Vatikan) werden von italienischem Territorium umschlossen. Die Gesamtfläche Italiens beträgt 301 278 Quadratkilometer.

Bodengestalt (Gebirge, Flüsse und Seen)

Die Kette der Alpen verläuft von den Seealpen am Ligurischen Meer im Westen bogenförmig bis in die Gegend von Triest im Osten und umfaßt Teile von Piemont, der Lombardei und Venetiens. Die Ligurischen Alpen vom Col di Tenda bis zum Paß von Altare (nordwestlich von Savona) sind ein Bindeglied zwischen Alpen und Apenninen. Die Apenninen erstrecken sich über die ganze Länge der italienischen Halbinsel bis nach Süditalien. An der „Stiefelspitze“ schließt sich die Insel Sizilien an.

Zwischen Alpen und Apenninen liegt die große Ebene der Lombardei, die vom Po und seinen Nebenflüssen bewässert wird. Die Kette der Apenninen fällt nach beiden Seiten zu Hügellandschaften ab, nach Osten zur Adria hin, wo das Gefälle steiler und wilder ist, nach Westen zum Tyrrhenischen Meer mit sanftem und talreichem Gefälle.

Westlich von Süditalien liegt die Insel Sardinien. Der Küste vorgelagert sind zahlreiche kleine Inseln und Inselgruppen, wie Elba, der Toskanische Archipel, Capri, Procida, Ischia und die Äolischen (Liparischen) Inseln. Sie sind fast alle gebirgig. Die Region Latium ist das größte Gebiet erloschener Vulkane auf der Apenninenhalbinsel. Auf Sizilien liegt der größte

Vulkan Europas, der etwa 3300 Meter hohe Ätna. Weiter bekannte Vulkane sind der Vesuv bei Neapel und der tätige Stromboli (Liparische Inseln).

Der größte Strom Italiens ist der 682 Kilometer lange Po, in den die Gebirgsflüsse Dora, Tessin, Adda, Mincio von den Alpen, und Tanaro, Scrivia, Trebbia, Taro, Parma, Secchia, Panaro vom Apennin fließen. Andere wichtige Alpenströme sind Etsch (Adige), Brenta, Piave, Tagliamento und Isonzo. Die wichtigsten Apenninenflüsse sind Arno und Tiber. Der Liris teilt Mittel- von Süditalien. Der wichtigste Fluß Siziliens ist der Salso, der die Insel in eine westliche und eine östliche Hälfte teilt. Der größte italienische See ist der Lago di Garda (368 km^2). Neben dem Lago Maggiore, dem Lago di Como und dem Lago di Lugano gibt es noch zahlreiche kleinere Alpenseen. Der größte See Mittelitaliens ist der Lago Trasimeno (129 km^2). Zu den vielen Kraterseen des Apennin gehört der Lago di Bolsena (115 km^2).

Lago Maggiore

Flora und Fauna

Italien besitzt nach Griechenland die reichste Vegetation aller europäischen Länder. Es gibt über 15 000 einheimische Pflanzenarten. Neben den auch in nördlich der Alpen gelegenen Ländern heimischen Pflanzen findet man in Italien Palmen, Agaven, Mandelbäume, Feigenbäume, Kamelien, Oleander, Mimosen, Aloen, Öl- und Maulbeerbäume. Besonders hervorzuheben sind die farbenfrohe Flora der westlichen Riviera, die daher auch den Namen „Blumenriviera“ („Riviera dei fiori“) trägt, und die reiche Flora Capris mit Pinien, Lilien, Myrten, Wacholder, Akanthusstauden und anderem mehr.
Ein Fünftel der Oberfläche Italiens ist mit Wald bedeckt. Hier sind außer den Hochwäldern in den Alpen der herrliche Pinienwald von Ravenna (Ravenna Pineta), der noch aus dem Altertum stammt, die Wälder von Vallombrosa in der Toskana, die Steineichen-, Ulmen- und Eschenwälder des Albanergebirges bei Rom, die großen Kastanienwälder im südlichen Latium sowie die großen Eichen- und Buchenwälder in den Abruzzen zu nennen. Die Hochflächen sind oft mit grünen Bergweiden bedeckt. In Süditalien ziehen sich zwischen den Bergketten große Heideflächen hin. In den Wäldern Kalabriens stehen Zedern, Kastanien, Ulmen, Erlen und Buchen. Nadelhölzer gibt es in den höheren Lagen. Von großer Bedeutung sind die Korkeichen-

wälder, die in Sardinien am meisten verbreitet sind.

Um bedrohte Tierarten vor dem Aussterben zu bewahren, wurden in Italien Natur- und Nationalparks eingerichtet. Die wichtigsten sind *Gran Paradiso* (Aostatal) und *Stilfserjoch* mit Steinböcken, Gemsen, Adlern und Murmeltieren, *Tessintal* mit Niederwild, Wasservögeln und natürlichen Fischarten, das Vorgebirge *Monte Portofino* mit gefährdeten Vogelarten, die Vogelparadiese *Maremmen* und *Circeo* (Südlatium) mit Stachel- und Wildschweinen, die *Abruzzen* und Teile der *Sila* (Kalabrien) mit Bären, Wölfen, Rot- und Damwild, Adlern und Falken sowie der *Ätna* mit Niederwild und seltenen Vogelarten wie Grün- und Buntspecht, die hier wieder heimisch wurden. Geplant sind zwei große Parks auf der Halbinsel *Gargano* mit einer nur hier lebenden Damwildart, Wildkatzen, Mardern und kleineren Raubvögeln sowie das Sumpfgebiet *Persano* (Kampanien) mit zahlreichen Sumpfvogel- und Fischarten.

Klima

Das italienische Klima ist sehr vielgestaltig. Norditalien hat mit kalten, nebeligen Wintern und heißen Sommern typisch kontinentales Klima. Mittelitalien hat eine Art Seeklima mit milden Wintern und nicht zu heißen Sommern. Der adriatischen Seite brin-

Durchschnittliche Lufttemperaturen
(Die erste Zahl gibt die Mindest-, die zweite die Höchsttemperaturen in Celsiusgraden an.)

Ort	Monat						
	III	IV	V	VI	VII	VIII	IX	X
Alghero	7 – 13	8 – 19	9 – 23	15 – 29	19 – 32	20 – 34	18 – 30	13 – 25
Bari	6 – 15	9 – 19	13 – 23	17 – 27	19 – 30	19 – 30	18 – 27	13 – 22
Bozen	2 – 15	6 – 20	10 – 23	13 – 27	14 – 29	14 – 28	12 – 26	5 – 18
Cagliari	7 – 17	10 – 19	13 – 23	14 – 27	20 – 30	20 – 30	18 – 27	14 – 24
Capri	9 – 15	11 – 18	15 – 23	20 – 28	21 – 30	21 – 30	20 – 28	15 – 22
Florenz	5 – 15	8 – 20	12 – 23	15 – 29	17 – 32	17 – 31	14 – 27	10 – 20
Genua	9 – 14	12 – 18	14 – 21	19 – 25	21 – 28	21 – 28	19 – 25	15 – 20
Grado	6 – 12	10 – 17	14 – 21	18 – 26	20 – 28	19 – 26	16 – 23	12 – 19
Ischia	9 – 14	11 – 17	15 – 21	18 – 25	21 – 28	21 – 29	19 – 26	16 – 21
Mailand	4 – 13	8 – 19	12 – 22	16 – 26	18 – 29	17 – 28	14 – 24	9 – 17
Neapel	8 – 15	10 – 19	14 – 23	16 – 27	20 – 30	20 – 30	18 – 28	14 – 22
Palermo	10 – 17	12 – 19	15 – 28	19 – 28	22 – 30	23 – 31	21 – 28	17 – 24
Rimini	4 – 12	7 – 17	11 – 20	15 – 25	18 – 28	18 – 27	15 – 24	11 – 18
Riva	4 – 11	10 – 17	13 – 22	16 – 27	17 – 26	16 – 24	15 – 23	13 – 18
Rom	6 – 16	8 – 20	13 – 23	15 – 28	18 – 31	18 – 32	16 – 28	12 – 23
Stresa	4 – 11	7 – 15	11 – 20	15 – 24	18 – 25	18 – 24	14 – 22	10 – 19
Tarent	9 – 17	13 – 20	15 – 22	20 – 27	21 – 30	22 – 30	19 – 28	16 – 22
Venedig	5 – 12	10 – 17	14 – 21	17 – 25	20 – 28	19 – 28	16 – 25	11 – 18
Viareggio	7 – 10	10 – 16	12 – 19	17 – 23	19 – 25	20 – 27	18 – 24	13 – 20

gen aber die Borawinde auch große Kälteeinbrüche. Ebenso bewirkt auch größere Höhenlage vielerorts einen kalten Winter.

Im adriatischen Küstenland herrscht Mittelmeerklima mit regenarmen Sommern und niederschlagsreichen Wintern. An der Rivieraküste ist die Witterung milder und ausgeglichener. Die Sommerhitze wird dort meist durch eine frische Seebrise gemildert, im Winter sinkt die Temperatur selten unter sechs Grad.

Die gebirgigen Gegenden Mittel- und Süditaliens sind niederschlagsreich. Der Spätherbst bringt dort stürmische Winde und der Winter heftigen Schneefall. Ausgesprochen rauh ist das Klima der Abruzzen.

Auf Sizilien und Sardinien herrscht ein sehr mildes, niederschlagsarmes Klima. Die Südküste Siziliens und die Südostküste Sardiniens haben die meisten Sonnentage im Jahr. Dort kann man bis in den späten Herbst hinein im Meer baden.

Bevölkerung

Italien ist mit über 57 Millionen Einwohnern eines der am dichtesten besiedelten Länder Europas. Neben den romanischen Italienern gibt es noch etwa 70 000 Südtiroler sowie slowenische, ladinische und französische Minderheiten. Im Süden des Landes kann man auch noch kleine albanische und griechische Minderheiten finden. Die Amtssprache ist Italienisch, in der Provinz Bozen auch Deutsch und in der Region Aosta auch Französisch. Im Nordosten des Landes sprechen etwa 20 000 Menschen Slowenisch, auf der Insel Sardinien etwa 12 000 Katalanisch. Die Bevölkerung ist zum überwiegenden Teil römisch-katholisch.

Die größten Städte Italiens sind Rom (Hauptstadt, 2,8 Mill. Einw.), Mailand (1,6 Mill. Einw.), Neapel (1,2 Mill. Einw.), Turin (1,1 Mill. Einw.), Genua (740 000 Einw.), Palermo (720 000 Einw.) und Bologna (440 000 Einw.).

Verfassung und Verwaltung

Italien ist eine parlamentarische Republik. Das Parlament besteht aus dem Abgeordnetenhaus und dem Senat. Die Legislaturperiode des Abgeordnetenhauses (630 Mitglieder) und des Senats (315 nach Regionen gewählte Senatoren) dauert fünf Jahre. Der Präsident der Republik wird von der Vollversammlung beider Häuser gewählt. Seine Amtszeit beträgt sieben Jahre, eine Wiederwahl ist ausgeschlossen. Ehemalige Präsidenten der Republik sind Senatoren auf Lebenszeit.

Verwaltungsmäßig ist Italien in Regionen, Provinzen und Gemeinden unterteilt.

Den Regionen Trentino-Oberetschland (Südtirol), Friaul-Julisch-Venetien, Aostatal, Sizilien und Sardinien wurde durch Verfassungsgesetz eine gewisse Selbständigkeit auf Grund von Sonderstatuten eingeräumt.

Es gibt folgende Regionen und Provinzen:

1. Aostatal: Aosta.
2. Piemont: Alessandria, Asti, Cuneo, Novara, Turin, Vercelli.
3. Ligurien: Genua, Imperia, La Spezia, Savona.
4. Lombardei: Bergamo, Brescia, Como, Cremona, Mailand, Mantua, Pavia, Sondrio, Varese.
5. Trentino-Südtirol: Bozen, Trient.

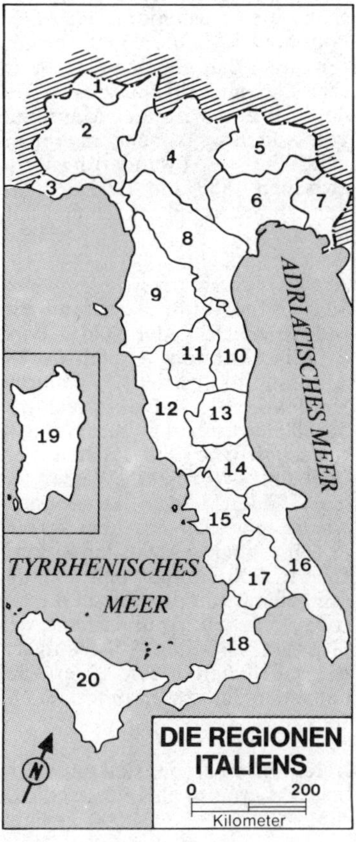

6. Venetien: Belluno, Padua, Rovigo, Treviso, Venedig, Verona, Vicenza.
7. Friaul-Julisch-Venetien: Görz, Pordenone, Triest, Udine.
8. Emilia-Romagna: Bologna, Ferrara, Forlì, Modena, Parma, Piacenza, Ravenna, Reggio nell'Emilia.
9. Toskana: Arezzo, Florenz, Grosseto, Livorno, Lucca, Massa-Carrara, Pisa, Pistoia, Siena.
10. Marken: Ancona, Ascoli – Piceno, Macerata, Pesaro – Urbino.
11. Umbrien: Perugia, Terni.
12. Latium: Frosinone, Latina, Rieti, Rom, Viterbo.
13. Abruzzen: Chieti, L'Aquila, Pescara, Teramo.
14. Molise: Campobasso, Isernia.
15. Kampanien: Avellino, Benevent, Caserta, Neapel, Salerno.
16. Apulien: Bari, Brindisi, Foggia, Lecce, Tarent.
17. Basilikata (Lukanien): Matera, Potenza.
18. Kalabrien: Catanzaro, Cosenza, Reggio di Calabria.
19. Sardinien: Cagliari, Nuoro, Oristano, Sassari.
20. Sizilien: Agrigent, Caltanissetta, Catania, Enna, Messina, Palermo, Ragusa, Syrakus, Trapani.

Italien ist Mitglied der Europäischen Gemeinschaft (EG) und des Nordatlantischen Bündnisses (NATO).

Ein anderes Italienbild

Im Umgang mit dem modernen Italien und seiner Bevölkerung muß sich der ausländische Besucher von liebgewordenen und leider immer noch fortgeschriebenen Klischeevorstellungen trennen. Diese „Südländer" sind längst nicht mehr das sangesfreudige und lebenslustige Völkchen, das man einfach liebhaben muß; Italien ist längst zu einem modernen westlichen Staat geworden, der allerdings ein Nord-Süd-Problem mit speziellen wirtschaftlichen, politischen und sozialen Aspekten zu bewältigen hat.

Die Bevölkerung von Ober- und Mittelitalien ist eine hart arbeitende Industrienation mit einem hohen Lebensstandard, der mit dem in der Bundesrepublik Deutschland vergleichbar ist.

In den Nachkriegsjahrzehnten sprach man vom italienischen Wirtschaftswunder und bis zum Beginn der Ölkrise im Jahre 1973 war Stabilität, auch in der Währung, gewährleistet. Daß die Lira mittlerweile seit Jahren im Delirium ist, ändert nichts daran, daß die Produkte der italienischen Wirtschaft nach wie vor wettbewerbsfähig sind und daß der Italiener sich in puncto Lebensstandard alles leisten kann; durch das „Statuto del Lavoratore" (Arbeiterstatut) von 1970 existiert eine optimale Arbeitsplatzsicherung; Löhne und Gehälter werden automatisch angepaßt. Das extrem von Öllieferungen für seinen Energiebedarf abhängige Land verdankt die ewige Krise auf Staatsebene den horrend angestiegenen Preisen für den Energiebedarf; hier liegt eine der Inflationsquellen.

Der italienische Süden, „Mezzogiorno", gilt allgemein als problematische Region und wird von der Energiekrise am stärksten betroffen. Der Anteil der in der Landwirtschaft Beschäftigten ist in Süditalien wesentlich höher als im Norden, und diese historisch gewachsene Struktur bedingte durch die Ausbeutung der Großgrundbesitzer bis in unsere Zeit den krassen Gegensatz zwischen Nord und Süd, arm und reich. Die große Bodenreform von 1950/51 kam zu spät, die zugeteilten Parzellen konnten die Bauern nicht ernähren, und das gleichzeitige Wirtschaftswunder im Norden zog wieder über drei Millionen Menschen vom Süden weg, nachdem eine gigantische Abwanderungswelle zwischen 1880 und 1900 den Süden schon einmal ausgeblutet hatte.

Aber der Staat investierte in den Süden: In Apulien entstand ein Industriedreieck der Städte Bari, Brindisi, Taranto – Stahlwerke, Automobilindustrie, Chemie, Konfektion, Elektrotechnik; durch Bewässerung wurden landwirtschaftliche Nutzflächen vervielfacht – Projekt „Wasser für den Süden"; das Straßennetz wuchs seit 1950 um über 60 000 km, Eisenbahnen wurden elektrifiziert, Autobahnen und Flughäfen gebaut, um den Süden attraktiv zu machen. Apulien heißt der „Norden des Südens", Bari mit seiner jährlichen Messe „Fiera del Levante" das „Mailand des Südens".

In Kalabrien erwies sich das staatliche Programm als Industrialisierungs-Utopie; die 23 000 geplan-

Marmorgewinnung bei Carrara

ten Arbeitsplätze konnten nicht geschaffen werden, die Investitionen versickerten.
Die Inseln Sizilien und Sardinien hinken etwa zehn Jahre der Entwicklung auf dem Festland hinterher. In Sizilien, wo man bei Gela 1956 Öl fand, entstand ein Petrochemiewerk mit 11 000 Arbeitsplätzen und entsprechenden Nachfolgeindustrien, die durch Bodenspekulation und Korruption sich nicht immer segensreich auswirkten.

Sardinien erlebte durch die Investitionen des Prinzen Karim Aga Khan seit 1961 einen touristischen Aufschwung („Costa Smeralda"), und von staatlicher Seite fördert man Bergwerksindustrie, chemische Fabriken und Elektrizitätswerke.

Der gesamte italienische Süden befindet sich im Umbruch, wirtschaftlich und sozial. Daß Italien generell gesehen gegenüber den ausgemachten Wirtschaftswunderländern noch aufzuholen hat, weil der Lebensstandard noch nicht überall gleich hoch ist, hängt nicht zuletzt mit der „Mezzogiorno"-Frage zusammen.

Speisen und Getränke

Eine einheitliche „italienische Küche" gibt es nicht. Vielmehr hat jede Region und Provinz Italiens ihre gastronomischen Spezialitäten und ganz spezielle Arten der Zubereitung, so daß man eher von einer piemontesischen, einer mailänder...

Diese italienischen Küchen sind durchweg ausgezeichnet. In Oberitalien kocht man viel mit Butter, in Mittel- und Süditalien mit Olivenöl, in manchen nord- und mittelitalienischen Gegenden (hauptsächlich in bergigen Regionen) auch mit Schweineschmalz.

Charakteristische Gerichte für ganz Italien sind Minestrone (Gemüsesuppe mit Nudeleinlage), Ravioli (Nudelteig mit Fleischfüllung), Risotto (Reisgericht, oft mit Pilzen). Teigwaren (Makkaroni, Spaghetti und unzählige andere Sorten) werden entweder in der Suppe (minestra) gegessen oder als Pastasciutta („trockene Teigwaren") mit einer Soße, häufig auf Tomatenbasis, serviert. Dabei wird oft auch auf die Suppe, stets aber auf die Pastasciutta (Ausnahme: Muschelsoße) geriebener Käse (meist Parmesan) gestreut.

In ganz Italien hervorragend zubereitet werden Fische, Schalentiere und Muscheln. Meist werden sie in heißem Fett gebacken oder als Suppe gekocht. Die Fleischgerichte bestehen oft aus Schweine- und Kalbfleisch – besonders beliebt in ganz Italien ist der Kalbsbraten. In der Toskana gibt es hervorragendes Rindfleisch. Charakteristisch ist, daß man fast überall nur Weißbrot oder trockenes Gebäck zu den Mahlzeiten nimmt.

Im Nordwesten und in Mittelitalien (vor allem in Piemont, in Latium und Rom) zeichnet sich die Küche durch ihre scharfen Soßen und ihre pikanten, stark mit Knoblauch, aromatischen Kräutern, Pfeffer, Wein und Essig gewürzten Speisen aus. In Oberitalien ist die Küche milder. Die Küche Süditaliens basiert auf kräftigen, nahrhaften (und fetten) Gerichten mit spanischem Pfeffer.

Eine neapolitanische Spezialität, die als Schnellgericht in ganz Europa bekannt wurde, ist die Pizza: ein dünner Fladen aus Hefeteig, der mit Käse, Sardellen, Tomaten und anderem belegt und mit viel Öl im Ofen gebacken wird.

Zum Nachtisch bekommt man in Italien zumeist Obst (frutta), Käse (formaggio), eine Süßspeise (dolce) oder Speiseeis (gelato). Die italienischen Früchte sind weit über die Landesgrenzen hinaus bekannt und begehrt. Aus ihnen werden auch ausgezeichnete Fruchtsäfte und Schnäpse hergestellt.

GETRÄNKE

Wein- und Bierstuben wie in Deutschland oder Österreich findet man in Italien höchstens in den Touristenorten an der Adria; denn der Italiener trinkt kaum, ohne dazu auch zu essen.

Recht gutes Bier (birra) bekommt man überall. Man trinkt es in Italien mit Vorliebe zur Pizza. An Fruchtsäften, Sprudeln und Mineralwasser gibt es eine reiche Auswahl.

Kaffee kommt überall – mit Ausnahme des beim Hotelfrühstück servierten – aus der Espressomaschine. Man trinkt ihn als Espresso (schwarz) oder als Milchkaffee (caffè latte). Espresso wird gewöhnlich in winzigen Portionen, Milchkaffee in großen Tassen serviert. Ein Cappuccino ist ein Espresso lungo mit etwas Milchschaum, auf den meist eine Prise Kakaopulver gestreut wird. Tee trinkt man wenig. Sodawasser (seltz) wird von Touristen gerne zum Verdünnen des Weins bestellt. Die beliebten italienischen Aperitifs werden hauptsächlich aus weißem Wermut zubereitet. An heißen Tagen trinkt man gern Campari Soda.

Die italienischen Weine

Italienische Weine sind weltbekannt. Jede Provinz hat ihre besonderen Weinspezialitäten, die hauptsächlich in Flaschen serviert werden.

Als guten und preiswerten (offenen) Tischwein bestellt man am besten den „vino locale", entweder als vino bianco (Weißwein) oder als vino rosso (Rotwein). Außerdem unterscheidet man zwischen herbem (secco) und süßem (dolce) Wein. Die beliebten Süßweine und Dessertweine kommen im allgemeinen aus Süditalien (Malvasia, Marsala u.a.), doch sind sie auch nördlich von Rom in jedem guten Restaurant zu haben. Es gibt auch ausgezeichnete preiswerte italienische Schaumweine, sowohl trockene (secco) als auch liebliche (dolce) Sorten. Der typischste italienische Schaumwein ist der Asti spumante.

Aus der Toskana kommt der Chianti (sprich: kiánti), der wohl bekannteste aller italienischen Weine. Er wird aus roten und weißen Trauben gekeltert. Alle Chianti-Weine – es gibt eine Vielzahl von ihnen, je nach ihrem Anbaugebiet und ihrer Lage – sind rubinrot. Wie die reinen Rotweine dürfen auch sie nicht (eis-)gekühlt getrunken werden, am besten ist eine Temperatur von 18 bis 20 Grad Celsius. Am berühmtesten ist der leicht schäumende, leicht tanninhaltige „Chianti Classico Riserva DOCG"; letzteres ist die Kennung für die kontrollierte Ursprungsbezeichnung mit Qualitätsgarantie.

Die bekanntesten und besten italienischen Weine (DOC, DOCG) sind, nach Regionen geordnet:

In *Piemont* die Rotweine Barbaresco, Barbera, Barolo, Gattinara, der Weißwein Cortese di Gavi, der Dessertwein Asti spumante und der Aperitif Vermouth di Torino (weiß und rot).

In der *Lombardei* die Rotweine Barbagallo, Buttafuoco, Francia-Corta, Valtellina Superiore, Riviera del Garda, der Weißwein Tocai del Garda und der Dessertwein Moscato di Casteggio (blaßgelb).

In *Südtirol* die Rotweine Cabernet, Lagreiner, Merlot, Vernatsch, Pinot Nero, Santa Maddalena und die Weißweine Ruländer, Terlaner, Traminer und Sauvignon.

In *Venetien* die Rotweine Bardolino, Recioto, Cabernet, Merlot, Valpolicella und die Weißweine Prosecco, Soave, Tocai, Gambellara.

In *Ligurien* die Weißweine, Cinqueterre, Sciacchetrà und der Roséwein Rossese di Dolceacqua.

In der *Emilia-Romagna* die Rotweine Lambrusco (schäumend), Sangiovese und die Weißweine Albana, Pinot und Trebbiano.

In der *Toskana* die Mischweine Chianti Classico, Carmignano, Vino Nobile, der Rotwein Brunello und die Weißweine Pitigliano, Vergine Val di Chiana, Vernaccia di San Gimignano.

Auf *Elba* der Rotwein Aleatico, der Weißwein Procanico und der Dessertwein Moscato d'Elba.

In *Umbrien* und in den *Marken* die Rotweine Colli del Trasimeno, Conero, Piceno, Torgiano und die Weißweine Colli del Trasimeno, Torgiano, Orvieto, Verdiccio dei Castelli di Iesi.

In *Latium* die Weißweine Colli Albani, Cesanese, Frascati Superiore, Est!Est!Est!, Marino und die Rotweine Merlot di Aprilia, Sangiovese di Aprilia.

In den *Abruzzen* und *Molise* der Rotwein Montepulciano und der Weißwein Trebbiano.

In *Kampanien* der Rotwein Taurasi und die Weißweine Greco di Tufo, Fiano di Avellino, Solopaca Bianca, Ischia Bianco und der Dessertwein Lacrimae Christi.

In *Apulien* und *Kalabrien* die Rotweine Barletta, Castel del Monte, Cirò Rosso, Salice Salentino, die Weißweine Castel del Monte, Cirò Bianco Locorotondo und der Dessertwein Moscato di Trani.

Auf *Sizilien* der Rotwein Etna Rosso, die Weißweine Bianco d'Alcamo, Etna Bianco, Malvasia delle Lipari, Marsala und die Dessertweine Marsala und Moscato di Pantelleria.

GESCHICHTE

Das Gebiet des heutigen Italien war schon früh besiedelt. Die verschiedenartigsten Völker, Stämme und Rassen siedelten auf seinem Boden, der ihnen besonders günstige Lebensbedingungen bot.

Diese Tatsache zog aber auch schon seit jeher fremde Eroberer an: Von vorgeschichtlicher Zeit bis in die Neuzeit hinein erlebte das Land Einfälle über die Alpen, von der Balkanhalbinsel her und vor allem übers Meer.

Spuren einer Besiedlung der Apenninenhalbinsel finden sich schon aus der Altsteinzeit. In Apulien und auf Sardinien zeugen Dolmen und Menhire der jungsteinzeitlichen Megalithkultur von einem Einfluß von Nordafrika.

Frühgeschichte und Altertum

In frühgeschichtlicher Zeit bewohnen libysch-iberische Stämme Unteritalien. Ihnen folgen um 2000 v. Chr. verschiedene Stämme aus der Völkergruppe der Italiker. In Sizilien haben Sikeler, Sikaner und Phönizier ihre Niederlassungen. Vom 8. Jahrhundert v. Chr. an beginnen die Griechen Sizilien und Unteritalien zu besiedeln. Sie stoßen auf die nicht-indogermanischen Etrusker, die den Norden der Halbinsel bewohnen. Die Römer sind es jedoch, die Italien zum Mittelpunkt der „Alten Welt“ machen.

753 v. Chr. Der 21. April 753 gilt (nach dem römischen Schriftsteller Varro) als das Datum der Gründung Roms durch den sagenhaften Romulus.

Um 600 v. Chr. Karthager besetzen Sardinien. Sie führen Kriege mit den Griechen und besetzen in der Folgezeit große Gebiete Siziliens.

510 v. Chr. Rom wird aus einem Königreich in eine Republik umgewandelt. Zahlreiche siegreiche Schlachten gegen Etrusker, Griechen und Karthager begründen die Vormachtstellung.

Um 500 v. Chr. In Sizilien führen die Griechen mehr als 200 Jahre lang zahlreiche Kriege gegen die Karthager.

264 – 241 v. Chr. Erster Punischer Krieg. Hieron II., Tyrann von Syrakus, verbündet sich mit den Römern. Die Karthager werden endgültig aus Sizilien vertrieben, ihre ehemaligen Gebiete werden eine römische Provinz.

219 – 201 v. Chr. Zweiter Punischer Krieg. Syrakus wendet sich nach dem Tod Hierons II. den Karthagern zu und wird von den Römern besiegt. Die ganze Insel wird römisch. Hannibal überschreitet die Alpen; nach wechselvollen Schlachten besiegen die Römer die Karthager.

209 v. Chr. Tarent wird als letzter griechischer Stadtstaat in Italien von Rom unterworfen.

136 – 71 v. Chr. Sizilien wird zur „Kornkammer Roms". Zahlreiche Sklavenaufstände, darunter der von Spartakus angeführte, führen zu langwierigen, erbitterten Kriegen. Der Wohlstand Siziliens und Unteritaliens sinkt, viele Städte veröden.

44 v. Chr. Auf dem Höhepunkt der römischen Bürgerkriege wird Julius Cäsar ermordet.

Sein Großneffe und Adoptivsohn Oktavian beendet die Epoche der Bürgerkriege; er errichtet auf der Grundlage der wiederhergestellten alten Republik die neue Staatsform des Prinzipats, die allmählich in eine Monarchie übergeht. Oktavian nimmt den Titel eines Imperators an, der dann zum Kaisertitel werden soll, und wird „Augustus", der Erhabene, genannt.

98 – 117 Unter Kaiser Trajan erreicht das römische Imperium seine größte Ausdehnung: Es reicht von Schottland bis zur Sahara, von Spanien bis nach Mesopotamien.

284 Der illyrische Kaiser Diokletian beginnt eine tiefgreifende Reform von Wirtschaft und Verwaltung. Er führt die Tetrarchie ein: Zwei Kaiser (Augusti) teilen sich in die westliche und in die östliche Reichshälfte, mit ihnen regieren zwei „Caesares" genannte „Unterkaiser".

313 Kaiser Konstantin (306—337) erkennt im Edikt von Mailand das Christentum an. 330 verlegt er die Reichshauptstadt in das in Konstantinopel umbenannte Byzanz und Rom verliert an Bedeutung.

395 Teilung des Römischen Reiches in Westrom und Ostrom (Byzanz).

410 Alarich, König der Westgoten, bemächtigt sich Roms. Später wird es von den Wandalen erobert und geplündert. In der Folgezeit übernehmen die Germanen die Macht in Italien.

476 Odoaker setzt Kaiser Romulus Augustulus ab; damit ist das Weströmische Kaiserreich erloschen; ein Küstenstreifen um Ravenna bleibt unter oströmischer Herrschaft (bis 751).

Langobarden und Franken

493 Auf Odoaker folgt die Ostgotenherrschaft unter Theoderich und seinen Nachfolgern.

553 Dem byzantinischen Kaiser Justinian gelingt es, die Herrschaft Konstantinopels über Italien wiederherzustellen.

568 – 572 Der Langobardenkönig Alboin vertreibt die Byzantiner aus ganz Oberitalien, aus der Toskana und Umbrien. Die Herrschaft Ostroms erstreckt sich nur noch auf Ravenna, Rom sowie Teile der Adriaküste und Süditaliens. Die Langobarden errichten in den von ihnen eroberten Gebieten starke Fürstentümer.

751 Nach der Eroberung ganz Italiens durch die Langobarden fällt als letzter oströmischer Stützpunkt Ravenna.

754 Die von Papst Stephan II. zu Hilfe gerufenen Franken besiegen die Langobarden. 774 endet die langobardische Herrschaft in Italien.

799 Karl der Große stellt das römische Kaisertum wieder her, nur

OBER- UND MITTELITALIEN UM DAS JAHR 1000

Friaul behält unter einem langobardischen Herzog seine Selbständigkeit. In Süditalien stellen sich die Seerepubliken Amalfi und Neapel sowie das Herzogtum Gaeta unter die Schutzhoheit der Byzantiner, während Sizilien und Sardinien in der Folgezeit von den Arabern erobert werden.

894 Markgraf Berengar I. von Friaul wird zum König von Italien ausgerufen, nachdem sich schon 887 die italienischen Fürstentümer vom Kaisertum und der Herrschaft der Karolinger losgerissen haben. 915 wird Berengar zum Kaiser gekrönt, 924 ermordet.

951 Der deutsche König Otto I. gewinnt nach der Heirat mit Königin Adelheid die Langobardenkrone, muß aber dem langobardischen Adel die Unabhängigkeit zurückgeben. 962 erneuert er die römische Kaiserwürde und begründet das „Heilige Römische Reich Deutscher Nation“. Sein Versuch, Süditalien zu erobern, schlägt jedoch fehl.

11. Jahrhundert In Ober- und Mittelitalien entstehen selbständige Stadtrepubliken. Vor allem die Seerepubliken Genua, Pisa und Venedig (unter den Dogen) erlangen große Macht. Die arabischen Flotten werden besiegt.

Normannen und Staufer

1027 Die Normannenherrschaft in Süditalien beginnt. Unter Robert Guiscard erobern die Normannen die byzantinischen Besitzungen in Kalabrien. Das Heer des Papstes Leo IX. wird besiegt.

1056 Guiscard wird Herzog von Apulien. Mit seinem Bruder Roger I. erobert er ganz Süditalien.

1091 Die Normannen erobern Sizilien und Malta.

1130 Roger II. begründet das normannische Königreich in Italien; in Palermo läßt er sich zum König von Neapel und Sizilien krönen. Die lombardischen Fürstentümer erkennen seine Oberhoheit an. Mit Wilhelm II. (1166 – 1189) erlischt die männliche Nachkommenschaft der Normannen.

1194 fallen die normannischen Gebiete an den Staufer-Kaiser Heinrich IV. Sein Sohn Friedrich II. verlegt die Residenz von Palermo nach Neapel. Unter den Staufern werden in Süditalien prächtige Burgen erbaut.

Mit dem Namen der beiden im 12. Jahrhundert in Deutschland sich befehdenden Herrschergeschlechter der Welfen und Staufer bezeichnet man auch die sich in Ober- und Mittelitalien erbittert bekämpfenden Anhänger der Städtefreiheit und des Papsttums (Guelfen, deutsch Welfen) auf der einen und des Kaisertums (Ghibellinen, Staufer) auf der anderen Seite.

Während das Reich der Staufer in Süditalien und Sizilien eine Blütezeit erlebt, wandelt sich Mittelitalien zum Kirchenstaat. Die oberitalienischen (lombardischen) Stadtstaaten behalten ihre kommunale Selbständigkeit, müssen aber dem deutschen Kaiser Steuern zahlen.

1265 belehnt Papst Klemens IV. den Grafen Karl I. von Anjou mit Sizilien und Unteritalien. Die Franzosen bereiten der Staufer-herrschaft ein Ende. 1268 wird Konradin, der letzte Hohenstaufe, in Neapel enthauptet.

Königreiche und Republiken

1282 Unter dem Druck der französischen Zwangsherrschaft bricht in Palermo der Aufstand („Sizilianische Vesper“) aus. Er endet mit der Ermordung aller Franzosen. Die Herrschaft des Hauses Anjou auf Sizilien ist beendet, Karl von Anjou behält nur Unteritalien (Königreich Neapel). Sizilien gerät unter die spanische Herrschaft des Hauses Aragon.

Mittelitalien gerät fast ganz unter die Herrschaft des Kirchenstaates.

14. Jahrhundert Die Seerepublik Venedig ist auf dem Gipfel ihrer Macht. Florenz begründet seine Herrschaft über große Teile Ober- und Mittelitaliens. In Mailand erlangt das Haus Visconti (später Sforza) die Alleinherrschaft. Den deutschen Kaisern gelingt es nicht, die Zersplitterung des Landes zu verhindern.

1442 Alfons V., König von Aragon, erobert Neapel und wird „König beider Sizilien“. Bis 1713 un-

terstehen die Königreiche Neapel und Sizilien der spanischen Krone.

1469 Unter Lorenzo il Magnifico erreichen die Medici in Florenz den Höhepunkt ihrer Macht. Die Blütezeit der Renaissance beginnt.

Italien zwischen Frankreich und Österreich

Das österreichische Haus Habsburg und die französischen Könige beginnen im 16. Jahrhundert ihren Kampf um das in Kleinstaaten zersplitterte Norditalien. In der Folgezeit unterwerfen sich fast alle italienischen Herrscherhäuser entweder der österreichischen oder der spanischen Linie des Hauses Habsburg.

17. Jahrhundert Die Päpste verbünden sich mit den Franzosen im Kampf gegen die spanisch-österreichische Herrschaft.

1706 Durch den Sieg von Prinz Eugen bei Turin gelangt Österreich in den Besitz der gesamten Lombardei.

1713 Nach dem spanischen Erbfolgekrieg erhält Österreich auch das Königreich Neapel und die Insel Sardinien. Österreich ist nun die Hauptmacht in Italien. Sardinien wird gegen Sizilien „ausgetauscht“.

1738 Im „Wiener Frieden“ erhält Österreich auch große Gebiete Mittelitaliens, tritt aber dafür Neapel und Sizilien an die spanischen Bourbonen ab. Nach dem Aussterben des Hauses Medici in Florenz fällt auch das Großherzogtum Toskana an Österreich.

1797 Die unter Napoleon Bonaparte in Italien eingefallenen Franzosen drängen die Österreicher zurück. Im Frieden von Campoformio gerät Italien unter französische Oberhoheit. Österreich behält nur Venetien und Norditalien bis zur Etsch. Napoleon löst später den Kirchenstaat auf und verleibt ihn Italien ein.

1808 Murat, Schwager Napoleons, wird König von Neapel.

Vom Risorgimento zur Einheit Italiens

Nach dem Sturz des napoleonischen Kaiserreiches kehren die alten Herrscherhäuser Savoyen, Habsburg und Bourbon nach Italien zurück.

1815 Im Zweiten Wiener Kongreß wird die Vormachtstellung Österreichs in Italien neu begründet. Die Lombardei und Venetien werden österreichische Provinzen, die Toskana wird von Österreich aus regiert, österreichische Truppen ziehen in Neapel und Sizilien ein. Der Kirchenstaat wird wiederhergestellt.

1831 Nach mehreren Volkserhebungen gegen die Österreicher gründet Giuseppe Mazzini die geheime Unabhängigkeitsbewegung „Junges Italien“. Das Nationalgefühl der Italiener gegenüber Österreich (Risorgimento) entwickelt sich immer stärker.

1834–1848 Volkserhebungen in Neapel, Palermo und Teilen Oberitaliens werden niedergeschlagen. Das Königreich Sardinien erklärt Österreich den Krieg und wird besiegt.

1849 Viktor Emanuel II. aus dem Hause Savoyen wird König von Piemont-Sardinien. Die Franzosen erobern Rom.

1859 Die Österreicher besetzen Sardinien. Viktor Emanuel II. unterstellt sein Heer dem General Garibaldi. Mit Unterstützung der Franzosen werden die Österreicher besiegt. Österreich verliert die Lombardei, später auch Venetien.

1860–1861 Garibaldi erobert Süditalien, und zusammen mit Sardinien entsteht das Königreich Italien unter Viktor Emanuel II. mit der Hauptstadt Turin, ab 1865 Florenz, da die Franzosen den noch bestehenden Kirchenstaat stützen, dem Rom angehört.

1866 Italien erklärt Österreich den Krieg, wird jedoch besiegt. Der österreichische Admiral Tegethoff versenkt die gesamte italienische Flotte in der Seeschlacht bei Lissa. Die Preußen verbünden sich mit Italien, besiegen die Österreicher bei Königgrätz und zwingen sie, aus Italien abzuziehen.

1870 Nach der Schlacht von Sedan im Deutsch-Französischen Krieg muß Frankreich seine Truppen aus dem Kirchenstaat abziehen, und Rom wird Hauptstadt Italiens. Der Papst erklärt sich zum freiwilligen Gefangenen im Vatikan.

1882 Italien söhnt sich mit Österreich aus. König Umberto I. schließt mit Österreich-Ungarn und mit Deutschland den „Dreibund".

Das 20. Jahrhundert

1915 Italien bricht den „Dreibund"-Vertrag und tritt gegen Deutschland und Österreich-Ungarn in den Ersten Weltkrieg ein.

1919 Im Frieden von Saint-Germain müssen das österreichische Südtirol und Istrien an Italien abgetreten werden.

1922 Benito Mussolini begründet den faschistischen Staat, wird als „Duce" Staatsführer und beendet 1929 durch die „Lateranverträge" den Konflikt zwischen Kirche und Staat. Der Kirchenstaat (Città del Vaticano) wird neu gegründet.

1940 Italien tritt an der Seite des Deutschen Reichs in den Zweiten Weltkrieg ein.

1943 Alliierte Truppen landen in Süditalien und erobern Sizilien. Mussolini wird gestürzt, Italien kapituliert und kämpft nun an der Seite der Alliierten gegen Deutschland.

1945 Kapitulation der deutschen Truppen. Mussolini wird auf der Flucht in die Schweiz von Partisanen erschossen.

1946 Umberto II. wird zum König von Italien ausgerufen. Nach einer Volksabstimmung ergibt sich jedoch eine Mehrheit für die Republik, die fortan die Staatsform Italiens wird. Der König verläßt das Land.

1947 Im Frieden von Paris verliert Italien Istrien und andere Gebiete am Ostufer der Adria an Jugoslawien, darf aber Südtirol behalten.

1954 Triest wird an Italien zurückgegeben.

1957 In Rom wird die Europäische Wirtschaftsgemeinschaft (EWG, später EG) gegründet.

Der Wiederaufbau des Landes geht rasch vonstatten. Neue Autobahnen werden gebaut, die schönsten Landschaften werden für den Fremdenverkehr erschlossen, Italien wird das beliebteste Reise- und Urlaubsland Europas.

1966 Die schwerste Hochwasserkatastrophe in der Geschichte des Landes sucht Italien heim und vernichtet vor allem in Florenz unschätzbare Kunstwerke.

1970 Nach erheblichen Streikbewegungen wegen der instabilen sozialen Ordnung sichert das „Statuto del Lavoratore" (Arbeiterstatut) die Arbeitsplätze. Einige Regionen des Landes, darunter Südtirol, erhalten Sonderrechte.

1976 Schweres Erdbeben in Friaul.

1978 Aldo Moro, Vorsitzender der Christdemokraten, wird entführt und ermordet.

1980 Schwere Erdbeben in Süditalien.

1981 Papst Johannes Paul II. wird bei einem Attentat schwer verletzt.

1983–1988 Mit Benito Craxi regiert erstmals ein Sozialdemokrat Italien.

KUNST UND KULTUR

Bildende Kunst in Italien

In den italienischen Städten und in ihren Museen herrscht ein Reichtum an Denkmälern der bildenden Kunst, die zwischen der Steinzeit und unseren Tagen entstanden sind, wie ihn kaum ein anderes Land zu bieten hat. Eine Darstellung der Kunst auf italienischem Boden kann daher nur das Wichtigste erwähnen und nur die wichtigsten Entwicklungen skizzieren.

FRÜHGESCHICHTE UND ALTERTUM

Aus der Bronzezeit gibt es auf der Insel Sardinien Fundstätten phönizischer Kultur und die nur der Insel eigenen Nuragen (Rundtürme). Aus dem zweiten vorchristlichen Jahrtausend stammen Reste von Waffen, die auf eine große Erfahrung in der Verarbeitung von Metallen schließen lassen.

Dolmen (Steingräber) aus der Bronzezeit fand man in der Gegend von Tarent. Lange Reihen megalithischer Mauern kann man noch bei Manduria (Apulien) sehen, ganze Dörfer mit ovalen Rundhütten auf Filicudi. Die Grotta Romanelli (Apulien) ist mit ihren Steinzeichnungen eines der wichtigsten paläolithischen Denkmäler der Welt.

Etrusker

Die Etrusker sind ein italisch-lydisches Mischvolk, das sich vom zehnten bis zum dritten vorchristlichen Jahrhundert vor allem in Mittelitalien ausbreitete. Beispiele der etruskischen Kunst bewahrt fast jede größere italienische Stadt in ihren Museen.

Zahlreiche Städte in der Toskana, in Umbrien und in Latium, so Volterra und Perugia, Tarquinia, Chiusi, Cerveteri und Veio, besitzen noch heute beachtliche Reste aus der etruskischen Zeit. Die etruskische Kunst ist besonders in der Skulptur und der Malerei von der griechisch-arabischen beeinflußt. Charakteristische Züge der Bronzestatuen, Grabmalereien und Tempelausschmückungen sind der ausgeprägte Realismus, die Liebe zum Dramatischen sowie der Hang zum Grotesken.

Griechen

Eindrucksvolle Relikte der im siebten vorchristlichen Jahrhundert begonnenen griechischen Kolonialisation findet man auf Sizilien, vor allem in Syrakus, Agrigent, Segesta und Selinunt. Griechische Bronzen und Malereien kann man in Pompeji und in den vielen Museen Unteritaliens und Siziliens bewundern. Berühmt ist das Nationalmuseum von Neapel. Griechische Vasen fand man zahlreich in den Nekropolen. Besonders erwähnenswert sind die mit schwarzen und roten Figuren bemalten Vasen von Akragas (Agrigent).

Auf Sizilien stehen mehr und besser erhaltene dorische Tempel als in Griechenland selbst. Fast alle dorischen Tempel Siziliens stammen aus dem siebten bis fünften vorchristlichen Jahrhundert. Der stets steinerne Tempel steht auf einem Unterbau; er besitzt eine Säulenvorhalle und meist auch eine ringsherum verlaufende Säulengalerie. Die wuchtigen Säulen neigen sich geringfügig nach innen. Sie besitzen 16 bis 20 Kannelüren (Rinnen), die ihnen eine belebende Licht-Schatten-Wirkung verleihen, und verjüngen sich nach oben. Das Kapitell besteht aus einem Stück Stein. Im Gebälk ist der Architrav (Steinbalken) gewöhnlich durch ein schmales Band vom Fries, einem verzierten Mittelbalken, getrennt. An den Ecken und auf den Spitzen des sanft ansteigenden Giebeldachs stehen schmückende Statuen oder andere Figuren. Das Giebelfeld (Tympanon) der Fassade ist meistens mit Skulpturen geschmückt. Das Tempelhaus, die Cella, ist häufig aus gleichmäßigen Quadersteinen ohne Mörtel errichtet, der Fußboden der Cella mit Kalksteinfliesen ausgelegt. Die Innenwände des Tempels waren ursprünglich mit kräftigen Farben bemalt. Motive waren Mäandermuster, Blätter und Rankenwerk.

RÖMISCHE KUNST

Bei drei großen geschichtlichen Anlässen begegnen die Römer der überlegenen hellenistischen Bildung und Kultur: Als sie die Magna Graecia (Großgriechenland = Süditalien) besetzen, als sie Griechenland selbst erobern und als sie die hellenistischen Reiche in Afrika und Asien ihrem Staat einverleiben. 212 v. Chr. fällt Syrakus, 146 Korinth, 86 Athen; Asien wird 129 römische Provinz, Pontos und Syria 63 und Ägypten 30 v. Chr.

Die Römer der republikanischen Zeit, die etwa 500 v. Chr. beginnt, sind Bauern, Kleinbürger, Geschäftsleute und Soldaten; die als Beutegut heimgeführte ungeheure Zahl an Kunstwerken vermag sie nicht zu beeindrucken – sie haben auch keine annähernd gleichwertige Kultur entgegenzusetzen.

Als die Römer schon längst Herren des Erdkreises sind, haben sie in der Kunst noch wenig geleistet und für ein großes Bauwerk oder eine Plastik – Repräsentationsbedürfnisse einer Weltmacht – lassen sie noch bis in die Kaiserzeit, die mit dem Zeitalter des Augustus 30 v. Chr. beginnt, griechische Künstler kommen. Aber das Vorbild Griechenlands setzt sich durch; der Geschichtsschreiber Livius (39 v. Chr. bis 17 n. Chr.) urteilt: Mit der Eroberung von Syrakus (212 v. Chr.) habe die Bewunderung griechischer Kunstwerke begonnen. Die jahrhundertelange Friedenszeit, die mit Augustus beginnt, findet ihren direkten Niederschlag in der Bauleidenschaft, die alle großen Herrscher kennzeichnet; Pläne zur architektonischen Neuformung Roms, die schon Caesar (100–44 v. Chr.) gehabt hat, können jetzt realisiert werden. Rom, zum Mittelpunkt der Welt geworden, soll den glänzenden hellenistischen Residenzen in nichts nachstehen, und die einsetzende Monumentalisierung der Stadt löst die Entwicklung der römischen Kunst aus. Der Baumeister Vitruv widmet seine zehn Bücher „Über die Architektur“ (De architectura) um

24 v. Chr. dem Kaiser Augustus, und der macht, wie er selbst sagt, aus der Lehmstadt eine Marmorstadt. Die „augusteische Wende" (vergleichbar der karolingischen Renaissance, als Kaiser Karl der Große Anfang des 9. Jahrhunderts durch die Bindung von Künstlern und Gelehrten an seinen Hof einen neuen Anfang nach den ruhelosen Merowingern setzt), diese innere Erneuerung im Rahmen des römischen Staatsbewußtseins, soll Signalwirkung für die nachantike Welt annehmen; die abendländische Kunst sowie der byzantinische Kuppelbau sind ohne die Leistungen der Kaiserzeit (bis 375 n. Chr.) nicht denkbar.

Römische Gestaltungen werden maßgebend: Ornamentformen und Säulenanordnungen; Bogen, Tonnen- und Kreuzgewölbe, Kuppelkonstruktion und Strebewerk; Kaiserbüsten, Triumphbögen und Reliefs; Sarkophage und Statuen, vor allem aber Fassadenbildung und räumliches Denken. Der Profanbau wird vor neue Aufgaben gestellt, und er löst sie bewundernswert: Paläste, Villen, Thermen, Theater, Aquädukte, Brükken, Markt- und Gerichtshallen (Basiliken). Der Sakralbau wird mit Modifikationen von den Griechen übernommen, ihm stellen sich keine neuen Aufgaben zunächst; die kommen, als das Christentum unter Konstantin dem Großen Staatsreligion wird, und bezeichnenderweise knüpft der christliche Kirchenbau an die profane Architekturform der Basilika an.

Ein befriedetes Weltreich erlebt den Wohlstand; der macht die Römer träge, daß sie nur mehr nach Brot und Spielen (panem et circenses) schreien und durch das träge Gehenlassen ihren eigenen Untergang vorbereiten. Der Wohlstand bringt aber auch die individuellen Künste zum Blühen. Die herrschende Klasse läßt ihr Repräsentationsbedürfnis in Plastik, Mosaik und Malerei feiern, und der Klassizismus der Kaiserzeit, der auf griechisches Vorbild aufbaut und nicht davon zu trennen ist, legt hier abermals Wurzeln für die nachantike Kunst.

Pompejanische Malerei

Die höchste Entwicklungsstufe erreicht die Malerei, wie sie uns in Pompeji und Herkulaneum überliefert ist. Die pompejanischen Maler kennen bereits Stilleben, Porträts, Genrebilder, Monumentalgemälde und die Perspektive; berühmt ist das pompejanische Rot, alles Errungenschaften, die die abendländische Malerei erst um 1300 wiedererlangt. Diese Malerei geht mit dem römischen Weltreich unter. Sie findet keine Fortführung, weil das frühe Christentum mit der Weltlichkeit der heidnischen Malerei und mit der bildlichen Darstellung generell theologische Schwierigkeiten hat.

Die Mosaikkunst, die in kultischer Bindung, also ohne die Möglichkeit zur Ausprägung subjektiver Züge für die nächsten tausend Jahre bestimmend wird, ist einem begrenzten biblischen Themenbereich in der Darstellung unterworfen.

Frühchristliche Kunst

Die ersten Zeugnisse finden sich in den Katakomben Roms, wobei die Malerei stark an die heidnischen Vorbilder des Mithras-Kults angelehnt ist. Ab Konstantin tritt die Mosaikkunst in den Dienst hagiographischer Darstellung; sie blüht im oströmischen Reich und dessen italienischer Provinz Ravenna (bis 751) und wird um das Jahr 1300 von der abendländischen Malerei abgelöst. Versammlungsraum der Christen ist die ursprünglich profane Basilika, ein mehrschiffiger Hallenbau mit Fenstern (Obergadenfenster) an den Seitenwänden. Typische Beispiele sind die Kirchen Sant'Apollinare Nuovo und Sant'Apollinare in Classe von Ravenna.

Auch römische Kirchen sind mit byzantinischen Mosaiken versehen. Herrliche Mosaikgemälde zieren die normannischen Dome der sizilianischen Städte Cefalù und Monreale sowie die Cappella Palatina in Palermo. Byzantinischen Einfluß sieht man auch in den romanischen Fresken süditalienischer Kirchen. Die Malkunst tritt anschaulich im byzantinischen Codex Purpureus hervor, der im Diözesanmuseum von Rossano (Kalabrien) aufbewahrt wird.

Die Epoche des romanischen Baustils, dessen Charakteristikum die Rundbögen sind, hinterließ in ganz Italien (kaum in Rom) bemerkenswerte Bauten. Die lombardische Romanik manifestiert sich in den Stadtstaaten der Po-Ebene und Norditaliens wie Cremona, Parma, Modena sowie Verona (S. Zeno Maggiore), Mailand (S. Ambrogio). In Apulien zeugen die zahlreichen Stauferschlösser ebenfalls von der Romanik des 11. bis 13. Jahrhunderts.

In der Toskana entwickelt der romanische Stil eine eigene Variante, die sich in einer farbenfrohen Verkleidung der Fassade (meist schwarzweiße oder grünweiße Streifenmuster) und in dekorativen Arkadengalerien an ihr äußert. Musterbeispiele sind Baptisterium, Dom und „Schiefer Turm" von Pisa sowie die Kathedralen von Lucca, Siena und Fiesole.

Gute Beispiele romanischer Skulptur findet man an den Bischofsthronen der Kirchen von Bari und Canosa di Puglia, an den Kanzeln im Baptisterium von Pisa, im Dom von Siena und in der Kathedrale von Bitonto. Von besonderer Schönheit sind die romanischen Bronzetüren mit figürlichen Darstellungen in Einlegearbeit, die viele Kirchen der damaligen Zeit schmücken.

Die Gotik wird im 13. Jahrhundert von den Zisterziensermönchen aus den nördlich der Alpen gelegenen Ländern nach Italien gebracht. Berühmt sind die Kathedralen von Mailand, Siena, Orvieto, Bologna, und zahlreiche Kirchen in Florenz. Als früheste gotische Kirche Italiens gilt die Oberkirche der Basilika von Assisi.

Entsprechend der Blütezeit der mittel- und oberitalienischen Stadtstaaten finden sich Bauten im gotischen Stil vorwiegend in Venedig (Ca' d'Oro, Dogenpalast), Florenz, Siena, Verona (Scaligergräber), Mailand, Perugia, Orvieto, Viterbo, jedoch nicht im politisch bedeutungslosen Rom; in Süditalien hinterließ die Gotik ebenfalls kaum Spuren. Prachtvolle Beispiele der Spätgotik stellen die Flügelaltäre aus dem 15. Jahrhundert in den Kirchen Südtirols dar.

Aus der Übernahme der traditionellen byzantinischen Mosaikkunst (S. Marco in Venedig) entwickelt sich durch Individualisierung der Darstellung die abendländische Malerei; erste Vertreter sind Cimabue (um 1240 – 1302) und Giotto (1267 – 1337).

VON DER RENAISSANCE ZUM KLASSIZISMUS

Die Renaissance hat ihre Wurzeln und Vorbilder im klassischen Altertum und erreicht im Florenz des 15. Jahrhunderts ihren ersten Höhepunkt. Als Architekten ragen Brunelleschi und Michelozzo, als Bildhauer Donatello, Ghiberti und Lucca della Robbia und als Maler Paolo Uccello, Piero della Francesca, Fra' Angelico und Botticelli hervor. Die venezianischen Malschulen erlangen mit Mantegna, Gentile und Giovanni Bellini und Carpaccio Weltruhm. Im 16. Jahrhundert übernimmt Rom von Florenz die führende Rolle. Es entsteht der Petersdom. Bramante, Michelangelo, Raffael und Leonardo da Vinci schaffen Meisterwerke. Zur gleichen Zeit entstehen in Venedig die prachtvollen Bauwerke von Sansovino und in Vicenza jene von Palladio. In der Malerei begründen Giorgione, Tizian, Veronese und Coreggio weltbekannte Schulen.

Nord- und Mittelitalien werden in dieser Zeit zur Mutter der Künste und Wissenschaften für die übrige Welt. Süditalien besitzt nur wenige Renaissancekünstler. Nur in der Malerei ragt Antonello da Messina hervor, der in Flandern die „neue Malerei" mit Ölfarben erlernte. In der Bildhauerkunst zeichnet sich Antonio Gagini durch seine würdevollen Skulpturen aus.

Für das Ende des 16. Jahrhunderts beginnende Barockzeitalter ist kennzeichnend, daß nach der Ruhe und Ausgewogenheit der Renaissance nun die Bewegtheit und der Hang zur Phantasie zum künstlerischen Prinzip werden. In der Baukunst schaffen Borromini und Bernini Meisterwerke. Von Rom aus erobert sich der Barock bald das ganze Land. Als schönste Barockstadt Italiens gilt Lecce in Apulien. Auch Neapel erhält um diese Zeit seine schönsten Bauwerke. In Oberitalien sind es vor allem Genua und Turin, in denen die Barockkunst zur hohen Blüte gelangt; doch auch in Südtirol entstehen zahlreiche schöne Barockbauten, darunter der Bischofspalast in Brixen. Als eine der schönsten Barockkirchen des Landes gilt Santa Maria della Salute in Venedig. Die Malerei des Barock erreicht unter Caravaggio ihren Höhepunkt.

Zu Beginn des 18. Jahrhunderts werden die überreichen Verzierungen des Barocks einfacher. Es wird abgelöst durch den Klassizismus (auch „Neuklassik" genannt), der sich auf die antiken griechischen und römischen Formen beruft.

Antonio Canova (1757 – 1821) ist der berühmteste Bildhauer dieser Zeit. Bekannte Architekten sind Vanvitelli und Medrano. Zu den schönsten Beispielen der klassizistischen Baukunst gehört der Palast von Caserta.

In Venedig bringen Tiepolo und Francesco Guardi die Malerei zu neuer Blüte. Ausdruck dieser Epoche sind auch die Porzellan- und Krippenfiguren, die im 18. Jahrhundert vor allem in Neapel in reichem Maße hergestellt werden.

DAS 20. JAHRHUNDERT

In Malerei, Architektur und Bildhauerkunst tritt gegen Ende des 19. Jahrhunderts ein kraß ausgeprägter Naturalismus an die Stelle der alten Formen. Zu dieser Zeit erlebt ganz Italien seine Einigung. Der Überschwang der Gefühle findet in allen Künsten seinen Niederschlag, ganz besonders aber in der Dichtkunst (Gabriele d'Annunzio). Mit der Machtergreifung des Faschismus entsteht in allen Kunstrichtungen der Hang zum Antik-Monumentalen. Malerei und Bildhauerei bemächtigen sich antiker Vorlagen, doch vermögen sie keine neuen Impulse zu geben. Zu den Künstlern, die sich – unabhängig von den politisch geleiteten Kunstströmungen – Weltruhm schaffen, gehören die Maler Carlo Carrà, Giorgio de Chirico, Filippo de Pisis, Modigliani und Gino Severini, der Architekt Pier Luigi Nervi sowie die Bildhauer Marino Marini und Giacomo Manzù.

Musik und Oper in Italien

Der Versuch der Wiederbelebung der griechischen Tragödie durch die Florentiner Camerata um 1600 führte zum begleiteten Sologesang (im Gegensatz zur polyphonen Praxis der Zeit) und daraus entwickelte sich die Oper (1605 Monteverdis „Orfeo"). Die neue Gattung breitete sich rasch aus, in Rom etablierte sich die geistliche Oper, in Venedig die weltliche, und im 18. Jh. übernahm Neapel die Führung (Pergolesi, Paisiello); die italienische Oper beherrschte ganz Europa. Rossini, Bellini, Donizetti und Verdi prägen das 19. Jh., und das 20. Jh. erlebt Puccinis Welterfolge. Heute gibt es in Italien 13 staatliche Opernhäuser.

Weitere bedeutende italienische Komponisten sind: Francesco Landini (14. Jh.); Orlando di Lasso und Palestrina (16. Jh.), die Meister der Vokalpolyphonie; Domenico Scarlatti (1685 – 1757), Musik für Tasteninstrumente; Antonio Vivaldi (1678 – 1741), Orchestermusik; Luigi Boccherini (1743 – 1805), Kammermusik; Paganini (1782 – 1840), Geigenvirtuose und Musik für Violine; Ottorino Respighi (1879 – 1936), Kammermusik, Lieder und symphonische Dichtungen („I Pini di Roma").

In der Volksmusik nimmt Süditalien einen besonderen Platz ein. Die Neapolitaner nennt man oft ein „Volk von Sängern". Aus alten Volksliedern entstanden in der ersten Hälfte des 19. Jahrhunderts in Neapel die Chorgesänge, die während des alljährlich im September stattfindenden Sängerfestes („Piedigrotta") als ein Ausdruck der neapolitanischen Volksseele dargeboten werden. Überall verbreitet sind auch die erzählenden Lieder (Romanzen) mit Mandolinenbegleitung. Die Lieder der „Schule von Neapel" („O Sole Mio", „Santa Lucia", „Funiculi" u.a.) sind weltbekannt und wurden das nicht zuletzt durch die Stimme des Neapolitaners Enrico Caruso, der mit seinem Tenor die ganze Welt eroberte.

Neben den berühmten Opernaufführungen in allen größeren Städten — vor allem in der Mailänder Scala und den sommerlichen Opernfestspielen in der Arena von Verona — finden in Italien auch das ganze Jahr hindurch bedeutende Musikfestspiele statt. Genaue Auskünfte über Ort, Spielplan und Zeit der Aufführungen geben die regionalen Fremdenverkehrsämter und die Zweigstellen von ENIT.

FERIEN IN ITALIEN

Italien ist das klassische Reiseland Europas. Die Schönheiten der Landschaft, die heitere Lebensart ihrer Bewohner und die kulturellen Zeugnisse aller Kunstrichtungen und aller Epochen haben schon immer Menschen, vor allem aus West-, Mittel- und Nordeuropa, angelockt. In unserem Jahrhundert ist das Bedürfnis nach Erholung, Sonne und warmem Meerwasser dazugekommen, und so hat die Zahl derer, die in Italien ihre Ferien verbringen, in den letzten Jahrzehnten immer mehr zugenommen.

Beste Reisezeit

Italien hat das ganze Jahr hindurch Saison. Für Reisende, die die Kunstschätze in den italienischen Städten kennenlernen wollen, sind alle Jahreszeiten mit Ausnahme des Hochsommers zu empfehlen. In den Sommermonaten besucht man vor allem die Seebäder an den Küsten. Hauptreisemonat, in dem gewöhnlich auch der Italiener Ferien in den zahlreichen Badeorten macht, ist der August. Zimmer für diese Zeit sollte man mehrere Monate im voraus bestellen.

Eine sehr schöne Reisezeit für alle Teile Italiens ist der Herbst, der mit seiner Fülle von Obst dem Reisenden einen zusätzlichen Genuß bietet. Die Täler Südtirols und das Aostatal, die Naturschutzgebiete in den Bergen, aber auch die Küsten Apuliens und Kalabriens werden um diese Zeit noch gern besucht. Es ist die ideale Zeit zum Wandern und Bergsteigen. Im Spätherbst kann man gelegentlich noch im Süden des Landes und auf den Inseln Sardinien und Sizilien Badeferien verbringen, die Adria hingegen wird dann bereits von rauhen Winden heimgesucht, und auch an der ligurischen Küste hat sich das Meerwasser schon bedeutend abgekühlt.

Wer zum Wintersport nach Italien fährt, findet in den Alpen zwischen Dezember und April gute Schneeverhältnisse vor. In den Apenninen und im Gebiet des Ätna gibt es im Winter zwar mehr Sonnentage als im Alpenraum, doch sind die Möglichkeiten zum Skilaufen dort nicht ganz so gut wie in Norditalien und Südtirol.

Im Frühjahr ist die Baumblüte in Südtirol, an den Seen Oberitaliens und in der Toskana ein besonderes Erlebnis. Auch ein Frühjahrsbesuch der ligurischen Küste ist wegen des Blumenreichtums und der Blütenpracht um diese Jahreszeit empfehlenswert. Für Sizilien ist das Frühjahr die ideale Reisezeit schlechthin. Die Mandelblüte ist ein Erlebnis besonderer Art. In Agrigent feiert man das Fest der Mandelblüte. Die Insel Sardinien ist wegen ihrer vielfältigen Landschaft, ihrer Badestrände und des milden Klimas von März bis November besuchenswert.

Die Feriengebiete Italiens

Jede italienische Region ist als Feriengebiet geeignet, jede hat ihren eigenen Charakter, ihre besonderen Sehenswürdigkeiten und ihren besonderen Erholungswert. Im folgenden wird versucht, die Besonderheiten der einzelnen Regionen und damit der Feriengebiete darzustellen.

PIEMONT

Piemont, das „Land zu Füßen der Berge", liegt im Nordwesten des Landes und grenzt an Frankreich und die Schweiz. Im Osten reicht es bis zum Westufer des Lago Maggiore. Auf drei Seiten wird die Region von den Alpen begrenzt. Die Täler verlaufen fächerartig zu den Ebenen von Novara und Vercelli, wo Reis und Weizen angebaut werden. Die Tiefebene im Süden wird von den Hügeln des Monferrato und des Langhe unterbrochen, die vorwiegend mit Weinkulturen bedeckt sind und an Landschaften der Toskana erinnern.

Nach der Völkerwanderung herrschten in Piemont Langobarden, es gehörte zum Reich der Karolinger und zu Burgund. Dann kam es an die Grafen und späteren Herzöge von Savoyen. Im 18. Jahrhundert erhielt Savoyen-Piemont aus der spanischen Erbmasse Sizilien, das es kurz darauf bei den Habsburgern gegen Sardinien eintauschte. So entstand das Königreich Sardinien-Piemont, von dem aus später die Einigung ganz Italiens ihren Ausgang nahm.

Für den Italiener ist Piemont außer der Königswiege auch das Land der Gletscher und der Wälder, der Bergwanderungen und der Wintersportgebiete. Sehenswert sind seine beiden Königsstädte Turin und Ivrea sowie seine vielen alten Burgen und Schlösser. Auch die alte Stadt Vercelli, die Weinstadt Asti und die historischen Städte Cuneo und Novara werden von Touristen gern aufgesucht.

AOSTATAL

Dieses Tal im äußersten Nordwesten Italiens ist das weiteste Tal des Landes, eingerahmt von den höchsten Alpengipfeln. Im Sommer wie im Winter ist es ein Ferienland für alle, die die Berge und das Hochgebirge lieben. Überragt wird die Region von Montblanc (4810 m), Monte Rosa (4633 m) und Matterhorn (4478 m); letzteres wird als schönster Berg der Alpen gepriesen. Der Nationalpark „Gran Paradiso" im Süden der Region ist reich an Gemsen. Von Courmayeur im Westen bis Valtournenche und Breuil-Cervinia im Osten gibt es mehrere vielbesuchte Ferienorte, die als Wintersportorte weltbekannt sind. Die Hauptstadt Aosta liegt in einer fruchtbaren Ebene und besitzt aus der Zeit ihrer Gründung durch Augustus (24 v. Chr.) noch einen Triumphbogen. Aosta ist der Ausgangspunkt für Fahrten über den Kleinen und Großen Sankt Bernhard. Überall findet man gut erhaltene alte Burgen. Naturliebhaber kommen im Aostatal auf ihre Kosten.

LOMBARDEI

Die Lombardei ist eine der größten und wirtschaftlich bedeutendsten Regionen Italiens, sie spielt aber auch im italienischen Fremdenverkehr eine große Rolle. Im Osten wird sie von Venetien, im Westen von Piemont, im Norden vom Alpenbogen und im Süden vom langen Lauf des Po begrenzt.

Touristenzentren allerersten Ranges sind die Regionshauptstadt Mailand, die oberitalienischen Seen (Lago Maggiore, Lago di Como) und die an historischen Baudenkmälern reichen Städte Bergamo, Brescia, Como, Cremona, Mantua, Pavia, Sondrio und Varese.

Mailand besitzt einen berühmten gotischen Dom aus weißem Marmor. Zu den großen Sehenswürdigkeiten der Stadt gehören auch Leonardo da Vincis „Abendmahl" im Refektorium des ehemaligen Dominikanerklosters Santa Maria delle Grazie und das weltbekannte Opernhaus „Scala".

Viele Kunstschätze hat auch Pavia, die einstige Hauptstadt der Langobarden, zu bieten. Cremona ist durch seinen Violinen- und Bratschenbau (Amati, Stradivari, Guarneri) bekannt, Bergamo hat einen prächtigen alten Stadtkern. Brescia wird die „Waffenschmiede" Italiens genannt. Sondrio ist die Hauptstadt des Veltlins, wo ein guter Wein herkommt. Como und Varese liegen in herrlicher Lage an gleichnamigen Seen, Mantua ist der Geburtsort Vergils und der Sterbeort Andreas Hofers, den Napoleon hier erschießen ließ.

Das sind aber nur einige der vielen Städte der Lombardei, von denen jede einzelne ihren besonderen Charakter und Reiz sowie reiche geschichtliche Erinnerungen und sehenswerte Baudenkmäler hat.

TRENTINO – SÜDTIROL

Diese Region ist im Süden italienisch-, im Norden deutschsprachig. Nach dem Ersten Weltkrieg wurden im Frieden von St. Germain die südlich des Brenners gelegenen Landesteile von Tirol Italien zugesprochen. Trotz der radikalen Italienisierungspolitik der faschistischen Regierung zwischen den beiden Weltkriegen hat diese Provinz, die jahrhundertelang zum österreichischen Kronland Tirol gehört hat, ihr „österreichisches Gesicht" – vor allem in den ländlichen Gebieten – weitgehend bewahrt.

Südtirol ist mit der „Brennerstraße" für viele das Eingangstor zu Italien. Die Etsch ist der bedeutendste Fluß des ganzen Gebietes. Das Obst dieser Gegend ist berühmt und wird auch in die Bundesrepublik exportiert. In Südtirol liegen viele Erholungsorte, Sommerfrischen und Wintersportorte. Zum Wandern, Bergsteigen und Skifahren ist das Land wie geschaffen. Meran ist durch seine Traubenkur im Herbst und durch sein Heilklima bekannt.

Trient (Trento) wurde durch das „Tridentiner Konzil" historisch, in dem nach Luthers Reformation die katholische Lehre ihre für die Neuzeit gültige Fassung erhielt (1545 – 1563). Die Schönheit des Gardasees, der zu den reizvollsten Landschaften Südeuropas gehört, kann man am besten von den ihn umziehenden Autostraßen (Gardesana orientale und Gardesana occidentale) aus genießen. Riva, Torbole, Limone, Gardòne-Riviera und zahlreiche andere Orte am See werden viel von Touristen besucht.

VENETIEN

Die Region Venetien liegt im nordöstlichen Teil der fruchtbaren Po-Tiefebene. Im Norden wird sie von Hügelland und Gebirgen begrenzt. Die fruchtbare Ebene (viel angebaut werden Wein, Gemüse, Obst, Hülsenfrüchte) er-

Venedig: Ca' d'Oro

streckt sich bis zum Meer, wo Hunderte von Inseln und Kanälen entstanden sind. Die Veneter waren ein illyrischer Stamm, der sich nicht mit den Kelten mischte. Zur Zeit der Völkerwanderung wurde die Bevölkerung vom Land nach den Lagunen in die Haffwelt der italienischen Alpenflußmündungen gedrängt. So entstanden die Inselstädte wie Venedig, Chioggia, Torcello, Grado. Das von den Dogen regierte Venedig wurde bald erste Seemacht im östlichen Mittelmeer. Im Jahr 828 kamen die Gebeine des heiligen Markus hierher, die Markuskirche wurde erbaut. Die Paläste und Denkmäler Venedigs lernt man am besten bei einer langsamen Gondelfahrt auf dem die Stadt durchfließenden Canal Grande und den anderen Kanälen kennen.

Verona besitzt ein Amphitheater, das besser erhalten ist als das Kolosseum von Rom. In Verona residierte der Ostgotenkönig Theoderich, der in der deutschen Sagenwelt „Dietrich von Bern" heißt. Die zahlreichen Baudenkmäler und Kunstschätze der Stadt machen sie zu einer der ersten Städte Italiens.

Padua ist durch seine alte Universität und durch die prachtvolle Kirche des heiligen Antonius bekannt. Belluno liegt auf einem Hügel zwischen Ardo und Piave und rühmt sich einer herrlichen Alpenaussicht. Cadore ist der Geburtsort Tizians. Die alte Stadt Treviso ist die Heimat der Maler Lorenzo Lotto und Paris Bordone. Vicenza ist als „Stadt des Palladio", des berühmten Renaissance-Baumeisters, bekannt. Die südlichste Provinzhauptstadt, Rovigo, ist ein landwirtschaftliches Zentrum. Zwischen Rovigo und Chioggia liegt der kleine Ort Adria, der dem Meer den Namen gab: Er war der etruskische Seehafen am Po. Seither hat dieser Fluß seine Mündung um mehr als 20 Kilometer nach Osten vorgeschoben.

FRIAUL-JULISCH VENETIEN

Diese Region ist der äußerste nordöstliche Teil Italiens und wird nach Österreich und Jugoslawien hin von den Karnischen und den Julischen Alpen begrenzt. Die wichtigste Binnenstadt der Region ist Udine, das schon zur Zeit der Römer und Langobarden eine wichtige Siedlung war. Udine ist die Hauptstadt des Friaul, wo im Jahr 1976 durch schwere Erdbeben zahlreiche Städte mit Kunstschätzen und alten Baudenkmälern von unersetzlichem Wert in Trümmer sanken. Sehr bekannte

Badeorte an der Küste sind Lignano, Grado und Sistiana. Die westlich anschließenden Badeorte Bibione, Caorle und Jesolo gehören schon zur Region Venetien. Die alte Hafenstadt Triest besitzt viele sehenswerte Bauten.

LIGURIEN

Genua, die Hauptstadt Liguriens, ist der größte Hafen Italiens und des Mittelmeers. Die wie ein antikes Theater über dem Meer aufsteigende Stadt mit berühmten Kirchen und Palästen wurde schon 205 v. Chr. von den Karthagern gegründet. Sie wurde dann römisch und langobardisch, erlangte aber erst im Mittelalter als eigene Stadtrepublik Bedeutung und als Beherrscherin des westlichen Mittelmeeres Weltruhm. Aus dieser und der folgenden Zeit stammen die meisten Baudenkmäler Genuas.

Hauptattraktion und Fremdenverkehrsmittelpunkt der Region ist seine in ihrer Naturschönheit einzigartige „Riviera“, in deren Hintergrund die Meeralpen und die Apuanischen Alpen emporragen.

Weltbekannt sind die Meerbäder Sanremo, Bordighera, Diano Marina und Alassio an der „Blumenriviera“. Östlich von Genua erstreckt sich die Riviera di Levante mit beliebten Touristenorten wie Rapallo, Santa Margherita und Portofino. Ligurien hat von allen Regionen Oberitaliens das mildeste Klima.

EMILIA – ROMAGNA

Diese Region erstreckt sich von den Grenzen Liguriens und des Piemont im Westen bis zur Küste des Adriatischen Meers, wo weltbekannte Seebäder liegen.

In vielerlei Hinsicht (Fremdenverkehr, Landwirtschaft, Städtebau) gehört diese Region zu den am weitesten entwickelten in Italien. Die Hauptstadt Bologna und die Provinzhauptorte Ferrara, Forlì, Modena, Parma, Piacenza, Ravenna und Reggio wurden schon in der Römerzeit angelegt. Jede von ihnen zeigt noch im Straßenplan das Schachbrettmuster der alten römischen Lagerfestung. Rimini war unter den Römern der Hauptwaffenplatz der Halbinsel; heute ist die Stadt einer der meistbesuchten Ferienorte Europas.

Piacenza besitzt schöne Kirchen und einen monumentalen Gemeindepalast. Parma war ein Lieblingsort der salischen Kaiser (der Dom von Parma hat Ähnlichkeit mit dem zu Speyer) und wird gerne „Stadt der Säulen“ genannt, denn Säulen schmücken fast jedes seiner Häuser. Reggio liegt malerisch am Fuß des Apennin und ist reich an historischen Geschehnissen. Modena, lange Zeit selbständiges Herzogtum, hat prachtvolle Kirchen mit charakteristischen Statuen und Statuengruppen in Ton. Bologna kann sich nicht nur rühmen, die älteste Universität Europas zu besitzen, sondern ist auch durch seinen Reichtum an alten Kirchen und Palästen bekannt. Für Feinschmecker ist Bologna einen längeren Aufenthalt wert, da seine Küche als eine der besten in Südeuropa gilt. Faenza hat den Fayencen den Namen gegeben. Ferrara ist als Stadt der Este bekannt geworden. Ravenna, einst die Hauptstadt des Ostgotenreiches, besitzt mehr Sehenswürdigkeiten als jede andere Stadt der

Region und ist besonders wegen seiner alten Kirchen und byzantinischen Mosaiken berühmt.

Zu den weit über die Grenzen Italiens hinaus bekannten Badeorten, die alljährlich zwischen Mai und September von Abertausenden von Badegästen aus dem In- und Ausland besucht werden, gehören außer Rimini auch Igea Marina, Bellaria, Cesenatico, Cervia, Milano Marittima und die Strände von Ravenna und Ferrara.

Von Rimini aus sollte man einen Ausflug in die Bergrepublik San Marino machen.

DIE MARKEN

Die Marken haben ihren Namen wahrscheinlich von den Grenzmarken des mittelalterlichen Kaiserreichs. Heute ist die Region wegen der bedeutenden Badeorte ein wichtiges touristisches Gebiet. Besonders beliebt sind Gabicce Mare und Senigallia.

Landschaftliches Kennzeichen der Region sind die von den Gipfeln des Apennins sanft zum Adriatischen Meer abfallenden Berghänge, die von fruchtbaren Tälern durchschnitten sind.

In fast allen Städten dieser Region findet man noch Sehenswürdigkeiten aus altrömischer Zeit, besonders eindrucksvolle in Ascoli Piceno. Zur Provinz Macerata gehört Iesi, der Geburtsort Friedrichs II. Ancona war im 4. vorchristlichen Jahrhundert eine dorische Siedlung, es ist heute eine bekannte Hafenstadt. In den Bergen liegt der Wallfahrtsort Loreto mit der Casa Santa, dem „Heiligen Haus“. Pesaro ist durch seine Majoliken und durch den Komponisten Rossini, Urbino als Heimat Raffaels bekannt geworden.

UMBRIEN

Umbrien wird vom Norden nach Süden vom Tiber durchflossen und ist die einzige Region Mittel- und Süditaliens, die nicht ans Meer stößt. Dennoch ist es reich an Wasser und besitzt einen der größten Seen Italiens, den Lago Trasimeno, Mittelpunkt eines beliebten Feriengebietes. Landschaftliches Kennzeichen der Region sind ihre Berge und die fruchtbaren grünen Täler, in denen viel Viehzucht getrieben wird.

Perugia, die Regionalhauptstadt, gehörte zum Zwölfstädtebund der Etrusker, ehe sie 310 v. Chr. römisch wurde. Ein Besuch dieser 493 Meter über dem Meeresspiegel gelegenen Bergstadt hinterläßt einen nachhaltigen Eindruck.

Terni ist die Heimat sowohl des römischen Geschichtsschreibers Tacitus als auch des gleichnamigen Kaisers aus dem 3. Jahrhundert. Orvieto ist durch seinen berühmten gotischen Dom und durch die Fresken von Signorelli, aber auch durch seinen Weißwein bekannt. Assisi erinnert mit seiner herrlichen Basilika an den heiligen Franziskus. Auch die kleineren Städte Umbriens sind reich an Kunstschätzen.

TOSKANA

Die Toskana erstreckt sich vom Apennin bis zum Tyrrhenischen Meer und ist seit Jahrhunderten ein kultureller Mittelpunkt Italiens. Dem Land vorgelagert ist ein Archipel von kleinen und kleinsten Inseln, die reich an Naturschönheiten sind.

In der Toskana blüht außer dem alten Kunsthandwerk und der modernen Industrie auch die Landwirtschaft. Berühmt ist der Chianti, der als „typisch italienischer Wein“ gilt und in die ganze Welt exportiert wird.

Hauptstadt der Region ist Florenz, das vor allem unter dem Hause Medici zu hoher Blüte gelangte. Künstler aus allen Teilen des Landes wetteiferten im Verschönern des Stadtbilds. Für viele ist Florenz die schönste Stadt Italiens, und der Reichtum seiner Kirchen, Paläste und Museen rechtfertigt einen längeren Aufenthalt.

Siena bezaubert jeden Besucher durch die Geschlossenheit seines Stadtbildes mit prachtvollen Baudenkmälern. Pisa besitzt nicht nur seinen weltbekannten Campanile, den „Schiefen Turm“, sondern auch einen weitläufigen Dom und ein Baptisterium aus weißem Marmor. Reich an Sehenswürdigkeiten ist auch Lucca. Arezzo ist vor allem wegen der Fresken von Piero della Francesca im Chor von San Francesco jedem Kunstkenner ein Begriff. Pistoia, Grosseto, San Gimignano, Prato, Volterra und noch viele andere Orte besitzen Baudenkmäler, die den Ruf der Toskana mitbegründen, Kunst- und Kulturzentrum Italiens zu sein. Zu den beliebten touristischen Reisezielen in der Toskana gehören auch die durch Napoleons Verbannung bekannt gewordene Insel Elba und die Meerbäder Viareggio, Marina di Pietrasanta und Lido di Camaiore.

LATIUM

Die im Süden an die Toskana angrenzende Region Latium ist mit ihrer Hauptstadt Rom die Wiege der römischen Zivilisation. Rom ist nicht nur die Hauptstadt Italiens, sondern auch die historische Hauptstadt der gesamten christlichen Welt. Hier kämpften nicht nur Römer, Westgoten, Ostgoten und Langobarden, bis sich die Herrschaft der Päpste durchsetzte. In den Städten Latiums kann man heute noch zahlreiche Erinnerungen an das römische Kaiserreich und das frühe Christentum sehen.

Die Bergzüge Latiums sind von den Apenninen getrennt. Fruchtbare, mit Weizen und Oliven bebaute Täler wechseln mit bewaldeten Höhenzügen und mit einsamen Landschaften ab, in denen die Hirten ihre Schafherden weiden. Die berühmte „Römische Campagna“ wird im Norden und Osten von vulkanischen Hügeln umschlossen. Dort liegen die Seen von Bolsena, Vico, Bracciano, Albano, Nemi, Fogliano, Sabaudia und Fondi. Von alter Zeit zeugen noch die vorgeschichtlichen Reste am Circeo, dem Kap der Zauberin Circe, und die Ruinen römischer Bauten in Cori, Minturno, Norma, Sezze, Priverno, Terracina, Fondi und Sermoneta.

An der Küste liegt der moderne Hafen Civitavecchia. Die antiken Häfen, wie Ostia an der Tibermündung, sind längst versandet. Heute befinden sich hier die bekannten römischen Badestrände mit allen touristischen Einrichtungen, die aber trotzdem nicht empfohlen werden können, da das Wasser dort stark verunreinigt ist.

Im fruchtbaren Hügelgebiet der „Castelli Romani“ stehen große Kathedralen, prunkvolle Fürstenvillen und die päpstliche Sommerresidenz von Castel Gandolfo. Zu den weiteren Sehenswürdigkeiten zählen die Villa d'Este in Tivoli, die römischen Reste der Villa Hadrians, die etruskischen Nekropolen, die romanischen und gotischen Bauten von Subiaco, Anagni, Casamari und Fossanova und nicht zuletzt die vielen Bauwerke aus der Renaissance und dem Barock. Ausländische Touristen besuchen die großen Kunstdenkmäler Latiums hauptsächlich von Rom aus.

ABRUZZEN

Der Name dieser Region stammt von dem rauhen und wilden Gebirgszug, der mit dem Gran Sasso einen Teil des Apennin bildet. Ein großer Teil des Gebirges mit steil abfallenden Hängen, engen Schluchten, einsamen Wäldern, weiten und verlassenen Hochplateaus wurde zum Naturschutzpark erklärt. Die idyllischen Niederungen sind heute alle landwirtschaftlich erschlossen.

In den Abruzzen kann man stundenlang über grüne Bergweiden oder durch dichte Eichen- und Buchenwälder wandern. Für die Besteigung des Gran Sasso eignen sich vor allem Isola del Gran Sasso und Pietracamela als Ausgangsorte.

Zu den großen Kunstschätzen der Region zählen die Kirchen und Paläste von L'Aquila, die Kirchen von Sulmona, der Geburtsstadt des römischen Dichters Ovid, die römischen Ruinen und mittelalterlichen Bauten von Chieti, der Dom und die Reste römischer Theater in Teramo, der Dom von Atri und zahlreiche andere Kirchen und Klöster.

In der Region Abruzzen gibt es auch Adria-Seebäder, so Pescara, Silvi, Pineto, Roseto degli Abruzzi und Giulianova.

MOLISE

Die Region Molise reicht von der Hochebene im Landesinnern bis zum Adriatischen Meer bei dem beliebten Seebad Termoli.

Die Regionalhauptstadt Campobasso ist auch ein bekannter Ferienort. In Isernia wird die Kunst des Spitzenklöppelns gepflegt. Agone ist als Stadt der Kupferschmiede und der Glockengießer bekannt. Gern besucht werden das Matese-Massiv, die Mainarden, das Obere Molise mit malerisch gelegenen dörflichen Sommerfrischen und gesundem Klima, die archäologischen Ausgrabungsgebiete von Sepino, Pietrabbondante und Larino sowie das inmitten riesiger Tannenwälder liegende Pescopennataro.

In den Orten Boiano, Roccamandolfi, Baranello, Frosolone und Guardiaregia werden noch heute die alten Trachten getragen, die zu den reichsten und schönsten gehören, die es in Italien gibt.

KAMPANIEN

Kampanien ist die am häufigsten besuchte Region Süditaliens. Weltbekannt sind der Golf von Neapel mit dem Vesuv, die Insel Capri mit ihrer „Blauen Grotte" und die Insel Ischia mit ihren Heilbädern.

Neben Neapel ist auch Sorrent, das in herrlicher Lage den Golf von Neapel im Süden abschließt, ein Fremdenverkehrsort ersten Ranges. Nahebei liegen die im Jahr 79 n. Chr. bei einem Vesuvausbruch verschütteten und seit dem 18. Jahrhundert wieder ausgegrabenen antiken Städte Pompeji und Herculaneum.

Weit dehnt sich das reiche Land südlich von Salerno mit seinen riesigen Feldern voll roter Tomaten, Weinreben und Obstpflanzungen aus. Märchenhafte Landschaftsbilder, großartige Denkmäler des griechischen und römischen Altertums, schöne Bauwerke des Mittelalters und eine Vielzahl seltsamer Höhlenbildungen wechseln einander ab.

Reich an römischen und mittelalterlichen Bauwerken ist auch die Provinzhauptstadt Benevent. Ihr unter Kaiser Hadrian erbautes altrömisches Theater gilt wegen der vollständigen Rekonstruktion seiner wesentlichsten Teile als einzigartig in der Welt.

Auch Avellino ist eine Provinz, die eine große Rolle in der Geschichte gespielt hat. Zeugen hierfür sind die Ausgrabungen von Aeclanum, Abellinum und Compsa, frühchristliche Kirchen und Abteiruinen, das alte Ritterschloß Lauro und die Ruinen vieler anderer Burgen. In der abwechslungsreichen Berglandschaft mit Kastanien- und Buchenwäldern liegen viele Sommerfrischen.

Die Provinz Caserta bedeckt eine der fruchtbarsten Ebenen Kampaniens. Zu den größten Sehenswürdigkeiten dieser Provinz zählen das Königsschloß Karls III. von Bourbon in Caserta, die Ausgrabungen und der Dom von Sessa Aurunca, das Kampanische Museum von Capua, die Basilika Sant' Angelo in Formis, das Amphitheater und das Mithräum von Santa Maria Capua Vetere sowie die mittelalterliche Burg und die romanische Kathedrale von Caserta Vecchia.

APULIEN

Diese Region Süditaliens besitzt mit 760 Kilometern den längsten Küstenstreifen aller italienischen Regionen.

Bekannte Seebäder findet man sowohl am Adriatischen als auch am Ionischen Meer. Viele Buchten besitzen Sand-, andere Klippenstrand. An der Adriaküste liegen auch vielbesuchte Heilbäder.

Zu den großen Sehenswürdigkeiten der Region gehören die Dome und Schlösser aus der Zeit der Staufer, die unter Kaiser Friedrich II. hier entstanden. Das Castel del Monte ist ein ungemein eindrucksvolles Beispiel italienischer Festungsbaukunst des Mittelalters. Prachtvoll sind die romanischen Kathedralen von Bari, Altamura, Bitonto, Ruvo, Molfetta und Trani. Lecce ist die schönste Barockstadt Italiens. Tarent ist nicht nur eine uralte Hafenstadt, sondern auch wegen seines reichhaltigen Nationalmuseums besuchenswert. Eindrucksvoll sind die byzantinischen Laure (Krypten) von Massafra, die aus großen Blöcken gefügten alten Mauern und die Plinius-Quelle von Manduria, die prähistorischen Denkmäler von Bisceglie und Melendugno (Dolmen), bei Mondugno und Giurdignano (Hünensteine) und bei Molfetta (Höhlenwohnungen).

Einen Anblick besonderer Art bieten die Trulli, kegelförmige Rundhäuser, die man in Alberobello, im Itriatal, bei Martina Franca, in Cisternino und Locorotondo und in mehreren kleinen Tälern der Selva di Fasano findet. In dieser Gegend liegen auch die größten Höhlen Italiens sowie die „Gravine“, tiefe Spalten in der felsigen Karstlandschaft.

Trulli

Das im nördlichen Apulien weit in das Meer hineinragende Garganogebirge mit Riffen, Grotten, malerischen Badebuchten, dichten Wäldern (Foresta Umbra), Bergwiesen und Heidegebieten hat sich in der letzten Zeit zu einem beliebten Feriengebiet entwickelt.

Die beiden großen Städte Bari und Brindisi sind schon seit den Kreuzzügen wichtige Hafenstädte für den Verkehr mit dem Nahen Osten.

BASILIKATA (LUKANIEN)

Die am Golf von Tarent liegende Region ist zum größten Teil gebirgig. Der 2248 Meter hohe Pollino ist im Winter mit Schnee bedeckt. Vielbesuchte Luftkurorte sind Stigliano und Accetura. Sehenswerte Orte sind Melfi mit seinem Stauferschloß, Venosa mit Ruinen eines römischen Amphitheaters, Potenza mit uralten Kirchen und Matera mit seinen „Sassi“, deren Häuser in den nackten Stein gehauen sind.

Miglionico besitzt ein interessantes Schloß; Metaponto ist wegen seiner archäologischen Ausgrabungen besuchenswert – es gibt dort aber auch einen kleinen Strand. In der mittelalterlichen Stadt Tricarico steht ein schöner Normannenturm.

Landstraßen führen durch einsame Wälder zu uralten Burgen und äußerst malerischen kleinen Bergseen.

KALABRIEN

Die an drei Seiten vom Meer umgebene Region Kalabrien ist durch das strahlenförmige Bergmassiv des Aspromonte (1959 m) gekennzeichnet. Das umliegende Bergland ist mit Wäldern bedeckt, in denen Sommerfrischen liegen.

Die Küsten – die „Violette Küste“ des Tyrrhenischen und die „Jasminküste“ des Ionischen Meers – sind alle für den Fremdenverkehr erschlossen. Die Seebäder bieten viele Möglichkeiten zu Wassersport und Unterwasserjagd. Reich an Naturschönheiten ist die Provinz Cosenza mit den besuchenswerten Orten San Marco, Altomonte, Morano, Cassano und Rocca Imperiale (Burg Friedrichs II.). Viele Kunstwerke beherbergt die Provinzhauptstadt Cosenza am Zusammenfluß von Crati und Busento, wohin eine von Platen in Verse gebrachte alte Sage das Grab Alarichs verlegt. Rossano an der ionischen Küste hat viele Sehenswürdigkeiten aus byzantinischer Zeit zu bieten.

In Catanzaro und seiner Provinz sind schöne alte Kirchen, Burgen und Klöster zu sehen. Reggio di Calabria, die südlichste Stadt des italienischen Festlands, ist für den Fährschiffverkehr mit Messina (Sizilien) von großer Bedeutung. Die Stadt besitzt auch zahlreiche sehenswerte Bauten aus allen Epochen. Die „Kalabrische Riviera" zwischen Reggio und Gioia Tauro ist durch eine sehr schöne Küstenstraße erschlossen, von der aus man die Liparischen Inseln mit dem Stromboli und die sizilianische Küste sieht. Für den Archäologen sind die Ausgrabungen der antiken und prähistorischen italienischen Ansiedlungen von Interesse: Locri, Taureana, Scilla, Caulonia, Castellace, Oppido, Caulonia, Sybaris und Capo Colonna.

SIZILIEN

Die in zentraler Lage zwischen dem westlichen und dem östlichen Mittelmeerbecken liegende Insel ist die Wiege vieler Kulturen, deren Zeugnisse dort heute noch vorhanden und lebendig sind. In der klassisch-griechischen Zeit entstanden auf Sizilien überall Baudenkmäler, deren Schönheit mit der sie umgebenden Schönheit der Landschaft wetteiferte. An die römische Zeit erinnern die Amphitheater in Syrakus, Catania und Termini Imerese, viele Thermen und die Villa Romana del Casale bei Piazza Armerina. Zeugnisse des Frühchristentums findet man in den Katakomben und Gräbern von Syrakus. Von den Byzantinern stammen die Mosaiken in den Kirchen von Palermo und die Dekorationen in den Apsiden der Dome von Cefalù und Monreale.

Tindari

Auch aus der arabisch-normannischen Zeit und aus der Zeit der Staufer sind noch imposante Baudenkmäler erhalten.

Die ständig wachsende Beliebtheit Siziliens als Fremdenverkehrsgebiet ist vor allem durch den außerordentlichen Reiz seiner Landschaft bedingt. Weltbekannt ist Taormina mit seinem Ausblick auf Ätna und Meer. Die Schönheiten der Küsten mit ihrer üppigen Vegetation wurden schon von den Dichtern des Altertums besungen.

Sizilien kann man als Reiseziel zu jeder Jahreszeit empfehlen. Der sizilianische Frühling („Primavera siciliana") ist wunderschön, der Herbst lockt mit seinen herrlichen Farben, während der Winter meist milder ist als der Frühling in den nordischen Ländern. Im Sommer zieht es den Touristen vor allem in die gut ausgestatteten Badeorte an der Küste. Für die Unterwasserjagd eignen sich am besten die Äolischen Inseln, die Aegaden und die Insel Ustica.

Nicht zuletzt werden auch die Heilbäder Siziliens gern von Touristen aus dem Norden besucht. Sie gehören zu den besten der Welt. Bekannt sind vor allem Acireale, Castroreale, Sciacca, Termini Imerese und Ali.

SARDINIEN

Auf dieser legendenumwobenen Insel gab es schon in vorgeschichtlicher Zeit eine hohe Kultur, die in römischer und frühchristlicher Zeit ihre Fortsetzung fand. Zu den vorgeschichtlichen Denkmälern zählen vor allem die Nuragen, befestigte Wohnstätten in Kegelform, die aus übereinander ge-

Nurage

schichteten Steinblöcken ohne Bindemittel errichtet sind. Als Sehenswürdigkeiten ersten Ranges seien auch die Ruinen von Nora, einer punisch-römischen Stadt, die Ruinen der von Athenern gegründeten Stadt Gurulis (heute Cuglieri), die Römerbauwerke in Porto Torres und Cagliari, die frühchristlichen Katakomben und die Kirche San Saturino in Cagliari, die romanischen Kirchen in Torres, Santa Giusta, Ardara, Saccargia, Bisarco, Sorres, Olbia sowie die Barockdome von Ales, Oristano und Sassari genannt.

Ungeachtet seiner großen Kunst- und Kulturdenkmäler sind es mehr die Badestrände, die zum Teil noch unberührte, sagenumwobene und abwechslungsreiche Landschaft und nicht zuletzt die dort in jüngster Zeit entstandenen erstklassigen touristischen Einrichtungen, die Sardinien zum beliebten Reiseziel machen. Eine Inselrundfahrt führt an herrlichen Stränden vorbei, durch wilde, zerklüftete Bergmassive, deren Hänge mit Korkeichen und Kastanienbäumen bewachsen sind, durch fruchtbare Landstriche, in denen Wein, Oliven, Artischocken und Mandeln angebaut werden, aber auch durch einsame Heidelandschaften mit Schafherden und frühgeschichtlichen Steindenkmälern. Viele Bewohner tragen sonntags noch ihre uralten Trachten, und die sardischen Tänze sind teilweise noch heute lebendig.

***ROM

Rom (ital. Roma), seit dem 26. 1. 1871 die Hauptstadt Italiens, hat den Ehrennamen „Ewige Stadt“. Die Altstadt liegt auf sieben Hügeln zu beiden Seiten des Tiber. Vom Stadtgebiet wird auch der Vatikanstaat umschlossen, der Mittelpunkt der katholischen Welt und Sitz des Papstes. Mit einer Fläche von 440 000 Quadratmetern ist er der kleinste Staat der Welt. Er ist seit den Lateranverträgen, die 1929 zwischen dem Königreich Italien und der Kurie abgeschlossen wurden, ein unabhängiger Staat unter der Souveränität des Papstes.

Eine ausführliche Beschreibung Roms bieten der Polyglott-Reiseführer „Rom“ und der Große Polyglott-Reiseführer „Rom“.

GESCHICHTE

Der Sage nach wurde Rom im Jahr 753 vor Christi Geburt von Romulus gegründet. Ungeachtet der Legende entstand Rom an einer verkehrsgünstigen Stelle, wo der Tiber gut zu überqueren und das Meer leicht zu erreichen war. Sieben etruskische Könige herrschten dann über die Stadt, bevor 510 v. Chr. die Fremdherrschaft gestürzt und die Republik eingeführt wurde. Nach der Unterwerfung vieler Völker dehnte Rom seine Herrschaft bis nach Gallien, Britannien, den Donauländern, später über Nordafrika und bis Kleinasien und Mesopotamien aus. Im Jahr 313 n. Chr. erkannte Kaiser Konstantin der Große (306 – 337) durch das Toleranzedikt von Mailand das Christentum an. Von diesem Zeitpunkt an stand der christliche Glaube gleichberechtigt neben den übrigen Religionen des Römischen Reiches. Die Bischöfe von Rom wurden Päpste und oberste Würdenträger der Kirche. Rom wurde Ziel von Pilgern aus aller Welt. Der Kirchenstaat dehnte sich bald über ganz Mittelitalien aus und wurde zur beherrschenden Macht.

Zu allen Zeiten, hauptsächlich aber in der Renaissance und der folgenden Periode des Barocks, war Rom ein Mittelpunkt der Kunst und Kultur.

SEHENSWÜRDIGKEITEN

Man kann Rom unter verschiedenen Gesichtspunkten besichtigen; so zum Beispiel kann man eine Besichtigung der Stadt entweder auf das „antike Rom“ mit seinen zweitausend Jahre alten Foren, Tempeln und anderen Bauresten oder auf das „christliche Rom“ mit dem Petersdom, den Katakomben, der Engelsburg und einer Reihe bedeutender Kirchen oder aber auf das „Rom der Paläste und Museen“ konzentrieren.

Wenn man nur wenig Zeit hat, so ist eine Stadtrundfahrt mit einem der zahlreichen römischen Reisebüros zu empfehlen. Nachfolgend sind sechs Wege beschrieben, bei denen man einige der wichtigsten Sehenswürdigkeiten Roms kennenlernt.

CITTÀ DEL VATICANO
P.za d. Risorgimento
VIA CRESCENZIO
Borgo Pio
V. D. CONCILIAZIONE
Tiber
Ponte Umberto I
P.za Cavour
P.za S. Angelo
P.za G. Mazzini
VIA TRIONFALE
VI. ANASTASIO II
V. d. Giuliana
VIA OTTAVIANO
VIA ANGELICA
VIALE
VIA ANDREA DORIA
VIA LEONE IV
Viale
Via Candia
VIA CIPRO
Via Angelo Emo
DELLE MILIZIE
V. Lepanto
Cesare
Giulio
V. M. A. Colonna
Via Cola di Rienzo
LUNG. MICHELANGELO
LUNG. A. DA BRESCIA
LUNG. D. MELLINI
LUNG. IN AUGUSTA
VIA FLAMINIA
Via di Ripetta
V. DEL BABUI
LUNG. MARZIO
L. TOR DI NONA
Via di Coronari
V. d. Scrota
CORSO VITTORIO EMANUELE II
PLEBISC
Via Aurelia
V. GREGORIO VII
VIA DELLE FORNACI
LUNG. D. FARNESINA
LUNG. D. SANGALLO
Via Giulia
LUNG. D. VALLATI
VIA ARENULA
LUNGOTEV. SANZIO
Via Garibaldi
Via Aurelia Antica
Via dei Genovesi
TRASTEVERE
Viale Glorioso
VIALE TRASTEVERE
LUNG. AVENT
VIA MARMOR
Via di S. Pancrazio
Viale
Via Giacinto Carini
Via G. Rossetti
Via dei Quattro Venti
Via Aless. Poerio
Via di Donna Olimpia
VIALE
N
13
14
15
16
17
18
19
30
31
33
U

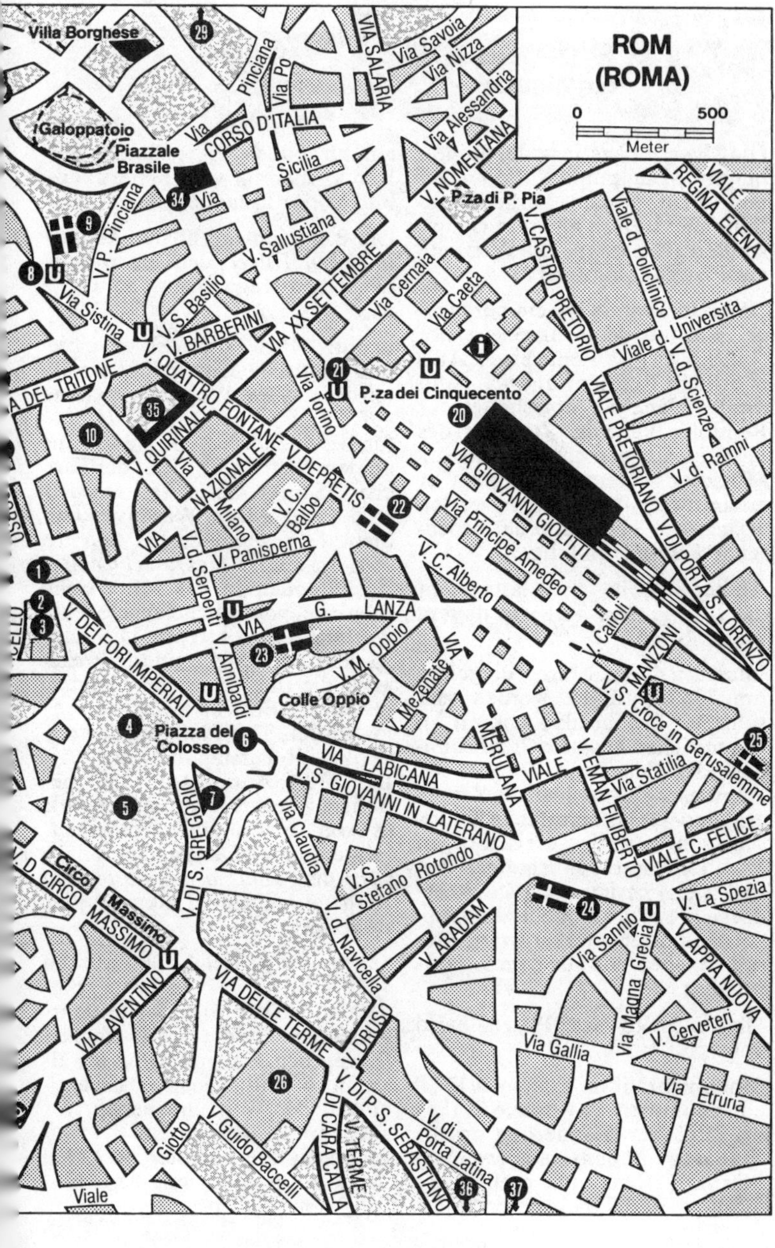
ROM
(ROMA)
0 500
Meter
Villa Borghese
29
Galoppatoio
Piazzale
Brasile
34
9
8
Via Pinciana
Via Po
Via Salaria
Via Savoia
Via Nizza
Via Alessandria
Corso d'Italia
Via Sicilia
V. Nomentana
P.za di P. Pia
Viale Regina Elena
V. P. Pinciana
V. Sallustiana
Via XX Settembre
Via Cernaia
Via Caeta
V. Castro Pretorio
Viale d. Policlinico
Viale d. Università
V. d. Scienze
V. d. Ramni
Via Sistina
V. S. Basilio
V. Barberini
V. Quattro Fontane
Via del Tritone
35
10
21
P.za dei Cinquecento
20
Via Torino
V. Quirinale
Via Nazionale
V. Depretis
Via Milano
V. C. Balbo
22
Via Giovanni Giolitti
Via Principe Amedeo
Viale Pretoriano
V. di Porta S. Lorenzo
V. Panisperna
V. d. Serpenti
V. C. Alberto
Via Cairoli
1
2
3
V. dei Fori Imperiali
Via G. Lanza
23
V. Annibaldi
V. M. Oppio
V. Mecenate
Via Merulana
V. S. Manzoni
Colle Oppio
4
Piazza del Colosseo
6
5
7
V. S. Croce in Gerusalemme
25
Via Labicana
V. S. Giovanni in Laterano
Viale
V. Eman Filiberto
Via Statilia
Viale C. Felice
V. di S. Gregorio
Via Claudia
V. S. Stefano Rotondo
24
V. La Spezia
Circo
Massimo
V. d. Circo Massimo
V. d. Navicella
V. Aradam
Via Sannio
Via Magna Grecia
V. Appia Nuova
Via Aventino
Via delle Terme
V. Druso
Via Gallia
V. Cerveteri
Via Etruria
26
V. di P. S. Sebastiano
V. di Porta Latina
Di Cara Calla
V. Terme
Giotto
V. Guido Baccelli
Viale
36
37

Weg 1: *Piazza Venezia – ***Forum Romanum – ***Kolosseum

Die **Piazza Venezia* ist der geographische Mittelpunkt Roms und eines seiner großen Verkehrszentren. Hier treffen mehrere Hauptstraßen zusammen. Die Westseite des Platzes nimmt der

***Palazzo Venezia** [1], ein burgartiger Bau aus der Frührenaissance (15. Jh.), ein. Er diente bis 1564 als päpstliche Residenz und war dann die Residenz der Botschafter der Republik Venedig. Zur Zeit des Faschismus war er der Amtssitz Mussolinis. Heute beherbergt er zusammen mit dem angrenzenden *Palazzetto Venezia* eine bedeutende Kunstsammlung.

An der Südseite des Palastes steht die zum großen Teil von diesem umschlossene

***Basilica di San Marco,** die schon um 336 gegründet worden sein soll. Der heutige Bau stammt im wesentlichen aus dem 9. Jahrhundert, der Zeit Papst Gregors IV. Aus dieser Zeit ist auch die Krypta erhalten. Das Innere der an Kunstschätzen reichen dreischiffigen Basilika (im 18. Jahrhundert barockisiert) besitzt eine Kassettendecke (1471) und in der Halbkuppel der Apsis bemerkenswerte Mosaiken, ebenfalls aus dem 9. Jahrhundert.

Die Südseite des Platzes wird vom

Monument Viktor Emanuels II. [2] eingenommen. Es wurde von 1885 bis 1911 zur Erinnerung an die Einigung Italiens aus weißem Marmor erbaut und enthält das Grabmal des Unbekannten Soldaten zu Füßen einer Statue der Roma, überragt vom Reiterstandbild Viktor Emanuels II.

Der Bau lehnt sich an den *Kapitolinischen Hügel,* den niedrigsten der sieben Hügel Roms, an. Der

****Kapitol** *(Campidoglio)* [3] genannte Hügel war der religiöse und politische Mittelpunkt des alten Rom. Drei Wege führen hinauf: Links die steile, aus 124 Stufen bestehende Treppe (1348), die an dem kleinen Vorplatz der Kirche **Santa Maria in Aracoeli* (1250) endet. Dem Wagenverkehr dient die gewundene *Via delle tre Pile,* die an der *Piazza del Campidoglio* endet. In der Mitte sieht man die von Michelangelo entworfene Rampentreppe. Die Piazza del Campidoglio und teilweise auch die ihn umgebenen Bauten gehen auf Entwürfe Michelangelos zurück. Der Platz wurde vom antiken Reiterstandbild des Kaisers Marc Aurel (161 – 180) beherrscht (z.Z. in Restaurierung); es war ursprünglich vergoldet. Hinter dem Denkmal erblickt man den *Palazzo Senatorio,* das Rathaus von Rom. Links von ihm steht das

****Musei Capitolini.** Sie wurden 1471 von Papst Sixtus IV. gegründet und um die Mitte des 18. Jahrhunderts für die Öffentlichkeit freigegeben. Sie sind damit die ältesten öffentlichen Kunstsammlungen der Welt und bergen vor allem antike Skulpturen.
Man geht nun hinunter zur ** *Via dei Fori Imperiali* mit dem Eingang zum antiken

*****Forum Romanum** [4]. Zur Zeit der Republik war das Forum Marktplatz, später wurde es das Verwaltungszentrum Roms und erhielt Prachtbauten wie Tempel, Basiliken (Versammlungshallen) und Denkmäler. Ausgrabungen im 19. und 20. Jahrhundert haben hier das Bild des alten Rom neu erstehen lassen. Die bedeutendsten Bauten des Forums sind: der **Tempel der Dioskuren* (5. Jh. v. Chr., mit drei korinthischen Säulen), der **Tempel des Antoninus Pius und der Faustina* (141 n. Chr.), der **Rundtempel der Vesta* (191 n. Chr. erneuert, 1930 mit antiken Bauteilen rekonstruiert) und das *Haus der Vestalinnen* (um 200 n. Chr.), der **Tempel des Saturn* (498 v. Chr., um 300 n. Chr. erneuert), die *Basilica Julia* (1. Jh. v. Chr.), der **Triumphbogen des Septimus Severus* (202 zum Andenken an den Sieg des Kaisers gegen die Parther errichtet) und der ***Titusbogen* (81 n. Chr.), an dessen Bogenwölbungen Reliefs das Leben des Kaisers schildern.

Durch das Forum gelangt man auf den

****Palatin** [5], den ältesten besiedelten Hügel Roms, mit den Ruinen römischer Kaiserpaläste, dem **Haus der Livia* (Gemahlin des Augustus; bemerkenswerte Fresken), verschiedenen anderen Bauten und den **Farnesischen Gärten*. Von hier aus hat man einen sehr schönen Blick über die Foren.

An der Via dei Fori Imperali liegen die Ruinen der Kaiserforen. Am besten erhalten sind das ***Trajansforum* und die ***Trajanssäule,* in deren Innerem eine Wendeltreppe von 185 Stufen bis in die Höhe von 40 Metern führt. Im Jahr 1587 wurde an die Stelle der verlorengegangenen Kaiserstatue eine Petrusstatue auf die Säule gesetzt. Am Ende der Straße und der Kaiserforen liegen die von 306 bis 312 erbaute ***Konstantinsbasilika* und das

*****Kolosseum** [6]. Das Amphitheater der Flavier wurde von 72 bis 80 n. Chr. unter Vespasian erbaut. Es war 48 Meter hoch, hatte einen Umfang von 530 Metern und konnte 50 000 Menschen fassen. Im Kolosseum fanden Gladiatorenkämpfe und Seeschlachten (Naumachien) statt. Nur wenige Schritte vom Kolosseum entfernt steht der

****Konstantinsbogen** [7]. Er wurde 312 bis 315 als Ehrenbogen für Kaiser Konstantin errichtet. Flachreliefs schildern Szenen aus dem Leben des Kaisers. Viele Reliefs stammen noch aus dem 2. Jahrhundert, sind also älter als der Bogen selbst. Sie wurden für den Konstantinsbogen zurechtgeschnitten.

Weg 2: **Piazza di Spagna – **Spanische Treppe – **Fontana di Trevi – **Pantheon – **Piazza Navona

Nach dem 1647 erbauten *Palazzo di Spagna,* dem Sitz der Spanischen Botschaft beim Heiligen Stuhl, ist die

****Piazza di Spagna** [8] benannt. Der aus zwei Dreiecken bestehende, etwa 270 Meter lange Platz ist stets voll von Touristen und ein Treffpunkt für junge Leute aus aller Welt. Hier steht auch die **Fontana della Barcaccia* („Barkenbrunnen"), die Pietro Bernini 1629 schuf. Umgeben ist der Platz von schönen Bauten aus dem 17. und 18. Jahrhundert. Hier beginnt die

****Spanische Treppe** aus den Jahren 1723 bis 1726, die über Rampen und eine große Mittelterrasse zur *Piazza Trinità dei Monti* hinaufführt. Vor der Treppe und auf ihren unteren Stufen hat ein Blumenmarkt seinen Platz. Am Ende der Treppe steht die Kirche

***Trinità dei Monti** [9], die 1495 bis 1585 erbaut wurde und im Innern schöne Gemälde und Fresken aus dem 16. Jahrhundert besitzt.

Von der Piazza di Spagna folgt man der *Via Due Macelli* zur Kirche *Sant'Andrea delle Fratte,* die ihre heutige Gestalt zum großen Teil im 16. Jahrhundert erhielt. Die klassizistische Fassade stammt aus dem Jahre 1826. Kurz darauf biegt man rechts ab in die *Via del Tritone* und gleich darauf links zur

****Fontana di Trevi** [10]. Der 20 Meter breite und 26 Meter hohe monumentale Barockbrunnen wurde Mitte des 18. Jahrhunderts von Nicolo Salvi an der Stelle eines älteren Brunnens erbaut. Er bedeckt eine Seite des *Palazzo Poli.* Ein alter Brauch ist es, daß Fremde vor ihrer Abreise aus Rom eine Münze in den Brunnen werfen, wenn sie Rom wiedersehen wollen.

Durch die bedeckte *Galleria Colonna* gelangt man auf die

***Piazza Colonna** [11] mit der 29 Meter hohen ***Säule des Marc Aurel* (176 n. Chr.), deren Reliefs von den Siegeszügen des Kaisers gegen die Germanen berichten. Der Platz ist ein Mittelpunkt des städtischen Lebens und wird von mehreren Palästen aus dem 17. und 18. Jahrhundert gesäumt.

Auf der benachbarten *Piazza di Montecitorio* stehen der gleichnamige Palast (17. Jh.), der heutige Sitz der italienischen Abgeordnetenkammer, und ein ägyptischer Obelisk aus dem 6. Jahrhundert v. Chr. Wenige Schritte weiter erreicht man die

Piazza di Pietra [12] mit der Börse und der Ruine des **Hadriantempels* (2. Jh.). Erhalten sind ein Stück der Längswand der Cella und davor elf korinthische Säulen mit Gebälk.

Wieder nur wenige Schritte weiter südlich kann man auf der *Piazza di Sant'Ignazio* die Jesuitenkirche **Sant'Ignazio di Loyola* (1650) mit schönen Deckenfresken und Marmorkunstwerken sehen.

Man folgt nun der *Via Seminario* zur *Piazza della Rotonda* mit einem Brunnen (1578), auf den ein alter ägyptischer Obelisk gestellt wurde. Dahinter liegt das

*****Pantheon** [13]. Das am besten erhaltene Bauwerk der Antike wurde 27 v. Chr. als Tempel errichtet, um 110 n. Chr. zerstört und unter Kaiser Hadrian (117 – 138) neu erbaut. 609 wurde der Bau als Kirche geweiht. Er enthält unter anderem die Gräber der Könige Viktor Emanuel II. und Umberto sowie das Grab Raffaels (1483 – 1520).

Sant' Agnese und Brunnen

Hinter dem Pantheon steht auf der *Piazza della Minerva* die Kirche ***Santa Maria sopra Minerva* (13. – 15. Jh.) mit einer Renaissancefassade und zahlreichen kunstvollen Grabmälern, Fresken von Fillippino Lippi (15. Jh.) und anderen Kunstwerken im Innern. Vor der Kirche ist auf einem von Bernini geschaffenen Sockel in der Form eines Elefanten ein ägyptischer Obelisk (6. Jh. v. Chr.) zu sehen.

Vom Pantheon folgt man nun der *Via Giustiani,* überquert den *Corso del Rinascimento* und gelangt auf die

****Piazza Navona** [14]. Dieser Platz, der mit seinen malerischen Häusern aus dem 17. Jahrhundert, der prachtvollen Barockkirche **Sant'Agnese in Agone* und den berühmten Brunnen von Bernini (die vier personifizierten Flüsse der ***Fontana dei Fiumi* stellen Nil, Ganges, Donau und Rio de la Plata dar) als schönster Platz Roms gilt, wurde im 16. Jahrhundert an der Stelle des antiken Stadions des Kaisers Domitian angelegt. An seiner Südseite liegt der *Palazzo Braschi* (1775) mit der **Galleria Comunale d'Arte Moderna* (moderne und zeitgenössische römische Kunst vom 19. Jh. bis heute) und dem ***Museo di Roma* (Sammlung von Bildern, Skulpturen und anderen Gegenständen, die Geschichte und Leben Roms vom Mittelalter bis zur heutigen Zeit erläutern).

Weg 3: **Castel Sant'Angelo – ***Petersdom – ***Vatikanische Museen – *Gianicolo

Das beherrschende Bauwerk am Tiber ist das

****Castel Sant'Angelo** [15]. Die „Engelsburg" wurde von 130 bis 139 n. Chr. im Auftrag Kaiser Hadrians für ihn und seine Nachfolger als Mausoleum errichtet und diente später Fürsten und Päpsten als befestigter Wohnsitz und als Gefängnis. Heute beherbergt der Bau historische Museen, Waffen- und Kunstsammlungen, deren Exponate hauptsächlich aus der Renaissance stammen.

Über die breite *Via della Conciliazione* erreicht man die im Vatikanstaat gelegene

*****Piazza di San Pietro** [16]. Der ovale, von Bernini angelegte Platz

Salon Paolina
Terrassen-Blick
Treppe Alexanders VI

Petersdom

ist 340 Meter lang und bis zu 240 Meter breit. Die Kolonnaden, die den Platz säumen, bestehen aus vier Reihen dorischer Säulen und Pfeiler (insgesamt 284 Säulen und 88 Pfeiler) und werden von 140 Heiligenfiguren gekrönt. In der Mitte des Platzes steht ein 25,5 Meter hoher ägyptischer *Obelisk*. Im Jahr 37 n. Chr. baute man eigens ein Schiff, um ihn nach Rom zu bringen. Die beiden *Springbrunnen* stammen aus dem 17. Jahrhundert.

Eine breite Treppe führt in den

***PETERSDOM [17]

Die erste Kirche wurde unter Konstantin im Jahr 349 an der Stelle errichtet, wo der heilige Petrus den Märtyrertod starb. In der Folgezeit wurde sie mehrmals umgebaut. Der heutige Bau wurde 1506 nach Plänen von Bramante begonnen und von Raffael, Sangallo und Michelangelo fortgeführt. Die Fassade (1605) stammt von Carlo Maderna.

Der Petersdom ist 211,4 Meter lang und bis zum höchsten Punkt der Kuppel 132,5 Meter hoch. Er beeindruckt durch seinen Reichtum an Marmor und die Vielzahl von Kunstwerken in seinem Innern. Hier befinden sich Meisterwerke von Michelangelo (die weltbekannte Pietà), Bernini (der bronzene Baldachin über dem päpstlichen Altar, die Cattedra in der Abtei, das Denkmal Papst Urbans VIII.), Pollaiolo (das Grab von Innozenz VIII.), Canova (Denkmal von Clemens XIII.) und Arnolfo di Cambio (die hochverehrte Bronzestatue des heiligen Petrus). Über dem Haupteingang sieht man das nach einem Entwurf von Giotto angefertigte Mosaik „La Navicella". Rechts davon befindet sich die zugemauerte *Porta Santa* („Heilige Tür"), die nur jeweils im „Heiligen Jahr" (seit 1475 alle 25 Jahre) geöffnet wird. Unter der Kirche liegen die *Vatikanischen Grotten* mit den Grabmälern zahlreicher Päpste und frühchristlichen Sakrophagen (Eingang Longinus-Pfeiler [64], s. Plan S. 81).

Das Grab des Apostels Petrus soll sich unter dem Hochaltar des Doms, über dem sich die prächtige Kuppel wölbt, befinden. Im Jahr 1965 wurden die Gebeine, die in dem 1950 entdeckten Grab des Apostels gefunden worden waren, als jene des im Jahr 67 unter Nero gekreuzigten Petrus identifiziert.

Fassade von Maderna [1]
Mosaik „Navicella" von Giotto [2]
Eingangshalle von Maderna [3]
Bronzetor von Filarete, darüber *Relief* von Bernini [4]
„Heilige Pforte" [5]
Säule aus dem Tempel von Jerusalem [6]
Pietà von Michelangelo [7]
Antiker Sarkophag [8]
Kreuzkapelle [9]
Statue Leos XII. [10]

Kuppel v. St. Peter
Blick v.d. Kuppel

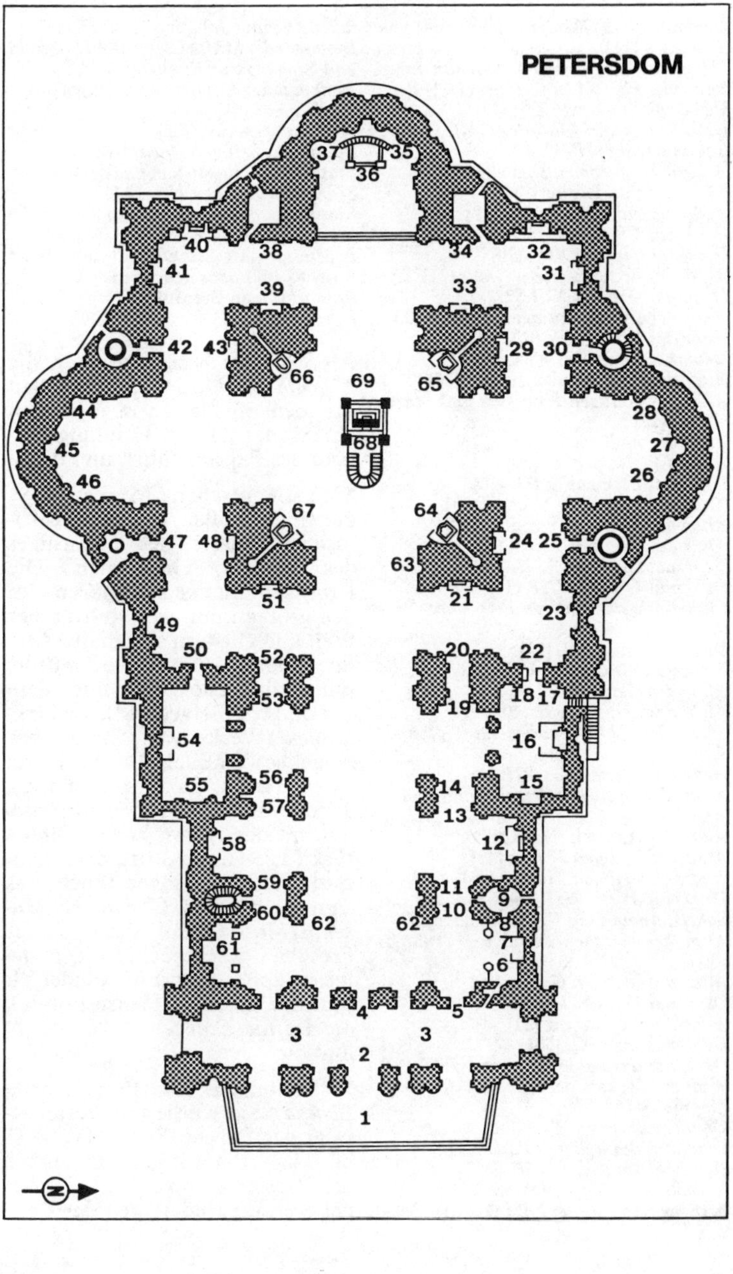
PETERSDOM
1
2
3
3
4
5
6
7
8
9
10
11
12
13
14
15
16
17
18
19
20
21
22
23
24
25
26
27
28
29
30
31
32
33
34
35
36
37
38
39
40
41
42
43
44
45
46
47
48
49
50
51
52
53
54
55
56
57
58
59
60
61
62
62
63
64
65
66
67
68
69
N

Denkmal der Königin Christine von Schweden [11]
Sebastianskapelle und Urnen von Innozenz XI., Pius XI. und Pius XII. [12]
Denkmal Innozenz' XII. [13]
Grab der Gräfin Mathilde [14]
Sakramentskapelle [15]
Altar der Sakramentskapelle [16]
Tür zur Scala Regia [17]
Aufgang zur Orgeltribüne [18]
Denkmal Gregors XIII. [19]
Grabmal Gregors XIV. [20]
Altar des heiligen Hieronymus [21]
Denkmal Gregors XVI. [22]
Altar der „Madonna del Soccorso" [23]
Altar des heiligen Basilius [24]
Denkmal Benedikts XIV. [25]
Altar des heiligen Wenzeslaus [26]
Altar der Heiligen Processus und Martinianus [27]
Altar des heiligen Erasmus [28]
Altar der „Navicella" [29]
Denkmal Clemens' XIII. [30]
Altar des Erzengels Michael [31]
Altar der heiligen Petronilla [32]
Altar des Apostels Petrus [33]
Denkmal Clemens' X. [34]
Denkmal Urbans VIII. [35]
Cathedrale des heiligen Petrus von Bernini [36]
Denkmal Pauls III. [37]
Denkmal Alexanders VIII. [38]
Altar des Gelähmten [39]
Altar des heiligen Leo [40]
Altar der „Madonna della Colonna" [41]
Denkmal Alexanders VII. [42]
Altar der Heiligen Petrus und Paulus [43]
Altar des Apostels Thomas [44]
Altar des heiligen Joseph [45]
Altar des heiligen Martial [46]
Denkmal Pius' VIII. und Eingang zur Sakristei und zum Kirchenschatz [47]
Altar der Heiligen Petrus und Andreas [48]
Altar des heiligen Gregor [49]
Denkmal Pius' VII. [50]
Altar der Verklärung [51]
Denkmal Leos XI. [52]
Denkmal des heiligen Innozenz XI. [53]
Altar mit Mosaik der Unbefleckten Empfängnis [54]
Chorkapelle [55]
Denkmal des heiligen Pius X. [56]
Denkmal Innozenz' VIII. [57]
Kapelle der „Presentazione", Urne des heiligen Pius X. und Denkmäler Benedikts XV. und Johannes' XXIII. [58]
Denkmal der Maria Clementina Sobieski und Eingang zur Kuppel [59]
Denkmal der Stuarts von Canova [60]
Taufkapelle [61]
Weihwasserbecken [62]
Statue des heiligen Petrus [63]
Statue des heiligen Longinus [64]
Statue der heiligen Helena [65]
Statue der heiligen Veronika [66]
Statue des heiligen Andreas [67]
Papstaltar mit „Confessio" und Grab Pius' VI. [68] *über dem Petrusgrab*
Baldachin von Bernini [69]

Als nächstes besichtige man die ***Scala Regia*, den prachtvollen Treppenaufgang von Bernini (1658), der zu den Empfangsräumen des Papstes führt, und die

***Vatikanischen Museen** [18], die einen großen Teil der Vatikanischen Paläste, des Wohnsitzes des Papstes, einnehmen. Die Kunstsammlungen gehören zu den größten und wertvollsten der Welt und gliedern sich in die *Antikensammlung* (die größte der Erde, mit dem „Laokoon" und dem „Apollo von Belvedere"), die *Pinakothek* (Werke von Giotto, Fra Angelico, Raffael, Leonardo da Vinci, Tizian, Caravaggio u.v.a.), das *Profanmuseum (Museo Profano)* mit der *Apostolischen Bibliothek* (u.a. Handschriften von Cicero und Vergil sowie Bibeln aus dem 4. Jh.), das *Christliche Museum (Museo Sacro)*, das reich mit Fresken geschmückte *Appartemento Borgia* (Papst Alexander VI. stammte aus dem Hause Borgia), die *Raffael-Stanzen* (1508 – 1517) und die

***Sixtinische Kapelle** *(Cappella Sistina)*. Sie wurde auf Veranlassung des Papstes Sixtus IV. 1473 bis 1484 erbaut und dient seither den Päpsten als offizielle Privatkapelle. In ihr findet auch das Konklave bei den Papstwahlen statt. Die Sixtinische Kapelle ist vor allem wegen ihrer Deckenfresken (Erschaffung der Welt, Jüngstes Gericht) von Michelangelo weltbekannt. An den Wandfresken arbeiteten Pinturicchio, Botticelli, Signorelli, Perugino, Rosselli u.a. (Derzeit Restaurierung.)

Man geht zum Petersplatz zurück und folgt nun dem *Borgo Santo Spirito* bis zur *Via dei Penitenzieri,* biegt dort rechts ab und gelangt zur *Piazza della Rovere*. Dort beginnt der Aufstieg zum

***Gianicolo** [19]. Der Janiculum-Hügel (84 m) ist die höchste Erhebung Roms. An seinem Hang steht die Kirche *Sant'Onofrio* (15. Jh.) mit bedeutenden Fresken in der Apsis und mit dem Grab des Dichters Torquato Tasso (1544 – 1595). Auf der Höhe des Hügels (herrlicher Blick auf Rom) stehen ein marmorner *Leuchtturm*, das *Reiterstandbild Garibaldis* und das Denkmal seiner Frau Anita Garibaldi, die 1849 auf dem Rückzug von der Belagerung Roms starb und später am Fuß des Denkmals beigesetzt wurde. Zu Füßen des Gianicolo liegt in der Via della Lungarna 10 der *Palazzo Corsini* (15. Jh., im 18. Jh. verändert) mit einer Gemäldegalerie (Meister des 17. und 18. Jh.s). Gegenüber dem Palast steht die Renaissancevilla ***Farnesina,* Sitz der Akademie der Wissenschaften (große Kunstsammlung).

Weg 4: Stazione Termini – ***Santa Maria Maggiore – **San Giovanni in Laterano – **Caracalla-Thermen – **San Paolo fuori le Mura

Stazione Termini [20]. Der Hauptbahnhof Roms ist einer der größten Bahnhöfe in Europa. Vor seiner modernen Fassade kann man noch einen Rest der „Servianischen Mauer“ (4. Jh. v. Chr.), der ältesten Stadtmauer des antiken Rom, sehen. Wenige Schritte von hier entfernt liegt am Rande des antiken Thermenbereichs die *Piazza della Repubblica* (auch *Piazza Esedra*) mit dem **Najadenbrunnen* (1885 – 1914), dem schönsten modernen Brunnen der Stadt, und der Kirche

****Santa Maria degli Angeli** [21]. Sie wurde von 1563 bis 1566 von Michelangelo unter Einbeziehung einer antiken Thermenanlage erbaut (der ehemalige Baderaum des Tepidariums bildet das Querschiff der heutigen Kirche) und 1749 von Vanvitelli völlig neu gestaltet. Die halbrunden Mauern beiderseits des Kirchenportals sind die Mauern einer Exedra des antiken Warmbads.

Die Kirche steht auf dem Gelände der

****Terme di Diocleziano.** Die Diokletiansthermen entstanden in den Jahren 298 bis 305 unter den Kaisern Diokletian und Konstantin. Die Badeanstalt konnte 3000 Badegäste zugleich fassen. Einen guten Eindruck der antiken Thermenanlage erhält man, wenn man sich die von 1896 bis 1902 errichteten Arkadenbauten an der Südwestseite der Piazza della Repubblica anschaut, die in ihrer Größe der Exedra der Thermen entsprechen. Ein Teil der Thermenanlage wurde im 16. Jahrhundert in ein Kartäuserkloster umgewandelt. Dahinter liegt das ***Museo Nazionale Romano delle Terme,* dessen bedeutende Antikensammlungen mit Grabungsfunden aus Rom und seiner Umgebung in Räumen der antiken Thermen untergebracht sind.

Vom Platz der Republik geht man nun wenige Schritte durch die *Via Nazionale,* biegt gleich darauf links ab in die *Via Torino* (hier steht das *Teatro dell'Opera*) und gelangt zur Kirche

*****Santa Maria Maggiore** [22], einer der fünf Patriarchalkirchen und der größten der 80 Marienkirchen Roms. Sie stammt entweder aus dem 4. oder dem 5. Jahrhundert (Entstehungszeit umstritten), wurde aber mehrfach erweitert und umgebaut. Die Hauptfassade und die Loggia wurden 1743, der

Santa Maria Maggiore

75 Meter hohe Campanile (höchster Roms) 1377 errichtet. 36 ionische Marmorsäulen der alten Basilika teilen das Kircheninnere in drei Schiffe. In der Loggia befinden sich **Mosaiken* aus dem 5. und 13. Jahrhundert. Die vergoldete Kassettendecke stammt aus dem 15. und 16. Jahrhundert. Sehenswert sind die Gemälde sowie die Denkmäler und Gräber von Päpsten. Besonders reich geschmückt sind die kuppelgekrönte **Cappella Sistina* aus dem 16. und die ebenfalls überkuppelte **Cappella Paolina* aus dem 17. Jahrhundert. Über dem prunkvollen Hochaltar der letzteren Kapelle sieht man das am meisten verehrte Marienbild Roms. Die Legende schreibt das Bild dem Evangelisten Lukas zu; in Wirklichkeit dürfte das aus dem byzantinischen Raum stammende Bild im 13. Jahrhundert entstanden sein.

Die auf der *Piazza Santa Maria Maggiore* stehende Säule stammt aus der Konstantinsbasilika (s. S. 77) und wurde 1614 mit einer Marienstatue gekrönt. Vor der rückwärtigen Kirchenfassade steht auf der *Piazza dell' Esquilino* die römische Nachbildung eines ägyptischen Obelisken.

Wenn man von der *Piazza Santa Maria Maggiore* wenige Schritte der *Via di Santa Prassede* zur *Via San Martino ai Monti* folgt, stößt man auf die Kirche

***Santa Prassede,** deren Hauptraum noch weitgehend aus dem 9. Jahrhundert stammt; ihre ***Zeno-Kapelle* ist wegen ihrer herrlichen Mosaiken das bedeutendste byzantinische Kunstdenkmal Roms.

Nun ist es nicht mehr weit zur Kirche

***San Pietro in Vincoli** [23], die schon im 5. Jahrhundert über einem antiken Bau errichtet und im 15. Jahrhundert umgebaut wurde. Die Kirche bewahrt unter dem Hochaltar die Fesseln (lat. vinculi) des heiligen Petrus. Das ***Grabmal des Papstes Julius II.* ist mit Figuren Michelangelos, darunter der weltbekannten **Mosesstatue, geschmückt.

„Moses" von Michelangelo

Von hier aus sind es nur wenige Schritte zum

Parco del Colle Oppio mit einem schönen Rosengarten und Resten römischer Thermen, die über der **Domus Aurea* genannten Kaiservilla Neros erbaut wurden. Die heute vorwiegend unterirdisch gelegenen Räume der Kaiservilla können von der *Via della Domus Aurea* aus betreten werden. – Wenig später erreicht man das *Kolosseum* (s. S. 77), von wo man der *Via San Giovanni in Laterano* bis zur gleichnamigen Kirche folgt.

****San Giovanni in Laterano** [24] wurde von Kaiser Konstantin im 4. Jahrhundert gegründet und seither oft umgebaut. Dieses als „Mutter und Haupt aller Kirchen Roms und der Erde" bezeichnete Gotteshaus ist die ranghöchste Kirche der katholischen Welt, die Kathedrale Roms und die Bischofskirche des Papstes. Die Glockentürme wurden 1560, die mächtige Barockfassade 1735 erbaut. Reich mit Kunstwerken geschmückt ist das Querschiff mit dem Sakramentsaltar (1599). Von dort gelangt man in den ***Kreuzgang* (13. Jh.), der als schönster Kreuzgang Roms gilt.

Neben der Kirche steht ***San Giovanni in Fonte,* die älteste Taufkirche der Christenheit. Um das Jahr 440 wurde sie zu einem Achteck umgebaut. Ihre Bronzetüren stammen aus dem 2., die Mosaiken aus dem 4. bis 7. Jahrhundert.

Der Lateranbasilika angeschlossen ist der

****Palazzo del Laterano.** Der Lateranpalast war bis 1308 Wohnsitz der Päpste. Seine heutige Gestalt erhielt er im 16. Jahrhundert. Hier sind die sogenannten *Musei Lateranensi,* die Lateranmuseen, untergebracht (Museo Profano mit Antikensammlungen, Museo Cristiano mit Ausstellungsstücken aus frühchristlichen Basiliken und Katakomben, Museo Epigrafico Cristiano mit frühchristlichen Heiligen- und Votivinschriften und Museo Missionario Etnologico mit Sammlungen aus den Missionsgebieten).

An der *Piazza San Giovanni in Laterano* steht der älteste und höchste ägyptische Obelisk Roms. Er stammt aus der Zeit des Pharaos Thutmosis III. (1457 – 1428 v. Chr.) und wurde 357 n. Chr. vom Großen Amontempel in Kamak auf einem eigens zu diesem Zweck gebauten Schiff nach Rom gebracht.

Schräg gegenüber der Lateranbasilika liegt das von 1585 bis 1590 von Domenico Fontana errichtete kleine Gebäude der

***Scala Santa.** Die „Heilige Treppe“ soll aus dem Palast des Pilatus in Jerusalem stammen, und über sie soll der dornengekrönte Christus hinaufgeführt worden sein. Die Kaiserin Helena soll die Treppe nach Rom gebracht haben. Ihre 28 holzverkleideten Marmorstufen im Innern des Gebäudes

Scala Santa

dürfen nur kniend bestiegen werden. Sie enden bei einer reichgeschmückten kleinen Kapelle, die bis in die Zeit Konstantins zurückreicht, ihr heutiges Aussehen aber im wesentlichen im 13. Jahrhundert erhielt. Verehrt werden hier Reliquien und ein auf Holz gemaltes Christusbild aus dem 6. oder 7. Jahrhundert. An der Südseite des Platzes kann man noch die *Aurelianische Mauer* sehen, die ab 278 n. Chr. die Grenze des kaiserlichern Rom darstellte. Sie führt in östlicher Richtung zur *Piazza Santa Croce in Gerusalemme* mit den Ruinen eines Amphitheaters (3. Jh.) und der Kirche

***Santa Croce in Gerusalemme** [25], deren Fundamente aus dem 4. Jahrhundert stammen. Vor ihrem Bau soll Erde vom Kalvarienberg in Jerusalem hier ausgestreut worden sein, daher ihr Beiname „in Jerusalem“. Die viel von Pilgern besuchte Kirche wurde in ihrer heutigen Gestalt zum größten Teil im 18. Jahrhundert erbaut. Sie birgt als heilige Reliquie ein Stück vom Kreuz Jesu, das von der Kaiserin Helena, der Mutter Konstantins des Großen, nach Rom gebracht worden sein soll.

In der Nähe liegt am Ende der *Via Eleniana* die *Porta Maggiore* (3. Jh.), ein wuchtiger Torbau in der Aurelianischen Mauer (s. linke Spalte), der an seiner Außenseite das eigenartige Grabmal des römischen Bäckers Eurysaces und seiner Frau (1. Jh.) in der Form eines Backofens enthält. Nahebei liegt in der Via Prenestina 17 der Eingang zur unterirdischen ***Basilica di Porta Maggiore* (1. Jh. n. Chr.), einem 14 Meter unter der Erdoberfläche gelegenen Heiligtum, das 1916 entdeckt wurde.

Die Via Santa Croce in Gerusalemme führt von der gleichnamigen Piazza über die breite *Piazza Vittorio Emanuele II* und die *Via Carlo Alberto* direkt zurück zur Kirche *Santa Maria Maggiore* (s. S. 84) und weiter durch die *Via Cavour* zum Ausgangspunkt des Rundgangs, der *Stazione Termini.*

*

Mit dem Autobus oder dem Taxi kann man bei genügender Zeit die Stadtbesichtigung fortsetzen. Von der *Piazza San Giovanni in Late-*

rano (s. S. 85) führt die *Via di San Stefano Rotondo* auf den bis zu 51 Meter hoch ansteigenden *Monte Celio*, der in der Antike eine der vornehmsten Wohngegenden Roms war. Hier findet man noch zahlreiche frühchristliche und später restaurierte Kirchen, darunter **San Stefano Rotondo* (5. Jh.), einen der ältesten christlichen Rundbauten Italiens.

Weiter südlich liegen die

****Terme di Caracalla** [26]. Von den um 216 n. Chr. eingeweihten größten und luxuriösesten Thermalbädern Roms sind noch eindrucksvolle Ruinen erhalten. Während der Sommermonate finden hier Freilicht-Opernaufführungen statt.

In der hier beginnenden *Via di Porta San Sebastiano* (sie führt zur Via Appia Antica, s. S. 89) liegen der sehenswerte **Sepolcro degli Scipioni*, das Familiengrab der Scipionen (2. Jh. v. Chr.) und mehrere alte römische *Kolumbarien* (Grabkammern mit Wandnischen für Aschenurnen).

Von der westlichen Seite der Caracalla-Thermen führt der *Viale Giotto* zur

***Porta San Paolo** [27], die in der Antike Porta Ostiensis hieß. Der heutige, von zwei starken Rundtürmen flankierte Bau an der Aurelianischen Mauer (s. S. 86) geht auf eine um 400 n. Chr. vorgenommene Erneuerung zurück.

Vor dem Torbau steht die 35 Meter hohe **Cestiuspyramide*, die sich der Prätor Caius Cestius im Jahre 12 v. Chr. als Grabmal errichten ließ.

Südwestlich der Pyramide erstreckt sich an der Aurelianischen Mauer der sogenannte **Cimitero Protestante*, ein mit Pinien und Zypressen geschmückter Friedhof, auf dem vorwiegend nichtkatholische Ausländer, darunter Goethes Sohn August und die englischen Dichter Shelley und Keats, bestattet sind.

Man folgt nun der *Via Ostiense* etwa zwei Kilometer nach Süden und erreicht die Kirche

****San Paolo fuori le Mura** [28], eine der bedeutendsten Kirchen der christlichen Welt. Sie wurde im Jahr 324 über der Stelle, an der der Apostel Paulus nach seiner Hinrichtung beigesetzt wurde, errichtet und in den Jahren 386 bis 410 durch eine prächtige fünfschiffige Basilika ersetzt. 1823 fiel sie einem Brand zum Opfer und wurde danach – unter Einbeziehung der unversehrten Teile – neu erbaut. 80 monolithische Granitsäulen teilen die 120 Meter lange und 60 Meter breite Kirche in fünf Schiffe. Unter den Fenstern befinden sich Mosaikmedaillons mit den Porträts aller Päpste von Petrus bis zur Gegenwart. Man beachte ferner die an Stuck und Gold reiche Kassettendecke, die mit lichtdurchlässigen Alabasterscheiben versehenen Fenster, die zwischen den Fenstern angebrachten Malereien mit Szenen aus dem Leben des heiligen Paulus, die beiden antiken Granitsäulen, die den das Mittelschiff abschließenden Triumphbogen tragen, die noch erhaltenen byzantinischen Mosaiken und den spiegelnden Marmorfußboden.

Stimmungsvoll ist der sowohl von der Pinacoteca als auch von der romanischen Taufkapelle der Kirche aus zu betretende **Kreuzgang* (13. Jh.) des Benediktinerklosters.

Weg 5: **Villa Borghese – *Pincio – *Piazza del Popolo – *Piazza del Quirinale

****Villa Borghese** nennt man den schönsten und größten Park Roms mit einer Fläche von rund 7 km^2. Er entstand im 17. Jahrhundert an der Stelle der Weinberge der Familie Borghese. Im Park liegen mehrere Museen, ein schöner See, der Zoo, die Pferderennbahn und Gartenanlagen. Besuchenswert sind vor allem

****Museum und Galerie Borghese** [29] mit einer reichen Sammlung von Gemälden und Skulpturen. Weltbekannt sind die Statuen „David", „Apollo und Daphne", „Raub der Proserpina" (alle von Bernini) und „Liegende Venus" (von Canova) sowie Gemälde von Raffael, Correggio, Tizian, Botticelli, Rubens und anderen. An der Nordseite des Parks liegt die

***Nationalgalerie für Moderne Kunst** [30] mit Werken italienischer Maler und Bildhauer des 19. und 20. Jahrhunderts. Angeschlossen ist eine Sammlung von Werken ausländischer Künstler aus dieser Zeit. Unweit von hier liegt die

***Villa Giulia** [31] aus dem 16. Jahrhundert mit dem *Etruskischen Nationalmuseum.* Es enthält vorrömische Funde aus Latium, Südetrurien und Umbrien, darunter etruskisch-italienische Tempel aus dem 6. bis 1. Jahrhundert v. Chr., die berühmte Statue „Apollo von Veio", Sarkophage, Vasen und Schalen.

An der Westseite der Villa Borghese erstreckt sich der

****Pincio** [32], ein 1814 in der Art der Villengärten des 17. und 18. Jahrhunderts angelegter öffentlicher Park, von dessen Terrasse aus man einen der schönsten Blicke über Rom hat. An den Parkwegen stehen die Büsten italienischer Patrioten.

Zu Füßen des Pincio liegt die

***Piazza del Popolo** [33] mit einem hohen ägyptischen Obelisken, der um 1300 v. Chr. für die Tempelanlage in Heliopolis geschaffen und im Jahr 10. v. Chr. nach Rom gebracht wurde. (Im Sommer 1983 durch Blitzschlag stark beschädigt, wird derzeit restauriert.) An den beiden Schmalseiten des ovalen Platzes stehen Figuren der vier Jahreszeiten und zwei Brunnen. Seine Nordseite nimmt das ehemalige Stadttor *Porta del Popolo* ein, das nach Plänen von Michelangelo (Außenfassade) und Bernini (Innenfassade) gestaltet wurde.

Weitere sehenswerte Bauten an der Piazza del Popolo sind die beiden Barockkirchen *Santa Maria di Montesanto* und *Santa Maria dei Miracoli* (beide 17. Jh.), die mit Kunstwerken reich ausgestattete Kirche **Santa Maria del Popolo* (1472–1477) und vier Paläste (1820) von Valadier. Man kann die Villa Borghese auch durch die breite, baumbestandene *Via Vittorio Veneto* [34] verlassen.

Von der Piazza del Popolo führt die *Via del Babuino* weiter zur

Piazza di Spagna (s. S. 78). Dort folgt man der *Via Due Macelli* zum

Palazzo del Quirinale [35] aus dem 16. Jahrhundert. Er diente den Päpsten als Sommersitz. 1870 wurde der Palast Residenz der italienischen Könige und 1948 Sitz des italienischen Staatspräsidenten. Man geht nun um den Palast herum zur

Piazza del Quirinale

***Piazza del Quirinale.** Der hochgelegene Platz ist einer der schönsten Plätze Roms. Nach Westen hin bietet er eine weite Aussicht. In seiner Mitte steht auf einem hohen Sockel die römische Nachbildung eines ägyptischen Obelisken, flankiert von den Marmorskulpturen der beiden Dioskuren Kastor und Pollux auf ihren Pferden, römischen Nachbildungen der berühmten griechischen Figurengruppen des Phidias und Praxiteles. Die Südseite des Platzes nimmt der *Palazzo della Consulta* (18. Jh.) ein.

Weg 6: **Via Appia Antica

Von den ***Caracalla-Thermen* (s. S. 87) geht man durch die *Via di Porta San Sebastiano,* vorbei an den Gräbern der *Scipionen* (s. S. 87) und dem *Drususbogen* (2. Jh. n. Chr.), zur festungsartigen

***Porta San Sebastiano** [36]. Der wuchtige, von zwei Türmen flankierte Torbau (6. Jh.) beherbergt das *Museo delle Mura Romane,* dessen Sammlungen sich mit der Geschichte der römischen Stadtmauern befassen. Hier beginnt die

****Via Appia Antica,** die bedeutendste der römischen Konsularstraßen. Sie stammt vom Ende des vierten vorchristlichen Jahrhunderts. Da es zur Zeit der Antike verboten war, Tote innerhalb des Stadtgebiets beizusetzen, wurden die römischen Ausfallstraßen oft zu Gräberstraßen. Diesen Charakter hat jedoch keine Straße in so hohem Maße wie die Via Appia Antica, an der über eine Strecke von rund 20 Kilometern Grabanlagen verschiedener Art entstanden. Man besichtige zuerst die kleine Kirche

***Domine quo vadis** [37]. Hier soll Petrus dem Heiland begegnet sein. Die aus dem 9. Jahrhundert stammende Kirche wurde im 17. Jahrhundert erneuert.

In der Via Appia Antica 110 befindet sich der Eingang zu den

****Catacombe di San Callisto.** Die Kalixtus-Katakomben, die zu den größten Katakomben Roms gehö-

Porta San Sebastiano

ren, bestehen aus vier unterirdischen Stockwerken und entstanden im 2. und 3. Jahrhundert. Man kann hier zahlreiche frühchristliche Gräber, uralte Fresken und Inschriften und die sogenannte „Krypta der Päpste“ (3. Jh.) sehen, in der Märtyrerpäpste und Bischöfe beigesetzt sind.

Etwas weiter südlich steht die

***Basilica di San Sebastiano,** eine der sieben Pilgerkirchen Roms. Sie soll im 4. Jahrhundert über dem Grab des heiligen Sebastian errichtet worden sein. Im 13. Jahrhundert wurde sie neu gestaltet, im 17. Jahrhundert barockisiert. Durch die Kirche gelangt man in eindrucksvolle Katakomben.

Schräg gegenüber der Kirche liegen die Ruinen des Grabmals des Romulus, eines Sohnes des Kaisers Maxentius, und dahinter die Ruinen des *Circus des Maxentius,* einer Wagenrennbahn aus der Zeit um 309.

Wenig später erreicht man das

***Grab der Cäcilia Metella,** einen festungsartigen Turmbau aus dem 1. Jahrhundert n. Chr. mit einem Zinnenkranz aus der Zeit um 1300.

Es beginnt nun der schönste Abschnitt der Via Appia Antica, die sich zwischen Zypressen und Pinien und einer fast unübersehbaren Zahl von Grabmälern und Tumulusgräbern fast geradlinig bis zu den Albaner Bergen hinzieht.

Ausflüge von Rom

**Ostia und Lido di Roma

Wenn man mit dem Wagen fährt, verläßt man Rom durch die *Porta San Paolo* (s. S. 87) und benutzt die 28 Kilometer lange Autostrada.

Andernfalls nimmt man am besten von der *Stazione Termini* (s. S. 83) die Untergrundbahn (Metropolitana) in Richtung Lido di Roma oder die entsprechenden Vorortzüge.

Zur Zeit der Antike war Ostia einer der wichtigsten Kriegshäfen des Imperiums. Heute hat sich die Tibermündung drei Kilometer weit nach Westen verschoben.

***Ostia Antica* wird seit dem 19. Jahrhundert freigelegt. Neben einem Kastell (15. Jh.) kann man hier noch bedeutende römische Baureste vom ersten vorchristlichen bis zum vierten nachchristlichen Jahrhundert sehen: Stadtmauern, Thermen und Sportanlagen, ein Theater, mehrere Tempel und andere Bauten.

Lido di Roma oder *Lido di Ostia* heißt der nahe Badestrand der Römer, der zwar ausgezeichnete Strand- und touristische Einrichtungen besitzt, wo das Meerwasser jedoch stark verschmutzt ist. Der elegantere Badeort ca. 30 km von Rom, ist Fregene.

***Tivoli und ***Villa Adriana**

Man erreicht die 32 Kilometer östlich von Rom liegende Stadt mit dem Auto am besten über die Nationalstraße 5 (oder die Autobahn), oder man fährt mit dem Autobus ab *Stazione Termini,* oder man nimmt den Eilzug.

***Tivoli** liegt etwa 230 Meter hoch in den *Sabiner Bergen,* besitzt einen reich mit Kunstschätzen geschmückten *Dom* (17. – 18. Jh.), zwei romanische Kirchen, und – über der malerischen Aniene-Schlucht (Wasserfälle und Grotten) – einen römischen Rundtempel *(*Tempio di Vesta).* Die größte Sehenswürdigkeit der Stadt jedoch ist die aus einem Benediktinerkloster hervorgegangene *** Villa d'Este* (1550) mit herrlichen Park- und Gartenanlagen, Alleen, Brunnen, künstlichen Grotten und einer Rometta (Klein-Rom) genannten Terrasse, auf der Miniaturnachbildungen antiker römischer Bauten zu sehen sind.

Nur wenige Fahrminuten entfernt liegt die **** Villa Adriana,* die Kaiser Hadrian von 125 bis 135 n. Chr. als größte und reichste aller römischen Kaiservillen anlegen ließ. Viele der alten Bauten (Paläste, Tempel, Badeanstalten, Theater, Bibliotheken) vermitteln noch als Ruinen ein eindrucksvolles Bild von dem prachtvollen Alterssitz des Kaisers.

Albaner Berge und Castelli Romani

Man schließt sich am besten einer der von praktisch allen größeren römischen Reisebüros veranstalteten (Halb-)Tages-Autobusrundfahrten an. Wenn man mit dem eigenen Wagen fährt, verläßt man Rom durch die *Porta San Giovanni* (bei der Laterankirche, s. S. 85) und die *Via Tuscolana.* Man fährt durch die römische Campagna und erreicht nach etwa 20 Kilometern die *Albaner Berge* und das durch seinen Wein weithin bekannte *Frascati* mit seinen prächtigen Villen aus dem 16. und 17. Jahrhundert. Einen Besuch verdient vor allem die **Villa Aldobrandini* (1598 – 1604) mit berühmten Gärten (Wasserspiele, „Wassertheater", Aussichtsterrasse). Oberhalb der Stadt, etwa fünf Kilometer südöstlich, liegen die Ruinen der antiken Sommerfrische **Tusculum* (Akropolis, Forum, Amphitheater, Villa des Cicero u.a.).

Man fährt weiter über *Grottaferrata,* wo das 1004 gegründete burgartige Kloster **Abbazia di Grottaferrata* der Basilianermönche einen Besuch verdient.

Kurz nach dem malerisch auf einem Bergvorsprung liegenden Städtchen Marino erreicht man die **Via dei Laghi (Straße der Seen),* die zunächst am **Lago di Albano* einem 170 Meter tiefen Kratersee, entlangführt. Ein Abstecher lohnt sich auf den **Monte Cavo* (949 m; großartige Aussicht) und nach **Rocca di Papa* (700 m), dem am höchsten gelegenen Ort der Castelli Romani.

Bei *Nemi* (sehenswerter antiker Dianatempel) erreicht man den 34 Meter tiefen **Lago di Nemi,* der ebenfalls in einem Vulkankrater entstand. Am Südwestrand des Kraters liegt *Genzano* (435 m), von wo aus man etwa 30 Minuten zum See hinuntergeht. Am Seeufer steht das **Museo delle Navi Romani,* das die Nachbildungen zweier kaiserlich-römischer Schiffe enthält (die Originale fielen 1944 einem Brand zum Opfer). Vom Schiffsraum führt auch ein Weg zum obengenannten Dianatempel.

In *Ariccia* besichtige man die schönen Bauten von Bernini (17. Jh.), wie den *Palazzo Chigi* (schöner Waldpark) und die kuppelgekrönte Kirche *Santa Maria dell' Assunzione* (1664). Über einen 312 Meter langen und 60 Meter hohen Aquädukt erreicht man schließlich

***Albano,** das schon im Altertum wegen seiner schönen Umgebung als Sommeraufenthalt beliebt war. Aus der Römerzeit sind noch viele Bauten erhalten, so die *Porta Praetoria,* die Ruinen eines Amphitheaters, die eines Grabbaus und der sogenannte **Cisternone,* eine in den Felsen geschlagene Zisterne. Im Mittelalter wurde über einem römischen Nymphäum die Kirche *Santa Maria della Rotonda* (bemerkenswerte Fresken aus dem 14. Jh.) erbaut.

Zwei Kilometer weiter liegt in schöner Lage über dem Albaner See **Castel Gandolfo* (426 m) mit der Sommerresidenz der Päpste (17. Jh.). Vor dem *Palazzo Papale* steht am Marktplatz die von Bernini erbaute Kirche *San Tommaso da Villanova* (1661) mit einer beachtenswerten Kuppel. Die Rückfahrt nach Rom erfolgt am besten auf der *Via Appia Nuova.*

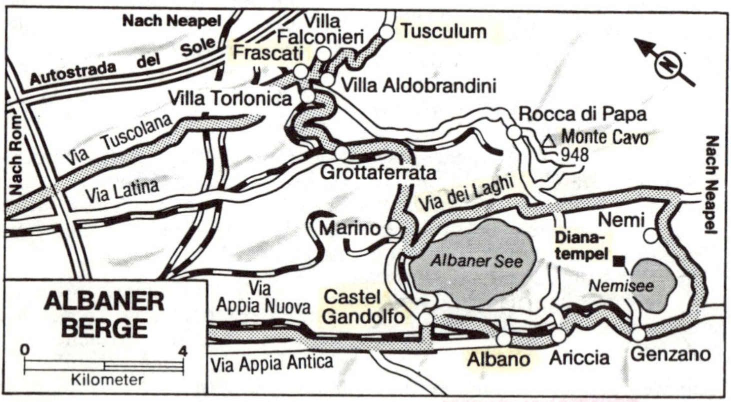

***FLORENZ

Die Hauptstadt der Toskana, Florenz (ital. Firenze), erstreckt sich zu beiden Seiten des Arno. Sie ist eine der schönsten Städte der Welt, bekannt wegen ihrer Geschichte, ihres Reichtums an Kunstdenkmälern aus Mittelalter und Renaissance und auch wegen der Schönheit ihrer Umgebung.

GESCHICHTE

Die kleine etruskische Kolonie wurde im 1. vorchristlichen Jahrhundert römisch und erhielt den Namen Florentia, die Blühende. Im 9. Jahrhundert war Florenz im Verband des deutschen Kaiserreichs Hauptstadt der Markgrafschaft Toskana. Später führten die Auseinandersetzungen zwischen den kaisertreuen Ghibellinen und der Papstpartei der Guelfen zu blutigen Kämpfen unter der Bevölkerung der Stadt. Nach Abschaffung der Adelsrechte entstand eine bürgerliche Republik. Die Macht ging jedoch im Jahr 1434 in die Hände der reichen Kaufmannsfamilie der Medici über, die bis 1737 herrschten, zuletzt als Großherzöge der Toskana. Von 1737 bis 1859 kam das Großherzogtum an das habsburgische Haus der Lothringer. 1860 wurde die Toskana dem Königreich Italien angeschlossen, und Florenz blieb bis 1871 dessen Hauptstadt. Heute ist Florenz die Heimstadt eines bedeutenden Kunstgewerbes (Majoliken, Lederartikel, Mosaiken, Mode) und einer bedeutenden Industrie.

SEHENSWÜRDIGKEITEN

Da eine Autosperrzone („zona blu“) das historische Zentrum beruhigen soll, muß man von den markierten Parkplätzen Gebrauch machen (am günstigsten: *Fortezza da Basso* in Bahnhofsnähe). Zwei Autobusringlinien führen durchs Zentrum. Vor der Besichtigung lohnt sich der Rundblick vom *Piazzale Michelangelo*.

Weg 1: Hauptbahnhof – **Santa Maria del Fiore – ***Uffizien – *Santa Croce

Nur wenige Schritte vom *Hauptbahnhof* [1] entfernt steht die ursprünglich zu einem 1221 gegründeten Dominikanerkloster gehörende Kirche

****Santa Maria Novella** [2], die 1278 bis 1470 erbaut wurde. Ihre Fassade ist in ihrem unteren Teil romanisch, während der obere im Renaissancestil gehalten ist. In dem dreischiffigen Innern beachte man vor allem die *Cappella Rucellai* mit einer Madonna von Buoninsegna, die *Cappella Filippo Strozzi* mit Fresken von Filippino

Lippi, die Apsis mit Fresken von Ghirlandaio, die bekannten Fresken von Orcagna („Jüngstes Gericht", „Paradies", „Hölle") und die „Kreuzigung" von Giotto.

Links neben der Kirche liegt der Eingang zu den drei *Chiostri di Santa Maria Novella*. Der älteste dieser Kreuzgänge, der „Chiostro Verde" („Grüner Kreuzgang") wurde Mitte des 14. Jahrhunderts von Fra Iacopo Talenti erbaut und ist mit prächtigen, vorwiegend in grüner Farbe gehaltenen (daher der Name) Fresken (um 1430) von Paolo Uccello und seinen Schülern geschmückt. Er birgt die „Kapelle der Spanier" (ursprünglich Kapitelsaal der Dominikaner), die um 1365 von Andrea da Firenze mit monumentalen Fresken versehen wurde.

Man geht nun durch die *Via Panzani* und die *Via Cerretani* mit ihren schönen Palästen und gelangt zum Dom

****Santa Maria del Fiore** [3]. Mit seinem Bau wurde 1296 begonnen. Er wird z.Z. restauriert. Die Kuppel ist ein Meisterwerk Brunelleschis (1420—34). Die Hauptfassade des Doms entstand 1883 im Stil des 14. und 15. Jahrhunderts. Zu den vielen hervorragenden Kunstwerken im Innern gehören neben der unvollendeten ***Pietà* von Michelangelo (im Dommuseum) Tonreliefs über den Türen der beiden Sakristeien, eine Bronzetüre von Luca della Robbia sowie das Reiterbildnis von Paolo Uccello.

Neben dem Dom steht der mit Marmor verkleidete

****Campanile** [4], den Giotto 1334 begann und Talenti 1359 fertigstellte. Er ist einer der schönsten Glockentürme des Landes. Vor dem Dom sieht man das Baptisterium

*****San Giovanni Battista** [5], das aus dem 11. Jahrhundert stammt und das älteste erhaltene Gebäude der Stadt ist. Die Fassaden sind mit weißem und grünem Marmor verkleidet. Besonders sehenswert sind die drei Bronzeportale, deren schönstes (an der Ostseite) von Ghiberti stammt. Es ist mit zehn Relieftafeln, die Szenen aus dem Alten Testament darstellen, geschmückt. Im Innern beachte man die Mosaiken aus dem 13. und 14. Jahrhundert, das marmorne Taufbecken, den Altar und, rechts von der Apsis, ein von Donatello geschaffenes Papstgrab (um 1425).

Man geht nun durch die *Via dei Calzaiuoli*, eine der belebtesten Straßen von Florenz, weiter. Gleich rechts an der Ecke liegt die *Loggia del Bigallo* (14. Jh.), ein Juwel gotischer Baukunst. Einen Besuch verdient die Kirche

***Orsanmichele** [6] aus dem 14. Jahrhundert, deren Äußeres durch große Spitzbogenfenster und durch Statuen berühmter Bildhauer (Nanni di Banco, Donatello, Verrocchio) gegliedert ist. Im Innern beachte man vor allem das prachtvolle Tabernakel (14. Jh.) von Orcagna.

Nach wenigen Schritten erreicht man die *Piazza della Signoria* mit einigen der schönsten Bauten von Florenz. Der

***Palazzo Vecchio** [7] wurde von 1298 bis 1314 von Arnolfo di Cambio erbaut. Er hat einen zinnengekrönten Turm. Die luxuriös ausgestatteten Räume im Innern dienten lange Zeit den Medici als

Wohnräume. Der Hof (1453) stammt von Michelozzo; hier steht auch die Bronzeplastik „Knabe mit Delphin“ (1476) von Verrocchio. Vom Turm aus bietet sich ein umfassender Rundblick.

Vor der Fassade steht eine moderne Kopie des berühmten „David“ von Michelangelo. Die beiden Donatello-Plastiken „Judith und Holofernes“ (1460) und „Marzocco“, der Löwe mit dem Stadtwappen (1438), sowie „Herkules und Cacus“ von Bandinelli, die bisher ebenfalls hier standen, befinden sich jetzt im Bargello. Es ist noch unklar, ob sie durch Kopien oder durch andere Statuen ersetzt werden.

Weiter beachte man am Platz das *Reiterdenkmal* des Großherzogs Cosimo I. Medici von Giambologna und daneben den *Neptunbrunnen* von Ammannati. Eine Bodenplatte markiert die Stelle, an der 1498 der Reformer Savonarola verbrannt wurde. Auf der anderen Seite des Platzes liegt die

****Loggia dei Lanzi** [8], eine im 14. Jahrhundert erbaute Bogenhalle für öffentliche Versammlungen und Festlichkeiten. Zur Zeit der Großherzöge hatte hier die Wache der deutschen Landsknechte ihren Posten. In der Folgezeit wurden in der Loggia bedeutende Skulpturen aufgestellt, darunter „Perseus mit dem Haupt der Medusa“ (1553) von Cellini, „Raub der Sabinerinnen“ (1583) und „Herkules und der Centaur“, beide von Giambologna, sowie „Raub der Polyxena“ (1866) von Pio Fedi.

Zwischen dem Palazzo Vecchio und der Loggia dei Lanzi öffnet sich die *Piazza degli Uffizi* mit dem gleichnamigen, von Vasari von 1560 bis 1574 erbauten Palast, der unter den Medici als Verwaltungs- und Gerichtsgebäude diente. Heute beherbergt er die

*****Galerie der Uffizien** [9]. Mit mehr als 4000 Gemälden aller italienischen und Meisterwerken aller anderen europäischen Malschulen gehört sie zu den reichsten und bedeutendsten Gemäldegalerien der Welt. Außerdem sieht man hier spätgotische Bilder, hervorragende antike Kunstwerke und diverse Ausgrabungsfunde. Weltbekannte Werke italienischer Malerei stammen von Cimabue, Giotto, Fra Angelico, Botticelli, Leonardo da Vinci, Raffael, Michelangelo, Tizian, Veronese, Caravaggio und Tiepolo. Es ist ratsam, sich an Ort und Stelle einen Katalog zu besorgen; er ist auch in deutscher Sprache erhältlich.

Von der Piazza della Signoria geht man nun durch die *Via della Ninna,* eine der charakteristischen Straßen von Alt-Florenz, und durch den *Borgo Santa Croce* zur *Piazza Santa Croce* mit der Kirche

*****Santa Croce** [10]. Sie wurde im 13. Jahrhundert erbaut und 200 Jahre später erneuert. Fassade und Glockenturm stammen aus dem 19. Jahrhundert. Im Innern enthält die Kirche schöne Fresken von Giotto (in den ersten beiden Kapellen rechts neben dem Chor), Kapellen von Michelozzo und Brunelleschi und die **Grabmäler* von Galilei, Michelangelo, Machiavelli, Foscolo, Alfieri und Rossini. Im Mittelschiff beachte man die *Kanzel* von Benedetto da Maiano.

Sehenswert sind auch die beiden Kreuzgänge und das angeschlossene *Museo dell'Opera di Santa*

Plan S. 96/97

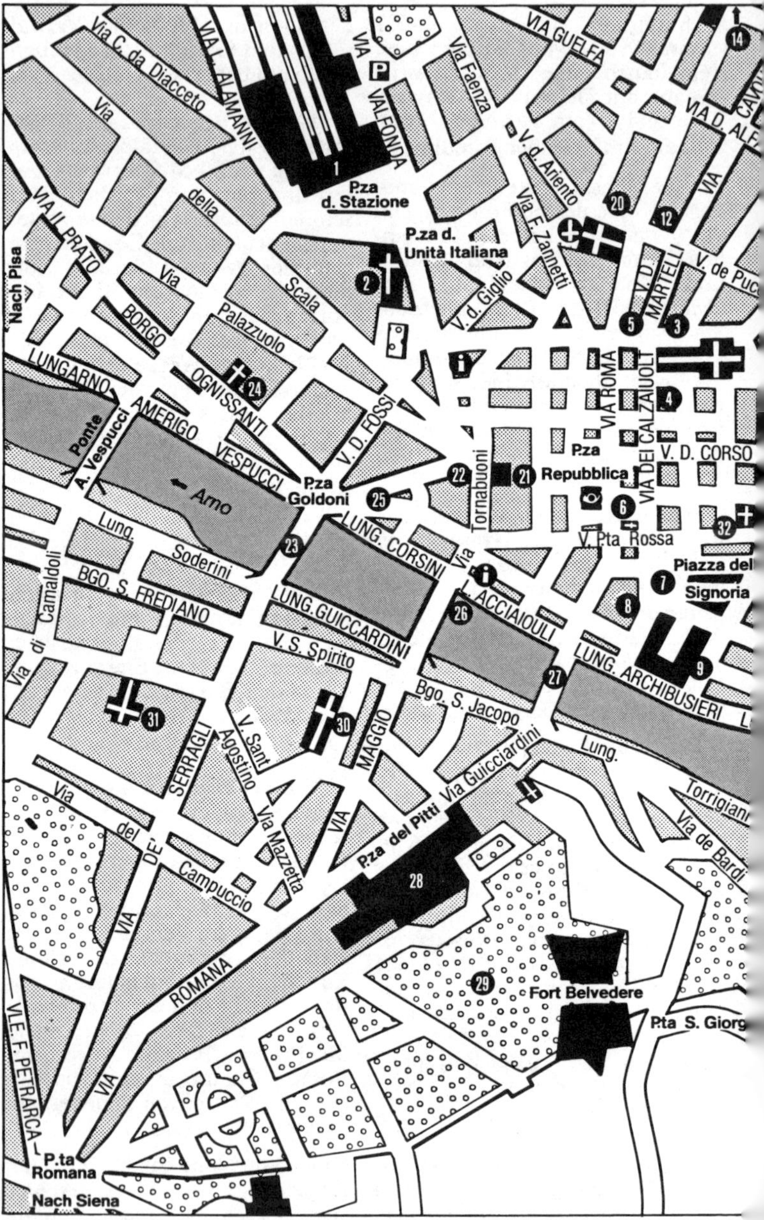

Via C. da Diacceto
VIA L. ALAMANNI
VIA VALFONDA
VIA GUELFA
Via Faenza
VIA D. ALFANI
P.za d. Stazione
della Scala
Via Palazzuolo
VIA IL PRATO
Nach Pisa
P.za d. Unità Italiana
V. d. Ariento
Via F. Zannetti
V. d. Giglio
V. D. MARTELLI
V. de Pucci
BORGO OGNISSANTI
LUNGARNO AMERIGO VESPUCCI
Ponte A. Vespucci
Arno
V. D. FOSSI
P.za Goldoni
VIA ROMA
VIA DEI CALZAIUOLI
V. D. CORSO
P.za Repubblica
Tornabuoni
Lung. Soderini
LUNG. CORSINI
V. Pta Rossa
Piazza della Signoria
Via di Camaldoli
BGO. S. FREDIANO
LUNG. GUICCIARDINI
V. S. Spirito
L. ACCIAIOULI
LUNG. ARCHIBUSIERI
Bgo. S. Jacopo
Via Guicciardini
Lung. Torrigiani
Via de Bardi
SERRAGLI
V. Sant Agostino
MAGGIO
Via del Campuccio
VIA DE'
Via Mazzetta
P.za del Pitti
VIA ROMANA
Fort Belvedere
Pta S. Giorg
VLE. F. PETRARCA
P.ta Romana
Nach Siena

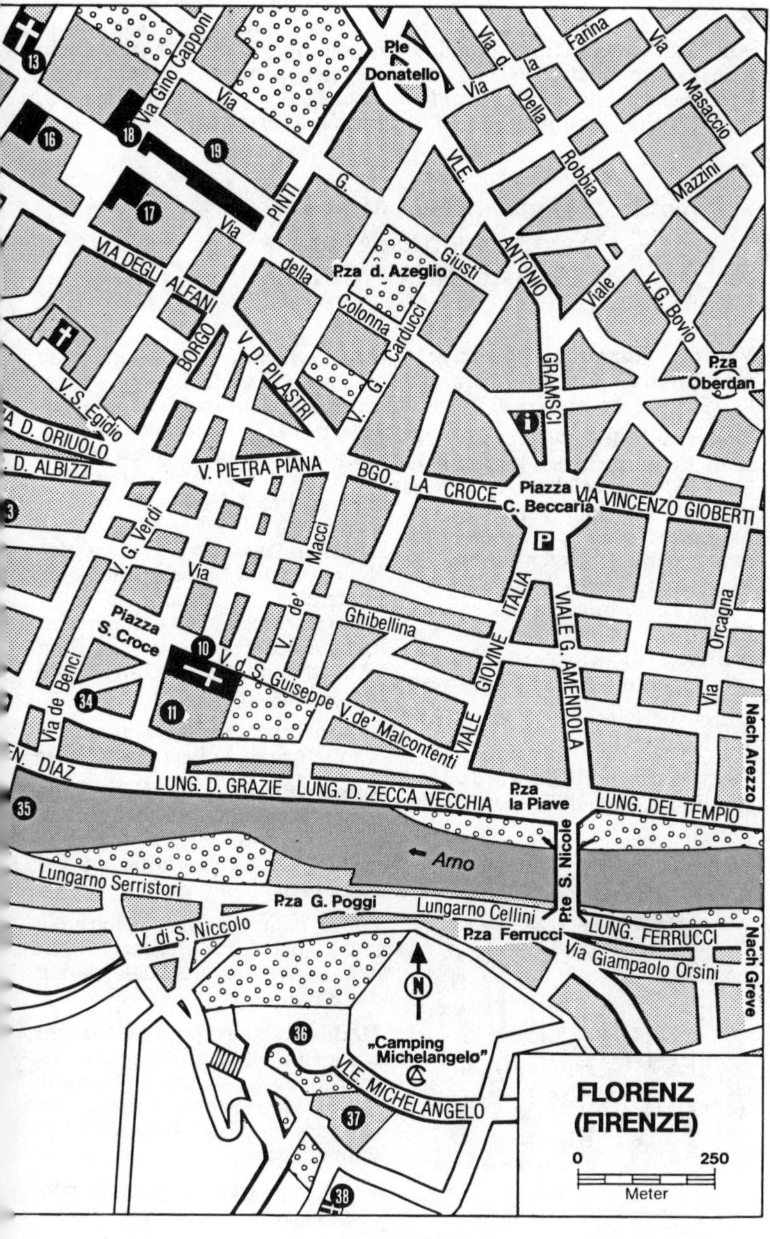
P.le Donatello
Via Gino Capponi
Via
PINTI
Via d. la Farina
Via Masaccio
Via Della Robbia
VLE. G. Giusti
Mazzini
VIA DEGLI ALFANI
Via della Colonna
P.za d. Azeglio
ANTONIO
Viale
V. G. Bovio
BORGO
V. D. PILASTRI
V. G. Carducci
GRAMSCI
P.za Oberdan
V. S. Egidio
VIA D. ORIUOLO
V. D. ALBIZZI
V. PIETRA PIANA
BGO. LA CROCE
Piazza C. Beccaria
VIA VINCENZO GIOBERTI
V. G. Verdi
Via de' Macci
Ghibellina
VIALE GIOVINE ITALIA
VIALE G. AMENDOLA
Orcagna
Via
Piazza S. Croce
V. d. S. Guiseppe
V. de' Malcontenti
Via de Benci
N. DIAZ
LUNG. D. GRAZIE
LUNG. D. ZECCA VECCHIA
P.za la Piave
LUNG. DEL TEMPIO
Nach Arezzo
Arno
Pte S. Nicole
Lungarno Serristori
P.za G. Poggi
Lungarno Cellini
V. di S. Niccolo
P.za Ferrucci
LUNG. FERRUCCI
Via Giampaolo Orsini
Nach Greve
N
„Camping Michelangelo"
VLE. MICHELANGELO
FLORENZ (FIRENZE)
0
250
Meter
13
16
18
19
17
10
11
34
35
36
37
38

Croce, in dem man große Fesken von Taddeo Gaddi und andere Kunstwerke findet. Neben der Kirche liegt die *Nationalbibliothek*[11]. Von der linken Seitenfassade der Kirche aus kann man durch die *Via delle Pinzochere* in wenigen Minuten das *Haus Michelangelos* (Via Ghibellina 70; Museum) erreichen.

Weg 2: **Dom – *San Marco – *Santissima Annunziata – *Archäologisches Museum

Von der *Piazza del Duomo* geht man durch die *Via dei Martelli* zur *Via Cavour*, wo links der

***Palazzo Medici-Riccardi** [12] steht. Er wurde in den Jahren 1440 bis 1460 von Michelozzo erbaut und hat eine bemerkenswerte Renaissancefassade und einen schönen Innenhof. Unter Lorenzo il Magnifico (1469 – 1492) war der Palast Regierungssitz der Medici. Im Innern ist besonders die Kapelle von Michelozzo mit Fresken von Benozzo Gozzoli sehenswert.

Durch die *Via Cavour* gelangt man zur Kirche

***San Marco** [13]. Sie wurde 1250 gegründet und 1437 von Michelozzo erneuert. 1780 erhielt sie eine neue Fassade. Im angeschlossenen ehemaligen **Dominikanerkloster* (1437 von Michelozzo neu aufgebaut) befindet sich ein Museum mit den berühmtesten Werken von Fra Angelico, die zusammen mit den Fresken des gleichen Künstlers an den Wänden der Korridore und Mönchszellen eine interessante Sammlung von seltener Geschlossenheit bilden. Im kleinen Refektorium ist ein „Abendmahl" von Ghirlandaio beachtenswert.

Palazzo Medici-Riccardi

In der Nähe von San Marco (Via XXVII Aprile 1) liegt das Kloster

Sant'Apollonia [14]. Hier kann man neben anderen Kunstwerken das bekannte Fresko „Abendmahl" (1457) von Andrea del Castagno sehen.

Wenn man die Via Cavour ein Stück hinaufgeht, sieht man links den *Justizpalast* und bald darauf das Kloster

***Dello Scalzo** [15] mit einem sehr schönen Säulengang aus dem 16. Jahrhundert, den Andrea del Sarto mit Fresken (Szenen aus dem Leben des heiligen Johannes) geschmückt hat.

Von San Marco aus gelangt man auch nach wenigen Schritten zur

***Accademia delle Belle Arti** [16] (Via Ricasoli 52). In der Galerie der Akademie hängen Gemälde der Florentiner Schulen vom Mittelalter bis zur Renaissance. Sehenswert ist vor allem die berühmte riesige Marmorstatue „David" von Michelangelo (1501). Weitere Skulpturen Michelangelos, Giambolognas und anderer Meister ergänzen die Sammlung.

Man geht nun durch die *Via Battisti* zur *Piazza della Santissima Annunziata,* einem der größten und schönsten Plätze von Florenz. In der Mitte erblickt man das Reiterstandbild des Großherzogs Ferdinando I. von Giambologna. An den Seiten stehen zwei Barockbrunnen. Am Platz liegt auch das

Ospedale degli Innocenti [17], das „Krankenhaus der Unschuldigen". Es wurde um 1420 von Brunnelleschi als Findelhaus erbaut und ist das erste florentinische Gebäude, das entscheidende Merkmale der Renaissance trägt. Die Wickelkinder darstellenden Terrakotta-Medaillons zwischen den Bögen der Säulenhalle stammen von Andrea della Robbia. Beachtung verdient auch der schöne Hof. Im Refektorium sind die Epiphanie von Ghirlandaio und eine Madonna von Piero di Cosimo zu besichtigen. Die Kirche

***Santissima Annunziata** [18] wurde im 13. Jahrhundert erbaut und im 15. Jahrhundert von Michelozzo umgestaltet. Ihr Inneres wurde später barockisiert. In dem wertvollen Tabernakel von Michelozzo kann man das Bild der „Wundertätigen Madonna" sehen.

In dem anliegenden Klosterhof beachte man die berühmten Fresken von Andrea del Sarto.

Nun geht man unter dem Bogen des *Ospedale* hindurch und weiter durch die *Via della Colonna* zum *Palazzo Crocetta* mit dem

***Archäologischen Museum** [19]. Es enthält eine etruskische Sammlung, die als vollständigste ihrer Art gilt.

Weg 3: **Dom – **San Lorenzo – *Palazzo Strozzi – Kirche Ognissanti – **Ponte Vecchio – **Palazzo Pitti – *Santa Maria del Carmine

Man geht vom *Domplatz* durch die *Via Martelli* bis zum *Palazzo Medici-Riccardi* (s. S. 98), biegt dort links ab und gelangt zur Kirche

****San Lorenzo** [20], die Brunelleschi von 1425 bis 1446 erbaute. Michelangelo fügte die innere Fassade, die neue Sakristei und die Bibliothek hinzu. In dem eindrucksvollen Innern beachte man vor allem die *Sakramentskapelle* (rechter Arm des Querschiffs), die *Alte Sakristei* (man erreicht sie vom linken Arm des Querschiffs aus) von Brunelleschi mit Verzierungen und Skulpturen von Donatello und dem Medici-Sarkophag

San-Lorenzo

von Verrocchio, die **Fürstenkapelle* mit Gräbern von Großherzögen der Toskana und schließlich die

Neue Sakristei (Zugang von der Piazza Madonna) von Michelangelo, der hier zwei Meisterwerke schuf: das *Grabmal Lorenzos II.*, des Herzogs von Urbino (gest. 1519), mit den allegorischen Gestalten der Morgen- und Abenddämmerung und das *Grabmal Giulianos,* des Herzogs von Nemours (gest. 1515), mit den Gestalten des Tages und der Nacht.

Nach dem Verlassen der Kirche kann man den *Kreuzgang* von Brunelleschi und die *Biblioteca Laurenziana* (mit einer Vorhalle von Michelangelo) besichtigen.

Nun geht man um die Kirche herum zur *Via Cerretani* und biegt dann links nach der *Piazza Santa Maria Maggiore* mit der gleichnamigen Kirche (12./13. Jh.) ab. Man gelangt auf die *Piazza Antinori* mit dem *Palazzo Antinori* (15. Jh., schöner Hof) und der Barockkirche *San Gaetano* (1648). Von hier aus wendet man sich nach links und geht durch die *Via Tornabuoni,* die mit ihren Läden und Palästen eine der schönste Straßen von Florenz ist. Der

***Palazzo Strozzi** [21] wurde 1489 erbaut und gehört zu den bedeutendsten Renaissancebauten der Stadt. An der Südseite blieb er unvollendet. Sehenswert ist der Innenhof.

Dem Palast gegenüber zweigt die *Via della Vigna Nuova* ab, die zum **Palazzo Rucellai* [22], einem sehenswerten Renaissancepalast aus dem Jahr 1451, führt.

An der *Piazza Goldoni* erreicht man den *Arno,* der hier vom *Ponte alla Carraia* [23] überspannt wird. Ehe man der schönen Uferstraße folgt, lohnt sich ein Abstecher durch den *Borgo Ognissanti* zur

Ognissanti-Kirche [24]. Sie stammt aus dem 15. Jahrhundert, wurde aber in der Barockzeit stark verändert. Die Lunette an der Fassade stammt von Giovanni della Robbia. Im Refektorium des benachbarten Klosters hängt das Gemälde „Abendmahl" von Domenico Ghirlandaio. Ebenso sind die Fresken von Botticelli sehenswert.

Man kehrt nun zum Fluß zurück und folgt der Uferstraße zum

Palazzo Corsini [25], der 1648 bis 1656 im Barockstil erbaut wurde und eine schöne Fassade mit Terrassen, Statuen und Büsten besitzt. Der Palast beherbergt die *Corsini-Galerie,* eine Gemäldegalerie mit Werken von Filippo Lippi, Raffael, Luca Signorelli und anderen.

Florenz, in der Renaissance Zentrum der Welt und der Erneuerung, ist auch heute eine der wichtigsten Kulturmetropolen Italiens.

Mittelpunkt Sienas ist der Campo; seit der Renaissance findet hier das berühmte Pferderennen, der Palio, statt.

Zypressen- und Schirmpinien-Alleen gehören zum Landschaftsbild der südlichen Toskana, den Maremmen.

Der nun folgende *Ponte Santa Trinità* [26] ist wegen seines schönen Blicks auf den Ponte Vecchio bekannt. Hier liegt an der *Piazza Santa Trinità* der *Palazzo Bartolini Salimbeni* im Frührenaissancestil. Man folgt der Uferstraße weiter bis zum

****Ponte Vecchio** [27]. Die „Alte Brücke" hieß bereits so, als sie von den Römern an der Stelle einer früheren Brücke aus der Etruskerzeit errichtet wurde. Ihre heutige Gestalt erhielt sie 1345. Die kleinen Gold- und Silberschmiedewerkstätten auf der Brücke stammen aus dem 16. Jahrhundert. In der Brückenmitte ist die doppelte Reihe der Läden durch einen kleinen freien Platz unterbrochen, auf dem das Denkmal von Benvenuto Cellini steht. Von hier bietet sich ein schöner Blick auf die Altstadt.

Man überquert die Brücke und gelangt durch die *Via Guicciardini* zum

****Palazzo Pitti** [28], dem 1440 erbauten monumentalsten aller Florentiner Paläste. In den folgenden Jahrhunderten wurde er oft vergrößert und erhielt 1783 seine heutige Gestalt. Als Florenz die Hauptstadt Italiens wurde, residierte hier der italienische Hof. Im Innern enthält der Palast prunkvolle Gemächer *(Appartementi Monumentali)*, das *Silbermuseum (Museo degli Argenti)*, das *Museum der Staatskarossen (Museo delle Carozze)*, das *Museum für Moderne Kunst (Museo d'Arte Moderna)* und kleinere Kunstsammlungen sowie die weltbekannte

****Palatinische Galerie** *(Galleria Palatina)* mit Gemälden aus den Privatsammlungen der Medici. Die Gemälde wurden nach rein dekorativen Kriterien zusammengestellt. So sieht man im „Saal der Ilias" Werke von Raffael, Tizian, Ghirlandaio und Velázquez, im „Saal des Saturn" Werke von Raffael und Perugino, im „Jupitersaal" Werke von Perugino, Raffael, Rubens und Andrea del Sarto, im „Saal des Mars" Werke von Murillo, Rubens, Veronese, Tizian, Tintoretto und Van Dyck. Die Namen der Säle stammen von den Darstellungen der Deckengemälde, die Maler aus dem 17. bis 19. Jahrhundert schufen.

Hinter dem Palast breiten sich die

***Boboli-Gärten** [29] aus, die zu den schönsten Gartenanlagen Italiens gehören. Im 16. Jahrhundert angelegt, erstreckt sich die Anlage mit ihren Brunnen, Statuen, Lauben und Zypressenalleen über den Hang des zum *Fort Belvedere* ansteigenden Hügels. Sehr schön ist der Ausblick von der Anhöhe über die Stadt. In einem Freilichttheater finden im Sommer Theateraufführungen statt.

Nur wenige Schritte vom Palazzo Pitti entfernt liegt die Kirche

Santo Spirito [30] aus dem 15. Jahrhundert, eine bemerkenswerte Schöpfung von Brunelleschi. Vorhalle und Sakristei stammen von Sangallo und Cronaca.

Man kann durch die *Via Sant'Agostino* weitergehen zur Kirche

Santa Maria del Carmine [31], die 1771 nach einem Brand völlig neu erbaut wurde. Sie ist Kunstliebhabern vor allem durch ihre **Brancacci-Kapelle* bekannt, weil sich dort kostbare Fresken von Masolino da Panicale, Masaccio und Filippino Lippi befinden. Die Fresken Masaccios beeinflußten die größten Künstler seiner Zeit, die ihn als den Vorläufer der neuen Renaissancemalerei erkannten.

Weg 4: **Dom – **Palazzo Bargello – *Piazzale Michelangelo – **San Miniato al Monte

Man folgt vom Domplatz der *Via del Proconsolo* bis zur Kirche

Badia [32]. Die im 10. Jahrhundert gegründete, im 13. Jahrhundert umgebaute und im 17. Jahrhundert barockisierte Benediktinerkirche enthält Meisterwerke von Mino da Fiesole (u.a. das Grabmal des Markgrafen Hugo von Toskana) und andere Kunstwerke. Sehenswert ist auch der romanisch-gotische Campanile. Von der Sakristei gelangt man in einen schönen Kreuzgang.

Gegenüber der Kirche steht der

****Palazzo Bargello** [33] (auch *Palazzo del Podestà).* Er ist nach dem Palazzo Vecchio (s. S. 94) das wichtigste Profangebäude des mittelalterlichen Florenz und besitzt noch heute alle Kennzeichen eines Wehrbaus aus dem Mittelalter.

Der im 13. Jahrhundert erbaute Palast dient jetzt als ***Nationalmuseum* und enthält die Waffensammlung der Medici, Sammlungen von Majoliken, Fresken, Miniaturen und Bronzen sowie Skulpturen von Donatello, Verrocchio, Cellini, Giambologna und Michelangelo.

Durch die *Via dell'Anguillara* kommt man auf die *Piazza Santa Croce* (s. S. 95) und von dort durch die *Via del Benci* zum

Horne-Museum [34]. Es besitzt eine kostbare Gemäldesammlung sowie eine interessante Sammlung alten Hausrats. Die Kunstwerke gehörten dem englischen Schriftsteller Herbert Percy Horne, der sie dem italienischen Staat vermachte.

Nun überquert man auf dem *Ponte alle Grazie* [35] den Arno und folgt der Uferstraße bis zur *Piazza G. Poggi,* wo ein schöner Weg zum

***Piazzale Michelangelo** [36] hinaufführt (man kann auch mit dem Linienautobus hinauffahren). Von oben genießt man einen herrlichen Rundblick über die Stadt und das ganze Arnotal. In der Mitte des Platzes steht das *Michelangelo-Denkmal,* das aus Kopien des „David" und der vier altgotischen Figuren von den Medici-Gräbern der Neuen Sakristei in San Lorenzo (s. S. 100) besteht.

Man sollte nun die nahe Kirche

San Salvatore al Monte [37] aus dem Anfang des 16. Jahrhunderts besuchen. Im Innern sind schöne Werke von Giovanni della Robbia zu sehen. Noch höher liegt die Kirche

****San Miniato al Monte** [38], eine der wenigen Kirchen von Florenz in rein romanischem Stil. Sie wurde 1013 gegründet und im 13.

Jahrhundert fertiggestellt. Sehenswert sind die reich mit Marmor verkleidete Fassade und das eindrucksvolle Innere mit Fresken aus dem 14. und 15. Jahrhundert, dem Kreuzaltar von Michelozzo und vielen anderen Kunstwerken. Vom Kirchplatz aus hat man einen herrlichen Blick über die ganze Stadt.

Ausflüge von Florenz

**Fiesole und *Settignano

Der 300 Meter hohe Hügel von Fiesole mit dem gleichnamigen Städtchen liegt nördlich von Florenz und ist in wenigen Fahrminuten mit dem Auto oder dem Linienautobus zu erreichen.

****Fiesole,** im 7. Jahrhundert v. Chr. von den Etruskern gegründet, wurde 80 v. Chr. eine römische Kolonie. Zu den Sehenswürdigkeiten gehören die ausgegrabenen Reste eines römischen *Theaters,* der romanische *Dom* (13. Jh.) mit Säulen und Kapitellen von römischen Gebäuden und mit Werken von Mino da Fiesole, Alessandro Allori, Luca della Robbia und anderen, das Kloster *San Francesco* mit schöner Kirche aus dem 15. Jahrhundert sowie das *Städtische Museum* mit etruskischen Gräbern, Skulpturen und Gravierungen, antiken Geräten aus Blei und Bronze, Münzen und Gegenständen aus der Römerzeit und dem Mittelalter. Neben dem römischen Theater sieht man Reste römischer Thermen aus dem Jahr 80 v. Chr.

Von Fiesole führt eine Straße durch Zypressen- und Kiefernalleen, an den Schlössern von *Vincigliata* und *Poggio* vorbei, nach

***Settignano.** Das schön gelegene Städtchen ist die Heimat Desiderios und anderer berühmter Bildhauer des 15. Jahrhunderts. Der Ort ist von Villen umgeben. Ein lohnender Spaziergang von etwa 20 Minuten führt zur *Villa Gamberaia* mit einem sehenswerten Garten.

Die Hügel zwischen Settignano und Fiesole eignen sich gut zu Wanderungen. Besonders beliebte Ziele sind die Orte *Monte Ceceri* und *Maiano.*

*Certosa del Galluzzo

Das Kartäuserkloster acht Kilometer südwestlich von Florenz wurde im 14. Jahrhundert gegründet. Interessant sind die unterirdischen Kapellen mit gotischen Grabmälern und der große Klosterhof mit 66 Medaillons von Andrea und Giovanni della Robbia.

Bivigliano

Der 573 Meter hoch gelegene bekannte Kurort 18 Kilometer nördlich von Florenz besitzt zahlreiche Hotels und Restaurants, und ist ein beliebtes Ausflugsziel, von dem aus man schöne Wanderungen unternehmen kann.

***VENEDIG

Venedig (Venezia) verdankt seine Bedeutung und seinen Reiz nicht einer an besonderen Naturschönheiten reichen Umgebung, sondern die Stadt ist ganz allein das Werk des Menschen, der im Kampf gegen die Elemente großartige, ja zum Teil einmalige Gebäude gleichsam aus dem Wasser herauswachsen ließ. Venedig besteht aus 118 Inseln, die durch Kanäle voneinander getrennt und durch mehr als 400 Brücken miteinander verbunden sind. Durch die sich zwischen Meer und Lagunen ausdehnende Stadt verläuft der weltbekannte Canal Grande. Er vermittelt dem Besucher, der ihn entlangfährt, einen unvergeßlichen Eindruck von dieser Stadt, die jahrhundertelang die bedeutendste Seemacht der Welt war.

GESCHICHTE

Der Ursprung Venedigs geht auf die Zeit der Völkerwanderung zurück, als sich die damals noch auf dem Festland wohnenden Veneter vor dem Ansturm der Avaren, Hunnen, Heruler und Goten auf die vorgelagerten Inseln zurückziehen müssen. Unter der Herrschaft der Dogen entsteht nach dem 10. Jahrhundert ein riesiges Kolonialreich, das sich bis nach Kleinasien ausdehnt. Im 15. Jahrhundert erreicht die Seerepublik einen Höhepunkt an Macht, indem sie ihre Herrschaft auch über das norditalienische Festland ausdehnt. 1502 widersteht Venedig den gemeinsamen Eroberungsversuchen von Kaiser Maximilian I., Ludwig XII. von Frankreich, Ferdinand von Aragonien und Papst Julius II.

Das 15. und 16. Jahrhundert sind das „Goldene Zeitalter" der venezianischen Kunst und Kultur. Besonders die venezianischen Malschulen sind um diese Zeit weltberühmt. Hier wirken Vivarini, Mantegna, Antonella da Messina, Jacopo Bellini und dessen Söhne Gentile und Giovanni, Carpaccio, Giorgione, Tizian, Tintoretto und Veronese. Eine zweite Blütezeit erlebt die venezianische Malerei im 18. Jahrhundert im Schaffen Tiepolos sowie der großen Landschaftsmaler Guardi und Longhi.

Um diese Zeit kündigt sich der wirtschaftliche und politische Zusammenbruch an. 1797 muß sich die mehr als tausendjährige Republik den Heeren Napoleons beugen. In der Folgezeit wird Venedig von Österreich regiert, bis es 1866 mit dem Königreich Italien vereint wird.

SEHENSWÜRDIGKEITEN

Das Herz von Venedig ist das Stadtviertel von *San Marco*. Der ****Markusplatz (Piazza di San Marco)* ist 175 Meter lang, 56 bis 82 Meter breit und gehört zu den schönsten Plätzen der Welt. Er ist mit Marmorplatten ausgelegt und zu jeder Tageszeit von unzähligen Tauben bevölkert. Die

*****Basilica di San Marco** [1] entstand schon im 9. Jahrhundert, um die sterblichen Überreste des heiligen Markus aufzunehmen. 200 Jahre später wurde sie nach einem Stadtbrand in byzantinischem Stil wieder aufgebaut und bis zum 16. Jahrhundert durch Anbauten erweitert und verschönert. Sie besitzt fünf Kuppeln und eine farbenprächtige Vorderfront mit fünf Portalen. Jedes der Portale ist reich mit Mosaiken geschmückt, die aus dem 13. (erstes Portal links) und dem 16. bis 19. Jahrhundert stammen. Das obere Stockwerk bildet eine Terrasse, in deren Mitte das berühmte antike ***Viergespann** (4. Jh. v. Chr.) aus vergoldeter Bronze steht (Kopie; Original im Dom). Im Innern beachte man die Marmorsäulen mit römischen, korinthischen, byzantinischen und gotischen Kapitellen, die Mosaiken an Wänden und Bögen (zumeist aus dem 12. u. 13. Jh.) und die berühmte ***Pala d'Oro** (12. Jh.) hinter dem Hochaltar, die als schönstes Werk byzantinischer Goldschmiedekunst gilt; das mit Gold und Edelsteinen reich verzierte Altarblatt mit 83 figurenbedeckten Emailbildern wurde 1345 mit einer gotischen Fassung versehen. Unter dem Altar liegt das Grab des heiligen Markus. Sehenswert sind ferner die Krypten (9. u. 11. Jh.) und die **Schatzkammer (Tesoro)*.

Lohnend ist auch ein Rundgang auf der Galerie, von der aus man die Mosaiken der Kuppeln und Bögen besonders gut betrachten kann. Von dort gelangt man auch in das *Museo di San Marco* (wertvolle Gobelins, byzantinische Skulpturen, Ikonen, Kirchengerät u.a.) und auf die äußere Terrasse. Gegenüber der Markuskirche steht der

***Campanile** [2]. Der alte Glockenturm aus dem 10. Jahrhundert stürzte 1902 ein und wurde 1912 in alter Form wieder aufgebaut. Er ist 99 Meter hoch (Fahrstuhl; herrlicher Rundblick). Vor dem Campanile liegt die **Loggetta* (1536 – 1540) von Sansovino, der ehemalige Sitz der Palastwache.

An der Nordseite des Markusplatzes sieht man den

Uhrturm *(Torre dell'Orologio)* [3] aus dem Jahre 1499 mit astronomischer Uhr, einem mechanischen Figurenspiel und den beiden

Basilica di San Marco

Bronzefiguren „I Mori" („Die Mohren"), die zu jeder Stunde mit Hämmern an einer Glocke die Zeit schlagen.

Durch das Portal des Uhrturms gelangt man in die verkehrsreiche *Merceria* mit eleganten Geschäften und Andenkenläden.

An die *Alten Prokurazien (Prokuratie Vecchie)*, die vormalige Residenz der Prokuratoren aus dem Jahr 1514, schließt die 1810 errichtete *Fabbrica Nuova* an, in der das

***Civico Museo Correr** [4], das Städtische Museum, mit Sammlungen zur Stadtgeschichte, einer Gemäldegalerie, einer Münzensammlung, Keramiken, Festgewändern der Dogen, Waffen und Trophäen untergebracht ist.

Die Südseite des Platzes nehmen die

Neuen Prokurazien [5] ein. Sie wurden 1583 bis 1640 erbaut und dienten seit der Zeit Napoleons als königlicher Palast. Auch hier sind heute Museen untergebracht.

Die Fortsetzung des Markusplatzes zum Becken von San Marco hin wird *Piazzetta* genannt. Eine Seite nimmt die *Alte Bibliothek* aus dem 16. Jahrhundert ein, die andere Seite der

*****Dogenpalast** *(Palazzo Ducale)* [6]. Seit dem 9. Jahrhundert (zu dieser Zeit hatte er noch die Gestalt eines Kastells) waren hier der Regierungssitz der Dogen, das Regierungs- und Gerichtsgebäude.

Seine heutige Gestalt erhielt der Dogenpalast im 14. und 15. Jahrhundert. Von dem prächtigen Innenhof, einem der schönsten Höfe der Renaissance, führt die *Scala dei Giganti (Riesentreppe)* mit Kolossalstatuen des Mars und des Neptun (von Sansovino) in die Loggien. Von dort führt die *Scala d'Oro,* die *Goldene Treppe,* in das Piano nobile genannte erste Stockwerk. Hier besichtige man die prachtvoll ausgestatteten und mit Gemälden von Tintoretto, Veronese, Tiepolo und anderen ge-

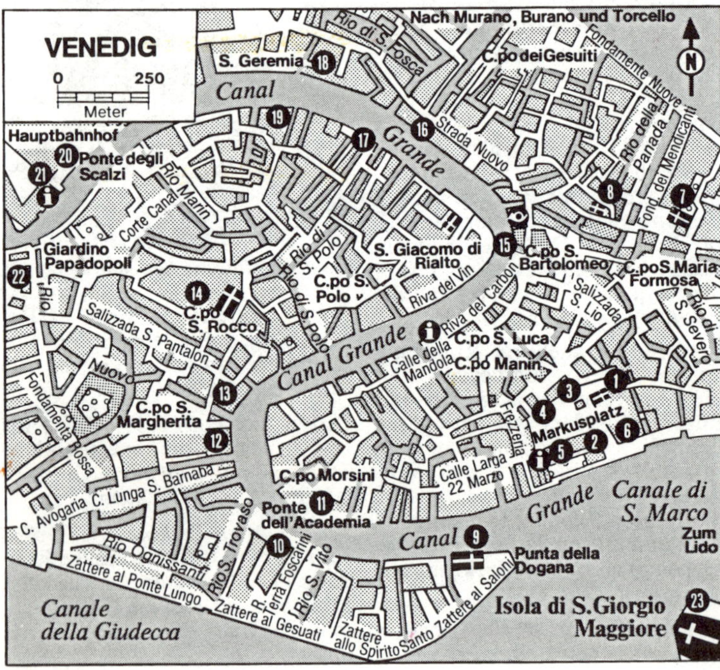

schmückten Säle und die Dogenkapelle *(Chiesetta)* mit einer Marmorgruppe von Sansovino.

Vor dem Eingang zu den *Alten Gefängnissen* führt eine Treppe zum **Ponte dei Sospiri (Seufzerbrücke)*, der über einen schmalen Kanal zu den *Neuen Gefängnissen (Prigione Nuove)* führt.

Die bedeutendste Kirche im östlichen Stadtteil Venedigs ist

****Santi Giovanni e Paolo** [7]. Im Innern des von 1246 bis 1430 erbauten gotischen Gotteshauses befinden sich Grabmäler zahlreicher Dogen und anderer berühmter Venezianer. Das gotische Fenster an der Rückwand des rechten Querschiffs zieren Malereien von Vivarini; es sind die einzigen Glasmalereien aus dem 15. Jahrhundert, die in Venedig erhalten sind.

Unmittelbar neben der Kirche liegt die

Scuola di San Marco. Dieser Renaissancebau wurde um 1490 für die ehemalige Bruderschaft der Goldschmiede und Seidenhändler errichtet. Heute ist hier das Stadtkrankenhaus untergebracht.

Nur wenige Schritte entfernt liegt die Kirche

***Santa Maria dei Miracoli** [8]. Der aus dem 15. Jahrhundert stammende Marmorbau von Pietro Lombardo gilt als ein Juwel des Renaissancestils. Das einschiffige Innere hat ein Tonnengewölbe, das mit 50 Kassetten geschmückt ist, die die Köpfe von Heiligen und Propheten tragen.

Bei einer Fahrt auf dem 3800 Meter langen ****Canal Grande,* zu dessen beiden Seiten über 200 Paläste stehen, beachte man vor allem folgende Bauwerke:

***Santa Maria della Salute** [9]. Die kuppelgekrönte Barockkirche stammt von Longhena und wurde von 1631 bis 1683 aufgrund eines öffentlichen Gelübdes bei Erlöschen der Pest (1630) erbaut. Im Innern beachte man die Gemälde von Luca Giordano, Tizian und Tintoretto.

*****Accademia delle Belle Arti** [10]. Die *Akademie der Schönen Künste* beherbergt die größte Gemäldesammlung Venedigs und bietet einen vollständigen Überblick über die venezianische Malerei vom 14. bis zum 19. Jahrhundert. Außerdem hängen hier auch Meisterwerke anderer italienischer Schulen und Gemälde ausländischer Künstler.

***Palazzo Franchetti** [11]. Der auch *Palazzo Cavalli* genannte Bau im Spitzbogenstil des 15. Jahrhunderts ist einer der schönsten Paläste Venedigs.

***Palazzo Rezzonico** [12]. Er stammt aus dem 17. Jahrhundert und erhielt hundert Jahre später sein oberstes Stockwerk. Heute dient das Gebäude als „Museum des venezianischen 18. Jahrhunderts".

Nebenan liegt der *Palazzo Foscari* [13], der heute Sitz der Wirtschaftshochschule ist. Unweit davon steht die Kirche

****Santa Maria Gloriosa dei Frari** [14]. Die „Frarikirche", einer der schönsten Kirchenbauten Venedigs, wurde von 1250 bis 1417 in gotischem Stil errichtet und hat einen in venetisch-byzantinischem Stil gehaltenen Campanile. Im Innern sind Grabmäler bedeutender Persönlichkeiten zu sehen, so die des Bildhauers Canova und des Dogen Giovanni Pesaro (beide im linken Schiff), sowie das Mausoleum Tizians (im rechten Schiff). Sehenswert sind auch die geschnitzten Chorstühle (15. Jh.), der Renaissance-Hochaltar (15. Jh.), das Altarbild „Himmelfahrt Mariens" von Tizian, das Taufbecken von Sansovino und viele andere Kunstwerke.

An der Westseite der Frarikirche steht die Kirche *San Rocco* (15. Jh., im 18. Jh. erneuert) mit Werken von Tizian und Tintoretto. Daneben ist die

****Scuola Grande di San Rocco** (1515–1560). Sie war eine der sechs großen venezianischen Malschulen. Der aus dem 16. Jahrhundert stammende Bau (prächtiges Renaissanceportal) enthält Bilderzyklen mit 56 Meisterwerken von Tintoretto, die Geschichten aus dem Alten und dem Neuen Testament darstellen. Im oberen Treppenhaus sieht man das Gemälde „Verkündigung" von Tizian.

Setzt man die Fahrt auf dem *Canal Grande* fort, so kommt man nun zur

****Rialtobrücke** *(Ponte di Rialto)* [15]. Sie wurde von 1588 bis 1592 an der Stelle einer alten Holzbrücke erbaut, ist 48 Meter lang, 22 Meter breit und überspannt den Canal Grande mit einem einzigen Bogen. Auf der Brücke liegen Andenken- und Kunstgewerbeläden.

****Ca' d'Oro** [16]. Dieser reich geschmückte und ungemein eindrucksvolle gotische Palast entstand in den Jahren 1421 bis 1440. Seinen Namen erhielt das von Bartolomeo Bon errichtete Gebäude aufgrund der früher goldenen Verzierungen seiner Fassade. Der Palast beherbergt heute die *Galleria Franchetti* mit Meisterwerken von Mantegna, Tizian, Carpaccio, Lippi, Ghirlandaio, Signorelli, Tintoretto und anderen.

***Palazzo Pesaro** [17]. In dem riesigen, prachtvollen Barockbau (1676–1710) ist die *Galleria d'Arte Moderna,* eine der bedeutendsten Sammlungen moderner Kunst in Italien, untergebracht.

Im Renaissancepalast *Vendramin Calergi* [18] aus dem Jahr 1509 starb Richard Wagner. Heute dient dieser Bau als Wintersitz für das Spielcasino (im Sommer auf dem Lido).

Fondaco dei Turchi [19]. In dem im 13. Jahrhundert errichteten Palast wohnte in den Jahren 1452 bis 1469 Kaiser Friedrich III. bei seinen Besuchen in Venedig. 1608 war er der Sitz des kaiserlichen Gesandten Georg Fugger. Im 17. Jahrhundert diente er als Herberge und Warenlager für türkische Kaufleute. Heute sind hier ein naturgeschichtliches Museum *(Museo di Storia Naturale)* und im Erdgeschoß eine Ausstellung venezianischer Brunnen untergebracht.

Chiesa degli Scalzi *(Barfüßerkirche)* [20]. Die im 17. Jahrhundert von Longhena im Barockstil erbaute Kirche besitzt eine sehenswerte Fassade von Sardi. Daneben liegt der *Hauptbahnhof Santa Lucia* [21] und schräg gegenüber der *Piazzale Roma* [22], die Endstelle aller Linienautobusse, die vom Festland kommen.

Die Kirche **San Giorgio Maggiore* [23] liegt auf der gleichnamigen Insel und wurde 1566 nach Plänen von Palladio begonnen.

Ausflüge von Venedig

**Lido

Der Lido von Venedig genießt nicht nur wegen seines Sandstrandes, sondern auch wegen seiner eleganten und kosmopolitischen Atmosphäre Weltruf. Zwischen den Badeanlagen, eleganten Hotels und Villen gibt es Gärten und Parks, Sportplätze aller Art, Unterhaltungs- und Vergnügungseinrichtungen. Viel besucht wird das Spielcasino.

*Murano

Diese Laguneninsel ist Sitz der venezianischen Glasindustrie, die bereits seit dem 13. Jahrhundert besteht. Zu den Sehenswürdigkeiten der Insel gehören die gotische Kirche *San Pietro Martire,* der gotische *Palazzo da Mula,* das Museum für Glaskunst im *Palazzo Comunale* und die *Basilica Santi Maria e Donato* (im 7. Jh. gegründet, im 12. Jh. erneuert) mit Kuppelmosaik „Maria" aus dem 12. Jahrhundert.

*Burano

Burano ist eine malerische Fischerinsel, die durch ihre Spitzenklöppelschulen bekannt wurde. Die Kirche *San Martino* birgt Gemälde von Tiepolo und Mansueti. Der Campanile ist stark geneigt.

**Torcello

Diese Insel liegt an der nordöstlichen Ecke der Lagune und war schon im 5. Jahrhundert besiedelt. Auf einem ländlichen Platz stehen die Kirche **Santa Fosca* (11. Jh.) mit bemerkenswerter Apsis und Säulen mit byzantinischen Kapitellen, der Dom ***Santa Maria Assunta* in byzantinischem Stil (7. Jh.; im 9. u. 12. Jh. erneuert) mit 18 wundervollen griechischen Säulen, einem byzantinischen Mosaik „Jüngstes Gericht", einem marmornen Bischofsstuhl (7. Jh.) und anderen Kunstwerken und der *Archiv- und Ratspalast,* in dem ein Museum mit römischen Inschriften, Vasen, kleineren Bronzen und anderen Ausgrabungsstücken untergebracht ist.

*Chioggia

Man fährt von Venedig nach Mestre und biegt kurz darauf auf die Straße 309 ab, die am Rande der Lagune nach Chioggia (48 km) führt. Die Stadt, die ähnlich wie Venedig auf einer Inselgruppe liegt, ist durch eine 240 Meter lange Brücke mit dem Festland verbunden. Das Stadtbild ist sehr malerisch. Sehenswert sind die **Kathedrale* (17. Jh.) mit 60 Meter hohem romanischem Campanile (14. Jh.), die kleine Kirche *San Martino* (1392) und zahlreiche andere Kirchen und Paläste aus dem 15. bis 17. Jahrhundert.

Auf einer östlich vorgelagerten Insel, die durch eine 800 Meter lange Brücke mit Chioggia verbunden ist, liegt *Sottomarina Lido* mit sechs Kilometer langem, feinsandigem Strand. Sehenswert sind dort die Kirche mit einem Altar von Sansovino und das *Castello San Felice* (14. Jh.).

***NEAPEL

Wegen seiner einzigartigen Lage am gleichnamigen Golf und wegen der Schönheit seiner Umgebung ist Neapel (ital. Napoli) seit jeher eines der attraktivsten Reiseziele in Italien. Die Stadt ist – nach Rom und Mailand – die drittgrößte des Landes und der wirtschaftliche und geistige Mittelpunkt Süditaliens.

GESCHICHTE

Griechische Siedler aus dem benachbarten Cumae gründeten im 7. oder 8. vorchristlichen Jahrhundert die Stadt Parthenope. Als Griechen aus Sizilien im 5. Jahrhundert unterhalb der alten Stadt eine neue Siedlung errichteten, wurde diese Neapolis, Neustadt, genannt. Auch unter den Römern und nach den Stürmen der Völkerwanderungszeit blieb Neapel bis ins Mittelalter hinein weitgehend eine griechische Stadt.

Als im 12. Jahrhundert die Normannen über Süditalien herrschten, fiel Neapel an das Königreich Sizilien. Nach dem Ende der Staufer ging die Krone an das französische Haus Anjou, später an Spanien über. Zuletzt, bis zur Einigung Italiens, herrschten hier die spanischen Bourbonen.

Im 20. Jahrhundert und besonders in den Jahren nach dem Zweiten Weltkrieg ist die Stadt immens gewachsen. Dadurch hat Neapel heute wie keine andere italienische Großstadt mit großen sozialen und politischen Problemen zu kämpfen.

SEHENSWÜRDIGKEITEN

Nachfolgend sind fünf Besichtigungswege beschrieben, die alle auf der Piazza Municipio, dem größten Platz Neapels, ihren Ausgang nehmen.

Weg 1: Piazza Municipio – **Castel Nuovo – *Palazzo Reale – **Castel dell'Ovo – **Santa Lucia

An der *Piazza Municipio* [1] steht der klassische *Palazzo San Giacomo* (1819), der seit 1860 als Rathaus dient. In der Mitte des Platzes sieht man eine Reiterstatue Viktor Emanuels II. Die hinter dem Rathaus liegende Kirche **San Giacomo dei Spagnoli* (1540) besitzt das sehenswerte Grabmal des Vizekönigs Pedro de Toledo (17. Jh.).

Auf dem Weg zum Hafen kommt man rechts zum

****Castel Nuovo** [2], der ehemaligen Residenz der neapolitanischen Könige und Vizekönige. Es wurde im 13. Jahrhundert für

Karl I. von Anjou errichtet und im 15. Jahrhundert unter Alfons I. Aragon umgebaut und erweitert. Sehenswert ist der Frührenaissance-Triumphbogen (1467). Vom Innenhof aus gelangt man in die *Cappella Palatina* (auch *Santa Barbara)* mit schönem Renaissanceportal. Eine Treppe führt in den „Saal der Barone“, wo heute der Stadtrat tagt. In der Nähe liegt die

Stazione Marittima [3], der Hafenbahnhof, wo man fast immer große Ozeanschiffe ankern sieht.

Nahebei ist auch die Abfahrtsstèlle der Autofährschiffe nach Capri, Ischia, Cagliari, Palermo und Messina. Nicht weit von hier entfernt steht der

***Palazzo Reale** [4]. Das *Königliche Schloß* (17. – 19. Jh.) besitzt eine 168 Meter lange Fassade mit den Statuen der acht bedeutendsten Herrscher Neapels: des Normannen Roger I. (1130), Friedrichs II. von Hohenstaufen (1198), Karls I. von Anjou (1266), Alfons' I. von Aragon (1442), Kaiser Karls V. (1500), Karls III. von Bourbon (1734), Murats (1806) und Viktor Emanuels II. (1860).

Besuchenswert sind die reich ausgestatteten **Königsgemächer,* die man über eine mit Statuen und Reliefs geschmückte marmorne Freitreppe vom Säulenhof aus erreicht. Auch die sehr reichhaltige *Nationalbibliothek* ist im Schloß untergebracht.

Neben dem Palazzo Reale steht das

***Teatro San Carlo** [5]. Es wurde 1737 in klassizistischem Stil erbaut und 1816 nach einem Brand erneuert. Das Innere hat sechs Logenetagen mit 2900 Plätzen. Nach der Scala in Mailand ist das Teatro San Carlo das berühmteste Opernhaus Italiens.

Gegenüber dem Palazzo Reale befindet sich die Kirche

San Francesco di Paolo [6], die 1817 dem Pantheon in Rom nachgebildet wurde. 34 Marmorsäulen stützen im Innern die 53 Meter hohe Kassettenkuppel.

Von der *Piazza Plebiscito* (Reiterstandbilder der Bourbonenkönige Ferdinand I. und Karl III.) geht man nun durch das malerische und treppenreiche Viertel

****Santa Lucia** bis hinunter zur ***Strandpromenade,* von der aus man einzigartige Ausblicke auf den Golf von Neapel und den Vesuv hat. In den Gassen dieses Viertels gibt es zahlreiche typisch neapolitanische Trattorien, in denen man gut und preiswert ißt und trinkt. Am kleinen Fischerhafen *Borgo Marinaro (Porto di Santa Lucia)* steht auf der kleinen Felseninsel *Megaris* das

****Castel dell'Ovo** [7], das man über einen Damm und eine Brücke von der *Via Partenope* aus erreicht. Das wegen seines ovalen Grundrisses „Eierburg“ genannte Kastell wurde im 12. Jahrhundert erbaut und später mehrmals erweitert und umgestaltet. Früher stand hier ein Landhaus des Lucullus. In der Burg wohnten unter anderem der Gegenpapst Klemens VII. und Alfons von Aragon. Letzterer starb hier 1458. Nach 1800 wurde der Bau in eine Kaserne umgewandelt.

Zurück geht man über die an schönen Ausblicken reiche Meerpromenade *Via Nazario Sauro,* an deren Beginn der monumentale Barockbrunnen **Fontana Santa Lucia* Beachtung verdient.

Weg 2: Piazza Municipio – Villa Comunale – Mergellina – Santa Maria di Piedigrotta

Dieser Besichtigungsgang führt hauptsächlich am Meer, unterhalb des malerischen Viertels ***Santa Lucia*(s. S. 113), entlang und bietet herrliche Ausblicke auf den Golf und den Vesuv.

An der *Piazza Vittoria* beginnt der

***Villa Comunale** [8] genannte Stadtpark. Am Platz steht eine von Johanna von Österreich zur Erinnerung an die Schlacht bei Lepanto (1571) erbaute Kirche. Der Stadtpark wurde 1696 als „königlicher Garten" angelegt und erst gegen Ende des 18. Jahrhunderts der Öffentlichkeit zugänglich gemacht. Die 1500 Meter lange Parkanlage hat viele Brunnen, Denkmäler, kleine Tempel, blumenumsäumte Wege und Beete. Hier liegt auch das 1870 gegründete **Aquarium* mit mehr als 200 verschiedenen Meerestierarten. Es ist die Hauptattraktion der inmitten des Parks gelegenen, von Dr. Anton Dohrn aus Stettin gegründeten *Zoologischen Station*. Man besichtige auch die

***Villa Pignatelli** [9], die dem Besucher einen guten Eindruck von einer neapolitanischen Patriziervilla des 19. Jahrhunderts vermittelt. Der in einem herrlichen Garten gelegene Bau enthält auch wertvolle Kunstsammlungen, hauptsächlich Möbel, Porzellan und Gemälde aus dem 19. Jahrhundert.

Ganz in der Nähe steht die Kirche *Santa Maria in Portico*, deren große holzgeschnitzte Krippenfiguren aus dem 18. Jahrhundert sehenswert sind.

Wenn man nun durch die *Via Piedigrotta* weitergeht, stößt man auf die Kirche

Santa Maria di Piedigrotta [10], die vor allem wegen des uralten Volksfestes bekannt ist, das jedes Jahr (drei Tage lang Anfang September) zu Ehren der „Madonna von Piedigrotta" stattfindet. Dabei gibt es auch einen Sängerwettbewerb, bei dem die schönsten Lieder preisgekrönt werden. Wagen mit allegorischen Darstellungen und Reiter in alten Kostümen ziehen durch die Stadt; Feuerwerke erleuchten den nächtlichen Himmel.

In der Nähe der Kirche führen drei Straßentunnel durch den *Monte di Posillipo*. Am Hang dieses Berges liegen zwischen Zypressen und Lorbeerbäumen das *Grab des Vergil (Tomba die Virgilio)* und das Grab des italienischen Lyrikers Giacomo Leopardi (1798 – 1837).

Mergellina heißt die malerische Bucht unterhalb des Posillipo, in der Fischerboote und Jachten ankern. Eine kehrenreiche Straße und eine Seilbahn führen von hier auf den Hügel, von dem aus man einen wundervollen Blick auf den **Golf von Neapel* hat.

Zurück zum Rathausplatz, also ins Stadtzentrum, fährt man am besten mit einem Autobus der Linien 15, 106, 150 oder 152.

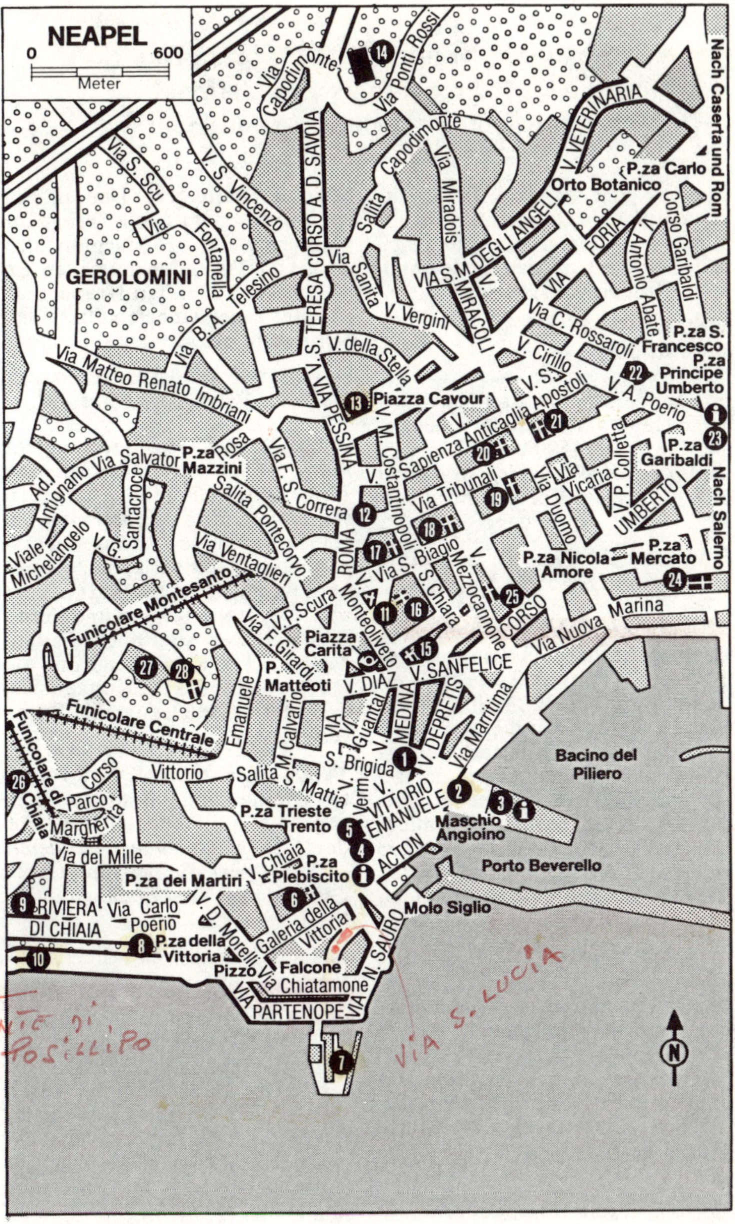
NEAPEL
0 600
Meter
GEROLOMINI
Piazza Cavour
Orto Botanico
P.za Carlo
P.za Mazzini
P.za S. Francesco
P.za Principe Umberto
P.za Garibaldi
P.za Nicola Amore
P.za Mercato
Piazza Carita
P. Matteoti
P.za Trieste Trento
P.za Plebiscito
P.za dei Martiri
P.za della Vittoria
Funicolare Montesanto
Funicolare Centrale
Funicolare di Chiaia
Bacino del Piliero
Maschio Angioino
Porto Beverello
Molo Siglio
Nach Caserta und Rom
Nach Salerno
RIVIERA DI CHIAIA
VIA PARTENOPE
Via Nuova Marina
CORSO VITTORIO EMANUELE
CORSO UMBERTO I
VIA ROMA
VIA S. M. DEGLI ANGELI
V. VETERINARIA
VIA FORIA
Via Matteo Renato Imbriani
Viale Michelangelo
VIA TOLEDO

Weg 3: Piazza Municipio – *Piazza Dante – ***Archäologisches Nationalmuseum – *Schloß Capodimonte

Dieser Weg ist vor allem für Kunstliebhaber von Interesse. Er führt zu einigen der schönsten Kirchen und zu den bedeutendsten Museen von Neapel.

Westlich der *Piazza Municipio* [1] verläuft die

Via Roma, die Tag und Nacht belebte Hauptverkehrsader von Neapel. Sie wurde 1540 vom Vizekönig *Pedro di Toledo* angelegt und heißt heute noch im Volksmund „Toledo".

Kurz nach der *Piazza Carità* führt rechts eine Gasse zur Kirche

****Santa Anna dei Lombardi** [11], auch *Montoliveto* genannt. In der 1441 im Frührenaissancestil erbauten und im 17. Jahrhundert umgestalteten Kirche befinden sich die interessantesten Renaissance-Skulpturen der Stadt, hauptsächlich aus dem 15. und 16. Jahrhundert. Man beachte vor allem die große Kapelle *San Sepolcro* mit einer aus acht lebensgroßen Terrakottafiguren bestehenden ***Gruppe der Pietà.* Sie wurde 1510 von Guido Mazzoni geschaffen.

Nur wenige Schritte von der Kirche entfernt steht der

***Palazzo Gravina** aus dem 16. Jahrhundert. Der im Stil der italienischen Renaissance ausgeführte Palast besticht durch seine Eleganz.

Die *Via Roma* führt weiter zur

***Piazza Dante** [12]. Den in dorisch-römischem Stil erbauten Platz schmücken 26 Marmorstatuen, die die Tugenden darstellen. Er ist der Kern des alten Neapel und zu jeder Tageszeit belebt. In seiner Mitte steht ein Denkmal Dantes.

Durch den barocken Torbogen *Port'Alba* gelangt man auf die

Piazza Bellini. Gleich rechts sieht man die gotische Kirche *San Pietro a Majella* (1300), daneben steht das *Alte Konservatorium* (1537), das heute als Museum eingerichtet ist. Die Exponate erinnern an Paisiello, Scarlatti, Cimarosa, Donizetti, Rossini und Verdi. Beachtenswert sind auch die beiden barocken Kreuzgänge und die schön geschmückten Konzertsäle. Die hier parallel zur Via Roma verlaufende

***Via Constantinopoli** wird von alten Kirchen und Palästen, zahlreichen Antiquitätengeschäften und der **Kunstakademie (Accademia di Belle Arti)*, die neapolitanische Gemälde aus dem 19. Jahrhundert birgt, gesäumt.

Noch ein Stück weiter liegt das

*****Archäologische Nationalmuseum** *(Museo Archeologico Nazionale)* [13]. Es ist eines der bedeutendsten archäologischen Museen der Welt. Das Gebäude wurde 1586 als Kaserne erbaut, diente von 1612 bis 1777 als Universitätsgebäude, wurde 1780 Sitz der Kunstakademie und erfuhr schließlich 1790 eine Umgestaltung zur Aufnahme des Archäologischen Nationalmuseums. Man sieht hier Ausgrabungsfunde aus Pompeji, Herculaneum, Cumae und anderen Orten. Die wichtigsten Exponate des Museums sind die Marmorskulpturen ***„Farnesischer Stier" (3. Jh. v. Chr.) und ***„Farnesischer Herkules" (von Glykon von Athen), der ***Torso einer Aphrodite (4. Jh. v. Chr.) und das ***Mosaik der Alexanderschlacht bei Issus (aus Pompeji), ferner Bronzestatuen, antike Gläser, die wertvollste antike ****Vasensammlung* Italiens, Silber- und Goldschmuck und eine ***Ägyptische Sammlung* mit Statuen, Mumien, Papyri und anderem mehr.

Die nun folgende Strecke auf dem Weg zum Capodimonte legt man am besten mit dem Autobus der Linien 110 oder 127 zurück.

***Palazzo Reale di Capodimonte** [4]. Das von 1738 bis 1839 erbaute Königsschloß liegt in einer herrlichen ***Parkanlage* mit großartigem Baumbestand. Außer einer bedeutenden **Porzellansammlung* und kostbaren *Wandteppichen* (16. Jh.) beherbergt der Palast auch die ***Pinakothek* von Neapel, eine der bedeutendsten Gemäldesammlungen Italiens. Man findet hier Meisterwerke von Masaccio, Botticelli, Correggio, Giovanni Bellini, Perugino, Tizian, Lukas Cranach, Velázques, El Greco und Goya. In den mehr als hundert Sälen sind neben Gemälden auch Sammlungen von Stilmöbeln, Gobelins und Waffen zu sehen.

Die Rückfahrt in das Stadtzentrum erfolgt am besten mit dem Autobus der Linien 110 oder 127.

Weg 4: Piazza Municipio – **Santa Chiara – **San Domenico Maggiore – **Dom San Gennaro – **Porta Capuana

Dieser Besichtigungsgang führt in die alten Stadtteile von Neapel.

Hier, in den alten und engen Gassen, in denen sich immer eine laute Menschenmenge drängt, kann man die Lebensart des Neapolitaners kennenlernen, hier spricht man noch unverfälscht den singenden neapolitanischen Dialekt.

Aus den kleinen Trattorien und Espresso-Bars tönt bis in die Nacht hinein laut Radiomusik. Am Abend stellen Hausbewohner noch immer gern ihre Stühle vor die Haustüren, um sich mit den Nachbarn und Vorüberkommenden zu unterhalten. Wie überall im Süden, tummeln sich auch in Neapel zu später Stunde noch Kinder in den Gassen und auf den kleinen Plätzen. Von den höher gelegenen Stockwerken der Häuser sind quer über die Straßen Wäscheleinen gespannt, an denen Bettücher, Kleidung und Wäschestücke trocknen.

Von der *Piazza Municipio* [1] aus folgt man zuerst der breiten *Via*

Medina. Links steht die Kirche *Santa Maria Incoronata* (14. Jh.) mit beachtlichen alten Fresken. Nach wenigen Schritten gelangt man zur Kirche

Santa Maria la Nova [15]. Sie wurde 1268 erbaut und erhielt 1599 eine Renaissancefassade. Im Innern beachte man die schönen Deckengemälde und Skulpturen.

Nicht weit entfernt liegt die Kirche

****Santa Chiara** [16]. Sie wird „Pantheon Neapels" genannt, weil sie viele Gräber der Anjou enthält. Erbaut wurde sie von 1310 bis 1340 in provenzalisch-gotischem Stil; im 18. Jahrhundert erfuhr sie eine barocke Umgestaltung. Nach einem Brand im Zweiten Weltkrieg wurde die Kirche in ihrer ursprünglichen gotischen Form wiederhergestellt. Neben **Grabmälern* des Hauses Anjou beachte man den großartigen ***Freskenzyklus* (14. Jh.) im Chor der Klarissinnen sowie den mit Majoliken verkleideten **Kreuzgang der Klarissinnen*.

Auf dem Kirchplatz sieht man eine von einer Madonnenstatue gekrönte *Mariensäule* (1751). Gegenüber liegt die Kirche

***Gesù Nuovo** [17] aus dem Jahre 1584 mit schöner Renaissancefassade. Das Innere schmücken bunte Marmordekorationen und Skulpturen (15. bis 17. Jh.) sowie Fresken von Meistern der neapolitanischen Schule des 18. Jahrhunderts.

Man folgt nun der *Via Benedetto Croce* zur Kirche

***San Domenico Maggiore** [18]. Sie wurde 1283 über einer alten Kirche aus dem 8. Jahrhundert erbaut, später mehrmals verändert, aber 1848 in ihrem ursprünglichen gotischen Stil wiederhergestellt. Die Kirche ist reich mit Kunstwerken ausgestattet. In der Sakristei sind 45 Fürsten und Angehörige des spanischen Hauses Aragon bestattet. In dem angeschlossenen Dominikanerkloster lebte und lehrte Thomas von Aquin.

An der *Piazza San Domenico* stehen schöne Renaissance- und Barockpaläste. Die in der Mitte des Platzes aufragende Marmorsäule mit dem Bronzestandbild des segnenden heiligen Dominikus stammt aus dem Jahr 1656.

In der unmittelbaren Umgebung stehen noch zahlreiche weitere schöne Kirchen. Besuchenswert ist vor allem die Kirche

***San Lorenzo Maggiore** [19], die über einem gleichnamigen Gotteshaus aus dem 6. Jahrhundert steht. Dieses wiederum stand auf den Resten einer römischen Basilika, von der Teile freigelegt sind. Sehenswert sind das gotische **Portal* (1325), das **Grabmal Karls von Anjou* und andere Marmorgräber sowie die gotische polygonale **Apsis* (13. Jh.).

Gegenüber erblickt man die Kirche

***San Paolo Maggiore** [20], die 1590 über den (noch erhaltenen) Resten eines römischen Tempels erbaut wurde. Zwei antike korinthische Säulen sind in die Fassade eingemauert.

Der nahe liegende Dom

****San Gennaro** [21] wurde im 13. und 14. Jahrhundert erbaut und später oft umgestaltet. Im dreischiffigen Innern beachte man

Fassade des Doms

den Fußboden (1423) und die Wandfresken von Luca Giordano. In der prächtig ausgestatteten ***Kapelle des heiligen Januarius* *(Cappella di San Gennaro)* aus dem Jahr 1608 werden der Schädel des heiligen Januarius und Gefäße mit seinem Blut aufbewahrt, das sich manchmal verflüssigt. Dieses „Blutwunder“ soll sich erstmals im 4. Jahrhundert ereignet haben. Bei festlichen Gottesdiensten am ersten Sonntag im Mai, am 19. September und am 16. Dezember wartet hier eine fromme Volksmenge auf dieses Wunder.

Unter dem Hochaltar befindet sich die **Cappella Carafa,* ein Meisterwerk der neapolitanischen Renaissance vom Ende des 15. Jahrhunderts.

Eine Tür in der Mitte des linken Seitenschiffs führt in die Basilika

***Santa Restituta,** die im Jahr 510 an der Stelle einer 362 am Platz eines antiken Apollotempels erbauten Kirche errichtet wurde und bis zum Jahr 1299 als Kathedrale von Neapel gedient hat. In dieser ältesten Kirche Neapels sind noch antike Säulen mit korinthischen Kapitellen und Mosaiken aus dem 5. und 6. Jahrhundert erhalten. 1690 wurde die Kirche umgestaltet.

Nur wenige Schritte vom Dom entfernt stehen die sehenswerten Kirchen **Santa Maria di Donnaregina* (bedeutende Fresken von Pietro Cavallini vom Anfang des 13. Jh.s) und **San Giovanni a Carbonara* (sehenswertes Renaissancegrabmal des Königs Ladislaus von Anjou, 15. Jh.).

Die *Piazza Capuana* schmückt die

****Porta Capuana** [22], die als das schönste Renaissancetor Italiens gilt. Sie wurde 1484 nach Plänen von Giuliano da Maiano erbaut und besitzt prachtvolle Marmorreliefs von Sangallo. Während der Regierungszeit des Hauses Aragon bildete das Tor den Haupteingang in die Stadt. Es wird von zwei wuchtigen Rundtürmen flankiert.

Neben der Porta Capuana steht die Renaissancekirche *Santa Caterina a Formiello* (1523) und ihr gegenüber das große **Castel Capuano* (12. Jh.), die ehemalige Residenz der Normannen und Staufer.

Ganz nahe liegt die *Piazza Garibaldi* mit dem *Hauptbahnhof* [23]. Der Rückweg zum Rathausplatz kann nun über die malerische *Piazza del Mercato,* wo die große Barockkirche **Santa Maria del Carmine* [24] mit hoch aufragendem Glockenturm (1631) einen Besuch verdient, und über die von Kaiser Friedrich II. gegründete *Universität* [25] erfolgen.

Weg 5: *Villa Floridiana – *Castello Sant' Elmo – **Kartause San Martino

Die hier beschriebenen Sehenswürdigkeiten liegen auf der Anhöhe des *Vomero*, den man entweder mit Autobussen (Linien 182, 185 u. 186) oder mit den Drahtseilbahnen *Funiculare di Chiaia, Funiculare Centrale* und *Funiculare di Montesanto* erreicht.

Villa Floridiana** [26]. Der Bau wurde von 1817 bis 1819 errichtet und liegt in einem großen ****Park, von dem aus man einen herrlichen Blick auf Neapel genießt. Heute birgt die Villa die bedeutende Keramiksammlung des Herzogs von Martina *(Museo Duca di Martina)* mit chinesischen Vasen sowie Porzellan aus Sèvres, Meißen und Capodimonte. Außerdem findet man hier Silber- und Elfenbeinarbeiten und andere Kunstwerke.

***Castello Sant'Elmo** [27]. Das Kastell wurde 1329 von König Robert von Anjou (dem „Weisen") auf dem höchsten Punkt des Vomero (224 m) angelegt und in den folgenden drei Jahrhunderten ständig erweitert. Es ist von gewaltigen Mauern umgeben.

****Kartause San Martino** [28]. Das Kartäuserkloster liegt unterhalb des Kastells am Hang des Vomero (prächtiger Rundblick), entstand 1325, wurde aber im 17. und 18. Jahrhundert barock umgebaut. Heute ist es eines der besten Beispiele des neapolitanischen Barocks. Seit 1876 beherbergt es das ***Museo Nazionale di San Martino* mit neapolitanischen Gemälden, Wandteppichen, Volkstrachten, Galakutschen, Majoliken und einer hervorragenden Sammlung von **Krippenfiguren*. Der *Große Kreuzgang* (1623) ist mit 63 dorisch-römischen Säulen ausgestattet. Auch die kleinen Kreuzgänge sind beachtenswert.

Durch den Kapitelsaal gelangt man in den ***Mönchschor*, der ein Prachtbeispiel des neapolitanischen Barocks ist. Er ist überreich mit Marmor- und Stuckdekorationen versehen und birgt eine Fülle von Statuen und Gemälden. Im *Chor der Laienbrüder* zieht ein fein gearbeitetes Chorgestühl (15. Jh.) den Blick auf sich. – Vom sogenannten ***Belvedere* hat man einen wunderbaren Blick auf Neapel, auf den Golf und über die Kampanische Ebene bis hin zum Apennin.

Krippe im Museum San Martino

Ausflüge von Neapel

**Capri

Die Insel Capri gehört zu den beliebtesten Reisezielen Europas und gilt als eine der schönsten Inseln der Welt. Die schroffen Felswände, die an vielen Stellen steil ins Meer abfallen, werden von herrlichen Grotten durchbrochen.

Am bekanntesten ist die ***Grotta Azzurra*, die *Blaue Grotte*, in die man mit dem Boot einfahren kann. Man sollte sie möglichst am Vormittag besuchen, da dann die schräg einfallenden Sonnenstrahlen märchenhafte blaue Lichteffekte hervorzaubern.

Die Schiffe vom Festland legen im kleinen Hafen *Marina Grande* an, von wo aus eine Seilbahn, eine Autostraße (3 km) und ein Treppenweg zur 138 Meter hoch gelegenen Stadt

**Capri hinaufführen. Mittelpunkt ist die malerische *Piazza*, die man mit einer Operettenkulisse vergleichen kann: weiße Häuser mit schönen Balkonen, Café-Terrassen, Bars, Boutiquen und die Stadtkirche *Santo Stefano* (17. Jh.) mit einer Freitreppe, deren Stufen stets von Touristen aus aller Welt, die dem Ort sein unverwechselbares Gepräge geben, bevölkert werden. Von der *Piazza* aus erreicht man in wenigen Minuten die ***Gärten des Augustus*, eine Parkanlage mit wunderbarem Rundblick. In der Nähe steht auf den Fundamenten einer römischen Villenanlage die **Certosa di San Giacomo* (15. Jh., im 16. Jh. restauriert).

Ein anderes beliebtes Ausflugsziel ist die Aussichtsterrasse auf der ***Punta Tragara*, der südöstlichen Felsenspitze der Insel. Man hat von hier einen eindrucksvollen Blick auf die **Faraglioni*, drei steil aus dem Meer aufragende Felsen, ein Wahrzeichen von Capri. Links führt ein Weg über den *Pizzolungo* und den *Massullo* zur **Grotta Matromania*, die die alten Römer zu einem luxuriösen Bad ausgestaltet hatten. Auf einer Treppe gelangt man hinauf zum **Arco Naturale*, einem natürlichen Felsbogen (herrlicher Blick).

Wichtigste Sehenswürdigkeit aus der Römerzeit ist die ****Villa Jovis*, die *Jupiter-Villa*, in der Kaiser Tiberius seine letzten Lebensjahre verbrachte. Auf dem *Monte Tiberio* liegt die kleine Kapelle *Santa Maria del Soccorso*, eine ehemalige Einsiedelei (prächtiger Rundblick).

Die größte antike Villenanlage der Insel ist der ***Palazzo a Mare*, der wahrscheinlich dem Kaiser Augustus gehörte. Die am Meer gelegenen Teile werden *Bagni di Tiberio (Bäder des Tiberius)* genannt.

Von Marina Grande bzw. von Capri (s. linke Spalte) führt eine am Steilhang zwischen der Felswand und dem Abgrund angelegte Straße nach

**Anacapri, einem 310 Meter hoch gelegenen Städtchen, dessen enge Gassen mit weißen Häusern an arabische Vorbilder erinnern. Über die *Via Capodimonte* erreicht man die **Villa San Michele,* die der schwedische Arzt und Schriftsteller Axel Munthe an der Stelle einer Villa des Tiberius erbaute. Die Villa ist heute als Museum eingerichtet und hat einen schönen Garten. Etwas höher liegt das **Castello di Barbarossa,* eine um 1100 zum Schutz gegen Seeräuber erbaute Burg. Erhalten sind noch bemerkenswerte Ruinen. Von Anacapri führt auch eine Seilbahn auf den ***Monte Solaro* (589 m), den höchsten Punkt der Insel, wo sich ein unvergleichliches Panorama bietet.

Von der St.-Antonius-Kapelle in Anacapri führt die ***Phönizische Treppe* *(Scala Fenicea)* hinunter nach Marina Grande. In früheren Zeiten war sie die einzige Verbindung zwischen der römischen Kaiserstadt am Meer und der hochgelegenen Griechenstadt Anacapri.

**Ischia

Die Insel Ischia ist vulkanischen Ursprungs und vor allem durch ihre radioaktiven Thermalquellen bekannt. Eine üppige subtropische Vegetation mit Pinienwäldern, Olivenhainen und Orangengärten, sowie schöne Badestrände machen sie zu einem beliebten Ferienziel. Sehr lohnend ist eine Inselrundfahrt mit dem Auto (33 km, etwa eine Stunde Fahrzeit).

Der Hafen der Insel ist

****Porto d'Ischia.** Er entstand durch eine 1854 geschaffene künstliche Verbindung zwischen einem ehemaligen Kratersee und dem Meer. Porto ist zusammen mit dem benachbarten *Ischia Ponte* auch Hauptort der Insel. Ihre griechische, römische und mittelalterliche Vergangenheit wird im **Stadtmuseum* wieder lebendig. Das auf einem 91 Meter hohen Felsen im Meer stehende ***Castello d'Ischia* (1441) erinnert an den Glanz der aragonesischen Epoche. Entlang der Küste erstreckt sich ein ausgezeichneter Sandstrand.

Eine gute Straße führt von hier nach **Casamicciola Terme,* das seinen Ruf den 17 Thermal-Heilquellen verdankt. Im Westen schließt sich ***Lacco Ameno* an, das die stärksten radioaktiven Quellen ganz Italiens besitzt. Mit seinen Luxushotels, Badeeinrichtungen, Schwimmbädern und seinem Strand gehört der Ort zu den mondänsten Kurorten des Landes.

Die nahe liegende ***Bucht von San Montano* ist völlig von Felsen umschlossen und bietet kristallklares und warmes Wasser.

Ein beliebter Ferienort ist auch ***Forio* mit schönen Stränden, herrlichen Gärten und einem sehenswerten **Malteser-Museum.*

Die Straße führt nun in zahlreichen Kehren auf das Vorgebirge des *Epomeo* (400 m) und zur ***Rotonda Belvedere* mit prachtvoller Aussicht.

Einen Abstecher lohnt der an der Südspitze liegende Ort ***Sant' Angelo,* wo man noch das ursprüngliche Leben der Fischer beobachten kann. Es gibt hier einen langen Sandstreifen, der vom Festland zu einer kleinen, grün bewachsenen Felseninsel führt. Mit dem Boot kann man zum radioaktiven ***Strand von Maronti* fahren.

Lohnend ist auch ein Ausflug in das **Tal von Cavascura*, wo aus einem Felsen eine starke Thermalquelle entspringt, die eine in den Stein gehauene Thermalbadeanstalt speist.

Von *Serrara Fontana* führt die Straße in vielen Kehren über *Fontana* (von hier aus kann man den Epomeo besteigen) nach **Barano*, das inmitten grüner Hügel und Weingärten liegt.

Aus der Quelle von *Olmitello* gewinnt man Mineralsalze, die wegen ihrer therapeutischen Wirksamkeit bei Leber- und Nierenleiden geschätzt werden.

Durch grüne Weingärten und Pinienhaine führt die Straße wieder zurück nach Porto d'Ischia.

****Vesuv**

Der Vesuv ist einer der wenigen noch tätigen Vulkane in Europa und kann relativ leicht bestiegen werden. Man erreicht ihn von Neapel aus entweder mit der Lokalbahn Circumvesuviana oder mit dem Wagen auf der kehrenreichen „Vesuvstraße". Zum Kraterrand führt eine Sesselbahn. Der Rundgang um den Krater (Führer obligatorisch) dauert etwa eine Stunde. Vom Krater aus hat man einen großartigen Ausblick.

****Phlegräische Felder**

Die *Campi flegrei* gehören wegen ihrer schönen Landschaft, der großartigen Überreste aus dem Altertum und den Spuren vulkanischer Tätigkeit zu den lohnendsten Ausflugszielen von Neapel. Man verläßt die Stadt im Westen auf der Küstenstraße und fährt zuerst um das *Capo Posillipo* nach

****Pozzuoli,** das schon zur Römerzeit eine bekannte Hafenstadt und die erste Handelsstadt des Reiches war. Aus dieser Zeit sind noch das früher fälschlicherweise für einen Tempel des ägyptischen Gottes Serapis gehaltene und noch heute als Tempio die Serapide bekannte **Macellum* (geräumige Markthallen) und – in der Oberstadt – die Reste eines **Amphitheaters* erhal-

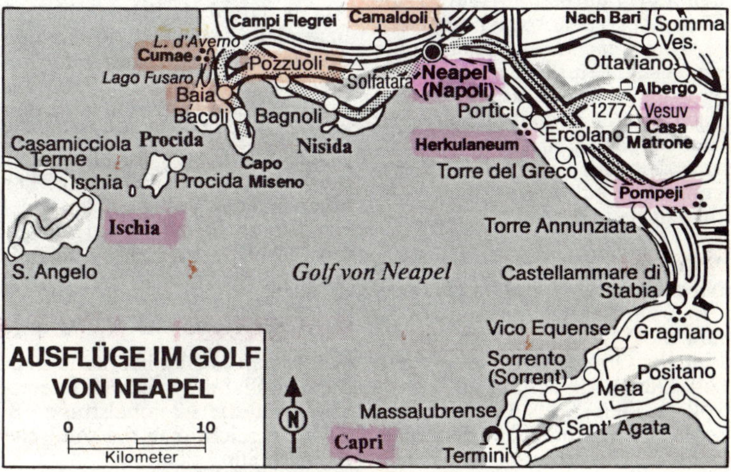

ten. Von *Lucrino* (der Lucrino-See ist wegen seiner Austernzuchten bekannt) aus kann man den *Epitaffio-Hügel* hinabsteigen, wo sich die sogenannten „Öfen Neros", die Natur-Schwitzbäder einer großen antiken Bäderanlage, befinden. – Im Städtchen

****Baia** sind noch die römischen Thermalanlagen *Terme Baiene* erhalten. In der Nähe der Venus-Thermen kann man eine Burg aus dem 16. Jahrhundert sehen, die auf den Ruinen einer römischen Kaiservilla zum Schutz gegen Korsaren erbaut wurde. Von der Burg erreicht man nach Durchqueren des Ortes *Bacoli* die berühmte ***Piscina Mirabile*, ein unterirdisches römisches Wasserreservoir, in dem 48 Pfeiler das schwere Gewölbe über der Zisterne (66 m lang, 26 m breit) tragen.

Zu Füßen des hier die phlegräische Landschaft beherrschenden *Monte Miseno* liegt das **Mare Morto*, das *Tote Meer* eines früheren Kraters, der in der Antike als der Styx angesehen wurde, über den der Fährmann Charon die Seelen der Verstorbenen übersetzte. Vom *Capo Miseno* aus hat man einen schönen Blick auf die Insel Procida. – Die Straße biegt jetzt nach Norden ab und man erreicht den **Lago Fusaro* (Austernzucht), von dem aus ein antiker Kanal zum Meer führt. In seiner Nähe liegt das antike

****Cumae**, die älteste griechische Niederlassung in Italien (8. Jh. v. Chr.). Dort besichtige man vor allem die ***Höhle der Sibylle*, die hier ihr Orakel verkündet haben soll. Die Höhle besteht aus kunstvoll in den Tuffstein hineingeschlagenen Gängen und dem sogenannten Orakelraum. Auf einem Lavahügel liegen Reste der Akropolis. Die Tempel des Apollo und des Jupiter sind in christliche Basiliken umgewandelt worden. Von hier aus genießt man einen weiten Rundblick.

Kurz nach dem Verlassen des Ortes erreicht man den **Lago d'Averno*, der in der Antike als Eingang zur Unterwelt galt. Der römische Feldherr Agrippa ließ den See zu einem Kriegshafen ausbauen und durch einen Kanal mit dem Meer verbinden. Erhalten sind noch die Reste einer Werft und einer Bäderanlage.

An der Straße nach Neapel stößt man schließlich auf die ***Solfatara*, einen von Tuffhügeln umgebenen Vulkankrater, wo aus zahllosen Spalten und Erdrissen Dämpfe und Schwefelgase aufsteigen. Die Temperatur der heißen Dämpfe, die aus der in elf Meter Tiefe befindlichen Hauptfumarole entweichen, beträgt 162 Grad.

**Camaldoli

Auf dem nordwestlich von Neapel liegenden *Monte Camaldoli* (458 m) steht das **Kloster der Kamaldulensermönche* (1585), das nur von Männern besucht werden darf. Der Ort ist aber auch wegen seines herrlichen Ausblicks auf die Phlegräischen Felder auf der einen und den Vesuv auf der anderen Seite sowie auf die vorgelagerten Inseln Capri, Ischia und Procida besuchenswert.

***Herculaneum und ***Pompeji

Wenn man es eilig hat, kann man die Autobahn benutzen, interessanter ist die Nationalstraße 18. Zuerst erreicht man die römische Ruinenstadt

*****Herculaneum,** die erst zum Teil ausgegraben ist. Ein großer Teil wird noch von dem Ort Ercolano (Resina) bedeckt. Im Jahr 79 n. Ch. wurde Herculaneum bei einem Vesuvausbruch verschüttet. Der Name der Stadt stammt von den Griechen, die schon im 6. Jahrhundert v. Chr. hier die Niederlassung Heraklion gründeten.

Das prächtigste Haus Herculaneums ist das *Haus der Hirsche (Casa dei Cervi).* Dieses Patrizierhaus birgt reiche Kunstschätze und Fresken. Vom Atrium aus betritt man den Speisesaal, in dem sich zwei Skulpturengruppen befinden, die von Hunden gehetzte Hirsche zeigen. In einem anderen Raum steht eine Satyr-Statuette. Das Peristyl ist von einer Säulenhalle umgeben, von der aus Zugänge zu den verschiedenen Räumen führen. In einem sieht man die Statuette „Trunkener Herkules".

Sehenswert sind auch die *Casa dell' Albergo,* die *Casa a Graticcio,* die *Casa dell' Atrio a mosaico,* die *Casa Sannitica,* die *Casa del Mosaico di Nettuno e Anfitrite* und die *Thermen.*

Über *Torre del Greco* (Korallen- und Perlmutterindustrie) und *Torre Annunziata* erreicht man

*****Pompeji,** das großartigste Beispiel einer durch Ausgrabung wieder zugänglich gemachten antiken Stadt *(auch montags geöffnet).*

Gegründet wurde Pompeji wahrscheinlich schon im 6. vorchristlichen Jahrhundert von den Oskern. Im Jahr 80 v. Chr. wurde die Stadt römische Kolonie. Von da an wurden prachtvolle Tempel und andere Bauwerke errichtet. Der Ausbruch des Vesuv im Jahre 79 begrub dann die ganze Stadt sechs bis sieben Meter tief unter einem Aschen- und Bimssteinregen. Ein großer Teil der in Pompeji gemachten Funde befindet sich im Nationalmuseum von Neapel (s. S. 120). Andere Funde sind im *Antiquarium,* einem kleinen Museum beim Eingang, untergebracht.

Man besichtige vor allem das Forum, um das sich der Jupitertempel, das *Macellum* (Markthalle mit Rundtempel), das *Larenheiligtum* und andere Bauwerke gruppieren. Sehenswert sind ferner das *Große Theater* an der Nordseite des baumbestandenen *Foro Triangulare,* das danebenstehende *Kleine Theater,* das stattliche *Haus des Menander,* das *Haus der Vettier* mit gut erhaltenen Fresken, die *Gräberstraße* mit zahlreichen Grabdenkmälern und an ihrem Ende die große *Villa des Diomedes* (schöner Garten), die dahinterliegende *Villa dei Mistéri* (herrliche Malereien; Dionysos-Mysterien) und die *Stabianer Thermen,* die größte und besterhaltene Badeanstalt Pompejis.

Im Sommer finden im Großen Theater wieder Freilichtaufführungen klassischer Dramen statt. Der etwa 4000 Zuschauer fassende Bau wurde zur Zeit des Kaisers Augustus auf den Resten eines vorrömischen, noch unter griechischem Einfluß stehenden Theaters erbaut.

Wer genügend Zeit hat, dem sei auch ein Besuch „Pompeji bei Nacht" empfohlen: Mit Hilfe von Beleuchtungsanlagen wird ein besonders schönes Mondlicht nachgeahmt.

Die moderne Stadt *Pompeji Valle,* die neben der Ruinenstadt liegt, ist vor allem wegen ihrer Wallfahrtskirche **Madonna del Rosario* besuchenswert.

***MAILAND

Mailand (ital. Milano) ist die Hauptstadt der Lombardei, die zweitgrößte Stadt Italiens und Industrie- und Handelszentrum des Landes. Den Wohlstand verdankt die Stadt, die trotz ihrer zahlreichen kunsthistorisch bedeutenden alten Bauwerke einen sehr modernen Eindruck macht, ihrer verkehrsmäßig günstigen Lage in der Poebene, zu Füßen der Alpenkette, über die die großen Bergstraßen und Pässe Simplon, St. Gotthard, Lukmanier, St. Bernhard, Splügen, Maloja, Bernina und Stilfser Joch führen.

Durch sein weltberühmtes Opernhaus Scala und ein Konservatorium von ausgezeichnetem Ruf hat sich Mailand als Musikstadt, durch seine international bekannten Sportanlagen (Pferderennbahn San Siro, Autorennbahn Monza) als Sportstadt einen Namen gemacht. Großartige Baudenkmäler und Kunstwerke in zahlreichen Museen machen Mailand schließlich auch zu einer Kunststadt von hohem Rang.

GESCHICHTE

Die von Etruskern im sechsten vorchristlichen Jahrhundert gegründete Siedlung wird 222 v. Chr. von den Römern erobert. Unter Kaiser Diokletian wird Mediolanum 263 n. Chr. Hauptstadt der westlichen Reichshälfte. Im Mittelalter ist Mailand die Anführerin der erstarkten lombardischen Städte, die sich vom Reich unabhängig machen wollen. Kaiser Friedrich Barbarossa zerstört Mailand im Jahr 1162, muß aber dann doch die Unabhängigkeit der Stadt anerkennen.

Die Stadtrepublik wird seit 1311 von der Familie Visconti, später von den Sforza, die den Herzogtitel annehmen, beherrscht.

Dann ist Mailand der Zankapfel zwischen Franzosen und den spanisch-österreichischen Habsburgern. Im Spanischen Erbfolgekrieg (1701 – 1714) fällt es an Österreich, und nach einem französischen Zwischenspiel in der napoleonischen Zeit bleibt es bis 1859 unter der Herrschaft Wiens.

SEHENSWÜRDIGKEITEN

Wegen Restaurierungsarbeiten nur teilweise zugänglich ist das auffälligste Bauwerk der Stadt, der

*****Dom** *(Duomo)* [1]. Dieser größte gotische Bau Italiens wurde 1386 begonnen. Er erhielt im 17. Jahrhundert seine Fassade; der obere Teil wurde im 19. Jahrhundert hinzugefügt. 135 Fialentürmchen und über 2200 Statuen schmücken sein Äußeres. Die *******Spitzbogenfenster* in der Apsis (14. Jh.) sind die größten der Welt. Der von 58 Säulen in fünf Schiffe geteilte Innenraum ist 157 Meter lang, 61 Meter breit und 108,5 Meter hoch. Im Innern beachte man den *Hochaltar* (1616) von Tibaldi und den siebenarmigen ******Bronzeleuchter* (13. Jh.) im linken Querschiff. Einen sehr schönen Ausblick hat man vom Dach des Doms.

Am Domplatz liegt auch der

Palazzo Reale [2], das *Königliche Schloß* (1777) mit reich ausgestatten Innenräumen. Er enthält das **Dom-Museum* mit Plänen aus der fast 600jährigen Baugeschichte, Modellen des Doms, Gobelins, Gemälden und Antiquitäten und z.Z. das ***Museum für Zeitgenössische Kunst* mit reichen Sammlungen französischer und italienischer Künstler, u.a. Corot, Millet, Manet, Cézanne, Renoir, Gauguin, Modigliani, Guidi, de Chirico, Morandi, Marino Marini, Boccioni, Carrà, Manzù.

Vom Domplatz aus gelangt man in die

Galleria Vittorio Emanuele [3], einen kreuzförmigen Bogengang (1865 – 1877), dessen Hauptschiff 196 Meter lang ist. Er ist heute ein Touristentreffpunkt mit Cafés, Buchhandlungen und eleganten Geschäften.

Auf der anderen Seite der „Galerie“ liegt die *Piazza della Scala* mit

einem Denkmal Leonardo da Vincis und dem

Teatro alla Scala [4]. Das weltberühmte Opernhaus, dessen Saal eine hervorragende Akustik besitzt, bietet 3600 Sitzplätze: Im angeschlossenen Theatermuseum *(Museo Teatrale alla Scala)* sieht man Büsten und Porträts sowie Erinnerungsstücke bedeutender italienischer Opernkomponisten, wie Rossini, Bellini und Verdi.

Gegenüber der Scala liegt der 1558 erbaute *Palazzo Marino*, der heute Sitz der Stadtverwaltung ist. Man folgt nun der *Via Verdi* und der *Via Brera* bis zum *Palazzo Brera* (17. Jh.), in dem sich die Pinakothek, die

***Pinoteca di Brera** [5] befindet. In der Gemäldegalerie hängen Meisterwerke von Künstlern des 14. bis 20. Jahrhunderts, u.a. von Bramante, Luini, Tizian, Tintoretto, Veronese, Raffael, Correggio, El Greco, Rubens, Rembrandt und anderen Malern. Im Hof des Museums steht die berühmte Napoleon-Statue (1809) von Canova.

Vor dem Stadtpark *(Giardini Pubblici)* liegt die *Villa Reale* [6], ein Palast aus dem Jahr 1790, der z.Z. restauriert wird.

Nicht weit von hier steht (Via Manzoni 12) das

Museum Poldi-Pezzoli [7], das von dem gleichnamigen Adligen 1871 testamentarisch der Stadt vermacht wurde. Es besitzt eine der wertvollsten Kunstgalerien Italiens (Werke von Brueghel, Cranach, Botticelli), Sammlungen antiker Bronzen, Skulpturen, Elfenbeinschnitzereien und chinesische Kunstwerke.

Ein anderer Spaziergang führt vom Domplatz durch die *Via Mercanti* zur *Piazza Mercanti* mit den sehenswerten Palästen *Palazzo della Ragione* (13. Jh.), *Palazzo dei Giureconsulti* (16. Jh. mit Turm aus dem Jahre 1272), *Palazzo delle Scuole Palatine* (16. – 17. Jh.) und *Loggia degli Osii* (1316). Von hier aus gelangt man über die *Piazza Cordusio* direkt auf die *Via Dante*, der man bis zum

***Castello Sforzesco** [8] folgt. Das mächtige, zinnengekrönte Kastell wurde 1450 von Francesco Sforza an der Stelle der alten Burg der Visconti erbaut. Bramante, Leonardo da Vinci und Filarete haben daran gearbeitet. Im 18. und 19. Jahrhundert verfiel das Kastell, es diente als Arsenal und Kaserne und wurde erst 1911 wieder restauriert. Der Bau beherbergt heute ein *archäologisches Museum*, eine *Möbel- und Gobelinsammlung* und eine *Pinakothek* mit Werken von Bellini, Filippo Lippi, Lorenzo Lotto, Tintoretto Correggio und die berühmte „Pietà Rondanini" von Michelangelo (schöne Parkanlagen).

Castello Sforzesco

Ein kurzer Spaziergang führt vom Kastell zur Kirche

****Santa Maria delle Grazie** [9]. Der 1465 gotisch begonnene und 1492 von Bramante im Renaissancestil vollendete Bau besitzt sehenswerte *Kreuzgänge* und zahlreiche Kunstschätze. Neben der Kirche ist das alte *Refektorium* mit dem jüngst restaurierten berühmten ***Abendmahlsfresko („Cenacolo")* von Leonardo da Vinci und an der gegenüberliegenden Wand das Fresko „Kreuzigung" von Montorfano zu sehen.

Eine andere beachtenswerte Kirche ist

****Sant'Ambrogio** [10]. Die vom heiligen Ambrosius im Jahr 386 gegründete Basilika wurde im 9. Jahrhundert erweitert und von 1098 bis 1128 zur heutigen romanisch-lombardischen Basilika umgebaut. Man beachte den Campanile (1128), im Kircheninnern die Marmorkanzel (12. Jh.), darunter den römischen Sarkophag des Stilicho und den Altarvorsatz (9. Jh.), ein mit Reliefs, Edelsteinen und byzantinischen Emailarbeiten geschmücktes Meisterwerk der Goldschmiedekunst. In der Ambrosiusbasilika wurden die lombardischen Könige mit der „Eisernen Krone" der Langobarden (heute im Monza) gekrönt.

Neben der Basilika steht die kleine Kirche *San Vittore in Ciel d'Oro* mit Mosaiken aus dem 5. Jahrhundert. Man kann die Kirche auch von der Ambrosiusbasilika aus betreten.

Über dem Portikus des Pfarrhauses liegt das *Museum von St. Ambrosius,* in dem die wertvollen Antiquitäten und Schätze der Ambrosiusbasilika ihren endgültigen Platz gefunden haben.

Nicht hier, sondern auf der Piazza Pio XI (nahe dem Domplatz) findet man die gleichfalls nach dem heiligen Ambrosius benannte

****Pinacoteca Ambrosiana** [11]. Die im *Palazzo Federico Borromeo* (1609) untergebrachte Gemäldegalerie enthält neben Meisterwerken von Leonardo da Vinci, Pisanello, Jan Brueghel, Dürer und anderen Malern eine berühmte *Bibliothek* und Sammlungen von wissenschaftlichen Instrumenten, Möbeln und Goldschmiedearbeiten.

Einen Besuch verdient auch die Basilika

San Lorenzo Maggiore [12], die im 4. Jahrhundert gegründet und nach mehrmaliger Zerstörung und Wiedererrichtung gegen Ende des 16. Jahrhunderts von Bassi umgebaut wurde. Man findet hier noch eindrucksvolle Reste antiker Bauten und frühchristliche Kunst.

Ganz in der Nähe liegt die Kirche

***Sant Eustorgio** [13]. Von der ursprünglichen Basilika, die von 315 bis 331 über dem Grab des heiligen Eustorgius erbaut wurde, sind nur wenige Steine erhalten geblieben. Sie wurden im 11. Jahrhundert der neuen Kirche einverleibt. 1278 wurde der Bau in seinem ursprünglichen Stil neu errichtet und reich mit Kunstwerken ausgestattet. Die Fassade ist in rein lombardischem Stil gehalten.

Sehenswert sind auch die an die Kirche angebauten Kapellen mit Grabmälern reicher Adliger.

Nur wenige Schritte weiter kommt man zur

Porta Ticinese [14] mit 16 korinthischen Säulen, die von einem römischen Gebäude des 2. Jahrhunderts stammen.

Wenn man Interesse an kunstvollen Grabdenkmälern hat, lohnt sich der Besuch des nördlich des Castello Sforzesco liegenden **Monumentalfriedhofes (Cimitero Monumentale).* Er ist wegen seiner monumentalen Grabkapellen, Grabmonumente, Statuen und Skulpturengruppen, dic zum großen Teil von den bedeutendsten Künstlern des 19. und 20. Jahrhunderts stammen, einer der sehenswertesten Friedhöfe Italiens.

Ausflüge von Mailand

Die beliebtesten Ausflugsziele des Mailänders sind die drei großen und weithin bekannten Seen Lago Maggiore, Lago di Como und Lago di Lugano.

**Lago Maggiore

Der nördliche Teil des 216 Quadratkilometer großen Sees gehört zur Schweiz. Sehr gute Autostraßen führen rund um ihn herum; ein reger Schiffsverkehr verbindet alle Ferienorte miteinander. Die wichtigsten Urlaubsorte sind auf der Schweizer Seite *Locarno* und *Ascona,* auf italienischem Gebiet *Stresa, Arona, Laveno, Luino, Baveno, Pallanza, Verbania* und *Intra.* In diesen Orten gibt es Hotels aller Preisklassen und sehr gute touristische Einrichtungen. Die Pflanzenwelt am Ufer ist subtropisch (u.a. Oleander, Orangen-, Zitronen-, Oliven- und Feigenbäume).

Im See liegen die *Borromäischen Inseln* Isola Bella, Isola Madre und Isola dei Pescatori. Die *Isola Madre* ist wegen ihres herrlichen exotischen Gartens bekannt. Die *Isola dei Pescatori (Fischerinsel)* trägt ihren Namen aufgrund der für sie charakteristischen Fischerhäuser. Auf der vielbesungenen *Isola Bella* steht das prächtige **Barockschloß der Grafen Borromeo* (1650 – 1671). Im Innern findet man eine kostbare Gemäldesammlung und andere Kunstsammlungen (flämische Wandteppiche, Porzellan, spanische Möbel u.a.m.). Außerdem gibt es sechs im Barockstil ausgestattete Grotten, die zum Aufenthalt an heißen Sommertagen dienten. Weithin bekannt wurde die Isola Bella vor allem durch die zehn **Gartenterrassen* des Schlosses mit Kamelien, Akazien, Rhododendron, Agaven, Kautschuk-, Zitronen- und Orangenbäumen. Die Anordnung der Beete soll an die „Hängenden Gärten Babylons“ erinnern.

*Lago di Como

Der von 1500 bis 2100 Meter hohen Bergen umgebene *Comer See* ist mit 372 Metern der tiefste Binnensee Europas. Villen und Gärten säumen seine Ufer. Die südliche Hälfte des Sees teilt sich in einen westlichen und einen östlichen Arm *(Lago di Lecco).* Zwischen diesen liegen mehrere kleinere Seen. Die Stadt

***Como** ist nicht nur ein bedeutender touristischer Mittelpunkt mit sehr guten Fremdenverkehrseinrichtungen, sondern besitzt auch zahlreiche Sehenswürdigkeiten: Der **Dom* wurde vom 14. bis 17. Jahrhundert in lombardisch-gotischem Stil und im Renaissancestil erbaut; der *Broletto,* das alte Rathaus, stammt aus dem Jahr 1215. Aus dem 12. Jahrhundert sieht man noch die Stadtmauer mit Resten der *Porta Romana* (2. Jh.) und mit der 40 Meter hohen *Porta Vittoria* (1192). Besuchenswerte Kirchen sind die Basilika *San Carpoforo* (12. Jh.), *Sant'Abbondio* (1093) mit zwei Glockentürmen, *San Giacomo* (1144, im 16. Jh. verändert) und *San Fedele* (12. Jh.).

Eine Drahtseilbahn führt zu der 716 Meter hoch gelegenen Ortschaft *Brunate* hinauf. Noch höher liegt *San Maurizio* (906 m; herrlicher Rundblick).

Beliebte Sommerfrischen am See sind *Cernobbio* (mit *Villa d'Este* aus dem 16. Jh., im 19. Jh. verändert), *Bellagio* (mit prunkvollen Patriziervillen), *Tremezzo* (mit *Villa Carlotta* aus dem 17. Jh. und prächtigen Gartenanlagen), *Cadenabbia* (mit herrlichen Gärten), *Menaggio* (von steilen Bergen überragt), *Varenna, Bellano, Piona* (Abtei aus dem 12. Jh.) und *Gravedona* (alte Kirchen und *Palazzo Gallio* aus dem 16. Jh.).

Die Stadt *Lecco* besitzt einen sehenswerten Dom sowie Reste von Verteidigungsanlagen aus dem 14. Jahrhundert. Sie ist auch als Ausgangsort für Bergtouren in die *Grigna* (2410 m) beliebt.

***Lago di Lugano.** Dieser See gehört nur mit seinem nordöstlichen und westlichen Teil zu Italien. Er wird von Touristen hauptsächlich wegen seines milden Klimas und seiner landschaftlichen Schönheit besucht. Die Hauptorte des italienischen Teils sind *Porlezza* und die von Schweizer Territorium umschlossenen Enklave *Campione d'Italia* (bekanntes Spielkasino). Ausflugsdampfer fahren zum gegenüberliegenden *Lugano* und verbinden alle Orte am See miteinander.

Zwischen dem Luganer See und dem Lago Maggiore liegt der kleine *Lago di Varese* mit einer Reihe von Ferienorten.

Ein lohnendes Ausflugsziel von Mailand ist auch der *Lago d'Orta,* westlich des Lago Maggiore, mit dem schön gelegenen Ferienort *Orta San Giulio* und der gleichnamigen Insel, auf der eine im 5. Jh. errichtete Basilika steht.

*

28 ROUTEN DURCH ITALIEN

Man kann heute schon ganz Italien auf Autobahnen durchqueren. Seit der Fertigstellung der Brennerautobahn ist es sogar möglich, von der Bundesrepublik Deutschland aus jeden beliebigen größeren Ort in Italien zu erreichen, ohne die Autobahn verlassen zu müssen. In den nachfolgend beschriebenen 28 Routen durch Italien werden jedoch die Autobahnen nur kurz erwähnt, da sie an den sehenswerten Städten und Baudenkmälern meist in größerer Entfernung vorbeiführen. Wer nicht nur die landschaftliche Schönheit, sondern auch die kulturelle Bedeutung Italiens mit seinen künstlerischen und historischen Zeugnissen aus drei Jahrtausenden kennenlernen will, kann den Routen folgen, auf denen die wichtigsten und sehenswertesten Punkte beschrieben sind.

Ausführliche Beschreibungen der einzelnen Reisegebiete und großen Städte bieten u.a. die Polyglott-Reiseführer „Südtirol/Dolomiten“, „Gardasee“, „Italienische Adriaküste“, „Italienische Riviera“, „Venedig“, „Mailand“, „Florenz“, „Toskana“, „Elba“, „Sardinien“, „Rom“, „Apulien/Kalabrien“, „Neapel/Capri/Ischia“, „Sizilien“ sowie die Großen Polyglott-Reiseführer „Südtirol/Dolomiten“, „Ober- und Mittelitalien“, „Rom“, „Süditalien“.

In den ersten 15 Routen werden die Reisegebiete nördlich, in den folgenden sieben Routen die südlich von Rom beschrieben. Den Inseln Sizilien und Sardinien sind die Routen 23 bis 28 gewidmet. Bevor man eine der Routen befährt, sollte man sich in dem Kapitel „Ferien in Italien“ (s. S. 61 ff.) über den Landschaftscharakter und die Sehenswürdigkeiten des gewählten Reisegebietes oder der Region informieren.

Route 1: Brenner – *Bozen – *Trient – *Riva – **Bergamo – ***Mailand (350 km)

Von den Reisenden, die von Deutschland oder Österreich nach Italien kommen, wird die Strecke über Innsbruck und den Brennerpaß am häufigsten befahren. Man kann von Innsbruck entweder auf der österreichischen Bundesstraße 182 (E 6) über Matrei, Steinach und Gries zur Grenze Brennerpaß fahren (38 km), oder auf der Autobahn (Mautgebühr) über die Europabrücke (höchste Straßenbrücke Europas) dorthin gelangen.

Die von der Grenze weiterführende italienische Autobahn (mautpflichtig) verläuft parallel zur italienischen Nationalstraße 12 (E 6). Die Ortsbezeichnungen in Südtirol sind zweisprachig. Die Orte werden umfahren, doch sind viele von ihnen eine Besichtigung wert. Der

Brenner/Brennero (1375 m) ist der niedrigste Paß über die Hauptkette der Alpen. Hier sind die Straßengrenzstelle und der Grenzbahnhof. Man fährt nun, am Fluß *Eisack (Isarco)* entlang, über *Brennerbad/Terme del Brennero* und *Gossensaß/Colle Isarco,* beides kleine Sommerfrischen und Wintersportplätze, nach

Sterzing/Vipiteno, 15 km. Das malerische Städtchen, das schon den Römern als Vipitenum bekannt war, besitzt noch zahlreiche Bauten im gotischen Stil, so das *Rathaus* (1473), die *Heiliggeistkirche* (14. Jh.) und den mittelalterlichen *Zwölferturm* (Stadtturm).

Umweg über *Meran

Von Sterzing kann man auch über den *Jaufenpaß/Passo di Monte Giovo* (2099 m), *Sankt Leonhard* mit dem „Sandhof" (Geburtshaus Andreas Hofers) und *Meran* nach Bozen fahren.

***Meran/Merano** war von 1317 bis 1420 die Landeshauptstadt von Tirol. Aus dieser Zeit stammen noch die schönen alten Häuser in der *Laubengasse* der Altstadt, die Pfarrkirche *Sankt Nikolaus,* die gotische *Heiliggeistkirche,* die *Leonhardskirche,* das *Klarissenkloster,* das *Bozener Tor* und die *Landesfürstliche Burg* (sehenswerte Reliefs, Fresken, Gemälde).

Der traditionsreiche, international bekannte Luftkurort liegt klimatisch außerordentlich günstig in reizvoller Lage in einen Talkessel eingebettet und bietet ausgezeichnete touristische Einrichtungen.

Umgeben ist Meran von mehr als 20 alten Burgen und Schlössern, darunter **Schloß Tirol* (12. Jh.), die *Brunnenburg* (1244), die *Zenoburg* (12. Jh.) und *Schloß Schenna* (1350; um 1700 erneuert).

Die Straße führt dann an der Etsch weiter über *Terlan,* einen von zahlreichen mittelalterlichen Burgen umgebenen Weinbauort, nach **Bozen* (s. S. 134).

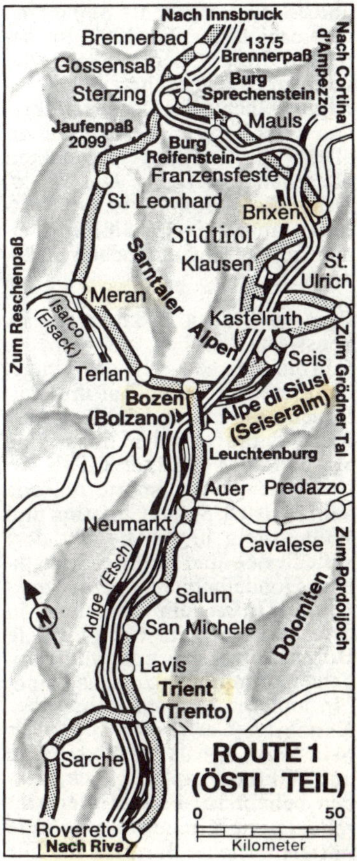

In Sterzing folgt man weiter dem Tal des Eisack, sieht links **Burg Sprechenstein*(13. Jh.), rechts *Burg Reifenstein* (um 1100) liegen und erreicht kurz nach *Franzensfeste/Fortezza,* wo 1833 Kaiser Franz I. eine mächtige Sperrfestung zum Schutz der Brennerstraße bauen ließ, die Stadt

***Brixen/Bressanone,** 45 km, den wirtschaftlichen und geistigen Mittelpunkt des Eisacktales. Der beliebte Ferienort hat einen sehenswerten *Dom* (12. Jh., im 15. und 18. Jh. umgebaut). Seine Fassade erhielt der Bau 1790. Im barocken Innern beachte man die schönen Marmoraltäre und Bischofsgräber, die Deckenfresken von Paul Troger (1750) und vor allem den freskengeschmückten gotischen Kreuzgang. Die **Fürstbischöfliche Hofburg* ist ein Spätrenaissancebau (16. Jh.) mit einem großen quadratischen Arkadenhof.

Klausen/Chiusa, 57 km, bietet sehenswerte Kirchen aus dem 15. Jahrhundert sowie in der Umgebung mehrere zum Teil mittelalterliche Burgen und Schlösser.
Kurz darauf zweigt links eine Straße in das Grödner Tal ab, wo bekannte Wintersportorte wie Sankt Ulrich, Sankt Christina und Wolkenstein liegen. Es gibt dort viele Sessel- und Skilifte, Seilbahnen, Gondelbahnen, und in *Sankt Ulrich/Ortisei* ein Museum, in dem kunstvolle im Ort gefertigte Holzschnitzereien und volkstümliche Sammlungen zu sehen sind.
Ein anderes Seitental führt über *Kastelruth/Castelrotto* nach *Seis/Siusi,* das als Sommerfrische und Wintersportplatz gleichermaßen beliebt ist. Es gibt hier vier sehenswerte Kirchen und mehrere mittelalterliche Burgruinen. Die **Seiseralm/Alpe di Siusi* (1826 m) ist mit 62 Quadratkilometern die ausgedehnteste Hochalpe im gesamten Alpenraum.

***Bozen/Bolzano,** 86 km, der bekannte Fremdenverkehrsort, ist der Hauptort des deutschsprachigen Südtirols und auch Sitz der autonomen Regionalregierung von Südtirol. Er liegt am Zusammenfluß von Talfer, Eisack, Etsch, am Fuße von Rosengarten (Dolomiten), Schlern und Mendel. Die traditionsreiche Stadt ist seit der Römerzeit stets ein Schnittpunkt der mitteleuropäischen und der lateinischen Kultur gewesen, was in zahlreichen Kunstwerken der Architektur, Malerei und Plastik zum Ausdruck kommt.

Sehenswert sind der *Dom* (14. Jh.) mit lombardischem Portal, die gotische *Franziskanerkirche* mit spätromanischem Kreuzgang (14. Jh.), die ebenfalls gotische *Dominikanerkirche,* auch sie mit sehr schönem Kreuzgang (1308 erstmals erwähnt) und Fresken von Friedrich Pacher, das *Merkantilgebäude* (1705 – 1716) mit bemerkenswerter Barockfassade und das *Städtische Museum* mit archäologischen Funden, Kunstsammlungen aus Gotik und Barock sowie volkskundlichen Sammlungen.

Reizvoll sind die *Laubengassen* und die malerischen Häuser der Altstadt sowie der stets von buntem Leben erfüllte *Obstmarkt.*

Bozen ist von mehr als einem Dutzend Burgen und Burgruinen aus dem 12. bis 14. Jh. umgeben.

Erdpyramiden. Ein faszinierendes Naturphänomen sind die durch Erosion entstandenen Erd-Stein-Gebilde bei Lengmoos am Ritten.

Der Dogenpalast, Residenz der Dogen, Regierungs- und Gerichtsgebäude der Serenissima, dient heute als Museum.

Hauptverkehrsader der Lagunenstadt ist der 3,8 Kilometer lange Canal Grande, der von rund 200 Palazzi gesäumt wird.

Salurn/Salorno, 119 km. Der kleine Ort liegt am linken Etschufer, an der *Salurner Klause,* die die deutsch-italienische Sprachgrenze bildet. Sehenswert ist die auf einem Felsen emporragende *Haderburg* (13. Jh.), von der aus 1551 Melanchton mit seinen Anhängern die Lehre Luthers verbreitete.

***Trient/Trento,** 145 km, liegt an beiden Ufern der Etsch und ist reich an Adelspalästen und anderen historischen Bauwerken. Man besichtige vor allem den Dom **San Vigilio* (13. Jh.) mit bedeutenden Fresken und Bischofsgräbern (13. u. 14. Jh.) im Innern. Der Glockenturm des mächtigen romanischen Baus wurde im 16. und 18. Jahrhundert verändert. Vor dem Dom liegt der *Neptunbrunnen* (1769).

Die frühere fürstbischöfliche Residenz im **Castello del Buonconsiglio* besteht aus mehreren Gebäuden aus dem 13. bis 17. Jahrhundert. Mit ihren Höfen, Loggien, Sälen, Türmen und Gärten ist die Schloßanlage eine reizvolle Verflechtung von Mittelalter und Renaissance. Im Schloß ist das *Städtische Museum* mit archäologischen Sammlungen und Kunstsammlungen untergebracht. Einen Besuch lohnt auch die Renaissancekirche *Santa Maria Maggiore,* in der das Tridentiner Konzil tagte: Das nach 18 Jahren (1563) beendete Konzil verwarf die protestantischen Lehren und leitete die Gegenreformation ein.

Auf einem Hügel über der Stadt steht das *Mausoleum für Cesare Battisti,* einen 1916 von den Österreichern hingerichteten italienischen Freiheitskämpfer.

Man kann nun entweder über *Rovereto* (Castello 14. Jh., Kirche San Marco 15. Jh., Palazzo Municipio mit Laubenhof 16. Jh., Ossario del Castel Dante mit den Gebeinen von mehr als 18 000 Gefallenen des Ersten Weltkriegs und „Friedensglocke") zum Gardasee weiterfahren und erreicht ihn bei *Torbole,* oder aber man fährt auf der Straße 45 b über *Arco,* von wo man den Gardasee bei

***Riva,** 186 km, erreicht. Der sehr gefragte Ferienort am Nordufer des Sees hat eine sehenswerte Altstadt. Dort besichtige man den *Palazzo Pretorio* (1383), den *Palazzo Municipale* (1482), den am Hafen stehenden Wachtturm *Torre Apponale* (13. Jh.), die mittelalterlichen Stadtmauern mit gut erhaltenen Toren und die Wasserburg der Scaliger – *Rocca* (12. Jh.). Aus den Jahren 1603–11 stammt die Barockkirche *Inviolata.*

Das benachbarte *Torbole* ist ein idyllisch gelegener Ferienort, den schon Goethe 1786 besuchte. Eine Gedenktafel an dem Haus, in dem er wohnte, erinnert daran.

DER **GARDASEE

Der von den Römern Benacus genannte See ist 52 Kilometer lang, 18 Kilometer breit und 346 Meter tief. Mit 368 Quadratkilometern ist er der größte Binnensee Italiens. An seinen Ufern entstanden dank der Schönheit der Landschaft, des milden Klimas und der reichen mediterranen Flora (Oliven-, Zitronen- und Orangenbäume, Zypressen, Zedern, Lorbeer, Oleander) viele Ferienorte. Auf dem See herrscht reger Schiffsverkehr.

Zwei Panoramastraßen säumen das östliche und das westliche Ufer: die **Gardesana Orientale* (von Torbole über Malcesine und den bekannten Weinort Bardolino nach Peschiera) und die ***Gardesana Occidentale*, auf der man von Riva weiterfährt. Diese Straße mit ihren zahlreichen in den Felsen gehauenen Tunneln und Galerien gehört zu den schönsten Panoramastraßen der Welt.

Man fährt durch die Touristenorte *Limone* und *Tremosine* – am gegenüberliegenden Ufer sieht man Malcesine, das mit seiner prächtigen alten Burg am Fuße des Monte Baldo (1748 m, Seilbahn) liegt –, dann weiter durch *Campione* und *Tignale* nach *Gargnano,* 215 km, dessen romanische Kirche mit Kreuzgang und Skulpturen (15. Jh.) einen kurzen Aufenthalt wert ist.

Es folgen *Bogliaco* mit der schönen Villa Bettoni (18. Jh.) und der Doppelort *Toscolano-Maderno.* Im alten Toscolano besichtige man die romanische Kirche mit Fresken aus dem 14. Jahrhundert und den Palazzo Gonzaga (1600). Schließlich erreicht man

***Gardone,** 227 km, einen vielbesuchten Ferienort, der durch den **Vittoriale,* den Palast des italienischen Dichters Gabriele d'Annunzio (1863 – 1938), bekannt ist. Er wurde dem Dichter als „Dank der Nation" zugewiesen, liegt inmitten einer schönen Gartenanlage und ist im Stil des Fin de Siècle als Kunsttempel eingerichtet.

Bei *Salò,* 230 km (Dom mit Renaissanceportal; Palazzo del Capitano mit Museum und Gemäldegalerie) verläßt man den See und fährt auf der Straße 11 weiter nach **Brescia* (s. u.).

(Die am Südufer des Sees liegenden Ferienorte sind in der Route 8 beschrieben.)

*

Man kann von *Riva* (s. S. 137) auch über den *Idrosee* nach Brescia fahren. Man biegt kurz nach Riva rechts auf die Straße 240 ab und gelangt zuerst auf einer kehrenreichen Höhenstraße zum *Lago di Ledro,* einem kleinen Badesee, dann auf der Straße 237 zum *Lago d'Idro,* einem ebenfalls kleinen, von ruhigen Dörfern umsäumten See. Dort folgt man der Straße über *Vestone* und *Nave* nach

***Brescia,** 260 km. Die wahrscheinlich von den Ligurern gegründete Stadt wurde 225 v. Chr. römisch. Aus der Römerzeit be-

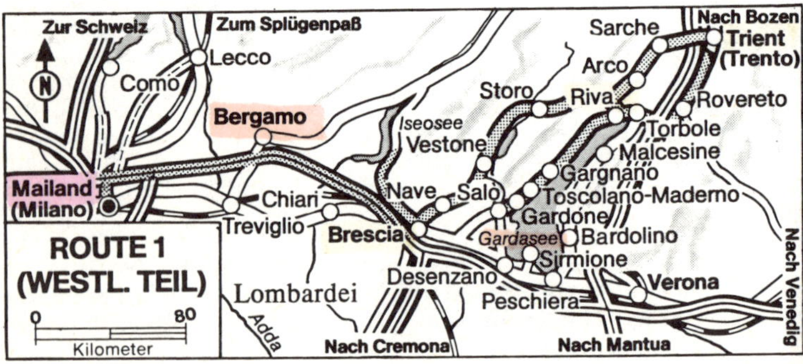

sitzt Brescia mit den Monumenten innerhalb der *Archäologischen Zone* (Kapitolinischer Tempel, Römisches Museum, Römisches Theater u. a. m.) noch bedeutende Zeugnisse. Zu den Sehenswürdigkeiten der Stadt gehören auch der **Alte Dom* („Rotonda") aus dem 11. und 12. Jahrhundert, ein romanischer Rundbau mit bemerkenswerten Kunstschätzen, ferner der mit Gemälden von Romanino geschmückte Renaissancebau des *Neuen Doms* (1604) und der *Palazzo Comunale* („Broletto") aus dem 12. Jahrhundert, der von der *Torre del Popolo* (11. Jh.) überragt wird.

Wenn man Zeit hat, kann man auch den *Palazzo Martinengo da Barco* (16. Jh.) mit reich bestückter Gemäldegalerie, die **Loggia,* einen Renaissancebau aus dem 15. und 16. Jahrhundert, und die zahlreichen mittelalterlichen Kirchen der Stadt besichtigen.

Reizvoll ist der Aufstieg zu dem über der Archäologischen Zone liegenden venezianischen *Castello* (schöner Rundblick) mit dem *Museo di Risorgimento* und dem *Zoo*.

Ebenso lohnend ist die Auffahrt auf den 875 Meter hohen **Monte Maddalena,* östlich der Stadt, von dem aus man ein prachtvolles Panorama auf Gardasee, Poebene und Voralpen hat.

Beliebte Abstecher führen zum Iseosee und nach Bergamo.

Iseosee. Der etwa 65 Quadratkilometer große, 25 Kilometer lange und vier Kilometer breite See wird vom *Oglio* umflossen und ist von Bergen umgeben. In seiner Mitte liegt eine etwa drei Kilometer lange gebirgige Insel mit dem 600 Meter hohen, von Kastanienwäldern bedeckten *Montisola.* Auf seiner Höhe steht die Wallfahrtskirche *Madonna della Seriola.* An den Seeufern liegen beliebte Ferienorte.

****Bergamo,** 312 km, ist eine sehr alte Stadt, die schon unter den Römern ein wichtiger Handelsplatz war. Sie gliedert sich in eine moderne Unterstadt und eine hoch gelegene, altertümliche Oberstadt, in der sich auch die Sehenswürdigkeiten befinden.

Die Oberstadt ist mit einer mächtigen venezianischen Stadtmauer umgeben. Am Domplatz steht der Renaissancebau der ***Colleoni-Kapelle,* die der venezianische Kondottiere Bartolomeo Colleoni aus buntem Marmor als Mausoleum errichten ließ. Die Kuppel ist von Tiepolo ausgemalt. Daneben zieht die romanische Kirche *Santa Maria Maggiore* (12. Jh.) den Blick auf sich. Sie hat gotische Portale und eine barocke Innenausstattung. Auf der linken Seite des Platzes steht der Dom *Sant'Alessandro* (15. Jh.) mit einem Hochaltargemälde von Bellini („Madonna mit Turteltauben"). Angeschlossen ist das *Baptisterium* (1340).

Der klassizistische Bau der *Accademia Carrara* (18. Jh.) birgt eine der bedeutendsten Gemäldesammlungen von Italien (Werke von Lotto, Carpaccio, Bellini, Mantegna, Perugino, Fra Angelico, Tintoretto, Brueghel d. Ä., Lucas von Leyden, Dürer, Roger van der Weyden, Tiepolo). Neben weiteren Kirchen besitzt die Stadt eine Anzahl sehenswerter Paläste.

Von Bergamo sind es auf der Autobahn noch 38 Kilometer bis

*****Mailand,** 350 km, das auf den Seiten 126 bis 130 beschrieben ist.

Plan S. 141

Route 2: ***Mailand – **Turin – *Cuneo – Tendapaß – Nizza (363 km)

Diese Route ist Reisenden zu empfehlen, die schnell von Mailand aus zu den Badeorten San Remo und Bordighera oder direkt an die Côte d'Azur (Nizza, Cannes) fahren wollen.

Von ****Mailand* (s. S. 126) führt eine Autobahn nach *Turin* (140 km). Von dort kann man auf der Autobahn bis nach *Savona* weiterfahren, wo man auf die an der Riviera entlangführende Autobahn stößt.

Die direkte Straße (Nr. 20) führt von Turin über *Cuneo* zum *Tendapaß (Colle di Tenda)* und weiter nach *Nizza.*

Benutzt man statt der Autobahn von Mailand nach Turin die Nationalstraße 11, so kommt man durch mehrere interessante Städte:

Magenta, 26 km, wurde von den Römern gegründet. Am 4. Juni 1859 fand hier die entscheidende Schlacht statt, die zur Folge hatte, daß Österreich die Lombardei abtreten mußte. Sie kam dann zum Königreich Sardinien, der Keimzelle des späteren Königreichs Italien.

Novara, 47 km, ist eine wichtige Industriestadt und Mittelpunkt eines riesigen Reisanbaugebietes.

Sehenswert sind der neuromanische *Dom* (1863 – 1869) und das *Museum antiker Gedenksteine* im Kreuzgang des benachbarten Klosters. Am Domplatz liegt auch der *Broletto,* das alte Rathaus aus dem Jahr 1200. Ihm gegenüber steht der *Palast des Bürgermeisters* (15. Jh.) mit einer Säulenhalle (18. Jh.). In ihm sind u.a. das *Städtische Museum* und die *Galerie Moderner Kunst* untergebracht.

Sehenswert ist ferner die Basilika *San Gaudenzio* (1577 – 1659), die von einer 121 Meter hohen Kuppel (von Antonelli im 19. Jh. errichtet) überragt wird.

Vercelli, 70 km, ist heute der größte Reishandelsplatz Europas. Der breite Kanal, der mitten durch die Reisfelder rund um die Stadt verläuft, wird „Nil von Vercelli" genannt. Fast die Hälfte des gesamten italienischen Reisertrags kommt aus diesem Gebiet.

Vercelli hat aber auch viele sehenswerte Bauten, so die in romanisch-gotischem Übergangsstil erbaute Basilika *Sant'Andrea* (1224) mit einer bemerkenswerten Loggia, drei Portalen und wuchtigen Türmen, das angebaute Kloster mit schönem Kreuzgang, den *Dom* (1572) und zahlreiche andere Kirchen, die Arkaden im von Juvara erbauten *Seminarhof* und die Gemäldegalerie *Borgogna.*

In *Chivasso,* 121 km, besichtige man die Assunta-Kirche mit Spitzbogenportal und reichem Terrakotta-Schmuck.

Die Straße führt nun am Po entlang und erreicht nach einer Fahrt von insgesamt 146 Kilometern Turin.

**TURIN

Das von einer reizvollen Hügellandschaft umgebene und vom Po

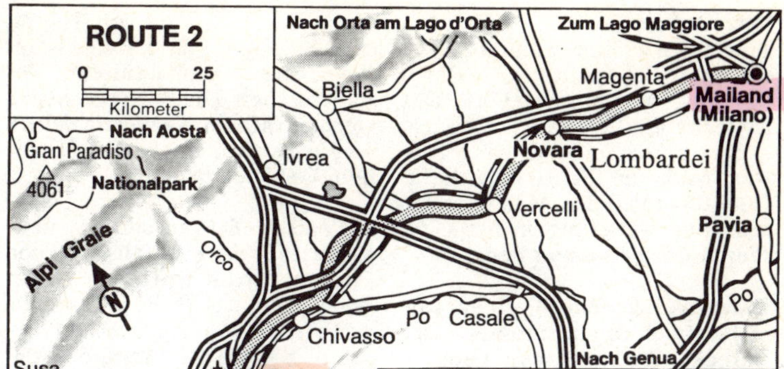

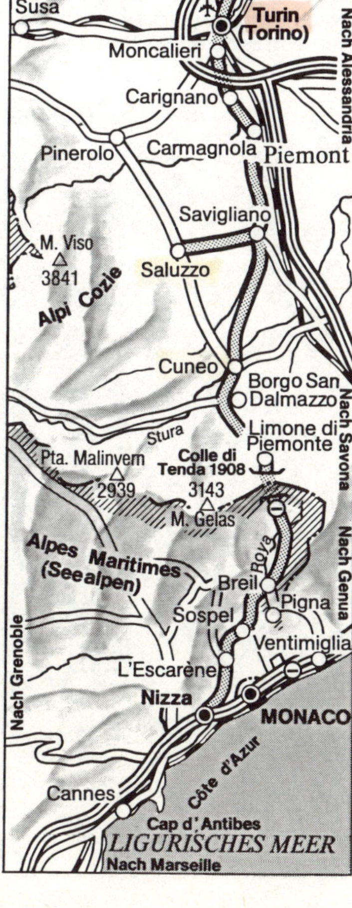

durchflossene Turin (ital. *Torino)* ist eine wichtige Industriestadt (Fiat- und Lancia-Werke, Wermut- und Süßwarenindustrie). Charakteristisch für Turin sind die geraden, sich rechtwinklig schneidenden Straßen, die oft von Bogengängen gesäumt sind. Sie spiegeln heute noch den geometrischen Plan der ehemals römischen Stadt wider. Dank der 149 breiten Boulevards, der zahlreichen Alleen, der herrlichen Park- und Gartenanlagen und der 26 über den *Po* und die *Dora* führenden Brücken, sind Besichtigungsrundgänge durch Turin und Spaziergänge zu den historischen Palästen und Villen der Savoyer, den zahlreichen Museen, den bedeutenden Kirchen und anderen Sehenswürdigkeiten der Stadt einfach, bequem und angenehm.

Man beginnt den Rundgang am besten am *Hauptbahnhof* [1], vor dem sich die

Piazza Carlo Felice [2] erstreckt. Der Platz ist von schönen Palästen umgeben und besitzt einen hohen Springbrunnen. Man folgt nun der schnurgeraden *Via Roma,* der elegantesten und belebtesten Straße der Stadt, bis zur

***Piazza San Carlo** [3], die von Bogengängen gesäumt ist und zu den schönsten Plätzen des 17./18. Jahrhunderts in Italien gehört. Das Reiterstandbild stellt Emanuele Filiberto, den Herzog von Savoyen, nach der Schlacht von St-Quentin (1557) dar. Man folgt der Via Roma weiter bis zur barocken *Piazza Carignano* mit dem

Palazzo Carignano [4], einem Musterbeispiel des piemontesischen Barocks, das 1679 von Guarino Guarini geschaffen wurde. Hier tagte das erste italienische Parlament, das 1861 Rom zur Hauptstadt Italiens erklärte. Heute ist im Palast das Nationalmuseum der italienischen Unabhängigkeitsbewegung *(Museo Nazionale del Risorgimento)* untergebracht. Hinter dem Gebäude liegt der

****Palazzo dell'Accademia delle Scienze** [5], der ebenfalls 1679 von Guarini erbaut wurde. Er beherbergt heute das ***Ägyptische Museum* (nach dem Ägyptischen Museum in Kairo das zweitgrößte der Welt, mit Kostbarkeiten aus der Zeit von 3350 bis 450 v. Chr.), die

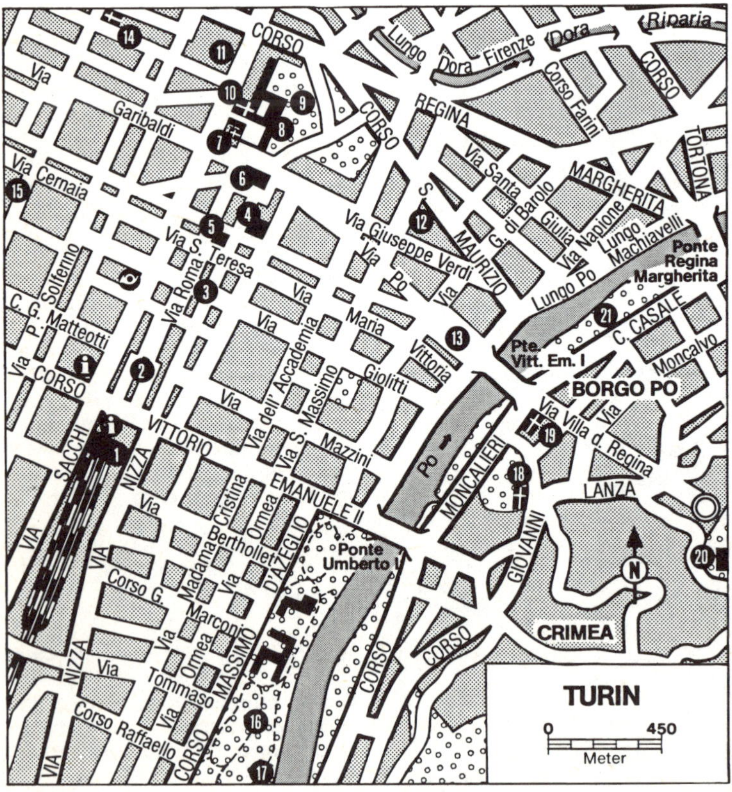

**Galleria Sabauda* (Gemäldegalerie mit Werken von Rembrandt, Van Eyck, Memling, Holbein d. J., Velázquez sowie von Meistern der Piemonteser, Florentiner und venezianischen Malschulen, darunter Fra Angelico, Giotto, Andrea del Sarto und Tiepolo) und das **Altertumsmuseum* mit verschiedenen, meist in Piemont und Ligurien ausgegrabenen Gegenständen aus griechischer und römischer Zeit.

Auf der Via Roma gelangt man schließlich nach wenigen Schritten zur *Piazza Castello* mit dem

****Palazzo Madama** [6] aus dem 12. Jahrhundert, der 1403 zu einer mittelalterlichen Burg umgestaltet wurde. 1718 baute Filippo Juvara die prächtige Westfront an. Der Palazzo Madama beherbergt heute das **Städtische Museum für Alte Kunst* mit Kunstwerken verschiedenster Art, von der griechischen und ägyptisch-römischen Zeit über das Mittelalter bis zu Renaissance und Barock. Im sogenannten „Savoyen-Turm" kann man eine Sammlung von siamesischen, chinesischen und japanischen Buddha-Darstellungen besichtigen. An der Piazza Castello liegt auch die sehenswerte Barockkirche *San Lorenzo* [7].

Auf der nördlich angrenzenden *Piazzetta Reale* steht das

***Königliche Schloß (Palazzo Reale)** [8] aus dem 17. Jahrhundert. Die Nüchternheit seiner Fassade steht in schroffem Gegensatz zu der prachtvollen Innenausstattung. Sehenswert sind vor allem der Thronsaal, der Saal der Schweizer Garde, der Ballsaal, die Gemächer der Könige von Sardinien und die sogenannte **Scherenstiege,* die von Filippo Juvara ersonnen wurde und vom ersten in den zweiten Stock führt. Im Erdgeschoß ist die *Königliche Bibliothek* untergebracht. (Sie enthält auch Zeichnungen von Leonardo da Vinci, Giovanni Bellini, Raffael, Tiepolo, Rembrandt und Van Dyck.) Die Hauptgalerie („Beaumont-Galerie") beherbergt das **Königliche Zeughaus,* das oft als schönste und reichhaltigste Waffenkammer der Welt bezeichnet wird. Man findet hier praktisch alle Waffenarten seit der Antike, auch orientalische Waffen und Dutzende kompletter Rüstungen. Mit dem Palazzo Reale ist der **Palazzo Chiablese* verbunden, in dem das *Filmmuseum* untergebracht ist.

Der **Schloßpark (Giardino Reale)* [9] wurde um 1697 von dem berühmten französischen Gartenarchitekten Le Nôtre entworfen; er wird zum Teil von der antiken Stadtmauer begrenzt.

Neben dem Schloß liegt der **Dom* [10] aus den Jahren 1492 bis 1498, das einzige Turiner Bauwerk aus der Renaissance. 1694 baute Guarini die barocke *Cappella della Santa Sindone* an, die die Reliquie des „Leichentuchs Christi" birgt. – Nur wenige Schritte vom Dom entfernt sieht man an der *Via XX Settembre* die

***Porta Palatina** [11], ein römisches Stadttor in der unter Augustus errichteten Stadtmauer. Im Mittelalter wurden seine Türme mit Zinnen versehen. Hier erstreckt sich die *Archäologische Zone* der Stadt mit den Überresten eines römischen Theaters. In diesem Viertel kann man aber auch noch viele Häuser aus dem 15. und 16. Jahrhundert sehen.

Porta Palatina

Wenn man vom Schloß der *Via Ferrari* oder der *Via Verdi* ein Stück folgt, gelangt man zur

****Mole Antonelliana** [12], dem Wahrzeichen von Turin. Das 167 Meter hohe Gebäude (Fahrstuhl; prächtige Aussicht) wurde 1863 bis 1897 von Antonelli erbaut, dessen Namen es trägt. 1953 brach die 47 Meter hohe Spitze ab. Sie wurde in altem Stil – allerdings aus Metall – wiedererrichtet. Ursprünglich diente der Bau als Synagoge. Nahebei liegt die von Bogengängen umrahmte schöne **Piazza Vittorio Veneto* [13] aus den Jahren 1825 bis 1830.

Von der Porta Palatina (s. S. 143) ist es nicht weit zum **Sanktuarium zur barmherzigen Muttergottes (Santuario della Consolata)* [14]. Der Bau besteht aus zwei in den Jahren 1679 bis 1703 von Guarini errichteten Barockkirchen: einer barockisierten Klosterkirche aus dem 10. Jh. und dem eigentlichen Sanktuarium mit dem wundertätigen Muttergottesbild. Der lombardische *campanile* (10. Jh.) des alten Andreasklosters ist das älteste mittelalterliche Bauwerk der Stadt.

Die *Bastei der Zitadelle* [15] mit dem *Artilleriemuseum* ist das letzte erhaltene Bollwerk der berühmten Zitadelle, die Schauplatz der Belagerung Turins im Jahr 1706 war.

Sehr lohnend ist auch ein Spaziergang durch den **Valentino-Park* [16] am Ufer des Po mit dem 1630 bis 1660 erbauten **Valentino-Schloß* und dem **Mittelalterlichen Dorf* [17]. Letzteres ist eine Nachbildung von mittelalterlichen piemontesischen Gebäuden mit einem zinnengekrönten Schloß. – Auf der gegenüberliegenden Flußseite liegt der 284 Meter hohe **Monte dei Cappuccini* [18], der seit dem 13. Jahrhundert befestigt war. 1583 bis 1611 entstanden auf dem bewaldeten Hügel (herrlicher Blick auf die Stadt) ein Kloster und eine Kirche. Auf dem Hügel liegt auch das *Gebirgsmuseum „Duca degli Abruzzi"*.

Besuchenswert ist auch die Kirche **Gran Madre de Dio* [19], die 1831 als eine Nachahmung des Pantheons in Rom (s. S. 78) erbaut wurde und als Gedächtnisstätte für die Gefallenen des Ersten Weltkriegs dient. Hinter der Kirche beginnt die *Via Villa della Regina*, die zur **Villa Regina* [20] hinaufführt. Die aus dem 17. Jahrhundert stammende und 1779 umgebaute schloßartige Villa war der Wohnsitz der Gemahlin Vittorio Amedeos II. und hat eine Gartenanlage mit Springbrunnen, Wasserfällen und statuengeschmückten Terrassen.

Nördlich der Kirche Gran Madre de Dio erstreckt sich am Po der *Parco Michelotti* mit dem *Zoologischen Garten* [21].

Wenn man eine herrliche Aussicht über Turin und die Alpenkette genießen will, so lohnt sich die Fahrt auf den 670 Meter hohen Hügel **Superga* mit der gleichnamigen Basilika, die in den Jahren 1717 bis 1831 von Juvara erbaut wurde. Im Kellergeschoß liegen die Gräber der sardischen Könige von Vittorio Amedeo II. bis Carlo Alberto sowie die Gräber zahlreicher Fürsten aus dem Haus Savoyen.

Umgebung: In einem Umkreis von nur 10 bis 30 Kilometern liegen sehenswerte Schlösser und Klöster, darunter das Barockschloß **Stupinigi* (10 km; 1729 von Juvara erbaut), das Jagd- und Lustschloß in *Venaria* (8 km), das Schloß von *Agliè* (28 km; Sommerresidenz der Herzöge von Genua mit Fassade aus dem 18. Jh.), das mächtige Schloß von *Rivoli* (12 km; von Juvara an der Stelle einer mittelalterlichen Burg erbaut), das Königsschloß von *Moncalieri* (10 km; im 15. Jh. erbaut, aber mehrmals umgestaltet), die Abtei **Sant' Antonio di Ranverso* (18 km), eines der bedeutendsten mittelalterlichen Baudenkmäler des Piemont, und das Kloster von **Vezzolano* (30 km), das um das Jahr 773 von Karl dem Großen gegründet wurde und sein romanisches Aussehen im 11. Jahrhundert erhielt. – 93 Kilometer westlich von Turin liegt der bekannte Wintersportort **Sestriere,* 53 Kilometer südwestlich die Stadt **Susa* mit vielen Sehenswürdigkeiten aus verschiedenen Zeitepochen.

Sehr lohnend ist der Ausflug von Turin in das **Aostatal* (s. S. 62), das nicht nur in landschaftlicher und klimatischer Hinsicht, sondern auch wegen der vielen dort erhaltenen geschichtlichen Denkmäler aus der Römerzeit und dem Mittelalter berühmt ist. In 600 bis 2000 Metern Höhe gibt es überall Ferienorte, die sich für Sommerferien und zum Wintersport gleichermaßen eignen. Außerdem findet man im Aostatal viele Kurorte mit heilkräftigen Quellen: Courmayeur, Pré Saint Didier, Ceresole Reale, Borgofranco, Saint Vincent u.a.m.

Die Stadt **Aosta,* in der ein im Jahre 25 v. Chr. errichteter Ehrenbogen des Augustus und ein Tor der alten Stadtmauer, die **Porta Praetoria,* noch gut erhalten sind, kann man von Turin aus entweder auf der modernen Autobahn (120 km) oder auf der parallel dazu verlaufenden alten Straße über *Ivrea* (Dom aus dem 10. Jh., Schloß von 1358) erreichen.

*

Man verläßt Turin im Süden und fährt über *Moncalieri* (s. o.), *Carignano* (sehenswerte Fassade der Kirche Sant'Agostino), *Carmagnola* und *Savigliano* („Kornkammer von Piemont") weiter nach *Cuneo* (s. u.).

Bei Savigliano lohnt sich der Abstecher nach dem 13 Kilometer westlich liegenden Städtchen

***Saluzzo,** das wegen seiner zahlreichen bedeutenden Bauten aus dem Mittelalter und wegen seiner im Dom und in anderen Kirchen zu sehenden hervorragenden Kunstwerke gern „Florenz von Piemont" genannt wird.

***Cuneo,** 234 km, liegt am Zusammenfluß des *Gesso* und der *Stura* zu Füßen der Seealpen. Von hier aus führen 14 Täler fächerförmig nach allen Richtungen. Großartig ist der **Viadukt* über die Stura, der aus der Ferne gesehen wie an die

Bergkette angeschmiedet erscheint.

Zu den Sehenswürdigkeiten der Stadt gehören die mit Arkaden geschmückte *Piazza Galimberti* (19. Jh.), die romanische Kirche *San Francesco* (13. Jh.) mit gotischem Glockenturm (14. Jh.), das 1631 erbaute *Rathaus* (ein früheres Jesuitenkloster), die klassizistische Kathedrale *Sant'Ambrogio* und zahlreiche andere Kirchen, die fast alle aus dem 18. Jahrhundert stammen. Reizvoll sind die vielen rund um die Via Roma gelegenen alten Häuser und Paläste mit eigenartig niedrigen Haustüren.

Man verläßt Cuneo im Süden und fährt auf der Nationalstraße 20 weiter über *Borgo San Dalmazzo* nach

Limone Piemontese, einem über 1000 Meter hoch gelegenen Sommerferienort und Wintersportplatz. Die vielen erstklassigen Hotels der Stadt sind meist über den Grundmauern alter Stallungen erbaut, da Limone früher eine wichtige Station für Mauleseltransporte war, die auch im Winter hier vorbeikamen. Ausflüge führen von Limone in die schneereichsten Alpengebiete. In fast allen Orten der Umgebung kann man noch Bauten aus dem Mittelalter von großem historischem und künstlerischem Wert sehen.

Nach wenigen Fahrminuten erreicht man am *Colle di Tenda* (1908 m), 270 km, die italienisch-französische Grenze. Ein Straßentunnel führt in 1279 Meter Seehöhe durch den Berg auf französisches Staatsgebiet. Nun verläuft die Straße am Fluß *Roya* entlang leicht bergab. Kurz vor *Breil* führt links wieder eine Abzweigung zur italienischen Grenze, wo bei *Piena* die Nationalstraße 20 nach Ventimiglia weiterführt. Wenn man der französischen Staatsstraße folgt, kommt man über *Sospel* und *L'Escarène* schließlich nach

Nizza (Nice), 363 km.

Route 3: ***Mailand – **Genua – *Alassio – *Sanremo – Ventimiglia (312 km)

Von Mailand nach Genua führt eine Autobahn (143 km). Wenn man schnell zu den Badeorten an der Riviera gelangen will, kann man in Genua sofort auf die Riviera-Autobahn abzweigen, die in unmittelbarer Küstennähe verläuft.

Will man jedoch die zahlreichen interessanten Orte dieser Route kennenlernen, so fährt man besser auf der Nationalstraße 35. Man verläßt ****Mailand* (s. S. 126) auf dem *Corso Porta Ticinese* im Süden. Kurz nach *Binasco,* 16 km, mit einem sehenswerten Kastell der Visconti, zweigt links von der Straße eine Zufahrt ab zur nahen

*****Certosa di Pavia,** 27 km. Das 1396 gegründete Kartäuserkloster gehört zu den kunstgeschichtlich bedeutendsten Bauten Italiens. Ursprünglich sollte es als Mausoleum der Visconti dienen. Die Fassade (15. Jh.) ist ein schönes Beispiel des lombardischen Stils. Im 16. Jahrhundert wurde der Bau im Renaissancestil vollendet. Die Besichtigung der ganzen Anlage nimmt gewöhnlich einen halben Tag in Anspruch. Besonders sehenswert sind die Gräber von Ludovico il Moro und Beatrice Sforza, die Gemälde von Meistern wie Perugino, Luini und Montagna, das Elfenbein-Triptychon (1409) mit 66 Flachreliefs und 94 Statuetten in der Alten Sakristei, die Chorstühle (15. Jh.), der prachtvolle Hochaltar, das Eingangstor zur „Brunnenkapelle“ mit den Büsten der sieben Herzoginnen von Mailand (15. Jh.), die Deckenverzierungen (1600) in der Neuen Sakristei, die Terrakotta-Verzierungen im Kleinen Kreuzgang und der Säulengang mit 122 Arkaden im Großen Kreuzgang.

Man fährt zur Nationalstraße 35 zurück und erreicht auf ihr nach kurzer Fahrzeit die Stadt

***Pavia,** 34 km, mit einer der ältesten Universitäten Italiens (1361 gegründet). Pavia hat zahlreiche sehenswerte Kirchen, von denen die Basilika **San Michele* (12. Jh., 661 gegründet), in der im Mittelalter Kaiser und Könige gekrönt wurden, besondere Erwähnung verdient. Der *Dom* (1488 - 1609) ist ein eindrucksvolles Denkmal der lombardischen Renaissance, seine großartige Kuppel (19. Jh.) ein Wahrzeichen der Stadt.

Das im 14. Jahrhundert erbaute *Castello Visconti* beherbergt das *Städtische Museum* mit romanischen und vorromanischen Bildwerken. Eine Sehenswürdigkeit besonderer Art sind die beiden noch erhaltenen mittelalterlichen Türme in der *Via Porta*. Ursprünglich besaß Pavia 150 solcher Stadttürme. Von einer hohen Kulturtradition zeugen auch die vielen Patrizierhäuser und Paläste mit eleganten Arkaden, der heute als Rathaus dienende *Palazzo Mezzabara* (18. Jh., schöne Barockfassade), der *Palazzo Carminati Botti-*

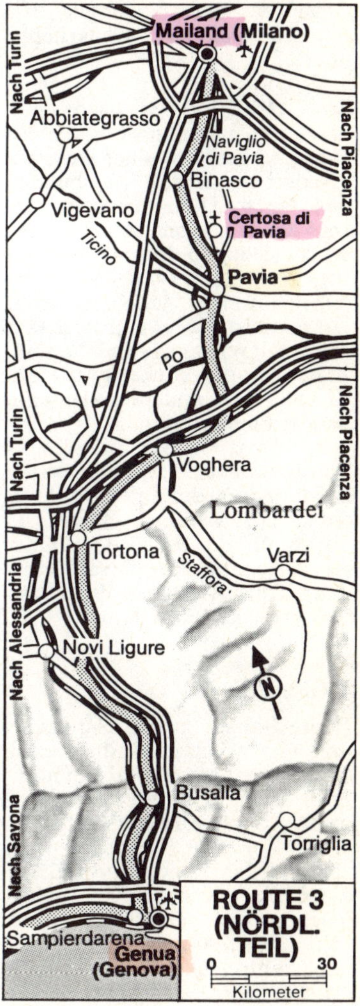

gella (15. Jh.) und der *Palazzo Malaspina* mit einer wertvollen Gemäldesammlung.

Sehenswert ist auch der über den *Ticino* führende *Ponte Vecchio,* die *Alte Brücke* (auch *Ponte Coperto: Gedeckte Brücke)* aus dem Jahr 1354. Das Bauwerk wurde nach schweren Beschädigungen im Zweiten Weltkrieg wiederhergestellt.

Etwa elf Kilometer nach Pavia überquert man den Po. Über *Voghera,* 65 km, mit einer Burg der Visconti aus dem 14. Jahrhundert und einem Dom aus dem Jahr 1605 gelangt man nach *Tortona,* 81 km (Dom 16. Jh.), wo man die von Turin nach Bologna und Rimini führende Autobahn kreuzt. Lohnend ist hier ein Abstecher in das 21 Kilometer westlich liegende *Alessandria,* das sehenswerte alte Kirchen und andere bedeutende Baudenkmäler besitzt.

Von Tortona aus empfiehlt es sich, auf der Autobahn weiterzufahren, die an vielen Stellen schöne Ausblicke auf die Berge des Ligurischen Apennin bietet. Nach einer Fahrt von insgesamt 150 Kilometern erreicht man Genua.

**GENUA

Heute Italiens größte Hafenstadt und ein wichtiges Industriezentrum, war Genua (ital. Genova) im Mittelalter als Seerepublik einer der reichsten Stadtstaaten der Welt. Von den Kreuzzügen bis zum 16. Jahrhundert wetteiferte die Stadt mit den anderen Seemächten um die Herrschaft im Mittelmeer. Aus dieser Zeit sind noch zahlreiche prächtige Paläste erhalten, die Genua zu dem Beinamen „Amphitheater aus marmornen Palästen“ verholfen haben.

Man beginnt eine Stadtbesichtigung am besten auf der

Piazza De Ferrari [1], die von der Fassade des *Palazzo Ducale* (16./17. Jh.) und von Monumentalbauten aus dem 19. Jahrhundert gesäumt ist. Der Palazzo Ducale ist die alte Residenz der Dogen von Genua. Später diente er dem obersten Gerichtshof als Sitz. In den Palast sind Gebäudeteile aus dem 13. Jahrhundert einbezogen.

Durch die Via XXV Aprile gelangt man zur

***Piazza Fontane Marose** [2] mit drei bemerkenswerten Palästen aus dem 15. und 16. Jahrhundert, die im Innern reich mit Marmor geschmückt sind.

Die nun folgende

****Via Garibaldi** ist die Prachtstraße Genuas. Sie wurde ab 1550 angelegt. Zu beiden Seiten stehen sehenswerte Paläste. Der

***Palazzo Doria Tursi** [3] (auch *Palazzo Municipale*) aus dem Jahr 1564 besitzt einen schönen Säulenhof und eine prächtige Innenausstattung mit flämischen Gemälden und Gobelins. Außerdem sind hier interessante Ausstellungsstücke, darunter Briefe von Kolumbus, Violinen von Paganini und archäologische Grabungsfunde zu sehen. Daneben liegt der

***Palazzo Bianco** [4], der *Weiße Palast,* mit einer bedeutenden Gemäldegalerie (Werke von Rubens, Van Dyck, Zurbaran, Murillo, Filippo Lippi u.a.) und anderen Kunstwerken. Der diesem Gebäude gegenüberstehende

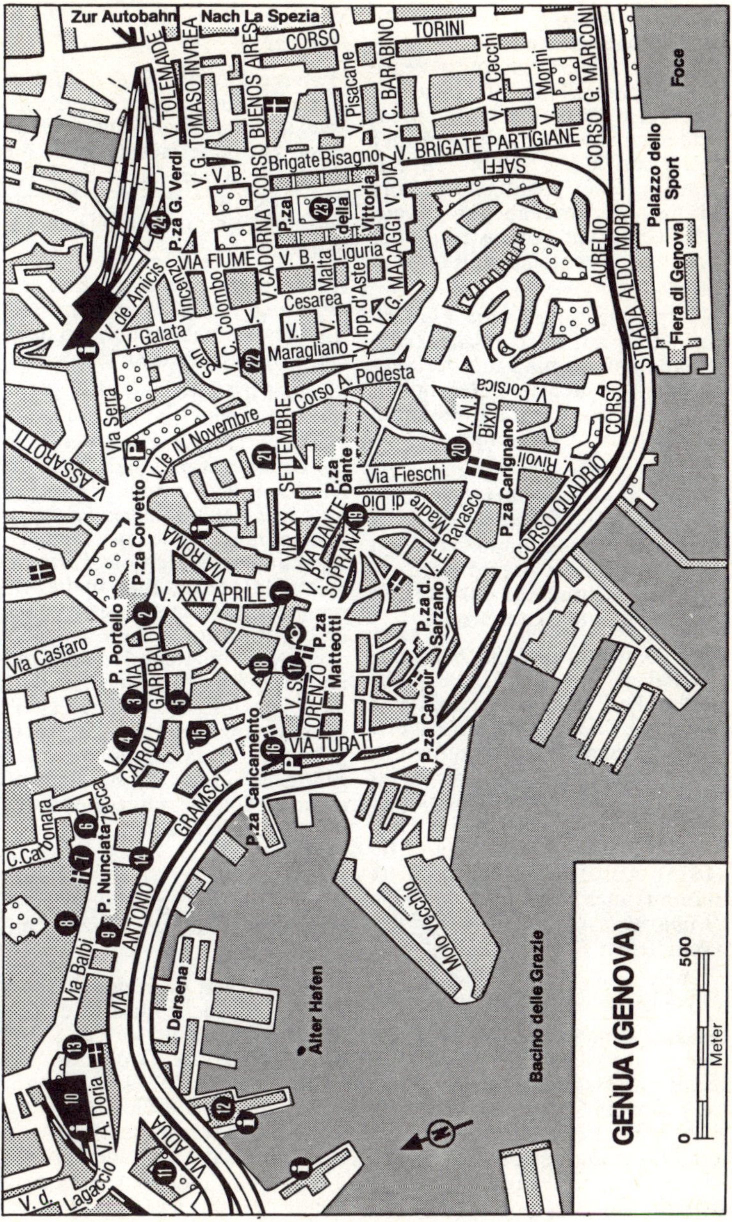
Zur Autobahn
Nach La Spezia
CORSO TORINI
V. TOLEMAIDE
V. G. TOMASO INVREA
CORSO BUENOS AIRES
V. Pisacane
V. C. BARABINO
V. A. Cecchi
V. Morini
CORSO G. MARCONI
Foce
V. BRIGATE PARTIGIANE
Brigate Bisagno
V. DIAZ
SAFFI
Palazzo dello Sport
Fiera di Genova
P.za G. Verdi
VIA FIUME
V. CADORNA
P.za della Vittoria
V. G. MACAGGI
V. B. Liguria
V. Malta
Cesarea
V. Ipp. d'Aste
V. Vincenzo
V. C. Colombo
V. de Amicis
V. Galata
V. Maragliano
Corso A. Podesta
V. Corsica
AURELIO
STRADA ALDO MORO
Via Serra
V. ASSAROTTI
V.le IV Novembre
VIA XX SETTEMBRE
P.za Dante
Via Fieschi
V. N. Bixio
P.za Carignano
V. Rivoli
CORSO QUADRIO
Madre di Dio
V. E. Ravasco
VIA DANTE
V. P. SOPRANA
P.za Corvetto
VIA ROMA
V. XXV APRILE
P. Portello
VIA GARIBALDI
Via Casfaro
P.za Matteotti
V. S. LORENZO
P.za d. Sarzano
P.za Cavour
VIA TURATI
P.za Caricamento
V. CAIROLI
GRAMSCI
Zecca
C. Carbonara
P. Nunciata
VIA ANTONIO
Via Balbi
Molo Vecchio
Darsena
Alter Hafen
Bacino delle Grazie
V. A. Doria
V. d. Lagaccio
VIA ADUA
GENUA (GENOVA)
0
500
Meter

***Palazzo Rosso** [5], der *Rote Palast,* enthält ebenfalls eine vorzügliche Gemäldesammlung (Werke von Veronese, Tizian, Caravaggio, Tintoretto, Dürer u. a.). Außerdem findet man hier Sammlungen alter Genueser Bilder, Skulpturen, Keramiken, Krippenfiguren und Münzen, darunter auch solche aus der Römerzeit. Im Atrium des Erdgeschosses stehen antike Marmorskulpturen.

Man geht jetzt durch die *Via Cairoli* weiter zur *Piazza della Zecca* [6], von wo aus man mit der Seilbahn auf den 310 Meter hohen Aussichtsberg *Righi* fahren kann. Kurz darauf erreicht man die Kirche

***Santa Annunziata del Vastato** [7] aus dem 17. Jahrhundert mit klassizistischer Backsteinfassade von 1848. Das Innere beeindruckt wegen des Reichtums an dekorativen Malereien und Skulpturen.

Man folgt nun der *Via Balbi,* an der Paläste aus dem 17. Jahrhundert stehen. Sehenswert sind vor allem der *Palazzo Durazzo Pallavicini* mit einem imposanten Atrium und der *Palazzo dell'Università* [8] mit Statuen von Giambologna und einem schönen Loggien-Hof. Davor steht die Kirche *San Carlo* (1635). Aus dem 17. Jahrhundert stammt auch der *Palazzo Reale (Königspalast)* [9], der bis 1817 der königlichen Familie als Residenz diente.
Die Via Balbi endet auf der

Piazza Acquaverde [10], wo sich der *Hauptbahnhof (Stazione Principe)* und das äußerst elegante Hotel „Savoia-Majestic" befinden. Die Mitte des Platzes schmückt ein *Kolumbusdenkmal* von Michele Canzio. (Kolumbus wurde 1447 in Genua geboren.)

Man geht nun durch die *Via A. Doria* zum

***Palazzo Doria** [11], den Andrea Doria (er stellte nach vorübergehender französischer und spanischer Fremdherrschaft 1528 die Republik wieder her) errichten ließ. In diesem Palast verbrachte Giuseppe Verdi seine letzten Lebensjahre.

Nur wenige Schritte von hier entfernt liegt die *Stazione Marittima* [12], der Hafenbahnhof, wo auch die Hafenrundfahrten beginnen.

Für den Rückweg zur *Piazza Ferrari* wählt man am besten die am Hafen entlangführende *Via Antonio Gramsci.* Links sieht man die Kirche *San Giovanni di Pré* [13] und die *Loggia Commendatori Gerosolimitani,* beide aus dem 12. Jahrhundert. Durch die *Porta dei Vacca* [14] gelangt man in die Altstadt mit ihren charakteristischen engen, „Carrugi" genannten, Gäßchen. Man folgt der *Via del Campo,* dann ein Stück der *Via Luca* und biegt links ab zu *Piazza Pellicceria,* wo man die in einem Adelspalast des 17. Jahrhunderts untergebrachte *Galleria Spinola* [15] mit einer großen Gemäldegalerie und einer Keramiksammlung besuchen sollte.

Wieder zurück im Hafenviertel, erblickt man auf der *Piazza Caricamento* den

***Palazzo San Giorgio** [16], der 1260 als Residenz für die Capitani del popolo erbaut wurde. Später war er Sitz der Großbank San Giorgio, die alle Geldgeschäfte der Stadtrepublik Genua erledigte. Das mit Schießscharten versehene Gebäude hat eine Fassade, die gotische und Renaissanceelemente vereint. Das Denkmal davor stellt den Gründer der ersten italienischen Schiffahrtsgesellschaft, Raffaele Rubattino, dar.

Man geht nun durch die Straßen der Altstadt, die von zahlreichen alten Palästen mit reich geschmückten Fassaden gesäumt werden, bis zur Kathedrale

****San Lorenzo** [17] aus dem Jahr 1100. Der Skulpturenschmuck ihrer drei Portale stammt aus dem 13. Jahrhundert. Im Innern sind viele Gemälde, Fresken und Heiligenfiguren (u. a. von Sansovino) zu sehen. In der Sakristei wird der **Domschatz* aufbewahrt, zu dem auch der Sacro Catino gehört, ein Becher, aus dem der Legende nach Christus beim Abendmahl getrunken und in dem Joseph von Arimathia das Blut Christi aufgefangen hat. Der Campanile der Kathedrale wurde im 16. Jahrhundert hinzugefügt.

In der Nähe liegt die schöne *Loggia dei Banchi* (16. Jh.), einst das Geschäfts- und Finanzzentrum Genuas.

Kathedrale San Lorenzo

Von der *Via San Lorenzo* geht man nun zum nahen

Piazzale San Matteo [18]. Hier stehen die Häuser der Adelsfamilie Doria (1528 und die Kirche *San Matteo* (1125), die eine bemerkenswerte romanisch-ligurische Fassade hat und das Grabmal von Andrea Doria enthält. Neben der Kirche liegt das *Chiostro di San Matteo* (1310).

Gleich um die Ecke liegt der Ausgangspunkt des Rundgangs, die *Piazza Ferrari*. Lohnend ist jedoch ein kleiner Umweg durch die *Via Porta Soprana* und über die *Piazza Dante*. Dort ist die zinnengekrönte

***Porta Soprana** [19], ein letzter Rest der mittelalterlichen Befestigung, die Genua zur Verteidigung gegen Barbarossa errichtet hat, zu sehen. Daneben liegt der Kreuzgang des ehemaligen *Andreasklosters,* der originalgetreu wieder aufgebaut wurde. Hier befindet sich auch das *Haus des Kolumbus.* Es soll das Geburtshaus des Seefahrers sein, in dem er auch seine Jugendjahre verbracht haben soll.

Weitere Sehenswürdigkeiten Genuas sind die Basilika *Santa Maria di Carignano* [20] aus dem 16. und 17. Jahrhundert und in der belebten Geschäftsstraße *Via XX Settembre* die Kirchen *Santo Stefano* [21], in der noch Reste einer früheren Kirche aus dem Jahr 972 zu sehen sind, und *Santissima Annunziata di Portoria* [22]. Die Via XX Settembre mündet auf die *Piazza della Vittoria,* in deren Mitte sich als Denkmal für die Gefallenen des Ersten Weltkriegs ein *Triumphbogen* [23] mit reichem Skulpturenschmuck über dem Grabmal des Unbekannten Soldaten erhebt. Auf einem mit Gras und Blumen bepflanzten niedrigen Hang kann man die gärtnerische Nachbildung der drei Karavellen von Christoph Kolumbus sehen. Auf der anderen Seite des Platzes *(Piazza Verdi)* liegt der Bahnhof *Stazione Brignole* [24].

*

Die von Genua zum großen Teil der Küste folgende Autobahn zur französischen Grenze erlaubt ein rasches Weiterkommen. Um aber die schön gelegenen Bade- und Ferienorte kennenzulernen, ist die Fahrt auf der Küstenstraße („Via Aurelia", heute Nationalstraße Nr. 1) zu empfehlen.

Über *Pegli*, 163 km (sehenswerte Villa Durazzo Pallavicini mit herrlicher Parkanlage; Villa Doria mit Schiffahrtsmuseum) und *Arenzano*, 172 km, erreicht man

Varazze, 183 km, das wegen seines langen und breiten Sandstrandes und seiner guten touristischen Einrichtungen ein bevorzugter Badeort ist. Aus der Römerzeit sind noch Reste der alten Stadtmauer erhalten. Sehenswert sind auch die Stiftskirche *Sant'Ambrogio* und mehrere andere Kirchen. Man kann sehr schöne Spaziergänge auf die mit Fichten bestandene *Invrea-Hochebene,* zur Wallfahrtskirche *Madonna della Guardia* und zum *Convento del Deserto* am *Monte Beigua* machen.

Auch der folgende Badeort

Celle Ligure, 187 km, bietet dem Feriengast einen schönen Sandstrand, eine mit Gärten geschmückte Uferpromenade und erholsame Spaziergänge zu den umliegenden Hügeln, Weingärten und Olivenhainen. Die Kirche *San Michele* hat einen mittelalterlichen Campanile. Die *Sandra-Türme* stammen aus dem 14. und 15. Jahrhundert.

Albisola, 201 km, ist durch seine Keramikindustrie, die bis auf die

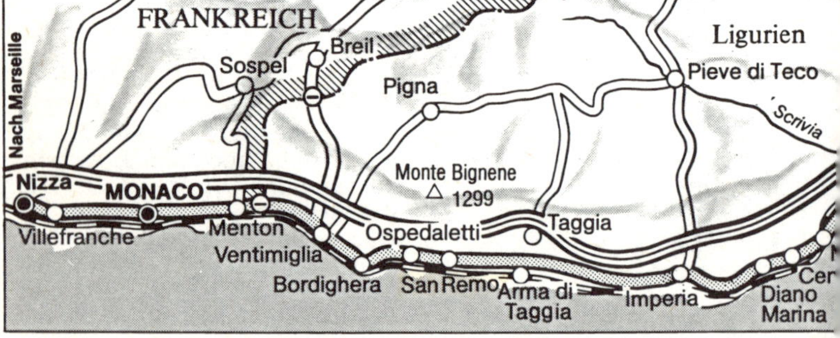

Antike zurückgeht, bekannt. Der Badekurort bietet an Sehenswürdigkeiten schöne Villen aus dem 18. Jahrhundert und eine interessante *Pfarrkirche* (16. Jh.) mit einer Wandtafel aus vielfarbigen Majolika-Platten.

Savona, 206 km, ist eine wichtige Hafen- und eine Industriestadt, hat aber auch sehenswerte Kirchen und Paläste. Neben dem *Dom* (16. Jh., Fassade 19. Jh.) stehen die *Papstloggia* und die *Sixtinische Kapelle,* die Sixtus IX. im 15. Jahrhundert erbauen ließ; gegenüber sieht man den im 15. Jahrhundert von Sangallo errichteten *Palazzo della Rovere.* Weitere Sehenswürdigkeiten der Stadt sind die alten Türme und Paläste in der *Via Paleocapa* und rund um die *Via Pia,* die zum großen Teil aus dem 15. und 16. Jahrhundert stammen, sowie die Kirchen *Santa Maria di Castello* (Flügelaltar von Vincenzo Foppa und Ludovico Brea), *Cristo Risorto* (beachtliches Deckenfresko und kostbares Chorgestühl) und *Sant'Andrea.* Aus dem 16. Jahrhundert stammt die auf den Ruinen eines alten Schlosses stehende Festung *Priamar.*

Dem von waldbestandenen Hügeln und Olivenhainen umgebenen Badeort *Spotorno,* 209 km (sehenswerte Kirche und Schloßruine), ist die Insel *Bergeggi* vorgelagert.

***Noli,** 211 km, ist ein hübscher Ferienort mit schönem Sandstrand. Im Mittelalter war Noli eine bedeutende Seemacht, die sich später als unabhängige Republik mit Genua verbündete. Aus dieser Zeit stammen die Kirche *San Paragorio* (11. Jh.), die mittelalterlichen Türme *Torre del Comune* und *Torre dei quattro Campi,* die mittelalterlichen Häuser *Casa Pagliano* und *Casa Repetto,* die *Porta di San Giovanni,* die Kathedrale, das Kastell *Ursino* und die Reste der alten Stadtmauern.

***Finale Ligure,** 221 km, ist ein international bekannter Badeort

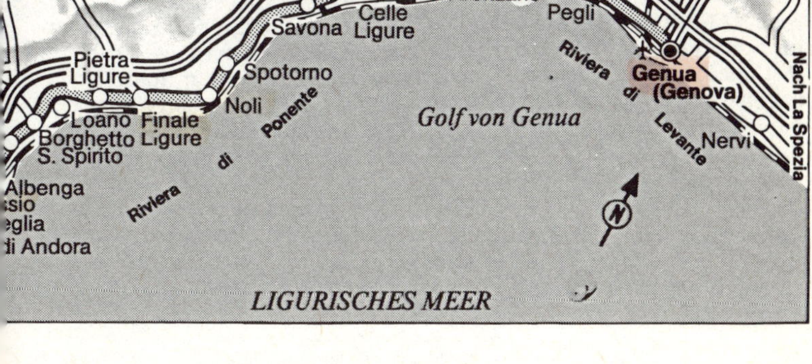

mit breitem Sandstrand und üppig bewachsenen Hügeln. Sehenswert sind das *Städtische Museum,* die Urzeithöhlen, der alte Ortsteil *Borgo* mit mittelalterlichen Mauern, die Basilika *San Giovanni Battista,* die Kirche *Cinque Campanili (Fünf Glockentürme),* das Schloß *Gavone,* die Kirche *San Eusebio,* die Wallfahrtskirche *Finalpia* und die römischen Brücken von *Val Ponci.*

Von Finale Ligure lassen sich schöne Ausflüge unternehmen, so zur *Caverna delle Arene Candide (Höhle des weißen Sandes),* zur *Caverna delle Fate (Feenhöhle),* in das *Poncital* und nach *Manie.*

Pietra Ligure, 227 km, ist ein Badeort zu Füßen des *Monte Trabocchetto.* In nächster Nähe befinden sich Riffe und Höhlen, die sich hervorragend für den Unterwassersport eignen. Im Ort selber sind noch antike Mauern, mittelalterliche Häuser, ein Kastell sowie die sehenswerten Kirchen *Chiesa dell'Annunziata* und *Oratorio dei Bianchi* erhalten. Sehr schön ist die mit Palmen und Gartenanlagen geschmückte Strandpromenade.

Loano, 230 km, ist ein Badekurort inmitten einer weiten, von Bergen geschützten Ebene. Hier werden viel Obst und Gemüse angebaut. Auch in Loano stehen noch zahlreiche Gebäude aus dem Mittelalter, wie der *Doria-Palast* (heute Rathaus), das *Kastell* und eine schöne Loggia. Auch die 1774 erbaute *Porta dell'Orologio (Uhrtor)* und die Pfarrkirche *San Giovanni* (1633 – 1638) sollte man sich anschauen.

Lohnend ist ein Spaziergang zum *Convento di Monte Carmelo* und zur Wallfahrtskirche *Santi Cosma e Damiano.*

Etwa fünf Kilometer westlich von Loano liegt die *Toirano-Grotte,* in der Spuren von Steinzeitmenschen und bizarre Tropfsteingebilde zu sehen sind.

Es folgen die Badeorte *Borghetto Santo Spirito* mit mittelalterlichen Gassen und Stadtmauern und *Ceriale* mit einer Festung aus dem 16. Jahrhundert. Schließlich erreicht man

***Albenga,** 241 km. Der historisch bedeutende Ort war schon unter den Ligurern bewohnt und unter den Römern ein wichtiges Verwaltungszentrum. Im Flußbett der *Centa* sind noch Reste der römischen Stadt zu sehen. Im Mittelalter machte sich Albenga selbständig, fiel aber im 12. Jahrhundert unter die Herrschaft Genuas. Das mittelalterliche Stadtbild ist zum großen Teil erhalten geblieben. Besonders hervorzuheben sind die **Kathedrale* mit den Gemeindetürmen (12. – 15. Jh.), der *Palazzo Vecchio del Comune* (13. Jh.), der das *Städtische Museum* beherbergt das ***Baptisterium* aus dem 5. Jahrhundert, das *Römische Schiffahrtsmuseum* im *Palazzo d'Aste,* der *Palast der Marchesi di Balestrino* und zahlreiche weitere Paläste und mit Türmen geschmückte mittelalterliche Adels- und Patrizierhäuser sowie die Reste der römischen und mittelalterlichen Stadtmauern. – Auch in der Umgebung der Stadt findet man viele Reste aus der römischen Zeit und mittelalterliche Kirchen mit bedeutenden Fresken.

Albenga vorgelagert liegt die Insel *Gallinara* mit Ruinen der beiden mittelalterlichen Benediktinerabteien *Santa Maria* und *San Martino.*

***Alassio,** 248 km, besitzt einen drei Kilometer langen und sehr breiten Sandstrand und ist einer der elegantesten und am meisten besuchten Badeorte an der Italienischen Riviera. Beachtenswert sind die Pfarrkirche *Sant'Ambrogio* und das Oratorium *Santa Caterina*. Schöne Spaziergänge führen auf die grünen, mit Villen bestandenen Hügel, die den Ort umgeben.

Laigueglia, 251 km, bietet neben einem schönen Sandstrand auch eine radioaktive Mineralquelle *(Fonte del Faro)*. Sehenswert sind Reste einer mittelalterlichen Stadtmauer und die Kirche *San Matteo*.

Über die Badeorte *Marina di Andora, Cervo* und *Diano Marina,* 263 km, erreicht man die Provinzhauptstadt *Imperia,* 269 km, die der Mittelpunkt der Ölproduktion Liguriens und ein wichtiger Ausfuhrhafen ist. Besonders der Stadtteil *Porto Maurizio* lohnt einen Besuch.

Taggia, 287 km, hat einen alten Stadtkern mit einem *Dominikanerkloster* aus dem Jahr 1460. Sehenswert sind auch die *Villa Ruffini* und die romanische Kirche *Madonna del Canneto* (11. Jh.).

Drei Kilometer südöstlich liegt der Badeort *Arma di Taggia*.

Eine Brücke aus der Römerzeit überspannt den Fluß *Argentina,* nach dem das Tal benannt ist, durch das man auf einer schönen Straße in kurzer Zeit in eine über 1000 Meter hohe Bergwelt fahren kann. Von der Römerbrücke aus sieht man die Wallfahrtskirche *Santa Maria di Lampedusa* (17. Jh.).

***Sanremo,** 293 km, ist die Hauptstadt der „Blumenriviera“ und einer der bekanntesten Kurorte Italiens. Es gibt hier mehr als 260 Hotels und Pensionen aller Preisklassen sowie ausgezeichnete touristische Einrichtungen und Unterhaltungsmöglichkeiten. Eine Drahtseilbahn (eine der längsten der Welt) führt in 55 Minuten Fahrzeit auf den 1300 Meter hohen *Monte Bignone*.

Meerwasserschwimmbäder sowie Golf- und Tennisplätze (internationale Turniere) ergänzen die Fremdenverkehrseinrichtungen.

Sehenswert ist der alte Stadtkern mit einer *Kathedrale* aus dem 13. Jahrhundert. Die *Via Matteotti* ist die äußerst mondäne und elegante Hauptstraße Sanremos.

Über *Ospedaletti,* einen bekannten Badeort, erreicht man

Bordighera, 306 km, mit kiesigem Strand (am Riff *Sant'Ampelio* Unterwasserfischerei), reichen Blumenplantagen und Palmenhainen. Die ehemalige *Villa der Königin Margherita von Savoyen* ist heute ein Erholungsheim.

Ventimiglia, 312 km, wird von der *Roja* durchflossen. Am linken Flußufer liegt die Altstadt mit der romanischen Kirche *San Michele,* der *Kathedrale* und dem *Baptisterium,* alle aus dem 11. Jahrhundert.

An die römische Stadt erinnert ein *Amphitheater*. Einen Besuch lohnt das *Archäologische Museum*.

Nach weiteren fünf Kilometern Fahrt erreicht man die Staatsgrenze. Die Straße führt über Menton, Monaco und Villefranche weiter nach Nizza.

Route 4: *Genua – La Spezia – Viareggio – **Pisa – Piombino (– *Elba) – *Grosseto – Civitavecchia – ***Rom (545 km)

Diese Strecke ist der kürzeste Weg vom westlichen Oberitalien nach Rom. Schon die alten Römer benutzten diese Route als „Via Aurelia“ (heute Nationalstraße Nr. 1). Die Autobahn nach Rom ist auf den Strecken zwischen Genua und Livorno und von Civitavecchia bis Rom fertiggestellt, zwischen Livorno und Civitavecchia erst im Stadium der Planung oder im Bau. Die Nationalstraße 1 und die Autobahn folgen in großen Zügen der Küstenlinie. Überall gibt es schöne Badeorte, so daß man beim Befahren der Strecke oft einen Erholungsaufenthalt einschieben kann.

Man verläßt **Genua (s. S. 148) auf der *Via XX Settembre* im Osten und gelangt zuerst nach

Nervi, 11 km, dem ältesten Kurort an der *Riviera di Levante.* Die Küste ist hier felsig. Zwischen den Felsenriffen hindurch windet sich eine ganz aus dem Fels herausgeschlagene Küstenpromenade. In der *Villa Serra,* wo im Sommer Freilicht - Ballettaufführungen stattfinden, kann man eine Sammlung ligurischer Kunst besichtigen.

Es folgen die Badeorte *Bogliasco, Pieve Ligure, Sori* und *Recco.* Von dort führt eine gute Straße landeinwärts zum bekannten Kurort *Uscio.*

Camogli, 24 km, ist ein malerisches mittelalterliches Städtchen mit Strand, großem Aquarium und farbenfrohem Hafen.

Von hier empfiehlt sich ein Schiffsausflug (25 Minuten Fahrzeit) nach *San Fruttuoso,* einer malerisch in einer Bucht gelegenen Benediktinierabtei (13. Jh.).

Santa Margherita Ligure, 31 km, und *Rapallo,* 34 km, sind elegante Badekurorte. Sie liegen in herrlicher Lage am *Golf von Tigullio.* Man findet dort Gartenanlagen, Kies- und Felsstrand und alle touristischen Einrichtungen. Keinesfalls versäumen sollte man von hier aus den Abstecher auf der an Felshängen entlangführenden Küstenstraße nach

****Portofino,** 39 km, einem in landschaftlich höchst reizvoller Umgebung gelegenen idyllischen Fischerdorf, das Besucher aus aller Welt anzieht. Im malerischen kleinen Hafen liegen oft Millionärsjachten.

Die Straße führt über *Zoagli* weiter nach

Chiavari, 45 km, einem schönen Badeort mit Sandstrand und altem Stadtkern. Beachtenswert sind die charakteristischen Straßen mit Bogengängen und die *Kathedrale* (1613). Eine kleine Straße führt zu mittelalterlichen Burgruinen.

Es folgen die Badeorte *Lavagna, Cavi* und *Sestri Levante,* 53 km, alle mit Sandstrand. Dann wird die Küste wieder felsig.

Das nun folgende Gebiet ist von Petrarca als „Litus italicum" besungen worden. Es wird **„Cinque Terre" („Fünf Landschaften") genannt. Dort liegen zwischen Meer und Felsen eingebettet die fünf malerischen Orte *Monterosso, Vernazza, Corniglia, Manarola* und *Riomaggiore.* Sie waren bis vor kurzem nur auf dem Wasserweg oder mit der Bahn zu erreichen.

Die Fischerdörfer der Cinque Terre entstanden rund um einsame Wallfahrtskirchen, die zahlreiche wertvolle Kunstwerke enthalten. Die Fassaden der Pfarrkirchen von Monterosso, Corniglia und Manarola besitzen kostbare Marmorrosetten.

Die Nationalstraße 1 führt von Sestri Levante (s. o.) nun ein Stück durch das Landesinnere und über den *Passo del Bracco* (613 m) nach

La Spezia, 113 km, dem Kriegshafen Italiens. In der von grünen Hügeln umgebenen Stadt sind die Kirche *Santa Maria* mit einer großen Altartafel aus Terrakotta („Krönung Mariens") von Andrea della Robbia, das *Archäologische Museum* mit prähistorischen, etruskischen und griechisch-römischen Ausgrabungsfunden, das aus dem 14. Jahrhundert stammende *Castello San Giorgio* und das *Arsenal* mit dem *Marinemuseum* sehenswert.

Die Schönheit des ***Golfes von La Spezia,* dem die Römer 177 v. Chr. wegen seiner Sichelform den Namen „portus lunae", „Mondhafen", gaben, wurde von Dante, Petrarca, Shelley, Platen, George Sand, D'Annunzio, Ceccardi, D. H. Lawrence und vielen anderen Dichtern besungen. Lohnend ist vor allem ein Ausflug zu dem zwölf Kilometer entfernten ehemaligen Seeräubernest

***Portovenere,** das mit seinen festungsartigen Häusern und der 1113 errichteten Burg sein mittelalterliches Aussehen bewahrt hat. Außer dem alten *Stadttor* sind noch ein mächtiger *Stadtturm* (13. Jh.) und die Kirchen *San Lorenzo* (1131) und *San Pietro* (1277) sehenswert.

Dem Ort vorgelagert ist die Insel *Palmaria* mit der *Grotta dei Colombi (Taubengrotte),* die zu den frühesten bekannten Wohnplätzen im Mittelmeerraum gehört.

Daneben liegen die kleinen Inseln *Tino* und *Tinetto* mit den Überresten der Abtei *San Venerio* (11. Jh.) und mit Ruinen einer frühchristlichen Einsiedelei.

Auf der anderen Seite des Golfes liegt

***Lerici.** In dem malerischen kleinen Städtchen besichtige man die Kirche *San Rocco* mit Glockenturm aus dem 14. Jahrhundert und das mittelalterliche *Schloß.* Vom nahen *San Terenzo* fuhr 1822 der

Riomaggiore

englische Dichter Shelley mit seiner Segeljacht auf das Meer hinaus und kehrte nicht mehr zurück. Er ertrank im Golf von La Spezia, als die Jacht im Sturm kenterte.

Die Nationalstraße 1 führt von La Spezia weiter nach

Sarzana, 129 km, einem alten Bischofssitz mit mehreren mittelalterlichen Kirchen und der Kathedrale *Santa Maria Assunta* (13. – 15. Jh.), in der die Reliquie des „Allerheiligsten Blutes" aufbewahrt wird. Sehenswert sind ferner die *Mediceer-Zitadelle* (13. – 14. Jh.) und die Festung *Castruccio,* die auf dem Areal der bischöflichen Burg aus dem 10. Jahrhundert erbaut wurde.

Nun verläuft die Straße am Rande der *Apuanischen Alpen* (große Marmorbrüche) weiter. Rechts führen Zufahrtsstraßen zu den mit weiten Sandstränden aufwartenden Ferienorten der *Riviera della Versilia: Marina di Carrara, Marina di Massa, Forte dei Marmi, Marina di Pietrasanta* und *Camaiore Lido.* Links führen Abzweigungen nach *Carrara* (berühmte Marmorbrüche; Marmor-Kunstmuseum; romanisch-gotischer Dom) und nach *Massa,* mit einem Dom aus dem 15. Jahrhundert und dem Castello della Rocca.

Viareggio, 170 km, ist ein Badeort mit dichten Pinienwäldern und weitem Sandstrand. Die Strandpromenade ist drei Kilometer lang, die touristischen Einrichtungen sind ausgezeichnet. Der Karneval von Viareggio mit dem Umzug der allegorischen Karren lockt jedes Jahr eine große Anzahl von Touristen an.

Torre del Lago Puccini, 176 km, ist ein kleiner Ort am *Lago di Massaciuccoli.* Hier liegt die *Villa Puccini,* in der der Komponist lebte und nahezu alle seine Opern komponierte. Er ist hier auch begraben.

Eine links abzweigende Autobahn führt über *Lucca* (s. S. 219) nach *Florenz* (s. S. 219). Geradeaus kommt man nach Pisa, 193 km.

**PISA

Die Stadt, die zu beiden Seiten des Arno liegt, erlangte im Mittelalter als Seerepublik große Macht. Zu dieser Zeit (11. – 13. Jh.) entwikkelte die romanische Baukunst hier eine Pracht und Eigenständigkeit wie an keinem anderen Ort Italiens. Die bedeutendsten Bauwerke im Stil der „Pisaner Romanik" stehen auf der ****Piazza dei Miracoli (Piazza del Duomo).* Der

*****Dom** [1], das Musterbeispiel pisanisch-romanischer Architektur, wurde 1063 begonnen und im 13. Jahrhundert fertiggestellt. Die weiße Marmorfassade mit grauschwarzen Streifen und rhombenförmigen Dekorationen besteht aus einem unteren Teil mit drei von Säulen und Blindbögen gesäumten Portalen und einem oberen Teil aus vier übereinanderliegenden Reihen von Loggien, deren Säulen und Bögen der ganzen Fassade eine fast beschwingte Anmut verleihen. In den fünf Kirchenschiffen und in dem großen Bogen der Apsis sind wertvolle Kunstschätze zu sehen, darunter die ***Kanzel* von Giovanni Pisano, das wichtigste Werk der gotischen Bildhauerkunst in Italien.

Östlich des Doms steht der

*****Glockenturm** [2], der wegen seiner Neigung als „Schiefer Turm von Pisa" weltbekannt geworden ist. Er wurde von 1173 bis 1356 erbaut und besteht aus sechs übereinanderliegenden Säulengängen, die zu seinem Obergeschoß hinaufführen (herrlicher Rundblick).

„Schiefer Turm von Pisa"

Westlich des Doms liegt das

*****Baptisterium** [3], das 1152 romanisch begonnen und um 1300 gotisch vollendet wurde. Im Innern sind das *Taufbecken* (1256) und die prachtvolle romanische ***Kanzel* von Nicola Pisano sehenswert.

Am nördlichen Ende des Platzes erstreckt sich der **Camposanto* [4] (1278), ein rechteckiger Hallenfriedhof mit eindrucksvollen Grabmälern, Denkmälern und Statuen, zum Teil aus römischer und frühchristlicher Zeit. Im Osten schließt das *Dommuseum* [5] mit seinen mittelalterlichen Kunstwerken an.

Pläne S. 158 u. 161

Man folgt nun der *Via Cardinal Maffi* bis zu den

Bagni di Nerone [6], den Resten römischer Thermen, biegt dort rechts ab und gelangt zur Kirche

Santa Caterina [7] mit einer Fassade in pisanisch-romanischem Stil. Der gotische Marmorgiebel (1330) besitzt Bögen von verschiedener Höhe. Im Innern sind kostbare Bildhauerarbeiten und Gemälde toskanischer Meister zu sehen.

Santa Caterina

Ein kurzer Spaziergang führt von hier zur ***Piazza dei Cavalieri* mit dem *Palazzo della Carovana* [8] aus dem Jahr 1562 (Fassade mit Sgraffito-Dekorationen und sechs Büsten von toskanischen Großherzögen), der Kirche *Santo Stefano dei Cavalieri* [9] mit einer Marmorfassade aus dem 16. Jahrhundert (im reich geschmückten Inneren kann man Fahnen und Siegestrophäen der Pisaner aus den Türkenkriegen sehen), dem *Palazzo dell'Orologio* [10], dessen Fassaden mit Groteskszenen (16. Jh.) verziert sind, und anderen Palästen.

Nun folgt man der *Via San Francesco*, geht an der kleinen lombardisch-römischen Kirche *Santa Cecilia* [11] vorbei und stößt auf die Kirche

***San Francesco** [12] aus dem 13. und 14. Jahrhundert. Das einschiffige Innere enthält Fresken von Taddeo Gaddi, und am Hauptaltar ein *Marmor-Polyptychon* von Tommaso Pisano: „Jungfrau, Kind und Heilige". Hier befindet sich auch das *Grabmal der Grafen Gherardesca* (13. Jh.).

In der Nähe liegen zahlreiche weitere besuchenswerte Kirchen, so *San Paolo d'Orto* [13] im typisch pisanischen Stil des 12. Jahrhunderts, *San Michele* [14], *San Pierino* [15] und *Sant'Andrea* [16]. Am Arnoufer stehen der im 16. Jahrhundert erbaute *Palazzo Toscanelli* [17] und der *Palazzo Medici* [18] aus dem 13. Jahrhundert, der lange Zeit der Wohnsitz von Lorenzo il Magnifico war. Im 14. Jahrhundert wurde dieser Palast umgestaltet und ist heute Sitz der Präfektur. Wenige Schritte weiter gelangt man zu der im 13. Jahrhundert errichteten und 1610 umgestalteten Kirche *San Matteo* [19].

Das dahinterliegende

Nationalmuseum [20] ist im ehemaligen Kloster San Matteo (13. – 15. Jh.) untergebracht. Es enthält eine Gemäldegalerie mit Bildern überwiegend toskanischer Maler und Kunstwerke aus alten Pisaner Kirchen. Beachtenswert ist der große Hof des ehemaligen Klosters, der an drei Seiten von einem Rundbogen-Säulengang (14. – 15. Jh.) begrenzt wird. An die Mauern gelehnt sind Statuen und Gruftplatten, die ebenfalls aus alten Kirchen Pisas stammen.

Wenn man jetzt auf dem *Ponte Fortezza* den Arno überquert, gelangt man in den Stadtpark *Giardino Scotto* [21], der von den Mauern der alten Festung umschlossen ist. Im südlichen Teil ist die *Bastione San Gallo* [22] erhalten.

Der Viale *Curtatone e Montanara* führt weiter zur *Piazza Vittorio Emanuele II.* mit dem *Hauptpostamt* [23], der *Provinzialverwaltung* [24], der Kirche *San Antonio* [25] aus dem 14. Jahrhundert und dem *Palazzo della Borsa* [26].

Der hier beginnende *Corso Italia* ist die Hauptverkehrsader der Neustadt. Gleich rechts sieht man die kleine Kirche *San Domenico* [27] aus dem 14. Jahrhundert. Der *Palazzo dei Gambacorta* [28] hat eine wiederhergestellte Fassade aus dem 13. Jahrhundert. Schräg gegenüber steht auf einem kleinen Platz mit dem Denkmal Nicola Pisanos die im 14. Jahrhundert erbaute und 1612 umgestaltete Kirche *Santa Maria del Carmine* [29].

Bei der *Loggia di Banchi* [30], einer 1603 erbauten Säulenhalle, erreicht man wieder das Flußufer. Hier befindet sich auch der *Palazzo Comunale* [31] (auch *Palazzo Gambacorti)* aus dem 14. Jahrhundert mit einer Fassade aus dem 17. Jahrhundert.

Daneben steht die beachtenswerte Kirche *Santa Cristina* [32] aus dem 12. Jahrhundert, in der Folgezeit jedoch oft erneuert. Hier soll die heilige Katharina von Siena ihre Stigmata erhalten haben. Vom *Ponte di Mezzo* [33] hat man einen schönen Ausblick auf die *Lun-*

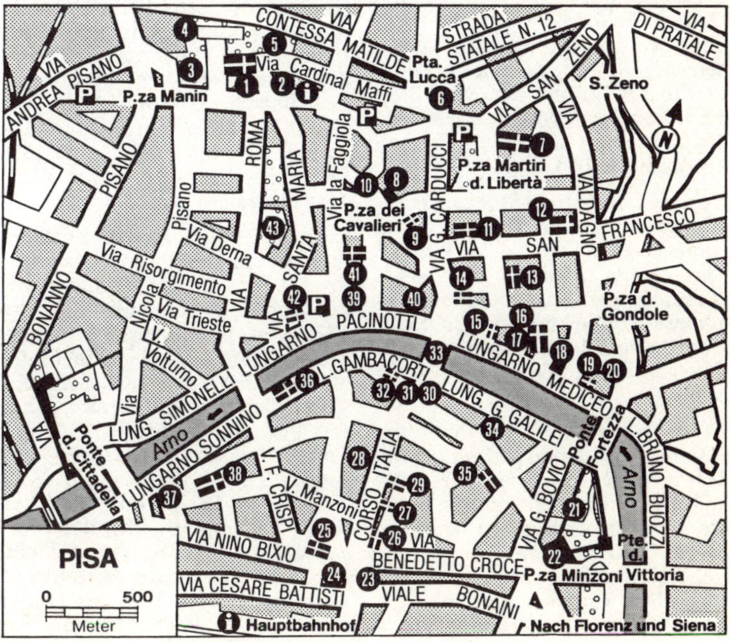

San Paolo a Ripa d'Arno

garni genannten Uferpromenaden. Nicht weit entfernt liegen die Kirchen *San Sepolcro* [34] aus dem 12. Jahrhundert und *San Martino* [35] aus dem 14. Jahrhundert mit einer Marmorfassade aus grauschwarzen und weißen Streifen. Der obere Teil mit dem stark hervortretenden Tympanum wurde 1610 angebaut (im Innern Fresken aus dem 14. Jh.).

Vor der *Solferino-Brücke (Ponte Solferino)* steht die Kirche **Santa Maria della Spina*, die 1323 erbaut wurde, um einen Splitter vom Kreuz Christi aufzunehmen. Der phantasievolle Marmorbau besitzt kunstvolle Bildhauerarbeiten von Nicola, Nino und Tommaso Pisano.

Etwas weiter westlich lohnt die Kirche **San Paolo a Ripa d'Arno* [37], die ihre heutige Gestalt im 12. und 13. Jahrhundert erhielt, einen Besuch. Ihre Fassade ist jener des Doms sehr ähnlich. Die Kirche gehört zu den schönsten Beispielen des romanisch-pisanischen Stils. Davor steht das kleine *Oratorio di Sant' Agata* [38] aus dem 12. Jahrhundert.

Weitere Sehenswürdigkeiten Pisas sind die Paläste *della Giornata* [39] aus dem 16. und *Agostini* [40] aus dem 15. Jahrhundert, die Kirche *San Frediano* [41] aus dem 12. Jahrhundert (im 16. Jh. erneuert), die Kirche *San Nicola* [42] aus dem 13. Jahrhundert mit schiefem Glokkenturm und der Botanische Garten [43].

*

Eine von Platanen gesäumte Straße verbindet Pisa mit dem Meer. *Marina di Pisa* besitzt den breitesten Sandstrand der Toskanischen Riviera. In der Nähe der Arnomündung steht die Basilika **San Piero a Grado* (11. Jh.), die an der Stelle erbaut worden sein soll, an der der Apostel Petrus, von Jerusalem kommend, in Italien an Land ging. Im Süden geht Marina di Pisa fast ohne Unterbrechung in den Badeort *Tirrenia* über, der ebenfalls einen breiten Sandstrand, viele Sportplätze und gute Ferieneinrichtungen besitzt. Kurz darauf erreicht man

Livorno, 213 km. Die im 11. Jahrhundert von den Pisanern gegründete Hafenstadt erhielt ihr heutiges Stadtbild nach dem im Jahr 1577 von Buontalenti entworfenen Plan einer „Città ideale" („Idealstadt") der Renaissance. Zu den vielen Sehenswürdigkeiten gehören die *Alte Festung* (1534) am *Porto Mediceo*, der *Mastio*, ein runder Turm (11. Jh.), die *Neue Festung* (im 16. Jh., kurz nach der Alten Festung, erbaut), der *Marzocco-Turm* (1423) und der *Meloria-Turm*, der an die Seeschlacht zwischen Pisa und Genua (1284) erinnert. Der *Dom* entstand 1594.

Außerdem sind in der Stadt zahlreiche Renaissancekirchen und Renaissancepaläste, alle aus dem 17. Jahrhundert, zu sehen. Südlich des Hafens beginnt die schöne Uferpromenade *Viale d'Italia,* an der auch Badeanstalten liegen.

Lohnend ist die Fahrt auf den Hügel *Antignano* mit der Wallfahrtskirche **Montenero* (18. Jh.). Von der Terrasse vor der Kirche hat man einen herrlichen Rundblick.

Es folgen nun die Badeorte *Castiglioncello, Rosignano, Marina di Cecina* und *San Vincenzo.*

Während die Nationalstraße 1 landeinwärts über *Venturina* führt und dann bei *Follonica* wieder das Meer erreicht, führt die Küstenstraße über *Populonia* (das etruskische *Pupluna)* mit Überresten etruskischer Mauern und einer mittelalterlichen Burg nach

Piombino, 294 km. Diese Industriestadt ist vor allem als Einschiffungshafen nach Elba und den anderen Inseln des Toskanischen Archipels von Bedeutung. Piombino hat ein sehenswertes Pfarrhaus aus dem 14. Jahrhundert.

DIE INSEL *ELBA

Elba ist die größte (225 km², 29 km lang, 18 km breit) und schönste Insel des Toskanischen Archipels. Sie ist nur zehn Kilometer von Piombino (mehrmals täglich Schiffsverbindung) entfernt. Wegen ihrer reizvollen Landschaft, die schöne Sandstrände, felsige Küste und ein gebirgiges Inneres (höchster Berg ist der 1019 m hohe *Monte Capanne)* vereint, wird die Insel gern von Touristen besucht.

Schon zur Zeit der Etrusker wurden die reichen Erzvorkommen Elbas ausgebeutet. Vom 3. Mai 1814 bis zum 26. Februar 1815 war die Insel der Verbannungsaufenthalt Napoleons, an den dort noch zahlreiche Bauwerke erinnern.

Hauptort Elbas ist das Städtchen

Portoferraio. Hier legen die Fährschiffe an. Im oberen Teil der Stadt liegt die *Villa dei Mulini,* die bescheidene Residenz Napoleons. Sechs Kilometer südwestlich kann man die *Villa San Martino* besichtigen, die Napoleon von Mai 1814 bis Februar 1815 als Sommerauf-

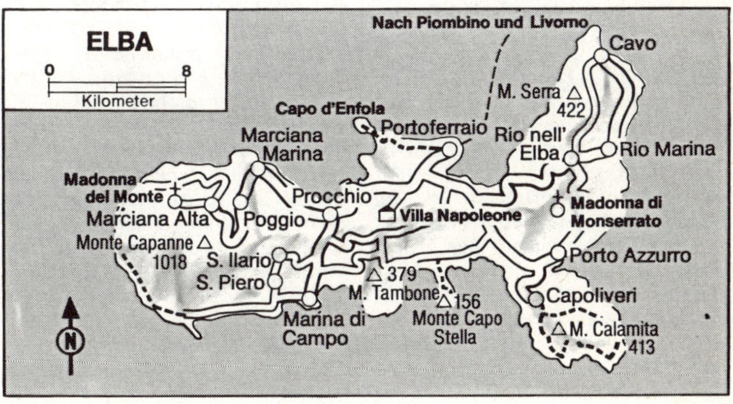

enthalt diente und heute als Museum eingerichtet ist.

Von Portoferraio gibt es täglich eine Verbindung zu den an der Ostküste gelegenen Badeorten *Rio Marina* und *Porto Azzurro* (Sardellen- und Sardinenfischerei). Den schönsten Strand der Insel hat *Procchio*. Weiter westlich liegt am Ende des größten Tals der Insel das vielbesuchte Seebad *Marciana Marina*. Ein lohnender Aufstieg führt von hier zur *Villa Madonna del Monte*, einem ehemaligen Wohnsitz Napoleons.

Bei *Marciana Alta* liegt die Thermalquelle Fonte di Napoleone.

DIE INSEL CAPRAIA

Die nördlich von Elba gelegene Insel war bereits in der Antike bewohnt. Sie ist nur teilweise zugänglich, da etwa ein Drittel des Gebiets von einer Strafkolonie eingenommen wird. Die Küsten sind steil und felsig, sehr fischreich und bieten gute Möglichkeiten zum Unterwassersport.

*

Von Piombino (s. S. 163) fährt man 14 Kilometer zurück zur Nationalstraße 1, die man bei *Venturina* wieder erreicht.

Bei *Follonica* (Badeort mit Pinienwäldern) kann man entweder auf die Küstenstraße Nr. 322 abzweigen, die über *Castiglione della Pescaia* (antiker Hafen mit mächtiger Festung) und *Marina di Grosseto* (Badeort) nach Grosseto (s. rechte Spalte) führt, oder auf der Nationalstraße 1 („Via Aurelia“) über die toskanischen Hügel weiterfahren. In letzterem Fall sollte man das kleine Dorf *Vetulonia* besichtigen, das an der Stelle einer gleichnamigen etruskischen Akropolis steht. Man sieht noch Überreste alter Mauern und der Totenstadt mit dem *Tumulo della Pietrera*.

***Grosseto,** 347 km, ist der Mittelpunkt der *Maremma*, einer vom Fluß *Ombrone* bewässerten fruchtbaren Ebene. In der von Mauern aus dem 16. Jahrhundert umschlossenen **Altstadt* steht an der *Piazza Dante* der romanische *Dom* (13. Jh., Fassade und Campanile im 19. Jh. erneuert). In der *Via Mazzini* liegt das *Etruskische Museum* mit Vasen aus dem 8. Jahrhundert v. Chr., antiken Bronzen, Skulpturen und Sarkophagen.

Man verläßt Grosseto im Süden, überquert den Ombrone und erreicht bei *Fonte Blanda* wieder das Meer. Das nahe liegende Seebad *Talamone* war schon den Etruskern bekannt. Bei *Albinia* zweigt links die Straße 74 ab und führt zu den Städten *Saturnia, Montemerano, Pitigliano* und *Sovana*, die wegen nahe gelegener etruskischer Ausgrabungsgelände eine Fahrtunterbrechung lohnen. Rechts führt von der Nationalstraße 1 eine Zufahrt zum

Monte Argentario. Der 635 Meter hohe Berg ragt auf einer ehemaligen Insel empor, die heute durch sandige Landzungen mit dem Festland verbunden ist. Auf einer dieser schmalen Landzungen liegt in einer fischreichen Lagune die kleine Stadt *Orbetello* mit beachtlichen spanischen Befestigungen (16. – 18. Jh.) und einem gotischen Dom. Spanische Befestigungen kann man auch im nahen *Port'Ercole* sehen. Am Nordhang des Monte Argentario liegt der Hafen *Santo Stefano* (Fährschiffe zur Ferieninsel *Isola del Giglio* mit mittelalterlicher Burg). Alle genannten Orte sind beliebte Ferienziele mit schönen Stränden.

Wieder zurück auf der Nationalstraße 1, gibt es rechts eine kurze Abzweigung nach *Cosa,* wo sich auf einer Anhöhe die antike Siedlung *Ansedonia* (alte Ringmauern) befindet. In *Montalto di Castro* steht ein großes Kastell.

Man überquert dann mehrere kleinere Küstenflüsse und kommt nach

****Tarquinia,** 450 km. Auf dem Hügel *La Civita* stehen die Reste der antiken etruskischen Stadt, die als interessanteste von allen bisher freigelegten etruskischen Städten gilt. Besonders wertvolle erhaltene Überreste sind Stücke einer Quadermauer, das Fundament eines großen Tempels, der „Altar der Königin" genannt wird, sowie die **Nekropole*. Sie erstreckt sich – außerhalb der modernen Stadt – vorwiegend über ein Gelände, das nach den erhalten gebliebenen Erdhügeln, den besonders typischen Aufschüttungen über etruskischen Gräbern, *Monterozzi* benannt wurde. Auch nördlich und östlich des Civita-Hügels liegen mehrere Nekropolen mit zum Teil ausgemalten Gräbern.

In der Stadt selber sind die Kirche *Santa Maria di Castello* (12. Jh.) und das ***Nationalmuseum* im *Vitelleschi-Palast* (1439) sehenswert. Das Museum enthält eine der bedeutendsten Sammlungen etruskischer Gerätschaften und Kunstwerke.

Vor der Weiterfahrt lohnt sich auch ein Abstecher nach dem 24 Kilometer nordöstlich gelegenen Städtchen **Tuscania* mit frühromanischen Kirchen aus dem 8. Jahrhundert, etruskischen und römischen Nekropolen sowie Resten römischer Wasserleitungen und Thermen.

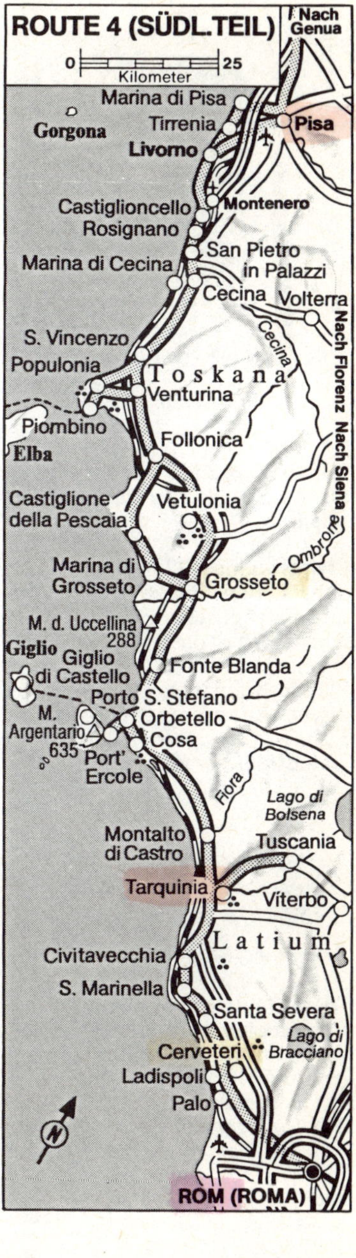

Tuscania: San Pietro

Hinter Tarquinia wendet sich die Straße zurück zur Küste und erreicht

Civitavecchia, 472 km, eine Gründung Trajans mit zahlreichen Resten aus römischer Zeit. Besonders sehenswert ist das *Fort,* das Michelangelo im 16. Jahrhundert nach Plänen Bramantes erbaute. Etruskische Altertümer sieht man im *Palazzo Comunale.* Heute ist die Hafenstadt vor allem für den Verkehr mit Sardinien von Bedeutung.

Eine Autobahn (62 km) führt von hier direkt nach Rom.

Die Nationalstraße 1 folgt vorerst noch der Küste und führt an *Santa Marinella* (Badeort mit Klippenküste; Unterwassersport) und Santa Severa (Sandstrand; Burg aus dem 13. Jh.) vorbei, das an der Stelle des alten Etruskerhafens *Pyrgi* (Ausgrabungsgelände) liegt. Wenig später zweigt links eine Straße ab zu dem zwei Kilometer entfernten

***Cerveteri** mit gut erhaltener *Nekropole. Die alte etruskische Stadt bestand vom 8. bis zum 2. vorchristlichen Jahrhundert. Bis jetzt wurden hier Tausende von Gräbern freigelegt. Die Grabfunde sind im Etruskischen Museum der Villa Giulia (s. S. 88) in Rom zu sehen.

Die Nationalstraße 1 („Via Aurelia") führt nun an den Seebädern *Ladispoli* und *Palo* vorbei und dann landeinwärts nach

*****Rom,** 545 km, s. S. 73.

Route 5: Chiavenna – Edolo – *Bozen – **Große Dolomitenstraße – *Toblach – Innichen (386 km)

Diese Route ist vor allem für jene Reisenden von Interesse, die Südtirol und die Dolomiten kennenlernen wollen. Die Anreise durch die Schweiz kann entweder über den *Splügenpaß* (2115 m) und *Campodolcino* (beliebter Bergsteigerort) oder durch das Engadin und über den *Malojapaß* (1815 m) erfolgen. In diesem Fall überschreitet man die italienische Grenze bei *Castasegna.* Die erste italienische Stadt ist

Chiavenna, 6 km, wo man die Kirche *San Lorenzo* mit bemerkenswertem Baptisterium aus dem 12.

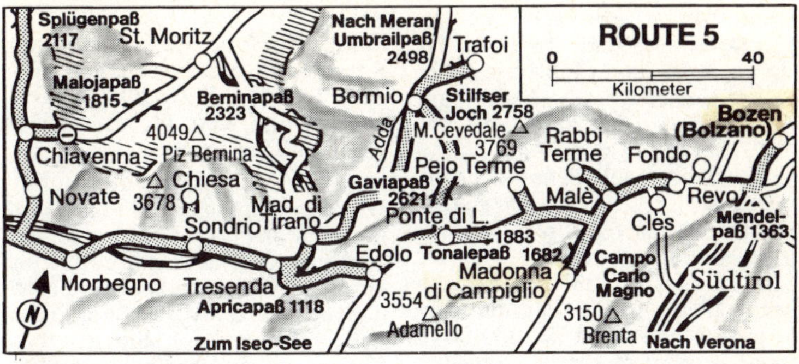

Jahrhundert (später oft erneuert) besuchen sollte.

Auf der Straße 36 (rechts der kleine *Novate-See)* erreicht man nach kurzer Fahrzeit das Nordufer des *Lago di Como* (s. S. 130) und biegt dort nach Osten ab auf die Straße 38, die durch das wildreiche Tal der *Adda* über *Morbegno* zuerst nach

Sondrio, 62 km, führt. Das Städtchen ist Hauptort der gleichnamigen Provinz und Fremdenverkehrszentrum fürs Skigebiet *Valtellina* (Veltlin-Tal), das allein 18 Langlaufpisten aufzuweisen hat.

Das *Valmalenco-Tal,* das sich von Sondrio nordwärts bis zur *Bernina* (4049 m) und zur *Disgrazia* (3678 m) hinzieht, ist reich an Sommerfrischen: *Torre Santa Maria, Chiesa Valmalenco, Caspoggio, Primolo, San Giuseppe, Chiareggio* und andere. – Die Nationalstraße 38 folgt weiter dem Lauf der Adda, bis man *Tresenda,* 78 km, erreicht.

Zum Stilfser Joch

In Tresenda biegt die Nationalstraße 38 links ab nach *Tirano (Madonna di Tirano)* an der Schweizer Grenze. Hier ist der Grenzübergang für Reisende, die über *Pontresina* und den *Berninapaß* (2323 m) nach Italien fahren. Dann führt die Nationalstraße 38 weiter nach

Bormio, einem an der Adda gelegenen mittelalterlich anmutenden Ort mit Thermalquellen (Heilbad für Rheumatiker). Bormio ist der Ausgangspunkt für Bergwanderungen im Ortler- und Cevedale-Massiv.

Die Nationalstraße 38 führt von Bormio in zahlreichen Kehren über das *Stilfser Joch/Passo dello Stelvio* (2758 m) nach *Trafoi,* einem bekannten Luftkur- und Wintersportort am Fuß des *Ortler-Massivs* (3905 m). Wenig später erreicht man *Spondinig/Spondigna,* wo links die Straße 40 einmündet, die vom *Reschen-Paß* (31 km; 1508 m; österreichische Grenzübertrittsstelle bei *Nauders*) herkommt. Die Nationalstraße 38 folgt nun dem Lauf der *Etsch* und führt nach *Meran (s. S. 133) weiter.

Zur Weiterfahrt auf unserer Route nach Bozen biegt man in *Tresenda* rechts ab auf die Straße 39 und kommt über den *Apricapaß* (1181 m) nach

Edolo, 108 km, einer schön gelegenen Sommerfrische am Fuße der *Adamellogruppe* (3554 m). Hier zweigt rechts eine Straße ab zum *Iseosee* und nach *Bergamo* (s. S. 139). – Man folgt nun der Nationalstraße 42 nach *Ponte di Legno* (links zweigt die Straße 300 ab und führt über den *Gaviapaß,* 2621 m, nach *Bormio,* (s. S. 167), wo sie zum *Tonalepaß* (1883 m) anzusteigen beginnt. Auf der Paßhöhe gibt es gute Hotels und Schutzhütten sowie ein italienisches „Siegesdenkmal“. Vor 1918 war hier die österreichisch-italienische Grenze. Kurz nach *Fucine* zweigt links eine Landstraße ab zum Thermalbad *Pejo Terme* am Südfuß der Ortlergruppe. Wenig später erreicht man *Dimaro,* 164 km, wo sich ein Abstecher auf der Straße 239 über *Campo di Carlo Magno* (hier soll Karl der Große bei seinem Zug nach Rom im Jahre 800 gelagert haben) und den gleichnamigen Paß (1682 m) nach

***Madonna di Campiglio** lohnt. Dieser zwischen *Brenta* (3150 m) und *Adamello* (3554 m) gelegene Luftkur- und Wintersportort ist ein international bekanntes Fremdenverkehrszentrum mit erstklassigen Hotels und touristischen Einrichtungen (Seilbahnen, Sessel- und Skilifte, Sportstätten, Unterhaltungsmöglichkeiten vieler-

Beliebtes Motiv für den Fototermin: die steil aus dem Meer aufragenden Faraglioni, Wahrzeichen der Insel Capri.

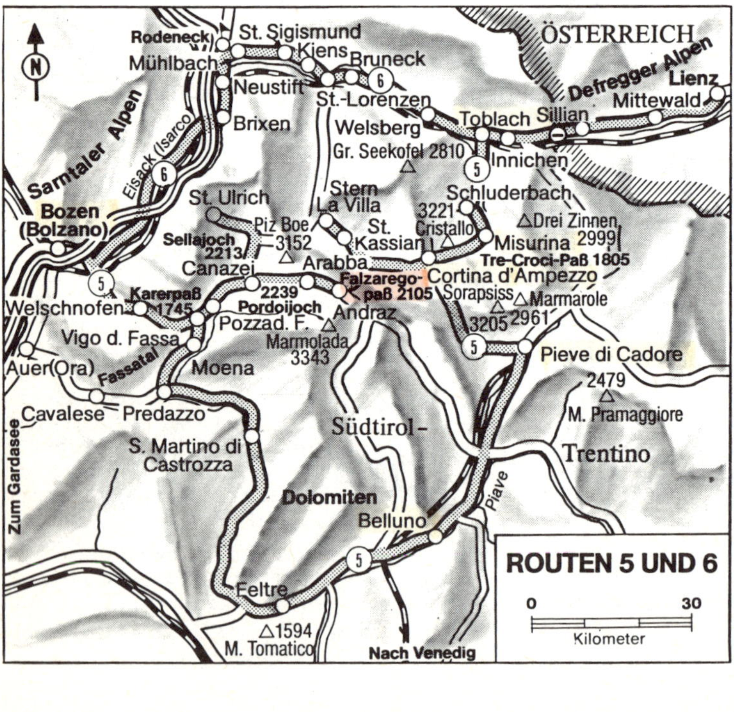

lei Art). Von hier aus lassen sich zahllose Ausflüge und Bergwanderungen unternehmen.

Kurz nach *Dimaro* (s. S. 168) erreicht man auf der Straße 42 *Malè,* 169 km, von wo eine zwölf Kilometer lange Straße nordwärts durch eine malerische Gebirgslandschaft zum Heilbad *Rabbi Terme* führt.

Bei *Revo,* 187 km, führt eine Abzweigung zum nahen Stausee *Santa Giustina.* Dort liegt auch die Sommerfrische *Cles* mit einem sehenswerten gotischen Schloß aus dem 15. Jahrhundert.

Die nun folgende kleine Sommerfrische *Fondo* besitzt eine bemerkenswerte Burg aus dem 13. Jahrhundert und ist als Ausgangspunkt für Bergwanderungen bekannt. Links zweigt die Straße 238 nach **Meran* (s. S. 133) ab.

Die Straße 42 führt nun auf den **Mendelpaß/Passo della Mendola* (1363 m; Luftkurort mit großartigem Rundblick) und von dort hinunter nach

***Bozen,** 235 km, siehe Seite 134.

Über die **Große Dolomitenstraße nach *Cortina

Man verläßt Bozen auf der Straße 241 und fährt ständig bergan über *Welschnofen/Nova Levante,* 260 km (Sommerfrische und Wintersport) auf den *Karerpaß/Passo di Costalungo* (1753 m) mit dem kleinen, von Fichtenwäldern gesäumten **Karersee/Lago di Carezza.* Kurz nach *Vigo di Fassa,* 273 km, erreicht man die Nationalstraße 48. Links sieht man den Bergstock des „Rosengartens“. Man folgt nun dem *Fassatal* über *Pozza,* 275 km (Luftkur- und Wintersportort), nach

Canazei, 285 km, einem im Sommer und Winter gleichermaßen beliebten Urlaubsort inmitten der Bergwelt der Dolomiten mit vielen Seilbahnen und Sesselliften. Canazei ist Ausgangspunkt für Fahrten in die *Marmoladagruppe* (3343 m) und zum *Fedaiasee* (2000 m), in dem der *Avisio* entspringt.

Die Straße steigt nun in Kehren bergan zum

Pordoijoch/Passo Pordoi (2239 m), einem der höchsten Dolomitenpässe. Von der Paßhöhe (Soldatenfriedhof des Ersten und Zweiten Weltkriegs) hat man Ausblicke auf die Gruppen der *Marmolada* im Süden und der *Sella* im Norden. Bergtouren führen auf den *Piz Boe* (3152 m).

Zwischen Canazei und dem Pordoijoch zweigt links eine Straße ab, die über das *Sellajoch* (2213 m) in das *Grödner Tal* (Wolkenstein, Sankt Christina, Sankt Ulrich, s. S. 134) führt.

Man fährt nun über *Arabba,* 308 km, eine Gebirgs-Sommerfrische, und *Pieve di Livinallongo* (Ausgangspunkt für Bergtouren) nach *Andraz,* wo die Straße wieder in Kehren anzusteigen beginnt zum

****Falzaregopaß** (2105 m), 329 km, der herrliche Ausblicke in die umliegende Gebirgswelt bietet. Eine Seilbahn führt auf den *Lagazuoi* (2746 m). Auf einer links abzweigenden Gebirgsstraße kann man über das *Valparolajoch* (2192 m)

Der Glücksbringer „porcellino“ vor dem Strohmarkt in Florenz garantiert für Münzgeld auch ein Wiedersehen mit der Stadt.

nach *Sankt Kassian* im Abteital und weiter nach *Stern/La Villa,* beides ruhige Gebirgs-Sommerfrischen, fahren. In Stern sind die Pfarrkirche (1516) und das Schloß *Rubatsch* (1537) sehenswert.

Vom Falzaregopaß führt nun die Straße in vielen Kehren hinunter nach

***Cortina d'Ampezzo,** 345 km. Der Hauptort der Dolomiten ist als Sommerfrische, als Wintersportort und als Bergsteigerzentrum gleichermaßen beliebt. Er liegt in einem weiten Tal, das an allen Seiten von hohen Bergen geschützt ist.

Cortina besitzt zahlreiche Seilbahnen und Sessellifte, Sport- und Unterhaltungsstätten und andere ausgezeichnete touristische Einrichtungen. Erwähnenswerte Sehenswürdigkeiten sind die Pfarrkirche *Santi Filippo e Giacomo* (13. Jh., um 1776 erneuert), die Wallfahrtskirche *Madonna della Difesa* (15. Jh.) und die *St.-Nikolaus-Kapelle* (15. Jh.) in *Ospedale.*

Über Feltre und *Belluno nach *Cortina

Wer die Große Dolomitenstraße schon kennt und auf einem größeren Umweg eine andere Strecke nach Cortina fahren will, dem sei die Fahrt über Moena, Feltre und Belluno (von Bozen nach Cortina sind es auf dieser Strecke 288 km) empfohlen.

Moena, Sommerfrische und Wintersportort, ist von Wäldern und hohen Bergen umgeben. Sehenswert sind die Kirchen *St. Vigilius* (12. Jh., Barockaltar) und *St. Wolfgang* (11. Jh.) mit gotischen Holzfiguren aus dem 15. Jahrhundert.

Predazzo. Außer einer beliebten Sommerfrische (acht Bergseen in der Umgebung) erreicht man das *Latemar*-Skicenter mit Abfahrten von 2500 m Höhe. In Predazzo und Umgebung befinden sich rund 350 Skianlagen und der Sitz der Italienischen Nationalskischule.

Bei *Paneveggio* liegt ein 158 km^2 großer Naturschutzpark für Hochgebirgsfauna und -flora.

San Martino di Castrozza ist ein bekannter Winterkurort im *Cismontal* und wird von den Felsgipfeln der *Palegruppe* überragt. Zahlreiche Sportanlagen, Sessellifte, eine Seilbahn und gute Unterhaltungsmöglichkeiten haben dem Ort auch als Sommerfrische internationale Bedeutung gebracht.

Feltre besitzt eine von einer Stadtmauer umschlossene malerische Altstadt mit einem *Dom* aus dem 16. Jahrhundert (gotische Apsis 15. Jh., Krypta 9. Jh.). In seinem Kapitelsaal kann man ein byzantinisches Kreuz aus dem Jahr 543 sehen. Sehenswert sind auch der *Palazzo del Comune* mit einem Theater und einer im Renaissancestil erbauten Loggia, das *Stadtmuseum* und die Kirche *San Rocco* (1599). Der Ferienort

***Belluno** ist von hohen Bergen umgeben. Er wird im Sommer wie im Winter gern besucht. Die an geschichtlichen Erinnerungen reiche Stadt besitzt eine ******Kathedrale* (16. Jh.) mit 66 Meter hohem Campanile (1743) von Juvara; er ist einer der schönsten Barocktürme Italiens. Man besichtige auch den im Renaissancestil erbauten *Palazzo dei Rettori* (15. Jh.) sowie die vielen Kirchen und Paläste aus Mittelalter und Renaissance.

***Pieve di Cadore** liegt auf einem Bergsattel oberhalb des gleichnamigen Sees. Der Ort bietet gute touristische Einrichtungen für Sommer und Winter. Sehr gut erhalten sind das **Geburtshaus Tizians,* die alte *Pfarrkirche* (mit Gemälde von Tizian) und der *Palazzo della Comunità Cadorina* mit zinnengekröntem mittelalterlichen Turm (heute Stadtmuseum).

*

Von *Cortina d'Ampezzo (s. S. 172) steigt nun die Straße bergan zum Paß

Tre Croci (1805 m), 352 km, der seinen Namen nach drei auf ihm errichteten hohen Holzkreuzen erhielt. Von oben genießt man einen herrlichen Rundblick. Kurz darauf erreicht man

***Misurina,** 360 km, einen beliebten Ferienort in 1756 Meter Höhe. Von eindrucksvoller Schönheit ist der hellgrüne **Misurinasee,* um den ein Weg herumführt. Er ist von hohen Dolomitengipfeln umkränzt: Im Norden sieht man den *Lavaredo* mit den *Drei Zinnen* (2999 m), im Osten die *Cadinispitzen* (2839 m), im Süden *Marmarole* (2961 m) und *Sorapis* (3205 m) und im Westen den *Monte Cristallo* (3221 m). Ein Sessellift führt von Misurina auf den *Col de Varda* (2201 m).

Die nun wieder bergab führende Straße mündet bei *Schluderbach/Carbonin* (Sommerfrische) in die Nationalstraße 51 (man kann diese Straße auch schon von Cortina aus befahren), der man nordwärts zum romantischen *Toblachsee/Lago di Dobbiaco* folgt. Kurz darauf erreicht man

***Toblach/Dobbiaco,** 382 km, den für Sommer- und Winterurlaub bestens eingerichteten Ort. Eine Sesselbahn führt auf den *Ratsberg* (schöne Aussicht). Die 1769 nach einem Brand erneuerte *Pfarrkirche* ist wegen ihrer barocken Dekkenfresken besuchenswert. In der *Herbstenburg* wohnte 1511 Kaiser Maximilian. Sehenswert sind auch der Adelssitz „Roter Turm" mit mittelalterlicher Mauerumgürtung und die zahlreichen freskengeschmückten Häuser.

Auf der Nationalstraße 49 erreicht man nun rasch

Innichen/San Cándido, 386 km, einen beliebten Höhenluftkurort und Wintersportplatz mit reichen Möglichkeiten zu Wanderungen und Bergtouren in den Dolomiten. Gute Schneeverhältnisse von Dezember bis April machen Innichen zum Mittelpunkt des Skizentrums *Hochpustertal* mit 30 Aufstiegsanlagen bis auf 2200 m und zahlreichen Langlaufpisten. Von Bayernherzog Tassilo II. 769 gestiftet, verfügt der Ort mit dem *Dom (Münster) über Südtirols

Innichen: Dom

reichsten noch bestehenden Bau aus romanischer Zeit.

In unmittelbarer Nähe von Innichen liegt ein „Die Burg" genannter Waldrücken, von dem aus man einen schönen Rundblick hat. Ein Sessellift führt auf den Aussichtsberg *Haunold*.

Acht Kilometer nach Innichen erreicht man die österreichische Grenze. Die österreichische Bundesstraße Nr. 100 folgt nun über Sillian und Mittewald dem Tal der *Drau*, die westlich von Innichen entspringt, 42 Kilometer weiter nach Lienz, der Hauptstadt Osttirols.

Route 6: *Chiavenna – Edolo – *Bozen – *Brixen – Bruneck – Toblach (338 km)

Diese Route ist bis Bozen identisch mit der Route 5. Sie bietet ab Bozen zu dieser eine Alternative für Reisende an, die die Fahrt über die hohen Dolomitenpässe scheuen oder weniger Zeit zur Verfügung haben.

Man verläßt **Bozen* (s. S. 134) im Osten auf der Nationalstraße 12, auf der man nach 41 Kilometern **Brixen* (s. S. 134) erreicht.

Kurz nach der Stadtausfahrt biegt man auf die Straße 49 ab und kommt nach

***Neustift/Novacella,** 278 km, mit seinem berühmten *Augustiner-Chorherrenstift*. Es gilt als schönstes Denkmal des deutschen Barocks südlich des Brenners. Die ältesten Teile des mauerumgürteten Klosters gehen auf das 12. Jahrhundert zurück. Aus dieser Zeit stammt auch der romanische Rundbau der *Michaelskapelle*.

In Neustift ruhen die sterblichen Überreste des Minnesängers Oswald von Wolkenstein.

Mühlbach/Rio di Pusteria, 286 km, ist eine Sommerfrische im Pustertal mit schöner *Pfarrkirche* (14. Jh.). Wintersport kann man im nahen *Vals* („Jochtal") und in *Maranza* („Gitschberg") treiben. Lohnend ist ein Ausflug zum vier Kilometer entfernten Schloß *Rodeneck* (12., 13. u. 16. Jh.), das an drei Seiten von der *Rienz* umspült wird.

Man durchquert nun die *Mühlbacher Klause* (mit Ruinen einer Straßensperre von 1477) und gelangt nach

Sankt Sigismund/San Sigismondo, 297 km, in dessen *Pfarrkirche* (1489) sich der älteste erhaltene Flügelaltar Südtirols (um 1490) und bemerkenswerte Wandgemälde befinden.

Kiens/Chienes, 300 km, eine beliebte Sommerfrische, besitzt zwei schöne gotische Kirchen. Ein lohnender Ausflug führt zum nahen Renaissanceschloß *Ehrenburg* (15./16. Jh.), das noch Reste eines früheren romanischen Baus und eine schöne Barockfassade (18. Jh.) zeigt.

Sankt Lorenzen/San Lorenzo, 307 km, ein in einem weiten Tal gelegener Sommer-Ferienort, bietet mit seinen freskengeschmückten Häusern ein malerisches Bild. Sehenswert sind die Pfarrkirche *St. Laurentius* (1207) mit Fresken und Hochaltar-Madonna von Michael Pacher sowie die auf der rechten Talseite gelegene und zum Hotel-Restaurant umgebaute ehemalige *Sonnenburg,* die 1020 als Kloster gegründet wurde.

Südwestlich des Ortes kann man die Ruinen des ehemaligen römischen Militärlagers *Sebatum* sehen.

Bruneck/Brunico, 311 km, ist der größte Ort des Pustertals und ein idealer Ausgangspunkt für Wanderungen und Dolomitenrundfahrten. Das von mittelalterlichen Stadtmauern umgebene Städtchen besitzt malerische alte Häuserzeilen mit Tortürmen, eine *Pfarrkirche* aus dem 16. Jahrhundert (1850 erneuert) mit Holzkruzifix von Michael Pacher (er wurde hier geboren) und ein *Schloß* (12. – 15. Jh.), das früher den Bischöfen von Brixen als Sommerresidenz diente.

Besuchenswert ist das Volkskundemuseum in *Dietenheim.*

Als Dolomiten-Skigebiet wurde der 2275 Meter hohe *Kronplatz* mit Seilbahn und mehr als 20 Liften erschlossen.

Nördlich von Bruneck breitet sich das ebene und weite *Tauferertal* aus, das reich an ruhigen Sommerfrischen und an alten Burgen ist.

Welsberg/Monguelfo, 330 km, eine kleine Sommerfrische am Eingang des *Gsieser Tals,* lohnt wegen seiner Pfarrkirche *St. Margaret* (1738) mit spätgotischem Turm und drei Altarbildern des hier geborenen Barockmalers Paul Troger einen Aufenthalt. Sehenswert ist auch *Schloß Welsberg* (1140, im 16. Jh. umgebaut), das nach einem Brand 1765 nur teilweise wieder instandgesetzt wurde. Auf der anderen Talseite liegt die Ruine von *Schloß Thurn* (14. Jh.).

Abstecher zum *Pragser Wildsee. Zwei Kilometer hinter Welsberg führt ein lohnender Abstecher rechts zum **Pragser Wildsee/Lago di Braies,* der vom *Großen Seekofel* (2810 m) überragt wird. – Im *Pragser Tal* hat man gute Möglichkeiten zum Wandern und Bergsteigen. Man kann von hier aus durch ein Seitental über *Altprags (Bagni di Braies Vecchia)* auf einem Paßübergang (herrliche Aussicht auf die Dolomiten) direkt nach *Schluderbach* (s. S. 173) weiterfahren.

Auf der Nationalstraße 49 erreicht man kurz nach Welsberg die Sommerfrische *Niederdorf/Villabassa,* von der es nur noch wenige Minuten Fahrt bis **Toblach* (s. S. 173), 338 km, sind. Hier mündet die von *Cortina d'Ampezzo* (s. S. 172) kommende Straße Nr. 51 in die Hauptstraße, auf der man, wie auf den Seiten 173 und 174 beschrieben, zur österreichischen Grenze weiterfährt.

Bruneck

Route 7: Tarvis – *Udine – Palmanova (– *Triest) – ***Venedig (240 km)

Von den aus dem Norden anreisenden Touristen, vor allem von jenen, die aus dem östlichen Österreich und über Kärnten anreisen, wird außer dem Grenzübergang am Brenner (s. Route 1) der Übergang bei Tarvis am meisten benutzt.

Am Grenzort *Tarvis/Tarvisio* (beachtliche Pfarrkirche aus dem 15. Jh.) beginnt die Nationalstraße 13 („Pontebbana"), die schon zur Römerzeit eine wichtige Verbindung über die Alpen herstellte. Sie führt, an schroffen Felswänden entlang, durch das Tal des Flusses *Fella*, das „Kanaltal", über *Ugovizza,* 10 km, (romanische Sankt-Gotthard-Kirche), *Malborghetto,* 13 km, mit einem venezianischen Palast und österreichischen Festungsanlagen, und *Bagni di Lusnizza,* 19 km, ein Schwefel-Thermalbad, nach

Pontebba, 23 km, einer Sommerfrische im nördlichen *Friaul* mit der sehenswerten Kirche *Santa Maria Maggiore* (13. Jh.). Hier mündet auch die vom österreichischen Grenzübergang *Naßfeld/Passo die Pramollo* (1552 m) kommende Straße in die „Pontebbana" ein.

Die Straße 13 biegt nun scharf nach Süden ab und man fährt über *Chiusaforte,* 36 km, und *Carnia,* 52 km, wo die Fella in den breiten *Tagliamento* mündet, nach

Venzone, 57 km. Von den sehenswerten mittelalterlichen Bauten des von einer alten Stadtmauer umgebenen Städtchens sind nach dem schweren Erdbeben von 1976 nur Reste erhalten geblieben.

Ebenso verhält es sich bei dem etwas abseits von der Hauptstraße liegenden *Gemona* und zahlreichen anderen Orten dieses Gebietes.

Kurz nach *Tricesimo* erreicht man die Autobahn, die über Udine in südlicher Richtung weiterführt und bei *Palmanova* in die Autostrada Sistiana (Triest) – Venedig mündet.

***Udine,** 90 km, ist die zweitgrößte Stadt der Region Friaul. Mittelpunkt der Stadt ist die *Piazza della Libertà* mit der gotischen *Loggia del Lionello* (auch *Palazzo del Comune)* aus dem Jahr 1456, der *Loggia di San Giovanni* (1533; ihr Uhrturm ist dem von Venedig nachgebildet) und anderen Baudenkmälern. Etwas weiter südlich steht der romanisch-gotische *Dom* (13./14. Jh.) mit Altarbildern und Fresken von Pordenone und Tiepolo und anderen Kunstwerken. Der unfertig gebliebene achteckige Glockenturm (1442) steht über dem Baptisterium. Das seitlich des Doms befindliche *Oratorio della Purità* bewahrt Meisterwerke von Tiepolo.

Von der Piazza della Libertà geht man auf den Burghügel mit dem *Kastell* (16. Jh.), das heute mehrere Museen und eine Gemäldegalerie enthält; es wird z.Z. restauriert. Die danebenstehende Kirche *Santa Maria di Castello* stammt noch aus der Langobardenzeit (6. Jh.); sie besitzt eine bemerkenswerte Fassade und einen

Glockenturm aus dem 16. Jahrhundert.

Von Udine zweigt nach Westen die Straße 13 ab, die über *Pordenone* (malerische Altstadt mit Laubengängen und schönen romanischen und gotischen Bauwerken) und *Sacile* nach *Conegliano* (sehenswertes Schloß und Dom aus dem 14. Jh.) und *Vittorio Veneto* (schöne Altstadt mit Palästen und Laubengängen, Dom aus dem 18. Jh., Castello di San Martino und Loggia von Sansovino) führt.

Abstecher nach Görz (39 km)

Kurz nach Udine zweigt links die Straße 56 ab nach

Görz/Gorizia (38 km). Die Grenzstadt zu Jugoslawien liegt am Ufer des *Isonzo* und war im Ersten Weltkrieg Schauplatz schwerer Kämpfe (Soldatenfriedhof mit 60 000 Gefallenen). Sehenswert sind vor allem das *Kastell der Grafen von Görz* (11. Jh., um 1508 erneuert), in dem auch das Historische Museum untergebracht ist, und die Kirche *Santo Spirito*

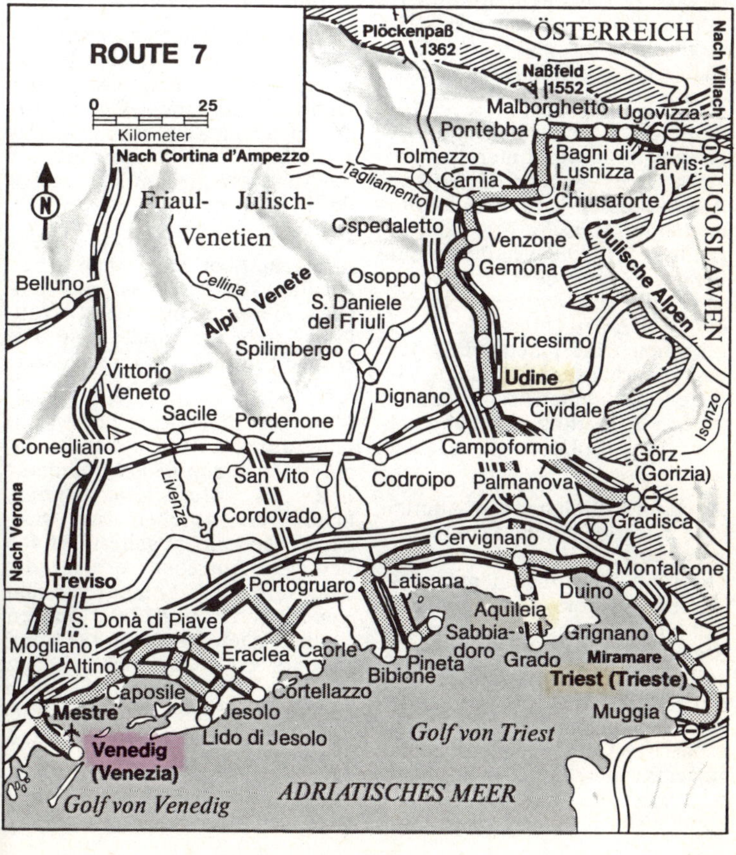

(1398) am Schloßberg, ferner der *Dom* (14. Jh.), die Barockkirche *Sant'Ignazio* (17./18. Jh.) und andere Barockbauten.

Von Udine nach *Triest

Man verläßt Udine im Süden. Bei *Palmanova,* 110 km, kreuzt man die Autobahn, die links nach Triest, rechts nach Venedig führt. Palmanova ist eine sehenswerte venezianische Festungsstadt mit Basteien, Wehrtürmen, Wassergräben und alten Palästen, zum großen Teil aus dem 16. und 17. Jahrhundert stammend. Die Straße 352 führt von hier in südlicher Richtung über Aquileia nach Grado.

***Aquileia** wurde 181 v. Chr. gegründet und war unter den Römern eine wichtige Hafenstadt. Aus dieser Zeit kann man hier bedeutende römische Ausgrabungsfunde sehen. Die erhaltenen Säulen des Forums der antiken Stadt sowie die mit Zypressen bestandene *Via Sacra* entlang der ausgegrabenen römischen Hafenkais und Lagerhäuser mit Statuen, Säulen und Kapitellen zeugen von der großen Bedeutung dieses ehemaligen Handelsplatzes für das alte Rom.

Auch im Mittelalter war Aquileia eine wichtige Stadt. Daran erinnert eine eindrucksvolle **Basilika* (1021 auf den Fundamenten einer Kirche aus dem 4. Jh. errichtet) mit einem Campanile aus antiken Steinen. Den Bau ziert ein Mosaikfußboden aus dem 4. Jahrhundert, ein Relikt der obengenannten frühchristlichen Kirche. Bedeutende Fresken (13. Jh.) kann man in der Krypta sehen. An der Nordwestecke der Basilika steht ein runder Marmorbau (1077 erstmals erwähnt), der dem Heiligen Grab in Jerusalem nachgebildet ist. Dort ist auch der Eingang zu den überdeckten Resten einer zweiten frühchristlichen Kirche mit Mosaikfußböden (5. Jh.).

***Grado** liegt auf einer Laguneninsel und ist wegen seines feinkörnigen Strandes (heilkräftige Sandpackungen), seiner ozonreichen, staubfreien Luft und seiner guten medizinischen Einrichtungen für Meereskuren zu einem vielbesuchten Badeplatz und Kurort geworden.

Das im Mittelalter zu großer Bedeutung gelangte Städtchen besitzt einen sehenswerten *Dom,* der schon 578 gegründet wurde. Aus der gleichen Zeit stammen das achteckige *Baptisterium* und die mit Mosaiken geschmückte kleine Basilika *Santa Maria delle Grazie.*

Mit dem Boot kann man einen Ausflug zur Insel *Barbana* machen, deren Kloster und Wallfahrtskirche (gegründet im 6. Jh., erneuert im 16. Jh.) sehenswert sind.

Man fährt nun wieder über Aquileia zurück zur Hauptstraße 14, auf der man den *Isonzo* überquert und bis *Monfalcone* (große Schiffswerften; ehemalige Residenz Theoderichs) weiterfährt. Ihr heutiges Aussehen erhielt die Stadt im 16. Jahrhundert von den Venezianern. Von hier führen Straßen nach *Redipuglia* (Ehrenfriedhof mit 100 000 Gefallenen des Ersten Weltkriegs), *Gradisca* (Befestigungsmauern, die Leonardo da Vinci im 15. Jh. entwarf) und *Görz/Gorizia* (s. S. 177).

Kurz nach Monfalcone erreicht man

Duino, einen beliebten Badeort mit zwei Schlössern: Das *Castel Nuovo* (15./16. Jh.) ist im Besitz der Fürstin Thurn und Taxis, im *Castel Vecchio* (12. Jh.), von dem nur noch Ruinen erhalten sind, verbrachte Dante einen Teil seines Exils. Rainer Maria Rilke weilte oft in Duino.

Es folgen die reizvollen Badeorte *Sistiana* und *Grignano,* wo auf einem Felsvorsprung

***Schloß Miramare** liegt, das 1856 im Auftrag des Erzherzogs Maximilian von Österreich, des späteren Kaisers von Mexiko, erbaut wurde. An Maximilian, der 1867 im mexikanischen Querétaro hingerichtet wurde, erinnern noch viele Gedenkstücke. Von dem sehr schönen Schloßpark mit seltenen Pflanzen genießt man einen weiten Ausblick auf das Meer. Hier werden in der Saison „Ton- und Lichtspiele“ veranstaltet. Wenig später erreicht man

***Triest,** 170 km, Hauptstadt der Region Friaul, einer der wichtigsten Häfen an der Adria, der stets ein Zankapfel zwischen der Republik Venedig und Österreich gewesen ist. Erst 1918 fiel Triest an Italien. Von 1947 bis 1954 war es ein Freistaat. Sehenswert ist die am Meer liegende *Piazza dell' Unità* mit schönen Gebäuden aus dem 19. Jahrhundert.

Geschichtlicher und künstlerischer Mittelpunkt der Stadt ist der Hügel *Colle di San Giusto* mit dem **Dom* (14. Jh.), der auf den Resten frühchristlicher Kirchen entstanden und mit Fresken und Mosaiken aus dem 12. und 13. Jahrhundert geschmückt ist, dem wuchtigen *Campanile* (1343), dem *Städtischen Museum* mit römischen Ausgrabungsfunden, ägyptischen, griechischen und mittelalterlichen Sammlungen und dem *Kastell* (16. Jh.) mit einer interessanten Waffensammlung. Sehr schön ist der Blick, den man von hier aus über die Stadt und das Meer hat.

Aus der Römerzeit findet man in der Stadt noch Reste eines *Theaters* aus der Zeit des Kaisers Trajan (am *Corso Italia)* und den *Arco di Riccardo,* einen Torbogen aus dem Jahr 33 v. Chr. (in der *Via del Trionfo).*

Lohnende Ausflüge führen nach dem etwa 300 Meter hoch liegenden **Opicina* (herrlicher Rundblick; elektrische Bergbahn ab Piazza Oberdan) und nach *Muggia,* einem venezianisch anmutenden malerischen Städtchen an der jugoslawischen Grenze mit kleinem Hafen und Strand. Eine Abzweigung von der Straße führt zur Wallfahrtskirche **Muggia Vecchia,* einer romanischen Basilika (9. – 11. Jh.) mit Fresken aus dem 12. und 13. Jahrhundert. Von dem Platz vor der Kirche genießt man einen prachtvollen Ausblick auf Triest.

*

Will man von Udine über *Palmanova* (s. S. 176) ohne Umwege nach Venedig fahren, so kann man entweder die Autobahn benutzen, oder man fährt ab Cervignano auf der Nationalstraße 14. Sowohl von der Autobahn als auch von der Nationalstraße zweigen 20 bis 30 Kilometer lange Zufahrtsstraßen zu den international bekannten Seebädern an der oberen Adria ab: Von *Latisana,* 148 km, führen Straßen nach *Bibione* (8 km langer Sandstrand mit Pinienwald an der Mündung des Tagliamento) und *Lignano Pineta* (herrlicher Pinienwald). Von dem letztgenannten

Ort aus erreicht man das fünf Kilometer östlich davon gelegene *Lignano Sabbiadoro* („Goldsand"; 8 km langer feiner Sandstrand; Kurzentrum mit allen touristischen Einrichtungen).

Portogruaro, 168 km, bietet dem Besucher sehenswerte Paläste und Häuser aus dem 15. und 16. Jahrhundert mit venezianischen Bogengängen, einen *Dom* mit schiefem Campanile und ein Archäologisches Museum mit Funden aus der Römerzeit.

Aus der Umgebung von Portogruaro kommen die Weine Tocai, Merlot und Cabernet.

Zwei Kilometer weiter südlich liegt **Concordia Sagittaria* mit römischen und frühchristlichen Ausgrabungen.

Von Portogruaro führt eine Straße nach

Caorle, einem alten Fischerstädtchen an der Mündung der Livenza mit einer schönen Altstadt. Wahrzeichen des Städtchens ist die romanische Kathedrale aus dem 11. Jahrhundert. Caorle hat einen ausgedehnten Sandstrand, der auch als „Meer der Wiener" bekannt ist, da hier hauptsächlich Urlauber aus Wien ihre Badeferien verbringen.

San Donà di Piave, 197 km, liegt am linken Ufer der *Piave* und ist ein wichtiges Landwirtschaftszentrum. Eine gute Straße führt von dort nach *Eraclea (Eraclea Mare* an der Mündung der Piave mit 5 km langem Sandstrand und Pinienwald), nach dem kleinen Badeort *Marina di Santa Croce* und nach *Jesolo* (Reste der alten Kathedrale aus dem 6. Jh. und der Basilika San Mauro aus dem 9. Jh.; zinnengekrönter Stadtturm), von wo aus man in wenigen Fahrminuten den

Lido di Jesolo erreicht. Dieser Lido mit seinem 15 Kilometer langen Badestrand besteht fast ausnahmslos aus modernen Hotels und Pensionen. Der Sand enthält kieselsaures Salz und ist deshalb für Therapien geeignet.

Die Straße Nr. 14 und die Autobahn führen weiter nach

Mestre, 234 km, einer Industriestadt am Rande der Lagune von Venedig.

Abstecher nach *Treviso (20 km)

Wenn man Zeit hat, lohnt sich von Mestre aus ein Abstecher nach Norden auf der Nationalstraße 13 nach

***Treviso,** das reich an historischen Reminiszenzen ist. Mit seinen vielen Kanälen erinnert die Stadt an Venedig. Umschlossen wird Treviso von einer **Stadtmauer* aus dem 15. Jahrhundert. Zu den zahlreichen Sehenswürdigkeiten der Stadt gehören der Dom **San Pietro* (Krypta und Taufkapelle 12. Jh., byzantinische Fresken, Altarbild von Tizian), die romanisch-gotische Backsteinkirche *San Nicolò* (13./14. Jh.) mit Fresken von Tommaso da Modena (Fresken dieses größten italienischen Malers des 14. Jahrhunderts nach Giotto kann man auch in anderen Kirchen der Stadt sehen), die freskengeschmückte Kirche *San Francesco* (13. Jh.), die gotische Basilika *Santa Maria* (15. Jh.), der *Palazzo dei Trecento* (12. Jh.), das *Museo Grico* (archäologische Sammlungen seit der Bronzezeit) und nicht zuletzt die bemalten Häuserfronten, die über Stützmauern, Gäßchen, Brücken und tiefgelegene Bogengänge ragen.

*

Von Mestre führt eine Straße über den 3,6 Kilometer langen Lagunendamm *(Ponte della Libertà)* zum *Piazzale Roma* (Parkplätze, Hochgarage, Vaporetto-Stationen) in

*****Venedig,** 240 km, s. S. 106.

Route 8: ***Venedig – *Padua – **Vicenza – **Verona – *Brescia – ***Mailand (289 km)

Von *Venedig* (s. S. 106) gelangt man über *Mestre* (s. S. 180) auf die Autobahn, die an Padua (33 km), Vicenza (66 km), Verona (115 km), Brescia (181 km) und Bergamo (224 km) vorbei direkt nach Mailand (278 km) führt. Um diese Städte kennenzulernen, muß man entweder immer von der Autobahn abfahren oder gleich die Nationalstraße Nr. 11 (die nachfolgend beschrieben wird) benutzen. Zwischen Venedig und Padua führt sie am Ufer der *Brenta* entlang. Hier bauten sich venezianische Patrizierfamilien vom 16. bis 18. Jahrhundert prächtige Villen, in denen sie den Sommer verbrachten. Solche Villen sieht man noch in *Oriago, Mira, Dolo* und

***Stra,** 34 km. Hier besichtige man vor allem die * *Villa Pisani* (18. Jh.) mit Deckenfresken von Tiepolo im Ballsaal. Die Villa beherbergte Kaiser, Könige und Fürsten, darunter Napoleon, als Gäste.

****Padua** *(Padova),* 44 km, hat eine reiche geschichtliche Vergangenheit mit Baudenkmälern vieler Epochen, ist aber hauptsächlich als Stadt des heiligen Antonius bekannt. Er ist in der an Kunstschätzen reichen romanisch-byzantinischen ***Basilica di Sant'Antonio,* genannt „Il Santo" (13. Jh., berühmte Wallfahrtsstätte) bestattet. Drei Kreuzgänge schließen an die Kirche an.

Neben der Basilika liegen das *Oratorio di San Giorgio* (14. Jh.) mit Fresken von Altichiero und Avanzo, die **Scuola del Santo* (mit Gemälden von Tizian) und das *Städtische Museum* mit einer bedeutenden Gemäldesammlung. Auf dem Platz vor der Kirche sieht man das ** *Reiterstandbild* (1447) des Heerführers Gattamelata von Donatello. Es ist das erste große Reiterstandbild in Bronze seit der Antike. Ganz nahe erstreckt sich die sehr große Parkanlage *Prato della Valle* mit Kanälen, Statuen, Obelisken und der Kirche **Santa Giustina* (16. Jh.), einem gewaltigen, kuppelgekrönten Bau der Hochrenaissance.

Mittelpunkt der mit prächtigen Bauwerken aufwartenden Stadt sind die nebeneinanderliegenden Plätze *Piazza delle Frutta, Piazza delle Erbe* und *Piazza dei Signori.* Dort besichtige man den mit seitlichen Loggien und einem gewaltigen kielförmigen Bleidach (1306) ausgestatteten ***Palazzo della Ra-*

gione (12./13. Jh.), der durch einen Bogen mit dem *Palazzo Municipale* (16. Jh.) verbunden ist, ferner die *Loggia della Gran Guardia* (1523) und den *Palazzo del Capitano* mit dem Uhrturm. Dort gelangt man durch einen Bogen in den Palasthof und in die *Sala dei Giganti*, den Rest des Palastes der Carrara, die im 14. Jahrhundert Padua regierten.

Durch einen anderen Bogengang gelangt man zum Domplatz mit dem *Renaissancedom* aus dem 16. Jahrhundert (unvollendete Fassade) und dem romanischen *Baptisterium* (13. Jh.).

Nur wenige Schritte östlich der Piazza dei Signori steht der Bau der 1222 gegründeten *Universität*, der seine heutige Gestalt zum großen Teil im 16. Jahrhundert erhalten hat. Das Universitätsgebäude enthält unter anderem den ältesten Anatomie-Vorlesungssaal der Welt (1594) und ein interessantes Auditorium Maximum, dessen Wände mit dem Wappen der einstigen Studentenschaften geschmückt sind.

Im *Cafè Pedrocchi* schräg gegenüber waren einst berühmte Künstler zu Gast. Am *Corso Garibaldi*, an der Stelle eines römischen Amphitheaters (Überreste erhalten) steht die ***Cappella degli Scrovegni* (1305), auch „Madonna dell'Arena" genannt. Hier hat Giotto von 1304 bis 1306 einen aus 38 Bildern bestehenden Freskenzyklus gemalt, der als Grundlage für die Entwicklung der italienischen Malerei in den folgenden Jahrhunderten und als größte malerische Äußerung des 14. Jahrhunderts gilt.

Südwestlich von Padua erstreckt sich das Thermalgebiet der *Euganeischen Hügel*, deren Schönheit zu allen Zeiten von Dichtern besungen wurde. Der bekannteste Kurort dieses Gebietes ist *Abano Terme* (12 km von Padua), ein auch von Nordländern stark besuchter Schlammbad-Kurort mit schönen Park- und Gartenanlagen, allen touristischen Einrichtungen und der sehenswerten Kirche *San Lorenzo*, (12./14. Jh.). Nahebei liegen die ebenfalls viel besuchten Heilbäder *Montegrotto Terme* mit Resten eines römischen Theaters und einer antiken Thermenanlage, *Battaglia Terme* und *Arqua Petrarca* mit dem Grab des großen Dichters Francesco Petrarca, der hier 1374 starb.

Auf der Nationalstraße 11 oder auf der Autobahn fährt man von Padua weiter nach Vicenza, 77 km.

**VERONA

Verona ist nach Rom die an antiken Denkmälern reichste Stadt Italiens. Aber auch Mittelalter und Renaissance haben in dieser bedeutenden Kunststadt eindrucksvolle Zeugnisse hinterlassen. Daneben ist Verona auch die Stadt des Ostgotenkönigs Theoderich, des „Dietrich von Bern" der deutschen Heldensage, der hier residierte, der spätere Sitz der Langobardenkönige, der Karolinger und der Scaliger und nicht zuletzt die Stadt des unsterblichen Liebespaares Romeo und Julia.

Balkon der Julia

Auf der *Piazza Bra* liegt das römische

****Amphitheater** [1] aus dem 1. Jahrhundert n. Chr. Alljährlich im Sommer finden in der Arena international bekannte und gefragte Opernaufführungen statt. Daneben steht das 1838 in spätklassizistischem Stil erbaute *Rathaus* [2]. Auf der anderen Seite des Platzes ist das *Museo Lapidario* [3] aus dem 17. Jahrhundert zu sehen, das griechische, etruskische und römische Altertümer enthält.

Durch die *Via Mazzini* gelangt man zur *Via Cappello* mit dem *Haus der Julia* [4]. Das gotische Haus (13. Jh.) hat eine sehr schöne Hoffassade mit dem berühmten (rekonstruierten) Balkon, von dem aus das durch Shakespeare unsterblich gewordene Mädchen den Ständchen des verliebten Romeo gelauscht haben soll. – Die

***Piazza delle Erbe** [5] verdankt ihren Namen dem malerischen Obst- und Gemüsemarkt, der hier unter großen Sonnenschirmen abgehalten wird. Auf dem Platz sieht man unter anderem eine *Markussäule* (16. Jh.), einen aus dem 14. Jahrhundert stammenden *Brunnen* mit der Statue der Madonna Verona, den mittelalterlichen *Pranger*, den um 1370 erbauten schlanken *Gardello-Turm* und den barocken *Palazzo Maffei* (17. Jh.).

Überragt wird der Platz vom 83 Meter hohen Stadtturm *(Torre del Comune;* 10. – 12. Jh.). Durch einen Bogen gelangt man auf die benachbarte

***Piazza dei Signori** [6] mit dem *Dantedenkmal* (1865), dem *Palazzo della Ragione* (im Hof die sehenswerte gotische „Treppe des Rechts"), dem *Palazzo del Capitano*, der früheren Residenz des venezianischen Statthalters, dem zinnengekrönten *Palazzo del Governo* und der **Loggia del Consiglio* [7], die 1486 bis 1492 im Renaissancestil erbaut wurde. Unweit davon liegen die gotischen, von einem schmiedeeisernen Gitter umgebenen **Scaligergräber* [8], wo Angehörige der Familie der Scaliger bestattet sind, unter denen die Stadt im 13. und 14. Jahrhundert eine Blütezeit erlebte. Vor den Grabmälern steht die Kirche

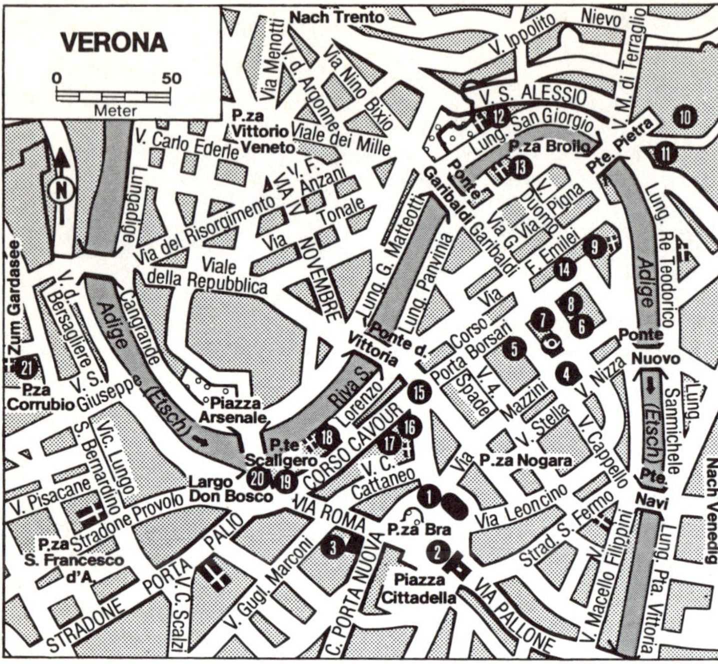

Santa Maria Antica (7. Jh., im 12. Jh. erneuert).

Die *Via Anastasia* führt zur Basilika **Santa Anastasia* [9], dem im 13. Jahrhundert errichteten wichtigsten gotischen Bauwerk der Stadt. Der dreischiffige Innenraum enthält reich geschmückte Kapellen und Altäre. Auf dem ursprünglich römischen *Ponte Pietra* (im Mittelalter wiederhergestellt, 1945 zerstört und im alten Stil neu erbaut) überquert man nun die Etsch und sieht vor sich auf dem Petershügel das **Castel San Pietro* [10], das auf den Resten des Palastes von König Theoderich, des späteren langobardischen Königsschlosses, steht. Der heutige Bau wurde im 19. Jahrhundert von den Österreichern errichtet.

Am Fuße des Hügels liegt das *Römische Theater* [11], das die Kirche *Santa Libera* (12. Jh.) umschließt. Meisterwerke von Tintoretto und Veronese enthält die Kirche *San Giorgio in Braida* [12]. Von hier aus kann man wieder die Etsch überqueren und kommt dann zum *Dom* [13] (12. Jh.), der romanisch errichtet und später gotisch umgebaut wurde. Von der reichen Ausstattung des Gebäudeinneren verdienen ein Altar von Sansovino und das Gemälde „Mariä Himmelfahrt" von Tizian besondere Erwähnung.

Im *Palazzo Forti* [14] sind das *Museo di Risorgimento* und die *Galleria d'Arte Moderna*.

Weitere Sehenswürdigkeiten der Stadt sind die **Porta Borsari* [15], ein römisches Stadttor aus dem 1. Jahrhundert n. Chr., die Kirche *Santi Apostoli* [16] mit schönem romanischem Glockenturm, der *Palazzo Bevilacqua* [17] aus dem Jahr 1530, die Kirche *San Lorenzo* [18] aus dem 12. Jahrhundert, der römische Bogen *Arco dei Gavi* [19] und das **Castelvecchio* [20] aus der Scaligerzeit, in dem ein Kunstmuseum untergebracht ist.

Als eine der schönsten romanischen Kirchen Italiens gilt die Basilika

****San Zeno Maggiore** [21], die in ihrer heutigen Gestalt seit dem Jahr 1138 besteht. Man beachte die mit Reliefs geschmückten **Bronzeplatten* (12. Jh.) auf den Türflügeln. Im Innern ist vor allem das **Triptychon* (1459) von Andrea Mantegna auf dem Hauptaltar sehenswert. In der Krypta sieht man den Reliquienschrein des heiligen Zeno.

Die Stadt besitzt neben zahlreichen weiteren sehenswerten Kirchen und Palästen auch noch zwei Stadttore aus dem 16. Jahrhundert.

Abstecher zum Gardasee

Man verläßt Verona im Westen und erreicht den ***Gardasee* (s. S. 137) bei *Peschiera*, 157 km, wo noch die zinnengekrönten Mauern und Basteien der alten österreichischen Festung (1814 – 1866) zu sehen sind.

Von hier empfiehlt sich die Fahrt am Ostufer des Sees entlang nach *Lazise* (9 km), das noch eine alte Stadtmauer, eine Scaligerburg und andere bemerkenswerte Bauten besitzt, sowie nach *Bardolino* (5 km weiter) mit den beiden besuchenswerten Kirchen San Zeno (9. Jh.) und San Severo (12. Jh.) sowie zwei Tore und einen Turm der mittelalterlichen Stadtmauer. Drei Kilometer nördlich von Bardolino, nach dem auch ein sehr bekannter Wein benannt ist, liegt der beliebte Urlaubsort

Garda. In der deutschen Heldensage kommt der Ort als „Garden" vor; dort residierte Hildebrand, der Waffenmeister Theoderichs. Auf einer Bergkuppe (45 Min. Fußweg) liegt das Kloster *San Giorgio*, von dem aus man einen herrlichen Rundblick über den See hat.

Noch acht Kilometer weiter nördlich kommt man nach *Torri di Benaco* mit einer Scaligerburg und der Kirche Santa Trinità (15. Jh.), die wertvollen Freskenschmuck zeigt. Wenn man der Straße weiter folgt, gelangt man über den vielbesuchten Ferienort *Malcesine* mit seiner mächtigen Scaligerburg zu Füßen des *Monte Baldo* (Seilbahn), nach *Torbole* und *Riva* (s. S. 137).

*

Kurz nach *Peschiera* zweigt rechts von der Nationalstraße 11 eine Straße ab, die zu der drei Kilometer weit in den See hineinragenden Halbinsel

***Sirmione** führt. Am Fuß eines Felsvorsprungs, der die Spitze der Halbinsel bildet, liegt der gleichnamige Ferienort. Er bietet schwefelhaltige Thermalquellen, Bade- und Kuranlagen, Badeplätze und gute touristische Einrichtungen. Umgeben ist Sirmione von Stadtmauern aus der Scaligerzeit. Sehenswert ist die **Scaligerburg* (1259). Auf einer kleinen Anhöhe steht die Kirche *San Pietro in Ma-*

vino (11. Jh.). Auf der Spitze der Halbinsel sieht man die Ruinen einer großen römischen Villa oder eines Thermalbades, genannt „Grotten des Catull".

Am südwestlichen Ende des Gardasees liegt

Desenzano, 171 km, wo die nach Norden führende Straße entlang der Westküste (s. Route 1) beginnt. An die Römerzeit erinnert eine *Badevilla* mit schönen Mosaiken. Das Altarbild „Letztes Abendmahl" in der *Pfarrkirche* schuf Tiepolo. Vom mittelalterlichen *Kastell* und von der Uferpromenade aus genießt man einen schönen Rundblick über den südlichen Teil des Sees.

Über *Rezzato* erreicht man schließlich

***Brescia,** 199 km, s. S. 138. Von hier aus kann man über ***Bergamo* (251 km) wie in der Route 1 beschrieben nach

*****Mailand,** 289 km (s. S. 126) weiterfahren. Ein (lohnender) Umweg für Reisende, die Bergamo schon kennen, ist die Weiterfahrt auf der Straße 235 über **Crema,* das einen sehenswerten romanisch-gotischen Dom (13. Jh.) und andere bedeutende Bauwerke zu bieten hat.

Route 9: ***Mailand – **Parma – **Modena – *Bologna – *Rimini (333 km)

Wer es eilig hat, kann die ganze Strecke dieser Route durchgehend auf der Autobahn zurücklegen. Dabei lernt man wohl interessante Landschaften der Poebene und des Apennin kennen, nicht aber die zahlreichen rechts und links der Autobahn liegenden Städte, die eine Besichtigung lohnen würden. Es ist daher ratsam, entweder vor den sehenswerten Städten die Autobahn zu verlassen oder Teilstrecken auf den Nationalstraßen zu fahren.

Man verläßt ****Mailand* (s. S. 126) im Südosten über den *Corso Lodi* und gelangt nach kurzer Fahrt auf der Nationalstraße 9 nach

Lodi, 32 km, dem Mittelpunkt eines reichen Landwirtschaftsgebietes. Hier sollte man den *Dom* (12. Jh.) mit barocker Innenausstattung, den *Broletto* (13. Jh.) und die Renaissancekirche *Incoronata* (15. Jh.) besichtigen.

Lohnend ist ein Abstecher auf der Straße 235 nach dem acht Kilometer westlich liegenden

Sant'Angelo Lodi mit dem sehenswerten *Castello Morando Bolognini* (11. Jh.). Eine Wallfahrtskirche erinnert an die heilige Maria Cabrini (1850 – 1917), deren Geburtshaus ebenfalls noch erhalten und als Museum eingerichtet ist.

Auf einer anderen Nebenstraße erreicht man von Lodi das sechs Kilometer westlich davon liegende

Lodi Vecchio mit der bemerkenswerten Kirche *San Bassiano* (378, im 8. Jh. erneuert) und der Kirche

San Pietro mit Resten einer mittelalterlichen Abtei.

Die Straße Nr. 9 führt über *Casalpusterlengo,* 52 km, nach Piacenza, 68 km.

*PIACENZA

Den architektonisch-künstlerischen Mittelpunkt der Stadt bilden die historischen Bauten an der **Piazza Cavalli:* der *Palazzo Gotico* (auch *Palazzo Comunale*) aus dem 13. Jahrhundert, vor dem zwei Reiterstandbilder Herzöge der Adelsfamilie Farnese stehen — sie regierte die Stadt von 1545 bis 1731 —, der *Palazzo Governatore* (17. Jh.) und ganz in der Nähe die Kirche San Francesco (1278).

Vom oben genannten Platz führt die *Via XX Settembre* zum **Dom,* der 1122 romanisch begonnen und im 13. Jahrhundert frühgotisch vollendet wurde. Interessant sind die Loggien an seinen Seiten und die Apsiden. In der Nähe liegt die Basilika *Sant'Antonio* (11. Jh.) mit schönem Vorhof und vieleckigem Campanile.

Von der Piazza Cavalli führt die *Via Cavour* zum *Palazzo Farnese* (16. Jh.), in dem eine Sammlung historischer Staatskutschen zu sehen ist. Von hier ist es nicht weit zur Kirche *San Sisto,* die 1511 im Frührenaissancestil errichtet wurde. Für ihren Hochaltar malte Raffael die berühmte Sixtinische Madonna (jetzt in Dresden). Das Original wurde 1725 durch eine Kopie ersetzt. Beachtenswert sind die Grabdenkmäler der Farnese.

Zu den weiteren Sehenswürdigkeiten der Stadt gehören zahlreiche Renaissancekirchen und Adelspaläste sowie das *Museo Civico* (Via San Tommaso 14) mit etruskischen Bronzen, alten Waffen, einer Gemäldegalerie und anderen Kunstgegenständen.

Lohnend sind Rundfahrten durch die Provinz Piacenza. Die Po-Landschaft mit ihren vielfach bewaldeten Hügeln, Hunderten von Schlössern und zahlreichen Kunstdenkmälern bietet dem Besucher ein interessantes und abwechslungsreiches Bild. Besuchenswerte Ausflugsorte sind *Bet-*

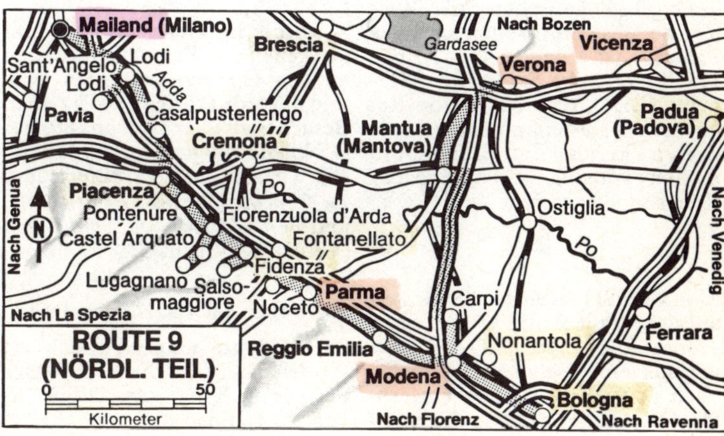

tola, Bobbio, Castell'Arquato und *Grazzano Visconti.*

*

Abstecher nach *Cremona

Wenn man Zeit hat, lohnt sich der Abstecher nach der 32 Kilometer nordöstlich liegenden Stadt

***Cremona,** die seit dem 16. Jahrhundert durch ihre Geigen weltbekannt ist. Die Stradivari, Guarneri und Amati bauten Geigen, Bratschen und Celli von höchster Klangqualität. Cremona ist auch die Heimat Monteverdis (1567 – 1643), des ersten großen Musikdramatikers und bedeutendsten italienischen Komponisten des 17. Jahrhunderts.

Mittelpunkt der Altstadt ist die *Piazza del Comune* mit der romanisch-gotischen **Kathedrale* (12. – 13. Jh.), die einen Renaissancegiebel besitzt. Neben ihr liegt das 1167 erbaute achteckige *Baptisterium.* Der gegenüberliegende **Palazzo dei Militi* (1292) mit seiner Spitzbogen-Loggia ist einer der schönsten öffentlichen Bauten lombardisch-gotischen Stils. Weitere Sehenswürdigkeiten sind der *Palazzo del Comune* (1245), der 115 Meter hohe Stadtturm **Torrazzo* (1250), eine Reihe von Renaissancepalästen mit bemerkenswerten Fassaden und Höfen sowie mehrere romanische, gotische und Renaissance-Kirchen.

*

Man verläßt Piacenza im Südosten auf der Straße 9 und gelangt nach *Fiorenzuola d'Arda,* 90 km, von wo aus eine Nebenstraße rechts nach dem elf Kilometer entfernten Ort *Castell'Arquato* führt. In ihrem höher gelegenen Teil mit einer romanischen Basilika hat sich diese Ortschaft noch ihren mittelalterlichen Charakter bewahrt. Nur drei Kilometer von hier entfernt liegt der Kurort *Bacedasco* (Schwefel-, Brom- und Jodquellen). Wenn man von dort aus der Straße 359 nach Süden folgt, kommt man über *Lugagnano* zum malerischen *Stausee von Mignano* und nach *Veleja Romana* mit römischen Ausgrabungsfunden.

Kurz nach *Fiorenzuola* zweigt links eine Nebenstraße ab nach *Chiaravalle della Colomba* (4 km), das wegen seiner Zisterzienserabtei (13. Jh.; gotischer Kreuzgang) einen Besuch lohnt. – Die Nationalstraße 9 („Via Emilia") führt weiter nach

***Fidenza,** 105 km, wo ein romanisch-gotischer *Dom* (12. – 13. Jh.) mit Löwenportal sowie Prophetenstatuen an der Fassade steht. Sehenswert sind auch der *Palazzo Comunale* (Rathaus; 13. Jh.), die *Antoniuskirche* aus der gleichen Zeit und das ebenfalls aus dem Mittelalter stammende *Tor* beim Dom.

Auch die im Gebiet um Fidenza gelegenen drei Erinnerungsstätten an den Opernkomponisten Giuseppe Verdi (1813 – 1901) ziehen Besucher als aller Welt an: *Busseto* (15 km nördlich; Burg aus dem 16. Jh., Theater und Verdimuseum), *Le Roncole* (Verdis Geburtshaus) und *Villa Verdi di Sant'Agata* (Verdis Wohnhaus).

Abstecher nach Salsomaggiore

Von Fidenza empfiehlt sich ein Abstecher auf der Straße 359 nach dem neun Kilometer südlich liegenden Heilbad

Salsomaggiore, das Brom- und Jodwasserquellen, 15 Kuranstalten, sehr schöne Park- und Gartenanlagen und touristische Einrichtungen aller Art besitzt. In der Nähe liegt der Garten *Poggio Diana.*

Auch die umliegenden Kurbäder *Tabiano Terme, Sant'Andrea Terme, Monticelli* und *Tugo di Berceto* werden wegen ihrer Heilquellen viel besucht.

*

Elf Kilometer nach Fidenza zweigt links eine Straße ab nach

***Fontanellato** (7 km) mit der **Rocca,* einem der schönsten alten Schlösser nördlich von Rom. Der Bau stammt aus dem 12. Jahrhundert (im 16. Jh. vergrößert) und ist von einem Wassergraben umgeben. Die elegant ausgestatteten Räume schmücken kostbare Fresken und andere Malereien aus dem 16. und 17. Jahrhundert.

Rechts zweigt von der Nationalstraße 9 eine andere Nebenstraße ab nach *Noceto* (6 km), wo ebenfalls ein prächtiges Schloß steht. Nach einer Fahrt von 128 Kilometern erreicht man Parma.

**PARMA

Die am gleichnamigen Fluß, einem Nebenfluß des Po, gelegene Stadt ist nicht nur eine der interessantesten mittelitalienischen Kunststädte, sondern nimmt auch im Musikleben einen wichtigen Platz ein. Hier und in der unmittelbaren Umgebung wurden unter anderem die Komponisten Verdi und Pizzetti sowie der Dirigent Toscanini geboren. Außerdem verfügt die Stadt mit dem *Teatro Regio* über eine der besten Opernbühnen Italiens. Überdies entwikkelten sich in Parma zahlreiche große Malschulen. Man kann in der Stadt die bedeutendsten Werke von Correggio und von Parmigianino (der hier geboren wurde) bewundern.

Nach den Wechselfällen des Mittelalters war Parma bis zum Jahr 1860 die Hauptstadt eines selbständigen Herzogtums, das zunächst von den Farnese (bis zum 18. Jh.), dann von den Bourbonen regiert wurde.

Der

****Dom** [1] aus dem 11. und 12. Jahrhundert gehört zu den schönsten romanischen Kathedralen

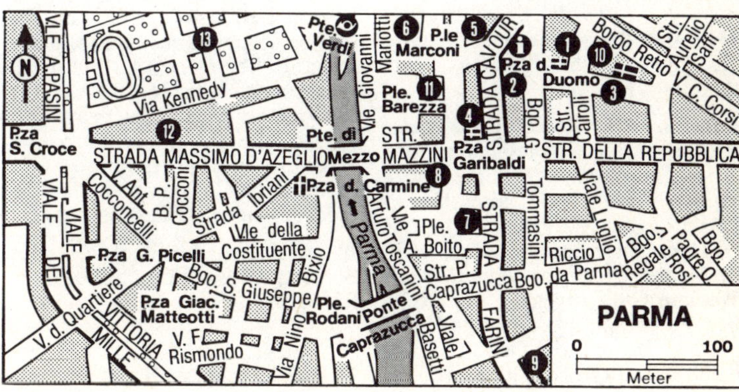

Italiens. Seine Kuppel wurde von Correggio ausgemalt. Das Innere birgt herrliche Deckengemälde (13. – 14. Jh.) und Werke von Antelami (Plastik „Kreuzabnahme", Bischofsstuhl), dem Hauptmeister der romanischen Bildhauerei in Italien. Der Campanile wurde 1294 errichtet. – Das neben dem Dom stehende achteckige ***Baptisterium* [2] von Antelami, der auch den Skulpturenschmuck schuf, wurde 1196 begonnen, aber erst 1260 vollendet. Es ist das bedeutendste romanische Bauwerk des Landes.

Hinter der Apsis des Doms besichtige man die Kirche *San Giovanni Evangelista* [3], deren Kuppel von Correggio ausgemalt ist, während die Wandfresken von Parmigianino stammen. Im angeschlossenen Benediktinerkloster sind die beiden *Renaissancekreuzgänge* sehenswert. Zu den schönsten Kirchen der italienischen Renaissance gehört die Kirche *Madonna della Steccata* [4] aus dem 16. Jahrhundert mit Fresken von Parmigianino und den Gräbern der Farnese im Untergeschoß. Im ehemaligen Benediktinerkloster *San Paolo* [5] besichtige man das **Zimmer des heiligen Paulus (Camera di San Paolo),* das Correggio 1517 mit dem Fresko „Allegorie des menschlichen Lebens" geschmückt hat. Im

Palazzo della Pilotta [6] (1583), der Residenz der Farnese, sind das *Antikenmuseum,* die *Biblioteca Palatina* (wertvolle alte Manuskripte und Inkunabeln), das **Teatro Farnese* aus dem Jahr 1618 und die ***Nationalgalerie* mit Werken von Correggio, Fra Angelico, Parmigianino, Cima da Conegliano, Bronzino, Tiepolo, Holbein und El Greco untergebracht. Eine andere berühmte Pinakothek ist die *Galleria Stuard* [7], in der hauptsächlich toskanische und emilianische Gemälde aus dem 13. bis 15. Jahrhundert zu sehen sind. Nahebei liegt das *Bottego-Museum* [8] mit zoologischen und mineralogischen Sammlungen. Im Süden der Stadt (Via San Martino 8) lohnt das **Museum für Chinesische Kunst* [9] mit Bronzen aus dem 2. und Keramiken aus dem 3. Jahrtausend v. Chr. bis zur Neuzeit einen Besuch.

Weitere Sehenswürdigkeiten Parmas sind die 1298 erbaute Apotheke *San Giovanni* [10], das *Teatro Regio* [11], das *Staatsarchiv* [12] mit Dokumenten aus der Zeit der Farnese und der Bourbonen und der *Herzogliche Park* [13].

Wer sich länger in Parma aufhält, findet in den umliegenden Bergen viele lohnende Ausflugsziele. Rund um die Stadt liegen auch mehr als 40 Burgen aus dem 13. bis 16. Jahrhundert.

*

Die Nationalstraße 9 führt weiter nach

Reggio nell'Emilia, 155 km, das schöne Renaissancepaläste, einen romanischen *Dom* (13. Jh.) mit Renaissancefassade (16. Jh.), ein *Rathaus* mit einem Stadtturm aus dem 15. Jahrhundert, die im Barockstil erbaute Wallfahrtskirche *Madonna della Ghiara* und andere bemerkenswerte Bauten besitzt.

In den südlich der Stadt liegenden Bergen gibt es zahlreiche Sommerfrischen.

****Modena,** 180 km, von 1598 bis 1860 die Hauptstadt des Herzog-

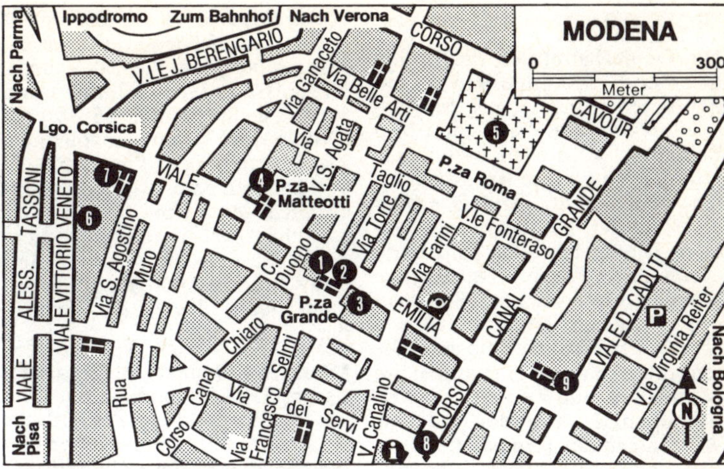

tums der Este, bietet viele sehenswerte Bauten. Wahrzeichen der Stadt ist der 87 Meter hohe Glokkenturm *Ghirlandina* [1] aus dem Jahr 1319. Der mächtige **Dom* [2] aus dem 11. bis 13. Jahrhundert gehört zu den schönsten Beispielen der romanischen Baukunst. Im nahen **Palazzo Comunale* [3] besichtige man die *Sala del Fuoco (Feuersaal)* mit sehenswerten Fresken und Dekorationen aus dem 16. Jahrhundert. Nur wenige Schritte vom Dom entfernt steht die Kirche *San Giovanni Battista* [4] (17. Jh.) mit einer eindrucksvollen „Pietà“ (1476) von Guido Mazzoni. Durch die Via Farini kommt man zum *Palazzo Ducale* [5]. Der Herzogspalast (1634) ist heute Sitz der Militärakademie und hat einen prächtigen barocken Ehrenhof (17. Jh.).

An der großen *Piazza Sant'Agostino* steht der ***Palazzo dei Musei* [6], einer der schönsten Barockpaläste in Italien. In dem Gebäude sind mehrere Museen untergebracht, darunter die ***Galleria Estense* mit Gemälden von Veronese, Tintoretto, Bassano, Correggio, Guercino, El Greco, Velázquez und vielen anderen Malern.

Ein schöner Barockbau ist auch die nahe Kirche *Sant'Agostino* [7].

Weitere sehenswerte Kirchen sind *San Pietro* [8] mit einer Renaissancefassade in Terrakotta, einem schönen Glockenturm und reich geschmücktem Innern und **San Biagio del Carmine* [9], die wegen ihrer Kuppel- und Apsisfresken von Mattia Preti, einem Schüler Caravaggios, besuchenswert ist.

Neun Kilometer östlich von Modena liegt an der Straße 255 der Ort

***Nonantola** mit der alten Abtei **San Silvestro* (12. Jh.), die eine skulpturengeschmückte Fassade und eine von 82 Säulen mit romanischen Kapitellen gestützte Krypta besitzt.

Man verläßt Modena im Osten und erreicht bald Bologna, 219 km.

 Pläne S. 189 u. 194

*BOLOGNA

Die Landeshauptstadt der Emilia ist einer der Brennpunkte des italienischen Kulturlebens. Im Mittelalter war die Universität von Bologna (1088 als Hochschule gegründet) durch ihre Rechtsgelehrten weltbekannt. Damals erhielt die Stadt den Beinamen „La Dotta" („Die Gelehrte"). Zahlreiche erhaltengebliebene großartige Bauwerke und Kunstschätze zeugen von der reichen geschichtlichen Vergangenheit Bolognas. Die schönsten Bauten entstanden im Mittelalter, zur Zeit der Stadtrepublik, und unter den Adelsgeschlechtern der Renaissance.

Mittelpunkt der Stadt ist die **Piazza Maggiore* mit der Basilika

****San Petronio** [1], die 1390 im gotischen Stil begonnen und im 17. Jahrhundert fertiggestellt wurde. Die Fassade mit Skulpturen von Jacopo della Quercia (15. Jh.) am Mittelportal blieb unvollendet. Das Innere ist reich mit Gemälden und anderen Kunstwerken (hauptsächlich aus dem 15. Jh.) geschmückt. Neben der Kirche steht der *Palazzo dei Notai* [2] (14. Jh.) und schräg gegenüber, auf der angrenzenden **Piazza del Nettuno,* der

***Palazzo Comunale** [3]. Dieser gotische Gebäudekomplex entstand aus der Verbindung des *Palazzo Accursio* (13. Jh.) mit späteren Gebäuden. Am Hauptportal erinnert eine Bronzestatue an den aus Bologna stammenden Papst Gregor

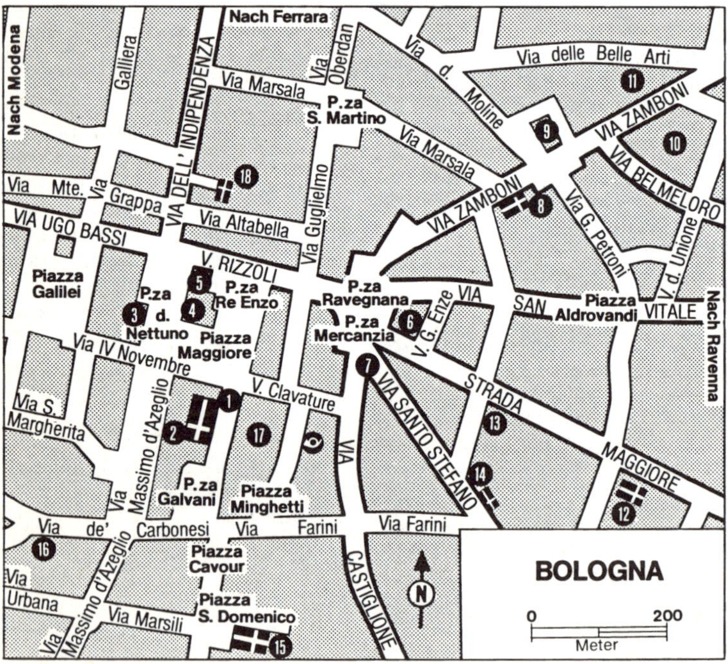

XIII., der 1582 den Gregorianischen Kalender einführte. Im ersten und zweiten Stock sind die *Städtischen Kunstsammlungen (Collezioni Comunale d'Arte)* untergebracht.

Gegenüber der Kirche San Petronio liegt der **Palazzo del Podestà* [4] aus dem Jahr 1484 mit zinnengekröntem Turm (1212). Ein Laubengang führt zum *Palazzo Re Enzo* [5] (13. Jh.), der den Namen von König Heinz (Enzo), dem Sohn Friedrichs II., trägt, der hier in den Jahren 1249 bis 1272 von den Bolognesern gefangengehalten wurde. Zwischen den beiden Palästen zieht der prächtige ***Neptunbrunnen* (1566), von Giambologna den Blick auf sich.

Durch die *Via Rizzoli* kommt man zu den sogenannten **Due Torri* [6], den beiden „Schiefen Türmen" der Stadt, die im 12. Jahrhundert an Adelspalästen errichtet wurden. Ganz in ihrer Nähe liegt die *Loggia del Carrobbio* [7] (auch *Palazzo della Mercanzia*), eine gotische Markthalle aus dem Jahr 1384. Bemerkenswert sind auch die zu beiden Seiten angrenzenden Häuser aus dem 14. und 15. Jahrhundert.

Durch die *Via Zamboni* (schöne Paläste) gelangt man zur gotischen Kirche *San Giovanni Maggiore* [8] aus dem Jahr 1267 mit Portal und Bogengang aus dem 15. Jahrhundert. Kurz darauf kommt man zum *Stadttheater* [9] (18. Jh.) und dann zu der berühmten *Universität* [10], die im ehemaligen Palazzo Poggi (1540) untergebracht ist. Nun biegt man in die *Via Belle Arti* ab, wo man viele mittelalterliche Häuser mit charakteristischen Holzlauben sieht und die ***Pinakothek* [11] (einheimische Meister des 14. – 17. Jh., Werke von Giotto Raffael, Tintoretto) einen Besuch lohnt.

Schöne Renaissancepaläste liegen in der *Strada Maggiore*. Hier besichtige man die Kirche *Santa Maria dei Servi* [12] (14. Jh.) mit vorgebautem Bogengang und den *Palazzo Isolani* [13] mit Holzgebälk aus dem 13. Jahrhundert.

Die *Piazza Santo Stefano* wird vor allem geprägt durch die

***Basilica di Santo Stefano** [14]. Sie besteht aus sieben zum Teil aus dem 5. Jahrhundert stammenden und zwischen dem 11. und 13. Jahrhundert erneuerten Einzelkirchen, die durch Höfe und Arkaden miteinander verbunden sind. Romanische Glockentürme und Kreuzgänge ergänzen die Anlage.

Eine weitere sehenswerte Kirche ist

****San Domenico** [15], 1221 erbaut und 1728 erneuert. Man beachte vor allem die sogenannte ***Arca*, den Bogen, in dem der heilige Dominikus beigesetzt ist. Das Grabmal wurde 1267 begonnen und 1494 von Michelangelo fertiggestellt. Auf dem Platz vor der Kirche kann man Gräber von Bologneser Juristen aus dem Mittelalter sehen.

Von den vielen Palästen der Stadt sind vor allem der **Palazzo Bevilacqua* [16] (15. Jh.) mit sehr schönem Säulenhof und der *Palazzo dell' Archiginnasio* [17], Sitz der alten Universität, sehenswert.

Schließlich besichtige man noch den Dom *Sankt Peter* [18] mit seinem Campanile aus dem 12. Jahrhundert und einer 1743 und 1776 erneuerten Fassade, und die im Westen der Stadt liegende gotische

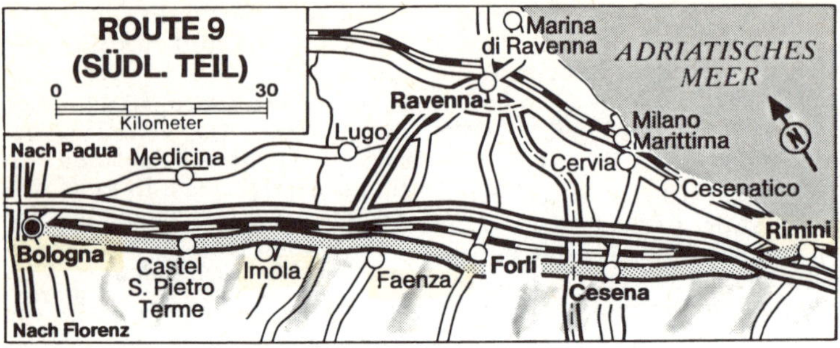

Kirche **San Francesco*, in deren Apsis sich das Grabmal des Papstes Alexander V. befindet.

Die auf einer Anhöhe über der Stadt zu sehende Wallfahrtsbasilika *San Luca* aus dem 11. Jahrhundert wurde 1723 erneuert.

Etwa 26 Kilometer südwestlich von Bologna liegt die Abteifestung von *Monteveglio,* deren Geschichte bis auf das 5. Jahrhundert zurückgeht. Man erreicht sie über die Landstraße der „Castelli Medioevali", die so genannt wird, weil in unmittelbarer Nähe der Straße die Schlösser von Bazzano, Savignano, Monteveglio, Serravalle, Vignola, Guiglia und Spilamberto liegen.

*

Wenn man es eilig hat, kann man von Bologna auf der Autobahn nach Rimini weiterfahren. Sonst verläßt man Bologna im Osten auf der Nationalstraße 9, die zuerst über *Castel San Pietro,* 242 km (Sommerfrische, Thermalquellen, modern eingerichtetes Heilbad) nach

***Imola,** 253 km, führt. Die an historischen Begebenheiten reiche Stadt zeigt in ihrem Grundriß heute noch die Linienführung des einstigen römischen Munizipiums. Zu ihren Sehenswürdigkeiten gehört der **Palazzo Sersanti* (15. Jh.), ein Meisterwerk der Renaissance. Gegenüber steht das barocke *Rathaus.* Außer zahlreichen weiteren Renaissancepalästen hat Imola sehenswerte gotische Kirchen, einen *Dom* (1187) mit Campanile aus dem 15. Jahrhundert, eine *Burg* der Sforza und gut erhaltene Basteien zu bieten. Im Bischofspalast ist eine besuchenswerte Gemäldesammlung zu sehen.

Die Nationalstraße 9 führt schnurgerade weiter nach

***Faenza,** 268 km. Die Stadt ist weltbekannt geworden durch ihre Majolikaarbeiten. Diese „Fayencen" haben ihren Namen in den internationalen Sprachschatz eingehen lassen. Die Blüte dieser Keramikkunst begann um 1200 und erreichte ihren Gipfel im 15. und 16. Jahrhundert. Bedeutende Sammlungen von antiken und modernen Keramiken kann man im **Internationalen Keramikmuseum* sehen.

Ein schönes Werk der Frührenaissance ist der **Dom* (1474). Sehenswert sind ferner der **Palazzo del Popolo* mit schönen Laubengängen und der Palazzo del Podestà (12. – 13. Jh.).

Forlì, 283 km, lohnt wegen seiner *Piazza Saffi* mit dem gotischen *Palazzo del Podestà* (15. Jh.) und der romanischen Kirche **San Mercuriale* (12. – 13. Jh.) mit einem hohen Campanile (1180) einen Aufenthalt. Sehenswert sind ferner der Dom *Santa Croce* mit eindrucksvollen Kuppelfresken, mehrere Renaissancepaläste und das *Archäologische Museum* mit versteinerten Skeletten prähistorischer Tiere, etruskischen Funden, antiken Vasen und anderen interessanten Exponaten.

Über *Forlimpopoli,* 291 km, mit einer Burg aus dem 14. Jahrhundert erreicht man

Cesena, 301 km, das noch von mittelalterlichen Ringmauern umgeben ist und einen bemerkenswerten gotischen *Dom* (14. – 15. Jh.) mit kunstvollen Renaissancealtären besitzt. Sehenswert ist auch der monumentale Renaissancebau der *Biblioteca Malatestiana* (1452). Die aus dem 14. Jahrhundert stammende Burg der Malatesta *(Rocca Malatestiana)* liegt etwas außerhalb der Stadt.

Die Nationalstraße 9 führt schließlich über die römische Brücke *(Ponte Tiberio),* die den Fluß *Marecchia* überspannt, nach

***Rimini,** 333 km, das wegen seines 15 Kilometer langen Sandstrandes und seiner ausgezeichneten touristischen Einrichtungen zu den bekanntesten Seebädern Europas gehört. Mehr als 1500 Hotels und Pensionen, sehr große Campingplätze und zahllose Privatquartiere machen Rimini mit seinen Bade-Vororten Torre Pedrera, Viserbella, Viserba, Rivabella, San Giuliano Mare, Bellariva, Marebello, Rivazzurra und Miramare auch zu einem der größten und meistbesuchten Ferienorte Europas.

Am Schnittpunkt der beiden großen Handelsstraßen „Via Emilia" und „Via Flamina" gelegen, war Rimini schon unter den Römern eine bedeutende Stadt. Aus der römischen Kaiserzeit stammen der **Augustusbogen* (27 n. Chr.; im Mittelalter mit Zinnen versehen) und die *Tiberiusbrücke* (14 n. Chr.). Ein bedeutendes Renaissancebauwerk ist der ***Tempio Malatestiano* (15. Jh.) mit dem herrlichen Renaissancegrabmal des Sigismondo Malatesta, sehenswerten Skulpturen von Duccio und ***Fresken* von Piero della Francesca. Im Sommer finden im „Tempel" Musikfestspiele statt.

Auf der **Piazza Cavour* beachte man den *Palazzo dell'Arengo* (1202) und den *Palazzo del Podestà* (1562). Weitere Sehenswürdigkeiten sind das *Castel Sigismondo* (die Burg der Malatesta), die *Pinakothek,* Reste eines römischen Amphitheaters sowie die Kirchen *San Giuliano* und *Sant'Agostino.*

Forlì: Piazza Saffi

Route 10: (Brenner) – **Verona – **Mantua – *Bologna – ***Florenz (256 km)

Der schnellste Weg vom Grenzübergang Brennerpaß nach Florenz (und weiter nach Rom) ist die E 6. Wegen der zahlreichen sehenswerten Städte an dieser Strecke lohnt es sich jedoch, zumindestens Teilstrecken nicht auf der Autobahn, sondern auf den (guten) Nationalstraßen zu fahren. Die Anreise ist in der Route 1 (s. S. 132) beschrieben. Über Rovereto (s. S. 137) führt die Nationalstraße 12 immer an der *Etsch (Adige)* entlang nach ** *Verona* (s. S. 185). Die Nationalstraße 12 führt dann direkt weiter nach ***Modena* (s. S. 192), doch lohnt sich der Umweg auf der Straße 62 über Mantua, 39 km.

MANTUA

Die Stadt (ital. *Mantova)* liegt am Fluß *Mincio,* der sich an drei Seiten zu großen, seenartigen Becken verbreitert. Während der Römerzeit war Mantua ein Munizipium und Geburtsstätte des Dichters Vergil. Nach den Wirren der Völkerwanderungszeit und des frühen Mittelalters wurde es 1115 eine freie Stadtrepublik. Von 1328 bis 1707 war Mantua unter der Herrschaft des Hauses Gonzaga die Hauptstadt eines Fürstentums.

An Vergil erinnert die große Parkanlage *Virgiliana* mit dem Denkmal des Dichters. Die ehemaligen Paläste der Gonzaga bilden den

*****Palazzo Ducale.** Diese ab 1290 erbaute Residenz der Gonzaga ist mit ihren 15 Höfen, diversen Plätzen, Gärten und mehr als 500 Räumen nach dem Vatikan das größte Schloß in Italien.

In den Sälen des Palastes sind mehrere Museen untergebracht, so das Skulpturenmuseum mit Standbildern aus der hellenischen und römischen Epoche und eine Gemäldegalerie mit Werken von Mantegna, Guercino, El Greco, Rubens, Van Dyck und anderen Malern. Interessant ist der Abstieg über die *Scala del Paradiso* zu den „Gemächern der Zwerge“, mehreren sehr kleinen Räumen, die prachtvoll ausgeschmückt sind. Miniaturtreppen führen in den Garten.

Über die große *Aeneas-Treppe* gelangt man zum **Castello di San Giorgio* (14. Jh.) mit reich ausgestatteten Gemächern.

Auf der *Piazza Sordello* stehen auch der gut erhaltene *Palazzo Bonacolsi,* der *Bischofspalast* (beide 13. u. 14. Jh.) und der Dom *Santi Pietro e Paolo,* dessen ursprünglich romanischer Teil noch rechts sichtbar ist. 1756 erhielt er eine Barockfassade.

Neben der Piazza Sordello liegt die *Piazza delle Erbe* mit dem *Palazzo della Ragione* (13. Jh.) und dem *Broletto,* einem alten Stadtturm (12. Jh.). Der ebenfalls hier stehende *Uhrturm* (15. Jh.) besitzt eine bemerkenswerte astronomische Uhr aus dem Jahr 1473. Nur wenige Schritte weiter kommt man zu der „Rotonda“ genannten, um das Jahr 1000 erbauten Kirche

San Lorenzo, dem ältesten Gebäude der Stadt. Die Frührenaissancekirche ***Sant' Andrea* (1472) erhielt 1782 eine nach Entwürfen von Juvara erbaute Kuppel. Sie enthält Gemälde von Mantegna und das Grab dieses Malers.

Außer einer Reihe weiterer Kirchen und Paläste verdienen in Mantua noch das im Südteil der Stadt liegende *Haus des Mantegna,* ein Renaissancebau aus dem Jahr 1476, der von Andrea Mantegna (1431 – 1506) selbst entworfen wurde, sowie der weiter südlich liegende ***Palazzo Te,* eine schloßartige Renaissancevilla aus dem 16. Jahrhundert mit kunstvoll ausgestatteten Sälen, Beachtung.

Etwa sechs Kilometer westlich der Stadt liegt die Ortschaft *Grazie* mit einer sehenswerten Wallfahrtskirche aus dem Jahr 1399.

Man verläßt Mantua im Süden auf der Straße 62, biegt aber kurz nach der Stadtausfahrt links ab und überquert bei *San Benedetto* den *Po.* Auf der Straße 413 erreicht man das Städtchen Carpi.

Man kann jedoch von Mantua auch auf der Autobahn nach Carpi und weiter nach Modena und Bologna fahren.

***Carpi,** 93 km, besitzt auf der *Piazza dei Martiri* ein gewaltiges mittelalterliches **Schloß* (14. Jh.), zahlreiche Häuser aus dem 15. Jahrhundert mit Bogengängen und einen *Dom* aus dem 16. Jahrhundert. Vom Platz sind es nur wenige Minuten zum *La Sagra* genannten „Alten Dom" aus dem Jahr 750 (heutige Gestalt aus dem 12. Jh.). Im romanischen Innern beachte man die Kanzel aus dem 12. Jahrhundert.

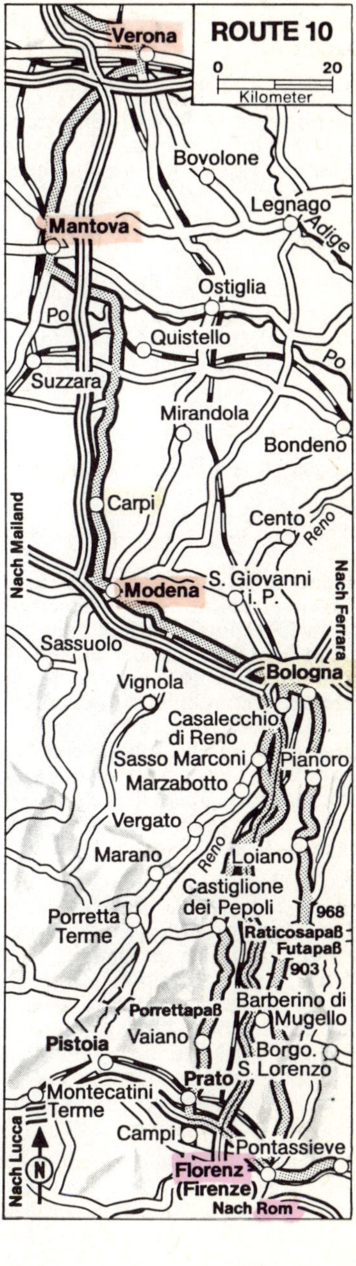

Wenig später erreicht man auf der Straße 413

****Modena,** 111 km, s. S. 192. Die Nationalstraße 9 (auch die Autobahn) führt von hier, wie in der Route 8 (s. S. 181) beschrieben, weiter nach

***Bologna,** 150 km, s. S. 194.

Nun hat man drei Möglichkeiten, über den Apennin nach Florenz weiterzufahren: auf der Autobahn, auf der Straße 265 über die bekannte Sommerfrische *Castiglione dei Pepoli* oder auf der Nationalstraße 65, die landschaftlich die schönste der drei Strecken ist. Sie führt über die beiden Apenninpässe *Raticosa* (968 m) und *Futa* (903 m). An der Straße und in den Seitentälern liegen vielbesuchte Ferienorte.

Nach der Überquerung des Apennin fährt man von Norden her auf der *Via Cavour* in

*****Florenz,** 256 km, s. S. 93, ein.

Route 11: ***Florenz – *Arezzo – *Cortona – **Orvieto – ***Rom (359 km)

Wenn man von ****Florenz* (s. S. 93) nicht auf der Autobahn nach Rom fahren will, verläßt man die Stadt im Osten auf der Straße 67 und fährt am *Arno* entlang durch kleine, freundliche Orte, zuerst nach *Pontassieve,* 18 km, das wegen seiner guten Chiantiweine bekannt ist. Sehenswert ist die von Ammannati über die *Sieve* erbaute Brücke (16. Jh.). In der Umgebung liegen viele alte Burgen.

Nun biegt man rechts auf die Straße 69 ab, die ebenfalls dem Lauf des Arno folgt. Links zweigt eine Landstraße ab nach *Vallombrosa,* einer sehr schön gelegenen Ortschaft mit einem Benediktinerkloster aus dem 11. Jahrhundert. Sie liegt 988 Meter über dem Meeresspiegel und ist sowohl als Sommerfrische als auch als Wintersportort beliebt.

In *Figline Valdarno,* 41 km, sind zwei Kirchen aus dem 13. und 14. Jahrhundert und der Palazzo Pretorio mit mittelalterlichem Turm sehenswert.

Über *San Giovanni* und *Montevarchi* führt die Straße 69 weiter nach Arezzo, 87 km.

*AREZZO

An die alte Etruskerstadt Arretium erinnern noch zahlreiche Funde im **Archäologischen Museum,* das sich in einem ehemaligen Kloster neben den Ruinen eines römischen *Amphitheaters* (1. Jh. n. Chr.) im Süden der Stadt befindet. Arezzo hat sich seinen mittelalterlichen Charakter bis heute bewahrt. Einen Besichtigungsgang beginnt man am besten auf der **Piazza Grande* mit der ältesten Kirche der Stadt,

****Santa Maria della Pieve** [1]. Sie wurde im 12. und 13. Jahrhundert in romanischem Stil erbaut und besitzt eine dreifach gegliederte Säulenfassade. Der Campanile wird wegen seiner zahlreichen romanischen Bogenfenster „Glokkenturm der hundert Löcher" genannt.

Daneben liegen der **Palazzetto di Fraternità* [2] in einem Mischstil aus Gotik und Renaissance, gegenüber die *Loggien* [3] von Vasari (1573), der *Palazzo Lappoli* [4] und der *Palazzo Cofani* [5]. Nur wenige Schritte von hier entfernt stehen der *Palazzo del Capitano del Popolo* [6], der *Palazzo Camaiani* [7], der *Palazzo Pretorio* [8], das *Geburtshaus Francesco Petrarcas* [9] und der

***Dom** [10], der 1278 in romanischem Stil begonnen und im 14. Jahrhundert in gotischem Stil fertiggestellt wurde. Er enthält den kunstvollen Schrein **Arca di San Donato* (auf dem Hochaltar), gotische Skulpturen aus Siena, die Grabstätte des heiligen Gregor und viele andere Kunstwerke.

Durch den Park *Il Prato* [11] kommt man zur *Fortezza Medicea* [12]; diese Burg der Medici erbaute Sangallo im 16. Jahrhundert. Hinter dem Dom beginnt die *Via Cesalpino*. Man folgt ihr zum *Palazzo Comunale* [13] und zur gotischen Kirche

****San Francesco** [14] (13. – 14. Jh.), die das Meisterwerk von Piero della Francesca enthält: die ***Fresken* „Storie della Croce", „Geschichten vom Kreuz". Sie entstanden in den Jahren 1453 bis 1464.

Durch die *Via Cavour* gelangt man zur Kirche *Badia* [15] und zum *Palazzo di Badia*. Etwas weiter westlich stehen die Renaissancekirche *Santissima Annunziata* [16] und ein Stück weiter der *Palazzo Bruni* [17] mit der Pinakothek, dem Museum des Mittelalters und einer Majolikasammlung.

In der nahen Kirche *Santa Maria in Gradi* [18] ist noch eine präromanische Krypta erhalten. Eine Altarwand stammt von Andrea della Robbia.

In der *Via XX Settembre* kann man das von dem Künstler selbst mit Fresken ausgemalte **Haus des Vasari* [9] sehen. Durch die *Via San Domenico* gelangt man schließlich

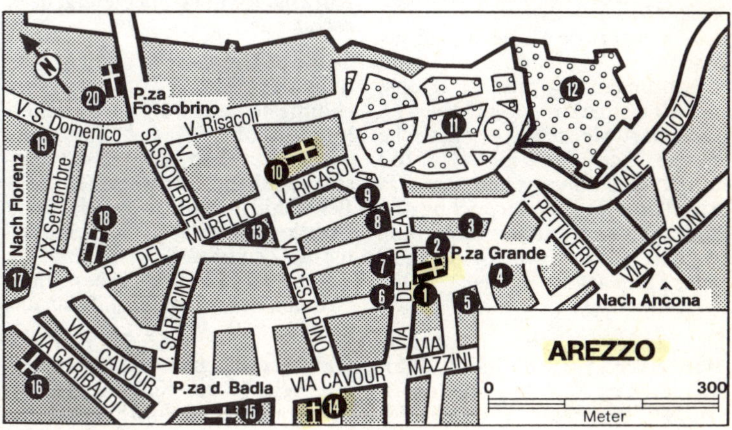

zur **Kirche San Domenico* [20] (1275), die sehr schöne Fresken von Aretiner Malern des 13. und 14. Jahrhunderts und ein Tafelbild (Kruzifix) von Cimabue enthält.

In der Umgebung von Arezzo liegen einige beliebte Luftkurorte und auf den Höhen malerische alte Burgen, Schlösser und Kirchen. Beliebt sind Ausflüge über den Paß *Foce di Scopetone* (526 m) mit herrlichem Blick auf das Tibertal zum 38 Kilometer weiter östlich liegenden *Sansepolcro,* dessen Pinakothek Meisterwerke von Piero della Francesca enthält.

*

Man verläßt Arezzo auf der Straße 71 und fährt über *Castiglione Fiorentino,* 104 km, das zwei sehenswerte Kirchen und im Palazzo Comunale eine Gemäldegalerie mit Werken der Toskaner Schule enthält, nach

***Cortona,** 115 km. Die terrassenförmig angelegte Stadt ist von hohen mittelalterlichen Mauern umgeben, die auf etruskischen Fundamenten errichtet sind. Im *Palazzo Casali* (teilweise 13. Jh.) ist das **Etruskische Museum* untergebracht. Angeschlossen sind Sammlungen ägyptischer Kunst und eine Pinakothek mit Werken Toskaner Meister. Die gotische Kirche *San Domenico* (15. Jh.) enthält ein Polyptychon von Fra Angelico. Eines der schönsten Bilder dieses Künstlers kann man in der ehemaligen *Jesuskirche* beim Dom sehen, die heute **Diözesanmuseum* ist.

Der ursprünglich romanische *Dom* (10. Jh.) wurde im 15. Jahrhundert von Sangallo im Renaissancestil umgebaut. Die Stadt besitzt noch zahlreiche weitere alte Kirchen und Paläste. Von der Höhe der Kirche *Santa Margherita* genießt man einen schönen Rundblick bis zum Trasimenischen See. In der Kirche befindet sich das Grab der heiligen Margareta (1362). Hinter dem Bau ragt die mächtige Fortezza aus dem 16. Jahrhundert auf.

Nach kurzer Fahrt erreicht man das Ufer des

Lago Trasimeno. Der Trasimenische See ist 128 Quadratkilometer groß und durch die verlorene Schlacht der Römer gegen Hannibal im Jahr 217 v. Chr. bekannt geworden. Im See liegen drei Inseln: *Isola Polvese, Isola Minore* und *Isola Maggiore.* Letztere ist für einen ruhigen Erholungsaufenthalt geeignet.

Man fährt auf der Nationalstraße 71 am westlichen Seeufer entlang über *Castiglione* (Badestrände) nach *Città della Pieve* (s. S. 205) weiter.

Abstecher nach Chiusi (4 km) und Montepulciano (26 km)

Kurz nach Città della Pieve geht es rechts nach

***Chiusi.** Dieser sehr alte Ort war unter dem Namen Clusium die berühmteste der zwölf etruskischen Bundesstädte. Das ***Städtische Museum* enthält zahlreiche Fundstücke aus der etruskischen Zeit. Bei Chiusi wurden auch viele Etruskergräber freigelegt, darunter die *Tomba della Pellegrina,* die *Tomba del Colle* und die berühmte **Tomba della Scimmia* („Grab des Affen"; 5. Jh. v. Chr.).

Chiusi besitzt gut erhaltene mittelalterliche **Stadtmauern* und einen **Dom* aus dem 5. Jahrhundert mit

ROUTEN
11, 12 UND 13
0
30
Kilometer
Nach Bologna
Florenz (Firenze)
Nach Bologna
Empoli
Galluzzo
San Casciano
V. d. P.
Pontassieve
Figline
Valdarno
Chianti
Tavarnelle
Barberino
S. Giovanni
Valdarno
San Gimignano
Poggibonsi
Arno
Montevarchi
Volterra
Monteriggione
Arezzo
Nach Fano
Siena
Città di Castello
Umbrien
Castiglion
Fiorentino
Gubbio
Umbertide
Cortona
Can. Maestro
Chiana
Monte Olivera
Maggiore
Passignano sul
Trasimeno
Buonconvento
Nach Genua
Montepulciano
Montecolognola
Tèvere
Lago di Trasimeno
S. Quirico d'Orcia
Pienza
Magione
Perugia
Passaggio
d'Assisi
Assisi
Chiusi
Toskana
Ombrone
Spello
M. Amiata
1738
Città della Pieve
Deruta
Radicofani
Foligno
Grosseto
San Salvatore
Madonna del Bagno
Chiani
Trevi
Tèvere (Tiber)
Montefalco
Acquapendente
Orvieto
Todi
Tempio di Clitunno
Spoleto
Borghetto
Bolsena
Acquasparta
Lago di Bolsena
Bisentina
Carsulae
Orbetello
Capodimonte
Martana
San Gemini
Marta
Montefiascone
Amelia
Terni
Cascate dle.
Marmore
Fiora
Bomarzo
Ferento
Narni
Sta. Maria
d. Querica
Lago di
Piediluci
Poggio
Bustone
Viterbo
Bagnaia
Norchia
Otricoli
Greccio
1287
Rieti
Lago di Vico
Vetralla
Civita Castellana
M. Pizzuto
Sutri
Tèvere
Latium
TYRRHENISCHES
Trevignano
Civitavecchia
Lago di Bracciano
Bracciano
Veio
Passo Corese
MEER
N
Monterotondo
ROM
(ROMA)
Tivoli
11
12
13

Die sogenannten Trulli, runde Steinhäuser mit Kegeldächern, sind eine vielbestaunte Attraktion der Region Apulien.

Auch im Zeitalter der Motorisierung ist der Mulo für den sardischen Bauer noch ein geeignetes Verkehrsmittel.

22 antiken Säulen. Man kann von hier auf der Straße 146 noch zwölf Kilometer weiterfahren zum bekannten Thermalbad *Chianciano Terme* (gute Kureinrichtungen).

***Montepulciano** erhebt sich malerisch auf einem 600 m hohen Bergrücken und wird wegen seiner von Vignola und Sangallo im 16. Jh. erbauten Kirchen und Paläste auch „Perle der Renaissance" genannt. Die jährlich im August stattfindenden Aufführungen „Cantiere d'Arte" (Kunstwerkstatt) sind zu einem Anziehungspunkt geworden.

*

Città della Pieve, 160 km, ist von mittelalterlichen Mauern umgeben und bewahrt als Geburtsort des großen Malers Perugino bedeutende Gemälde dieses Meisters im *Dom* (12. – 17. Jh.) und in den Kirchen *Santa Maria dei Bianchi* und *Santa Maria dei Servi*.

Die kurvenreiche Straße 71 führt nun durch ein schönes Hügelland über *Ficulle* (Ruinen von Stadtmauern und Wachttürmen aus dem 13. Jh.) weiter nach

****Orvieto,** 208 km. Die uralte, schon von Etruskern bewohnte Stadt liegt malerisch auf einem Tuffhügel und hat als „Burg der Päpste" im Laufe ihrer Geschichte 37 Päpste beherbergt. Die am Fuß des Tuffhügels gelegene ***Etruskische Nekropole* mit Grabkammern aus dem 5. und 4. vorchristlichen Jahrhundert ist noch gut erhalten.

Größte Sehenswürdigkeit der Stadt ist der ***Dom* (1290). In dem mit vielen Kunstwerken ausgestatteten romanisch-gotischen Innenraum besichtige man vor allem – am Ende des rechten Schiffs – die

Dom von Orvieto

**Cappella della Madonna di San Brizio* mit riesigen Fresken („Jüngstes Gericht") von Luca Signorelli. In einem Reliquienschrein wird das heilige „Kelchtuch des Wunders von Bolsena" (eine blutende Hostie führte 1263 zur Einführung des Fronleichnamfests) aufbewahrt. Der Reliquienschrein (1338) ist ein Meisterwerk mittelalterlicher Goldschmiedekunst.

Neben dem Dom stehen der *Bischofspalast* und der *Palast der Päpste* (13. Jh.), der heute ein sehenswertes Kunstmuseum beherbergt. Gegenüber dem Dom kann man im *Museo Claudio Faina* etruskische Kunst bewundern.

Vom Domplatz geht man zur *Piazza del Popolo* mit dem gleichnamigen Palast aus dem Jahr 1157, der romanische Triforien und wuchtige Arkaden besitzt. Von hier führt der *Corso Cavour* zur *Piazza della Repubblica,* dem Mittelpunkt des städtischen Lebens. Hier stehen das 1581 erbaute Rathaus und die aus dem 13. Jahrhundert stammende Kirche *Santi Andrea e Bartolomeo,* in der 1217

Pierre d'Artois zum König von Jerusalem und 1281 Martin IV. zum Papst gekrönt wurden.

Die Kirche **San Domenico* (13. Jh.) birgt das heilige Kruzifix, von dem herab Jesus zum heiligen Thomas von Aquin die Worte gesprochen haben soll: „Bene scripsisti de me, Thoma" („Gut hast du über mich geschrieben, Thomas"). Hier werden auch der Lehrstuhl, der Doktorhut und das Brevier des heiligen Thomas verehrt, der in der Kirche lehrte. Neben zahlreichen Kunstwerken kann man hier auch den unverwesten Leichnam der Beata Vanna, der Schutzpatronin der Näherinnen, sehen.

Weitere sehenswerte Kirchen sind neben vielen anderen *Sant'Agostino, San Giovenale* (1004) mit Fresken aus dem 13. und 15. Jahrhundert und *San Francesco* (13. Jh.), wo der heilige Bonaventura seine Ekstase erlebte.

Von Orvieto aus hat man drei Möglichkeiten, nach Rom weiterzufahren: Die schnellste Verbindung ist die Autobahn. Außerdem kann man über die Nationalstraße 71 und dann über Viterbo und die Nationalstraße 2 (diese Strecke ist von S. 210 an beschrieben) und schließlich auch über Narni und die Nationalstraße 3, die „Via Flaminia", nach Rom gelangen. In letzterem Fall verläßt man Orvieto über die Straße 205, die durch das teils heitere, teils wilde Berg- und Hügelland von Umbrien nach

Amelia, 258 km, führt. Der schön gelegene Ferienort ist von einer mächtigen *Zyklopenmauer* umgeben. Sehenswert sind der *Dom* (1050), die Kirche *San Francesco* (13. Jh.) und der *Palazzo Comunale*. Auch

Narni, 268 km, das von Weinbergen und Zypressenhainen umgeben ist, ist ein beliebter Ferienort. Einen Besuch lohnen hier der romanische *Dom* (12. Jh.) mit einem Renaissance-Portikus (15. Jh.), der *Palazzo del Podestà* (13. Jh.), die *Loggia dei Priori* (14. Jh.) und mehrere romanische und gotische Kirchen. Sehr schön sind die mittelalterlichen Brunnen auf den Plätzen. In der Pinakothek hängen unter anderem die „Verkündigung" von Gozzoli und die „Krönung Mariens" von Ghirlandaio.

Otricoli, 287 km, liegt am linken Ufer des *Tiber* und besitzt noch Ruinen römischer Mauern. Von hier stammt der berühmte Kolossalkopf des Zeus von Otricoli, der heute im Vatikanischen Museum zu sehen ist.

***Civita Castellana,** 305 km, liegt etwas rechts der Nationalstraße 3 und besitzt eine Keramikindustrie, die schon zur Etruskerzeit bestand. Sehenswert sind die Burg *Borgia* (15. Jh.) und der *Dom* (1210).

Westlich des Ortes liegt die Ausgrabungszone **Falerii Novi.** Nekropolen und Verbrennungsstätten geben hier einen Einblick in die etruskische Kultur im 8. Jahrhundert v. Chr. Ausgegrabene Tempel aus dem 6. bis 4. vorchristlichen Jahrhundert sind noch in Ruinen erhalten. Die aus dieser Zeit stammenden Vasen gehören zu den schönsten des antiken Italiens.

Über *Castelnuovo di Porto,* 329 km, ein beliebtes Ausflugsziel der Römer mit schöner Aussicht auf das Tibertal, erreicht man schließlich

*****Rom,** 359 km, s. S. 73.

Route 12: ***Florenz – **Siena – Bolsena – *Viterbo – ***Rom (306 km)

Von ****Florenz* (s. S. 93) nach Siena kann man entweder auf der Autobahn oder auf der Nationalstraße 2 („Via Cassia“) fahren. Bei *Galluzzo,* 5 km, steht auf einer Anhöhe die berühmte Abtei *Certosa del Galluzzo* (14. – 18. Jh.). *Tavarnuzze,* 8 km, besitzt einen der größten Soldatenfriedhöfe Italiens. Über *San Casciano Val di Pesa,* 19 km (gotische Kirche Misericordia aus dem 14. Jh.), *Tavarnelle* und *Barberino* (antike Mauern) erreicht man schließlich

Poggibonsi, 43 km, eine kleine Weinhandelsstadt zu Füßen der Hügel von *Chianti.* Sehenswert sind die von Sangallo erbaute Burg *Rocca di Poggio Imperiale* (15. Jh.) und die Kirche *San Lucchese* (14. Jh.).

Abstecher nach **San Gimignano und **Volterra (34 km)

Nur elf Kilometer weiter westlich von Poggibonsi liegt

****San Gimignano.** Es ist bekannt wegen seiner 13 (von ursprünglich 72) noch erhaltenen mittelalterlichen Adelstürme, die neben den Palästen errichtet wurden. Die *Piazza della Cisterna* (Zisterne aus dem Jahr 1273) bildet mit dem anschließenden *Domplatz* den Mittelpunkt der Altstadt. Man besichtige hier den **Palazzo del Podestà* (1288), den **Palazzo Comunale* (13. Jh.) mit Gemäldegalerie und *Städtischem Museum* sowie den romanischen **Dom* (12. Jh.) mit sehenswerten **Fresken* und Skulpturen berühmter Meister. Auch die anderen Kirchen und Paläste der Stadt stammen hauptsächlich aus dem 12. bis 14. Jahrhundert.

Ein anderer Abstecher führt von Poggibonsi auf der Straße 68 zum 34 Kilometer westlich liegenden mittelalterlichen

****Volterra.** Die heute noch von ***etruskischen Mauern* umgebene Stadt besitzt eine mächtige *Festung* (14. Jh.) und ein ebenfalls aus etruskischer Zeit stammendes Stadttor, die **Porta all'Arco.* Hauptsehenswürdigkeit ist der romanische ***Dom* (12. – 13. Jh.) mit dem achteckigen Baptisterium (1283). Von hier sind es nur wenige Schritte zur **Piazza Maggiore* mit dem hohen *Palazzo Pretorio* und dem **Palazzo dei Priori* (13. Jh., Turm und wappenge-

Piazza della Cisterna

schmückte Fassade). Im *Guarnacci-Museum* kann man eine bedeutende Sammlung etruskischer Graburnen sehen.

*

Die Nationalstraße 2 führt von *Poggibonsi* über *Monteriggione* (Ringmauer mit 14 Türmen aus dem 13. Jh.) nach Siena, 70 km.

****SIENA**

Auch diese Stadt mit ihren Türmen und zinnengekrönten Mauern hat sich ihr mittelalterliches Aussehen bis zum heutigen Tag bewahrt. Man beginnt die Stadtbesichtigung am besten an dem muschelförmigen Platz ****Il Campo*, auf dem alljährlich am 2. Juli und am 16. August historische Umzüge und das traditionelle Reiterfest „Palio delle Contrade" stattfindet. Der Platz wird vom

****Palazzo Comunale** [1] (1268 – 1342), dem „elegantesten gotischen Palast der Toskana", mit dem 102 Meter hohen **Torre del Mangia* (1348) beherrscht. Der gegenüberliegende *Palazzo della Mercanzia* [2] wurde 1417 bis 1428 im Übergangsstil von der Gotik zur Renaissance erbaut. Schöne dreibögige Fenster besitzt der *Palazzo Sansedoni* [3]. Im **Palazzo Piccolomini* [4] (1469) ist heute das Staatsarchiv untergebracht. Hinter dem Palast steht die Kirche *San Martino* [5] aus dem 16. Jahrhundert. Andere sehenswerte Bauten rund um „Il Campo" sind die *Universität* [6], die im 14. Jahrhundert im Wettstreit mit der von Bologna lag, die *Loggia del Papa* [7], die unter Papst Pius II. 1462 errichtet wurde, und zahlreiche mittelalterliche Häuser und Renaissancehäuser.

Ein kurzer Spaziergang führt vom „Campo" zum

*****Dom** [8], der im 12. Jahrhundert in romanischem Stil begonnen und im 14. Jahrhundert in gotischem Stil weitergeführt wurde. Seine *Marmorfassade gehört zu den schönsten Schöpfungen der Baukunst dieser Zeit. Vom linken Seitenschiff des reich mit Kunstwerken ausgestatteten Innern (schöner *Bodenbelag) gelangt man in die ***Dombibliothek (Libreria Piccolomini)*, die 1495 gegründet wurde und eine der hervorragendsten Schöpfungen der Renaissance ist. Von 1339 bis 1355 waren die Bauarbeiten unterbro-

chen, da die Stadtverwaltung beschlossen hatte, einen ungleich größeren Dom zu erbauen, in dem das damalige (und heutige) Langschiff das neue Querschiff bilden sollte. Der Plan wurde nur zum Teil verwirklicht, doch sind auch die Reste des unvollendet gebliebenen riesigen *Neuen Doms* sehr eindrucksvoll. Unter seinen Bögen liegt der Eingang zum *Dommuseum (Opera del Duomo),* in dem vor allem die Skulpturen von Giovanni Pisano und das Altargemälde der Madonna mit Engeln und Heiligen von Duccio di Buoninsegna Aufmerksamkeit verdienen.

Durch ein gotisches Portal steigt man zu dem unter dem Chor des Doms liegenden **Baptisterium* hinunter, das eine unvollendet gebliebene gotische Fassade (1382), **Taufbecken von Jacopo della Quercia (15. Jh.), Flachreliefs von Ghiberti und Statuen von Donatello und Giovanni di Torino aufweist.

Rechts vom Dom liegt der *Palazzo Arcivescovile* (18. Jh.), ihm gegenüber das im 12. und 13. Jahrhundert erbaute *Ospedale di Santa Maria* [9]. In der angeschlossenen gleichnamigen Kirche beachte man die große Orgel.

Zu den vielen sehenswerten Palästen der Stadt gehören auch der *Palazzo del Magnifico* [10] (16. Jh.) mit Bronzereliefs an der Fassade, der **Palazzo Chigi-Saracini* [11] (14. Jh.), der heute die Musikakademie und einen Konzertsaal beherbergt und der Palazzo *Buonsignori* [12] (15. Jh.) mit einer wertvollen ***Pinakothek.* Diese bietet einen vollständigen Überblick über die sienische Malerei vom 12. bis zum 15. Jahrhundert.

Weitere Sehenswürdigkeiten der Stadt sind die **Piazza Salimbeni* [13] mit Palästen aus dem 12. bis 14. Jahrhundert, die am westlichen Stadtrand liegende *Festung der Medici* (16. Jh., heute mit Weinmuseum), das *Haus der heiligen Katharina* (14. Jh.), der Schutzpatronin Italiens, bei der gotischen Kirche *San Domenico* sowie eine Vielzahl weiterer Kirchen und Paläste.

*

Man verläßt Siena in südlicher Richtung und fährt durch das malerische Tal der *Arbia* nach *Buonconvento,* 97 km, wo Kaiser Heinrich VI. von Luxemburg starb. Die Stadt besitzt noch Wehrmauern aus dem 14. Jahrhundert.

Von Buonconvento lohnt sich ein Abstecher zu dem zehn Kilometer nördlich liegenden Kloster *Monte Oliveto Maggiore* (14. Jh.), in dessen großem Kreuzgang prachtvolle Fresken von Luca Signorelli und Sodoma zu sehen sind.

Von *San Quirico d'Orcia,* 114 km (sehenswerte romanische Kirche), sei ein Abstecher nach dem zehn Kilometer östlich davon liegenden **Pienza,* der im 15. Jahrhundert erbauten „Idealstadt der Renaissance“, mit sehenswertem Dom und prachtvollen Renaissancepalästen empfohlen.

Die Nationalstraße 2 windet sich dann in zahlreichen Kurven über das *Amiatagebirge.* Links, etwas abseits, liegt *Radicofani,* 145 km, mit einer Burgruine aus dem 15. Jahrhundert und der Kirche San Pietro (mit drei Altarvorsätzen von der Bildhauerfamilie Della Robbia). Rechts von der Nationalstraße führt eine Abzweigung

(6 km) zur Benediktinerabtei *San Salvatore* (im 8. Jh. gegründet) mit sehenswerter Basilika.

Die Ortschaften dieser Gegend sind als Sommerfrischen gut geeignet. Spazierwege führen durch Kastanien- und Buchenwälder, im Winter wird an den Berghängen Skisport getrieben.

Über *Acquapendente*, 172 km (Kathedrale mit Krypta aus dem 10. Jh.) und den kahlen Bergzug der *Monti Volsini* erreicht man schließlich bei *Borghetto*, 185 km, den

Lago di Bolsena, der mit 115 Quadratkilometern Fläche der größte italienische See vulkanischen Ursprungs ist. Er füllt den Krater eines erloschenen Vulkans und ist sehr fischreich. In ihm liegen die Inseln *Bisentina* und *Martana*. Lohnend ist die 62 Kilometer lange Fahrt um den See auf der „Giro del Lago" benannten Straße. Am Südufer des Sees liegen die Orte *Capodimonte* (mit Kastell von Sangallo) und *Marta* (bekannt für seine Aale).

Bolsena, 191 km, das „Velsina" der Etrusker, bietet an Sehenswürdigkeiten ein *Schloß* aus dem 12. und eine *Burgruine* aus dem 13. Jahrhundert. Bemerkenswert ist die Kirche *Santa Cristina* (11. Jh.) mit einer Renaissancefassade und dem berühmten „Altar des Wunders". (1263 führte das Wunder der blutenden Hostie zur Einführung des Fronleichnamsfestes.)

Man fährt nun am Ostufer des Sees entlang nach

Montefiascone, 206 km, das von Weinbergen umgeben ist und von der achteckigen Kuppel des *Doms* (1519 von Sanmicheli erbaut) beherrscht wird. Die Kirche *San Flaviano* (12. Jh.) birgt das Grabmal des Bischofs Johann Fugger, der sich in Montefiascone auf seiner Fahrt von Augsburg nach Rom zu Tode trank. Eine schöne Aussicht genießt man von der mittelalterlichen Burgruine, die früher eine Sommerresidenz der Päpste war.

Die Nationalstraße 2 führt weiter nach Viterbo, 224 km.

**VITERBO

Die Stadt war im Mittelalter zeitweise Sitz des päpstlichen Hofes. An diese Zeit erinnert der

****Palazzo dei Papi** [1] (13. Jh.) am Domplatz. Hier wurde 1270 das erste und längste Konklave der Kirchengeschichte (33 Monate) abgehalten; der damals gewählte Papst war Gregor X. Die Loggia neben dem Palast wurde 1267 angebaut. Der romanische **Dom* [2] besitzt eine herrliche Marmorfas-

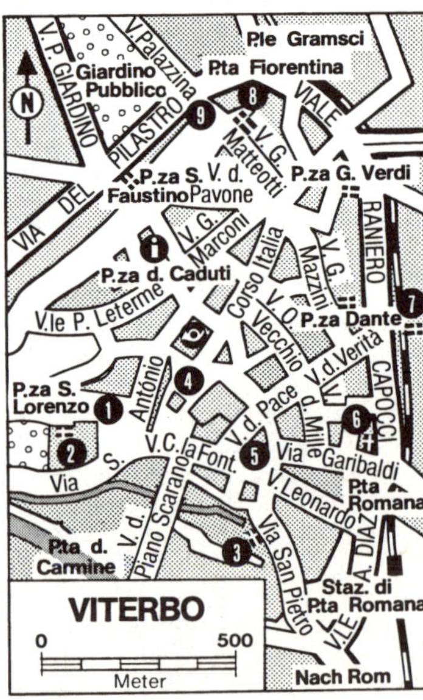

sade und eine Renaissance-Apsis (15. Jh.).

Die Hauptsehenswürdigkeit von Viterbo ist die

****Contrada San Pellegrino** [3], ein ganzer Stadtteil, der seit dem 13. Jahrhundert unverändert erhalten geblieben ist.

Mittelpunkt der Stadt ist die *Piazza del Plebiscito* [4] mit dem *Palazzo Comunale* (16. Jh.), dem *Uhrturm* (1487) und der Kirche *Sant'Angelo*. Auf der nahen *Piazza Fontana* steht die *Fontana Grande* [5] (13. Jh.), der größte und schönste Brunnen der Stadt. Von hier führt die *Via Garibaldi* zur romanischen Kirche *San Sisto* [6] (11. – 12. Jh.).

Die Kirche **Santa Maria della Verità* [7] (12. Jh.) ist heute ein Museum mit etruskischen Altertümern und Kunstwerken aus dem Mittelalter. In der gotischen Kirche *San Francesco* [8] (1236) kann man die Gräber der Päpste Clemens IV. und Hadrian V. sehen. Auf der nahen *Piazza della Rocca* [9] stehen die Reste einer mittelalterlichen Burg. Weitere Sehenswürdigkeiten sind Kirche und Geburtshaus der *heiligen Rosa von Viterbo* sowie zahlreiche *Patrizierpaläste* (13. – 16. Jh.).

*

Drei Kilometer nordöstlich von Viterbo verdient die Wallfahrtskirche **Santa Maria della Quercia,* die im 15. und 16. Jahrhundert im Renaissancestil erbaut wurde, einen Besuch. Sie besitzt mit Terrakotten geschmückte Portale von Andrea della Robbia, ein reich mit Kunstwerken ausgestattetes Inneres und zwei Kreuzgänge.

Fünf Kilometer östlich von Viterbo liegt *Bagnaia* mit der Sommerresidenz der Herzöge von Lante (prachtvoller Zierpark mit Wasserspielen). Wenn man von hier noch 15 Kilometer weiterfährt, kommt man nach *Bomarzo,* wo der Renaissancefürst Orsini um die Mitte des 16. Jahrhunderts in seinem Schloßpark riesige Steinfiguren mythologischer Ungeheuer aufstellen ließ.

Acht Kilometer nördlich von Viterbo liegen die bedeutenden Reste der etruskischen und römischen Stadt **Ferentum.*

*

Von *Vetralla,* 237 km, kann man einen Abstecher nach der neun Kilometer westlich liegenden etruskischen Nekropole **Norchia* mit bedeutenden Felsengräbern unternehmen.

Von *Quercie d'Orlando,* 246 km, führt eine Nebenstraße zum drei Kilometer östlich gelegenen *Lago di Vico,* dem Lacus Ciminus der Antike, mit malerischen, waldbestandenen Ufern.

***Sutri,** 256 km, besitzt ein ganz in Tuffstein gehauenes römisches *Amphitheater* (1. Jh.) und Reste von etruskischen **Quadermauern* aus dem 4. Jahrhundert v. Chr. Aus der gleichen Zeit stammen die beiden Tore **Porta Furia* (im Norden) und **Porta Vecchia* (im Süden). Eines der zahlreichen Felsengräber der etruskischen Nekropole, das zur Römerzeit dem Mithraskult diente, enthält heute die kleine Kirche *Santa Maria del Porto.*

Zwei Kilometer nach Sutri zweigt rechts eine Nebenstraße nach dem zwölf Kilometer entfernten Luftkurort *Trevignano* ab, der am nördlichen Ufer des *Lago di Bracciano* (Ausflugsziel der Römer) liegt. Hier gibt es Badeanstalten, Strände und Wassersportmöglichkeiten. Eine etwa 35 Kilometer lange Straße führt rund um den See herum. In *Bracciano* ist ein Kastell der Orsini (Odescalchi) aus dem 15. Jahrhundert zu sehen.

Die Nationalstraße 2 erreicht nach 286 Kilometern das Ruinenfeld von

***Veio.** Die antike etruskische Stadt, die auf einer Anhöhe bei der heutigen Ortschaft *Isola Farnese* liegt, erlebte ihre Blütezeit zwischen dem 8. und 6. vorchristlichen Jahrhundert. Erhalten sind die Reste der Opferstätte und Fundamente des sogenannten *Apollotempels.* Auf der Akropolis sieht man Reste religiöser Bauten und eine Zisterne. Von der römischen Stadt, die kleiner als die etruskische war, findet man noch Gebäudereste mit Mosaikfußböden, Reste von Brunnen, gepflasterten Straßen und anderes mehr.

Durch die *Porta del Popolo* fährt man schließlich in

Rom, 306 km, s. S. 73, ein.

Route 13: ***Rom – Terni – **Assisi – **Perugia – ***Florenz (365 km)

Man verläßt ***Rom (s. S. 73) im Norden auf der *Via Salaria,* fährt rechts am Garten der *Villa Savoia* vorbei und gelangt kurz darauf auf die Nationalstraße 4.

Über *Monterotondo,* 23 km (sehenswerter Palazzo Barberini), und *Passo Corese,* 35 km, kann man auf der Straße 313 direkt weiterfahren nach *Terni* (59 km). Wenn man Rieti kennenlernen will, ist jedoch die Fahrt auf der Nationalstraße 4 notwendig. Sie führt durch eine abwechslungsreiche Hügellandschaft.

***Rieti,** 81 km, einst eine wichtige Stadt der Sabiner, dann eine römische Gemeinde, besitzt schöne Bauten aus dem Mittelalter. An der ***Piazza Battisti* steht der romanische **Dom* (12. Jh.; später barockisiert) mit einem Campanile aus dem Jahr 1252 und einem Portikus (15. Jh.) im Renaissancestil. Rechts vom Dom ist der *Bischofspalast* mit romanischer **Papstloggia* von 1283. Nur wenige Schritte weiter sieht man den gotischen Saal *Volte del Vescovado (Bischofsbogen;* 13. Jh.).

Durch die *Via Roma* gelangt man zum Renaissancepalast *Vecchiarelli* und zur Kirche *San Pietro Apostolo* (romanisches Portal aus dem 13. Jh.).

Über die römische Brücke, die den *Velino* überspannt, kommt man (links) zur Kirche *San Francesco* (1285) mit gotischem Altar und beachtenswerten Fresken.

An der Piazza *Vittorio Emanuele* steht der barocke *Palazzo Comunale* mit dem *Städtischen Museum* (römische Funde, mittelalterliche Skulpturen, Gemälde u.a.). Sehenswert sind auch die mittelalterlichen Stadtmauern. Vom *Colle dei Cappucini* hat man einen schönen Rundblick.

Lohnende Ausflüge führen in die Bergwelt der *Monti Reatini,* in das schöne Tal von *Santa Reatina,* nach *Fonte Colombo* (6 km), das „franziskanischer Sinai" genannt wird, weil der heilige Franziskus auf diesem 650 Meter hohen Hügel die Ordensregeln verfaßte, und nach *Greccio* (6 km), dem „franziskanischen Bethlehem", wo der heilige Franziskus zu Weihnachten 1223 erstmals die Weihnachtskrippe einführte.

In *Poggio Bustone* (29 km) schließlich hatte der heilige Franziskus 1208 die ersten Visionen.

Von Rieti fährt man nun auf der Nationalstraße 79, am *Lago Piediluco* und einigen kleineren Seen vorbei, zum prachtvollen *Marmor-Wasserfall (Cascata delle Marmore)* und weiter nach

Terni, 119 km, einer wichtigen Industriestadt mit sehenswerten Palästen aus dem 16. bis 18. Jahrhundert, mehreren romanischen und gotischen Kirchen, den Resten eines römischen *Amphitheaters* und einem im 17. Jahrhundert erneuerten *Dom,* dessen prächtige Fassade (1653) Bernini zugeschrieben wird. Der Bau hat noch ein romanisches Portal und eine Krypta aus dem 10. Jahrhundert.

Man hat nun zwei Möglichkeiten, nach ***Perugia* (s. S. 215) weiterzufahren. Die Straße Nr. 3 bis führt über das mittelalterliche *San Gemini,* an den Ruinen der römischen Stadt *Carsulae* vorbei, zum vielbesuchten Heilbad *Acquasparta* (Palast aus dem 16. Jh.) und von dort weiter zum etwas links abseits gelegenen **Todi,* einer von den Etruskern gegründeten Stadt mit mittelalterlichen Festungsmauern und Türmen sowie zahlreichen romanischen und gotischen Kirchen und Palästen. Dann geht es weiter über *Deruta* (Keramikerzeugung), von wo aus sich ein Abstecher zur Wallfahrtskirche *Madonna del Bagno* lohnt, nach ***Perugia* (s. S. 215).

Wenn man aber der Nationalstraße 3 folgt, so lohnt sich zuerst ein Aufenthalt in

***Spoleto,** 147 km, einer malerischen alten Stadt zu Füßen des *Monte Luco* (830 m). Alljährlich im Juni findet hier das weithin bekannte *Festival dei Due Mondi* mit Theater-, Film- und Konzertaufführungen und Kunstausstellungen statt. Sehenswert sind die antiken *Stadtmauern* (6. – 4. Jh. v. Chr.), an denen schon Hannibal abgewiesen wurde. Aus der Römerzeit stammen das **Teatro Romano,* das **Amphitheater,* der *Ponte Sanguinaro* und der *Drususbogen (Arco di Druso).*

In Spoleto gibt es auch viele sehenswerte romanische und gotische Kirchen sowie den ***Dom* (1198) mit mosaikgeschmückter Fassade, romanischem Portal, Renaissance-Portikus (1491) und einem Campanile aus dem 12. Jahrhundert. Im Innern kann man Fresken von Pinturicchio und Filippo Lippi, der hier auch begraben ist, sehen.

Weitere Sehenswürdigkeiten der Stadt sind die von Gattaponti im 14. Jahrhundert erbaute *Burg,* die Brücke **Ponte delle Torri* (13. Jh.), die sich über eine Schlucht spannt, und der *Palazzo Comunale* mit der Pinakothek.

Kurz vor Trevi führt die Nationalstraße 3 an dem

***Tempio di Clitunno** *(Tempel des Clitumnus),* 161 km, vorbei. Das frühchristliche Bauwerk aus dem vierten Jahrhundert wurde auf einem römischen Heiligtum erbaut. Ein Spazierweg von etwa 25 Minuten führt von hier zu den *Quellen des Clitumnus (Fonti di Clitunno)*, die inmitten eines romantischen Espen- und Pappelhains liegen.

Trevi, 165 km, lohnt wegen seines *Doms* (12. Jh.) und seiner Kirchen *San Francesco* (13. Jh.), *San Martino* (14. Jh.) und *Madonna delle Lacrime*, letztere ein Renaissancebau von 1487, einen Aufenthalt.

Foligno, 174 km, ist eine moderne Industriestadt mit zahlreichen alten Gebäuden. Man besichtige den romanischen **Dom* (1133), den *Palazzo Trinci* (1389) mit dem Archäologischen Museum und der **Pinakothek*, die romanische Basilika **Santa Maria Infraportas* (12. Jh.) mit beachtlichen Fresken, den *Palazzo Comunale* (13. Jh.) mit Fassade und Turm aus dem 15. Jahrhundert und den *Palazzo Orfini*, Sitz einer alten Druckerei, in der die „Divina Commedia" von Dante 1472 das erste Mal gedruckt wurde.

Eine Nebenstraße (links) führt zum zwölf Kilometer südwestlich gelegenen

Montefalco, einem von zinnengekrönten Stadtmauern umgebenen Bergstädtchen mit alten Kirchen, in denen drei Generationen umbrischer Maler bedeutende Fresken hinterlassen haben.

Eine andere Nebenstraße (rechts) führt von Foligno zur sechs Kilometer östlich gelegenen

***Abtei von Sassovivo,** einem im 11. Jahrhundert gegründeten Benediktinerkloster mit romanischem Kreuzgang von 1229.

Man folgt nun der Nationalstraße 75 nach

Spello, 180 km, mit zahlreichen Resten aus der Römerzeit *(Porta Consolare, Porta Venere, Porta Urbica, Amphitheater)*, dem Mittelalter (Kirchen aus dem 12. und 13. Jh.) und der Renaissance. Hinter dem mittelalterlichen *Rathaus* beginnt der Aufstieg zum **Belvedere*, von wo aus man einen umfassenden Rundblick über die umbrische Landschaft bis nach Assisi und Perugia hat. Hier stehen auch die Ruinen einer alten Burg.

Bei *Passaggio d'Assisi*, 185 km, zweigt man rechts auf die nach

****Assisi,** 191 km, hinaufführende Straße ab. Die Stadt ist der Geburtsort des heiligen Franziskus, der hier den Franziskanerorden gründete. Auch die heilige Klara wurde in Assisi geboren.

Die Basilika ****San Francesco* (1226) besteht aus einer Unterkir-

Basilika San Francesco

che (Stufen führen hinunter zur Krypta mit dem Grab des Heiligen) und einer Oberkirche (1253 als früheste gotische Kirche Italiens vollendet). Im 13. Jahrhundert wurde der Bau mit den großartigsten ***Freskenzyklen* der italienischen Frührenaissancemalerei ausgeschmückt. Hier arbeiteten Cimabue, Lorenzetti, Martini, Giotto, Giottino und eine Reihe unbekannter Schüler dieser großen Meister.

Von der Unterkirche aus erreicht man auch einen Kreuzgang (er dient als Friedhof) und das Kloster mit einem Kapitelsaal (13. Jh.) und einem zweiten Kreuzgang (1476).

Von der Basilika führt die **Via San Francesco* in das Stadtzentrum, das von der mittelalterlichen *Burg* überragt wird, in der Friedrich II. als Kind weilte. An der **Piazza del Comune* beachte man vor allem den römischen **Minervatempel* (1. Jh. v. Chr.), dessen Inneres zu einer Marienkirche umgebaut wurde. Am gleichen Platz kann man auch Reste des römischen *Forums* sehen. In der Nähe steht der romanische **Dom* (12. Jh.), in dem der heilige Franziskus, die heilige Klara und Kaiser Friedrich II. von Hohenstaufen getauft wurden. Der Campanile stammt aus dem 11. Jahrhundert.

Vom Dom aus gelangt man zur Kirche ***Santa Chiara* (13. Jh.), in der die heilige Clara (Gründerin des Klarissenordens) bestattet ist. Vorbei an der romanischen Kirche **San Pietro* (13. Jh.), kehrt man durch malerische alte Gassen zur Basilika San Francesco zurück.

Rund um die Stadt findet man franziskanische Heiligtümer, darunter das Kloster ***San Damiano* aus dem 13. Jahrhundert (3 km), den **Eremo delle Carceri* (5 km) – das ist die Einsiedelei, in die sich der heilige Franziskus oft zur Andacht zurückzog – und die im Tal liegende Kirche ***Maria degli Angeli* (12. Jh.).

Man folgt nun wieder der Straße 75. Bei *Ponte San Giovanni,* 205 km, kann man rechts das **Ipogeo dei Volumni,* ein unterirdisches etruskisches Grabmal, sehen. Dann kommt man nach Perugia, 212 km.

**PERUGIA

Die Stadt liegt malerisch auf einem Hügel über dem Tal des *Tiber* und besitzt einen reichen Schatz an Kunstwerken aus allen Epochen.

Mittelpunkt der Stadt ist die *Piazza IV Novembre* mit der ***Fontana Maggiore* [1] (1275), die als schönster mittelalterlicher Brunnen Italiens gilt, dem **Dom* [2] (14.–15. Jh.) mit sehenswertem Kreuzgang und Dombaumuseum, dem ***Palazzo dei Priori* [3] (13. Jh.) mit der ***Umbrischen Nationalgalerie* (Gemälde und Skulpturen aus dem Mittelalter und der Renaissance) und dem ***Collegio del Cambio* [4] (15. Jh.), der ehemaligen Handelskammer und Börse der Geldwechsler. Den Hauptsaal des Gebäudes schmückte Perugino um 1500 mit *Fresken.*

Durch die *Via dei Priori* gelangt man zur Kirche *San Filippo Neri* (Barockfassade) und zu einem Gewirr uralter Gassen mit der *Torre degli Sciri* [5] (12. Jh.), dem alten *Trasimenischen Stadttor* [6] und der Kirche *Madonna della Luce* (1518; Renaissancefassade). Von hier kommt man zum Oratorium

****San Bernardino** [7], deren 1461 von Agostino di Duccio mit farbigen Terrakotten geschmückte Fassade zu den bedeutendsten Leistungen der Frührenaissance zählt, und zur gotischen Kirche *San Francesco* (1230).

Farbplan S. 203

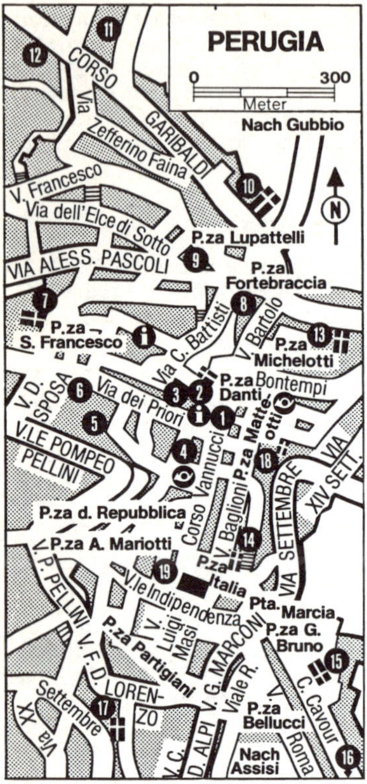

Ein anderer Weg führt vom ***Palazzo dei Priori* [3] durch die alte *Via della Gabbia* hinunter zu der **Via delle Volte,* einer der eindrucksvollsten mittelalterlichen Straßen Italiens. Weiter unten ist die *Piazza Morlacchi,* von der aus die *Via C. Battisti* zum sogenannten **Augustusbogen* [8], einem Tor aus etruskischer Zeit (3. Jh. v. Chr.) mit einer Loggia aus dem 15. Jahrhundert, führt. Ganz in der Nähe liegt der barocke *Palazzo Gallenga* [9], Sitz der 1925 gegründeten Italienischen Ausländeruniversität, deren Kurse Weltruf erlangt haben. Die *Staatsuniversität* liegt weiter westlich.

Nun folgt man dem *Corso Garibaldi* zur Kirche *San'Agostino* [10] aus dem 13. Jahrhundert mit einem bemerkenswerten Holzchor von 1502 und zur frühchristlichen Rundkirche **Sant Angelo* [11] (5. oder 6. Jh.) mit 16 antiken Säulen. Daneben steht das alte Stadttor *Porta Sant'Angelo* [12].

Weitere Sehenswürdigkeiten der Stadt sind die Kirchen *San Severo* [13] mit einem Freskengemälde von Raffael, *Sant'Ercolano* [14], *San Domenico* [15] mit angeschlossenem Kloster (heute Archäologisches Museum), ***San Pietro* [16] (10. Jh.) mit einem Gemälde von Perugino und *Santa Giuliana* [17] mit Kloster und gotischem Kreuzgang (14. Jh.).

Auf der Piazza Matteotti stehen die *Alte Universität* [18] und der *Palazzo del Capitano del Popolo* (beide 15. Jh.).

Von der Rocca Paolina [19], auf der heute der zu einem Hotel umgebaute *Palazzo Brufani* steht, genießt man einen schönen Rundblick. Die unterirdische ehemalige Festung, die 1540 von Sangallo für Papst Paul III. erbaut wurde, kann besichtigt werden. Den Eingang dazu bildet das etruskische *Marzia-Tor.*

Von Perugia aus kann man zahlreiche Ausflüge in das Bergland des umbrischen Apennin unternehmen, in dessen Tälern bedeutende Kunststädte liegen. So lohnt sich eine Fahrt auf der Straße 298 nach dem 39 Kilometer nördlich liegenden Städtchen

***Gubbio,** das schon in umbrischer, etruskischer und römischer Zeit ein bedeutender Ort war. Gubbio besitzt ein prachtvoll erhaltenes mittelalterliches Stadtbild, zahlreiche romanische und gotische Kirchen und Stadtpaläste aus dem 13. und 14. Jahrhundert, die Reste eines römischen *Theaters* und – in der Umgebung – viele sehenswerte alte Burgen.

*

Man verläßt Perugia auf der Nationalstraße 75bis und erreicht nach kurzer Fahrzeit *Magione,* 232 km, mit einem Kastell der Malteserritter (1420). Einen Kilometer weiter westlich liegt am Ostufer des *Lago Trasimeno* das von mittelalterlichen Wehrmauern umgebene Dorf *Montecolognola* mit sehenswerter Kirche (14. Jh.).

Die Straße 75bis führt nun am Trasimenischen See entlang. Ein schöner Badeort ist *Passignano sul Trasimeno,* 244 km, dessen mittelalterlicher Stadtkern auf einem Kap über dem See liegt. Dann führt die Straße direkt an dem Schlachtfeld vorbei, auf dem Hannibal 217 v. Chr. die Römer vernichtend schlug. Am nordwestlichen Ufer des Sees mündet die Straße 75bis in die Nationalstraße 71, auf der man, wie in der Route 11 in umgekehrter Richtung beschrieben, über **Arezzo* (s. S. 200) weiter nach

*****Florenz,** 365 km, fahren kann. Die Stadtbeschreibung von Florenz findet man auf den Seiten 93 bis 105.

Route 14: Rundfahrt ***Florenz – *Montecatini Terme – **Lucca – ***Pisa – San Miniato – ***Florenz (182 km)

Diese Strecke ist vor allem für jene Touristen gedacht, die sich kurz in Florenz aufhalten und von dort aus auf einer Rundfahrt (insgesamt 182 km) etwas von der toskanischen Landschaft und einige der bedeutenden Kunststädte kennenlernen wollen.

Man fährt von *** *Florenz* (s. S. 93) nach

***Prato,** 20 km (auf der Autobahn 13 km). Die Stadt hat eine bedeutende Textilindustrie. Ihre größte Sehenswürdigkeit ist der ***Dom,* ein romanischer Bau aus dem 11. Jahrhundert, der im 14. Jahrhundert von Giovanni Pisano erweitert wurde. In die rechte Ecke der Fassade ist die eindrucksvolle **Kanzel des Heiligen Gürtels* von Michelozzo und Donatello eingearbeitet.

Weitere sehenswerte Bauten sind die Kirchen *San Francesco* und *San Domenico* (beide 13. Jh.), die Basilika *Santa Maria delle Carceri* (Meisterwerk von Sangallo aus dem Jahr 1493) und das gegenüberliegende zinnengekrönte staufische *Kaiserschloß* (13. Jh.).

Der *Palazzo Pretorio* (12. – 14. Jh.) hat eine beachtenswerte Außentreppe und enthält eine Pinakothek. Neben ihm steht der *Palazzo*

Comunale (14. Jh.) mit prächtig ausgeschmücktem Sitzungssaal.

Nach kurzer Fahrt erreicht man

Pistoia, 36 km, den Mittelpunkt eines Landwirtschaftsgebietes. Auf dem *Domplatz* steht der romanische Dom ***San Zenone* (12. Jh.), in dessen Vorhalle Tonreliefs von Andrea della Robbia zu sehen sind. Im Innern kann man einen prachtvollen Silberaltar (13. Jh.) und viele andere Kunstschätze bewundern. Der mächtige Campanile wurde im 12. Jahrhundert errichtet, das ***Baptisterium* schuf Nicola Pisano 1337.

Rechts vom Dom liegt der *Palazzo Pretorio* (14. Jh., im 19. Jh. erneuert) und im Hintergrund der gotische **Palazzo Comunale* (13. Jh.) mit einer Säulenvorhalle und sehenswerten zwei- und dreibögigen Fenstern. Der Palast beherbergt das Städtische Museum.

Vom Domplatz geht man durch die *Via Torre di Catalina* und die *Via Pacini* zum **Ospedale del Ceppo* (16. Jh.) mit einem Bogengang und dem Fries von Giovanni della Robbia „Die sieben Werke der Barmherzigkeit".

Von den zahlreichen Kirchen verdienen besondere Erwähnung: *Santa Maria delle Grazie* (von Michelozzo, mit malerischem Kreuzgang), *San Bartolomeo in Pantano* (12. Jh.), ***Sant' Andrea* (12. Jh.; berühmte Kanzel 1299 von Giovanni Pisano) und ***San Giovanni Fuorcivitas* (12. – 14. Jh.; interessante Seitenfassade aus drei übereinanderliegenden Säulenreihen).

Man verläßt die Stadt im Westen und sieht eine Abzweigung zum einen Kilometer südlich liegenden Heilbad *Monsummano Terme,* dessen Thermalgrotten und kleine Thermalseen zur Behandlung von Gicht und Rheumatismus Verwendung finden. Kurz darauf erreicht man

***Montecatini Terme,** 50 km, einen von Gärten und Parkanlagen umgebenen Kurort, der wegen seiner reinen Luft, des milden Klimas, seiner erstklassigen Hotels und Thermalbäder-Ausstattung, seiner Mineralwasserquellen und seiner ausgezeichneten touristischen Einrichtungen zu einem der bekanntesten Heilbadekurorte Europas geworden ist.

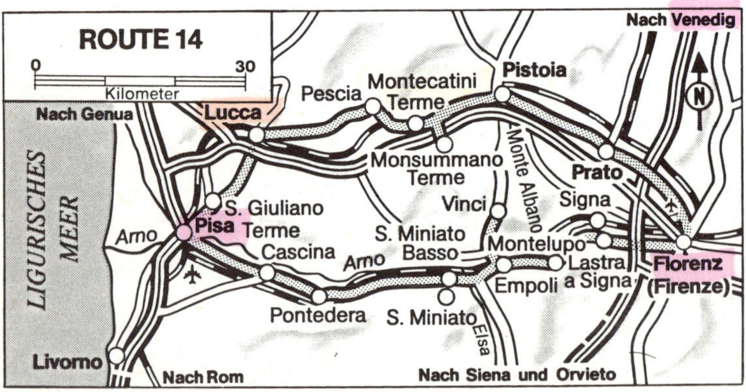

Lucca: San Michele

Über *Pescia,* 59 km (antike Mauerreste, Kirche San Francesco aus dem 13. Jh.) erreicht man schließlich

****Lucca,** 78 km, eine Stadt mit reicher geschichtlicher Vergangenheit und großen Kunstschätzen. Innerhalb der historischen Stadtmauern (15. – 17. Jh.) liegen zahlreiche Kirchen und Paläste aus dem Mittelalter und der Renaissance. Besonders sehenswert ist die Basilika ***San Frediano.* Sie ist langobardischen Ursprungs (unter den Goten und Langobarden war Lucca Hauptstadt der Toskana), wurde im 12. Jahrhundert ausgebaut und besitzt im Innern ein kostbares Taufbecken (12. Jh.), einen Altar (1422) von Jacopo della Quercia und die Gräber von König Riccardo und der heiligen Zita.

Wenige Schritte weiter westlich steht der **Palazzo Pfanner* mit einem Renaissance-Treppenhaus.

Die *Via Calderia* führt in das mittelalterliche Stadtviertel rund um den Kirchenbau **San Michele* (12. – 13. Jh.) mit vier Säulengalerien an der oberen Fassade. Gegenüber der Kirche liegt der *Palazzo Pretorio* (1492 erbaut, 1590 im Renaissancestil erweitert). Nur wenige Schritte weiter westlich kommt man zur Kirche **Sant'Alessandro* (11. Jh.), Musterbeispiel einer romanisch-lucchesischen Kirche und älteste erhaltene Kirche der Stadt.

Der Dom ***San Martino* (11. – 13. Jh.) hat eine romanische Fassade mit dreibögiger, großer Säulenhalle und drei übereinanderliegenden Säulenstockwerken. Das Innere des Baus birgt ein Meisterwerk von Jacopo della Quercia, den Sarkophag der Ilaria del Carretto (15. Jh.), und viele andere Kunstwerke.

Um die mehr als 30 anderen romanischen und gotischen Kirchen und die schönen Renaissancepaläste von Lucca kennenzulernen, ist ein längerer Aufenthalt erforderlich. Ein Spaziergang über die baumbestandenen alten Stadtwälle (schöne Ausblicke) sollte die Besichtigung der Stadt beschließen.

Die Nationalstraße 435 führt von Lucca in westlicher Richtung wei-

Lucca: San Frediano

ter nach *Viareggio* (24 km, s. S. 158).

*

Man verläßt Lucca im Süden und kommt durch das malerisch zu Füßen des *Monte Pisano* gelegene Heilbad *San Giuliano Terme,* 90 km, mit schwefelhaltigen und radioaktiven Quellen, die schon den Römern bekannt waren. Kurz darauf erreicht man

*****Pisa,** 99 km, s. S. 159.

Über *Cascina,* 115 km, und das Landwirtschaftszentrum *Pontedera,* 121 km, fährt man dann am Rande einer grünen Hügellandschaft entlang nach *San Miniato Basso,* wo rechts eine Abzweigung nach dem einen Kilometer südlich liegenden

San Miniato, 141 km, führt. Man besichtige den *Dom* (12. Jh.), den *Palazzo Grifoni* (16. Jh.), die Kirche *San Francesco* (14. Jh), die Wallfahrtskirche *Santuario del Crocefisso* (18. Jh.) und – auf der *Piazza del Popolo* – die eindrucksvolle Kirche *San Domenico* (1300) mit Fresken, Gemälden und Skulpturen der Florentiner Schule des 14. und 15. Jahrhunderts.

Florenz: Palazzo Vecchio

Empoli, 150 km, ist eine Industriestadt (Glasfabriken). Auf der *Piazza Farinata* steht der *Dom* (11. Jh.) mit einer romanisch-florentinischen Fassade. Bemerkenswert ist auch die Kirche *Santo Stefano* mit Fresken von Masolino.

Abstecher nach Vinci

Lohnend ist ein Abstecher auf einer Nebenstraße über den *Arno* nach

Vinci, dem Geburtsort von Leonardo da Vinci. Der malerisch an den Hängen des *Monte Albano* liegende Ort besitzt ein sehenswertes *Schloß* (11. Jh.) und ein *Leonardomuseum.* Bemerkenswert ist auch das Oratorium *dell'Annunziata.*

*

Montelupo, 168 km, ist durch seine Majolika-Erzeugung bekannt. Sehenswert sind die Kirche *San Giovanni* und die *Villa Ambrogiana,* eine Medici-Villa von Buontalenti.

Durch die Schlucht von *Gonfolina* kommt man in das alte Dorf *Lastra a Signa.* Von hier aus kann man auf einer Brücke über den Arno nach *Signa* fahren, einem malerischen, von mittelalterlichen Mauern umgebenen Städtchen, das für seine Erzeugung von Stroh- und Tonwaren bekannt ist. Kurz darauf erreicht man wieder den Ausgangspunkt der Rundfahrt,

*****Florenz,** 182 km, das auf den Seiten 93 bis 105 beschrieben ist.

Route 15: ***Venedig – **Ravenna – *Rimini – **San Marino – Riccione – **Urbino – *Ancona – Pescara (501 bzw. 452 km)

Diese Route führt zu den bekannten Badeorten an der Adria.

Ab Venedig gibt es zwei Möglichkeiten, nach Ravenna zu fahren: Man kann entweder über Padua und Ferrara (auch auf der Autobahn), oder aber an der Küste entlang über Chioggia und Comacchio dorthin gelangen.

A: ÜBER **PADUA UND **FERRARA

Man verläßt *** *Venedig* (s. S. 106) über den *Ponte della Libertà* und fährt entweder auf der Autobahn oder auf der Nationalstraße 11 nach

****Padua,** 44 km. Diese Strecke ist im Verlauf der Route 8 auf Seite 181 beschrieben.

Nach Ferrara führen sowohl eine Autobahn als auch die Nationalstraße 16. Lohnend ist der geringfügige Umweg über die *Euganeischen Hügel,* und *Abano Terme* (s. Route 8, S. 182).

Auf der Nationalstraße 16 überquert man nach 80 Kilometern die *Etsch (Adige)* und erreicht kurz darauf

Rovigo, 85 km. Hier besichtige man die „Rotonda" genannte Kirche *Madonna del Soccorso* (16. Jh.), die von einem Schüler Palladios im Renaissancestil erbaut wurde und wertvolle Gemälde aus dem 17. Jahrhundert birgt, ferner die *Piazza Vittorio Emanuele II.* mit dem *Palazzo Municipio* und der *Loggia dei Notai* (16. Jh.), dem *Palazzo Roncale* (1555) und dem klassizistischen Bau der *Accademia dei Concordi,* der eine reichhaltige Pinakothek enthält.

Nach 69 Kilometern überquert man den *Po* und kommt wenig später nach Ferrara, 119 km.

**FERRARA

Man betritt Ferrara, die Hauptstadt des Fürstentums der von 1208 bis 1597 regierenden Este durch die *Porta Po* und folgt dem *Corso Po.* Rechts sieht man die Kirche *San Benedetto* [1].

In der *Via Ariosto* biegt man links ab und kommt zur *Casa dell'Ariosto* [2], wo im 16. Jahrhundert der Dichter Ariost lebte. Nun folgt man dem *Corso B. Rosseti* bis zur Kreuzung mit dem *Corso Ercole I d'Este.* Dort stehen der *Palazzo Sacrati-Prosperi* [3] mit Renaissance-Portal (16. Jh.) und der

****Palazzo dei Diamanti** [4] (1492 – 1505), der seinem Namen nach Marmorsteine an seiner Fassade trägt, die in der Form von Diamanten facettenartig zugeschliffen sind. Sehenswert sind die Säulenkapitelle in der Vorhalle. Der Palast beherbergt Museen und die *Pinacoteca Comunale* (Städtische Gemäldegalerie) mit den bedeutendsten Werken der Ferrareser Malschule.

Durch eine Parkanlage kann man von hier zur 1452 erbauten *Certosa* [5] gehen, einem ehemaligen Kartäuserkloster mit der Kirche *San Cristoforo.*

Durch den breiten *Corso Ercole* gelangt man zum

****Castello Estense** [6], einem Meisterwerk der Festungsbaukunst des Mittelalters, das 1385 errichtet und in den folgenden Jahrhunderten zu einem prächtigen Palast ausgebaut wurde. Davor liegt das *Touristenamt* [7].

Nur wenige Schritte von hier entfernt ist der romanische

****Dom** [8] aus dem 12. Jahrhundert, dessen Fassade als vollkommene Verschmelzung von romanischen und gotischen Bauelementen gilt. An seiner mit einer Doppelreihe von Galerien versehenen Südseite steht der Renaissance-Campanile (1412 – 1514). Sowohl im Innern des Baus als auch im angeschlossenen **Dommuseum* kann man zahlreiche Kunstwerke aus dem 15. und 16. Jahrhundert bewundern.

Dem Dom gegenüber steht der im 13. Jahrhundert erbaute und im 14. und 15. Jahrhundert umgebaute **Palazzo Comunale* [9]. Er war erste Residenz der Herzöge von Este. Heute ist er das Rathaus der Stadt.

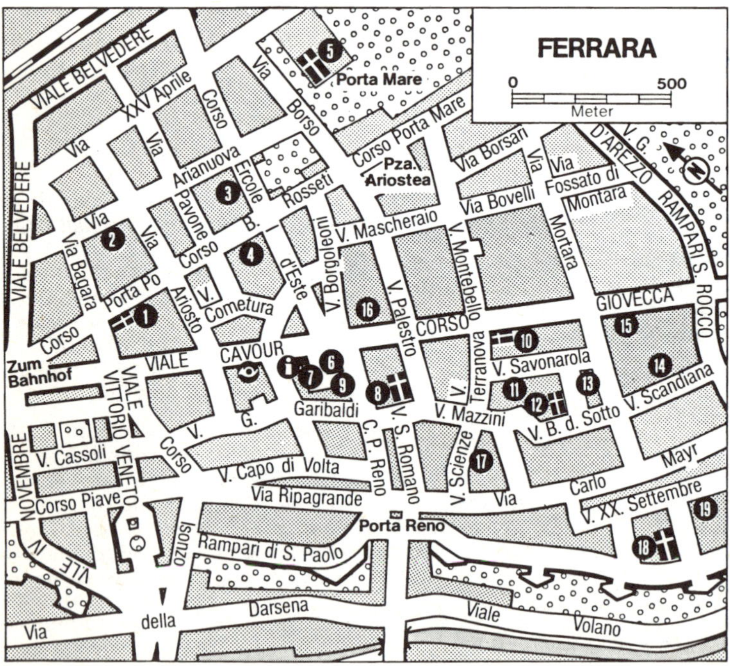

Am Beginn der *Via Savonarola* trifft man auf die Kirche *San Francesco* [10], die 1515 im Renaissancestil über den Resten einer älteren Kirche erbaut wurde. Wenige Schritte weiter liegt auf der anderen (rechten) Straßenseite die **Casa Romei* [11], ein unverändert erhaltenes Wohnhaus aus dem 15. Jahrhundert mit schönen Höfen und Bogengängen, alten Skulpturen, Fresken und Marmordekorationen. In der nahen Kirche *Corpus Domini* [12] (15. Jh.) sind Gräber der Adelsfamilie Este und das Grab der Lukrezia Borgia zu sehen. Die Wände des gegenüberliegenden *Oratorio dell'Annunziata* [13] sind mit Freskendarstellungen der Kreuzlegende (15. und 16. Jh.) bedeckt.

Die *Via Scandinavia* führt von hier zum

***Palazzo Schifanoia** [14] (1385), einem der schönsten Renaissancepaläste Italiens. Er wurde im 15. Jahrhundert zum Lustschloß der Este umgestaltet und vergrößert und beherbergt heute das reich mit Gemälden und anderen Kunstwerken ausgestattete *Städtische Museum*.

Die **Palazzina di Marfisia d'Este* [15] (16. Jh.) ist ein kleiner zeitgenössisch ausgestatteter Palast der gleichnamigen Prinzessin und enthält zahlreiche wertvolle Gemälde und Skulpturen. Ein anderer schöner Palast ist der *Palazzo Roverella* [16], dessen Fassade (1508) mit großartigen Ornamenten geschmückt ist. Neben dem Palast befindet sich ein kleiner Platz mit dem ehemaligen *Ospedale di Sant'Anna* (schöner Kreuzgang aus dem 15. Jh.), in dem am 6. 7. 1533 der Dichter Ariost gestorben ist. Das Grabmal von Ariost liegt im *Palazzo Paridiso* [17] aus dem Jahr 1391.

Weitere Sehenswürdigkeiten der Stadt sind das an der Stadtmauer liegende Kloster *Sant'Antonio in Polesine* [18] (13. Jh.) mit sehr guten Fresken (14. – 15. Jh.) in den Kapellen der Klosterkirche und der **Palazzo Ludovico il Moro* [19] (16. Jh.), der heute als **Archäologisches Museum* dient. Es enthält die größte Keramiksammlung Europas mit wertvollen etruskischen und griechischen Fundstücken aus dem 6. bis 4. vorchristlichen Jahrhundert, Goldgegenstände, Bronzen und Glaswaren sowie zahlreiche andere Ausgrabungsstücke.

Eine „Superstrada" verbindet Ferrara mit dem etwa 59 Kilometer entfernten Meer, wo in jüngerer Zeit sieben Badeorte mit weiten Sandstränden, Pinienwäldern, Hotels aller Preisklassen und guten touristischen Einrichtungen entstanden, die inzwischen international bekannt geworden sind. Es sind dies: *Lido di Volano, Lido delle Nazioni, Lido di Pomposa, Lido degli Scacchi, Porto Garibaldi. Lido degli Estensi* und *Lido di Spina*.

*

Man folgt nun wieder der Nationalstraße 16 und gelangt über *Argenta*, 153 km (sehenswerte romanische Pfarrkirche San Giorgio), und *Alfonsine* nach Ravenna, 194 km.

**RAVENNA

Der Hauptort der gleichnamigen Provinz war die letzte Hauptstadt des Weströmischen Reichs und nach dessen Ende Residenz Odoakers (433 – 493) und des Ostgotenkönigs Theoderich (456 – 526) sowie der byzantinischen Statthal-

ter. Die großartigen Baudenkmäler Ravennas stammen vorwiegend aus der gotischen und byzantinischen Zeit und machen es zu einer Stadt der altchristlichen und frühmittelalterlichen Kunst. Vor allem die Mosaikkunst, die später nie mehr in dieser Meisterschaft erreicht wurde, hat sich an den Mauern, Gewölben und Kuppeln der Kirchen in herrlichen Farben erhalten.

Hauptverkehrsader der Stadt ist die *Via Roma*, die vom nördlichen Stadttor, der *Porta Serrata* [1], bis zum südlichen, der *Porta Nuova* [2], führt. Wenn man vor der Porta Serrata links in die Umfahrungsstraße *Circonvallazione Rotonda* abbiegt, gelangt man nach dem Überqueren der Bahngleise zum

****Mausoleum Theoderichs** [3] von 526. Auf dem zehneckigen Unterteil des wuchtigen Bauwerks ruht ein runder Oberbau mit einer aus einem einzigen Kalksteinblock gehauenen Kuppel.

Man geht zur Via Roma zurück und biegt bei der *Via P. Costa* rechts ab zur **Taufkapelle der Arianer* [4] vom Ende des 5. Jahrhunderts, in der herrliche Gewölbe-Mosaiken zu sehen sind.

Wenig später zweigt von der Via Roma links die *Via Farini* ab. Sie führt zur Basilika *San Giovanni Evangelista* [5] (5. Jh.). Die Kirche birgt prächtige alte Säulen und Fresken, die Giotto zugeschrieben werden. Man beachte auch den schönen Hof und den Campanile aus dem 10. Jahrhundert. Nur wenige Schritte entfernt liegt der *Hauptbahnhof* [6].

Wenn man auf der Via Roma weitergeht, kommt man (links) zur Basilika

Sant'Apollinare Nuovo [7] (6. Jh.), der ursprünglichen Palastkirche Theoderichs. 24 Marmorsäulen tragen die 1611 erneuerte Holzdecke. Die prachtvollen byzantinischen Mosaiken an den Wänden stellen Szenen aus dem Leben Jesu, Heilige, Märtyrer und Propheten dar. Der Campanile stammt aus dem 9. Jahrhundert.

Neben der Kirche steht der sogenannte *Palast Theoderichs* [8] mit reich gegliederter Fassade. Der Bau ist jedoch wahrscheinlich erst in byzantinischer Zeit entstanden.

Gleichfalls in der Via Roma steht die Basilika *Santa Maria in Porto* [9] (16. Jh.) mit Renaissancefassade aus dem 18. Jahrhundert.

Daneben sieht man die **Lombardische Loggia* [10] (16. Jh.), die früher – zusammen mit dem zweistöckigen Kreuzgang – ein Teil des ehemaligen Marienklosters war. In der Loggia befindet sich die *Kunstakademie,* die unter anderem Abgüsse klassischer Skulpturen und eine Gemäldegalerie birgt.

An der *Piazza San Francesco* besichtige man die Kirche *San Francesco* [11] (5. Jh.) und das **Mausoleum Dantes* [12], das 1780 in der Form eines kleinen Tempels für den 1321 in Ravenna verstorbenen Dichter erbaut wurde.

In einem ehemaligen Kloster ist die 1714 gegründete *Bibliothek von Classis* [13] mit etwa 200 000 Bänden und über 1000 Codices (zumeist mit Miniaturzeichnungen), 800 Inkunabeln und kostbaren alten Handschriften untergebracht. Man beachte auch den schönen Arkadenhof. Etwas weiter westlich steht an der Stelle einer frühchristlichen Kirche, von der noch eine Kanzel und Sarkophage erhalten sind, der barocke *Dom* [14] aus dem 18. Jahrhundert. Der runde Campanile wurde im 10. Jahrhundert erbaut. Kunstschätze aus dem 5. und 6. Jahrhundert kann man im angeschlossenen *Erzbischöflichen Museum* [15] sehen.

Neben dem Dom liegt das *Baptisterium der Orthodoxen* [16] (5. Jh.), auch *San Giovanni in Fonte* oder *Neonianisches Baptisterium* genannt. Der achteckige Bau ist mit herrlichen Mosaiken ausgestattet.

An der benachbarten *Piazza Kennedy* ziehen der *Palazzo Spalletti* [17] (früher *Rasponi-Murat*) aus dem 16. Jahrhundert und der *Palazzo Rasponi dalle Teste* [18] mit eindrucksvoller Fassade aus dem 18. Jahrhundert den Blick auf sich.

Nur wenige Schritte weiter liegt die *Piazza del Popolo* mit dem *Palazzo Comunale* (Rathaus, im 17. Jh. erneuert) und dem *Palazzetto Veneziano* [19] (um 1460). Die beiden Gebäude sind durch einen Portikus miteinander verbunden, der von acht gotischen Granitsäulen getragen wird. Vor dem letzt-

Pläne S. 224 u. 227

genannten kleinen Palast stehen zwei venezianische Säulen mit den Statuen der beiden Schutzheiligen Ravennas, Sant' Apollinare und San Vitale.

In der Nähe des westlichen Stadttores *Porta Adriana* befindet sich das

****Mausoleum der Galla Placidia** [20], ein kleiner Kuppelbau aus dem 5. Jahrhundert mit den Sarkophagen der Kaiserin Galla Placidia, des Kaisers Konstantin III. und des Kaisers Valentinian III. Das Mausoleum ist der älteste erhaltene Bau Ravennas und birgt — als größten Kunstschatz — die ältesten Wandmosaiken der Stadt.

Die neben dem Mausoleum liegende Basilika

*****San Vitale** [21] wurde 548 eingeweiht. Wegen ihrer Schönheit, die sich auch in der reichen Marmorausstattung und den prachtvollen Säulenkapitellen manifestiert, vor allem aber wegen ihrer herrlichen ***Mosaiken wird diese Kirche von Kunstkennern gern als „Wunder von Ravenna" bezeichnet.

Im benachbarten Kloster

San Vitale [22] ist das **Nationalmuseum* untergebracht. Es beherbergt kostbare Sammlungen von Elfenbeinarbeiten, Keramiken, Ikonen, byzantinischen Miniaturen, Waffen und Medaillen, in den beiden Höfen auch römische, frühchristliche und byzantinische Marmorwerke.

Südöstlich der Stadt liegt die Anfang des 6. Jahrhunderts entstandene Basilika

*****Sant'Apollinare in Classe,** eines der bedeutendsten Zeugnisse altchristlicher Baukunst. Der freistehende runde Campanile wurde erst im 10. Jahrhundert errichtet. Am Westende des rechten und im Ostteil des linken Seitenschiffs sind Reste des alten Mosaikbodens erhalten. An den Längswänden stehen die mit Reliefs verzierten Sarkophage der Erzbischöfe Ravennas aus dem 5. bis 8. Jahrhundert. Der Chor der Basilika ist mit prächtigen ****Mosaiken* aus dem 6. und 7. Jahrhundert bedeckt: Am Apsisbogen sieht man Christus zwischen den Symbolen der Evangelisten, darunter kommen aus den edelsteingeschmückten Mauern von Jerusalem und Beth-

Sant'Apollinare in Classe

lehem zwölf Lämmer als Symbole der Apostel heraus. Die Mosaiken des Apsisgewölbes zeigen ein großes Kreuz in einem von Sternen übersäten Himmel, zu beiden Seiten die Halbfiguren von Moses und Elias in Wolken und darunter drei Schafe als Symbole der Apostel, die bei der Verklärung Christi auf dem Berg Tabor anwesend waren. Die Mosaiken darunter stellen den heiligen Apollinaris in einer von Vögeln belebten grünen Landschaft dar.

Nur wenige Fahrminuten von Ravenna entfernt erstrecken sich über 30 Kilometer weit zahlreiche modern ausgestattete Badeorte, die von dichten Pinienwäldern umgeben sind und schöne Sandstrände, Hotels und Pensionen aller Preisklassen, Touristendörfer, möblierte Villen, Campingplätze und gute Unterhaltungsmöglichkeiten besitzen: *Casal Borsetti, Marina Romea, Porto Corsini, Marina di Ravenna, Riva Verde, Punta Marina, Lido di Classe und Lido del Savio.*

B: ÜBER *CHIOGGIA UND *COMACCHIO

Man fährt von *** *Venedig* (s. S. 106) nach *Mestre* und biegt kurz darauf auf die Straße 309 ab, die am Rande der Lagune nach

***Chioggia,** 48 km, s. S. 111, führt.

Die Straße überquert vor *Volto,* 57 km, die *Etsch* und bei *Contarina,* 69 km, den *Po.* Über *Mesola,* 82 km (Jagdschloß der Este, 16. Jh.) erreicht man *Pomposa,* 94 km, mit der Benediktinerabtei

****Santa Maria di Pomposa.** Sie wurde 523 gegründet und war im Mittelalter ein kultureller Mittelpunkt des Landes. Die Kirche wurde im 12. Jahrhundert umgestaltet. Das Klostermuseum enthält großartige Fresken (größtenteils 14. Jh.). Der 50 Meter hohe ****Campanile** (1063) gehört zu den schönsten romanischen Kirchtürmen Italiens.

Gegenüber der Abtei liegt der *Palazzo della Ragione* (11. Jh.) mit schönem Säulengang.

Nun folgen zahlreiche von der Hauptstraße nach links abzweigende Nebenstraßen, die zu den „Lidi Ferraresi“, den Badeorten von Ferrara, wie *Lido delle Nazioni* und *Lido di Pomposa* (s. S. 223), führen. Auf der Höhe der Abzweigung (links) nach *Porto Garibaldi,* 112 km, zweigt rechts von der Straße 309 eine Nebenstraße ab nach dem etwa fünf Kilometer westlich gelegenen

***Comacchio,** einem Fischerstädtchen, das auf 13 kleinen Inseln in einem fischreichen Lagunensee erbaut ist. Im Mittelalter war Comacchio blühende Hafen- und Handelsstadt. Sehenswert sind der Brückenbau **Treponti,* die *Kathedrale* (17. Jh.), der *Uhrturm* (1621) und der von der *Via Mazzini* zur außerhalb der Stadt gelegenen Kirche *Santa Maria in Aula Regia* (17. Jh.) führende *Laubengang* mit 140 Bögen.

Etwa sechs Kilometer westlich liegt das (inzwischen wieder zugeschüttete) Ausgrabungsfeld von Spina. Hier lag zwischen dem 6. und 3. vorchristlichen Jahrhundert ein wichtiger Hafen der Etrusker.

Schon lange bevor man Ravenna erreicht, führen von der Nationalstraße 309 links Abzweigungen zu den Badorten dieser Stadt, unter anderem nach *Casal Borsetti* und *Marina Romea* (s. S. 227).

Kurz nach

****Ravenna,** 145 km, s. S. 223, erblickt man links neben der Straße die Basilika

*****Sant'Apollinare in Classe,** die man unbedingt besichtigen sollte. Sie ist auf Seite 226 beschrieben.

Man folgt nun der Nationalstraße 16, die in geringer Entfernung vom Meer nach Süden führt. Links zweigen Zufahrtsstraßen ab zu den Seebädern *Cervia, Milano Marittima* und *Cesenatico,* 176 km, alle mit feinsandigen Stränden, kleinen Fischerhäfen, zahlreichen Hotels und anderen touristischen Einrichtungen.

Bei *Villamarina* (bzw. *Gatteo a Mare*), 180 km, führt die Straße 16 über den *Rubikon (Rubicone),* jenen historischen Fluß, an dem Julius Cäsar 49 v. Chr. den Bürgerkrieg gegen Pompejus begann, als er ihn mit einer Legion überschritt.

Von der Hauptstraße zweigen nun laufend Nebenstraßen zu den zum Teil nur einen Kilometer östlich liegenden Badeorten *San Mauro a Mare, Bellaria, Igea Marina, Torre Pedrera* und *Viserba* ab. Man kann auch auf einer parallel zur Nationalstraße 16 verlaufenden Küstenstraße durch alle diese Orte hindurch weiterfahren nach

***Rimini,** 198 km, s. S. 197.

Die Weiterfahrt kann nun entweder auf der Autobahn oder auf der Nationalstraße 16 erfolgen.

Ausflug nach **San Marino (27 km)

Lohnend ist der Ausflug von Rimini nach

****San Marino.** Mit 61 Quadratkilometern Fläche ist San Marino die kleinste und zugleich die älteste noch bestehende Republik der Welt. Überragt wird der Staat mit der gleichnamigen Hauptstadt von den drei Gipfeln des *Monte Titano* (739 m), von denen aus man herrliche Rundblicke hat.

Nach der kurvenreichen Auffahrt fährt man in die Hauptstadt gewöhnlich durch das Tor *San Francesco* (14. Jh.) ein. Die Kirche *San Francesco* (14. – 16. Jh.) mit dem angeschlossenen Kloster hat einen schönen Kreuzgang. Sehenswert ist auch das hier eingerichtete kleine Kunstmuseum. Der Campanile stammt aus dem Jahr 1300.

Im *Palazzo Valloni* birgt ein Museum etruskische, griechische, römische, ägyptische, chinesische und einheimische Altertümer, eine Bibliothek sowie eine Gemäldegalerie.

Der *Regierungspalast* auf der **Piazza della Libertà* (schöner Rundblick) entstand um 1400 in toskanisch-gotischem Stil. In der weiter oben stehenden *Basilica di San Marino* (1836) sieht man neben schönen Heiligenstatuen und Gemälden aus der Schule Tizians auch eine Urne mit den Reliquien des heiligen Marinus.

Von der Kirche erreicht man über Treppen die alten *Burganlagen* (10. – 14. Jh.). Gut erhalten sind noch die Türme der Wehrgänge. In der Burg *Cesta* (13. Jh.) ist ein Waffenmuseum zu besichtigen.

Ausflug nach *San Leo (33 km)

Ein anderer Ausflug von Rimini führt auf der Nationalstraße 258 nach dem 33 Kilometer südwestlich liegenden

***San Leo,** das man auch von San Marino aus besuchen kann. Der Ort liegt an einer senkrecht abstürzenden Felswand, an der schon die Römer einen Jupitertempel errichten ließen. Er wurde später vom heiligen Leo in eine Kirche umgewandelt. Zur Zeit der Goten und Langobarden war San Leo die gewaltigste Festung Italiens, unter Berengar II. (10. Jh.) sogar zwei Jahre lang die Hauptstadt des Landes. Sehenswert sind hier die seit ihrer römischen Gründung oftmals veränderte Festung *Montefeltro,* in deren Kasematten 1795 der Abenteurer Cagliostro starb, der *Dom* (12. Jh.) und die Kirche *Santa Maria Assunta* (8. Jh.). In der Nähe liegt der vom heiligen Franziskus gegründete *Convento San Igne* (13. Jh.).

*

Von Rimini fährt man, an den bekannten Badevororten *Bellariva, Marebello, Rivazzurra* und *Miramare* (überall weite Sandstrände) vorbei, weiter nach

Riccione, 209 km, das wegen seines Sandstrandes und seiner touristischen Einrichtungen zu den meistbesuchten Seebädern Italiens gehört. Auch

Cattolica, 219 km, ist ein Badeort von internationalem Ruf mit weitem, feinsandigem Strand und allen touristischen Einrichtungen. In der *Via Pascoli* besichtige man die Kirche *Sant'Apollinare* (1316) und die *Malatesta-Burg*. Ein lohnendes Ausflugsziel ist die vier Kilometer südwestlich gelegene Burg *Gradara* (12. Jh.).

Über *Gabicce Mare* (feiner Sandstrand) erreicht man schließlich das beliebte Seebad

Pesaro, 236 km, das in einer sandigen Bucht zu Füßen der östlichen Ausläufer des Apennin liegt, der hier bis an die Adria heranreicht. Pesaro hat eine reiche geschichtliche Vergangenheit und besitzt schöne Baudenkmäler: den

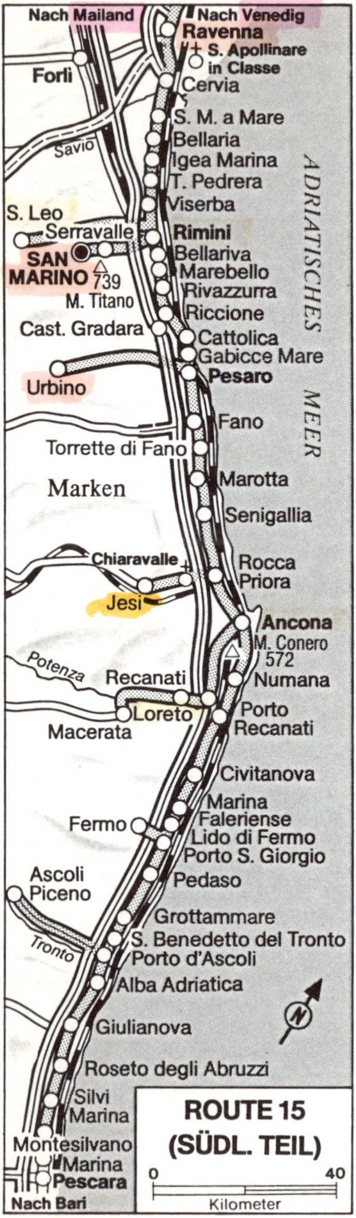

Palazzo Ducale (14.—15. Jh.), die Festung *Rocca Costanza* (1471), den romanisch-gotischen *Dom* (9. - 12. Jh.), die Kirche *Sant'Agostino* mit prachtvollem gotischem Portal (1413) und viele andere Kirchen aus dem 15. bis 17. Jahrhundert sowie den *Palazzo Toschi-Mosca* mit dem bedeutendsten Majolika-Museum Italiens und einer ausgezeichneten Gemäldesammlung.

An den Komponisten Gioacchino Rossini (1792 - 1868) erinnert dessen Geburtshaus in der Via Rossini 24 sowie das Opernhaus Teatro Rossini.

Abstecher nach Urbino (36 km)

Von Pesaro führen lohnende Abstecher in die nächste Umgebung: zur * *Villa Caprile* (2 km) mit Wasserspielen, zur *Villa Vittoria* (3 km), wo Caroline von Braunschweig längere Zeit residierte, zum 1472 erbauten *Castello Imperiale* (3 km), dem prachtvollen Palast der Sforza, dessen Grundstein Kaiser Friedrich III. legte, sowie auf der Straße 423 durch das sehr schöne *Fogliatal* nach

****Urbino.** Die malerisch auf zwei Hügeln liegende und von einer uralten Stadtmauer umgebene Stadt („Freilichtmuseum Italiens") ist die Geburtsstadt von Bramante und von Raffael. Zur Renaissancezeit war Urbino ein Mittelpunkt der Kunst und Kultur. 1506 wurde die Universität gegründet.

Der *** *Palazzo Ducale* (15. Jh.) gehört zu den schönsten Renaissancebauten Italiens. Er enthält heute die Nationalgalerie der Marken mit Werken unter anderem von Raffael, Piero della Francesca, Bellini, Tizian und Botticelli. Der durch seine Harmonie beeindruckende Ehrenhof ist allein schon wegen seiner prachtvollen Freitreppe sehenswert. Neben dem Palast steht die gotische Kirche *San Domenico* (14. Jh.) mit schönem Renaissanceportal (15. Jh.). Gegenüber dem Eingang zum Palast liegt der *Dom* (auch *Basilica Metropolitana),* der im 18. Jahrhundert über den Ruinen einer wesentlich älteren Kirche erbaut wurde.

Die Kirche *San Francesco* (14. Jh.) hat einen zierlichen Campanile. Die Kirche *San Giovanni Battista* birgt kunstvolle Fresken (1416) mit Darstellungen aus dem Leben Johannes' des Täufers. In der Kirche *San Giuseppe* ist eine Krippe aus dem 16. Jahrhundert sehenswert. In *San Bernardino* sind die Herzöge von Urbino bestattet; ihre Grabmäler werden Bramante zugeschrieben.

Von den vielen alten Häusern ist vor allem das **Geburtshaus Raffaels* (16. Jh., Innenhof aus dem 15. Jh.) mit Werken des Malers sehenswert. Werke Raffaels kann man auch im *Dommuseum* sehen.

*

Die Nationalstraße 16 führt von Pesaro weiter nach

Fano, 247 km, einer schon von Etruskern und Römern besiedelten Stadt. Sehenswert sind der *Augustusbogen* (2 n. Cr.) und Reste der alten Stadtmauern, der *Palazzo Malatesta* mit einem Museum, in dem römische und mittelalterliche Kunstwerke zu sehen sind, der *Palazzo della Ragione* (1299), die Kirche *San Francesco* (15. Jh.) mit zwei Grabmälern der Malatesta und die Kirche *Santa Maria Nuova* (16. Jh.) mit Werken von Perugino.

Über die Seebäder *Torrete di Fano* und *Marotta* erreicht man

Senigallia, 270 km, einen bekannten Badeort mit gutem Sandstrand. Zu den Sehenswürdigkeiten der Stadt gehören der *Dom,* das alte *Rathaus,* die im 15. Jahrhundert erbaute *Burg* mit gut erhaltenen Rundtürmen und die Kirche *Della Croce* (17. Jh.). Aus dem Mittelalter sind noch Reste von Stadtmauern erhalten.

Bei *Rocca Priora,* 284 km, führt rechts eine Abzweigung über *Chiaravalle* (Kloster aus dem Jahr 1172) nach

Jesi (18 km), dem Geburtsort Kaiser Friedrichs II. von Hohenstaufen. Die auf römischen Fundamenten errichtete *Stadtmauer* stammt aus dem 14. Jahrhundert. Sehenswert sind ferner die Benediktinerkirche *San Marco* (gegründet im 13. Jh.), die Pinakothek und das Stadtmuseum im *Palazzo della Signoria* (1486), der *Dom* (13. – 15. Jh.) sowie der Barockpalast *Belleani.*

***Ancona,** 296 km, ist die bedeutendste Hafenstadt an der mittleren Adria. Aus der Römerzeit ist noch der **Trajansbogen* (115 n. Chr.) am Hafen erhalten. Der davor stehende *Clemensbogen* wurde 1738 für Papst Clemens VII. errichtet.

Auf einer Anhöhe über dem Hafen steht der Dom **San Ciriaco,* der um 1140 auf den Resten eines römischen Venustempels und einer frühchristlichen Basilika aus dem 5. Jahrhundert erbaut wurde. Im 13. und 14. Jahrhundert entstanden Erweiterungen.

Nahebei liegen Reste eines römischen *Amphitheaters,* der *Palazzo di Segnato* (13. Jh.) und der *Pa-*

Ancona: San Ciriaco

lazzo Ferretti (16. Jh.), in dem das *Nationalmuseum der Marken* untergebracht ist. Es enthält wertvolle Sammlungen von der Vorgeschichte bis zum Mittelalter. Die gegenüber gelegene Kirche *Il Gesù* stammt aus dem 17. und 18. Jahrhundert.

Nur wenige Schritte weiter gelangt man zu der Kirche **Santa Maria della Piazza,* einem äußerst eindrucksvollen romanischen Bau (10. Jh.) mit einer teilweise marmorverkleideten Fassade aus dem Jahr 1210, die mit Bogenreihen geschmückt ist. In der Kirche sind Mosaiken einer früheren Kirche (4. – 5. Jh.) zu sehen. Unweit von hier liegt die gotische *Loggia dei Mercanti* mit bemerkenswerten Skulpturen aus der Renaissancezeit. Schön ist auch der nahe gelegene Renaissancebrunnen *Fontana del Calamo* (1560) mit 13 wasserspeienden Bronzemasken.

Die gotische Kirche **San Francesco* (13. Jh.) schmückt ein Portal aus dem 15. Jahrhundert. Die Kirche *San Domenico* (18. Jh.) enthält eine „Kreuzigung", die der neunzigjährige Tizian gemalt hat.

Weitere Sehenswürdigkeiten der Stadt sind die *Zitadelle* (1535) und zahlreiche Paläste aus verschiedenen Zeitepochen.

Von Ancona führt eine Küstenstraße rund um den *Monte Conero* herum, vorbei an der sehenswerten romanischen Kirche *Santa Maria di Portonovo* und an dem von Gärten und Wäldern umgebenen *Numana,* wo unter der Meeresoberfläche Reste einer antiken Stadt zu sehen sind, nach

Porto Recanati, 327 km, das man auch auf der Nationalstraße 16 erreichen kann. Dieses Seebad ist Bahnstation für das zwölf Kilometer landeinwärts liegende Städtchen *Recanati.* Dort gibt es ein wuchtiges Kastell aus dem 14. Jahrhundert und mehrere beachtenswerte Kirchen zu sehen. In einem Museum findet man Erinnerungsstücke an den berühmten Sänger Benjamino Gigli, der in Recanati geboren wurde. Eine Villa erinnert an den ebenfalls hier geborenen Dichter Giacomo Leopardi.

Abstecher nach *Loreto (2 km)

Knapp vor Porto Recanati zweigt rechts eine Nebenstraße ab nach dem zwei Kilometer entfernten

***Loreto,** dessen von Sangallo, Andrea Sansovino und anderen Baumeistern 1468 bis 1587 erbaute **Wallfahrtskirche* weltbekannt ist. Diese Renaissancekirche, die das „Heilige Haus" (der Legende nach wurde es von Engeln aus Nazareth hierher gebracht) umschließt, und der **Palazzo Apostolico* (16. Jh.) sind reich an religiösen Schätzen und bedeutenden Kunstwerken. Andere Sehenswürdigkeiten der Stadt sind der *Madonnenbrunnen,* der *Gallische Brunnen,* die öffentlichen Gärten der *Via Marconi,* die *Porta Marina* (schöner Ausblick) und die alten *Burgmauern.*

*

Kurz nach Porto Recanati führt eine Nebenstraße zu dem 23 Kilometer westlich im Tal der *Potenza* gelegenen Ruinenfeld der Römerstadt *Helvia Recina* und sechs Kilometer weiter nach *Macerata,* einer sehenswerten alten Stadt mit vielen Bauwerken aus dem 13. bis 16. Jahrhundert.

Die Nationalstraße 16 führt an der Küste weiter durch die Badeorte *Civitanova,* 344 km, *Marina Faleriense,* 352 km, *Lido di Fermo,* 357 km (8 km westlich liegt die alte Stadt *Fermo* mit einer römischen Zisterne und einem romanisch-gotischen Dom aus dem 13. Jh.), *Porto San Giorgio,* 359 km (mit einer im 13. Jh. erbauten Burg), *Pedaso,* 370 km, *Grottamare,* 382 km, *San Benedetto del Tronto,* 387 km, und *Porto d'Ascoli,* 391 km (sehenswerter sechseckiger Stadtturm aus dem 13 Jh.).

Loreto

Von hier führt die Nationalstraße 4 zur 28 Kilometer westlich liegenden Provinzhauptstadt

Ascoli Piceno. Sehenswert sind in dieser alten Stadt die aus dem 12. und 13. Jahrhundert stammenden Kirchen *San Francesco* (mit Loggia aus dem 16. Jh.), *San Giacomo* (mit drei gotischen Portalen), *Santa Maria* (romanisch; mit wuchtigem Campanile) und *San Vittore* (älteste Kirche der Stadt), ferner der *Dom* (15. Jh.) mit dem Baptisterium (12. Jh.), die auf den Resten eines römischen Tempels erbaute Kirche *San Gregorio* sowie die *Piazza del Popolo* mit ihren Renaissancepalästen. Im *Palazzo Comunale* ist eine Gemäldegalerie mit Werken von Tizian, Tintoretto, Giordano und vielen anderen Meistern untergebracht.

Die Nationalstraße 16 führt weiter am Meer entlang durch die Badeorte *Alba Adriatica,* 401 km, *Giulianova,* 412 km (beachtlicher Renaissancedom aus dem 15. Jh), *Roseto degli Abruzzi,* 422 km, *Pineto,* 430 km, *Silvi Marina,* 438 km, und *Montesilvano Marina,* 444 km – alle genannten Orte besitzen weite, feinkörnige Badestrände –, nach

Pescara, 452 km (bei Wahl der Teilstrecke A: 501 km). Die Stadt ist wegen ihres 15 Kilometer langen Sandstrandes einer der meistbesuchten Badeorte im südlichen Adriaraum. Pescara war schon unter den Römern ein wichtiger Straßenknotenpunkt und seit dem 15. Jahrhundert eine Festung, die 1566 den Türken und 1707 den Österreichern erfolgreich widerstand. Hier wurde auch der Dichter Gabriele d'Annunzio (1863 – 1938; s. S. 138) geboren; sein Geburtshaus ist heute Museum.

Plan S. 235

Route 16: Pescara – Termoli (– **Halbinsel Gargano) – *Foggia – *Bari (– *Tarent) – *Brindisi – **Lecce – Santa Maria di Leuca (566 km)

Diese Fahrt führt an der Küste des Adriatischen Meeres entlang nach Süden, bis zur Südspitze Apuliens am Ionischen Meer. Die Strecke ist eine Fortsetzung der Route 15 (s. S. 221), die auf der Adria-Küstenstraße von Venedig über Rimini nach Pescara führt. Wenn man es eilig hat, kann man die Strecke auf einer modernen Autobahn zurücklegen. Um aber die zahlreichen interessanten Orte an dieser Route kennenzulernen, empfiehlt es sich, die Nationalstraßen zu benutzen.

Man verläßt *Pescara* (s. S. 233) auf der Nationalstraße 16 und fährt durch die Seebäder *Francavilla al Mare,* 8 km, *Ortona,* 22 km (bemerkenswerter Dom, alte Paläste und Burg), *San Vito Chietino* (9 km westlich liegt *Lanciano* mit Bauwerken aus der Römerzeit und mittelalterlichen Kirchen), *Fossacesia,* 37 km (freskengeschmückte romanische Basilika *San Giovanni in Venere), nach

Vasto, 68 km, das eine ganze Reihe sehenswerter Bauten besitzt: den *Dom* (13. Jh.), den *Palazzo d'Avalos* (16. Jh.) und mehrere mittelalterliche Kirchen. In

Termoli, 103 km, einem bekannten Seebad mit malerischer Altstadt, besichtige man den romanischen *Dom* und das *Schloß Friedrichs II. von Hohenstaufen.*

Von hier aus kann man mit dem Schiff zu den **Tremitischen Inseln** *(Isole Tremiti)* fahren. Die Insel *San Domino* hat einen großen, üppigen Pinienwald. Auf der Insel *San Nicola* stehen die sehenswerte Kirche Santa Maria und das von Benediktinern und anderen Mönchsorden rund um eine alte Abtei erbaute Kastell sowie andere interessante mittelalterliche Bauten. Zu der Inselgruppe gehören ferner die Inseln *Capraia, Cretaccio* und *Pianosa.*

Die sagenumwobenen Höhlen *Grotta del Bue Marino* und *Grotte delle Viole* sind nur mit dem Boot zu erreichen. Das Meer ist hier sehr fischreich und für den Unterwassersport gut geeignet.

Kurz nach Termoli verläßt die Straße 16 das Meer und führt westlich der ***Gargano-Halbinsel* (s. S. 240) über *San Severo,* 162 km, nach

***Foggia,** 192 km, einer lebhaften Stadt in der Hochebene *Tavoliere di Puglia,* der Kornkammer Italiens. Bedeutendstes Bauwerk der Stadt ist der 1170 in romanisch-apulischem Stil erbaute *Dom,* der 1732 nach einem Erdbeben wieder aufgebaut wurde. Bei diesem Erdbeben gingen die im Dom beigesetzten Urnen mit den Herzen Friedrichs II. und Karls von Anjou verloren.

Nördlich von Foggia kann man die Ruinen der antiken Stadt *Arpi* besuchen. Ein anderer lohnender

Ausflug führt zu dem 20 Kilometer südwestlich liegenden *Troia*, dessen *Dom aus dem 12. Jahrhundert stammt; seine Fassade gilt als schönste romanische Fassade in Süditalien.

Auf der Nationalstraße 16 oder auf der Autobahn fährt man weiter nach

***Canosa di Puglia,** 244 km, das eine sehenswerte romanische *Kathedrale* (11. Jh.) mit fünf byzantinischen Kuppeln hat. Neben ihr liegt das ***Grabmal Boemunds* (12. Jh.). Es ist wie eine Moschee würfelfömig mit einer Kuppel gebaut. Diese Form des Bauwerks soll daran erinnern, daß Boemund, der Sohn des Normannenkönigs Robert Guiscard, über das Fürstentum Antiochien und Syrien herrschte. In der Nähe des Ortes sieht man einen Triumphbogen und eine Brücke aus der Römerzeit.

Für die Weiterfahrt nach Bari wählt man entweder die Straße 98 über Andria und Bitonto oder die Küstenstraße über Barletta und Trani.

A: ÜBER *ANDRIA UND *BITONTO

Man verläßt **Canosa* auf der Straße 98 und erreicht nach kurzer Fahrt

***Andria,** 271 km, den Geburtsort Konrads, des Sohnes Friedrichs II. von Hohenstaufen. In der lebhaften Marktstadt besichtige man den **Herzogspalast* (16. Jh.), die mittelalterliche Kathedrale *San Ricardo* mit den Grabmälern Jolandas von Brienne und Isabellas von England, der Gemahlinnen Friedrichs II., und den gotischen

*Kreuzgang der Kirche *San Domenico.*

Unbedingt zu empfehlen ist ein Abstecher zum 17 Kilometer südlich liegenden

*****Castel del Monte.** Das auf einem Hügel liegende Jagdschloß Friedrichs II. (1240) ist achteckig und besitzt acht ebenfalls achtekkige Türme. Im Oberstock befanden sich die kaiserlichen Gemächer. Großartig ist von hier die Aussicht über die apulische Landschaft.

Man kann vom Schloß direkt weiterfahren nach

***Bitonto,** das eine prachtvolle ***Kathedrale* (12. Jh.) in apulisch-romanischem Stil hat. An ihrer rechten Seite beachte man die tiefen Arkaden und die Sechsbogenfenster. Andere bemerkenswerte Bauten sind der Renaissancepalast **Sylos Labini* und die Benediktinerabtei **San Leo* (11. Jh.) mit schönem Kreuzgang und herrlichen Fresken (14. Jh.).

Wenn man von *Andria* (s.o.) aus auf der Straße 98 nach *Bitonto* fährt, so lohnt sich ein Aufenthalt in *Ruvo di Puglia* (romanisch-apulischer *Dom mit reich geschmücktem Mittelportal) und in *Terlizzi* (kleine Kirchen und Paläste aus dem 16. und 17. Jh.).

Von Bitonto sind es nur noch wenige Minuten Fahrt nach

***Bari,** 332 km, s. S. 239.

B: *BARLETTA UND *TRANI

Man verläßt *Canosa di Puglia* (s. S. 235) auf der zum Meer führenden Straße 93. Dabei stößt man auf

***Canne** (Cannae), den Schauplatz der Schlacht, in der Hannibal 216 v. Chr. die Römer besiegte. Die *Archäologische Zone* umfaßt ein weites Grabungsfeld mit Ausgrabungen von Teilen der apulischen, der römischen und der mittelalterlichen Stadt. Das Meer erreicht man bei

***Barletta,** 266 km, das reich an historischen Erinnerungen ist und wegen seines breiten Sandstrandes auch als Badeort gern besucht wird. In der Stadtmitte steht die gotische Kirche **San Sepolcro* mit Barockfassade und Baldachin-Portal. Neben ihr sieht man eine fünf Meter hohe Bronzestatue, den „Colosso" (4. Jh.), der wahrscheinlich einen oströmischen Kaiser darstellt. Der **Dom* wurde in romanischem Stil begonnen und in gotischem vollendet. Das ***Normannenschloß* am Meer wurde unter den Hohenstaufen, unter den Anjou und unter Karl V. verändert und vergrößert. Sehenswert sind auch der barocke *Palazzo della Marra,* die Kirche *Sant' Andrea* und die *Pinakothek* mit Werken De Nittis (19. Jh.).

***Trani** ist ein elegantes Seebad mit zahlreichen historischen Sehenswürdigkeiten. Am Meer steht die große, in romanisch-apulischem Stil errichtete ***Kathedrale* mit bemerkenswertem Portal (1179) und Spitzturm. Die Kirche *Ognissanti* stammt aus der Kreuzfahrerzeit. Der elegante **Palazzo Caccetta* (1458) ist spätgotisch. Die von Friedrich II. erbaute *Stauferburg* wurde in der Folgezeit stark verändert. Man besichtige auch die beiden kleinen byzantinischen Kuppelkirchen *Sant'Andrea* und *San Francesco* sowie die alte Benediktinerabtei auf der Halbinsel *Capo Colonna.* Dort erstreckt sich auch ein schöner Badestrand.

ROUTE 16
(MITTLERER TEIL)
0
20
Kilometer
N
ADRIATISCHES
MEER
Ofanto
Barletta
Canosa di Puglia
Minervino Murge
Andria
Trani
M. Scorzone 670
Bisceglie
Corato
Ruvo di Puglia
Molfetta
Terlizzi
Giovinazzo
Le
Murge
Bitonto
Palo d. Colle
Gravina in Puglia
Bari
Modugno
Grumo Appula
Altamura
B. Carbonara
Triggiano
Adelfia
Acquaviva delle Fonti
Casamassima
Santeramo in Colle
Rutigliano
Mola di Bari
Matera
Gioia del Colle
Montursi 417
Polignano a Mare
Putignano
Laterza
Castellana Grotte
Monopoli
Noci
Castellaneta
La Lato
Mottola
Egnazia
Alberobello
Fasano
U
G
L
I
A
A
B
CASTEL D. MONTE

ROUTE 16 (SÜDL. TEIL)

Die Straße 16 führt in Küstennähe weiter über *Bisceglie* (Seebad mit Türmen eines Normannenkastells) nach

***Molfetta,** das einen großen Fischerhafen besitzt. Hauptsehenswürdigkeit ist der romanische **Dom* (12. – 13. Jh.) mit drei verschiedenen Kuppeln und zwei Glockentürmen. Außerhalb der Stadt liegt die Klosteranlage *Madonna dei Martiri* (13. Jh.) mit dem **Spital der Kreuzritter* (1095).

Nur etwa zwei Kilometer südwestlich der Stadt beginnt ein Karstgelände mit Grotten und großen Höhlen, die schon in der frühen Steinzeit bewohnt waren.

Es folgt nun das kleine Fischerstädtchen

Giovinazzo mit einem alten Stadtviertel. Der romanische *Dom* wurde im 17. und 18. Jahrhundert umgebaut, weist aber noch Baureste aus der Entstehungszeit auf: das Portal an der rechten Seite, die Apsis und den Campanile.

Nach einer Fahrt von insgesamt 321 Kilometern erreicht man Bari.

*BARI

Die Hauptstadt Apuliens ist mit ihrem Hafen ein bedeutender Umschlageplatz für den östlichen Mittelmeerraum. Alljährlich im September findet in Bari die Fiera di Levante, die nach der Mailänder Messe größte Messeveranstaltung Italiens, statt. Eigentlich besteht Bari aus zwei Städten: der an drei Seiten vom Meer umgebenen Halbinsel *Alt-Bari* mit einem Labyrinth von mittelalterlichen Gassen und Höfen, Treppen und romanischen Kirchen, und der *Neustadt Bari,* die wie ein riesiges Schachbrett durch breite und gradlinige Straßen in Quadrate geteilt ist. Die Grenze zwischen den beiden Stadtteilen bildet der *Corso Vittorio Emanuele II.*

In der Neustadt besichtige man das an der *Piazza Umberto,* nahe beim Bahnhof, liegende

***Archäologische Museum** mit reichen Sammlungen zur Vorgeschichte, Frühgeschichte und griechisch-römischen Antike. Beachtenswert sind vor allem die aus dem 6. bis 2. vorchristlichen Jahrhundert stammenden Keramiken, Bronze- und Goldgegenstände sowie die griechischen und apulischen Vasen.

An der „Prachtstraße" des modernen Bari, der von Palmen gesäumten *Via Cavour,* steht das *Teatro Petruzzelli* (1898 – 1903), das viertgrößte Opernhaus Italiens nach denen von Mailand, Rom und Neapel. Sehr schön ist die Strandpromenade, die vom *Alten Hafen (Porto Vecchio)* bis zur *Pinakothek* (Gemälde aus dem Mittelalter bis zur Gegenwart) führt.

Mittelpunkt der Altstadt ist die *Piazza San Nicola* mit der

****Basilica San Nicola** (1089 – 1197), einem der eindrucksvollsten Beispiele romanisch-apulischer Architektur. Ihre majestätische Fassade mit drei Portalen wird von zwei stumpfen Türmen flankiert. Das ***Ciborium* (12. Jh) auf dem Hauptaltar des dreischiffigen Innern soll das älteste in Apulien sein. Es wird von vier in Farbe und Form unterschiedlichen kleinen Säulen mit verschiedenen Kapitellen gestützt. Dahinter ist noch ein arabischer Mosaikboden zu sehen, in dessen Mitte der mit Relieffiguren geschmückte steinerne *Thron des Abtes Elia* (Kirchengründer des 11. Jh.s) steht. Reich ausgestattet sind die *Schatzkammer* und die *Sakristei*. Zwei breite Marmortreppen führen hinunter in die ***Krypta*, in der die verschiedenartigen Säulen mit prachtvollen

Basilica San Nicola: Krypta

Kapitellen den Blick auf sich ziehen. Am Hauptaltar der Krypta ist der im Jahr 326 gestorbene heilige Nikolaus beigesetzt. Der Altar und das dahinterliegende Mosaik stammen aus dem 12. Jahrhundert.

Anschließend besichtige man auch den nach alten Plänen rekonstruierten Hof der Basilika und den *Portikus der Pilger*. Dahinter liegen die Apsiden der Kirche *San Gregorio* (11. Jh.).

Durch enge Gäßchen gelangt man nun zum nahen

***Dom**, der im 11. Jahrhundert in byzantinischem Stil erbaut und 1292 in romanischem Stil umgebaut wurde. Prachtvoll sind die **Hexaforen* an den Seiten sowie das große Fenster und die Dekoration über dem Architrav in der Apsis. Man beachte auch die *Kanzel* (12. Jh.) sowie das *Ciborium* und den alten *Bischofsstuhl* im Presbyterium.

Vom Dom sind es nur wenige Schritte zum *Hohenstaufenschloß* (1233), das über einer alten Normannenburg errichtet wurde. Eckbastionen und Innenhof wurden erst im 16. Jahrhundert hinzugefügt.

Rundfahrt um das Gargano-Gebirge (202 km)

Wenn man Zeit hat, lohnt sich von *San Severo* (s. S. 234), 162 km, eine Rundfahrt auf der Straße 89 (insgesamt 202 km) um das

****Gargano-Gebirge,** das als Halbinsel in das Adriatische Meer hineinragt. Der Gargano erreicht im *Monte Calvo* eine Höhe von etwa 1065 Metern und fällt sanft zum Meer hin ab. Felsen, Riffe, steile Wände, Grotten, malerische Badebuchten, klares Meerwasser und weiße Dörfer charakterisieren die Küste, die für die einheimischen Fischer ebenso wie für Sportangler ideale Möglichkeiten bietet. An der sogenannten „Riviera Garganica" liegen die Seebäder *Rodi, San Menaio, Peschici* und *Vieste*. Der letztgenannte Ort hat ein mittelalterliches Stadtbild und eine Burg aus dem 16. Jahrhundert.

Pinienwälder und weite Olivenhaine ziehen sich die Täler und Berghänge hinauf. Zwischen **Monte Sant'Angelo*, das von der Ruine einer Normannenburg überragt wird und eine dem Erzengel Michael geweihte und in eine Höhle eingebaute uralte Felsenbasilika hat (künstlerisch bedeutender ist das naheliegende

Langobardengrabmal **Tomba di Rotari*), und dem Ort *Vico Garganico* breitet sich die *Foresta Umbra* (850) m) aus, ein Wald mit Buchen, Pinien, Linden, Ahorn, Rieseneiben, Eschen, Zedern und Kastanienbäumen.

In *San Giovanni Rotondo* ist das Kapuzinerkloster des stigmatisierten Padre Pio da Pietralcina (gest. 1968) das Ziel vieler Wallfahrer. Die kleine Hafenstadt

***Manfredonia** im Süden der Halbinsel ist auch ein bekannter Badeort (schöner Sandstrand) mit guten touristischen Einrichtungen. Sehenswert ist die Kathedrale **Santa Maria di Siponto* (1117) mit gut erhaltener Krypta. An das römische *Sipontum* erinnern noch antike Tempelreste. König Manfred ließ das *Kastell* (13. Jh.; heute Archäologisches Museum des Gargano) erbauen.

Lohnend ist ein Abstecher zu der auf einem Hügel liegenden romanisch-apulischen Abtei **San Leonardo alle Matine* (12. Jh.).

Man kann nun entweder auf der Straße 89 nach **Foggia* (s. S. 234) weiterfahren, wo man auf die Autobahn und die Nationalstraße 16 (s. S. 234) trifft, oder aber man kann auf der Küstenstraße Nr. 159 über *Margherita di Savoia* (jod- und bromhaltige Salzextrakte, große Salinen; medizinisches Bad) direkt nach **Barletta* (s. S. 236) gelangen.

*

Von *Bari* (s. S. 239) aus kann man entweder über Taranto (Tarent) oder aber über Monopoli und Brindisi nach Lecce weiterfahren.

A: ÜBER MONOPOLI UND *BRINDISI

Man verläßt Bari auf der Straße 16, die zuerst an der Küste entlangführt. Über *Mola di Bari* (Renaissancekathedrale, Anjouschloß) und *Polignano* (malerische Meeresgrotten mit Tropfsteingebilden) fährt man zuerst nach

Monopoli, 364 km, einem Hafenstädtchen mit einem alten *Stauferschloß* und der romanischen Kirche *Santa Maria Amalfitana*. Die *Kathedrale* des Ortes stammt aus dem 18. Jahrhundert, birgt aber Kunstschätze einer wesentlich älteren Kirche.

Abstecher nach *Alberobello

Lohnende Abstecher (auch als Umweg von Polignano aus möglich) führen nach **Conversano*, das als Sehenswürdigkeiten ein großes Normannenschloß, die romanische Kirche *San Benedetto* mit barockem Campanile und eine romanisch-gotische Kathedrale zu bieten hat, sowie nach

Castellana Grotte, wo sich die größten ***Tropfsteinhöhlen* Italiens befinden. Die künstlich beleuchteten Höhlen mit phantastisch geformten Felsgebilden führen mehr als zwei Kilometer weit ins Erdinnere. Der Besucher betritt die Grotten mittels eines Fahrstuhls in etwa 60 Metern Tiefe.

Nur etwa zwölf Kilometer weiter östlich liegt

***Alberobello,** die „Stadt der Trulli“. Trulli sind steinerne Rundhäuser mit einem Kegeldach. Sie sind weiß getüncht, das Kuppeldach ist oft mit grauen Steinplatten bedeckt. Diese „Kegelhäuser“ geben der Landschaft ein eigenartiges Aussehen. In Alberobello gibt es viele malerische kleine Gäßchen mit diesen originellen Bauten.

Auch von dem benachbarten *Locorotondo,* das auf einer Anhöhe liegt, hat man einen Blick auf das mit Trulli übersäte Tal. Wenn man hier auf die Straße 172 abbiegt, erreicht man bei *Fasano* (Rathaus in ehemaligem Palast der Malteserritter) wieder die Nationalstraße 16.

*

Bei *Monopoli* (s. S. 241) hat man wiederum zwei Möglichkeiten, nach Brindisi weiterzufahren, Während die Nationalstraße 16 jetzt landeinwärts über *Fasano,* 378 km (s. o.), *Ostuni,* 400 km (romanisch-gotischer Dom aus dem 15. Jh.), *Carovigno,* 407 km (Schloß aus dem 15. Jh.), und *San Vito dei Normanni,* 414 km, nach Brindisi, 435 km, führt, folgt die neue Straße Nr. 379 ausschließlich der Küste. Auf dieser Straße erreicht man

***Egnazia,** 374 km, eine Messaperstadt, die auch unter den Römern große Bedeutung hatte. Die Ausgrabungen zeigen den Umfang dieser antiken Stadt, die im 4. und 3. Jahrhundert v. Chr. eine Blütezeit erlebt hat. Aus der Römerzeit wurden auch einige interessante Teile der *Trajanstraße* mit polygonalen Quadersteinen freigelegt.

Über *Torre Canne Terme,* 384 km, ein bekanntes Heilbad mit modernen hydrothermalen Kuranlagen, sowie eine Reihe schöner Badeplätze, die sich auch für den Unterwassersport eignen, erreicht man Brindisi, 432 km.

*BRINDISI

An die Römerzeit erinnert noch eine der beiden 19 Meter hohen Marmorsäulen, die das Ende der von Rom und Tarent kommenden *Via Appia* markiert – die zweite Endsäule wurde nach Lecce (s. S. 244) gebracht. In der Nähe des Hafens kann man römische Baureste sehen, die angeblich vom Sterbehaus des Dichters Vergil (19. v. Chr.) stammen. Brindisi war immer eine bedeutende Hafenstadt. Im Mittelalter schifften sich hier die Kreuzfahrer ein. Mehrere Gebäude in der Altstadt stammen noch aus dieser Zeit. – Nahe dem

Hafenbahnhof [1], wo die großen Passagierschiffe anlegen, beginnt der *Corso Garibaldi* und führt zur *Piazza Vittoria,* wo er sich als *Corso Roma* fortsetzt. Der *Corso Umberto I.* führt vom Platz zum *Hauptbahnhof* [2]. Die drei genannten Straßen bilden das Hauptgeschäfts- und Einkaufsviertel der Stadt.

Der *Endsäule der Via Appia* [3] (s.o.) gegenüber steht auf der nördlichen Seite des Binnenhafens (Fährboot) das 53 Meter hohe *Marine-Ehrenmal* [4] schöner Rundblick von seiner Spitze; Lift.

Von der Endsäule führt die *Via Colonna* in die Altstadt und zum barocken *Dom* [5] (1743), der auf den Resten einer romanischen Kirche (12. Jh.; Teile der Apsis sind noch erhalten) erbaut wurde. Ganz in der Nähe liegt der romanische **Palazzo Balsamo* (13. – 14. Jh.) mit sehenswerter Loggia. Im Palast nördlich des Doms ist das *Archäologische Provinzialmuseum* [6] untergebracht. Man folgt der Via Duomo südlich zur romanischen Rundkirche

***San Giovanni al Sepolcro** [7] (11. – 12. Jh.), die ursprünglich den Tempelrittern gehörte. Nur wenige Schritte weiter kommt man zu der ehemaligen Klosterkirche **San Benedetto* [8], einem 1080 errichteten normannischen Bau mit sehr schönem Kreuzgang.

Durch die *Via San Benedetto* gelangt man in die *Via Carmine*. Sie führt zum Stadttor *Porta Mesagne* [9] (13. Jh.). Es hat einen großen Spitzbogen, und seine zinnenbewehrten Türme tragen das Wappen Karls V. (16. Jh.). Ein weiteres im Mittelalter geschaffenes Bauwerk ist die nahe *Fontana Tancredi* [10] aus dem Jahr 1192.

Der westliche Hafenarm wird beherrscht vom

***Castello Svevo** [11], dem 1227 errichteten, im 15. und 16. Jahrhundert erweiterten und veränderten Kastell Friedrichs II. von Hohenstaufen.

Weitere Sehenswürdigkeiten der Stadt sind die 1225 in romanischem Stil erbaute und später in

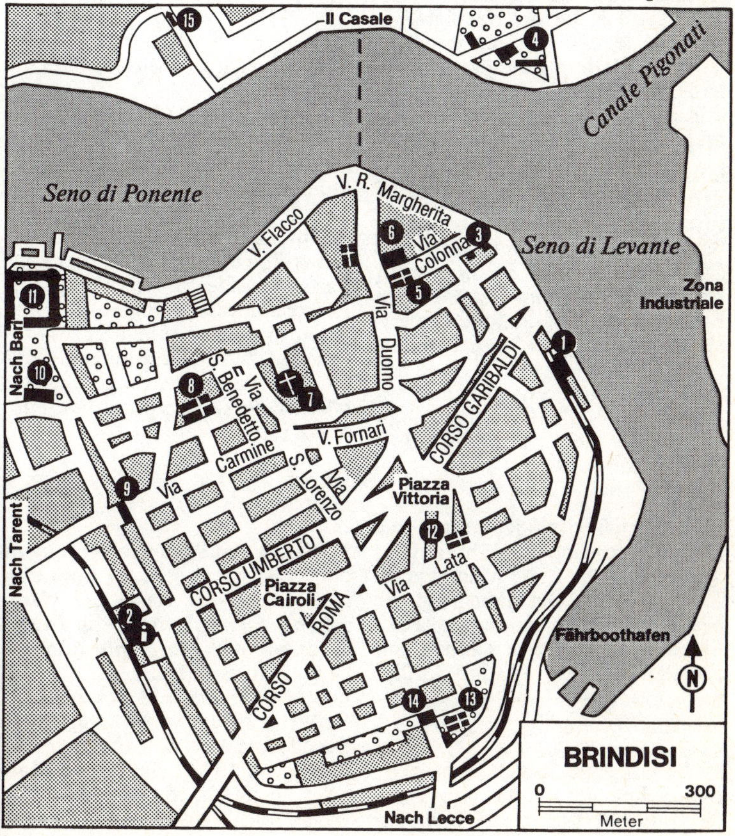

gotischem Stil umgestaltete Kirche *Santa Lucia* [12] mit byzantinischen Fresken in der Krypta, die romanische *Chiesa del Cristo* [13] (1230) und das Stadttor *Porta di Carlo Quinto* [14], das unter Karl V. (16. Jh.) erbaut wurde. Weil die nach Lecce führende Straße durch das Tor führt, wird es auch *Porta Lecce* genannt.

Am nördlichen Hafenarm liegt die um 1300 im romanischen Stil errichtete und mit Spitzbögen versehene Kirche

***Santa Maria del Casale** [15]. Eindrucksvoll ist die mehrfarbige Fassade mit der eigenartigen, von Säulen und Pfeilern getragenen Vorhalle. Das einschiffige Innere ist mit byzantinischen Fresken bemalt.

Lohnende Abstecher führen von Brindisi nach *Mesagne* (Kastell Friedrichs II. mit normannischen Bauteilen; Kirche Santa Maria del Carmine aus dem 14. Jh.), nach *Francavilla Fontana* (sehenswerte Paläste und Castello degli Imperiali, 1450) und nach **Oria* (großartiges *Kastell Friedrichs II. an der Stelle der antiken griechischen Akropolis). Alle Orte liegen an oder nahe der Nationalstraße 7 nach Taranto.

*

Man verläßt Brindisi durch die Porta Lecce (s. o.) und fährt auf der Nationalstraße 16 weiter über *Squinzano* (in Ortsnähe liegt die besuchenswerte romanische Basilika *Santa Maria di Cerrate* mit Fresken aus dem 14. und 15. Jh.) nach Lecce, 472 km.

**LECCE

Die Hauptstadt der Provinz Terra d'Otranto liegt in einer Gegend, in der viel Getreide, Tabak, Ölbäume, Wein und Gemüse angebaut werden. Für Touristen ist sie wegen der prächtigen Barockbauten interessant. Außerdem ist der *Lido von Lecce* mit einem schönen Badestrand nur zehn Kilometer von der Stadtmitte entfernt.

Da der südliche Teil Apuliens an drei Seiten von Meer umgeben ist (Adriatisches Meer, Ionisches Meer, Golf von Tarent) können auch die anderen Badestrände von Lecce aus in kurzer Zeit erreicht werden.

Das eindrucksvollste Barockbauwerk der Stadt ist die Basilika

****Santa Croce** [1] aus den Jahren 1549 bis 1689. Ihre mit Skulpturen fast überladene Monumentalfassade erinnert stark an den „plateresken Stil" Spaniens. Neben der Basilika steht der **Palazzo del Governo* [2], ebenfalls mit prächtiger Barockfassade. Er beherbergt das *Provinzialmuseum* mit ausgezeichneten archäologischen Sammlungen und Kunstsammlungen. Hinter dem Palast erstreckt sich der *Öffentliche Garten (Giardino Pubblico)* [3].

Durch die *Via Templari* gelangt man zur

****Piazza Sant'Oronzo** [4], einem der schönsten Plätze Apuliens. Hier liegen die Reste des römischen **Amphitheaters*, die zweite *Endsäule der Via Appia* (die andere ist in Brindisi, s. S. 242), die heute das Standbild des heiligen Orontius (Stadtpatron) trägt, und der **Palazzo del Seggio* (auch „Sedile") von 1592, das frühere Rathaus der Stadt, mit gotischen Arkaden und Loggia. Daneben steht

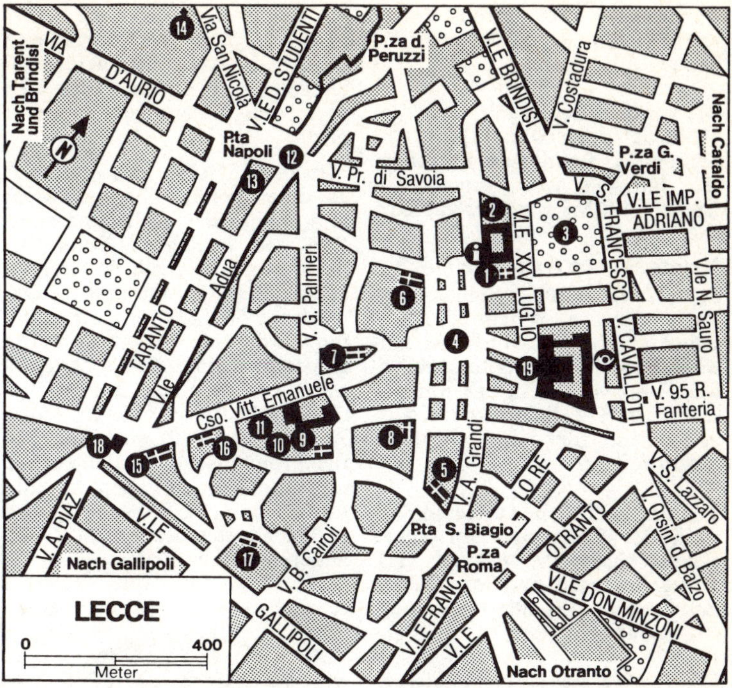

die Renaissancekapelle *San Marco* (1543).

Etwas weiter südlich sieht man die Kirche **San Matteo* (1710) [5], die als Oktogon erbaut wurde und eine von zwei Säulen begrenzte Barockfassade besitzt. In schönem Barockstil wurden auch die anderen nahe gelegenen Kirchen erbaut: *Buon Consiglio* [6], *Santa Chiara* [7] und *Sant'Irene* [8].

Von der *Piazza Sant' Oronzo* führt der *Corso Vittorio Emanuele* zur

****Piazza del Duomo,** die von herrlichen Barockbauten umgeben ist. Hier steht die **Kathedrale Sant'Oronzo* [9] aus den Jahren 1659 bis 1670 mit einer Fassade im Barockstil und einer zweiten im Renaissancestil sowie einem 74 Meter hohen Campanile. Daneben liegt der *Bischofspalast* [10] (1632), der sich mit seinen Loggien und Balustraden harmonisch zwischen der Kathedrale und dem ***Palazzo del Seminario* [11], dem Priesterseminar, einfügt. Der Bau wurde von 1694 bis 1709 im Renaissancestil errichtet und besitzt eine schöne Fassade mit einem Monumentalportal. Sehenswert ist auch der Innenhof mit Arkaden und einem **Barockbrunnen.*

Vom Domplatz führt die malerische *Via G. Palmieri* zum **Arco di Trionfo* [12]. Der auch „Porta Napoli“ genannte Triumphbogen wurde 1548 zu Ehren Kaiser Karls V. im Renaissancestil erbaut.

Die vor dem Bogen gelegenen Gebäude der *Università* [13] sind von schönen Grünanlagen umgeben. Die *Via San Nicolà* (auch *Viale Cimitero*) führt von hier zur Kirche

***Santi Nicola e Cataldo** [14] aus dem 12. Jahrhundert, einem Musterbeispiel des romanisch-apulischen Stils. 1716 wurde sie teilweise barock umgestaltet. Sehenswert sind vor allem das romanische *Portal* (12. Jh.) und der *Kreuzgang*. Hinter der Kirche liegt der *Stadtfriedhof*.

Von den zahlreichen anderen Kirchen der Stadt sind vor allem *Santa Maria del Rosario* [15], *Santa Teresa* [16] und *Santa Maria del Carmine* [17], alle im Barockstil, erwähnenswert.

Die *Porta Rusce* [18], ein 1703 rekonstruiertes Stadttor, kennzeichnet die Stelle, an der der römische Ort *Rudiae* lag. Schließlich besichtige man auch das *Castello* [19], das im 16. Jahrhundert auf den Resten einer Normannenburg erbaut und später mehrmals umgestaltet wurde.

Salentinische Halbinsel: Ostseite

Die Weiterfahrt zur Südspitze der Salentinischen Halbinsel kann auf mehreren Wegen erfolgen. Die Straße Nr. 16 führt über *Maglie* (4 km südöstlich liegen die megalithischen Mauern von *Muro Leccese*) nach Süden, doch ist die Fahrt auf der Küstenstraße lohnender. Man fährt von *Lecce* zuerst zum Seebad *San Cataldo,* 482 km, und dann an der Küste entlang über *Santa Foca, Torre dell'Orso* (alter Wachtturm) und *Sant'Andrea* bis zu den beiden aneinander grenzenden Küstenseen von *Alimini*. Dann geht es weiter nach

***Otranto,** 518 km, das malerisch auf einer Anhöhe über dem Meer und nahe dem gleichnamigen Kap, dem östlichsten Punkt Italiens, liegt. Die Stadt ist reich an historischen Erinnerungen. Das mächtige **Kastell* der Hohenstaufen wurde unter Alfons von Aragonien neu erbaut. Das architektonisch bedeutendste Bauwerk ist die Kathedrale **Santa Maria Annunziata* (1080), eine dreischiffige romanische Säulenbasilika mit einem prachtvollen Mosaikfußboden (1165), einer kunstvollen Fensterrosette und vielen anderen Kostbarkeiten.

Otranto: Rosette der Kathedrale

Die kleine byzantinische Kirche *San Pietro* (8. – 9. Jh.) mit Fresken aus dem 10. bis 13. Jahrhundert soll an der Stelle stehen, wo der heilige Petrus zum ersten Mal auf italienischem Boden predigte.

Man folgt nun der Küstenstraße weiter nach *Santa Cesarea Terme,* das wegen seiner Heilquellen (hauptsächlich für Herzkranke und Nervenleidende) ein bekannter Kurort ist. Ganz in der Nähe liegen mehrere Grotten, darunter die **Grotta Zinzulusa* mit interessanten Tropfsteingebilden und einer einzigartigen Grottenfauna.

Wenig später erreicht man *Castro* (mittelalterliche Festung mit Ringmauern). In *Castro Marina* kann man Boote mieten, um Meeresgrotten zu besichtigen, die hier in großer Zahl zu finden sind. Am bekanntesten ist die **Grotta Romanelli* mit seltenen prähistorischen Steinzeichnungen. Landeinwärts findet man Dolmen und Hünensteine. Auch von *Leuca* aus kann man mit Booten prähistorische Grotten befahren, darunter die *Grotta Treporte* und die *Grotta dei Giganti*, letztere mit paläolithischen Funden.

Die Südspitze des italienischen „Stiefelabsatzes" bildet

Santa Maria di Leuca, 566 km. Hier stoßen das Adriatische und das Ionische Meer zusammen. Schon die Messapier siedelten auf diesem Vorgebirge. An der Stelle eines römischen Minervatempels steht heute die Kirche *Santa Maria di Leuca*. Ihr gegenüber ragt auf der 102 Meter hohen *Punta Meliso* ein etwa 50 Meter hoher **Leuchtturm* auf, von dessen Rundbalkon (260 Stufen) man eine herrliche Fernsicht genießt.

Salentinische Halbinsel: Westseite

Man kann von Lecce auch über die Westseite der Salentinischen Halbinsel nach Leuca gelangen. Lohnend ist die Fahrt über *Copertino* (mächtiges Kastell aus dem 16. Jh.) und **Nardo* mit einer romanisch-gotischen *Kathedrale (im 18. – 19. Jh. barockisiert) und der palastartigen Barockkirche San Domenico, dann weiter über *Santa Maria al Bagno* mit Badestrand am Golf von Tarent und vier wuchtigen mittelalterlichen Wehrtürmen, den *Quattro Colonne. Kurz darauf erreicht man

***Gallipoli,** das zum Teil auf einer Insel liegt, die mit dem Festland durch eine Brücke verbunden ist. Unweit der Brücke sieht man einen alten Brunnen, die **Fontana Antica,* mit griechischen Reliefs, die in eine Barockarchitektur eingefügt sind. Man besichtige auch das mächtige **Schloß der Anjou,* dessen Türme im Meer stehen, die Barockkirche **Sant'Agata,* die am Westende der Insel stehende Kirche *San Francesco* (16. Jh.) und die vielen Paläste aus dem 16. bis 18. Jahrhundert.

Von hier führt die Straße 274 direkt weiter nach *Santa Maria di Leuca* (s. linke Spalte).

Eine dritte Möglichkeit, von Lecce nach Leuca zu gelangen, ist die Fahrt durch das Landesinnere über *Galatina* mit der an Kunstschätzen reichen Kathedrale *Santa Caterina aus dem 14. Jahrhundert und weiter über *Soleto* mit dem fünfstöckigen Campanile *„La Guglia di Soleto", einem Meisterwerk der gotischen Architektur.

B: ÜBER *TARENT

Der schnellste Weg von Bari nach Tarent ist die Autobahn. Lohnender ist jedoch die Fahrt auf den hier sehr guten Landstraßen über *Acquaviva* (große Renaissancekathedrale und Palazzo del Principi aus dem 18. Jh.) und

***Gioia del Colle,** 360 km, das wegen seines **Normannenschlosses,* das um 1230 von Friedrich II. umgebaut wurde, besuchenswert ist. Zum Innenhof hin öffnen sich zwei- und dreibogige gotische Fenster. Außen führt eine Freitreppe zu einer eleganten Loggia und zu den inneren Stiegen.

Auf dem vor dem Ort liegenden Hügel *Monte Sannace* finden archäologische Grabungen statt, die eine antike Stadt zutage fördern.

Man fährt auf der Nationalstraße 100 weiter nach

***Mottola,** 384 km, dem auf einem 390 Meter hohen Hügel liegenden „Ausguck" der Provinz Tarent. Sehenswert sind die zahlreichen um den Ort herum liegenden Höhlenkirchen, sogenannte „Basilianerlauren", die zum Teil mit Fresken geschmückt sind. Von kunsthistorischem Interesse sind vor allem *San Gregorio* und *San Nicola.* Auch die *Pfarrkirche* (13. Jh.) verdient Beachtung.

***Massafra,** 392 km, ist ein hübsches altes Städtchen, dessen orientalisch anmutende weiße Häuser an den Abhängen eines tiefen Bergsturzes liegen. In den zahlreichen Höhlen des Berges haben im Mittelalter Einsiedler gewohnt. Später wurden sie in Kirchen („Lauren") umgewandelt. Auch die großen unterirdischen Felsenrisse („Gravine") enthalten zahlreiche Krypten, die vom 10. bis 14. Jahrhundert mit byzantinischen Fresken geschmückt wurden. Sehenswert sind die *Gravina San Marco,* die *Gravina della Madonna della Scala,* das von den Anjou errichtete *Kastell* (weiter Rundblick) und die alte, kuppelgekrönte Kirche *Santa Lucia.*

***Tarent** (ital. *Taranto*), 408 km, wurde schon im 8. vorchristlichen Jahrhundert von den Spartanern gegründet und war eine der reichsten und mächtigsten Städte der Magna Graecia. Auch unter den Römern behielt Tarent seine Bedeutung. Aus beiden Epochen sind noch Baureste erhalten. Heute ist Tarent, das von Obstplantagen umgeben ist, eine wichtige Handels- und Industriestadt (Schiffsbau), ein Kriegshafen und eine mit mannigfachen touristischen Einrichtungen versehene Fremdenverkehrsstadt. In unmittelbarer Nähe liegen schöne Badestrände.

Besonders sehenswert ist die Altstadt, die auf einer Insel liegt, zu der eine Drehbrücke führt. Wenn diese zur Seite gedreht ist, können auch größere Schiffe in den geschützten Hafen einfahren. Direkt an der Brücke steht das **Castello Sant'Angelo* (10 Jh., im 15. Jh. umgebaut). Hier beginnt die Altstadt mit einem Gewirr von engen Gassen, Treppen, Durchgängen, Torwegen und kleinen Höfen. Am Beginn der *Via del Duomo* besuche man die kleine Kirche *della Trinità* mit den Resten eines dorischen Tempels.

Der Dom **San Cataldo* wurde im 4. Jahrhundert an der Stelle der alten Akropolis errichtet, im 11. Jahrhundert umgebaut und im 18. Jahrhundert teilweise barockisiert. Das an Kunstwerken reiche dreischiffige Innere ruht auf antiken Säulen mit romanischen und byzantinischen Kapitellen.

Nur wenige Schritte vom Dom entfernt steht die Kirche *San Do-*

menico Maggiore (1302). Die oberhalb einer barocken Freitreppe liegende hohe Fassade gilt als ein Musterbeispiel des romanischen Baustils.

Sehenswürdigkeiten in der Neustadt sind das ***Nationalmuseum* (seltene griechische und römische Bildwerke, korinthische Vasen, antike Mosaiken u.a.m.), der auf einer Terrasse über dem Meer angelegte Stadtpark *Giardini Comunali,* der Aussichtspunkt „La Rotonda“ und die Uferstraße *Lungomare* mit prächtigen Ausblicken und besonders eindrucksvoll bei Sonnenuntergang.

Umweg über *Altamura

Eine weitere Möglichkeit, von Bari nach Tarent zu gelangen, ist die Fahrt auf der Straße 96 über *Bitetto* (romanische Kathedrale) und

***Altamura,** das eine große romanisch-gotische Kathedrale (13.–16. Jh.) besitzt. An der Vorderfront zieht vor allem das ungemein reich verzierte **Portal* den Blick auf sich. Die von Löwen getragenen Säulen (14. Jh.) stützen einen Rundbogen, dessen Reichtum an Ornamenten und Flachreliefs (Szenen aus dem Alten und Neuen Testament) von keinem anderen Bogen in Apulien erreicht wird. Altamura besitzt auch mehrere Paläste aus dem 17. und 18. Jahrhundert.

Keinesfalls versäumen sollte man es, von Altamura einen Abstecher nach dem zwölf Kilometer weiter westlich inmitten der steinigen *Murgia-Berge* liegenden

***Gravina di Puglia** zu machen. Der Ort liegt oberhalb einer tiefen Schlucht, deren Wände durch zahlreiche Grotten („Laure Basiliane“) ausgehöhlt sind. In byzantinischer Zeit wurden sie als Kapellen eingerichtet und ihre Wände mit Fresken geschmückt. Die bekannteste Höhlenkirche ist die **Laura San Michele* mit fünf durch Pfeiler getrennten Schiffen und drei halbkreisförmigen Apsiden.

Der **Dom* (1497) des Ortes steht auf den Resten einer wesentlich älteren Kirche. Die Kirche *Santa Maria delle Grazie* fällt wegen ihrer bizarren Fassade in der Form eines Adlers auf. Auch die anderen Kirchen des Ortes sind sehenswert.

Santa Maria delle Grazie

Abstecher nach *Matera

Man biegt in *Altamura* auf die Straße 99 ab und kommt nach

****Matera** (man kann die Stadt auch direkt von *Gravina di Puglia* aus auf einer Landstraße erreichen). Die sehr alte Stadt liegt am oberen Rand einer hohen Felswand, deren Höhlen bereits in vorgeschichtlicher Zeit bewohnt waren. In die Tuffsteinmassen sind amphitheatralisch und in pittoresker Unordnung die „Sassi" genannten alten Häuser der Unterstadt gleichsam hineingestreut.

Sehenswert sind die **Basilica Pontificia* (1270) in romanisch-apulischem Stil, die Kirche **San Francesco d'Assisi* (1218; im 17. Jh. barock umgestaltet) sowie die zahlreichen alten **Felsenkirchen* mit byzantinischen Fresken.

Das **Nationalmuseum Ridola* enthält u. a. umfassende archäologische Sammlungen aus der Steinzeit, Grabbeigaben aus griechischen Gräbern der Bronzezeit, griechisch-italische Amphoren von verschiedenen Begräbnisplätzen, Kunstschätze aus dem Mittelalter und eine Gemäldegalerie.

Den Burghügel krönt das unvollendet gebliebene **Castello Tramontano* aus der Renaissancezeit mit wuchtigen Mauern und runden Türmen.

Auf der Nationalstraße 7 fährt man weiter nach **Tarent* (s. S. 248).

Messapische Mauern in Manduria

Man verläßt **Tarent* (s. S. 248) im Osten und fährt zuerst über *San Giorgio Ionico,* 421 km, und *Sava* (altes Kastell) nach

Manduria, 444 km, einer uralten Stadt der Messaper mit noch erhaltenen **megalithischen Mauern* aus dem fünften bis dritten vorchristlichen Jahrhundert. Die riesigen Steinblöcke sind ohne Mörtel zusammengefügt. Die Mauern bildeten ursprünglich einen 5,5 Kilometer langen Schutzwall. Sehenswert sind auch die nahe gelegene **Nekropolis* und der **Plinius-Brunnen,* so genannt, weil er von Plinius dem Älteren in einem seiner Werke unter dem Namen „Lacus Manduriae" erwähnt wurde. Er befindet sich in einer im Truff künstlich angelegten runden Grotte, zu der man über eine Treppe hinabsteigt. Der romanische *Dom* birgt beachtliche Kunstwerke.

Lohnend ist ein Abstecher nach dem elf Kilometer nördlich gelegenen

Oria, wo Friedrich II. an der Stelle einer früheren griechischen Akropolis ein **Kastell* erbauen ließ. Die die gesamte Salentinische Halbinsel beherrschende Anlage ist eines der am besten erhaltenen Beispiele des Festungsbaus der Stauferzeit.

Über *San Pancrazio Salentino,* 462 km, und *Campi,* 480 km, erreicht man schließlich

****Lecce,** 492 km, s. S. 244.

Die sehenswerten Orte südlich von Lecce und die Strecke nach *Santa Maria di Leuca* sind auf den Seiten 246 und 247 beschrieben.

Route 17: ***Rom – Terracina – *Gaeta – Castel Volturno – ***Neapel (245 km)

Von Rom führen mehrere gute Straßen nach Neapel. Schnellste Verbindung ist die Autobahn.

Wer nicht Autobahn fahren will, kann die Nationalstraße 6 (in Route 18 beschrieben) oder die Nationalstraße 7 über Velletri wählen. Wer gerne am Meer entlang fährt, kann den Umweg entlang der Küste des Tyrrhenischen Meeres machen.

A: ÜBER VELLETRI

Man verläßt ***Rom (s. S. 73) im Süden auf der *Via Appia Nuova* (Nationalstraße 7), die zuerst durch das Berg- und Hügelland der *Castelli Romani* (s. S. 92) mit ihren zahlreichen Burgen führt.

Über *Castelgandolfo* (s. S. 92), 24 km, die Sommerresidenz des Papstes, *Albano* (s. S. 92), *Ariccia,* 28 km, das einen schönen, von Bernini im 17. Jahrhundert gestalteten Stadtplatz mit sehenswerten Bauten besitzt, und *Genzano di Roma,* 30 km (lohnender Abstecher zum tiefer gelegenen **Lago di Nemi,* s. S. 92) erreicht man

Velletri, 41 km, das malerisch inmitten von Weingärten am *Monte Artemisi* (842 m) liegt. In dieser Stadt wurde Kaiser Augustus geboren. An der *Piazza Cairoli* stehen der *Palazzo Ginetti* mit einer schönen Barocktreppe und einer Loggia und der romanisch-gotische Stadtturm *Torre del Trivio* (14. Jh.).

Abstecher nach *Cori, *Norma und *Ninfa

Von *Cisterna di Latina,* 54 km, führt ein Abstecher nach dem 13 Kilometer nordöstlich gelegenen

***Cori,** wo Reste einer antiken **Zyklopenmauer* zu sehen sind. Man besichtige auch den **Herkulestempel* (*Tempio d' Ercole*) aus dem Jahr 90 v. Chr., dessen Atrium von neun Meter hohen dorischen Säulen umgeben ist. Auf den Resten des antiken Fortunatempels steht die Kirche **Sant'Oliva* mit zweistöckigem Kreuzgang und antiken Säulen.

Bevor man auf die Nationalstraße 7 zurückfährt, lohnt sich ein weiterer Umweg über

***Norma.** Von dort führt ein Fußweg zu den Ruinen der alten Volskerstadt *Norba,* die zur Zeit Sullas zerstört wurde. Sehr gut erhalten ist die etwa 2,5 Kilometer lange **Zyklopenmauer* (4. Jh. v. Chr.). Innerhalb der Mauern sieht man Reste von Tempelanlagen und ein Museum mit Ausgrabungsfunden.

Etwa fünf Kilometer südlich von Norma liegen die Ruinen der mittelalterlichen Stadt

***Ninfa,** die im 14. Jahrhundert von der Bevölkerung wegen der Malaria verlassen wurde. Erhalten sind noch eine *Burg* aus dem 13. Jahrhundert und spätromanische Kirchen und Klöster (12. – 13. Jh.).

Die *Pontinischen Sümpfe,* durch die die Straße nun führt, sind schon seit langer Zeit trockengelegt und in fruchtbares Ackerland verwandelt worden.

Über *Faiti,* 74 km, erreicht man wieder das Meer bei

***Terracina,** 104 km, einem vielbesuchten Seebad mit hübschem Fischerhafen. Sehenswert ist die **Altstadt* rund um die *Piazza del Municipio,* wo noch Steinplatten des römischen Forums zu sehen sind. Der **Dom* wurde auf den Resten eines antiken Tempels erbaut. Er besitzt kunstvolle Mosaiken (12. Jh.), einen von antiken Säulen getragenen Portikus und einen im romanisch-gotischen Übergangsstil erbauten Campanile.

Der Küste vorgelagert sind die

Ponza-Inseln *(Isole Ponziane),* die vulkanischen Ursprungs sind (Schiffsverbindungen ab Anzio, Formia und Neapel). Die Hauptinsel *Ponza* zeichnet sich durch eine üppige Vegetation aus und besteht aus einem acht Kilometer langen und 283 Meter hohen Kratergrat, an dessen Fuß die beiden Orte *Ponza* und *Santa Maria* liegen. Dort werden Weinbau, Fisch- und Hummerfang betrieben. Pontius Pilatus war auf Ponza Gouverneur, ehe er Statthalter von Judäa wurde.

Die drei kleinen Inseln *Palmarola, Zannone* und *Ventotene* sind fast unbewohnt.

B: ENTLANG DER KÜSTE

Die Fahrt entlang der Küste ist 40 Kilometer länger als die über Velletri.

Man verläßt *****Rom** (s. S. 73) an der *Porta San Paolo* und erreicht das Meer bei **Lido di Ostia* (s. S. 91), 27 km. Die Küstenstraße führt hier am *Tyrrhenischen Meer* (zahlreiche Seebäder, Campingplätze und Möglichkeiten zum Unterwassersport) entlang nach

***Anzio,** 73 km, der Geburtsstadt des Kaisers Nero, von dessen Palast noch Reste erhalten sind. Hier und in dem benachbarten *Nettuno* gibt es schöne Badestrände.

Mehrere links abzweigende Landstraßen führen nach dem nahe gelegenen

Latina, einer erst 1932, nach der Trockenlegung der Pontinischen Sümpfe, gegründeten Stadt, die ein gutes Beispiel der italienischen Stadtplanung zu dieser Zeit darstellt. Die Hauptstadt der gleichnamigen Provinz ist heute Mittelpunkt eines landwirtschaftlich sehr ergiebigen Gebietes.

Die Küstenstraße führt über *Sabaudia,* 119 km, weiter nach *Baia d'Argento.* Zwischen dem *Lago di Sabaudia* und dem Meer liegt der 541 Meter hohe *Monte Circeo* mit dem

„Kap der Circe“, also jener Stelle, an der Odysseus der Zauberin begegnet sein soll. Die „Höhle der Circe“ ist nur wenige Schritte von der Straße entfernt. Das ganze Gebiet um das Kap steht wegen der Schönheit der örtlichen Fauna und Flora unter Naturschutz. Malerisch liegt der Ort

San Felice Circeo, 129 km, von dessen mittelalterlicher Burg (13. Jh.) man einen weiten Rundblick genießt. Von hier aus ist es nicht mehr weit nach

Terracina, 144 km, s. linke Spalte.

Man kann nun entweder auf der Straße 7 durch das Landesinnere oder auf der Küstenstraße 213 weiter nach *Formia* (s. S. 254) fahren.

Durch das Landesinnere

Auf der Straße 7 verläßt man kurz hinter *Terracina* (104 km) auf der Route A das Meer und fährt zwischen dem *Lago di Fondi* (rechts) und den 1090 Meter hohen *Monti Ausoni* (links) auf einer landschaftlich sehr schönen Strecke zuerst nach *Fondi,* einer alten Stadt mit vielen Palästen (man besichtige dort auch die Kirche San Pietro mit einer romanischen Kanzel und einem bemerkenswerten Renaissancegrab), und dann weiter nach *Itri.* Die Stadt liegt malerisch zwischen Felswänden eingezwängt und ist wegen ihrer mittelalterlichen Bauten und ihrer Burg eine längere Fahrtunterbrechung wert. Dann führt die Straße durch Orangen- und Olivenhaine weiter, an Weinbergen entlang, die schon von Horaz besungen wurden (altrömischer Wein „Falerner"), nach *Formia* (s. S. 254).

Auf der Küstenstraße

Die prächtig angelegte neue Küstenstraße führt von *Terracina* zuerst nach

Sperlonga, 119 km, das malerisch auf einem Felsvorsprung liegt und einen schönen Badestrand besitzt. Hier stand einst die Villa des Kaisers Tiberius. Von den zahlreichen Grotten an der Küste ist die *Grotta di Tiberio* die schönste. Auf den Berghängen hinter der Stadt wächst ein ausgezeichneter Muskatellerwein.

Auf einer schmalen Halbinsel liegt die Stadt

***Gaeta,** 140 km, die ihr mittelalterliches Aussehen zum großen

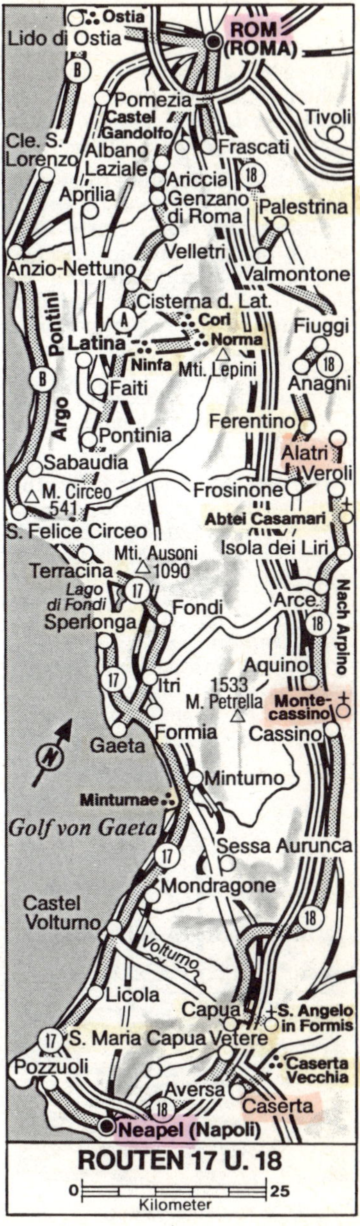

Teil bewahrt hat. Überragt wird Gaeta von einem mächtigen **Langobardenschloß* (8. Jh.), das später von den Hohenstaufen, dann von den Anjou und den Aragonesen umgestaltet wurde.

Am Außenhafen steht die Kathedrale **Sant' Erasmo* (12. Jh., im 17 Jh. erneuert) mit einem Campanile in romanisch-maurischem Stil und vielen Skulpturen aus dem 12. und 13. Jahrhundert. Zwei antike Säulen flankieren das Hauptportal. Im Innern beachte man den **Osterleuchter* mit 48 Reliefs, die Szenen aus dem Leben Christi und des heiligen Erasmus darstellen.

Von einer Anhöhe grüßt weithin sichtbar der sogenannte *Rolandsturm (Torre di Orlando),* das Mausoleum des Lucius Munatius Placus (20. v. Chr.).

Auf der Halbinsel Gaeta liegt auch das *Santuario della Montagna Spaccata* (Sanktuarium „Gespaltener Berg") mit einer Wallfahrtskirche. Drei eigenartig geformte Felsspalten in der 100 Meter ho-

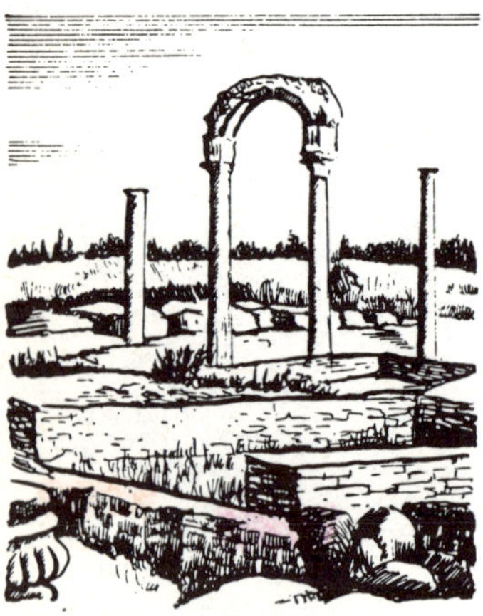

Minturnae

hen Steilküste bei der Kirche sollen durch das Erdbeben beim Tode Christi entstanden sein.

Man verläßt Gaeta über *Porto Salvo* und kommt kurz darauf zu einem römischen Grabmal (links neben der Straße), das als **Tomba di Cicerone* bekannt ist. Hier soll der 43 v. Chr. ermordete Cicero bestattet sein. Schließlich erreicht man

Formia, 148 km, ein vielbesuchtes Seebad mit einem weiten Strand. Die Ruinen antiker Villenanlagen bezeugen, daß Formia schon zur Römerzeit ein Badeort war.

Die Straße Nr. 7 führt nun, an den *Monti Aurunci* (1433 m hoher *Monte Petrella*) entlang, zu dem Seebad *Scauri,* 161 km, und dann, an antiken Aquäduktbögen entlang, weiter zum Ruinenfeld der alten römischen Stadt

***Minturnae,** 167 km. Hier sieht man noch Reste des antiken Hafens, ein Forum, ein Amphitheater und mehrere Tempelruinen. Ein römischer Aquädukt zieht sich den Berg hinauf in Richtung auf Minturno und zu den alten Thermen von *Suio.*

Minturno liegt etwa sieben Kilometer landeinwärts. Das mittelalterlich aussehende Städtchen hat ein sehenswertes *Schloß.* Auch die Kirche *San Pietro* (12. Jh.) lohnt einen Besuch.

Die Küstenstraße führt weiter über *Mondragone,* 185 km, überquert die Mündung des *Volturno* bei *Castel Volturno,* 196 km, und erreicht bei *Licola* die *Phlegräischen Felder* (s. S. 123). Über ***Pozzuoli* (s. S. 123) erreicht man schließlich

*****Neapel,** 245 km, s. S. 112.

Route 18: ***Neapel – **Caserta (– *Benevent) – *Capua – **Montecassino – Frosinone – ***Rom (240 km)

Diese Strecke kann man entweder auf der Nationalstraße 6 oder – wenn man es eilig hat – auf der Autobahn zurücklegen. Beide Straßen verlaufen fast parallel und kreuzen einander mehrmals.

Die nachfolgend beschriebene Strecke ist mit der Route 17 auch mühelos zu einer Rundfahrt zu verbinden.

Die direkte Straße von ****Neapel* (s. S. 112) nach Capua (32 km) führt über *Aversa*. Lohnender ist allerdings der (unbedeutende) Umweg auf der Straße 87 über

****Caserta,** 28 km, die einstige Residenz der Könige von Neapel. Vanvitelli erbaute hier im Auftrag König Karls III. von Bourbon von 1752 bis 1774 ein prunkvolles ***Barockschloß*. Eine Freitreppe führt über 116 Marmorstufen in das erste Geschoß mit den Königsgemächern und der Palastkapelle. Die Säle sind sehr prunkvoll eingerichtet und mit zahllosen Kunstwerken ausgestattet. Die 253 Meter lange Fassade des Schlosses hat wie die des Schlosses von Versailles einen Säulenvorbau. Besonders schön ist auch der ***Schloßpark* mit kunstvollen Wasserspielen, der „Großen Kaskade“ (78 m hoher Wasserfall), dem Englischen Garten und zahlreichen Statuengruppen.

Von Caserta lohnt sich ein Abstecher zu dem acht Kilometer nordöstlich auf dem *Monte Tifata* gelegenen

***Caserta Vecchia** mit mehreren interessanten mittelalterlichen Bauten, darunter einer *Burg* (9. – 11. Jh.), einer romanischen **Kathedrale* (12. – 13. Jh.) mit arabisch-normannischen Stilmerkmalen und einigen Palästen.

Abstecher nach Benevent (42 km)

Etwa 42 Kilometer östlich von Caserta liegt an der Straße nach *Foggia* (s. S. 234) die sehenswerte Stadt

***Benevent** (ital. *Benevento*), die auf eine interessante Geschichte zurückblicken kann. 265 v. Chr. erfochten die Römer hier einen entscheidenden Sieg über Pyrrhus von Epirus. Unter den Römern war Benevent eine wichtige Stadt an der Via Appia, später ein langobardisches Herzogtum und dann ein unabhängiges Fürstentum, das die Oberhoheit über ganz Süditalien besaß. Im 11. Jahrhundert fiel Benevent an die Kirche und war mit zwei kurzen Unterbrechungen bis zum Jahr 1860 eine päpstliche Enklave im Königreich Neapel.

Aus römischer Zeit stammen der **Trajansbogen* (114), das römische **Theater* (2. Jh. n. Chr.), der Kaiserzeitliche *Sacramento-Bogen,* die alte *Leproso-Brücke,* die über die Via Appia in die Stadt führte, und der ägyptische *Obe-*

lisk, der 88 n. Chr. von Domitian hier aufgestellt wurde.

Aus der Zeit der Langobarden stammen die Stadtmauern mit der *Torre della Catena* und der *Porta Arsa,* die beide aus römischen Steinen errichtet wurden. Die *Rocca dei Rettori* auf der *Piazza V. Novembre* ist eine im 14. Jahrhundert umgebaute Langobardenfestung. An der *Piazza Orsini* steht der romanische **Dom* mit einem mächtigen Campanile. Eine andere sehenswerte Kirche ist *Santa Sofia,* in deren romanischem **Kreuzgang* (12. Jh.) ein Museum mit Kunstsammlungen untergebracht ist.

Auf der Straße von Neapel nach Benevent liegen bei *Arpaia* die *Kaudinischen Pässe,* wo die Römer 321 v. Chr. von den Samniten besiegt wurden.

*

Man verläßt *Caserta* im Westen und gelangt kurz darauf nach

***Santa Maria Capua Vetere,** 33 km, das an der Stelle des antiken, von den Etruskern gegründeten Capua steht. Nach der Schlacht bei Cannae (216 v. Chr.) besetzten Hannibal und sein Heer Capua, wurden jedoch 211 von den Römern unter Scipio besiegt. Im 9. Jahrhundert wurde Capua von den Sarazenen zerstört, und die von dort vertriebene Bevölkerung gründete nordwestlich davon das heutige Capua.

Sehenswert ist vor allem das **Amphitheater* (1. Jh., später unter Hadrian erneuert), in dessen Nähe in einem unterirdischen Gang ein uralter *Mithrastempel* mit hervorragenden Fresken entdeckt wurde. In einer ebenfalls ganz in der Nähe des Amphitheaters gelegenen Gladiatorenschule brach im Jahr 73 v. Chr. der Sklavenaufstand unter Spartakus aus. Man besichtige auch den Dom *Santa Maria Maggiore,* der 51 Säulen aus dem antiken Amphitheater enthält.

Nach wenigen Minuten Fahrt erreicht man

***Capua,** 40 km. Die im 9. Jahrhundert gegründete Stadt hat viel von ihrem mittelalterlichen Aussehen bewahrt. Aus der Langobardenzeit sind noch zahlreiche Kirchen und die Kathedrale *Santo Stefano* (um 860; mit antiken Marmor- und Granitsäulen) erhalten. Auch der Campanile stammt aus dieser Zeit. Nahebei liegen der gotische *Palazzo Fieramosca* und das **Kampanische Museum,* das nach dem Nationalmuseum in Neapel die bedeutendste archäologische Sammlung der Region enthält. Man findet dort Gegenstände aus der etruskischen, samnitischen, römischen und langobardischen Zeit, griechische Vasen, Mosaiken und viele andere Exponate.

Sehenswert sind ferner das *Rathaus* (16. Jh.) und das *Normannenschloß* (11. Jh.), das aus Steinen vom antiken Amphitheater von Santa Maria Capua Vetere (s. linke Spalte) errichtet wurde.

Wenn man Zeit hat, so lohnt sich ein Abstecher nach der nur wenige Kilometer entfernten Kirche

***Sant'Angelo in Formis,** die um 942 in kampanisch-romanischem Stil mit byzantinischen Stilelementen erbaut und 1071 restauriert und mit prächtigen byzantinischen ***Fresken* geschmückt wurde.

Die Nationalstraße 6 führt nun längs der Autostrada weiter. Die rechts abzweigende Straße 85 führt über *Venafro* nach dem etwa 44 Kilometer weiter nördlich liegenden

Isernia, das malerisch auf einem Hügel zwischen den Flüssen *Sordo* und *Carpino* liegt. Im * *Museo della Pentria* sind Funde (1979) zum ältesten Europäer zu sehen (*Homo Aeserniensis,* ca. 1 Mio. Jahre alt). Westlich des Ortes mit römischem *Aquädukt,* spätromanischer Brunnenloggia *Fontana Fraterna* und geneigtem *Campanile* über spitzbogiger Laube liegen Reste einer *Akropolis.*

Isernia ist auch gut geeignet als Ausgangspunkt für Fahrten in den *Abruzzen-Nationalpark.*

Von der Nationalstraße 17, die von Isernia nordwärts nach *L'Aquila* (s. S. 262) verläuft, zweigen rechts zahlreiche Bergstraßen ab, die alle zur Adria führen.

Nach Rückkehr auf die Nationalstraße 6 lohnt sich ein Aufenthalt in

Cassino, 101 km, einer uralten Volskerstadt, die 312 v. Chr. von den Römern kolonisiert wurde. Die alten Bauwerke wurden im Zweiten Weltkrieg, in der „Schlacht am Monte Cassino", zerstört. Nach dem Krieg baute man die Stadt modern wieder auf. Große deutsche, italienische, englische, polnische und französische Soldatenfriedhöfe erinnern an die acht Monate dauernden erbitterten Kämpfe (1943/1944), in denen sich die alliierten Truppen den Weg nach Rom freikämpften. Eine kurvenreiche Zufahrt führt durch die *Zona Archeologica* mit den Resten der antiken Stadt *Casinum* zur

****Abtei Montecassino,** die während der oben erwähnten Kämpfe von amerikanischen Flugzeugen bombardiert und zerstört wurde. Nach dem Krieg wurde sie nach alten Bauplänen wiedererrichtet.

Montecassino ist die Wiege des Benediktinerordens. Der heilige Benedikt gründete die Abtei im Jahr 529. Sein Grab und das seiner Zwillingsschwester, der heiligen Scholastika, haben die Zerstörungen überdauert. Im 11. Jahrhundert war das Kloster das reichste der Welt und ein Mittelpunkt geistiger und künstlerischer Aktivitäten. Die Mönche erreichten damals vor allem in der Buchmalerei, der Freskenmalerei und der Kunst des Mosaiklegens einen solchen Grad der Vollendung, daß ihre künstlerischen Techniken in ganz Europa Nachahmer fanden.

Von der Straße 6 zweigt etwa zwölf Kilometer nach Cassino links ein Weg ab, der nach *Aquino* führt. Dort wurden der Dichter Juvenal und der heilige Thomas geboren.

Die nun rechts von der Hauptstraße abzweigenden Nebenstraßen führen alle in das landschaftlich überaus reizvolle Gebiet der Abruzzen, so nach *San Donato Val di Comino,* von wo aus sich eine Fahrt zum *Nationalpark der Abruzzen* empfiehlt. Von *Arce,* 128 km, sollte man rechts einen Abstecher machen nach dem etwa 15 Kilometer nördlich gelegenen

Arpino. Der ca. 500 Meter hoch gelegene malerische Ort ist die Geburtsstadt von Cicero, Caius Marius und Marcus Vipsanius Agrippa. In der Altstadt sieht man noch Reste der megalithischen **Stadtmauer,* ein *Spitzbogentor* und einen mittelalterlichen *Turm.*

Anstatt wieder auf die Hauptstraße zurück und dort weiter nach Frosinone (s. rechte Spalte) zu fahren, lohnt sich nun ein kleiner Umweg von etwa 25 Kilometern.

Von Arpino führt die Straße zum Industrieort *Isola del Liri,* wo sich die **Liri-Fälle* befinden. Hier biegt man links auf die Straße 214 ab und sieht kurz darauf neben der Straße die

***Abtei Casamari** liegen. Sie wurde 1005 gegründet und 1151 in gotisch-burgundischem Stil restauriert. In den folgenden Jahrhunderten erhielt die Zisterzienserabtei mehrere Zubauten.

Kurz nach der Abtei zweigt links eine Straße ab, die nach *Monte San Giovanni Campano* führt. In diesem malerischen Ort mit mittelalterlichen Mauern und Türmen wurde der heilige Thomas von Aquin gefangengehalten.

Es folgt rechts eine Abzweigung nach der 570 Meter hoch liegenden alten Stadt **Veroli,* wo noch uralte Zyklopenmauern zu sehen sind. Die Straße führt dann in zahlreichen Kehren weiter nach

****Alatri,** das eine prächtige mittelalterliche Altstadt hat. Man besichtige die romanisch-gotische Kirche **Santa Maria Maggiore* (12. – 13. Jh.) mit einem wehrturmartigen Campanile, die Kirche **San Francesco* mit freskengeschmückter Fassade aus dem 14. Jahrhundert sowie die Reste der im 6. Jahrhundert v. Chr. von den Pelasgern angelegten **Akropolis.* Von hier aus hat man einen herrlichen Rundblick über das umliegende Land und die 1700 bis 2000 Meter hohen *Monti Ernici.*

Noch weiter nördlich (lohnender Ausflug, 7 km, von Alatri) liegt inmitten des reizvollen Berglandes der Ort **Collepardo* mit der Kartause von *Trisulti,* deren Kirche Innozenz III. im Jahr 1211 erbauen ließ.

Auf der Straße 155 fährt man schließlich wieder zurück auf die Nationalstraße 6, die man bei

Frosinone, 157 km (ohne den beschriebenen Umweg), erreicht. Die am Fluß *Cosa* liegende Stadt eignet sich gut als Ausgangspunkt für Ausflugsfahrten nach den oben beschriebenen sehenswerten Orten.

***Ferentino,** 169 km, hat sich bis heute sein mittelalterliches Aussehen bewahrt und besitzt noch eine megalithische **Stadtmauer,* die zur Römerzeit verstärkt wurde.

Auf dem höchsten Punkt der Stadt steht der romanische *Dom* (11. Jh.) mit antiken Säulen und bemerkenswerten Mosaiken (1116). Im unteren Ortsteil sieht man am Ende der *Via Cavour* die im gotischen Stil erbaute Zisterzienserkirche **Santa Maria Maggiore* (13. Jh.), deren Fassade durch Rundfenster aufgelockert wird.

Abstecher nach Anagni (4 km)

Kurz vor der Stelle, wo die Straße 6 von der Autostrada überquert wird (181 km), führt rechts eine Zufahrtsstraße nach dem vier Kilometer nördlich gelegenen Städtchen

***Anagni.** Der 460 Meter hoch auf einem felsigen Vorgebirge liegende mittelalterliche Ort ist die Geburtsstadt zahlreicher Päpste, wie Innozenz III. und Bonifaz VIII. Besondere Sehenswürdigkeiten der Stadt sind das in lombardischem Stil erbaute **Rathaus* (13. Jh.) mit herrlichen Fenstern im Stil der Zisterziensergotik und einer 1404 angefügten Loggia, die Reste des *Papstpalastes* von Bonifazius VIII. sowie die mittelalterlichen Gassen *Via Tufoli* und *San Michele* und die *Piazza delle Carceri* mit Bögen und Häusern aus dem 13. und 14. Jahrhundert.

In der Oberstadt besuche man die romanische Kathedrale ***Santa Maria* (11. Jh.), die an der Stelle der antiken Akropolis steht. Im 13. Jahrhundert wurde sie in gotischem Stil umgebaut. Sie besitzt noch drei romanische Apsiden mit lombardischen Rundbogenarkaden und über dem Balkon auf der linken Seite eine Statue des Papstes Bonifaz VIII., der hier den Kirchenbann gegen Friedrich Barbarossa aussprach. Im Innern beachte man die kunstvollen Mosaiken (13. – 14. Jh.) und Fresken das romanische Ziborium am Hauptaltar und den mit Einlegearbeiten geschmückten Osterleuchter (13. Jh.). Auch die **Krypta ist reich mit Mosaiken und Fresken aus dem 13. Jahrhundert geschmückt. Der griechisch-byzantinische Einfluß ist unverkennbar.

Ein weiter Rundblick über das Tal des *Sacco* und die *Lepinischen Berge* bietet sich von der *Piazza Cavour* aus.

Wenn man von Anagni noch 16 Kilometer weiter nach Norden fährt, gelangt man nach **Fiuggi*, einem von Kastanienwäldern umgebenen vielbesuchten Kurort mit radioaktiven Thermalquellen.

*

Auf der Nationalstraße 6 kommt man nun nach *Valmontone*, 198 km. Von hier kann man nach Norden zu einem

Abstecher nach *Palestrina (9 km)

abbiegen. Die Stadt

***Palestrina** ist eine der ältesten Städte Italiens. Es gibt hier Tempelreste aus dem 8. vorchristlichen Jahrhundert. Der weiträumige *Tempel der Fortuna Primigenia (Tempel des Urschicksals)*, Sitz eines berühmten Orakels, wurde 92 v. Chr. von Sulla zerstört und danach neu errichtet. Nach dem Zweiten Weltkrieg wurden stattliche Überreste der Anlage freigelegt.

Im *Palazzo Colonna-Barberini* (15. – 17. Jh.) ist das mit Ausgrabungsfunden reich bestückte **Archäologische Museum* untergebracht. Ein besonders sehenswertes Exponat des Museums ist die Nachbildung des vielfarbigen Nilmosaiks, das Menschen- und Tierszenen im Nildelta zeigt. Schließlich ist Palestrina auch der Geburtsort des Komponisten Giovanni Pierluigi da Palestrina (1524 – 1594), des Erneuerers der katholischen Kirchenmusik.

Eine genaue Beschreibung von Palestrina und allen anderen Ausflugsorten in der Umgebung von Rom bietet der Große Polyglott-Reiseführer „Rom“.

*

Auf der Nationalstraße 6 erreicht man nach kurzer Fahrt

*****Rom,** 240 km, s. S. 73.

Lohnend ist der kurze Umweg über die *Albaner Berge* (s. S. 91) und über **Frascati* (s. S. 91), wo man schöne Patriziervillen aus dem 16. und 17. Jahrhundert sehen kann.

Route 19: ***Rom – **Tivoli – Carsoli – Pescara (251 bzw. 244 km)

Diese Route führt quer über die Apenninenhalbinsel und ist vor allem für Romreisende interessant, die über die Toskana und über Latium angereist sind und die Rückreise über die Adriaküste antreten wollen.

Die Route ist auch eine der wichtigsten Verbindungen zwischen dem Tyrrhenischen und dem Adriatischen Meer. In Kürze werden die letzten Teilstücke der neuen Autobahn (etwa 50 km zwischen L'Aquila und Popoli sind noch im Bau) dem Verkehr übergeben werden.

Lohnender ist aber auf alle Fälle die Fahrt auf der Nationalstraße 5 („Via Tiburtina"), die durch zahlreiche sehenswerte Orte führt.

Man verläßt ****Rom* (s. S. 73) im Osten und überquert gleich darauf das erste Mal den Fluß *Aniene.* Bald durchfährt man *Bagni di Tivoli,* 22 km, ein Thermalbad, dessen Quellen schon in der Kaiserzeit bekannt waren. In den Steinbrüchen der Gegend wurde der Lapis Tiburtinus gebrochen, der unter anderem zum Bau der Peterskirche und des Kolosseums von Rom verwendet worden ist.

Kurz nachdem man den Aniene ein zweites Mal überquert hat, führt rechts eine Zufahrt zur sehenswerten ***Villa Adriana,* 28 km (s. S. 91). Wenig später erreicht man

****Tivoli** (s. S. 91), 31 km, einen der beliebtesten Ausflugsorte der Römer.

Die Straße 5 folgt nun dem Lauf des Aniene, der bei *Roviano,* 58 km, nach Süden abbiegt.

Abstecher nach *Subiaco (18 km)

Man verläßt die Hauptstraße bei Roviano und folgt auf der Straße 411 dem Flußlauf bis

***Subiaco.** Die Stadt, die zur Zeit Neros gegründet wurde, liegt im oberen Anienetal und am Fuß des 1853 Meter hohen *Monte Livata,* wo sich der heilige Benedikt und seine Schwester, die heilige Scholastika, angesiedelt und mehrere Klöster gegründet haben, bevor sie nach Montecassino (s. S. 257) weiterzogen.

Das ***Kloster des heiligen Benedikt (Monastero di San Benedetto)* liegt eindrucksvoll an einem steilen Felshang. Der Zugang ist in den Felsen hineingehauen. Der heutige Bau stammt hauptsächlich aus dem 13. und 14. Jahrhundert. In der *Heiligen Grotte (Sacro Spe-*

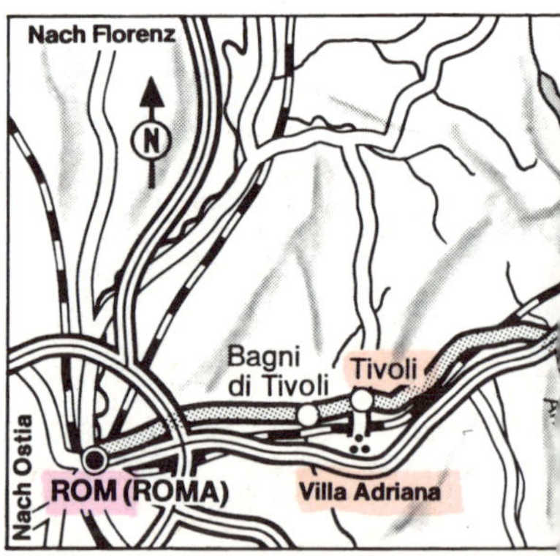

co) lebte der heilige Benedikt. Die Klosterkirche und zahlreiche Räume sind reich mit mittelalterlichen Fresken ausgestattet.

In der Schlucht des Aniene liegt 500 Meter über dem Meer das **Kloster der heiligen Scholastika (Monastero di Santa Scolastica)*, das im 6. Jahrhundert gegründet wurde. Ältester noch erhaltener Teil ist der romanische Campanile (1053). Die anderen Gebäude stammen hauptsächlich aus dem 13. Jahrhundert. Sehenswert sind vor allem die Kreuzgänge.

Im Ort selber verdient die *Rocca,* eine im 11. Jahrhundert errichtete Festung, die Papst Pius VI. 1778 palastartig umgestalten ließ und die heute den Benediktinern gehört, einen Besuch.

*

Wieder zurück auf der Nationalstraße 5, fährt man nun in vielen Kurven bergan nach *Carsoli,* 71 km, wo man die Möglichkeit hat, entweder über *L'Aquila* oder über *Avezzano* weiterzufahren.

A: ÜBER *L'AQUILA

Um die kehrenreiche, steile Bergstraße zu vermeiden, fährt man dieses Teilstück am besten auf der Autobahn.

***L'Aquila,** 114 km, liegt 721 Meter über dem Meeresspiegel am Fuß des 990 Meter hohen *Monte Luco,* um den eine schöne Panoramastraße herumführt. L'Aquila war die zweite Stadt des Königreichs Neapel und hat sich bis zum heutigen Tag ihr altes Aussehen bewahrt. Sehenswert sind vor allem die vielen Barockpaläste.

Eine Stadtbesichtigung beginnt man am besten am Domplatz. Von dort steigt man hinauf zur romanischen Kirche *Santa Maria di Paganica* (1308), in deren Nähe zahlreiche Paläste aus dem 15. Jahrhundert stehen. Dann geht man weiter zum **Kastell* (16. Jh.), in dem heute das *Nationalmuseum der Abruzzen* mit Skulpturen, Gemälden und anderen Kunstwerken untergebracht ist. Von dort geht man wieder hinunter zur Basilika **San Bernardino* (15. Jh.), in der schöne Skulpturen aus der Renaissancezeit, eine kunstvolle Decke und das Grab des 1444 in L'Aquila gestorbenen Bernhardin von Siena zu sehen sind.

Am Fuß der Freitreppe gegenüber der Kirche beginnt die malerische **Via Fortebraccio*. Auf der rechten Seite erstreckt sich – noch vor der *Porta di Bazzano* – die Altstadt, die von der romanischen Kirche *San Giusto* beherrscht wird.

Man geht jetzt durch das Stadttor *Porta di Bazzano* hinauf zur Kirche **Santa Maria di Collemaggio* (13. Jh.) mit eindrucksvoller Fassade. Säulen stützen die prächtigen romanischen Bögen des Hauptportals und der kleineren Nebenportale. In einem barocken Grabmal (1518) ist Papst Cölestin V., der Gründer des Cölestinerordens, beigesetzt, der 1294 in

Santa Maria di Collemaggio

dieser in seinem Auftrag erbauten Kirche zum Papst gekrönt wurde. Die Fresken in den Seitenschiffen stellen Szenen aus seinem Leben dar.

Man kehrt zur *Porta di Bazzano* zurück und folgt nun dem *Corso Ferico II.* zur Kirche *San Marco* mit romanischem Portal.

Dann biegt man in die von Palästen gesäumte *Via Arcivescovado* ab. Auch bei der nahe liegenden Kirche *Santa Maria di Roio* (14. Jh.) kann man schöne alte Paläste sehen.

Durch die *Via Fontesecca* gelangt man zur **Fontana delle 99 Cannelle (Brunnen der 99 Röhren),* einer aus dem 13. Jahrhundert stammenden und später mehrmals erneuerten Brunnenanlage aus rotem und weißem Marmor mit 99 wasserspeienden Masken. In der Nähe liegt die romanische Kirche **San Vito.*

L'Aquila eignet sich gut als Ausgangspunkt für Fahrten in die

Abruzzen, vor allem in das Gebiet des *Gran Sasso*.

*

Eine sehr gute Straße führt von L'Aquila nach

Assergi, 21 km, mit beachtenswerter romanischer Kirche (1150). Dort ist die Talstation der Seilbahn zum **Campo Imperatore* (2126 m), von dem aus man einen herrlichen Rundblick über das gesamte Gebiet der Abruzzen hat. Die Gegend ist auch ein bekanntes Wintersportgebiet.

Man verläßt L'Aquila im Westen auf der Straße 260, biegt bei *Amiterno,* 124 km, rechts ab auf die Straße 80 und fährt nun (kurvenreiche Fahrt) über den 1283 Meter hohen *Passo Capannelle* (weiter Rundblick). Bei der Talfahrt kann man links einen Abstecher zu dem vier Kilometer nördlich liegend *Lago di Campotosto* machen. Rechts zieht der 2914 Meter hohe *Gran Sasso* den Blick auf sich.

Über *Nerito* und *Montorio al Vomano* (bemerkenswerte mittelalterliche Kirche) erreicht man

Teramo, 189 km, das noch Reste eines *römischen Theaters* besitzt. Sehenswert sind auch der *Dom* (12. Jh.) mit einem Portal aus dem Jahr 1322 und die Kirche *San'Agostino,* bei deren Besichtigung vor allem das schöne *Polyptychon (15. Jh.) von Jacopo del Fiore Beachtung verdient.

Die Straße 80 führt nun am Fluß *Tordino* entlang weiter bis zur Küste des Adriatischen Meeres, die man südlich von *Giulianova,* 214 km, erreicht. Auf der Nationalstraße 16 oder auf der modernen Autobahn fährt man, an den beliebten Seebädern *Roseto degli Abruzzi, Pineto, Silvi Marina* und *Montesilvano Marina* vorbei, nach

Pescara, 251 km, s. S. 233.

B: ÜBER AVEZZANO

Von *Carsoli,* 71 km, kann man zur Weiterfahrt nach Avezzano entweder die Autobahn oder die Nationalstraße 5 benutzen. Letztere führt auf einer landschaftlich sehr schönen, aber kehrenreichen Straße stets bergan bis *Tagliacozzo,* 99 km, das 900 Meter hoch inmitten von Tannenwäldern liegt und eine beliebte Sommerfrische ist.

Avezzano, 116 km, ist eine wichtige Handels- und Marktstadt am Rand eines ehemaligen Sumpfgebietes, das aber längst landwirtschaftlich erschlossen und gut bewässert ist, so daß es heute vor allem als Gemüseanbaugebiet genutzt wird. Außerdem findet man hier Weinberge, Mandel- und Olivenhaine.

Die Straße beginnt erneut anzusteigen und führt über den 1120 Meter hohen Paß *Forca Caruso* nach

Popoli, 182 km, einer geschäftigen Kleinstadt am Fluß *Pescara,* der von einer alten Burgruine überragt wird. Sehenswert sind die Kirche San Francesco (15. Jh.) mit gotischer Fassade und die gotische *Taverna Abruzzese* (14. Jh.), ein großer ehemaliger Getreide- und Lebensmittelspeicher mit einer wappen- und reliefgeschmückten Fassade.

Abstecher nach Bominaco (26 km)

Von Popoli führt die Nationalstraße 17 in nordnordwestlicher Richtung nach *L'Aquila* (50 km; s.

S. 262). Von dieser Straße zweigt rechts ein Bergweg ab nach dem 950 Meter hoch gelegenen *Bominaco* (26 km von Popoli), wo man die beiden schönen romanischen Kirchen *San Pellegrino und *Santa Maria besichtigen kann.

Abstecher nach *Sulmona (18 km)

Von *Popoli* fährt man auf der Straße 17 nach Süden und erreicht

***Sulmona.** Die Stadt liegt in einem fruchtbaren Talbecken und ist von 2000 Meter hohen Bergen umgeben. Sie ist der Geburtsort des römischen Dichters Ovid (43 v. Chr. – etwa 17 n. Chr.). Aus der Römerzeit sind noch die Reste eines *Aquädukts* erhalten, der im 14. Jahrhundert erneuert wurde.

Der **Palazzo dell'Annunziata* (1415 im gotischen Stil erbaut, im 15. und 16. Jh. mit Renaissanceanbauten versehen) gilt als schönster Profanbau der Abruzzen. Er enthält das Städtische Museum. Sehenswert sind ferner die gotische *Porta Napoli* (14. Jh.), die Kirche *San Francesco alla Scarpa* mit romanisch-gotischem Portal, der Renaissancebrunnen *Fontana del Vecchio,* der *Dom* (13. Jh.) und die gotische Kirche *San Filippo.*

In der Umgebung von Sulmona liegen zahlreiche Wintersportorte und Sommerfrischen. Überall sieht man gut erhaltene romanische Kirchen.

*

Von *Popoli* führt die Nationalstraße 5 nun immer längs des Flusses *Pescara* weiter.

***Torre dei Passeri,** 196 km, liegt links abseits von der Hauptstraße. Das Ortsbild wird geprägt durch das monumentale Kloster **San Clemente a Casauria,* das älteste der vielen Zisterzienserklöster in den Abruzzen. Es stammt aus dem 9. bis 12. Jahrhundert.

***Chieti,** 227 km, ist eine alte, auf einem 330 Meter hohen Bergkamm gelegene Stadt. Der Sage nach wurde es von Achilles gegründet. Aus römischer Zeit sind noch drei nebeneinander liegende kleine Tempel erhalten. Links

Römische Tempel in Chieti

vom *Corso Marrucino* kann man eine in den Berg gegrabene *römische Zisterne* (1. Jh.) sehen. Der Dom *San Giustino* besitzt einen schönen Campanile aus dem 14. und 15. Jahrhundert und eine Krypta aus der Barockzeit. Bemerkenswert sind auch die Sammlungen des *Archäologischen Museums* und der *Kunstgalerie.*

Von Chieti aus lassen sich schöne Ausflüge in die Wälder und Hochebenen der *Maieletta* (1995 m) unternehmen, die in weniger als einer Stunde mit dem Wagen zu erreichen sind.

Die Staße führt nun sanft bergab, und man erreicht alsbald

Pescara, 244 km, s. S. 233.

Route 20: ***Neapel – ***Pompeji – **Sorrent – **Amalfi – **Salerno – **Paestum – Sapri – Paola – *Cosenza – Catanzaro (539 km)

Die Gegend zwischen Neapel und Salerno ist landschaftlich außerordentlich reizvoll und ist sowohl aus diesem Grund als auch wegen der dort liegenden weltbekannten antiken Städte Herculaneum und Pompeji eines der meistbesuchten Touristengebiete Italiens.

Während die Autobahn durch das Landesinnere führt (sie ist nur Reisenden zu empfehlen, die möglichst schnell und ohne Zwischenaufenthalte in den Süden gelangen wollen), folgt die nachfolgend beschriebene Nationalstraße 18 zum großen Teil der Küste.

Man verläßt ****Neapel* (s. S. 112) über den *Corso Umberto I.* und die *Via Stella Polare* und gelangt kurz darauf auf die Nationalstraße 18.

Kurz nach *Portici* erreicht man ***Herculaneum* (ital. *Ercolano,* s. S. 124). Ein großer Teil der beim Vesuvausbruch des Jahres 79 verschütteten antiken Stadt liegt noch unter dem Ort *Ercolano* (bis 1969 *Resina*).

Über *Torre del Greco,* 15 km, und *Torre Annunziata,* 22 km, erreicht man die Ausgrabungsstätte von

*****Pompeji** (ital. *Pompei*), 26 km (s. S. 125), für deren Besichtigung man mindestens einen halben Tag ansetzen sollte. Neben der antiken Stadt liegt die moderne Stadt *Pompeji Valle,* 25 km (s. S. 125).

Man kann nun entweder auf der Autobahn (29 km) oder auf der Nationalstraße 18 (31 km) nach Salerno weiterfahren, doch lohnt sich der Umweg auf der Küstenstraße 145, auf der man eine der schönsten Landschaften Europas kennenlernt. Kurz nach dem Verlassen von Pompeji erreicht man

Castellammare di Stabia, 35 km. Es liegt an der Stelle des römischen Thermalbades Stabiae, das im Jahr 79 gleichzeitig mit Pompeji zerstört wurde. Heute ist der Ort wegen seiner schönen Lage und seiner Heilquellen einer der bekanntesten Kurorte und eines der meistbesuchten Seebäder der Umgebung. Den Namen verdankt Castellammare („Kastell am Meer“) einem Schloß Friedrich II. (13. Jh.), das später auch von den Anjou bewohnt wurde. Einen sehr schönen Blick auf den Golf von Neapel genießt man vom Stadtgarten der *Villa Comunale* oder auch von der Oberstadt aus, wo Robert von Anjou den Landsitz *Villa Quisisana* bewohnte.

Eine kurvenreiche, gebührenpflichtige Privatstraße führt zum 1103 Meter hohen Gipfel des ***Monte Faito.* Man kommt hier in eine Gebirgslandschaft, die mit ihren Tannenwäldern, nackten Felswänden und steilen Hängen an die Alpen erinnert. Großartig ist der Rundblick über die Halbinsel von Sorrent und die Insel Capri.

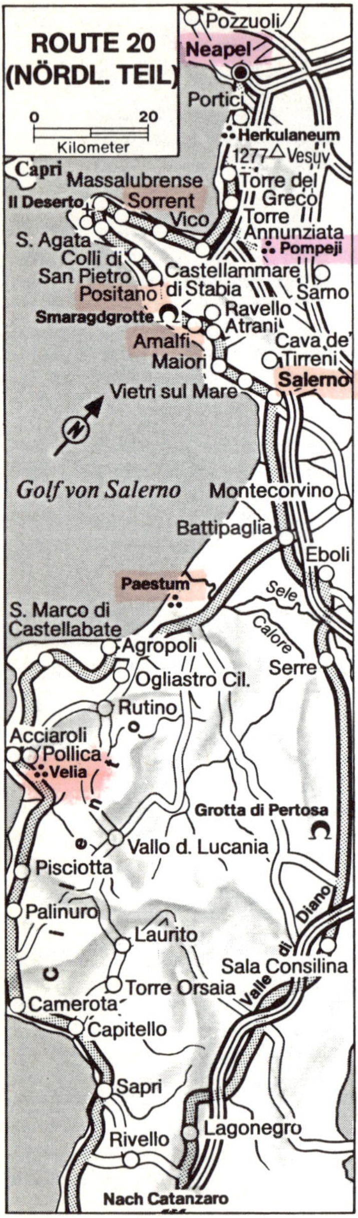

Die Küstenstraße führt, an den Ferienorten *Vico Equense, Seiano, Meta* und *Sant'Agnello* vorbei, nach

****Sorrent** (ital. *Sorrento*), 51 km, einem der schönsten Ferienorte Italiens. Die Stadt liegt auf einer steil aus dem Meer aufragenden Tuffsteinterrasse. Steile Felswände mit malerischen Höhlen und tief eingekerbten Schluchten kennzeichnen hier die Küste. Sorrent ist umgeben von herrlichen Gartenanlagen, Zitronen- und Orangenhainen.

Sehenswürdigkeiten, die in einen Stadtrundgang einbezogen werden sollten, sind die **Piazza Tasso* mit der Karmeliterkirche und mit den Statuen des heiligen Antonius und des Dichters Torquato Tasso, der 1544 hier geboren wurde, der **Palazzo Veniero* in der *Strada Pietà*, der **Palazzo Correale* (15. Jh.) mit einem archäologischen Museum und einem Kunstmuseum, der **Dom* mit romanischer Fassade und zahlreichen Kunstwerken im Innern und die Kirche **San Francesco* mit einem dazugehörigen Kloster (Kreuzgang aus dem 14. Jh.), in dem heute eine Kunsthandwerksakademie untergebracht ist. Daneben liegt der *Stadtpark*, von dem aus man einen schönen Rundblick hat.

In der *Via Parsano* findet man unter einem Tor aus dem 16. Jahrhundert noch Reste eines *römischen Bogens*. In der *Via San Cesareo* verdient der **Sedile Dominova*, eine Loggia (15. Jh.) mit einer Kuppel (17. Jh.) und Majolikaplatten (16. Jh.) Aufmerksamkeit.

Vom Hafen *Marina Piccola* aus gibt es täglich mehrere Schiffsverbindungen nach Capri (s. S. 121).

Ein lohnender Spaziergang führt durch Gärten und Olivenhaine hinunter zur ***Punta di Sorrento*, von der man einen herrlichen Blick hat.

Man verläßt Sorrent auf der Panoramastraße, die über *Massalubrense* nach *Sant'Agata* führt. Dann fährt man weiter zum ehemaligen Kloster *Il Deserto* (455 m ü. d. M.), von dessen Aussichtsterrassen sich ein eindrucksvoller Blick über die Halbinsel Sorrent, Capri und den Golf von Salerno bietet.

Die Straße führt nun hoch über dem Meer nach

****Positano,** 80 km, das sich mit seinen kleinen, weiß getünchten Häusern malerisch einen Berghang hinaufzieht und als Lieblingsaufenthalt von Malern und Dichtern aus aller Welt bekannt geworden ist. Die touristischen Einrichtungen sind erstklassig. Der Ort hat drei Strandbäder.

Die Küstenstraße 163 führt nun in vielen Kurven weiter zum *Capo di Conca,* wo tief unten die ***Grotta di Smeraldo (Smaragdgrotte)* mit märchenhaften Tropfsteingebilden liegt. Man erreicht die Grotte am besten mit dem Boot von Amalfi aus.

****Amalfi,** 93 km, ist der schönste Ort am Golf von Salerno. Es liegt schwalbennestartig an den Felshängen des Monte *Cerciti* und hat eine reiche Geschichte. Im Mittelalter war es eine selbständige Seerepublik und sehr wohlhabend. Die Seefahrt wurde damals nach den „Tavole Amalfitane", dem ersten geschriebenen Seerecht der Welt, geregelt. 1135 und 1137 wurde Amalfi dann von den Pisanern besiegt und verlor in der Folgezeit ständig an Bedeutung.

Mittelpunkt des Ortes ist die mit einem Brunnen geschmückte **Piazza,* an der rechts über einer Freitreppe mit 60 Stufen der Dom ***Sant'Andrea* (11. Jh., später mehrmals umgestaltet) steht. Die Spitzbogenvorhalle der prächtigen Mosaikfassade in romanisch-

Dom von Amalfi

byzantinischem Stil wurde 1865 erneuert. Die Bronzetüren am Hauptportal (1066) stammen aus Konstantinopel. In der Krypta der Kirche kann man das Grab des Apostels Andreas sehen. Der Kreuzgang **Chiostro del Paradiso* (12. Jh.) enthält ein kleines archäologisches Museum. Beachtenswert ist auch der 1276 in arabisch-sizilianischem Stil erbaute **Campanile.*

Weitere Sehenswürdigkeiten der Stadt sind das mittelalterliche *Arsenal* mit strengen gotischen Bögen, in dem Erinnerungsstücke an die Zeit der Seerepublik aufbewahrt werden, und die schöne Promenade *Corso Flavio Gioia*.

Atrani, 94 km, ist ein malerisches altes Fischerdorf mit der sehenswerten Kirche *San Salvatore* (11. Jh.).

Abstecher nach **Ravello (5 km)

Bevor man nach Salerno weiterfährt, lohnt sich der Abstecher über eine herrliche ***Panoramastraße* nach

***Ravello*. Der etwa 350 Meter hoch über der Küste liegende Ort hat sich bis zum heutigen Tag sein normannisch-arabisches Gepräge bewahrt. Aus der Normannenzeit sind noch mehrere schöne Bauten erhalten geblieben, u. a. die 1086 gegründete Kathedrale ***San Pantaleone* (kunstvolle *Marmorkanzel von 1272 und byzantinisches Lesepult von 1130), die ***Villa Rufolo*, die im 11. Jahrhundert erbaut und später palastartig und mit maurischen Elementen umgestaltet wurde (hier wohnten mehrere Päpste, Karl von Anjou und Richard Wagner), und die ***Villa Cimbrone* mit sehr schönem Kreuzgang. Vom ***Belvedere Cimbrone* bietet sich ein großartiges Panorama, das den ganzen Golf von Salerno umfaßt.

Lohnend ist auch ein Spaziergang durch die malerische **Via Annunziata*, die unter Gewölben bergabwärts führt und oft herrliche Ausblicke freigibt.

Man fährt nun wieder zurück auf die Küstenstraße.

*

Über *Maiori*, einen von Zitronenhainen umgebenen Badeort (Sandstrand), und über das steile *Capo d'Orso* (Wachttürme aus dem 16. Jh.) geht es nach

Vietri sul Mare, 113 km, das schöne weiße Barockhäuser und einen weiten Strand besitzt. Bekannt wurde Vietri durch sein Kunstgewerbe. In vielen Keramik- und Majolikawerkstätten kann man den Kunsthandwerkern bei ihrer Arbeit zusehen.

****Salerno,** 117 km, eine griechische Gründung, war im frühen Mittelalter langobardisches Herzogtum. Unter Robert Guiscard war Salerno Hauptstadt des Normannenreiches in Süditalien. Aus dieser Zeit stammt der auf den Resten einer uralten Kirche und dem Grab des Apostels Matthäus erbaute ***Dom* (1076 – 1085), der von einem wuchtigen Turm (12. Jh.) überragt wird. Das normannische Atrium ruht auf 28 römischen Säulen. Durch das romanische **Löwenportal* (11. Jh.) betritt man den schönen Hof. Im reich mit Kunstwerken geschmückten dreischiffigen Inneren des Gebäudes beachte man vor allem die mit dekorativen Mosaiken geschmückte ***Kanzel* (12. Jh.), die auf zwölf Säulen mit Figurenkapitellen ruht. Vor der Mittelsäule steht der gleichfalls mit Mosaiken bedeckte **Osterleuchter*. Weitere Kunstwerke (einen elfenbeinernen Altarvorsatz aus dem 12. und eine Elfenbeinkrippe aus dem 18. Jh. sowie Gemälde von Caravaggio, L. Giordano, Spagnoletto u. A. Vaccaro) kann man im *Dommuseum* sehen.

Die „malerischste" Straße Salernos ist zweifellos die mittelalterliche **Via Mercanti*, die zwischen dem Dom und der Meerespromenade verläuft. Sie endet im Westen beim *Arichis-Bogen,* der im 8. Jahrhundert von den Langobarden erbaut und im 12. Jahrhundert von den Normannen umgebaut wurde.

Auch das die Stadt überragende *Kastell* aus der Langobardenzeit wurde im 12. Jahrhundert umgestaltet und verstärkt.

Im * *Provinzmuseum* kann man archäologische Funde, Keramiken und andere Kunstwerke sowie Diplome der alten Ärzteschule sehen – die medizinische Schule von Salerno wurde bereits im 11. Jahrhundert gegründet, ihr Gesundheitskodex war lange Zeit das Brevier der empirischen Medizin.

Man verläßt Salerno auf der Nationalstraße 18, die hier parallel zur Autostrada landeinwärts führt. Bei *Battipaglia,* 137 km, teilt sich die Straße. Die Nationalstraße 19 führt landeinwärts über *Eboli* zu der sehr interessanten * *Grotta di Pertosa* (50 km von Salerno), in der man Stalaktiten, Reste von Pfahlbauten und Funde aus dem Neolithikum besichtigen kann.

Abstecher nach *Potenza (96 km)

Auf der Autobahn kann man von Eboli aus in weniger als einer Stunde Fahrzeit

***Potenza** (823 m ü. d. M.) erreichen. Die Stadt, deren Geschichte bis in die vorrömische Zeit zurückreicht, liegt über einem vom *Basento* in vielen Windungen durchflossenen Tal. In den höher gelegenen alten Stadtteilen gibt es malerische Gäßchen und Winkel. Weiter unten an den Hängen des Hügels liegen die bunten Häuser des modernen Stadtteils. Von den alten Kirchen besichtige man vor allem *San Francesco* (1274) mit kunstvollen Portalen (15. Jh.) an der Hauptfassade und der linken Seite und schönen Renaissanceskulpturen im Innern, *San Michele* (11. u. 12. Jh.), *Santissima Trinità* mit bemerkenswerter Apsis, *Santa Maria del Sepolcro* (13. Jh.) mit interessanter Fassade und den an Fresken und künstlerischem Schmuck reichen *Dom* (12. Jh.; im 18. Jh. zum größten Teil erneuert).

Das *Museo Provinciale Lucano* birgt archäologische Funde und eine reichhaltige volkskundliche Sammlung mit beachtenswerten Arbeiten der Hirtenkunst.

Von Potenza führt die Straße 96 über Altamura (s. S. 249) weiter nach Bari (s. S. 239), die Straße 176 führt nach Metapont (s. S. 280) weiter.

Durchs Landesinnere nach *Cosenza

Die Nationalstraße 19, die ab der *Grotta di Pertosa* (s. linke Spalte) streckenweise weiterhin parallel zur Autobahn verläuft und sie mehrmals kreuzt, folgt nun dem Lauf des Flusses *Tanagro* nach Süden. Sie wird von 1600 bis 1800 Meter hohen Bergen flankiert. Über *Sala Consilina, Lagonegro, Morano* (gotische Kirche San Bernardino) und am Fuß des 2248 Meter hohen *Monte Pollino* (links) entlang erreicht man *Castrovillari* mit der sehenswerten, auf römischen Bauresten errichteten Kirche Santa Maria del Castello und mit Burgen aus der Zeit Ferdinands von Aragon. Dann überquert man den Fluß *Coscile* und fährt weiter nach Süden bis *Cosenza* (s. S. 274). Dieser Weg ist vor allem für Autoreisende interessant, die rasch nach Kalabrien kommen wollen.

*

Folgt man ab *Battipaglia* (s. S. 269) weiter der Nationalstraße 18, so überquert man wenig später den Fluß *Sele* und gelangt über eine Zufahrt rechts von der Hauptstraße nach

****Paestum,** 157 km. Die gewaltigen Tempel der von dorischen Griechen aus Sybaris um 650 v. Chr. gegründeten Stadt Poseidonia sind die eindrucksvollsten reste griechischer Kultur auf italienischem Boden. 273 v. Chr. gelangte die Stadt an die Römer und wurde zu einem wichtigen Flottenstützpunkt. Das Ruinenfeld von Paestum, das ein fast 4,7 Kilometer langer Mauergürtel umgibt, hat eine üppige subtropische Vegetation mit Oleander, Zypressen und Asphodelusstauden, die zusammen mit den goldgelben Kalksteinruinen überaus malerisch wirkt.

Der ****Poseidontempel* (ital. *Tempio di Nettuno;* um 550 v. Chr.) ist der vollendetste Ausdruck dorischer Architektur aus vorperikleischer Zeit. Er ist einer der größten und besterhaltenen griechischen Tempel überhaupt. Je 14 Säulen stehen an seinen 59 Meter langen Längsseiten. Die beiden dreieckigen Giebel und das schwere Gebälk sind ebenso wie die Vorhalle, der Säulengang und die Cella noch fast vollständig erhalten.

Vor den 33 Meter langen Längsseiten des ***Cerestempels* stehen je elf, vor seiner Vorder- und Rückseite je sechs Säulen. Mehrere vom dorischen Stil abweichende Eigentümlichkeiten weisen auf eine spätere Restaurierung hin. Der gut erhaltene Architrav zeigt noch Spuren von Stuck und Bemalung. Im Innern des Tempels sind drei christliche Gräber aus dem Mittelalter zu sehen, da er zu dieser Zeit als Kirche benutzt wurde.

Die ***Basilika* (um 640 v. Chr.) ist das älteste Gebäude von Paestum und war ursprünglich wahrscheinlich ein Heratempel. Die Benennung „Basilika" erhielt der Bau erst von Archäologen des 18. Jahrhunderts. Der Tempel steht auf einem zweistufigen Sockel und besitzt 50 Travertinsäulen (9 an jeder Front, 16 an jeder Längsseite), die ein 24 Meter breites und 54 Meter langes Rechteck bilden. Vor dem Eingang sieht man die Reste eines Opferaltars.

Außer zahlreichen weiteren griechischen Tempeln kann man auch die Reste römischer Tempel, eines griechischen Theaters, eines römischen Amphitheaters und eines römischen Bades sehen.

Das ***Museum* lohnt wegen seiner einzigartigen Grabungsfunde, darunter etwa 33 Metopen, Bronzegefäße sowie Grabgemälde aus dem 4. vorchristlichen Jahrhundert, einen Besuch.

Den besten Eindruck von Paestum bekommt man bei einem Rundgang entlang der *Stadtmauer* (6. – 5. Jh. v. Chr.). An der *Porta della Giustizia* gibt es ein Restaurant.

Für die Weiterfahrt kann man zwei Straßen wählen; die Straße 267 verläuft am Meer entlang, die Straße 18 führt landeinwärts über das Gebirge. Auf beiden Straßen durchfährt man eine sehr reizvolle Landschaft. Die sanft ansteigende Bergstraße Nr. 18 führt in den *Ci-*

SILA-
GEBIRGE
0
10
Kilometer
Golf von Tarent
Golf von Squillace
Nach Neapel
Nach Tarent
Nach Messina
Nach Reggio
Tarsia
Terranova
Sibaria
Crati
Corigliano
Calabro
S. Angelo
Rossano
Mirto Crosia
Conv. d. Patire
S. Adriano
S. Demetrio
Corone
Muzzolito
Cino
Colognati
Cosseria
Trionto
Cropalati
1124
S.ra Crista d'Acri
1183
Czo. d. Pesco
Duglia
Bisignano
Acri
Sila Greca
1481
M. Paleparto
Laurenzana
Mandatoriccio
1651
M. Altare
Longobucco
Bocchigliero
Abbazia d.
Sambucina
M. S. Mauro
1391
M. Sordillo
1601
Campana
938
Czo. Calamacca
Rose
Lago Mucone
S.ra
la Guardia
1431
Arente
1708
M. Pettinascura
S. Pietro in
Guarano
M. Scuro
1646
Camigliatello
Silana
Sila Grande
1001
Savelli
Verzino
M. Volpintesta
1730
Rovito
Sculca
Célico
Botte Donato
1928
Ramundo
Cerenzia
Cosenza
Pedace
Lorica
La Sila
S. Giovanni
in Fiore
Lago Arvo
Aprigliano
Montenero
1881
20
Cellara
Caporosa
Ampollino
M. Serratore
1233
S. Stefano
di Rogliano
C. d'Ascione
1384
Poverella
Lago Ampollino
Rogliano
1267
Bocca di Piazza
Tne. d.
Guardiola
1667
Cotronei
Grimaldi
Tacina
Roccabernarda
Colosimi
M. Femminamorta
1723
Petilia
Policastro
Motta
S. Lucia
Villaggio
Mancuso
Colle Buturo
1554
Soveria Mannelli
Mesoraca
Martirano
Lombardo
Castagna
Alli
Sila Piccola
Marcedusa
M. Reventino
1417
Pso. Acquabona
1020
Taverna
Albi
1328
1. Mancuso
Platania
Belcastro
Serrastretta
Sersale
Gizzeria
Gimigliano
Pentone
Cropani
Amato
Corace
Urio
Frasso
Sambiase
Nicastro
Crichi
Tiriolo
Simeri
S. Eufémia
Marcellinara
Catanzaro
Cropani
Marina
La Petrizia
Cortale
Girifalco
Borgia
Catanzaro Lido
Roccelletta
del Vescovo di Squillace
Roccella

lento (gebirgige Halbinsel zwischen den Golfen von Salerno und Policastro) und folgt dann dem breiten Tal des *Alento.* In den kleinen Dörfern liegen jeweils um die Kirche herum gruppiert malerische Steinhäuser mit roten Dächern.

Wenn man Zeit hat, so kann man von *Novi Velia,* einem nur wenige Kilometer von *Vallo della Lucania* entfernten Dorf, einen etwa dreistündigen Maultierritt auf den **Monte Sacro* oder auf den **Gelbison* (1705 m) unternehmen, von dem aus man einen herrlichen Rundblick hat.

Ganz anders beschaffen ist die Küstenlandschaft, die man auf der Straße 267 kennenlernt. Kleine Fischerdörfer und Badestrände wechseln einander ab. Bei *Agropoli,* 171 km, steht die Ruine einer Burg aus dem Mittelalter. Diese Gegend ist Schauplatz vieler alter Sagen. Weit hinaus in das Meer ragt die *Punta Licosa,* ein allein stehender, steiler Felsen, der nach einer Sirene benannt ist, deren zu Stein gewordener Körper an dieser Stelle auf dem Meeresgrund auf die Erlösung warten soll.

Kurz nach *Acciaroli,* 204 km, überquert man den Fluß *Alento.* Hier liegen die Ruinen der Stadt

****Velia,** 222 km. Um 540 v. Chr. wurde in der phokäischen Kolonie Elea von dem griechischen Philosophen und Dichter Xenophanes die „Eleatische Schule" gegründet, der zahlreiche bekannte Philosophen angehörten. Auch Cicero und Horaz verbrachten hier später längere Zeit. Die Reste der Ruinenstadt sind nicht so gut erhalten wie die von Paestum (s. S. 270), doch sind Straßen und Plätze, Stadtmauern sowie Fundamente von Tempeln, Altären, Häusern und Bädern gut erkennbar. Ein wuchtiger, zinnengekrönter Wehrturm eines alten Kastells stammt aus dem Mittelalter.

Den Zwillingen Castor und Pollux war dieser Tempel gewidmet; seine pittoresken Ruinen sind charakteristisches Wahrzeichen Agrigents.

Bei *Marina die Ascea* erstreckt sich ein weiter Sandstrand. Wenn man auf der Straße 447 an der Küste weiterfährt (links zweigen zahlreiche Zufahrten zur Nationalstraße 18 ab), so sieht man kurz hinter *Pisciotta* das auf einem steilen Kap liegende *Palinuro,* in dessen Antikenmuseum griechische Vasen und Amphoren untergebracht sind. Die Felsenküste wird von kleinen Stränden und Höhlen unterbrochen.

Am Hang des 1225 Meter hohen *Monte Bulgheria,* der die Küste des *Cliento* (s. linke Spalte) abschließt, fährt man wieder zurück auf die Straße 18 und erreicht kurz darauf

Sapri, 280 km (auf der Straße 18 über Vallo della Lucania; auf der Küstenstraße 309 km). Die Stadt liegt am **Golf von Policastro* und ist ein wichtiger Verkehrsknotenpunkt. In dieser von Touristen noch wenig besuchten Gegend gibt es blaue Buchten, mit kargen Feldern oder mit Kastanienwäldern bedeckte Höhenzüge, malerische, auf steilen Felsen über dem Meer gelegene Ortschaften und verfallene Wachttürme, die an die kriegerischen Ereignisse des Mittelalters erinnern. – Die Straße 18 führt nun wieder an der Küste entlang weiter. Kurz hinter *Porto di Maratea,* 298 km, liegt ein Badestrand.

***Praia a Mare,** 314 km, besitzt einen kilometerlangen Sandstrand, gute Hotels und touristische Einrichtungen jeder Art. Ein Ziel frommer Pilgerscharen ist die Wallfahrtskirche der *Madonna della Grotta.* Die dort befindliche wundertätige Madonnenstatue soll 1326 mit einem Schiff aus Sizilien hierher gebracht worden sein.

Scalea, 329 km, ist ein altes Städtchen, das pyramidenartig über der Küste aufgebaut ist. Hier sind die Kirche *San Nicola* und ein mittelalterlicher Palast sehenswert.

Diamante, 351 km, ist eines der schönstgelegenen Strandbäder Kalabriens. Zedernhaine spenden angenehmen Schatten.

Es folgt der Ort *Belvedere,* der gleichfalls einen schönen Strand hat. Außerdem gibt es hier mehrere Touristendörfer.

Paola, 407 km, ist der Geburtsort des heiligen Franziskus von Paola (1416 – 1506), des Apostels der Barmherzigkeit. Das von ihm 1445 gegründete Kloster *Santuario di San Francesco* liegt einenhalb Kilometer nördlich der Stadt. Es ist im Renaissancestil erbaut, besitzt aber einen schönen gotischen Kreuzgang.

Im Stadtteil *Guadimari* steht eine byzantinische Kirche aus dem 8. Jahrhundert.

Von Paola aus kann auf der Küstenstraße 18 über *San Lucido, Fiumefreddo* und *Amantea* nach *Sant'Eufemia Lamezia* weiterfahren, wo links die Straße 19-d abzweigt nach *Catanzaro* (s. S. 275). Um aber Cosenza kennenzulernen, folgt man von Paola aus der steil ansteigenden und landeinwärts führenden Straße 107, die über den 900 Meter hohen **Crocetta-Paß* (wundervoller Blick auf das Meer) nach *Quattromiglia,* 442 km, führt, wo man auf die von Norden kommende Autostrada und die Nationalstraße 19 (s. S. 269) stößt. Wenig später erreicht man

***Cosenza,** 449 km. Die am Zusammenfluß von *Crati* und *Busento* liegende Stadt hat zahlreiche Bauten, die an die verschiedenen Herrschaftsepochen der Normannen, Hohenstaufen, Anjou und Aragon erinnern.

An den Abhängen des *Colle Pancrazio* erstreckt sich die malerische **Altstadt,* während sich die Neustadt nördlich des Busento ausdehnt.

Am Zusammenfluß von Crati und Busento steht die Kirche *San Domenico* mit gotischer Fassade. Über den *Ponte Alarico* gelangt man zur Kirche *San Francesco di Paola,* die wegen ihres **Triptychons* (1522) besuchenswert ist.

An erhöhter Stelle der Altstadt liegt der **Dom,* der 1185 in romanischem Stil begonnen und 1222 in gotischem Stil fertiggestellt wurde. Die gotische Fassade hat drei Spitzbogenportale und schöne Fensterrosen. Die drei Kirchenschiffe ruhen auf Hufeisenbogen, die von romanischen Pfeilern getragen werden. Im Innern beachte man vor allem das in französischer Gotik gehaltene **Grabmal der Isabella von Aragon,* der Gemahlin des französischen Königs Philipp III. Den kostbaren **Domschatz* kann man im *Erzbischofspalast* bewundern.

Ein steiler Weg führt vom *Stadtpark (Villa Comunale)* zum *Schloß,* das arabisch-normannischen Ursprungs ist, nach einem

Erdbeben (1184) jedoch unter Friedrich II. neu aufgebaut und erweitert wurde. Der *Corso Vittorio Emanuele* führt hinunter zum ehemaligen Kloster *San Francesco d' Assisi* (13. Jh.) mit gotischem Kreuzgang.

Das **Sila-Gebirge

Von Cosenza aus lassen sich viele Ausflüge unternehmen, vor allem in das malerische

****Sila-Gebirge.** Wegen seiner Schönheit trägt das im Norden *Sila Greca,* im Mittelteil *Sila Grande* und im Süden *Sila Piccola* genannte Gebirge den Beinamen „Kleine italienische Schweiz". Reiche Laub- und Nadelwälder, Gebirgsbäche und rauschende Flüsse, Bergwiesen mit Kuhherden verleihen der Sila auch Ähnlichkeit mit dem deutschen Mittelgebirge. Die durchschnittliche Höhenlage beträgt 1200 Meter, doch gibt es auch mehrere Gipfel, die über 1600 Meter hoch sind. Höchste Erhebung ist mit 1930 Metern der *Botte Donato.*

Die Ortschaften haben den Charakter vergangener Jahrunderte bewahrt, jede von ihnen besitzt mittelalterliche Baudenkmäler und Kirchen, in denen sehenswerte Kunstwerke zu finden sind.

Die schönen Seen, die östlich von Cosenza in Föhren-, Buchen- und Tannenwäldern eingebettet liegen – *Lago Mucone, Lago Arvo* und *Lago Ampollino* –, wurden künstlich zur Speisung der weiter südlich liegenden Elektrizitätswerke angelegt. Man findet überall hübsch gelegene Sommerfrischen, aber auch zahlreiche Wintersportorte.

Eine malerische Gebirgsstraße führt von Cosenza um den Botte Donato herum und an den Seen vorbei, über aussichtsreiche Pässe, durch wildzerrissene Felslandschaften, typische Gebirgsdörfer und dunkle Wälder ostwärts nach *Crotone* (s. S. 283) und südwärts nach *Catanzaro* (s. u.).

Eine Besonderheit dieses Gebirgslandes, in dem die Bevölkerung noch ihre alten Sitten und Bräuche pflegt und ihre Trachten trägt, sind die albanischen Kolonien. Im 15. Jahrhundert siedelten sich hier Albaner, die vor den Türken aus ihrer Heimat geflüchtet waren, an. Sie halten heute noch an ihrer Sprache und ihrer ethnischen Eigenart fest.

*

Man verläßt Cosenza im Süden auf der Nationalstraße 19 und fährt zunächst parallel zur Autostrada bis nach *Rogliano,* 467 km, einem 700 Meter hoch gelegenen malerischen Gebirgsort. Von dort führt die Straße in vielen Kurven durch die Orte *Carpanzano, Coraci, Soveria Mannelli* und *Tiriolo* (Trachtenfeste mit kalabrischer Volksmusik) nach

Catanzaro, 539 km, der Hauptstadt der gleichnamigen Provinz, Industrie-, Landwirtschafts- und Handelszentrum dieses Gebietes und Bischofssitz. Aus dem 18. Jahrhundert sind mehrere besuchenswerte Kirchen erhalten: die Kirche *Madonna del Rosario (Rosenkranzkirche;* wertvolle Marmorskulpturen), die Kirche der *Osservanza* (prächtige Marmorstatuen aus dem 17. Jh.), die Basilika der *Immacolata* (schöne neapolitanische Gemälde) und die

Kapuzinerkirche *Monte dei Morti* (Madonnenstandbild aus dem 17. Jh.). Der im zweiten Weltkrieg zerstörte *Dom* wurde vollständig wieder aufgebaut.

Die Kirche *San Giovanni* (1532) steht neben den Resten der alten *Normannenburg,* die im Laufe der Zeit mehrmals verändert wurde.

Sehenswert ist auch das *Provinzialmuseum* mit reichhaltigen vor- und frühgeschichtlichen Sammlungen, Erinnerungsstücken aus der aragonesischen, französischen und bourbonischen Epoche, einer Münzensammlung sowie einer Gemäldesammlung mit Werken vom 16. Jahrhundert bis zur Gegenwart. – Vom *Stadtpark* aus hat man einen schönen Blick auf das tiefer gelegene Tal bis hin zum Ionischen Meer.

Lohnende Abstecher führen zum Badestrand *Marina di Catanzaro* (13 km; s. S. 284) am *Golf von Squillace,* zur drei Kilometer südlich liegenden malerischen nor-

Santa Maria in Roccella

mannischen Kirchenruine *Santa Maria* (11. Jh.) in *Roccella,* nach *Taverna* (28 km) mit der Kirche *San Domenico,* in der sich zahlreiche Gemälde des in diesem Ort geborenen berühmten Barockmalers Mattia Preti befinden, sowie in die Bergwelt der ***Sila* (s. S. 275).

Route 21: Catanzaro – Pizzo – *Vibo Valentia – *Palmi – *Reggio di Calabria (174 km)

Diese Route ist die Fortsetzung der Route 20 nach Kalabrien. Die schnellste Verbindung ist auch hier die Autobahn, doch ist die Fahrt auf der Nationalstraße 18 wegen der zahlreichen sehenswerten Orte, die auf dieser Strecke liegen, lohnender.

Man verläßt *Catanzaro* (s. S. 275) im Westen und fährt zuerst auf der Straße 19-d längs des Flusses *Amato* immer bergab bis

Sant'Eufemia Lamezia, 42 km, wo man die Küste des Tyrrhenischen Meeres erreicht. In *Sant' Eufemia Marina* gibt es einen schönen Strand. An den Berghängen wird Wein angebaut.

Die Straße 18 führt nun ganz nahe am Meer weiter nach

Pizzo, 67 km, einem am *Golf von Sant'Eufemia* gelegenen Ferienort mit schönem Strand und einer alten Burg, in der Joachim Murat, Napoleons Schwager und König von Neapel, im Jahr 1815 erschossen wurde.

Die Straße 18 verläßt dann das Meer und führt hinauf nach

***Vibo Valentia,** 77 km. Der Ferienort liegt 556 Meter hoch auf der Hochebene des *Tavolato del Poro,* an der Stelle des antiken Hipponion. Der Blick reicht von hier über das Meer bis zu den Äolischen Inseln und dem Gipfel des Ätna.

Sehenswert sind die teilweise ausgegrabene Mauer der **Akropolis* der alten Griechenstadt, der dorische **Tempel der Proserpina,* das mittelalterliche **Normannenschloß,* das unter Friedrich II. erneuert wurde, aber auch Überreste der normannischen Architektur bewahrt hat, sowie eine Reihe schöner Kirchen mit beachtlichen Kunstwerken. Das *Stadtmuseum* enthält Sammlungen von alten Inschriften, Skulpturen und Bronzen aus dem antiken Hipponion.

Abstecher nach Serra San Bruno (41 km)

Östlich von Vibo Valentia liegt

Serra San Bruno (800 m ü. d. M.). Die am Fuß des *Monte Pecoraro* inmitten von Buchen- und Tannenwäldern gelegene beliebte Sommerfrische ist wegen ihrer verdauungsfördernden Brunnenwasser bekannt, die bei Stoffwechselkrankheiten angewandt werden.

Sehenswert ist die Kartause *San Stefano del Bosco,* die der Kartäusermönch Bruno von Köln im Jahr 1090 auf dem ihm vom Normannenherrscher Roger geschenkten Boden erbauen ließ.

Auf der Küstenstraße

Man kann ab *Pizzo* (s. S. 276) auch der Küstenstraße folgen, die über *Briatico* und *Parghelia* (Seebäder) nach

***Tropea** führt. In diesem Städtchen stehen zahlreiche sehenswerte Bauten aus dem 13. und 14. Jahrhundert sowie eine normannische *Kathedrale* aus dem 12. Jahrhundert. Unterhalb der steil abfallenden Felswände erstreckt sich ein schöner Sandstrand.

Fährt man auf der Küstenstraße weiter, dann sieht man vor den sich bis zum *Capo Vaticano* erstreckenden Felswänden noch weitere Badestrände liegen. Bei *Nicotera,* der antiken griechischen Siedlung *Medma,* kann man wieder auf die Nationalstraße 18 zurückfahren.

*

Von *Vibo Valentia* (s. linke Spalte) führt die Straße bergab und durch eine landschaftlich sehr schöne Gegend über *Mileto,* 89 km, und *Rosarno,* 107 km, nach

Gioia Tauro, 118 km, wo man wieder das Meer erreicht. Der Badeort (Sandstrand) liegt inmitten von Olivenwäldern und ist ein wichtiger Warenumschlagplatz.

Nun beginnt die sogenannte „Violette Küste", die viele malerisch gelegene Seebäder umfaßt. Der Schwertfischfang ist hier sehr verbreitet.

***Palmi,** 128 km, liegt an der Nordseite des *Monte Sant'Elia* (582 m), von dem aus man den seltenen Anblick zweier Vulkane hat: Man sieht im Süden den Ätna und im Nordwesten den Stromboli. Wer

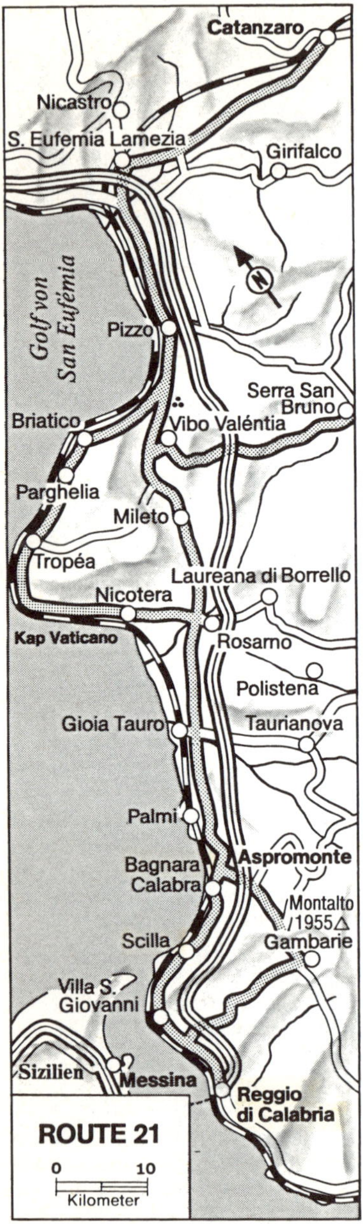

die kalabrische Folklore kennenlernen will, sollte in Palmi das *Museo di Etnografia e Folclore Calabrese* besuchen. Es ist in drei Abteilungen unterteilt: Ackerbau und Jagd, Hirtenkunst, religiöses Brauchtum.

Zu den sehenswerten Bauten des Ortes gehört auch ein monumentales *Mausoleum*, in dem der aus Palmi stammende Komponist Francesco Cilea (1886 – 1950) bestattet ist.

In den umliegenden Orten ist das traditionelle Brauchtum tief in der Bevölkerung verwurzelt geblieben. An Festtagen und kirchlichen Feiertagen tragen die Frauen noch ihre alten Trachten.

Kurz nach Palmi steigt die Straße 18 zu den *Piani della Corona* an. Die Hochebenen werden so genannt, weil sie früher Krongut der Bourbonen waren. Die folgende Talfahrt bietet eine Reihe unvergeßlicher Ausblicke. Das Meer erreicht man wieder bei

***Bagnara,** 139 km. Der am Rande grüner Hügel liegende Ort hat einen schönen Strand und ist aufgrund seiner alljährlich von April bis Juli stattfindenden Schwertfischjagden bekannt.

Es folgt nun eine lange Kette von Badeorten mit Sandstränden.

***Scilla,** 150 km, ist nach dem Felsen des Seeungeheuers Skylla benannt, von dem Homer in der Odyssee berichtet. Der Ort ist auf diesem Felsen errichtet. Die reißenden Strudel der Meerenge waren in früherer Zeit bei den Seefahrern gefürchtet. Man hat hier einen schönen Blick über die Straße von Messina auf die Küste Siziliens.

Bei der Ortschaft

Santa Trada sieht man die mächtigen Pfeiler der Hochspannungsleitung, die Sizilien über die Meerenge hinweg mit Strom aus dem Sila-Gebirge (s. S. 275) versorgt. Hier ist die schmalste Stelle der Straße vor Messina, die das Festland von der Insel Sizilien trennt.

Villa San Giovanni, 160 km, ist ein Badeort und gleichzeitig die Fährstation für Eisenbahnzüge und Autos nach Messina (Sizilien). Die Überfahrt dauert etwa 35 Minuten.

Die Straße führt weiter am Meer entlang und gewährt schöne Ausblicke auf die Küste Siziliens. Man erreicht die Hauptstadt der Provinz Kalabrien,

***Reggio di Calabria,** 174 km. Die schon um 750 v. Chr. gegründete Stadt war in der Antike eine der bedeutendsten Städte Großgriechenlands, doch sind die Spuren der antiken Stadt im Laufe der Jahrhunderte fast völlig verschwunden. Erdbeben haben Reggio di Calabria mehrmals zerstört. Zuletzt wurde die Stadt im Jahr 1908 von einem solchen Beben verwüstet und danach nach modernen städtebaulichen Prinzipien wieder aufgebaut. Reggio hat lange, gerade Straßen und erdbebensichere Häuser. Aus Sicherheitsgründen ist die Stadt von Hochhäusern verschont geblieben. Die schöne Küstenpromenade **Lungomare Marina* des stark besuchten Seebades bietet Ausblicke auf Sizilien und auf die mit Schiffen belebte Meerenge.
Eine interessante Naturerscheinung, die der Stadt den Beinamen „Stadt der Fata Morgana“ verschafft hat, ist die Luftspiegelung, die man unter bestimmten Bedingungen bei atmosphärischer Beständigkeit zur Zeit des Sonnenaufgangs beobachten kann: Auf der Oberfläche des Meeres erheben sich phantastische architektonische Gebilde, die sich langsam in der Luft wieder auflösen.

Auf der Piazza de Nava, nahe dem Lido, dem Badestrand der Stadt, steht das 1935 erbaute monumentale ***Museo Nazionale della Magna Graecia*. Die Außenwände tragen Reliefmedaillons, große Kopien der schönsten Münzen von Großgriechenland. Im Museum selbst kann man etwa 5000 dieser ausgezeichnet erhaltenen Münzen sehen. Außerdem enthält es reiche archäologische Sammlungen von der prähistorischen Zeit bis zur Antike, Marmorskulpturen, Keramiken, Mosaiken und andere Kunstwerke aus dem Mittelalter und der Renaissancezeit, eine Gemäldegalerie und eine reichhaltige Kunstbibliothek.

1981 wurde das Museum durch den Fund der beiden über 2000 Jahre alten Bronzestatuen „Krieger von Riace“ bereichert, die man 1972 im Ionischen Meer bei Riace entdeckte und nach einem langwierigen Restaurierungsprozeß hierher brachte.

Baureste aus der griechischen und römischen Antike (ein Teil der „griechischen Mauer“ aus dem 5. Jh. v. Chr., Stelen, Ruinen römischer Thermen) kann man am **Lungomare Marina*, der sich vom Lido bis zum Stadtgarten erstrekkenden drei Kilometer langen Strandpromenade, sehen. Die *Kathedrale* der Stadt, die nach dem Erdbeben von 1908 im alten romanisch-byzantinischen Stil wiedererrichtet wurde, ist die größte Kirche Kalabriens und besitzt noch

Castello Aragonese

eine schöne Sakramentskapelle aus dem 17. Jahrhundert. Dahinter stehen die *Kirche der Optimaten* mit einem alexandrinischen Mosaikfußboden (10. Jh.) und arabisch-normannischen Säulen (11. Jh.) und das *Castello Aragonese* aus dem 15. Jahrhundert.

Von Reggio aus kann man einen Ausflug nach *Gambarie* (42 km östlich) machen, einem 1370 Meter hoch über dem Meeresspiegel gelegenen Ferien- und Wintersportort inmitten der Bergwelt des *Aspromonte* (1959 m). Der von Kastanien-, Buchen- und Nadelwäldern umgebene Ort ist Ausgangspunkt für weite Spaziergänge und Bergwanderungen. Ein Sessellift führt auf den **Monte Scirocco*, von dem aus man einen weiten Rundblick hat.

In der unmittelbaren Umgebung von Gambarie entspringen mehrere Mineralquellen. Die bedeutendste von ihnen ist die *Tre-Aie-Quelle*. Hier liegt auch der Pinienhain, in dem 1860 Garibaldi verwundet wurde, mit dem Mausoleum der Garibaldiner.

Auch von *Bagnara* (s. S. 278) führt eine Gebirgsstraße nach Gambarie.

Route 22: *Tarent – *Rossano – *Crotone – *Locri – Brancaleone – *Reggio di Calabria (496 km)

Diese Route führt an der Ostküste des Ionischen Meers entlang nach Kalabrien, dem südlichsten Zipfel Italiens. Für Reisende in diesen Landesteil oder nach Sizilien ist sie die ideale Fortsetzung der Route 16 B (ab Tarent).

Man verläßt *Tarent/Taranto* (s. S. 248) im Westen, fährt auf der Straße 106 unweit der Küste des *Golfo di Taranto* weiter und erreicht kurz nach dem Überqueren des Flusses *Bradano* über eine Zufahrt (links)

***Metaponto,** 44 km. Von dort kann man zum Ausgrabungsgelände von Metapontum gehen. Das 743 v. Chr. gegründete Metapontum war eine der bedeutendsten Siedlungen Großgriechenlands. Erhalten sind noch zahlreiche Ruinen von Tempeln, Häusern und Gräbern, darunter die Ruinen eines Apollotempels und 15 Säulen eines Cerestempels (auch „Tempel des Pythagoras" genannt). Pythagoras lebte in dieser Stadt, gründete hier seine Schule und starb hier im Jahr 497 v. Chr.

Im *Städtischen Museum* von Metaponto sieht man viele Ausgrabungsfunde.

In unmittelbarer Nähe der archäologischen Ausgrabungszone liegt am Meer das Seebad *Lido di Metaponto,* das mit verschiedenen Sportanlagen und guten touristischen Einrichtungen ausgestattet ist und einen schönen Badestrand hat. Auch das weiter nördlich liegende *Marina di Ginosa* ist ein beliebter Badeort.

Die Straße 175 führt von Metaponto nach *Matera (s. S. 249).

Man verläßt Metaponto auf der Straße 106 und überquert die Flüsse *Basento, Cavone, Agri* und bei *Nova Siri,* 77 km, *Sinni.* Auf den Hügeln rechts der Straße sieht man immer wieder Burgen und Schlösser liegen. Links führen mehrere Zufahrtsstraßen zu schönen Badestränden. Die Badeorte dieser Gegend gaben dem Küstenstreifen den Namen „Sonnenriviera".

Bei *Rocca Imperiale Marina,* 81 km, das ebenfalls einen schönen Strand hat, führt eine Straße nach der vier Kilometer landeinwärts gelegenen Ortschaft *Rocca Imperiale,* die durch eine Burg Friedrichs II. von Hohenstaufen bekannt ist. Eine andere Stauferburg sieht man vor dem *Capo Spulico,* 95 km: das „Castello di Roseto".

Kurz nach dem Badeort *Villapiana Lido,* 120 km, überquert man den *Riganello,* der die Ebene von Sybaris *(Piana di Sibari)* bewässert.

Sybaris *(Sibari),* 127 km, war der größte Handelsplatz der frühen Antike. Die einzigartige Pracht-

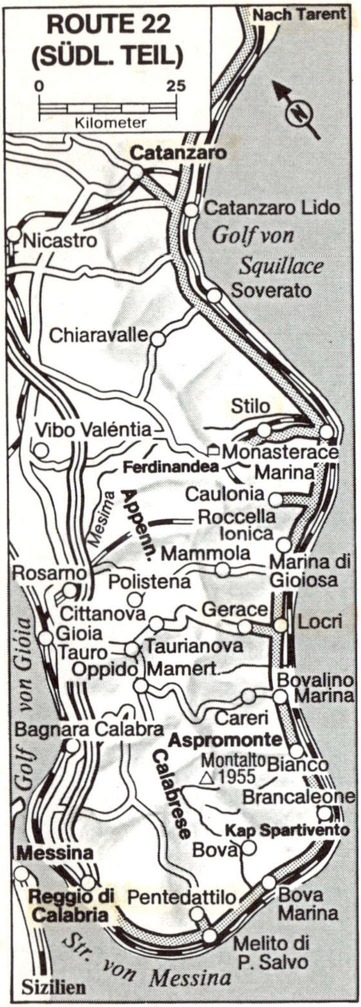

entfaltung der im 8. vorchristlichen Jahrhundert gegründeten Stadt brachte ihr den Ruf ein, eine der reichsten Städte der Welt zu sein. Nach einer sagenumwobenen Schlacht mit den Krotoniern wurde Sybaris um 510 v. Chr. zerstört. Neuere Ausgrabungen haben den Umfang der antiken Stadt mit dem *Parco del Cavallo (Pferdemarkt)* im Mittelpunkt der weiten Ebene identifiziert, die nach Sybaris benannt ist.

Zeugnisse der sybaritischen Kultur sind eine Gruppe von schönen, mit Zopfmustern bemalten Terrakotten und die Inkusen, die berühmten Silbermünzen von Sybaris. Sie zeigen einen rückwärts blickenden Stier, Symbol der Fruchtbarkeit.

Heute sieht man im Umkreis der antiken Stadt große Industrieanlagen.

Abstecher nach Spezzo Albanese (16 km)

Kurz nach Sibari und nach Überqueren des Flusses *Crati* kann man rechts einen Abstecher nach dem etwa 16 Kilometer entfernten *Spezzano Albanese,* einem der bekanntesten Heilbäder Kalabriens (alkalische, salzhaltige Schwefelwasser; moderne Kuranstalt) machen.

Abstecher nach *Corigliano Calabro und dem „Patirion" (12 km)

Bei *Marina Schiavonia* zweigt von der Küstenstraße 106 rechts eine Straße zu der Burgenstadt **Corigliano Calabro* ab. Kurz darauf zweigt eine weitere Nebenstraße ab zum „Patirion". Das etwa zwölf Kilometer landeinwärts in den Bergen gelegene Kloster

Convento di Patire (Anfang d. 12. Jh.s) liegt an einer sehr schönen, aber kehrenreichen Panoramastraße. Es ist das bekannteste Kloster Kalabriens aus der byzantinischen Epoche.

Abstecher nach Lido Sant'Angelo und *Rossano

Wiederum etwas später zweigen von der Küstenstraße eine Zufahrt zum Badestrand von *Lido Sant'Angelo* (links) und nach

***Rossano** (rechts), 155 km, der Vaterstadt des heiligen Nilius, ab. Rossano besitzt so viele Relikte aus byzantinischer Zeit, daß es auch das „Ravenna Kalabriens“ genannt wird. Zum Domschatz gehört einer der seltensten und kostbarsten griechischen Kodizes, der **Codex Purpureus, mit Miniaturen aus dem 6. Jahrhundert. Er ist das älteste griechische Manuskript der Evangelien von Matthäus und Markus. Wahre Juwelen byzantinischer Baukunst sind die Basilika **San Marco* und die Kirche **Santa Panaja*, beide aus dem 11. Jahrhundert.

Unmittelbar südlich von Rossano beginnen bereits die ersten dunkelgrünen Hänge der ***Sila* (s. S. 275), der waldbestandenen Hochebene, auf der zahlreiche Flüsse und Wasserläufe entspringen. Die kleinen Ferienorte der vom Granitgestein des Gebirgsmassivs, Seen, herrlichen Wäldern (Sila kommt von lateinisch silva, Wald) und Weideflächen geprägten abwechslungsreichen Landschaft bieten sowohl Sommerurlaubern als auch Wintersportfans ausgezeichnete Möglichkeiten zu Erholung und – als Standquartiere für Wanderungen und Skisport – zu körperlicher Betätigung.

*

Ein weiter Sandstrand erstreckt sich bei *Cirò Marina,* 209 km. Dahinter liegen Weinberge und Olivenpflanzungen. In der Nähe steht die Wallfahrtskirche *Madonna d'Itri*. Fünf Kilometer nördlich von Cirò Marina liegt das Kap *Punta Alice*. Hier befand sich das antike Crimisa mit dem dorischen Heiligtum des Apollon Aleus. Aus dieser Gegend stammen bemerkenswerte archäologische Funde.

Bei *Torre Melissa,* 216 km, sieht man einen mittelalterlichen Wachtturm. Neun Kilometer landeinwärts liegt malerisch in 343 Metern Höhe *Strongoli,* das antike Petelia, mit einer Burg aus der Zeit der Hohenstaufen.

Bei *Fasana,* 227 km, überquert man den breiten Mündungsarm des Flusses *Neto* und erreicht wenig später die Stadt

***Crotone,** 243 km, die auf einem Landvorsprung an der Stelle des antiken Kroton liegt. Die schon um 710 v. Chr. von achäischen Siedlern gegründete Stadt besaß nach der Zerstörung der alten Rivalin *Sybaris* (s. S. 281) eine Zeitlang die Vorherrschaft über Großgriechenland.

Kroton war der langjährige Wohnort von Pythagoras, der hier die italienische oder „pythagoräische Schule“ gründete. Aus ihr gingen namhafte Persönlichkeiten der Literatur, der Schönen Künste und der Wissenschaft hervor.

Im **Stadtmuseum* sind zahlreiche Ausgrabungsfunde aus der Zeit des alten Kroton zu sehen. Auch Reste der Stadtmauer und des Hafens aus griechischer Zeit sind noch erhalten. Das mächtige *Kastell* von Crotone stammt aus dem 15. und 16. Jahrhundert. Beachtenswert ist auch der *Dom* aus der gleichen Zeit.

Heute ist Crotone eine moderne Industrie- und Handelsstadt.

Abstecher zum *Tempel der Hera Lacinia und nach *Santa Severina (12 km)

Von Crotone empfiehlt sich ein Abstecher zu dem etwa zwölf Kilometer südöstlich, am *Capo Colonna,* stehenden

***Tempel der Hera Lacinia** mit der berühmten „letzten Säule" der antiken Stadt. Neuere Ausgrabungen haben die schon bekannten Ruinen um weitere interessante Überreste vermehrt. Im Tempel wird jedes Jahr im Mai das byzantinische, auf Holz gemalte Bild der Madonna di Capo Colonna verehrt. Zum Capo Colonna, dem östlichsten Punkt Italiens, führt eine gute Landstraße. Man hat vom Kap aus einen weiten Rundblick.

Wenn man Zeit hat, so kann man von Crotone aus auch das 33 Kilometer westlich liegende

***Santa Severina** besuchen. Die alte griechische Stadt, Geburtsstadt des Papstes Zacharias (741 – 752), liegt 326 Meter hoch und besitzt eine sehenswerte *Burg* (15. Jh.) sowie mehrere schöne byzantinische Kirchen aus dem 7. bis 12. Jahrhundert.

*

Die Straße 106 führt nun ein Stück landeinwärts und erreicht dann den breiten *Golf von Squillace.* Kennzeichen dieser Landschaft sind steinige Strände am offenen Meer, viele „Fiumare" (trockene Gießbach-Betten, die sich von den steilen Hängen herabziehen), kleine Dörfer auf Anhöhen über dem Meer und eine südliche Vegetation. Schließlich erreicht man *Marina di Catanzaro,* 308 km, auch *Catanzaro Lido* genannt. Es hat einen langen und weiten Sandstrand und ist ein wahres Paradies für Wassersportler.

Biegt man nun auf die Straße 19 ab (man kann schon 3 km vor *Marina di Catanzaro* auf die Straße 19 bis abbiegen), so hat man noch etwa 13 Kilometer zu fahren bis

***Catanzaro,** s. S. 275.

Fährt man auf der Straße 106 weiter, dann erblickt man in *Roccella* inmitten eines Olivenhains die malerische Ruine von **Santa Maria* (s. auch S. 276), einer der größten Normannenkirchen Kalabriens. Die ionische Küste wird hier wegen der vielen Jasminpflanzungen auch „Jasminküste" genannt und besteht aus vielen weiten, feinsandigen Stränden.

Über *Copanello* kommt man nach

Soverato, 329 km, einem kleinen Fischerdorf mit angrenzendem Seebad, das weite Strandflächen besitzt.

Bei *Monasterace Marina,* 359 km, kann man die Reste eines dorischen Tempels der griechischen Kolonie Caulonia sehen.

Abstecher nach *Stilo und *Ferdinandea (34 km)

Von Monasterace Marina aus lohnt sich ein Abstecher auf der kehrenreichen Straße 110 nach der etwa 400 Meter hoch liegenden Ortschaft

***Stilo** (16 km). Im oberen Teil des auf stufenförmigen Terrassen angelegten Ortes steht an einem Felshang die **Cattolica,* eine sehr gut erhaltene kleine byzantinische Backsteinkirche aus dem 10. Jahrhundert mit fünf Kuppeln und Freskenresten im dreischiffigen Inneren.

Wenn man auf der gleichen Straße weiterfährt, zweigt nach weiteren 18 Kilometern rechts eine vier Kilometer lange, steile Zufahrt ab, die hinaufführt zur

***„Ferdinandea“**, der ehemaligen Sommerresidenz Ferdinands II. von Bourbon. Nördlich des großen, erst kürzlich restaurierten Palastes sieht man noch Reste einer bourbonischen Gießerei und Stahlhütte.

An der Küste folgt *Caulonia Marina* und dann das auf einem steilen Felsen liegende Städtchen *Roccella Ionica* mit den Ruinen eines Schlosses und einem schönen Strand am Fuß des Felsens. Schöne Badestrände gibt es auch in den folgenden Orten *Marina di Gioiosa,* 386 km, *Siderno* (mit einer Stadtmauer aus dem 16. Jh.) und

***Locri,** 397 km. Der Ferienort hat eine reiche geschichtliche Vergangenheit. Etwas außerhalb der heutigen Stadt liegt inmitten von Weinbergen und Zitruspflanzungen die Ausgrabungsstätte des antiken *Lokroi* (7. Jh. v. Chr.), wo noch Teile griechischer Stadtmauern und Tempelreste zu sehen sind.

Abstecher nach *Gerace (8 km)

Von Locri aus empfiehlt sich ein interessanter Abstecher auf der Straße 111 nach dem etwa acht Kilometer landeinwärts gelegenen

***Gerace.** Der etwa 500 Meter über dem Meeresspiegel liegende Ort hat einen sehenswerten **Dom* (11. Jh., im 13. Jh. renoviert) in arabisch-normannischem Stil mit antiken Säulen und Skulpturen aus dem 15. Jahrhundert. Er ist die größte Kirche Kalabriens und eine der bedeutendsten Süditaliens. Sehenswert sind außerdem die Kirche *San Francesco* (13. Jh.) mit einem gotischen Portal und die Ruinen eines normannischen *Kastells,* von denen aus man einen schönen Blick hat.

*

Die Straße 106 führt weiter an der ionischen Küste entlang über *Bovalino Marina,* 409 km, das am Fuß des 1956 Meter hohen *Aspromonte* liegt und einen schönen Strand besitzt, nach

Brancaleone, 436 km, mit feinsandigem Strand. Der Ort ist vor allem durch seine Jasminkulturen bekannt geworden, die zur Gewinnung von Essenzen und Parfüms dienen. Hinter dem Capo *Spartivento* liegt inmitten dichter Orangen- und Olivenhaine

Melito di Porto Salvo, 464 km. Ein Leuchtturm erinnert an die hier im Jahr 1860 erfolgte Landung Garibaldis.

Bald darauf führt rechts eine Nebenstraße zu dem malerisch an die Flanke eines steilen Felskegels gelehnten Bergdorf

***Pentedattilo** hinauf. Der griechische Name des Ortes bedeutet „fünf Finger“ und bezieht sich auf den Felsgipfel, der die Form einer ausgestreckten Hand hat. Erhalten sind noch Reste eines mittelalterlichen *Kastells.*

Beim *Capo dell' Armi* beginnt die *Straße von Messina,* und die gegenüberliegende Küste Siziliens wird sichtbar.

Nach kurzer Fahrzeit erreicht man schließlich

***Reggio di Calabria,** 496 km, s. S. 279.

DREI ROUTEN DURCH SIZILIEN

Sizilien ist die größte Insel im Mittelmeer. Die schöne, abwechslungsreiche Landschaft und die vielen dort erhaltenen Kulturdenkmäler aus den verschiedenen Epochen seiner wechselvollen Geschichte haben die Sonneninsel Sizilien zu einem der bevorzugten Reiseziele für Touristen aus aller Welt werden lassen.

Wegen ihrer zentralen Lage zwischen dem westlichen und östlichen Mittelmeer war die Insel seit jeher ein Schmelztiegel der verschiedenen Völker und Kulturen des Mittelmeerraumes. Als Phönizier und nach ihnen Griechen die Insel betraten, fanden sie im Westen die vermutlich von Spanien oder Nordafrika eingewanderten Sikaner vor, während im Osten das Volk der Sikuler wohnte, das wahrscheinlich vom italienischen Festland gekommen war. Die Insel war Schauplatz der Kämpfe zwischen Griechen und den von Afrika her kommenden Karthagern, bis die Römer sie in ihren Machtbereich aufnahmen. In der Völkerwanderungszeit und im frühen Mittelalter waren Vandalen, Ostgoten, Byzantiner und Araber auf dem Boden Siziliens, und im Lauf der folgenden Jahrhunderte wurde es von Normannen, von Herrschern deutscher, französischer und spanischer Abkunft regiert. 1861 schließlich kam Sizilien zum Königreich Italien; es erhielt 1946 den Status einer Autonomen Region zuerkannt.

In letzter Zeit wurden auf Sizilien die Einrichtungen für den Fremdenverkehr verbessert und die Verkehrsverbindungen weiter ausgebaut. Moderne Autobahnen ermöglichen ein rasches Vorwärtskommen auf der Insel.

Im folgenden sind drei Reiserouten durch Sizilien beschrieben, die sich auch zu einer Rundfahrt verbinden lassen. Sizilienfahrten auf diesen Strecken werden auch von den einheimischen Reisebüros angeboten. Außerdem unterhalten die Provinzhauptstädte zahlreiche Autobuslinien, die zu fast allen Orten von touristischem Interesse führen.

Route 23: *Messina – **Cefalù – ***Palermo – **Segesta – Trapani – *Marsala (399 km)

Die Nordküste Siziliens ist zum großen Teil bereits durch eine moderne Autobahn erschlossen, doch empfiehlt es sich für den Touristen, der es nicht eilig hat, die nahe an der Küste entlangführende Nationalstraße Nr. 113 zu fahren, von der aus viele Zufahrten zu schönen Stränden führen.

Nach der Überquerung der *Straße von Messina* (von *Villa San Giovanni*, s. S. 279, oder von *Reggio di Calabria*, s. S. 279, aus) erreicht man mit dem Fährschiff Messina.

*MESSINA

Das „Tor zu Sizilien" liegt am Fuß der *Peloritanischen Berge.* Von hier aus kann man Fahrten an der Nordküste nach Palermo, an der Ostküste nach Catania und Syrakus und durch das Inselinnere nach Enna, Caltanissetta und Agrigent unternehmen. Außerdem ist Messina ein Ausgangshafen für Seereisen zu den Äolischen Inseln.

Geschichte

Der Ursprung der Stadt verliert sich in der Legende. Um 730 v. Chr. war der Name der griechischen Kolonie Zankle (das heißt Sichel, denn der Hafen hat die Form einer Sichel). Der heutige Name der Stadt stammt von den Messaniern, die im 5. Jahrhundert v. Chr., von den Spartanern besiegt, aus Griechenland hierher flüchteten. Aus Messina riefen auch die Mamertiner die Römer zu Hilfe gegen Karthago. Das war der Anlaß zum Ausbruch des Ersten Punischen Krieges.

Von Messina aus begann der Normannenherzog Roger 1066 die Befreiung Siziliens von den Arabern. Während der Sizilianischen Vesper (1282) widerstand die Stadt erfolgreich der Belagerung durch Karl von Anjou.

Im 17. Jahrhundert erhob sich Messina gegen die spanische Herrschaft, der Aufstand wurde jedoch blutig niedergeschlagen. 1847 begann hier die Erhebung gegen die Bourbonen.

Oft hatte Messina unter Erdbeben zu leiden, zuletzt 1783, 1894 und 1908. Das letzte Beben zerstörte innerhalb von 30 Sekunden 91 Prozent aller Häuser. Im Zweiten Weltkrieg erlebte die Stadt die schwersten Luftangriffe der Insel. Sie wurde als moderne Gartenstadt wieder aufgebaut. Heute ist Messina mit seinen breiten, baumbeschatteten und blumengeschmückten Straßen, niedrigen modernen Häusern und großzügigen neuen öffentlichen Gebäuden eine der schönsten modernen Städte Italiens. Aber auch ein Teil der zerstörten alten Gebäude ist neu entstanden.

Sehenswürdigkeiten

Zu den alten Bauwerken, die nach den Zerstörungen originalgetreu

Messina: Campanile des Doms

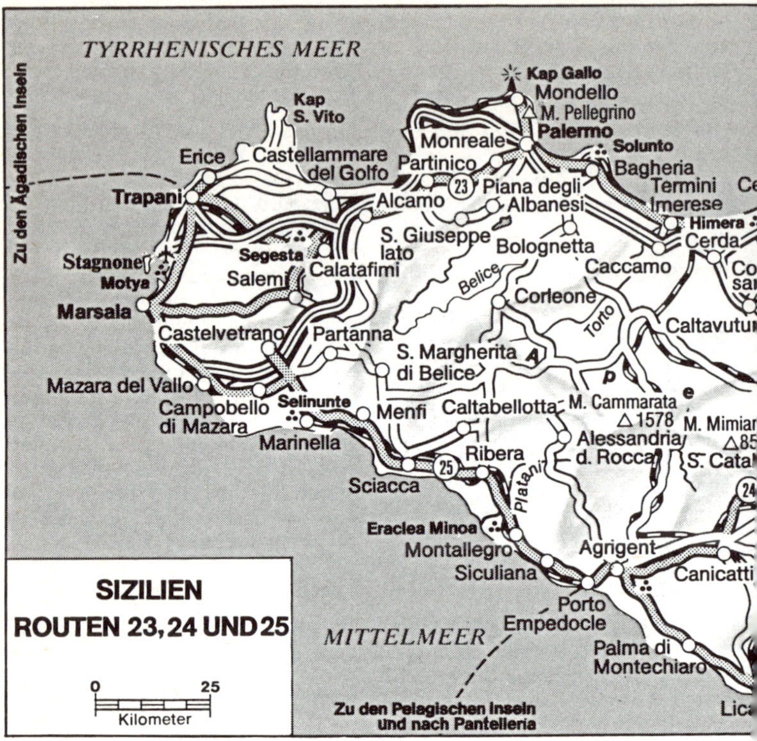

SIZILIEN
ROUTEN 23, 24 UND 25

wiedererrichtet wurden, gehört der

***Dom.** Er wurde im 12. Jahrhundert erbaut, und in seinem unteren Teil kann man noch die ursprünglichen normannischen Formen sehen. Beachtenswert sind die gotischen Portale und – im Innern – die rekonstruierten byzantinischen Mosaiken in der Apsis. Der frei stehende *Campanile* hat eine kostbare **Astronomische Uhr* (1933), ein Werk der Straßburger Firma Ungerer. Es ist die größte astronomische Uhr der Welt. Jede Viertelstunde kommen vergoldete Statuen aus Nischen hervor. Die Stunden werden von zwei Frauenfiguren angeschlagen, von „Dina“ und „Clarenza“, die bei der Sizilianischen Vesper eine große Rolle spielten. Um 12 Uhr mittags bewegen sich alle Figuren; ein Löwe brüllt dreimal, ein Hahn schlägt die Flügel und kräht, eine Taube flattert mit den Flügeln, und es erscheint die Montalto-Kirche, in der die Sizilianische Vesper begann. Gleichzeitig ziehen Engel und Sagengestalten an der Jungfrau Maria vorbei, ein Engel reicht ihr einen Brief, ein anderer nimmt ihn zurück, und die Jungfrau segnet alle. Es ist dies eine Darstellung der alten Legende von der „Madonna mit dem Brief“.

Südlich vom Dom erhebt sich die

zwar kleinere, aber nicht minder bedeutende Kirche **Annunziata dei Catalani* (12. Jh., im 13. Jh. verändert), deren Architektur eine Verbindung des romanischen Stils mit dem normannisch-arabischen darstellt.

Etwas später wurde die Kirche **Santa Maria Alemana,* ursprünglich eine Kapelle des Hospizes der Deutschordensritter, heute das einzige noch erhaltene Beispiel eines rein gotischen Baus auf Sizilien, erbaut. Sehenswert sind ferner die aus der Normannen- und Hohenstaufenzeit stammende, „Badiazza" genannte Kirche *Santa*

Maria della Valle, der am Meer gelegene *Neptunbrunnen* (16. Jh.) von Fra Angelo Motorsoli, einem Schüler Michelangelos sowie das **Nationalmuseum* in der ehemaligen Kirche *San Gregorio* mit Werken von Antonello da Messina, Caravaggio, Mattia Preti, Giordano, Bronzino u.v.a., byzantinischen Mosaiken und archäologischen Grabungsfunden. – Unweit des Doms, an der *Piazzetta dei Catalani,* erinnert das Bronzedenkmal von Don Juan d'Austria (1572) an die Seeschlacht von Lepanto. Zu dieser Schlacht, die 1571 mit einem großen Sieg über die Türken endete, lief die christliche Flotte aus dem Hafen von Messina aus.

Die Straße von Messina hat wegen ihrer Schönheit den Beinamen „Bospurus Italiens" erhalten. Auf einer Uferstraße kann man an der Küste entlangfahren und so unter anderem zu dem bekannten Badestrand von *Mortella* am Tyrrhenischen Meer gelangen. Auf dem nahe gelegenen **Capo Peloro,* dem östlichen Punkt Siziliens, steht ein *Leuchtturm (sehr schöner Ausblick).

Messina ist auch ein Ausgangspunkt für Schiffsfahrten zu den Äolischen Inseln.

DIE *ÄOLISCHEN INSELN

Die auch *Liparische Inseln* genannte Inselgruppe zeichnet sich durch ihre landschaftliche Schönheit aus. Die Hauptinsel heißt

***Lipari.** In dem kleinen, gleichnamigen Hauptort gibt es ein **archäologisches Museum *(Museo Eoliano)* mit Fundstücken aus der Zeit der alten äolischen Kultur sowie aus der griechischen und römischen Epoche. Es ist in einer

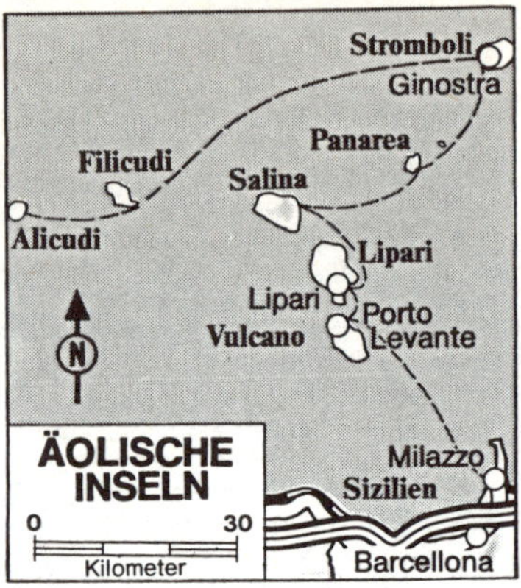

spanischen Festung aus dem 15. Jahrhundert untergebracht.

Die Insel besteht aus Vulkanfelsen, die steil ins Meer abfallen. Auf den Felsenterrassen gedeiht ein ausgezeichneter Wein, dessen Geschmack dem des Malaga ähnlich ist. In den Steinbrüchen baut man Bimsstein ab. Die Insel hat zwei Strandbäder.

****Vulcano** liegt dem Festland am nächsten. Die rauhe Schönheit dieser Insel lockt immer mehr Fremde an. Nach der Mythologie war hier der Geburtsort von Äolus, dem Gott der Winde. Aus den Felsenrissen an der zerklüfteten Küste brechen heiße Quellen und Schlamm hervor. Badeanstalten liegen malerisch zwischen den Felsen. Weit verbreitet ist hier der Unterwassersport. Eine Spezialität der Insel sind die Naturschlammbäder mit hoher therapeutischer Wirkung. – Lohnende Ausflugsziele sind der 386 Meter hoch liegende Krater *Vulcanello,* die *Allume-Grotten (Alaungrotten),* die Erddampfzone der *Baia di Levante* und die *Grotta del Cavallo (Pferdegrotte).*

Zwischen den Inseln Lipari und Vulcano stehen im Meer eigenartig geformte Felsen, darunter die „Pietralunga" („Langer Stein"), eine 72 Meter hohe Basaltspitze.

****Stromboli** besteht fast ganz aus dem noch tätigen gleichnamigen *** *Vulkan.* Hier gedeiht ein feuriger Malvasierwein. Die kleinen, würfelförmigen Häuser muten orientalisch an.

Die ganz in der Nähe liegende kleine Basaltinsel ***Strombolicchio* sieht wie eine phantastische mittelalterliche Burg aus. Der ständig tätige Vulkan ist Ziel vieler Schaulustiger. In den Abendstunden steigt man (mit Führer) auf ca. 750 m Höhe auf, um bei Dunkelheit das farbenprächtige Feuerspektakel zu erleben.

***Panarea** liegt zwischen Lipari und Stromboli und erfreut sich mit seinen fjordähnlichen Buchten und den interessanten Resten aus prähistorischer Zeit als Ferienplatz steigender Beliebtheit. Die Küste ist wild und zerklüftet. Nahe dem Dorf *San Pietro* befindet sich eine Thermalquelle. Sehenswert ist eine bronzezeitliche Siedlung (14. Jh. v. Chr.) im Süden der Insel. Die interessante Unterwasserlandschaft vor den Küsten zieht viele Sporttaucher und Unterwasserjäger an.

Salina liegt nur vier Kilometer nordwestlich von Lipari und hieß in der Antike Didyme. Sehenswert ist der kleine Hafen *Rinella* mit seinem viel zum Unterwasserfischfang besuchten Strand. Man kann mit dem Auto eine Inselrundfahrt machen. Von der *Fossa delle Felci* (962 m) überblickt man die gesamte Inselgruppe. Vor der Küste bilden sich durch ausströmende Schwefeldämpfe oft hohe Wasserfontänen.

***Filicudi,** das antike Phoenicusa, erhielt seinen Namen nach der üppigen Farnvegetation. Eine Inselrundfahrt führt zu der sagenumwobenen **Grotta del Bue Marino,* zu dem hoch aufragenden Felsen *Canna* und zum *Capo Graziano,* wo ein Rundhüttendorf aus der Bronzezeit ausgegraben wurde.

***Alicudi** liegt noch weiter westlich und hieß im Altertum Ericusa, nach dem Heidekraut (Erika), das man auf den Hängen sieht. Der Westhang der Insel fällt steil ab, der terrassenförmig ansteigende Osthang ist mit den für diese Gegend charakteristischen kleinen Häuschen übersät. Empfehlenswert ist eine Inselumrundung mit dem Boot.

*

Zur Weiterfahrt auf unserer Route verläßt man *Messina* (s. S. 287) auf der Via Palermo und fährt auf der Straße 113 durch die bewaldeten *Monti Peloritani* (Zedern, Kiefern) und über den Paß *San Rizzo* (410 m) hinunter zur Küste des Tyrrhenischen Meers, die man bei *Villafranca Tirrena,* 23 km, erreicht. Diesen und die nun folgenden Streckenabschnitte kann man zum großen Teil auch auf einer modernen Autostrada zurücklegen.

Bei *Olivarella* biegt man von der Hauptstraße rechts ab nach

Milazzo, 45 km, einer Landwirtschafts- und Industriestadt. Weitab von der Industriezone erstreckt sich am Meer der von einem mächtigen Kastell überragte Ferienort. Das Kastell wurde im 13.

Jahrhundert erbaut, im 16. Jahrhundert unter Karl V. erweitert und im 17. Jahrhundert restauriert. Sehenswert sind auch der kuppelgekrönte *Alte Dom* (16. – 17. Jh.), die Wallfahrtskirche *San Francesco di Paola* und der gotische *Palazzo dei Giudici*. Der *Neue Dom* entstand von 1937 bis 1952.

Milazzo ist das antike Mylae, das die Griechen 716 v. Chr. gründeten. Bei kürzlich durchgeführten Ausgrabungen wurden jedoch Begräbnisstätten entdeckt, die bis auf das 14. vorchristliche Jahrhundert zurückgehen.

Milazzo ist auch Ausgangspunkt für Fahrten zu den Äolischen Inseln (s. S. 290).

Man fährt zur Straße 113 zurück und erreicht auf ihr nach wenigen Fahrminuten eine Zufahrtsstraße (links) nach

Castroreale, das im Mittelalter gegründet wurde und schöne Kirchen aus dem 16. Jahrhundert hat. Castroreale ist ein bekannter Kurort mit sehr guten touristischen Einrichtungen und das größte Heilbad Siziliens. Das schwefelhaltige Heilwasser wirkt vor allem bei Leber- und Stoffwechselerkrankungen, Rheumatismus, Gicht und Frauenleiden.

Auf der Straße 113 überquert man wenig später die *Fiumara Termini*, an deren Ufern 269 v. Chr. ein Heer aus Syrakus unter Hieron II (s. S. 48 u. 314) die Mamertiner schlug.

Die links abzweigende Straße 185 führt über den 1125 Meter hohen Paß Mandrazzi nach **Taormina (s. S. 305).

Etwas rechts abseits von der Straße 113 liegt die Ortschaft

***Tindari,** 78 km, die auf dem Boden des antiken Tyndaris steht. Tyndaris wurde 396 v. Chr. als griechische Kolonie von den Syrakusern gegründet. Im 9. Jahrhundert wurde die Stadt von den Arabern zerstört. In der archäologischen Zone sind vor allem die Reste eines griechischen **Theaters*, eines der besterhaltenen Siziliens, sehenswert. Im Sommer werden hier gelegentlich klassische Schauspiele aufgeführt. Außerdem wurden eine *Basilika* und die Straßen des griechischen und römischen Wohnviertels gefunden, von dem noch Grundmauern und Fußböden sichtbar sind.

Auf der höchsten Stelle des **Kaps Tindari* (herrlicher Ausblick über das Meer bis zu den Äolischen Inseln) steht das *Santuario della Madonna Nera (Heiligtum der Schwarzen Madonna)* aus dem 16. Jahrhundert, das von der Bevölkerung sehr verehrt wird und (vor allem am 8. September) Ziel zahlreicher Wallfahrten aus ganz Sizilien ist.

Man folgt weiter der Straße 113, neben der mehrere schöne Badestrände liegen. Eine Zufahrt führt zum

Capo d'Orlando, 115 km, wo auch das gleichnamige kleine Seebad liegt. Es bietet eine schöne Strandpromenade und einen Strand zwischen steilen Felsen und eigenartig geformten Klippen. Auch von hier aus kann man mit dem Schiff zu den Äolischen Inseln (s. S. 290) fahren.

Von der Küstenstraße 113 zweigen nun links mehrere Nebenstraßen ab, die in das nahe Gebirge führen. Dort liegen zahlreiche interessante Orte wie *San Marco d'Alunzio* (mit Spuren des antiken Aluntium), *Alcara li Fusi* (mit Bergpfad zur steinzeitlichen *Grotta del Lauro in Longi*) und *San Fratello* (im 11. Jahrhundert von Langobarden gegründet).

An der jetzt recht eintönigen Küste liegen die Seebäder *Rocca di Caprileone, Torrenova, Sant'Agata Militello, Acquedolci, Marina di Caronia, Torre del Lauro* und

Santo Stefano di Camastra, 161 km, das sich auch als Entstehungsort und Mittelpunkt des bekanntesten Kunsthandwerks Siziliens, der Keramik, einen Namen gemacht hat. Die den Ort umgebenden Hügel enthalten sehr guten Ton, und die Hauptstraße ist gesäumt von Läden, in denen Keramikwaren hergestellt und verkauft werden.

Wenig später führt links eine Zufahrtsstraße nach

***Tusa,** das noch rein mittelalterlichen Charakter hat. Hier fand man die Reste der um 403 v. Chr. gegründeten griechischen Stadt *Halaesa*. Bisher wurden mächtige Mauern, die Akropolis und die Agora mit der Basis eines Tempels aus hellenistischer Zeit freigelegt.

Man fährt zur Küstenstraße zurück und erreicht auf ihr alsbald das kleine Seebad *Castel di Tusa,* das sich rund um die Ruinen eines Schlosses erstreckt, unter denen sich Reste antiker Thermen befinden.

****Cefalù,** 195 km, ist eine der ältesten Städte Siziliens. Es liegt sehr malerisch am Fuß eines 268 Meter hohen Felsens am Meer und hat im Westen einen großen Strand mit feinem, weißem Sand. Im Jachthafen können auch kleine Schiffe anlegen.

Cefalù

Manche Gassen des Ortes haben ein stark arabisch-normannisches Gepräge. Der Fischerhafen bietet äußerst reizvolle Fotomotive.

In Cefalù gibt es viele Sehenswürdigkeiten. Das bedeutendste Bauwerk ist der unter Roger II. im 12. Jahrhundert erbaute normannische ***Dom*, der, wie die Zinnen auf den Türmen zeigen, auch als Festung gedient hat. Eindrucksvoll ist die strenge Linienführung der Architektur. Im Inneren findet man prächtige ***Mosaiken* (12. Jh.) in byzantinischer Art, vor allem das Bild des Christus Pantokrator in der Wölbung der Apsis. Der Chor enthält das älteste Fußbodenmosaik Siziliens (1148).

An der vom Dom zum Meer hinabführenden Straße liegt das **Mandralisca-Museum (Museo Mandralisca)*. Es enthält alte Keramiken, Münzen und Gemälde, Ausgrabungsfunde von Lipari, eine Sammlung arabischer Vasen und andere Kunstwerke. Von den Gemälden ist vor allem das „Bildnis eines Unbekannten“ von Antonello da Messina hervorzuheben.

Nur wenige Schritte weiter steht die Kirche ***San Biagio* (13. Jh.). Weitere sehenswerte Kirchen aus der gleichen Zeit sind *San Domenico* und *San Francesco.* Aus dem Mittelalter stammen ferner der öffentliche Waschplatz, dessen Waschbecken in den Felsen gehauen sind, und das *Hosterium Magnum (L' Osterio Magno).* Auf dem „Rocca" genannten Felsen sieht man die Ruinen einer Burg aus dem 13. Jahrhundert und die Reste eines *Dianatempels* aus dem 9. Jahrhundert v. Chr. In den engen Straßen und Gassen der Altstadt sind zahlreiche Baureste aus vorgriechischer Zeit sowie aus der byzantinischen und arabischen Epoche erhalten.

Die touristischen Einrichtungen des Ferienortes sind sehr gut. Eine Touristenattraktion sind die Veranstaltungen des „Estate Cefaludense" („Sommer in Cefalù") mit Auftritten sizilianischer Trachtengruppen, Segelregatten, Unterwasserjagd-Wettbewerben, Sinfoniekonzerten auf dem Domplatz, Strandmodenschauen und anderem.

Lohnende Spaziergänge führen auf den *Pizzo Sant'Angelo* (1081 m; 50 Min.), nach *Gratteri* (700 m; 1 Std.), nach *Isnello* (1 Std. auf einem Saumpfad), nach *Santa Lucia* (Promenadenweg) und nach **Caldura,* wo nach der Sage Artemis ein Meerbad genommen haben soll.

Die Straße 113 führt weiter zu dem Ruinenfeld der antiken griechischen Kolonie

***Himera** (italienisch *Imera*), 212 km. Von der 648 v. Chr. gegründeten Stadt sind noch die Reste eines dorischen *Tempels* erhalten. Um das Jahr 580 v. Chr. lebte hier der griechische Lyriker Stesichoros, der in seinen balladenhaften Werken Stoffe der sizilianischen Volkssage behandelte. 480 v. Chr. fand bei Himera die Entscheidungsschlacht statt, in der die Griechen unter Gelon die Karthager unter Hamilkar schlugen. 150 000 Karthager fielen im Kampf, 100 000 wurden als Kriegsgefangene zum Bau von Städten fortgeführt. Hannibal, der Sohn Hamilkars, rächte später diese Niederlage. Er ließ Himera dem Erdboden gleichmachen und die gesamte Bevölkerung der Stadt töten.

Termini Imerese, 228 km, ist ein Heilbad mit großen Kuranstalten (Bade- und Trinkkuren gegen Magen-, Darm-, Leber- und Nierenleiden, Hauterkrankungen u. a.). Den Heilquellen verdankt die Stadt ihre Entstehung. An ihre römische Gründung erinnern noch zahlreiche Ruinen und Ausgrabungsgegenstände im *Museo Civico (Stadtmuseum).*

Von hier lohnt sich ein Abstecher in das zwölf Kilometer entfernte und etwa 500 Meter hoch liegende Städtchen *Caccamo* mit einem schönen **Kastell* aus dem 12. Jahrhundert.

Vorbei an dem Badeort *Trabia* (zinnengekröntes Schloß der Fürsten von Trabia) und dem von Orangen- und Zitronenpflanzungen gesäumten Sandstrand von *Vetrana,* erreicht man auf der Straße 113 das Seebad *Santa Flavia* mit den Ruinen der Phönizierstadt

***Solunto,** 250 km. Die um 400 v. Chr. gegründete Stadt wurde im Ersten Punischen Krieg von den

Römern erobert und im Mittelalter von den Sarazenen zerstört. Im Ausgrabungsfeld erkennt man gepflasterte Straßen, viele Wohnblöcke, Mosaiken und Häuser mit bemalten Wänden. Wertvolle Funde sind in einem *Museum* zu sehen. In der Umgebung fand man zahlreiche Gräber mit griechischen Vasen und mit alten Münzen, die einen Herkuleskopf tragen.

In der Nähe liegen die schönen Seebäder *Aspra* und *Porticello*.

***Bagheria** verdankt seine Entstehung dem Fürsten Guiseppe Branciforte, der dort 1658 auch die erste der *Adelsvillen* errichten ließ, die die kleine Stadt weithin bekannt gemacht haben. Sehenswert sind vor allem die *Villa Palagonia,* die *Villa Valguarnera,* die *Villa Trabia* und die *Villa Villarosa.*

Kurz darauf erreicht man Palermo (266 km).

***PALERMO

Die Hauptstadt Siziliens, die auch den bedeutendsten Hafen der Insel besitzt, ist eine an Kunststätten und geschichtlichen Erinnerungen besonders reiche Stadt. Jede Epoche hat hier bedeutende Spuren hinterlassen.

Geschichte

Palermo wurde wahrscheinlich im 8. Jahrhundert v. Chr. gegründet und war bis zum 6. Jahrhundert v. Chr. eine phönizische Kolonie. Anschließend gehörte es bis zum Ersten Punischen Krieg zu Karthago. 253 v. Chr. wurde es von den Römern erobert. 535 n. Chr. gelangte die Stadt unter byzantinische Herrschaft, nachdem sie zuvor von den Vandalen, von Odoakar und von den Goten besetzt worden war. Erst zur Zeit der Araberherrschaft (ab 831) erhielt Palermo wieder eine deutliche Vorrangstellung. Es wurde zu einer der blühendsten und größten Städte der arabischen Welt. Die Blütezeit dauerte auch unter den Normannen (ab 1072) und unter den Hohenstaufen (ab 1194) fort. Nach dem Tod Kaiser Heinrichs VI. in Messina wurde der damals vierjährige Friedrich II. 1198 zum König von Sizilien gekrönt. Dieser größte deutsche Kaiser des Mittelalters wurde im Königsschloß von Palermo sowohl in abendländischem als auch in arabischem Sinn erzogen. Später übte er sich in der Kunst des Minnesangs, hielt sich einen Harem und versah seine Schlösser und Paläste mit Pracht und Luxus.

Als der Papst 1266 den Franzosen Karl von Anjou zum König von Unteritalien und Sizilien krönte, kam es auf Sizilien zu mehreren Volksaufständen, die in der blutigen „Sizilianischen Vesper" gipfelten, in der alle Franzosen auf der Insel ermordet wurden.

Unter der nun folgenden spanischen Herrschaft der Vizekönige von Aragon verblaßte der Ruhm Palermos, um erst wieder unter den Bourbonen (ab 1735) aufzuleben.

1787 besuchte Goethe die Stadt. Er schrieb: „Hier brachte ich im stillen die vergnügtesten Stunden zu, es ist der wunderbarste Ort der Welt" und „Italien ohne Sizilien macht gar kein Bild in der Seele: hier ist der Schlüssel zu allem."

Nach 1860 wurde Palermo, nachdem es von Garibaldi und seiner legendären „Schar der Tausend" im Sturm erobert worden war, mit dem Königreich Neapel an Italien angeschlossen.

Sehenswürdigkeiten

Zwischen den beiden nach sizilianischen Patrioten von 1848 benannten und mit ihren Denkmälern geschmückten Plätzen *Piazza Castelnuovo* [1] und *Piazza Ruggero Settimo* [2] beginnen der nordwärts verlaufende *Viale della Libertà,* eine der eindrucksvollsten Straßen der Neustadt, mit dem *Englischen Garten (Giardino Inglese)* [3] und die südwärts führende, sehr elegante und belebte *Via Ruggero Settimo.* Letztere wird von palastartigen Bauten gesäumt und endet an der *Piazza Giuseppe Verdi* [4] mit dem * *Teatro Massimo* (1875 – 1897), einem der größten Theatergebäude Europas. Ganz in der Nähe liegt in der gleichnamigen Straße die im 14. Jahrhundert erbaute und vierhundert Jahre später umgestaltete Kirche *Sant'Agostino* [5] mit gotischem Portal.

Von der Piazza Giuseppe Verdi führt die *Via Bara* zur *Piazza dell'Olivella* mit dem *Oratorio di San Filippo Neri* (1769) und der *Chiesa dell'Olivella* (1598; 1790 restauriert).

In einem ehemaligen Kloster aus dem 17. Jahrhundert ist das

*****Museo Archeologico Nazionale** [6] untergebracht. Es enthält eine der größten archäologischen Sammlungen Italiens von antiken Skulpturen, Mosaiken, Keramiken und Münzen. Im Erdgeschoß des Museums schließt sich rechts an den *Kleinen Kreuzgang* der *Saal der submarinen Archäologie* an. In ihm sind auf dem Meeresgrund gemachte Funde zusammengetragen. Vom *Großen Kreuzgang* aus gelangt man in den *Saal von Selinunt* mit prachtvollen griechischen *** *Metopen* (6. u. 5. Jh. v. Chr.) aus den Tempeln von Selinunt. Besonders eindrucksvoll ist die Reliefdarstellung des „Helios-Viergespanns". Diesem Saal sind vier Säle mit etruskischen Sammlungen benachbart. Aus der Fülle der Skulpturen, die im ersten Stock des Museums untergebracht sind, ragt die Bronzeplastik eines ** *Widders* (3. Jh. v. Chr.) aus Syrakus heraus. Im zweiten Stock sind prähistorische Funde und griechische Keramiken ausgestellt.

Von der Ostseite des Museums führt die *Via Roma* zur Kirche

***San Domenico** [7], dem größten Gotteshaus der Stadt. Der Bau wurde im 14. Jahrhundert errichtet und 1640 barock umgestaltet. Den Beinamen „Sizilianische Ruhmeshalle" erhielt die Kirche wegen ihrer zahlreichen Gräber, Denkmäler und Büsten bedeutender Sizilianer. Man besichtige auch das dahinter liegende * *Oratorio del Rosario di San Domenico* [8] mit reichem Barockschmuck und einem Altargemälde („Rosenkranzmadonna mit heiligem Dominikus und anderen Heiligen"; 1628) von Van Dyck.

Nur wenige Schritte entfernt steht die Kirche *Santa Zita* [9] (1586). Auch das danebenstehende * *Oratorio della Compagnia del Rosario di Santa Zita* mit seinen herrlichen Stuckdekorationen (Ende 17. – Anf. 18. Jh.) von Serpotta verdient einen Besuch. Wieder nur wenige Schritte weiter kommt man zu der Renaissancekirche *San Giorgio dei Genovesi* [10] (16. Jh.).

Von der *Piazza Giuseppe Verdi* [4] führt die *Via Maqueda* zum Mittelpunkt der Altstadt, der

****Quattro Canti** [11], benannten Kreuzung der beiden Hauptstraßen Via Maqueda und Corso Vittorio Emanuele. An den abgerundeten vier Ecken der Kreuzung stellen Statuen in den Nischen Schutzheilige der Stadt und spanische Könige dar. Bildwerke auf den Brunnen verkörpern die vier Jahreszeiten.

Der Corso Vittorio Emanuele führt zur Kathedrale

****Santa Rosalia** [12]. Sie wurde 1170 in arabisch-normannischem Stil erbaut, aber später mehrmals erweitert und umgebaut. Die Kuppel wurde erst 1801 von dem Architekten F. Fuga aus Florenz hinzugefügt. Die zur *Via Bonello* hin gelegene, vorwiegend gotische *Fassade* (mächtiges Mittelportal aus dem Jahr 1352, mit Zinnen gekrönte Arkadengalerie) ist durch zwei Spitzbögen mit dem Campanile verbunden. Die dem Domplatz zugewandte *Südfassade* hat spitzbögige Arkaden, von Konsolen getragene Bogenfriese, einen maurischen Zinnenkranz und einen in katalanischer Gotik gehaltenen Portikus (1465), durch dessen reich geschmücktes Portal man das klassizistische Innere betritt. In der ersten und zweiten Kapelle des rechten Seitenschiffes liegen die ***Königsgräber* aus rotem Porphyr und weißem Marmor. Hier sind normannische und hohenstaufische Könige beigesetzt, so Kaiser Heinrich VI., Kaiser Friedrich II. und seine Gattin Konstanze von Aragonien.

Im Chor beachte man das Gestühl (1466) und den zum Teil aus dem 12. Jahrhundert stammenden, aus Mosaikfragmenten zusammengesetzten Bischofsthron. In der Kapelle rechts vom Chor sieht man in einem kostbaren silbernen Schrein die Reliquen der heiligen Rosalia, der Schutzpatronin Palermos.

Neben dem Campanile der Kathedrale steht der *Erzbischofspalast* (1460) mit dem *Diözesanmuseum.*

Über die Parkanlage der *Villa Bonanno* und am *Denkmal Philipps V.* von Spanien vorbei, erreicht man den

****Palazzo dei Normanni** [13]. Der Palast wurde ursprünglich schon im 9. Jahrhundert von den Sarazenen auf den Ruinen einer römischen Festung erbaut, im 12. Jahrhundert von den Normannen erweitert und zu einem Königspalast umgestaltet. Er bildet einen Teil des Königsschlosses. Heute ist der Palast Sitz des Parlaments der Region Sizilien. Aus der Entstehungszeit des Normannenpalastes sieht man noch einen (rekonstruierten) Bauteil in der Mitte und die ***Torre Pisana* an der rechten Seite der aus dem 16. Jahrhundert stammenden Fassade. Früher diente der Turm als Schatzhaus, heute beherbergt er ein Observatorium. Durch den schönen Innenhof (17. Jh.) und über eine Freitreppe gelangt man in die ****Cappella Palatina* (1132), die schönste und besterhaltene Palastkapelle aus der Normannenzeit. Sie ist mit leuchtenden Mosaiken auf Goldgrund ausgestattet. Ihre drei Schiffe sind durch antike Säulen voneinander getrennt. Über der Vierung wölbt sich eine Kuppel in byzantinischem Stil. Das Langhaus hat ein arabisches Stalaktitengewölbe; kufisch-arabische Inschriften umrahmen die dort eingearbeiteten Kassetten. Die Goldmosaiken, die Wände, Bögen, Kuppel und Apsiden bedecken, stellen Szenen aus dem Alten und Neuen Testament dar.

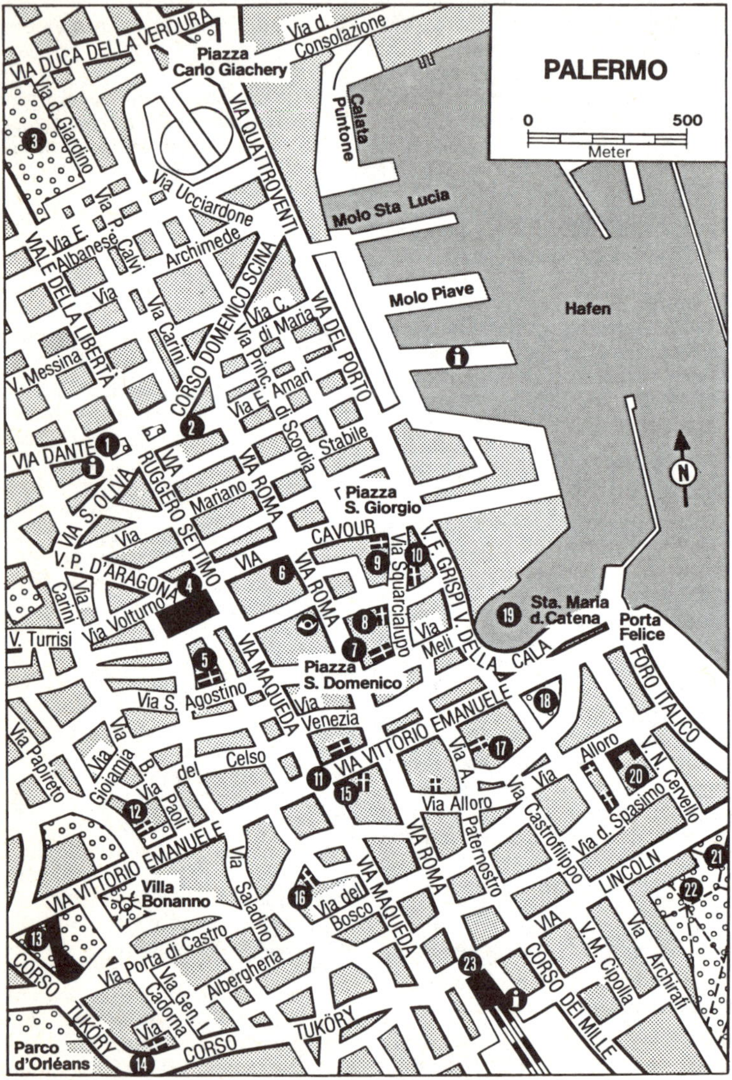

Ebenso prächtig mit Mosaiken ausgestattet ist die im zweiten Stock des Palastes liegende ***Sala di Ruggero* (1170). Sie stellen Jagdszenen, Pflanzen, Früchte und verschiedene Arabesken dar.

An der Westseite des Palastes zieht die *Porta Nuova,* ein im Übergangsstil von Renaissance zum Barock errichtetes Triumphtor für Karl V., den Blick auf sich.

Nur wenige Schritte vom Palast entfernt steht die Kirche

****San Giovanni degli Eremiti** [14]. Sie wird von fünf Kuppeln gekrönt und wurde 1132 von arabischen und normannischen Baumeistern errichtet. Ihre rechte Längswand ist ein Relikt einer Moschee, die ursprünglich an dieser Stelle stand. Im Garten sind noch Reste der arabischen Zisterne und ein malerischer **Kreuzgang* (13. Jh.) erhalten.

Ein anderer Besichtigungsgang führt von den ***Quattro Canti* [11] zur **Piazza Pretoria* [15] mit dem Rathaus und der Kirche *Santa Catarina.* Die Mitte des Platzes nimmt die figurenreiche **Fontana Pretoria,* eine marmorne barocke Brunnenanlage aus dem Jahr 1555, ein. 37 Statuen stellen unter anderem römische Götter und Göttinnen, Nereiden und Tritonen dar.

Die benachbarte ***Piazza Bellini* ist einer der ältesten und schönsten Plätze Palermos. Hier liegen das *Teatro Bellini* (1809) und die „Martorana“ genannte Kirche ***Santa Maria dell'Ammiraglio,* die 1143 in arabisch-normannischem Stil erbaut und später mehrmals umgestaltet und erweitert wurde. Durch den Torbogen des vierstöckigen Campanile (12. Jh.) gelangt man in das von acht korinthischen Säulen gestützte Vestibül und dann in die eigentliche Kirche, deren Wände fast völlig mit byzantinischen Mosaiken (12. Jh., ältester Mosaikenzyklus Siziliens) bedeckt sind.

Aus der gleichen Zeit wie die „Martorana“ stammt die im Westen anschließende kleine Kirche **San Cataldo,* die an eine Moschee erinnert und so gut wie keine baulichen Veränderungen erfuhr.

Etwas weiter südlich kann man die *Chiesa del Gesù* [16], aus dem 16. Jahrhundert, älteste Jesuitenkirche Siziliens, sehen. Ihr Inneres ist eines der schönsten Beispiele des sizilianischen Barocks.

Eine weitere sehenswerte Kirche ist **San Francesco d'Assisi* [17], die im 13. Jahrhundert im gotischen Stil erbaut wurde, im Zweiten Weltkrieg nach mehreren Umbauten schwere Schäden erlitt und inzwischen fast ganz im ursprünglichen Stil wiedererstanden ist. Im daneben liegenden barocken ***Oratorio di San Lorenzo* beachte man vor allem die meisterhaften Stuckreliefs von Serpotta; das Altargemälde „Geburt Christi“ (1609) von Caravaggio wurde entwendet.

Etwas weiter östlich erstreckt sich die *Piazza Marina* mit dem **Giardino Garibaldi* [18], wo man zwei riesige tropische Magnolien-Feigenbäume sehen kann. Bemerkenswerte Bauten am Platz sind der *Palazzo Chiaramonte* (14. Jh.), der zeitweise den spanischen Vizekönigen als Residenz diente, und der *Palazzo delle Finanze* (1578) mit dem sehenswerten Renaissancebrunnen **Fontana del Garaffo* (1698).

Am „*Cala*" genannten *Alten Hafen* [19] steht die Kirche **Santa Maria della Catena* (15. Jh.), die im Übergangsstil von der Gotik zur Renaissance erbaut wurde. Von besonderer Schönheit ist die Loggia oberhalb einer hohen Freitreppe.

Weiter südlich verläuft die *Via Allaro* mit dem **Palazzo Abbatellis* [20] aus dem 15. Jahrhundert, der ein bemerkenswertes Portal mit reichen Verzierungen, gotischen Fenstern und einen zinnengekrönten Turm hat. Der Palast beherbergt heute die ***Nationalgalerie von Sizilien* mit Werken mittelalterlicher und moderner Kunst.

Portal des Palazzo Abbatellis

Wenige Schritte weiter östlich kommt man zur Kirche *Madonna della Pietà* mit sehr schöner Barockfassade. Wenn man nun der Promenade *Foro Italico* folgt, stößt man auf die Parkanlage **Villa Giulia* [21], die 1777 mit vielen exotischen Pflanzen, Spazierwegen und kleinen Teichen angelegt wurde. Goethe hat die Anlage „Wundergarten", „feenhaft" und „wunderbarsten Ort der Welt" genannt. Durch den Park hindurch gelangt man zum **Botanischen Garten* [22] aus dem Jahr 1785, der eine reiche Sammlung tropischer Pflanzen, darunter Dattelpalmen, Sagopalmen, Bambus und einen riesigen Magnolien-Feigenbaum, bietet. Die *Via Lincoln* führt von hier zur *Piazza Giulio Cesare* mit dem *Hauptbahnhof* [23]. Durch die *Via Roma*, eine der Hauptgeschäftsstraßen Palermos, gelangt man rasch wieder ins Stadtzentrum zurück.

Am westlichen Stadtrand liegt am *Corso Calatafimi* der ehemalige Normannenpalast **La Cuba*, der 1182 als Landschloß für Wilhelm II. erbaut wurde. Der nahe **Palazzo della Zisa* (1160) in arabisch-normannischem Stil diente Wilhelm I. als Lustschloß. Unweit von hier steht der 1621 gegründete *Convento dei Cappuccini*, in dessen Katakomben vom 16. Jahrhundert an reiche Bürger der Stadt beigesetzt wurden, deren Leichen zum Teil mumifiziert erhalten und reich gekleidet sind.

Im Süden Palermos verdient die auf einem Friedhof liegende Kirche **Santo Spirito* (12. Jh.) einen Besuch. An dem alten Normannenbau sind außen noch die drei ursprünglichen Apsiden erhalten. Innen trennen vier niedrige Rundpfeiler das Mittelschiff von den Seitenschiffen. Vor der Kirche begann zur Vesperstunde des Osterdienstags 1282 (31. März) der Aufstand, der unter dem Namen „Sizilianische Vesper" (s. S. 51 und 295) in die Geschichte einging.

Einen Abstecher sollte man auch zu dem am nordwestlichen Stadtrand zu Füßen des Monte Pellegrino liegenden **Parco della Favorita* unternehmen. In dem beliebten Erholungspark aus dem 18. Jahrhundert mit schönen Spazierwegen, Tennisplätzen, einer Pferderennbahn und vielerlei Unterhaltungsmöglichkeiten verdient das 1799 erbaute kleine **Chinesische Lustschloß* (**Palazzina Cinese*) besondere Beachtung. Ganz in seiner Nähe steht das *Ethnographische Museum.*

Den 606 Meter hohen

****Monte Pellegrino** (13 km), der die Bucht von Palermo im Norden begrenzt, erreicht man über die Hafenstraße *Via del Porto* und die *Via Monte Pellegrino* (Autobus Nr. 12). Ein Aufenthalt lohnt sich bei der Kapelle *Santa Rosalia,* die 1625 mit dem gleichnamigen Kloster in die Felswand hineingebaut wurde. In der nahen Grotte lebte die heilige Rosalia (eine Nichte des Königs Roger, 12. Jh.) als Einsiedlerin. Die Kapelle der Schutzheiligen von Palermo ist vor allem am 4. September ein beliebtes Wallfahrtsziel. Nun steigt die Straße zu einer *****Plattform*** an, von der aus man einen wundervollen Rundblick genießt. Der Monte Pellegrino ist schon im Ersten Punischen Krieg berühmt geworden: Drei Jahre lang belagerte der karthagische Feldherr Hamilkar von hier aus das römische Panormus.

Von der Kapelle der heiligen Rosalia führt eine Straße bergab zum Strand von

***Mondello,** um den herum ein sehr mondänes Seebad entstanden ist. Es gibt hier Hotels aller Preisklassen und ausgezeichnete touristische Einrichtungen. Interessant ist das am Nordende gelegene alte Fischerdorf.

Südöstlich von Mondello liegen am Nordhang des Monte Pellegrino die *Grotten von Addaura,* von denen die *Grotta Addaura III* durch die dort 1953 entdeckten eiszeitlichen Felsgravierungen (um 10 000 v. Chr.) bekannt geworden ist.

Ustica ist eine knapp neun Quadratkilometer große Insel, die 57 Kilometer nordwestlich von Palermo liegt (im Sommer täglich, sonst mehrmals wöchentlich Schiffsverbindung). Die Insel hat schöne Küsten mit hohen Klippen, stillen Buchten und hellen Grotten. Vor allem bei Unterwassersportlern ist sie sehr beliebt. Man kann hier mit dem Esel ausreiten oder mit dem Boot die Insel umrunden und die „Muschelgrotten" besichtigen.

Acht Kilometer südwestlich von Palermo liegt auf einer Anhöhe

****Monreale,** von wo aus man einen wunderschönen Rundblick über die 300 Meter tiefer liegende *Conca d' Oro (Goldene Muschel),* das Tal und die Bucht von Palermo, hat. Das Städtchen ist reich an sehenswerten Kirchen und anderen Kunstdenkmälern. Besonders hervorzuheben ist die 1174 erbaute ****Kathedrale,* das bedeutendste normannische Baudenkmal Siziliens und eines der schönsten mittelalterlichen Bauwerke Italiens überhaupt. Die 102 Meter lange und 40 Meter breite, außen fast schmucklose Kirche steht auf den Resten eines alten Benediktinerklosters, von dem noch der ***Kreuzgang* mit maurischem Brunnen erhalten ist. Wilhelm II. ließ ihn mit 216 Säulen schmük-

Kreuzgang von Monreale

ken, deren Kapitelle alle voneinander verschieden sind. In der Kathedrale sind die Könige Wilhelm I. und Wilhelm II. bestattet.

Im 16. Jahrhundert wurde das Innere mit einem Marmorboden ausgestattet, 1690 die barocke *Kapelle des Kruzifixes* errichtet. Aus der ursprünglichen Bauzeit stammen das prächtige **Hauptportal,* dessen Bronzeflügel 1186 mit biblischen Reliefdarstellungen geschmückt wurden, das ebenfalls mit Reliefs geschmückte nördliche Seitenportal (1179) und im Innern die Fülle von ****Mosaiken* auf Goldgrund. Sie bedecken eine Fläche von 6300 Quadratmetern und schmücken Wände, Pfeiler und Bögen. Der architektonisch schönste Teil des Baus sind die mächtigen **Apsiden* an der Rückseite. 18 Säulen im Innern stammen aus römischen Tempeln.

*

Die Weiterfahrt von Palermo kann nun entweder über *Mondello* (s. S. 301) und entlang der Küste (mehrere Seebäder) – parallel zur neuen Autobahn – am Flughafen *Punta Raisi,* 296 km, und an den Seebädern des *Golfo di Castellamare* vorbei oder aber landeinwärts über *Monreale* (s. S. 301) erfolgen.

Alcamo, 313 km, bietet sehenswerte Kirchen aus dem 14. bis 17. Jahrhundert und viele Gebäude aus dem Mittelalter und dem Barock. Der Ort wird von einer mächtigen Burg überragt.

Wenig später teilt sich die Autostrada: Eine Strecke führt westwärts bis vor Trapani (s. S. 303), eine zweite überquert das Gebirge in südlicher Richtung und erreicht vor Mazara del Vallo (s. S. 328) das Meer.

Man folgt am besten der Straße 113, von der kurz nach dem Überqueren des Flusses *Freddo* eine Zufahrtsstraße rechts nach

****Segesta,** 331 km, abzweigt. Die von den Elymern in vorgeschichtlicher Zeit gegründete Stadt lag ständig im Kampf mit den Griechen. Schon 580 v. Chr. vermochte Segesta eine Belagerung abzuwehren. Die heftigen Auseinandersetzungen mit dem griechischen Selinunt (s. S. 327) führten 416 v. Chr. zum Eingreifen der Athener während des Peloponnesischen Krieges. Unter den Römern begann der Verfall Segestas, und um das Jahr 1000 wurde es von den Sarazenen zerstört.

Die antike Ruinenstadt liegt auf der Höhe des *Monte Barbaro* (415 m). Der ***Tempel von Segesta* (5. Jh. v. Chr.) ist ein großartiges Bauwerk im dorischen Stil. Er besitzt noch beide Giebel und sämtliche 36 Säulen, blieb jedoch unvollendet. Es fehlen die Cella und die Fußbodenbekleidung. Von den Sitzreihen des antiken **Theaters* hat man einen eindrucksvollen Blick über das Bergland und über tiefe Schluchten bis hin zum Golf von Castellammare.

Auf der Straße 113 erreicht man schließlich

Trapani, 369 km, Ausfuhrhafen und Umschlagplatz für sizilianische Weine, die in viele Länder exportiert werden. Aus dem Mittelalter, der Renaissance und dem Barock haben sich noch interessante Bauwerke erhalten, so z.B. das *Santuario dell'Annunziata* (14. – 17. Jh.) mit sehr schöner Marienkapelle (Madonnenstatue aus dem 14. Jh.), die barocke *Chiesa del Collegio* aus dem 17. Jahrhundert, die zu einem Jesuitenkloster gehörte, die ebenfalls barocke Kathedrale (17. Jh.) und die im Übergangsstil von der Gotik zur Renaissance gehaltene Kirche *Santa Maria del Gesù* mit einer kostbaren Madonnenstatue von Andrea della Robbia.

Im *Museo Nazionale Pepoli* sind eine archäologische Sammlung, Skulpturen, Gemälde (Tizian, Veronese, Ribera, Serpotta u.a.) und Gegenstände des Kunsthandwerks, unter anderem Majoliken und Korallenarbeiten, zu sehen.

Abstecher nach **Erice

Keinesfalls versäumen sollte man die Fahrt mit der Seilschwebebahn (oder mit dem Wagen auf einer guten Bergstraße) nach

****Erice,** einer 751 Meter hoch gelegenen Sommerfrische. Der Sage nach soll die Stadt von dem Helden Eryx, dem Sohn der Venus, gegründet und von Herkules erobert worden sein. Dädalus soll sie mit einer riesigen Mauer umzogen haben. Eryx war eine Stadt der Elymer und der Phönizier, die hier im 5. vorchristlichen Jahrhundert eine mächtige ***Zyklopenmauer* bauten. In dem uralten Höhlenheiligtum verehrten die Phönizier die taubenumflatterte Astarte, die Göttin der Liebe und Fruchtbarkeit, die die Griechen später der Aphrodite gleichsetzten. Die Römer stellten diesen Tempel der Venus von Eryx wieder her. Er wurde von Vergil besungen. Im Mittelalter wurde er in die Befestigungsmauer des ***Castello di Venere* am *Monte Erice* einbezogen. Das an Türmen reiche Kastell (13. Jh.) steht in den **Balio-Gärten,* von denen aus man einen weiten Blick über das Meer hat.

Ein anderes bedeutendes Baudenkmal ist der **Dom* (13. – 14. Jh.) mit einer formvollendeten Vorhalle (15. Jh.), einer schönen Fensterrose, Spitzbögen und wertvollen Kunstschätzen im Innern. Der viereckige, festungsartige Campanile (13. Jh.) hat gotische Zwillingsfenster.

Im Ort sind noch viele mittelalterliche Straßen und Plätze erhalten. Das *Museum* im Rathaus enthält Funde aus der vorgeschichtlichen, karthagischen, griechischen und römischen Zeit.

Erholsam sind Spaziergänge in den schönen Pinienwäldern, die Erice umgeben.

*

Die *Ägadischen Inseln und Pantelleria

Von Trapani aus kann man auch täglich mit (Auto-)Fährschiffen zu den vorgelagerten Inseln fahren. Die

***Ägadischen Inseln** *(Isole Egadi)* sind als ruhige Ferienplätze und als Paradies für Unterwassersportler bekannt. Die größte Insel ist *Favignana,* wo es alte Festungsanlagen gibt. Der Thunfischfang wird hier kommerziell betrieben. *Marettimo* ist die am weitesten von der Küste entfernte Insel. Dort finden Geologen und Archäologen ein reiches Betätigungsfeld. Sehenswert sind die Grotten Presepe und Cammello. *Levanzo* ist die kleinste, aber auch die malerischste Insel. Sie ist aufgrund der dort gemachten archäologischen Funde berühmt. Uralte geritzte und gemalte Wanddekorationen kann man in der **Grotta Genovese* sehen.

Mehrmals wöchentlich gibt es von Trapani aus auch einen Schiffsverkehr (Flug tägl.) nach der Vulkaninsel

Pantelleria. In der Mitte der an Thermalquellen reichen Insel ragt, von Wäldern und Dickichten umgeben, der Vulkanberg *Montagna Grande* auf. Auf dieser Insel wird ein ausgezeichneter Wein („moscato“) angebaut. Sehenswert sind zahlreiche Grotten, die Reste des antiken Kossyra und die radioaktiven, warmen Mineralquellen. Insteltypisch sind die kuppelförmigen Steinhäuser „Dammusi“. An den Küsten wird viel Unterwasserfischfang betrieben.

*

Zwei Straßen führen von *Trapani* südwärts durch eine fruchtbare Ebene nach Marsala (s. re. Sp.). Der Küste vorgelagert ist die

***Isola di Mozia,** das antike Motya, einst ein blühender Handelsplatz der Phönizier, die hier starke Befestigungen anlegten. Mit dem Boot kann ein Ausflug zu dem ausgedehnten Ruinenfeld unternommen werden (kleines Museum).

***Marsala,** 399 km, ist vor allem durch seinen Wein über die Landesgrenzen hinaus bekannt geworden. Marsala-Weine werden in alle Welt exportiert. Die Stadt wurde 397 v. Chr. von den Karthagern als Lilybaeum gegründet. Den heutigen Namen erhielt sie von den Arabern: „Marsah-al Allah“ heißt „Hafen Allahs“. Außer archäologischen Überresten (u.a. ein Thermalbad aus dem 3. Jh.) ist der barocke Dom (16. u. 20. Jh.) mit Skulpturen von Gagini im Innern sehenswert; die **flämischen Bildteppiche* befinden sich im Museum hinter dem Dom. Auf Kap Boeo ist im *Archäologischen Museum* das einzigartige **Phönizische Schiff (vermutlich aus dem 1. Punischen Krieg, 264 – 241 v. Chr.) zu besichtigen. Vom Vorgebirge *Lilibeo* genießt man einen weiten Rundblick.

Wenn man Trapani (s. S. 303) nicht berühren will, so hat man von Alcamo (s. S. 302) aus auch die Möglichkeit, auf die Autostrada A-29 abzubiegen, die man nach 26 Kilometern vor Salemi wieder verläßt. In *Salemi,* einer alten Stadt der Elymer, steht noch ein bemerkenswertes Kastell der Hohenstaufen, das zur Zeit Friedrichs II. erbaut wurde. Sehenswert ist ferner eine frühchristliche Basilika.

Die Straße 188 führt von hier aus direkt weiter nach

Marsala, siehe oben.

Route 24: *Messina – **Taormina – *Catania (– **Enna – *Caltanissetta) – **Syrakus (160 km)

Diese Route führt an der Ostküste Siziliens entlang. Wenn man es eilig hat, kann man die Autobahn benutzen; lohnender ist die Fahrt auf der Straße 114, die zum großen Teil unmittelbar an der Küste entlang verläuft.

Man verläßt *Messina* (s. S. 287) durch die belebte Geschäftsstraße Viale San Martino und fährt zuerst an einigen in Felsbuchten gelegenen kleineren Ortschaften und Häfen vorbei. Längs der Straße sieht man Pinien und Agaven sowie Orangen-, Mandarinen- und Zitronenhaine. Rechts (nach Westen) führen gute Nebenstraßen zu den Gebirgsorten in den *Monti Peloritani*. Auf der anderen Seite der Straße von Messina ist die vom Aspromonte beherrschte Küste Kalabriens zu sehen.

Hinter dem malerischen Kap *Sant'Alessio* und dem auf einem 429 Meter hohen Felsen gelegenen *Forza d'Agro* (beachtenswerte Kirchen) erreicht man *Taormina-Giardini,* 50 km. Von hier aus führt eine kurze Straße in Kehren hinauf nach

****Taormina,** 53 km. Die auf einer 206 Meter hohen Felsterrasse zwischen dem Meer und dem schneebedeckten Gipfel des Ätna liegende Stadt gehört zu den schönsten Urlaubsorten Italiens und ist wegen ihrer einzigartigen Lage weltbekannt. Schon im vierten vorchristlichen Jahrhundert von den Griechen gegründet, kam Tauromenion bald unter die Herrschaft der Römer. 902 wurde es von den Arabern, 1079 von den Normannen erobert. Im Mittelalter war die Stadt sehr wohlhabend. 1410 tagte hier das sizilianische Parlament, das nach Erlöschen des aragonesischen Herrscherhauses einen neuen König wählte. Die bedeutendsten Bauwerke Taorminas stammen aus dem späten Mittelalter. Zu ihnen gehört der ***Palazzo Corvaia* (14. Jh.), in dem das sizilianische Parlament seinen Sitz hatte. Der zinnengekrönte Palast ist ganz aus Lavagestein erbaut, hat einen sehenswerten Hof und einen arabischen Turm. – Aus der gleichen Zeit stammt der *Palazzo Duca di Santo Stefano* in gotischem Stil und mit doppelbögigen Fenstern.

Die **Badia Vecchia (Alte Abtei)* besteht aus einer hohen gotischen Säulenhalle mit Zinnen, deren Fassade gegen Ende des 14. Jahrhunderts mit breiten Spitzbogenfenstern verziert wurde. Diese Fenster sind durch Säulenbündel miteinander verbunden. Fries und Felder zwischen den Bögen bestehen aus schwarzen und weißen Steinen.

Der Dom **San Nicola* stammt aus dem 13. Jahrhundert, wurde jedoch im 15. und 16. Jahrhundert umgebaut. Sein dreischiffiges Inneres schmücken antike Säulen. Der das Wappen Taorminas tragende Brunnen auf dem Domplatz wurde 1635 geschaffen. Hinter der Kirche *Santa Caterina* (16. Jh.) liegen die Ruinen des römischen **Odeons*, das 1882 bei Ausgrabungen entdeckt wurde. Aus der Antike sind außerdem noch Teile der Stadtmauern, die sogenannte **Naumachie* (eine 122 m lange, mit einer Zisterne verbundene Bäderanlage), Tempelbasen und das griechische ****Theater* erhalten. Mit 109 Metern Durchmesser ist es nach dem von Syrakus das zweitgrößte Siziliens. Es stammt aus dem dritten vorchristlichen Jahrhundert und wurde später von den Römern umgebaut. Im Sommer werden hier klassische Dramen aufgeführt. Von den oberen Sitzreihen hat man einen einmalig schönen Rundblick. Neben dem Theater steht ein *Museum* mit archäologischen Funden.

Vom alten Kloster *San Domenico* ist noch die Kirche erhalten. Das Kloster selber ist in das Luxushotel „San Domenico Palace“ umgewandelt worden.

Das ***Kastell* auf dem Gipfel des *Monte Tauro* (390 m) wurde auf den Grundmauern der griechischen Akropolis errichtet. Von hier aus hat man einen herrlichen Panoramablick über Taormina, den Ätna und das Meer. Andere schöne Ausblicke genießt man vom **Belvedere*, von der *Piazza IX Aprile* und vom **Giardino Pubblico*, dem mit exotischen Pflanzen geschmückten Stadtpark.

Taormina bietet auch Badestrände aus Klippen mit sandigen Buchten, darunter *Spisone*, **Mazzarò* (auch mit einer Seilbahn zu erreichen) und **Isola Bella*.

Ein lohnender Abstecher führt nach dem vier Kilometer nordwestlich von Taormina gelegenen Dorf *Castel Mola* (550 m), das von alten Burgmauern überragt wird.

Man fährt nun wieder zur Küste hinunter. Zwei Kilometer südlich von *Giardini* liegt am Kap *Schisò* das neu entstandene große Ferienzentrum *Giardini-Naxos*, bisweilen auch *Naxos-Taormina* genannt. Dann folgt

Naxos, 58 km, mit schönem Strand. Hier lag die erste Griechenstadt Siziliens. Sie wurde im achten vorchristlichen Jahrhundert von Kolonisten aus der Chalkidike unter Führung des Theokles von Athen gegründet und erhielt von dessen von der Insel Naxos stammenden Begleitern den Namen.

Von der antiken Stadt sind nur spärliche Reste erhalten. Berühmt sind die hier aufgefundenen Münzen aus dem siebten bis fünften vorchristlichen Jahrhundert, die auf der einen Seite den Kopf des Dionysos und auf der anderen einen Rebenzweig mit Laub und Trauben zeigen.

Die Straße 114 führt nun, entlang den östlichen Hängen des *Ätna* (s. S. 310), an der Küste des Ionischen Meeres weiter nach Süden. An der *Riviera dell'Etna* (wegen der mächtigen Felsenriffe und kleinen Felsinseln im Meer auch „Zyklopenküste“ genannt) findet man reizvolle Badeorte.

***Acireale** liegt 161 Meter hoch auf einem Hügel, der von fruchtbaren Zitronen-, Orangen- und Mandelbaumhainen umgeben ist. In diesem Ort gibt es sehenswerte Barockbauwerke, wie den *Dom*, die Kirchen *San Sebastiano* und *Santi Pietro e Paolo*, das *Rathaus* und das *Thermalbad*. Die schwefelhaltigen und radioaktiven Quellen werden vor allem gegen Hautkrankheiten, Rheumatismus und nervöse Depressionszustände angewendet. Die Thermalbadeanstalt Santa Venera ist ganzjährig für Kuren geöffnet.

Santa Maria la Scala, der Strand von Acireale, hat einen malerischen Hafen.

Vom benachbarten Badeort *Aci Trezza* genießt man einen schönen Blick auf die vor der Küste liegenden kleinen Felseninseln.

Aci Castello wird von einer Burg aus der Normannenzeit beherrscht, die auf einem 70 Meter hohen Felsenriff am Meer steht und von der aus man eine schöne Aussicht über die „Zyklopenküste" hat.

Vorbei an der malerischen kleinen Bucht von *Ognina* (dem mythischen Hafen von Odysseus) fährt man schließlich auf dem *Corso Italia* in Catania (101 km) ein.

*CATANIA

Die an den südlichen Lava-Ausläufen des Ätna liegende, zweitgrößte Stadt Siziliens, eine bedeutende Hafen-, Handels- und Industriestadt, ist auch als Seebad und Touristenstadt über die Landesgrenzen hinaus bekannt geworden. Von hier aus unternimmt man Besteigungen des Ätna und Rundfahrten um diesen größten Vulkan Europas. Sehr schön sind die Sandstrände der Stadt, die von Pinien- und Akazienhainen beschattet werden und sich im Süden bis zum Flußbett des *Simeto* erstrecken.

Geschichte

Catania wurde schon 729 v. Chr. von ionischen Griechen aus Naxos gegründet und lag jahrhundertelang in heftigen Kämpfen mit den dorischen Griechen aus Syrakus. 263 v. Chr. wurde die Stadt römisch, 121 v. Chr. durch einen Ausbruch des Ätna völlig zerstört. Wieder aufgebaut, gelangte sie nacheinander unter die Herrschaft der Byzantiner, Ostgoten, Vandalen und Sarazenen, der Normannen, Hohenstaufen, Aragonesen und Bourbonen und hatte immer große Bedeutung als Handels- und Kulturzentrum. 1669 zerstörte ein breiter Lavastrom des Ätna einen großen Teil der Stadt; was übrig blieb, vernichtete 1693 ein Erdbeben. Im 18. Jahrhundert erfolgte der Wiederaufbau nach Plänen von Giovanni Battista Vaccarini (1702 – 1768) mit breiten Straßenzügen und barocken Bauten.

Sehenswürdigkeiten

Einer der schönsten Plätze der Stadt ist die

***Piazza Duomo** [1] mit dem 1736 geschaffenen *Elefantenbrunnen (Fontana dell'Elefante)* von Vaccarini. Auf dem Marmorbrunnen steht ein antiker Lava-Elefant, der einen 3,60 Meter hohen achteckigen Obelisken aus Granit, ein Geschenk des ägyptischen Königs Ptolemäus I. an Agathokles, trägt. Auch der an der Nordseite des Platzes stehende *Palazzo del Municipio* [2] (1741) ist ein Werk Vaccarinis. Er wurde über den Ruinen antiker Bäder errichtet. Der

***Dom** [3] aus der Normannenzeit wurde nach dem Erdbeben von 1693 erneuert. Die Fassade stammt von Vaccarini. Sein dreischiffiges Inneres birgt neben vielen Kunstwerken aus dem Mittelalter und der Renaissance das

Pläne S. 288/289 u. 309

Grab des in Catania geborenen Komponisten Vincenzi Bellini (1801 – 1835). Auch Mitglieder des aragonesischen Königshauses (14. Jh.) sind im Dom beigesetzt. Sehenswert sind ferner das Chorgestühl (16. Jh.), einige erst kürzlich freigelegte romanische Säulen und Kapitelle sowie der **Domschatz*, zu dem eine goldene Krone des Richard Löwenherz gehört (geöffnet am 4./5. 2. und 17. 8.).

Der Nordflanke des Doms gegenüber liegt die kuppelgekrönte Barockkirche *Santa Agata* [4].

Zwischen dem Dom und dem nahen *Porto Vecchio* [5], dem *Alten Hafen,* liegt die *Villa Pacini* [6],

Catania: Castello Ursino

eine kleine Gartenanlage, von der aus man einen schönen Blick auf den Hafen hat.

Unweit südwestlich von hier kommt man zum

****Castello Ursino** [7], der Burg Friedrichs II. Das aus dem 13. Jahrhundert stammende Kastell ist ein Meisterwerk der mittelalterlichen Festungsbaukunst und mit seinen Rundtürmen an den vier Ecken ein Wahrzeichen der Stadt. Es beherbergt heute das **Museo Comunale* mit alten Waffen, orientalischen Antiquitäten, Gemälden und zahlreichen Kunstsammlungen. Besondere Beachtung verdienen die griechischen, etruskischen und römischen **Bronzen, die sikulischen, attischen und apulischen **Vasen und die griechischen und römischen *Skulpturen.

Durch die *Via Auteri* geht man nun zur **Piazza Mazzini* [8]. Sie ist von einem Bogengang mit 32 von einer römischen Basilika stammenden Marmorsäulen umgeben.

Man überquert die *Via Vittorio Emanuele* und sieht rechts die Barockkirche *San Francesco d'Assisi* [9] und links das *Geburtshaus Bellinis* [10], das heute Museum mit vielen Erinnerungsstükken an den Komponisten ist. Dahinter liegt in der *Via del Teatro Greco* das im fünften vorchristlichen Jahrhundert errichtete

***Griechische Theater** [11]. Es wurde später von den Römern überbaut und auch als Steinbruch verwendet. Die um die Bühne herum im Halbkreis ansteigenden Sitzreihen ziehen sich den Hang eines Hügels hinauf. Neben dem Theater steht das halbkreisförmige antike **Odeon,* in dem früher Konzerte veranstaltet wurden. Unweit von hier kann man weitere Ausgrabungen, unter anderem die *Terme dell'Indirizzo* [12], die Reste eines römischen Thermalbades, besichtigen.

Etwas weiter nördlich liegt die Kirche *Santa Maria della Rotonda* [13], die aus einem antiken römischen Rundbau entstand. Nur we-

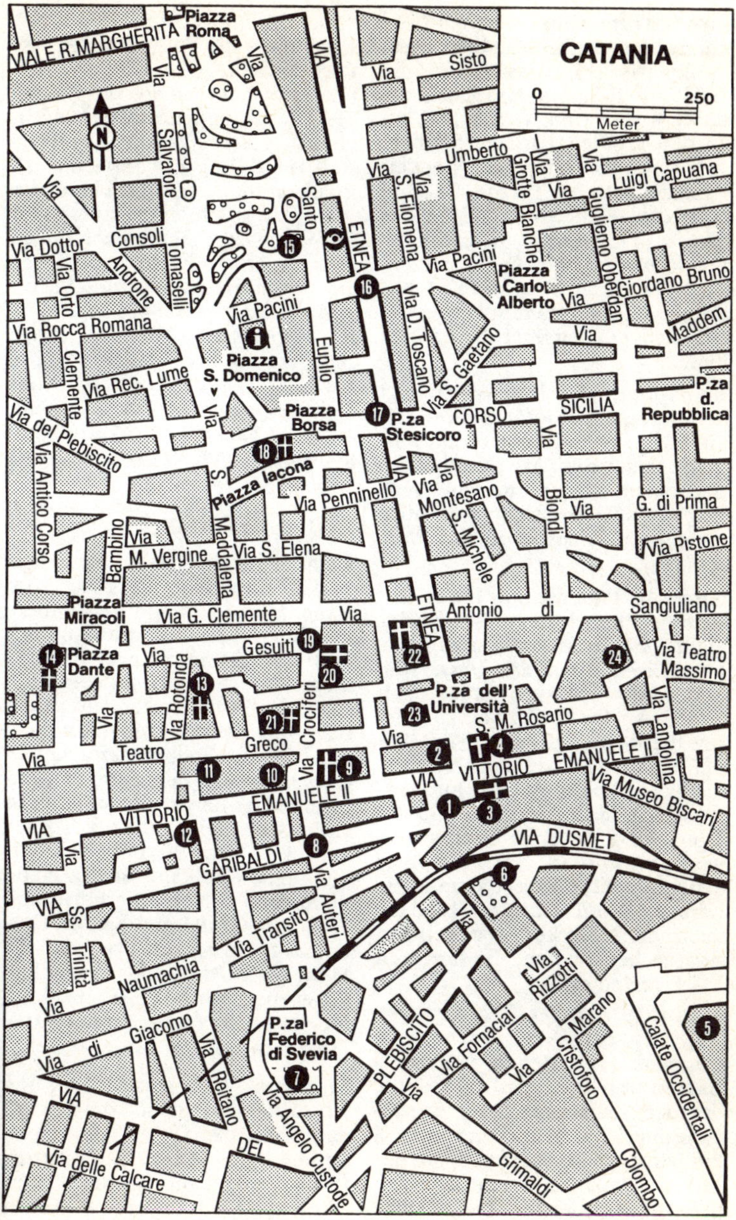
CATANIA
0
250
Meter
N
Piazza Roma
Viale R. Margherita
Via Salvatore
Via Santo
Via Etnea
Via Sisto
Via Umberto
Via S. Filomena
Via Grotte Bianche
Via Guglielmo Oberdan
Via Luigi Capuana
Via Dottor Consoli
Via Tomaselli
Via Androne
Via Orto
Via Pacini
Piazza Carlo Alberto
Via Giordano Bruno
Via Maddem
Via Rocca Romana
Via Clemente
Via Rec. Lume
Piazza S. Domenico
Via Euplio
Via D. Toscano
Via S. Gaetano
P.za d. Repubblica
Via del Plebiscito
Via Antico Corso
Piazza Borsa
P.za Stesicoro
Corso Sicilia
Piazza Iacona
Via S. Maddalena
Via Penninello
Via Montesano
Via S. Michele
Via Biondi
Via G. di Prima
Via Pistone
Via Bambino
Via M. Vergine
Via S. Elena
Via Antonio di Sangiuliano
Piazza Miracoli
Via G. Clemente
Via Gesuiti
Piazza Dante
Via Rotonda
Via Crociferi
P.za dell' Università
Via S. M. Rosario
Via Teatro Massimo
Via Landolina
Via Teatro Greco
Via Vittorio Emanuele II
Via Museo Biscari
Via Dusmet
Via Garibaldi
Via Auteri
Via Ss. Trinità
Via Transito
Via Naumachia
Via di Giacomo
P.za Federico di Svevia
Via Reitano
Via Angelo Custode
Via del Plebiscito
Via Fornaciai
Via Rizzotti
Via Marano
Via Cristoforo Colombo
Calate Occidentali
Via Grimaldi
Via delle Calcare
1
2
3
4
5
6
7
8
9
10
11
12
13
14
15
16
17
18
19
20
21
22
23
24

nige Schritte weiter westlich steht auf der *Piazza Dante* neben einem großen Benediktinerkloster die 1693 bis 1721 im Barockstil erbaute Kirche *San Niccolò* [14], die zu den größten Kirchen Siziliens gehört, aber eine unvollendete Fassade hat. Im Innern beachte man die reiche Ausstattung des Chors (1750) und die Altargemälde in den halbrunden Seitenkapellen. Eine Treppe führt auf die 62 Meter hohe Kuppel, von der aus sich ein schöner Rundblick bietet.

Im Norden der Innenstadt liegt der Stadtpark **Villa Bellini* [15] mit vielen alten Bäumen und Palmen, Spazierwegen, Denkmälern und einem Springbrunnen. Westlich des Gartens sieht man noch ein gut erhaltenes *römisches Grabmal* [16].

Nun folgt man der *Via Etnea*, der stets belebten Einkaufsstraße der Stadt (sie führt nordwärts zum *Botanischen Garten der Universität* und weiter bis zum Ätna) nach Süden. An der *Piazza Stesicoro* liegen die Reste des *Römischen Amphitheaters* [17] aus dem zweiten nachchristlichen Jahrhundert, dessen Steine später zum Bau des Doms und anderer Bauten verwendet wurden. Nur wenige Schritte weiter westlich steht die Kirche *Santa Carcere* [18], die nach dem Kerker der heiligen Agathe benannt ist, die dort den Märtyrertod erlitt.

Man folgt nun der **Via Crociferi* [19], der barocken Prachtstraße Catanias. Hier stehen zahlreiche Bauten von Vaccarini (s. S. 307), der der Stadt nach ihrer Zerstörung durch das Erdbeben von 1693 ein barockes Gepräge gab. An der linken Straßenseite sieht man von diesem Baumeister die Kirche **San Giuliano* [20] (1738–1760). In dem reich ausgestatteten Innern beachte man die Fresken (1842) von Giuseppe Rapisardi. Gegenüber stehen die Barockkirchen *San Benedetto* und *Dei Gesuiti* [21] (18. Jh.). Etwas weiter östlich liegt die Jesuitenkirche *Collegiata* [22] (18. Jh.) mit sehr schöner Barockfassade. Südlich von ihr erstreckt sich die *Piazza dell'Università* mit zahlreichen Bauten Vaccarinis und mit der 1444 gegründeten *Universität* [23]. Der jetzige Bau stammt aus den Jahren 1790 bis 1806. Östlich davon steht das *Bellini-Theater* [24], in dem während der Saison Opernaufführungen stattfinden.

Ausflug zum Ätna

Catania ist ein idealer Ausgangspunkt für einen Ausflug zum Ätna. Man kann den Vulkanberg zu Fuß besteigen, mit Autobus und Jeep bis zum Lavastrom gelangen und von dort mit dem Führer zu Fuß zum Kraterrand gehen oder mit dem Wagen (Autobus) bzw. der Eisenbahn *(Ferrovia Circumetnea)* um den Berg herumfahren. Der Bergkegel des Ätna ist sechs Monate im Jahr mit Schnee bedeckt. Durch die unvermindert anhaltende vulkanische Tätigkeit verändern sich ständig Form und Höhe des Gipfel und Krater. Darauf ist es zurückzuführen, daß die Höhe des Ätna unterschiedlich angegeben wird (3290–3340 m). Noch vor 50 Jahren war der Ätnagipfel etwa fünzig Meter höher.

Man verläßt Catania auf der *Via Etnea* im Norden und kommt kurz darauf in das Gebiet der Lavaströme, wo Wein und Zitrusfrüchte angebaut werden. Über *Gravina di Catania* (zwei 400 m hohe Krater), *Mascalucia* (Weinbau, Teppichherstellung) und *Nicolosi* (700 m; Sommerfrische) erreicht man die 1000 Meter hohen **Monti Rossi* mit zahlreichen Kratern. Die Straße führt dann in vielen Kehren bergan. Links führt eine Abzweigung zum 1705 Meter hoch gelegenen Hotel „Grand Albergo Etna“ (herrlicher Rundblick). Am *Rifugio Sapienza,* 36 km (1910 m), endet die Straße. Eine Kabinenseilbahn führte von hier weiter zum *Piccolo Rifugio* (2500 m). Man fährt mit einem Landrover an der früheren Bergstation der Seilbahn vorbei zu einer Plattform etwa 200 Meter unterhalb des Gipfels. Von dieser führt der Weg steil bergan zu einem zur Zeit nicht tätigen Krater. Der Kraterrand ist im Augenblick der höchste Punkt des Ätna (3340 m) (nur mit Führer).

Die Rückfahrt nach Catania kann auch über das 600 Meter hoch inmitten grüner Hügel und Wälder liegende *Zafferana Etnea* (mondäne Sommerfrische) und die ebenso hoch gelegene Sommerfrische *Trecastagni* (schöne Kirchen aus dem 15. bis 19. Jh.) erfolgen.

Zafferana Etnea

Ätna-Rundfahrt

Diese etwa 140 Kilometer lange Strecke führt zuerst nordwärts über *Trecastagni* und *Zafferana Etnea* (s. linke Sp.) nach *Fornazzo.* Dort zweigt ein Weg zur 1700 Meter hoch liegenden Schutzhütte „Citelli“ im *Cubania-Wald* ab.

Von Fornazzo führt die Straße weiter nach *Linguaglossa,* dem Ausgangspunkt für Touren im nördlichen Ätna-Gebiet. Hier beginnt die Panoramastraße *Mareneve (Meer und Schnee)* durch Pinienwälder zu den Schutzhütten *Rifugio-Albergo Mareneve* (1425 m) und *Rifugio Sucai* (1589 m) anzusteigen. Im Winter finden hier Skiwettkämpfe statt.

Von Linguaglossa aus fährt man am Nordhang des Ätna nach Westen weiter bis

***Randazzo** (754 m), wo man mehrere Baudenkmäler besichtigen kann. Viele Häuser des Städtchens stammen noch aus dem 14. bis 16. Jahrhundert. Besonders schön ist die * *Via degli Archi,* die *Arkadenstraße,* mit ihren gotischen Häusern. Sehenswert sind ferner die Kathedrale **Santa Maria,* die Kirche *San Nicolò,* der *Palazzo Finocchiaro* und das *Museo Vagliasindi.*

Nun biegt man nach Süden ab und fährt am Westrand des Ätna weiter über Maletto und Bronte nach Adrano.

Maletto (950 m) ist der höchstgelegene Ort im Ätna-Gebiet. Es lohnt sich, von hier aus einen Abstecher (etwa 6 km) zu der nahe an der Straße 120 gelegenen, 1174 gegründeten ehemaligen Abtei

Santa Maria di Maniace zu machen. Die „Castello" genannte, burgartige Abtei wurde 1799 von König Ferdinand III. dem britischen Admiral Nelson geschenkt. Gleichzeitig erhielt Nelson den Titel „Herzog von Bronte".

***Adrano** (562 m) liegt auf einer Lavahochebene, von der aus man einen schönen Blick auf das Tal des *Salso* und *Simeto* hat. Die Stadt ist von Oliven- und Orangenhainen und von Weingärten umgeben. Früher hieß sie Adernò. Sie liegt an der Stelle des um 400 v. Chr. gegründeten Hadranon, das in der Antike durch den Tempel des Adranos, eines in Sizilien verehrten Kriegs- und Feuergottes, weithin bekannt war. In den umliegenden antiken Gräbern fand man Münzen und Vasen.

Man besichtige das *Normannenkastell* (11. Jh.), das heute ein archäologisches Museum mit steinzeitlichen und bronzezeitlichen Funden enthält, die Kirche *Maria Assunta* mit antiken Granitsäulen und das um 1150 erbaute ehemalige Kloster *Santa Lucia,* das um 1600 restauriert wurde.

Über *Biancavilla* und *Santa Maria di Licodia* fährt man weiter nach

***Paternò.** Die von Zitrusfruchthainen umgebene Stadt ist ein bedeutendes Zentrum des Exports dieser Früchte. Sehenswert ist das 1073 errichtete **Normannenkastell.* Der Turmbau wurde im 15. Jahrhundert und zuletzt 1958 restauriert. In seinen Räumen ist heute das *Städtische Museum* untergebracht. Der *Palast der Königin Eleonora* wurde 1346 von den Franziskanern in ein Kloster umgewandelt. Außerdem bietet die Stadt mehrere sehenswerte Kirchen.

In der Umgebung sind noch die antiken Mauerreste von *Hybla,* einer im neunten vorchristlichen Jahrhundert von den Sikulern gegründeten Stadt, zu sehen. Das antike Hybla war vor allem durch den Tempel der Göttin Hyblaia und ihr Orakel bekannt.

Man überquert jetzt den Bergrücken des *Monte Territi* und gelangt nach

Misterbianco, das inmitten eines großen Lavastroms liegt. Dieser bildet einen überaus fruchtbaren Boden für den Anbau von Oliven, Wein, Feigen und anderem Obst. Etwa drei Kilometer weiter westlich liegt der malerische kleine Ort *Motta Santa Anastasia* mit einem Kastell aus der Normannenzeit.

Durch eine schöne Gartenlandschaft kommt man schließlich wieder zurück nach

***Catania** (s. S. 307).

*

Ausflug nach **Enna und *Caltanissetta

Catania ist auch ein günstiger Ausgangspunkt für Reisen in das Landesinnere, vor allem nach Enna und nach Caltanissetta, die man am schnellsten über die Autobahn A-19 erreicht.

****Enna** (75 km von Catania) wird wegen seiner bevorzugten Lage in 950 Metern Höhe (höchstgelegene Stadt Italiens) auch das „Belvedere Siziliens" genannt. Enna war schon in ältester Zeit von Sikulern bewohnt. Hier stand der berühmte Demetertempel, Mittelpunkt des Demeterkults in Sizilien. 664 v. Chr. wurde die Stadt von den

Griechen, später von den Römern kolonisiert. Der „Sklavenkrieg" (135–132 v. Chr.) nahm hier seinen Ausgang. Unter den Byzantinern erlangte die Stadt große Bedeutung. Von den Arabern wurde sie 859, von den Normannen 1080 erobert. Die Hohenstaufen und die Könige aus dem Hause Aragon hielten hier Hof.

Enna liegt inmitten eines Gebiets mit bedeutender Landwirtschaft und ist auch seiner schönen Lage wegen ein vielbesuchter Touristenort.

Einen einzigartigen Rundblick genießt man vom ***Castello di Lombardia*** (13. Jh.), das noch sechs seiner ursprünglich 20 Türme bewahrt hat. Die ganze Insel Sizilien liegt vor dem Betrachter wie eine Reliefkarte ausgebreitet. Nord-, Süd- und Ostküste sind von hier nur knapp 100 Kilometer entfernt. Über den Bergketten ragt majestätisch der Ätna auf.

Der **Dom* (14. Jh.) hat bemerkenswerte gotische Apsiden. Er wurde im 16. und 17. Jahrhundert barock umgestaltet. In seiner unmittelbaren Umgebung stehen mehrere Kirchen und Paläste im gotischen Stil und im Barockstil, deren Fenster hinter geschweiften spanischen Gittern den katalanischen Einfluß erkennen lassen.

Im Stadtpark steht der 25 Meter hohe achteckige **Stadtturm* (13. Jh.), von dem aus man einen schönen Rundblick hat.

Zehn Kilometer weiter südlich liegt der schon von Ovid besungene

****Lago di Pergusa** (667 m), ein Salzwasserbecken von 4,60 Metern Tiefe ohne jeden Abfluß. Die Uferlänge beträgt fünf Kilometer. Der See ist mit Wasserpflanzen bedeckt und von Eukalyptusbäumen umgeben. Hier soll der Sage nach Pluto die junge Proserpina, Tochter der Ceres und spätere Göttin der Unterwelt, geraubt haben. Um den See ist eine Autorennbahn angelegt worden. Noch 18 Kilometer weiter südlich liegt

****Piazza Armerina** (697 m), dessen Stadtbild weitgehend durch Bauten aus dem Mittelalter geprägt wird. Die Stadt ist terrassenförmig auf drei Höhen erbaut. An der höchsten Stelle steht der barocke **Dom* (1627) mit gotischem Campanile (15. Jh.). Sehenswert sind auch die Kirchen *San Pietro* und **San Giovanni di Rodi* aus dem 13. Jahrhundert.

Fünf Kilometer weiter südlich verdient die römische

*****Villa Romana del Casale** (3. Jh.) einen Besuch. Wahrscheinlich gehörte sie dem Kaiser Maximian. Neben massiven Mauerresten und Marmorsäulen sind noch über 40 einzigartige ****Mosaikböden* mit Figuren und geometrischen Zeichnungen erhalten, ebenso Darstellungen von Mädchen im Bikini.

Wenn man der Straße weiter nach Süden folgt, erreicht man bei **Gela* (s. S. 323) das Meer.

Von *Enna* (s. o.) kann man auf der Autobahn oder auf der Straße 122 weiterfahren nach

***Caltanissetta** (588 m), der modernsten Stadt im Innern der Insel. Sie liegt in dem bedeutenden Schwefel-Abbaugebiet Siziliens und ist sein kommerzielles Zentrum. Eine große Touristenattraktion bildet hier das Osterfest, dessen Feierlichkeiten, darunter die „Prozession der Mysterien" am Gründonnerstag, zum Inbegriff des sizilianischen Osterfestes geworden sind.

Zu den Sehenswürdigkeiten der Stadt gehören der barocke *Dom*, die Barockkirchen *San Sebastiano* und *San Domenico*, das Kastell *Pietrarossa* und der *Palazzo Beauffremont*. Im Mittelalter entstand die Abtei *Santo Spirito*.

In der Umgebung von Caltanissetta liegen mehrere mittelalterliche Orte mit beachtenswerten Feudalschlössern.

Die Straße 122 führt von hier über die Berge weiter nach **Agrigent* (s. S. 324).

*

Die von *Catania* (s. S. 307) aus südwärts verlaufende Straße 114 führt am *Golfo di Catania* und dann am *Golfo di Augusta* entlang, an dem sich ausgedehnte Erdölraffinerien erstrecken. Auf einer Halbinsel liegt die moderne Industriestadt

Augusta, Italiens wichtigster Ölhafen und bedeutender Marinestützpunkt. Die wichtigsten Sehenswürdigkeiten der Altstadt sind die im 12. Jahrhundert erbaute *Normannenburg*, um die herum Friedrich II. 1232 ein Kastell errichten ließ, der 1219 erbaute *Kreuzgang* neben der Kirche *San Domenico* und der *Dom* (17. u. 18. Jh.).

Wenig Später erreicht man Syrakus, 160 km.

**SYRAKUS

Die an drei Seiten vom Ionischen Meer umgebene Stadt – ihr italienischer Name lautet Siracusa – ist ein wichtiges Landwirtschafts-, Handels- und Verkehrszentrum. Von hier gibt es direkte Schiffslinien nach Malta, Ägypten und zu fast allen Häfen Nordafrikas. Dem Touristen hat Syrakus nicht nur einzigartige Baudenkmäler aus allen Epochen zu bieten, sondern auch eine schöne Uferpromenade an einer Küste, die schon von Pindar und Vergil besungen wurde, herrliche Badestrände mit goldgelbem Sand, romantische Felsenriffe mit kleinen Buchten mit stets ruhigem, klarem und tiefblauem Wasser, Nachtklubs in den Kellern alter Adelshäuser, bekannte Kulturfestspiele und vieles andere. Aufgrund seiner klimabegünstigten Lage hat Syrakus den längsten Frühling und Sommer in Europa. Von März bis Oktober kann man im Meer baden.

Geschichte

Syrakus wurde um 734 v. Chr. von dorischen Griechen gegründet. 485 v. Chr. bemächtigte sich Gelon, der Tyrann von Gela, der Stadt. Unter seinen Nachfolgern wurde Syrakus zur größten und schönsten griechischen Stadt. Es entwickelte sich zu einem Mittelpunkt der hellenistischen Kultur.

Als berühmter Tyrann und Feldherr ging Dionysos I. in die Geschichte ein. 397 v. Chr. rettete er die Stadt vor den Puniern. Agathokles wurde durch seinen Krieg gegen die Karthager (310 v. Chr.) zum Helden zahlloser Legenden. Unter König Pyrrhos von Epiros, der die Römer und Karthager aus Sizilien vertrieb und ein starkes Heer mit Kriegselefanten hielt, galt Syrakus als unbesiegbar. Der Friede kehrte erst wieder unter Hieron II. (269 – 215 v. Chr.) ein, der in freundschaftlicher Bezie-

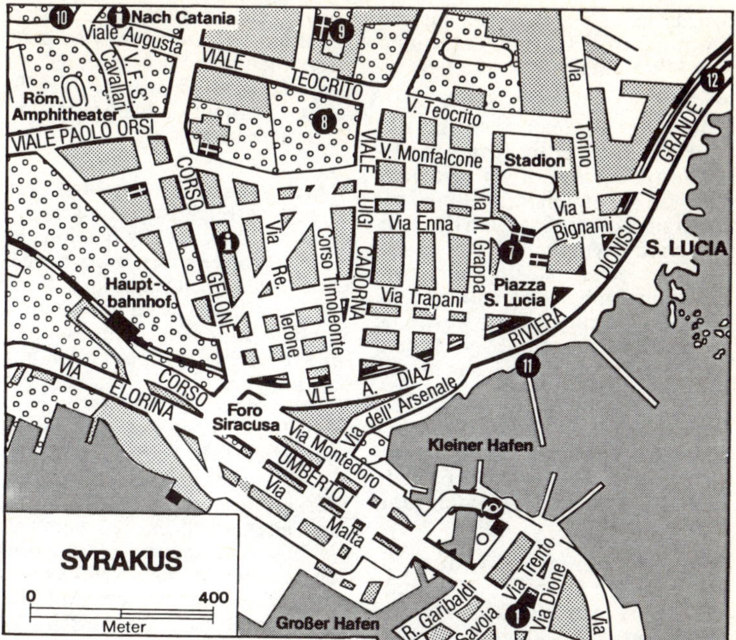
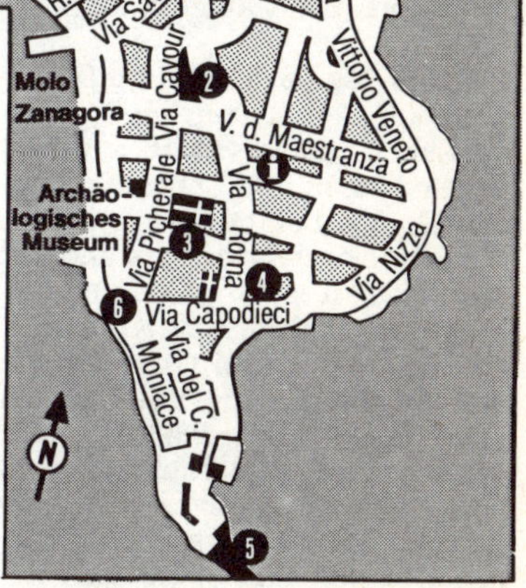

hung zu Rom und zum griechischen König der Ägypter, Ptolemäus, stand. Unter ihm blühten Wissenschaft und Dichtkunst wieder auf. An seinem Hof wirkten Archimedes und Theokrit.

212 v. Chr. wurde Syrakus von den Römern erobert. Später gelangte es unter gotische, sarazenische, byzantinische, arabische und normannische Herrschaft. Die Stadt erlebte einen Niedergang und begann sich erst zu Beginn des 20. Jahrhunderts wieder aufwärts zu entwickeln.

Sehenswürdigkeiten

Auf der etwa 1600 Meter langen und 600 Meter breiten Insel *Ortygia,* die durch eine Brücke *(Ponte Nuovo)* mit dem „Festland" verbunden ist, liegt die sehenswerte Altstadt. An der *Piazza Emanuele Pancali* besichtige man die Ruine des

***Apollotempels** [1] (bisweilen auch *Artemistempel* genannt), des wahrscheinlich ältesten Tempels auf Sizilien (um 600 v. Chr.). 1940

wurde das antike Bauwerk aus den zahlreichen Um- und Zubauten des Mittelalters gleichsam herausgeschält.

Hinter der Tempelruine führt der *Corso Matteotti* zur *Piazza Archimede* mit der *Fontana di Artemide* [2]; die Brunnendarstellung bezieht sich auf die Sage von der griechischen Nymphe Arethusa, die sich ins Meer stürzte, um dem Flußgott Alpheios zu entkommen. Von der Göttin Artemis wurde sie in einen Wasserstrom verwandelt, der hier als Quelle wieder an die Oberfläche trat.

An der Ecke zur *Via Montalto* verdient der **Palazzo Montalto,* von dem noch die gotische Fassade (1397) erhalten ist, Aufmerksamkeit.

Man folgt nun der *Via Roma,* in der mehrere öffentliche Gebäude stehen, bis zur *Via Minerva* und biegt dort rechts ab zum Dom

****Santa Maria del Piliero** [3]. Er steht auf den Resten eines alten dorischen Tempels (5. Jh. v. Chr.), dessen Säulen und Längswände in den Dombau einbezogen wurden. Die barocke Fassade entstand um die Mitte des 18. Jahrhunderts. Von den zahlreichen Kunstwerken im Innern sind vor allem die antiken Säulen, die mit Fresken geschmückte *Sakramentskapelle,* das normannische Taufbecken in der *Taufkapelle,* die *Kapelle der heiligen Lucia* (18. Jh.), das Altargemälde von Antonello da Messina in der *Cappella del Crocifisso* und der barocke *Hochaltar,* dessen Tisch ein monolithischer Block des alten Tempelgebälks ist, sehenswert.

Neben dem Dom steht der *Erzbischofspalast* (17. – 18. Jh.); ihm gegenüber sieht man zwei Barockpaläste: den *Palazzo Beneventano del Bosco* (bemerkenswerter Hof) und den *Palazzo Vermexio* (1629; heute Rathaus). Ebenfalls am Domplatz liegt das

****Archäologische Museum,** das einen Überblick über die griechische und römische Zivilisation auf Sizilien gibt. Die Funde aus vorgeschichtlicher Zeit (bis zum 2. Jh. v. Chr.) befinden sich im ersten Stock, während die Sammlungen im Erdgeschoß hauptsächlich aus der griechischen Zeit stammen. Von den Statuen verdient vor allem die ***Venus Anadyomene,* wahrscheinlich eine römische Nachbildung eines hellenistischen Werkes, Beachtung. Zu den weiteren Sehenswürdigkeiten gehören die **Münzensammlung* (die Münzen des griechischen Syrakus gelten als die schönsten der Antike), eine Sammlung von Goldschmiedearbeiten, Terrakotten, Vasen, Marmorbruchstücke mit Inschriften, wiederhergestellte Tempeldächer und altchristliche Funde aus dem vierten und fünften Jahrhundert, darunter der bekannte ***Sarkophag der Adelphia* mit Darstellungen aus dem Alten und Neuen Testament.

Das Museum wird (1987) in die *Villa Landolina* (s. S. 218) verlegt.

Man geht nun zur Via Roma zurück und auf ihr weiter bis zur *Via Capodieci* mit dem ***Museo Nazionale di Palazzo Bellomo* [4]. Der aus dem 13. Jahrhundert stammende Palast enthält das *Museum für Mittelalterliche und Moderne Kunst* und eine bedeutende ***Pinakothek,* in der auch das Meisterwerk von Antonello da Messina, die „Verkündigung“ (1474), zu sehen ist.

Nun führt der Weg an der Uferstraße *Lungomare Ortigia* entlang bis zu dem am äußersten südlichen Ende der Insel stehenden **Castello Maniace* [5]. Es ist nach einem byzantinischen Heerführer benannt, der die Stadt den Arabern entriß. Erbaut wurde es im 13. Jahrhundert unter Friedrich II. von Hohenstaufen auf den Resten einer kleineren Anlage aus dem 11. Jahrhundert. Das Kastell hat eindrucksvolle Ecktürme und ein bemerkenswertes Portal.

Man geht nun durch die *Via Castello Maniace* zurück bis zur

***Fonte Aretusa** [6]. Auch mit dieser Quelle ist, wie mit der Fontana di Artemide (s. S. 316), die antike Sage von der Flucht der Nymphe Arethusa vor dem Flußgott Alpheios und ihrer Verwandlung in eine Quelle verbunden. An der von Pindar, Vergil und auch von modernen Dichtern besungenen Quelle wachsen Papyrusstauden, die schon im Altertum aus Ägypten hierher verpflanzt worden sind.

Nun folgt man der Uferpromenade **Foro Italico,* die sich am *Porto Grande,* dem *Großen Hafen,* zur *Porta Marina* (15. Jh.), hinzieht, einem katalanisch-aragonesischen Bogen, der zur Zeit der spanischen Herrschaft einer der Zugänge zur Insel war.

In der *Neustadt* verdienen zwei Kirchen einen Besuch: Die Kirche **Santa Lucia* [7] aus dem 12. Jahrhundert (später mehrmals umgebaut) steht an der Stelle, an der die heilige Lucia 303 den Märtyrertod erlitt. Das Chorgemälde von Caravaggio „Beisetzung der heiligen Lucia" (1609) hängt jetzt in der Pinakothek. Unter der Kirche und dem angrenzenden Kloster ziehen sich die alten ***Katakomben* hin, die schon am Ende der griechischen Epoche als Grabstätten benutzt wurden (nicht mehr zu besichtigen).

Eine eindrucksvolle moderne Kirche ist das **Santuario Madonna delle Lacrime (Heiligtum der weinenden Muttergottes)* [8] bei der *Piazza della Vittoria.* Der 1970 fertiggestellte futuristische Bau bewahrt das wundertätige Madonnenbild, das im August 1953 echte Tränen vergossen haben soll. Etwas weiter nördlich liegt die

****Basilica di San Giovanni alle Catacombe** [9] in byzantinischem und normannischem Stil. Durch das Erdbeben von 1693 zerstört, wurde sie später originalgetreu restauriert. Aus der normannischen Zeit sind noch die Bögen des Portikus (1182) erhalten. Von der Kirche aus betritt man die ***Katakomben,* von denen viele Stollen in freskengeschmückte Grabkapellen münden. Diese Katakomben sind natürliche Grotten, die schon um 300 v. Chr. als Grabstätten benutzt und dann von den Christen des dritten bis fünften Jahrhunderts erweitert und ausgebaut wurden. Besonders hervorzuheben ist die ***Krypta des heiligen Marzian,* die von Historikern als erste christliche Kirche Siziliens angesehen wird. Nach der Apostelgeschichte hat der heilige Paulus während seines Aufenthaltes in Syrakus auf der Reise nach Rom vor dem Altar der Krypta gepredigt.

Nur wenige Schritte von der Basilika entfernt steht die *Villa Landolina* mit dem Grabmal des deutschen Dichters August Graf von Platen, in die das *Archäologische Museum* (s. S. 316) verlegt wird.

In der Nähe (Viale Teocrito 66) liegt das *Instituto Siracusano del Papiro* (Papyrusinstitut.

Inmitten einer üppigen Vegetation im Norden der Stadt erstreckt sich der antike Stadtteil *Neapolis* mit dem ***Parco Archeologico della Neapoli* [10], durch den die Panoramastraße ** *Viale Rizzo* (prächtige Ausblicke auf die alten Ruinen, die Stadt Syrakus und das Meer) führt. Man findet hier zahlreiche „Latomien", altgriechische Steinbrüche, mit 20 bis 30Meter steil abfallenden Wänden in den Kalkfelsen. Hier wurden die Bausteine für die Tempel und anderen Gebäude der Stadt gewonnen. Zuerst stößt man auf die ***Latomia del Paradiso,* in deren riesigem, 40 Meter tiefen Viereck eine reiche Pflanzenwelt – auch Orangen- und Zitronenbäume – vertreten ist. Etwa in der Mitte der bizarren Felsformationen ragt ein 25 Meter hoher isolierter Felsen mit einem Belvedere auf.

An der Nordwestseite der Latomia findet man Grottenräume und Höhlen, die dadurch entstanden sind, daß die Griechen nur den wertvollsten Stein herausbrachen und die dadurch entstandenen Höhlen und künstlichen Öffnungen unverändert ließen.

Die bekannteste Höhle ist das

****Orecchio di Dionisio** *(Ohr des Dionysos).* Sie ist 23 Meter hoch, fünf bis elf Meter breit und 65 Meter tief. Diese Höhle hat die Form eines menschlichen Ohrs, und wegen einer außergewöhnlich großen Schallverstärkung ist jedes in ihr gesprochene Wort um ein Vielfaches lauter zu hören. Die eigentümliche Akustik ermöglichte es einer Legende zufolge dem Tyrannen Dionysos, die Gespräche der in der Höhle eingekerkerten Kriegsgefangenen zu belauschen.

Ohr des Dionysos

Gegenüber liegt der Eingang zum

*****Griechischen Theater,** das im 5. vorchristlichen Jahrhundert in den Felsen des Hügels Temenitis gehauen wurde und als größtes und besterhaltenes antikes Theater der Welt gilt. Es hat einen Durchmesser von 134 Metern und öffnet sich mit seinen konzentrischen, keilförmig zusammengefaßten Sitzreihen in dem mächtigen Kalkfelsen wie ein riesiger Fächer. Das Theater hat eine perfekte Akustik. Hier wurden in Anwesenheit Hierons II. die Tragödien des Aischylos (472 v. Chr. Uraufführung der „Perser"), Sophokles und Euripides aufgeführt. Seit 1914 finden hier wieder Aufführrungen klassischer Tragödien statt.

Schräg gegenüber dem Eingang zum Theater liegen die Ruinen des monumentalen *******Altars Hierons* (3. Jh. v. Chr.), der teils gemauert, teils aus dem Felsen gehauen ist. Er wurde zu Ehren des Jupiter Liberator erbaut und hatte ursprünglich eine Länge von 200 Metern. Das kolossale Fundament und die Dekorationsfragmente künden noch immer von der einstigen Pracht des Bauwerks.

Ganz in der Nähe steht die kleine Kirche **San Nicolò* (11. Jh.) in normannischem Stil. Unter ihr befindet sich ein antiker Wasserbehälter, der mit dem nahen ***Amphitheater des Augustus* (2. – 3. Jh. n. Chr.) verbunden ist. In der Arena fanden einst Naumachien (Seeschlachten), Tier- und Gladiatorenkämpfe statt.

Interessant ist auch ein Besuch der noch weiter nördlich liegenden **Via della Necropoli Grotticelle.* Die antike Gräberstraße stammt aus spätrömisch-byzantinischer Zeit und besteht aus einem etwa sechs Meter breiten Hohlweg, in dessen senkrechte Wände die Gruftkammern hineingeschlagen wurden.

Wenn man Zeit hat, kann man vom malerischen Hafenbecken des *Porto Piccolo* [11], des *Kleinen Hafens,* an der Uferstraße *Riviera Dioniso il Grande* (schöne Ausblicke) durch den Stadtteil *Santa Lucia* zum ehemaligen **Kapuzinerkloster* (von dort herrlicher Blick auf Syrakus) fahren, wo auch die **Latomia dei Cappuccini* [12] liegt. In dem von üppigem Pflanzenwuchs bedeckten antiken Steinbruch sind noch die Spuren des Meißels zu sehen, mit dem vor über zwei Jahrtausenden der Fels bearbeitet wurde. 414 v. Chr. diente der Steinbruch zur Aufnahme von mehr als 7000 Kriegsgefangenen aus Athen.

Etwa neun Kilometer nordwestlich vom Stadtzentrum liegt in der *Oberstadt (Epipolis),* von der aus man einen sehr weiten Rundblick genießt, das um 400 v. Chr. unter Dionysos I. erbaute

****Castello Eurialo.** Mit seiner grandiosen Vereinigung von Gräben, Türmen, Wällen und Mauern war es eines der bedeutendsten Werke der griechischen Festungsbaukunst. Beim Angriff der Römer auf die Stadt richtete Archimedes von diesem Kastell aus mit Hilfe von Spiegeln und Glaslinsen die Sonnenstrahlen auf die römische Flotte und steckte so die Segel der Schiffe in Brand.

Ein sehr beliebter Ausflug führt zur **Fonte Ciane,* der Quelle des etwa sieben Kilometer langen Flusses *Kyane (Ciane),* der in den *Porto Grande* mündet. Am Oberlauf und an der Quelle des Flusses stehen hohe Papyrusstauden, durch die das Ruderboot (Abfahrtsstelle an der Uferpromenade *Foro Italico*) gleitet. Die griechische Sage berichtet, daß sich die Nymphe Kyane, die Frau des Flußgottes Anapos, dem Raub der Persephone durch Pluto widersetzte und deshalb in die Quelle verwandelt wurde.

Unweit des rechten Flußufers kann man Überreste des *Olympieion* sehen, eines archaischen dorischen Tempels, der um das Jahr 500 v. Chr. zu Ehren des olympischen Zeus errichtet wurde.

Etwa 35 Kilometer westlich von Syrakus liegt 440 Meter über dem Meeresspiegel die sehenswerte

Ortschaft *Sortino* mit schönen alten Kirchen und Klöstern. Nur zwei Kilometer von dort entfernt ist die vom Fluß Anapo durchflossene Schlucht, in deren Felswände in vorgeschichtlicher Zeit die Grabhöhlen der **Nekropole Pantalica* gehauen wurden.

Route 25: **Syrakus – *Ragusa – *Gela – **Agrigent – **Selinunt – *Marsala (395 km)

Diese Route verläuft nahe der Südküste Siziliens. Die Nationalstraße 115 ist eine Panoramastraße und führt zwischen Syrakus und Marsala durch einige der schönsten Landschaften der Insel. Man fährt teilweise direkt an der Küste entlang, und wo dies nicht der Fall ist, zweigen zahlreiche Zufahrtsstraßen ab, auf denen man sehr schöne Badestrände erreicht. Kleinere Strecken können bereits auf Teilstücken der neuen Autobahn zurückgelegt werden.

Das erste Teilstück der Route führt nach Ragusa. Man hat die Wahl zwischen zwei Straßen: entweder über Palazzolo Acreide oder über Noto. Beide sind etwa gleich lang (87 bzw. 81 km).

A: ÜBER PALAZZOLO ACREIDE

Man verläßt *Syrakus* (s. S. 314) im Westen und gelangt auf die Straße 124. Kurz nachdem man den *Anapo* überquert hat, kommt man nach *Floridia*, 12 km, einer großen Landstadt, die im 17. Jahrhundert entstanden ist. In einer rauhen Gebirgslandschaft (sehr schöne Aussichtspunkte) steigt die Straße nun ständig bergan bis

Palazzolo Acreide, 43 km, einem 700 Meter hoch in den *Monti Iblei* gelegenen alten Städtchen, das nach dem Erdbeben von 1693 im Barockstil wieder aufgebaut wurde. Neben zahlreichen schönen Gebäuden aus dem 18. Jahrhundert gibt es hier auch Reste der antiken Stadt *Acrae (Akrai)* zu sehen, die im 7. vorchristlichen Jahrhundert gegründet wurde. Dazu gehören ein kleines griechisches Theater, die Agora, ein Odeon (alle 3. Jh. v. Chr.) und Latomien (Steinbrüche). In der Nähe sieht man auch aus der gleichen Zeit stammende Felsskulpturen, die *„Santoni" genannt werden.

Kurz nach Verlassen des Ortes zweigt man links ab nach *Giarratana*, 60 km (582 m), und folgt dann der am Fluß *Irminio* entlangführenden Straße 194 nach

***Ragusa,** 81 km. Die Stadt liegt auf einem 500 Meter hohen, von tiefen Schluchten umgebenen Bergplateau und besteht aus zwei Teilen: dem eigentlichen Ragusa und der Unterstadt *Ragusa-Ibla*. Letztere erstreckt sich an der Stelle des antiken Hybla Heraea, einer Siedlung der Sikuler mit einer Burg, die das Tal des Irminio beherrscht. Später wurde die Sikulersiedlung griechisch und war lange Zeit eine Kolonie der Tyrannen von Gela.

Nach der völligen Zerstörung durch das Erdbeben von 1693 wurde Ragusa-Ibla wieder aufgebaut. Dabei weitete man das Stadtgebiet aus, indem man die weiter oben liegende Hochebene mit einbezog. Sie erhielt als Oberstadt regelmäßig angelegte Straßenzüge.

Während Ragusa ein moderner Stadtteil ist, ist Ragusa-Ibla noch vorwiegend vom Barockstil des 18. Jahrhunderts geprägt. Das bedeutendste Baudenkmal ist die Kirche *San Giorgio* (18. Jh.), ein Barockbau, der später eine klassizistische Kuppel erhielt. Auch die anderen Barockbauten aus der gleichen Zeit sind bemerkenswert. Die Kirche *Santa Maria delle Scale* hat noch Portale aus dem 14. Jahrhundert. In der *Via Natalelli* besichtigte man das *Museo Archeologico*, das wertvolle Funde aus den Nekropolen der Umgebung enthält.

Bedeutenden Asphalt- und Erdölvorkommen etwa zwei Kilometer südwestlich der Stadt verdankt Ragusa seine chemische Industrie und wirtschaftliche Bedeutung.

B: ÜBER NOTO

Man verläßt *Syrakus* (s. S. 314) am *Porto Grande* und gelangt durch die *Via Elorina* auf die Straße 115.

Avola, 23 km, ist Mittelpunkt eines Landwirtschaftsgebiets, in dem vorwiegend Mandeln angebaut werden. Außerdem hat die Stadt ein vielbesuchtes Seebad mit schönem Strand. Die heutige Stadt liegt etwa fünf Kilometer von der beim Erdbeben von 1693 zerstörten entfernt.

****Noto,** 32 km, liegt auf einem etwa 160 Meter hohen Hügel inmitten reicher Oliven- und Mandelpflanzungen. Die Stadt wurde nach dem Erdbeben von 1693 südlich der ursprünglichen Stadt wieder aufgebaut. Dank ihrer alten Paläste mit üppig verzierten Fassaden, ihren reich geschmückten Kirchen und ihren prachtvollen Klöstern gilt sie heute als „schönste Barockstadt Siziliens". Die bedeutendsten Bauten aus dem 18. Jahrhundert liegen am *Corso Vittorio Emanuele* und in seiner unmittelbaren Umgebung. Es sind dies vor allem die Kirche und das ehemalige Dominikanerkloster **San Domenico* (heute zum Teil Stadtbibliothek), der **Palazzo Ducezione* (heute Rathaus), die Kirche **Santissimo Salvatore*, der **Bischofspalast*, der über einer hohen Freitreppe aufragende **Dom*, der **Palazzo Landolina di San Alfonso* und die Kirche **San Francesco d'Assisi* („Immacolata"). Bedeutende archäologische Sammlungen sieht man im *Stadtmuseum*, das im ehemaligen Kloster *Santissimo Salvatore* untergebracht ist.

Die Ruinen der alten, vom Erdbeben zerstörten Stadt Noto liegen etwa acht Kilometer nördlich der heutigen Stadt. Dort sind das alte Schloß, ein aus dem Mittelalter stammendes Tor, die Reste einiger Normannenkirchen und zahlreiche Grabinschriften auf alten Patriziergräbern zu besichtigen. Eindrucksvoll ist auch das nördlich der heutigen Stadt liegende Einsiedlerkloster *San Corrado fuori le Mura*, Ziel zahlreicher Pilgerfahrten.

In unmittelbarer Nähe der Küste liegen etwa sieben Kilometer südöstlich von Noto die Reste der im

5. vorchristlichen Jahrhundert gegründeten Stadt *Eloron.* Unweit davon erstreckt sich der große Sandstrand von *Noto Marina.*

Über *Rosolini,* 48 km, kommt man nach

Ispica, 53 km. In der Kirche *Santa Maria Maggiore* sieht man einige der bedeutendsten Gemälde von Vito d'Anna, dem größten sizilianischen Maler des 18. Jahrhunderts. Das Städtchen liegt auf einem Bergabsatz an der Mündung der

***Cava d'Ispica,** einer etwa zehn Kilometer langen Schlucht, die von Wildbächen gegraben worden ist. In der Schlucht (beschwerlicher Zugang) befinden sich zahlreiche Wohn- und Grabhöhlen, die zum Teil von der Steinzeit an bis zum 5. nachchristlichen Jahrhundert benutzt worden sind.

Abstecher nach Pachino und Pozzallo

Von *Ispica* und von *Rosolini* führen gute, etwa 23 Kilometer lange Zufahrtsstraßen nach *Pachino,* das mit seinen Ortsteilen *Marzamemi* und *Porto Palo* zwei sehr schöne Seebäder besitzt. Das Kap *Correnti* ist der südlichste Punkt Siziliens. Eine andere Straße führt von Ispica nach dem etwa zehn Kilometer südwestlich gelegenen *Pozzallo,* einem der am meisten besuchten Seebäder dieses Küstenabschnittes. Von dort kann man auf der Küstenstraße an einer Reihe anderer schöner Seebäder *(Marina di Modica, Donnalucata, Marina di Ragusa, Scoglitti* u.a.) vorbei nach **Gela* (s. S. 323) fahren.

*

Die Straße 115 führt von *Ispica* weiter nach

***Modica,** 71 km, das sich an den Hängen zweier am Fuß eines gewaltigen Felsvorsprungs zusammenstoßender Täler hinzieht. Das heutige Stadtbild trägt, nachdem die alte Stadt durch das Erdbeben von 1693 zerstört worden ist, die Züge des 18. Jahrhunderts. Es wird vor allem durch den Dom *San Pietro* und durch die oberhalb einer großen Freitreppe stehende Kirche *San Giorgio* geprägt. Beachtung verdienen auch die Kirche *Santa Maria del Gesù* mit schönem Kreuzgang aus dem 15. Jahrhundert und die kleine Kirche *San Giacomo fuori le Mura* aus dem 14. Jahrhundert.

Abstecher nach Scicli

Wenn man Zeit hat, lohnt sich der Abstecher nach dem zehn Kilometer weiter südlich liegenden Städtchen

***Scicli,** das sich sein Stadtbild aus dem 18. Jahrhundert unverfälscht bewahrt hat und schöne Paläste *(Palazzo Beneventano* u. a.) und Barockkirchen bietet. Nur fünf Kilometer von hier entfernt steht die sehenswerte Wallfahrtskirche *Santa Maria delle Milizie.*

Man fährt zur Straße 115 zurück und erreicht auf dieser kurz nach dem Überqueren des *Irminio* die Stadt **Ragusa,* 87 km, s. S. 320.

*

Von Ragusa führt die Straße wieder bergab nach

Comiso, 104 km. Sehenswert sind das (restaurierte) Feudalschloß aus dem 14. Jahrhundert und die aus der gleichen Zeit stammenden Kirchen *Dell'Annunziata* und *San Francesco.* In der unmittelbaren Umgebung des Ortes wurden sikulische, griechische und römische Nekropolen und Katakomben gefunden.

Vittoria, 112 km, ist eine reizvoll auf einer Hochebene gelegene Stadt, die 1607 zu Ehren von Vittoria Colonna, der Tochter des Vizekönigs Marcantonio Colonna, gegründet wurde. Sehenswert sind die Barockkirchen und das Theater in klassizistischem Stil. Vom Stadtpark aus hat man einen schönen Blick auf den Fluß *Ippari,* den von Pindar besungenen Hipparis. 13 Kilometer westlich von Vittoria liegt das Seebad *Scoglitti.*

***Gela,** 145 km, ist eine der ältesten Städte Siziliens und ganz Italiens. Bereits im 2. vorchristlichen Jahrtausend war der Stadthügel von Sikaniern bewohnt. 689 v. Chr. wurde die Stadt durch Kolonisten von Kreta und Rhodos gegründet. Die Bewohner von Gela gründeten ihrerseits 582 v. Chr. die Stadt Agrigent (s. S. 324).

Innerhalb kurzer Zeit entwickelte sich Gela zu einer der mächtigsten Städte Siziliens. Aischylos, der Tragödiendichter aus Athen, machte Gela zu seiner Wahlheimat. Erst als Gelon, der Tyrann der Stadt, nach seinem Sieg über die Karthager bei Himera seinen Herrschaftssitz im Jahr 480 v. Chr. nach Syrakus verlegte, begann der Niedergang Gelas, das dann 405 v. Chr. von den Karthagern erobert und verwüstet wurde. Zwar wurde es kurz darauf neu besiedelt, 280 v. Chr. jedoch von den Agrigentinern endgültig zerstört.

Die Neugründung der Stadt erfolgte erst 1233 durch Friedrich II. von Hohenstaufen, der sie Terranova nannte. Diesen Namen führte die Stadt bis 1928. Heute ist Gela ein Badeort mit schönem Strand und vielen touristischen Einrichtungen. Das 1956 in der Umgebung der Stadt entdeckte Erdöl hat sie auch zu einer Industriestadt werden lassen.

Eine ***Archäologische Zone* liegt im Westen der Stadt, direkt am Meer. Dort wurden große, ausgezeichnet erhaltene Festungsmauern aus der griechischen Epoche Gelas freigelegt. Sie stammen aus dem 5. und 4. vorchristlichen Jahrhundert und zeigen die große strategische Bedeutung, die Gela im Altertum hatte.

Eine zweite ***Archäologische Zone* findet man im Osten, im *Parco delle Rimembranze.* Dort steht auch das ***Nationalmuseum* mit einer großen Sammlung von Vasen, Statuen, vielfarbigen Tongefäßen, Münzen und Kultgeräten, die die Zeitspanne von der Bronzezeit bis zum Mittelalter umfaßt. Hinter dem Museum hat man die Reste einer archaischen Akropolis, vor allem die Ruinen zweier dorischer Tempel und Überreste griechischer Häuser des antiken Gela, ausgegraben.

Östlich der Industriezone liegt der **Lago Biviere,* der einer afrikanischen Oase ähnlich sieht, da er völlig von Sanddünen umgeben ist.

Lohnende Abstecher führen zu dem 20 Kilometer nördlich von Gela gelegenen Staudamm von *Disueri* mit einem künstlich angelegten See sowie nach dem 14 Kilometer nordwestlich liegenden *Butera,* wo man große prähistorische und altsizilianische Totenstädte gefunden hat. Auch ein Normannenschloß ist dort zu sehen.

Die Straße 115 führt nun größtenteils am Meer entlang nach

***Falconara,** 167 km, wo die gleichnamige *Burg* (15. Jh.) eine reiche Keramiksammlung birgt. Zu beiden Seiten der Burg erstreckt sich ein weiter Strand, während landeinwärts ein prächtiger Palmenhain liegt.

Licata, 178 km, ist ein Seebad mit guten touristischen Einrichtungen. Darüber hinaus ist der Ort durch seine Fischspezialitäten bekannt geworden.

Einen sehr schönen Strand gibt es auch in *Marina di Palma,* 202 km. Etwa drei Kilometer nördlich der Straße 115 liegt der Ort Agrigent (224 km).

**AGRIGENT

Bei der Ankunft stößt man zuerst auf die Reste der antiken Stadt. Die heutige Stadt Agrigento steht auf dem Hügel darüber.

Geschichte

Agrigent wurde 582 v. Chr. von Gela aus als Akragas gegründet. Pindar nannte sie die „schönste Stadt der Sterblichen". Nach Diodor hatte sie damals über 200 000 Einwohner. Unter dem Tyrannen Theron (488 – 473 v. Chr.) erlebte sie eine Blütezeit. Nach ihrer Zerstörung durch die Karthager wurde sie wieder aufgebaut und gelangte 210 v. Chr. unter römische Herrschaft. In spätrömischer Zeit begann der allmähliche Verfall, der sich in der byzantinischen Zeit fortsetzte. Die Eroberung durch die Araber im Jahr 816 besiegelte das Schicksal der antiken Stadt. Im Mittelalter wurde sie erneut besiedelt und trug bis zum Jahr 1927 den sarazenischen Namen Girgenti.

Agrigent ist die Heimat des griechischen Philosophen Empedokles (um 500 v. Chr. – um 430 v. Chr.) und des italienischen Dichters Luigi Pirandello (1867 – 1936).

Sehenswürdigkeiten

Am Kreuzungspunkt der Straße 115 mit der Straße 118, die nach Agrigent hinaufführt, beginnt das

*****Tal der Tempel**

Von hier führt auch eine Panoramastraße mit herrlichem Blick auf die dorischen Tempel in die Stadt. Vom

Tempel des Asklepios [1] sind noch Teile der Cella (des Hauptraums) und zwei Säulen sowie eine schmale Treppe zu sehen. Das

Grabmal des Theron [2] ist neun Meter hoch und steht auf einem Podium in einem uralten Olivenhain. Es ist ein pyramidenförmiger Bau mit einem Unter- und einem Obergeschoß. An jeder Ecke befindet sich eine kannelierte ionische Säule. Die Säulen tragen ein dorisches Gebälk. Vom

***Dioskurentempel** [3] aus dem 5. vorchristlichen Jahrhundert sind nur noch vier dorische Säulen erhalten. Seine Dekorationen wurden in römischer Zeit abgeändert. Die insgesamt 34 kannelierten Säulen des höchst eindrucksvollen Bauwerks waren 6,45 Meter hoch. In der nahen Felsenschlucht befand sich vermutlich der große, zu Therons Zeiten angelegte künstliche Fischteich, in den die Kanäle des Phäax (nach ihrem Erbauer so benannt) einmündeten. Der

****Zeustempel (Jupitertempel)** [4] wurde nach dem Sieg der Griechen über die Karthager im Jahr 480 v. Chr. errichtet und hatte die gewaltigen Ausmaße von 113 Metern Länge und 56 Metern Breite. Seine Säulen waren 17 Meter hoch. Mächtige Atlanten stützten sein Gebälk. Eine dieser Statuen von über 7,50 Metern Höhe konnte wieder zusammengesetzt werden. Der

**Herkulestempel [5], der vermutlich durch ein Erdbeben in nachklassischer Zeit zerstört wurde, gilt als ältester Tempel der Stadt. Er stammt aus dem 6. vorchristlichen Jahrhundert. Der Bau war 76 Meter lang und 28 Meter breit. In ihm wurde eine große Bronzestatue des Herakles verehrt. Acht Säulen des Tempels wurden 1923 ausgegraben und wieder aufgerichtet.

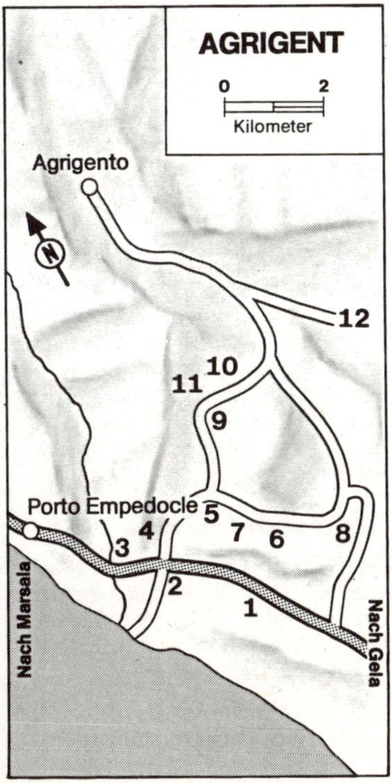

***Concordiatempel [6]. Der am besten erhaltene Tempel, eines der eindrucksvollsten und stilreinsten Beispiele dorischer Tempelbaukunst, liegt einsam auf einem Hügel. Alle 34 Säulen und selbst die Cellawände stehen noch. Es ist ungewiß, welcher Gottheit er geweiht war. Den heutigen Namen erhielt er aufgrund einer lateinischen Inschrift, die aber 700 Jahre jünger ist als der im 5. vorchristlichen Jahrhundert erbaute Tempel.

Im 6. nachchristlichen Jahrhundert ließ der heilige Gregor, Bischof von Agrigent, den Bau in eine Kirche umwandeln, die den Heiligen Peter und Paul geweiht war. Dabei wurden die Mauern der Cella mit Bögen durchbrochen und der Innenraum in drei Schiffe unterteilt. Erst 1748 wurde der Tempel in seiner ursprünglichen Gestalt wiederhergestellt. Er ist 42 Meter lang und 19,70 Meter breit. Seine 34 Säulen haben je 20 Längsrinnen. Die Säulenhöhe beträgt einschließlich der Kapitelle 6,83 Meter. Im

*Museum Villa Aurea [7] sieht man frühgeschichtliche Marmorarbeiten, Terrakotten und Mosaiken sowie Gegenstände, die in den Tempeln und den umliegenden Bauten ausgegraben wurden. Der

**Tempel der Juno Lancinia [8] ist ein altdorischer Bau. Er stammt aus der Zeit zwischen 500 und 480 v. Chr. und steht 130 Meter hoch am Rand eines Felsabbruchs. Der Tempel ist 41 Meter lang, 19,50 Meter breit und hat noch 25 unversehrte Säulen, die 6,50 Meter hoch sind.

Von hier aus bietet sich ein herrlicher Blick auf das Tal der Tempel.

Unweit des Junotempels stehen ein antiker Opferaltar und eine Zisterne.

Case Romane [9]. Von den alten römischen Häusern sind noch gut erhaltene Reste zu sehen.

Hinter der mittelalterlichen Kirche *San Nicola* [10] mit ihrem normannischen Portal steht das

Oratorium des Phalaris [11]. Das römische Grabmal aus dem 1. vorchristlichen Jahrhundert besitzt Säulen mit attischen Basen und dorischen Kapitellen. Es enthält heute das *Archäologische Museum.* Auch Reste eines römischen Hauses mit Mosaikfußboden kann man hier noch sehen. Sehr schön ist der Blick auf die nahen Tempel.

Die kleine Kirche

San Biagio [12] wurde im 12. Jahrhundert in normannischem Stil errichtet. Sie ist in einen antiken, vermutlich Demeter geweihten Tempel aus dem 5. vorchristlichen Jahrhundert hineingebaut worden. Auch von hier aus hat man einen schönen Blick auf das Tal der Tempel und das Meer.

Die Stadt Agrigent

Oberhalb des Tals der Tempel – auf der Straße 118, dann durch die Via Crispi zu erreichen – steht die heutige Stadt Agrigent (ital. Agrigento). Dort besichtige man das *Städtische Museum* an der Piazza Municipio, das auch eine Gemäldesammlung enthält. Sehenswert sind ferner das gotische Kloster *Santo Spirito* (13. Jh.) und die Kirche *Santa Maria dei Greci* (14. Jh.), die auf den Grundmauern des *Tempels der Athene* steht.

Die auf den Ruinen eines Jupitertempels errichtete *Kathedrale* aus dem 14. Jahrhundert wurde im 18. Jahrhundert völlig umgebaut, bei einem Erdrutsch 1966 zerstört und danach wieder instand gesetzt. Viele ihrer Kunstwerke sind heute im nebenan liegenden **Dommuseum* zu sehen. Besonders hervorgehoben sei ein Meisterwerk der griechischen Bildhauerkunst, ein **Marmorsarkophag,* auf dessen vier Seiten in vier Episoden die Fabel von Hippolytos und Phädra dargestellt ist: die von Amors Pfeil getroffene Phädra zwischen ihren Mägden; Hippolytos erhält während seiner Vorbereitungen zur Jagd eine Liebesbotschaft von Phädra; Hippolytos auf der Jagd; der Tod des vom Wagen gestürzten Hippolytos.

Der unvollendet gebliebene *Campanile* neben der Kathedrale stammt aus dem 15. Jahrhundert.

*

Man fährt nun wieder zurück auf die Straße 115 und folgt ihr bis

Porto Empedocle, 231 km, das im 18. Jahrhundert gegründet wurde und heute der bedeutendste Hafen an der Südwestküste Siziliens ist. Die Stadt ist nach Empedokles, dem aus Agrigent stammenden Philosophen, benannt. Sie hat einen sehr gut erhaltenen *Stadtturm* aus der Zeit Karls V. Östlich des Orts erstreckt sich ein vielbesuchter Sandstrand.

Ausflüge zu den Inseln

Von Porto Empedocle aus kann man mit dem Schiff nach der Insel *Pantelleria* (s. S. 304) fahren. Dreimal wöchentlich besteht Schiffsverbindung nach den

Pelagischen Inseln. Die Hauptinsel *Lampedusa* kann man auch mit dem Flugzeug von Palermo, Trapani und Pantelleria aus erreichen. Sowohl hier als auch auf der kleineren Insel *Linosa,* die etwa zehn Kilometer von Porto Empedocle entfernt liegt, gibt es Sand- und Klippenstrand. Das fischreiche Meer und das klare Wasser machen die Inseln zu einem Dorado für Unterwassersportler.

*

Man folgt nach Verlassen Porto Empedocles weiter der Straße 115. Felsige Steilküsten wechseln in bunter Folge mit Sandstränden ab. Die Straße führt dann landeinwärts nach *Montallegro,* wo kurz darauf eine Zufahrtsstraße zum *Kap Bianco* mit den Ruinen von

Eraclea Minoa abzweigt. Das antike Herakleia Minoa war eine Kolonie von Selinunt (s. rechte Spalte). Die Ruinen des griechischen *Theaters* und eines Mauergürtels mit Wehrtürmen und Toren vermitteln noch einen guten Eindruck von der Größe der antiken Stadt.

Das nun folgende Seebad

***Sciacca,** 294 km, wurde im 7. vorchristlichen Jahrhundert ebenfalls von Selinunt gegründet und war von Anfang an auch Thermalbad. Noch heute ist es eines der bekanntesten Thermalbäder Siziliens. Behandelt werden unter anderem Rheumatismus, Arthritis, Nervenentzündungen und Hautkrankheiten. Weithin bekannt sind die natürlichen „Schwitzgrotten" des *Monte Calogero.* Am Stadtrand liegt ein guter Badestrand.

Außer antiken Bauresten besitzt Sciacca auch schöne Bauten aus dem Mittelalter und der Barockzeit, so den *Dom,* den außen Statuen von Antonino und Gianamerico Gagini und im Innern Renaissanceskulpturen schmücken, die Kirche *Santa Margherita* mit sehenswertem Portal, den **Palazzo Steripinto* (15. Jh.) in sizilianisch-katalanischem Stil, die *Casa Arone* mit gotischen Biforen (zweibögige Fenster) und schöner Treppe, das *Castello Luna* und den *Palazzo Perollo.*

Von hier aus lohnen sich Abstecher auf guten Bergstraßen nach *Caltabellotta* (20 km; 760 m ü. d. M.) mit normannischer Kirche und den Ruinen eines normannischen Kastells und nach *Monte Calogero* (8 km) mit herrlichen Ausblicken auf das Meer.

Bei *Menfi,* 315 km, beginnt wieder ein landschaftlich sehr schöner Streckenabschnitt. Kurz nach dem Überqueren des Flusses *Belice* erreicht man auf einer fünf Kilometer langen Zufahrtsstraße das weiter südlich liegende

****Selinunt,** (ital. *Selinunte),* 336 km. In einer einsamen Landschaft am Meer stehen die imposanten Ruinen der griechischen Stadt, die um 650 v. Chr. von den Dorern gegründet wurde. Sie entwickelte sich rasch zu einer der größten griechischen Städte auf Sizilien. Die ***Zona Monumentale* gehört zu den bedeutendsten archäologischen Ausgrabungsstätten Italiens. Während die Bauten auf dem Osthügel eine Art Vorort der Siedlung bildeten, lag die Akropolis auf dem nicht weit davon entfernten Westhügel. An beiden Stellen sind großartige Reste der antiken Stadt, die schon im Jahr 409 v. Chr. in den Kämpfen zwischen Karthago und Syrakus zerstört worden ist, freigelegt worden. Die Tempelruinen wurden von den Archäologen mit Buchstaben bezeichnet, weil nicht einwandfrei geklärt ist, welcher Gottheit die einzelnen von ihnen geweiht waren. Die eindrucksvollsten sind der riesige *Tempel G* auf dem Osthügel (um 550 – 480 v. Chr.), der Mitte des 6. Jahrhunderts v. Chr. erbaute *Tempel C* auf der Akropolis und der in den fünfziger Jahren mit allen 38 Säulen und Gebälk wiederaufgebaute *Tempel E* (5. Jh. v. Chr.). Der prachtvolle Metopenschmuck des Tempels E ist heute im Archäologischen Nationalmuseum von Palermo (s. S. 295) zu bewundern.

Interessant ist auch ein Besuch der nahen Steinbrüche. Dort kann man alle Stadien der Arbeit an den Steinblöcken für die Säulen sehen.

In der Nähe von Selinunt liegt das kleine Seebad *Marinella di Selinunte.*

Umweg über Castelvetrano

Nachdem man auf die Hauptstraße zurückgefahren ist, empfiehlt sich von hier ein (unbedeutender) Umweg über

***Castelvetrano,** 350 km. Das im 11. Jahrhundert gegründete Städtchen ist Mittelpunkt eines Wein- und Olivenanbaugebietes. Sehenswert sind die *Chiesa Madre* (16. Jh.), die im Renaissancestil gehaltene Hauptkirche der Stadt mit bemerkenswerten Stuckarbeiten von Ferraro und G. Serpotta, die Kirche *San Giovanni* mit einer 1522 von Gagini geschaffenen Marmorstatue Johannes' des Täufers im Chor und die Kirche *San Domenico* mit Stuckdekorationen und Fresken von Ferraro.

Im Rathaus der Stadt befindet sich der *******Ephebe* von Selinunt (6. Jh. v. Chr.), eine der schönsten Statuen der archaisch-sizilianischen Kunst.

Nur etwa vier Kilometer westlich von Castelvetrano liegt der Stausee *Lago Trinità* mit der normannischen Kirche **Santissima Trinità di Delia* (12. Jh.), deren Architektur und Dekorationen arabischen Einfluß erkennen lassen.

*

Von *Campobello di Mazara* führt eine acht Kilometer lange Straße durch eine mit Weinreben bestandene Ebene zum langen Badestrand von *Tre Fontane.*

***Mazara del Vallo,** 373 km, liegt an der Mündung des *Mazaro,* an der sich schon in phönizischer Zeit eine Handelsniederlassung befunden haben soll. Große Bedeutung erlangte die Stadt im 9. Jahrhundert unter den Arabern und später unter den Normannen. Sehenswert sind der *Dom,* die Kirchen *San Nicola Regale* und *Santa Catarina* (beachtliches gotisches Portal) sowie viele andere aus der Renaissance und dem Barock stammende Kirchen und Paläste. Im *Palast der Malteserritter* ist heute das Städtische Museum untergebracht, das auch eine Waffensammlung sowie Münzen und Amphoren aus römischer Zeit enthält. Außerhalb der Stadt steht die aus der Normannenzeit stammende Wallfahrtskirche *Madonna dell'Alto* (11. – 12. Jh.) mit bemerkenswertem Portal und zwei Spitzbögen.

Der Hafen der Stadt ist einer der wichtigsten Fischereihäfen Italiens. Interessant ist eine Bootsfahrt durch den Kanalhafen der Flußmündung.

Auf der Straße 115 erreicht man nun in wenigen Fahrminuten

***Marsala,** 395 km, s. S. 304.

DREI ROUTEN DURCH SARDINIEN

Sardinien, die zweitgrößte Mittelmeerinsel, bietet wie Sizilien Naturschönheiten, historische Denkmäler und Kunstdenkmäler in gleicher Fülle. Auch diese Insel ist somit sowohl für einen Ferien- und Badeaufenthalt als auch für eine Studienreise geeignet. Wer genügend Zeit hat, sollte beides miteinander verbinden.

Kenner der Insel sagen, daß Sardinien ein kleiner Kontinent für sich sei. Schon in vorgeschichtlicher Zeit stand hier die Kultur auf einer hohen Stufe. Geschichts- und Kunstdenkmäler gibt es aus fast allen Epochen.

Wenn man die Hotels von Alghero oder an der Costa Smeralda, die Inselhauptstadt Cagliari oder andere vom modernen Fremdenverkehr erfaßte Orte verläßt, beginnt schon nach wenigen Minuten eine Reise durch die Jahrhunderte, deren Relikte auf Sardinien nahe beeinander zu finden sind. Jedes kurze Wegstück ist reich an historischen Erinnerungen. Kaum zu beschreiben und unvergeßlich sind die Eindrücke einer Fahrt zwischen hohen Granitfelsen, durch Asphodelenfelder (Liliengewächse), an seltsam geformten und gewundenen Eichen vorbei, die einsam auf verlassenen Feldern stehen, über Landstraßen, auf denen man uralten Ochsenkarren begegnet, durch ärmliche Dörfer mit Hütten aus ungebrannten Ziegeln und winzigen gemauerten Backöfen davor und durch felsige Landstriche, die – wie der Sarde sagt – Gott selber am sechsten Tag der Schöpfung aus einem Haufen übriggebliebener Steine geformt hat.

Im Golf von Orosei (Ostküste), in Poetto (Cagliari), bei Santa Margherita di Pula, Marina di Arbus und Turri Manna gibt es besonders schöne Sandstrände. Der schönste Strand jedoch ist der von Piscinas, südlich von Oristano; dort gelangt man über einen zwei Kilometer breiten Sandstreifen mit Dünen, die denen der Sahara ähneln, ans Meer. Die Wassertemperaturen betragen noch bis tief in den Oktober hinein mehr als 21 Grad Celsius.

Im Unterschied zu Reisen in anderen Regionen Italiens wird man auf Sardinien mit der Bevölkerung nur schwer Kontakt bekommen. Der Charakter des Sarden ist zwiespältig und voller Gegensätze. Hauptmerkmale sind seine Naturverbundenheit und sein Festhalten an althergebrachtem Brauchtum. Er ist gleichzeitig lebensbejahend und melancholisch, sehr gastfreundlich, dabei aber auch mißtrauisch jedem Fremden gegenüber, bescheiden, oft auch einfach, dabei aber stolz und selbstbewußt.

Die große Religiosität des Sarden ist vielfach mit Aberglauben durchsetzt. Tief verwurzelt ist der Familiensinn, aus dem in früherer Zeit die Blutrache entstand.

Mit einer herkömmlichen „Italienreise“ ist eine Fahrt über die

Insel Sardinien nicht zu vergleichen. Man wird bald feststellen, daß hier vieles anders ist als auf dem italienischen Festland.

Dem aufgeschlossenen Reisenden jedoch wird Sardinien viele neue, ungewöhnliche Eindrücke und Erlebnisse vermitteln.

Nachfolgend sind drei Routen beschrieben, die jeweils in Einreisehäfen beginnen und zu anderen Hafenstädten führen, so daß auch der Sardinienbesucher, der nur wenig Zeit hat, die wichtigsten Sehenswürdigkeiten zwischen Ankunfts- und Ausreisehafen kennenlernen kann.

Die Routen lassen sich für denjenigen, der länger auf Sardinien bleibt, zu einer großen Rundfahrt kombinieren.

Route 26: *Olbia – **Costa Smeralda – Santa Teresa di Gallura – *Porto Torres – *Sassari – **Alghero (167 km)

Der am häufigsten angelaufene Hafen Sardiniens ist

***Olbia.** Hier legen täglich die Passagierschiffe aus Civitavecchia an. Der von Phöniziern gegründete Ort ist seit Jahrhunderten das Zentrum der Korkindustrie, einer wichtigen Erwerbsquelle Sardiniens. Im Golf von Olbia werden sehr schmackhafte Muscheln gezüchtet. Die sandigen Badebuchten rund um die Stadt werden viel besucht, die touristischen Einrichtungen sind gut.

Hauptsehenswürdigkeit Olbias sind die Reste der *punischen Nekropole* mit Schachtgräbern (zwischen den Gassen Via Brigata Sassari, Via Mameli und Via La Marmora) und die auf einer Anhöhe beim Stadtbahnhof gelegene romanisch-pisanische Kirche **San Simplicio* (11. Jh.). Sie hat ein dreischiffiges Inneres mit römischen Säulen und romanischen Bögen und enthält eine Sammlung römischer Inschriften, Urnen und Meilensteine.

Sehr schön ist der Blick, den man vom fjordartigen Hafen auf den klippenreichen *Golf von Olbia* mit den beiden vorgelagerten Felseninseln *Tavolara* und *Molara hat.*

Man kann nun entweder auf der durch zahlreiche Badeorte führenden (längeren) Küstenstraße oder auf der Straße 127 durch das Landesinnere nach Sassari weiterfahren.

A: ÜBER DIE COSTA SMERALDA UND CASTELSARDO

Man verläßt Olbia im Norden auf der Straße 125, biegt aber kurz nach der Stadtausfahrt rechts ab und fährt über *Marinella* (Sandstrand) und längs der klippenreichen, malerischen Küste nach

Golfo degli Aranci, 20 km. Das am gleichnamigen Golf gelegene Fi-

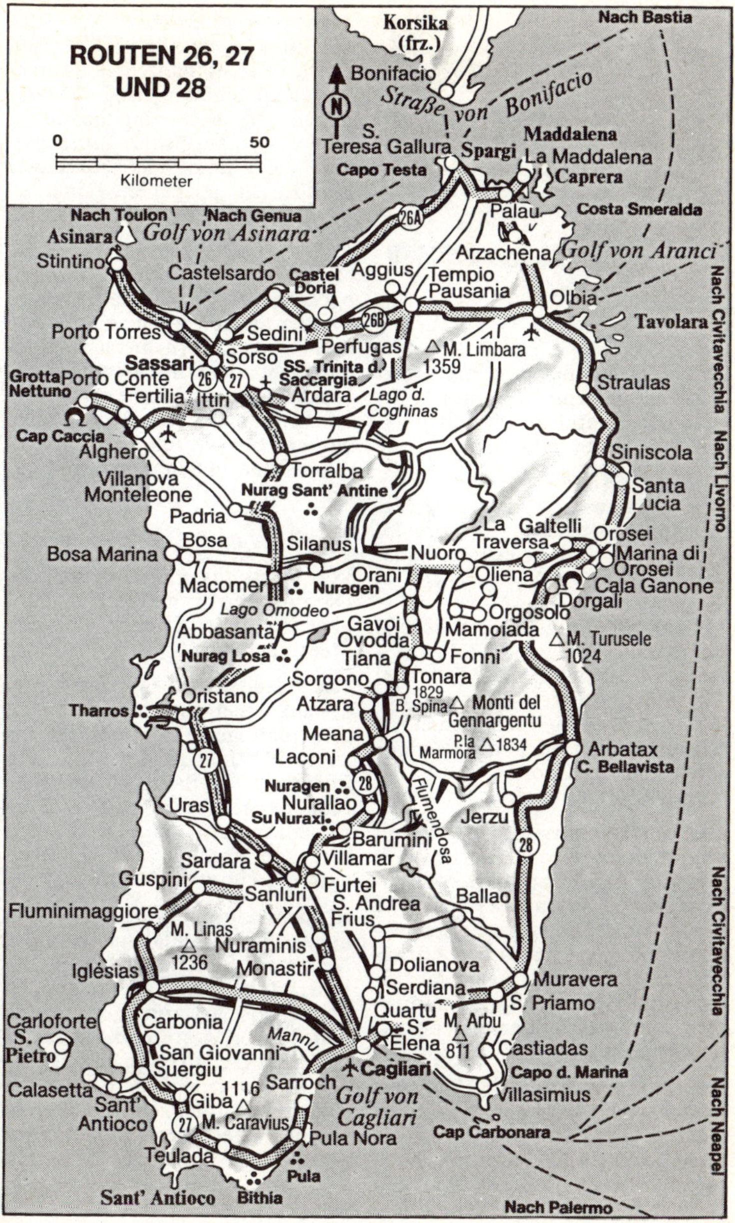
ROUTEN 26, 27 UND 28
0
50
Kilometer
Korsika (frz.)
Nach Bastia
Bonifacio
Straße von Bonifacio
S. Teresa Gallura
Capo Testa
Spargi
Maddalena
La Maddalena
Caprera
Palau
Costa Smeralda
Arzachena
Golf von Aranci
Nach Toulon
Nach Genua
Asinara
Golf von Asinara
Stintino
Castelsardo
Castel Doria
Aggius
Tempio Pausania
Olbia
Tavolara
Porto Tórres
Sedini
Perfugas
M. Limbara 1359
Sassari
Sorso
SS. Trinita d. Saccargia
Grotta Nettuno
Porto Conte
Fertilia
Ittiri
Ardara
Lago d. Coghinas
Straulas
Cap Caccia
Alghero
Torralba
Siniscola
Villanova Monteleone
Nurag Sant' Antine
Santa Lucia
Padria
La Traversa
Galtelli
Orosei
Bosa
Silanus
Bosa Marina
Nuoro
Marina di Orosei
Macomer
Orani
Oliena
Nuragen
Cala Ganone
Lago Omodeo
Orgosolo
Dorgali
Abbasanta
Gavoi
Ovodda
Mamoiada
M. Turusele 1024
Nurag Losa
Tiana
Fonni
Sorgono
Tonara
Oristano
1829
Atzara
B. Spina
Monti del Gennargentu
Tharros
Meana
P.la Marmora
1834
Arbatax
C. Bellavista
Laconi
Nuragen
Nurallao
Flumendosa
Uras
Su Nuraxi
Jerzu
Barumini
Sardara
Villamar
Guspini
Sanluri
Furtei
S. Andrea Frius
Ballao
Fluminimaggiore
M. Linas 1236
Nuraminis
Monastir
Dolianova
Iglésias
Serdiana
Muravera
S. Priamo
Quartu S. Elena
M. Arbu 811
Carloforte
S. Pietro
Carbonia
Mannu
Castiadas
San Giovanni Suergiu
Cagliari
Capo d. Marina
Calasetta
Sarroch
Villasimius
Sant' Antioco
Giba
1116
M. Caravius
Golf von Cagliari
Cap Carbonara
Pula Nora
Teulada
Pula
Sant' Antioco
Bithia
Nach Palermo
Nach Civitavecchia
Nach Livorno
Nach Civitavecchia
Nach Neapel
26
26A
26B
27
28

Costa Smeralda

scherdorf ist bekannt als Fährschiffhafen und Ferienort mit schönem Strand und Möglichkeiten zum Unterwassersport.

Auf der Weiterfahrt zur Costa Smeralda zweigt rechts eine Nebenstraße ab nach *Porto Rotondo,* einem malerisch gelegenen Badeort.

****Costa Smeralda** *(Smaragdküste)* nennt man den vom Golfo degli Aranci über die Golfe *Marinella, Cugnara* und *Pevero* bis zum *Golfo di Arzachena* sich hinziehenden Küstenstreifen, der aus malerischen Felsen, Grotten und Sandstränden besteht.

Die einst einsame Halbinsel wurde unter finanzieller Beteiligung des Aga Khan für den Fremdenverkehr erschlossen. Sie ist heute ein exklusives Ferienzentrum und eine touristische Attraktion Sardiniens. Die vielen der Küste vorgelagerten Klippen und Inseln sind bei Unterwassersportlern beliebt.

Das am nordöstlichen Ende des Golfs von Arzachena liegende *Baia Sardinia* hat einen der schönsten Sand- und Klippenstrände Sardiniens und ist ein sehr viel besuchter Fremdenverkehrsort.

Arzachena, 76 km (bzw. 26 km auf der direkten Straße 125), ist ein altertümliches Städtchen, das malerisch am Südhang der 336 Meter hohen *Punta Martino* liegt. Ein lohnender Abstecher führt von hier nach dem acht Kilometer nordöstlich gelegenen *Cannigione,* das einen sehr schönen Strand hat.

Die Weiterfahrt von Arzachena nach *Palau,* 90 km, einem kleinen Fischerdorf mit schönen Stränden und Feriendörfern, bietet in ununterbrochender Folge ständig wechselnde Naturschönheiten. Die Straße führt bald über felsige Höhen, bald durchquert sie einsame Täler, in denen bizarre Granitblöcke das Auge fesseln.

Abstecher nach *La Maddalena

Von Palau aus empfiehlt sich die Dampferfahrt (mehrmals täglich) über das mit Klippen übersäte Meer nach

***La Maddalena,** der Hauptinsel des aus sieben Inseln bestehenden gleichnamigen Archipels, die bis zum 19. Jahrhundert ein Zufluchtsort für Banditen und Seeräuber war. Heute ist die Insel ein Ferienzentrum mit herrlichen Stränden und guten Möglichkeiten zum Unterwassersport.

In den Jahren 1803 und 1804 diente La Maddalena Admiral Nelson als Flottenstützpunkt. Die Pfarrkirche des gleichnamigen Städtchens bewahrt noch einen von Nelson gestifteten Leuchter mit einer eigenhändig geschriebenen Urkunde. Später bauten die Italiener den ganzen Archipel zu einem befestigten Flottenstützpunkt aus. Nach dem Zweiten Weltkrieg wurden die Befestigungen geschleift.

Eine Fahrstraße führt über eine Brücke zur Nachbarinsel

Caprera, wo es schöne Ferienplätze und ein Touristendorf gibt. Garibaldi verbrachte auf der Insel seinen Lebensabend. Sein Haus ist als Museum eingerichtet. Im Park ist auch sein Grab.

*

Von *Palau* fährt man über *Porto Pozzo* (malerische Bucht mit eigenwillig geformten Granitfelsen) und einen etwa 90 Meter hohen Paß (schöner Blick) weiter nach

Santa Teresa di Gallura, 115 km, wo es einen weiten Sandstrand und eine klippenreiche Küste (Unterwassersport) gibt. Am fjordähnlichen Hafen des Seebades sind noch die Ruinen eines griechisch-römischen Bauwerks zu sehen. Man kann von hier bis nach dem nur zehn Seemeilen entfernten Korsika sehen.

Auch von der nahen *Punta Falcone,* dem *Falkenkap,* und vom *Capo Testa* (Sandstrände zwischen hohen Felswänden; römische Ruinen) hat man einen sehr schönen Fernblick.

Nun folgt man der Küstenstraße nach Südwesten. Sie führt durch den einsamsten Teil der Landschaft Gallura. Kahle, zerklüftete Felsen reichen bis ans Meer. Badestrände gibt es bei *Porto Vignola* und *Portobello di Gallura.*

Abstecher nach Castel Doria

Kurz nach dem Überqueren des *Coghinas* zweigt bei dem Dorf *Codaruina,* 172 km, links eine Nebenstraße ab und führt nach der acht Kilometer entfernten Ortschaft

Castel Doria am gleichnamigen See. Die Schwefel-Thermalquellen des Ortes waren schon den Römern bekannt. Heute gibt es hier eine moderne Kuranstalt für Bade- und Trinkkuren sowie Schlammpackungen. Auf einer Anhöhe stehen die Ruinen einer Genuesenburg.

*

Man fährt auf die Küstenstraße 200 zurück und unterbricht die Fahrt kurz bei der sehenswerten romanisch-pisanischen Kirche **Nostra Signora di Tergu* (12. Jh.). Vorbei am auffallend geformten „Elefantenfelsen“ (Grabhöhlen aus der jüngeren Steinzeit), erreicht man nun bald

***Castelsardo,** 187 km, das im 12. Jahrhundert auf einem an drei Seiten vom Meer umspülten Kap gegründet wurde. Unter den Genuesen wurde die mächtige Burg erbaut, die heute *Castel Genovese* heißt. Sehenswert ist auch der spätgotische *Dom* (um 1500) mit Gemälden sardischer Meister.

Malerisch sind die kleinen und engen Gassen, die man nur zu Fuß durchstreifen kann und die an manchen Stellen durch Bögen und Treppen unterbrochen sind.

Von der sehr schönen Küstenstraße zweigen nun Wege zu frühgeschichtlichen Nuragen ab. Das sind befestigte Wohnstätten in Kegelform, die aus übereinander geschichteten Steinblöcken ohne Bindemittel errichtet wurden.

Links zweigt eine Straße ab, die über *Sorso* (Zentrum eines reichen Oliven- und Weinbaugebietes und der Olivenölherstellung) direkt nach Sassari (s. S. 334) weiterführt. Auf der Küstenstraße erreicht man zuerst *Marina di Sorso,* ein Seebad mit Sanddünen, dann *Platamona Lido* (guter Badestrand) und schließlich

***Porto Torres,** 222 km. Die wichtige Hafenstadt (Fährschiffe nach Genua, Bastia, Nizza, Toulon und anderen Orten) hat zahlreiche Sehenswürdigkeiten und schöne Badestrände in der unmittelbaren Umgebung. Sie wird daher viel von Touristen besucht. Aus der Antike sind hier noch römische Baureste erhalten, darunter Reste von Häusern und Thermen und von einem Fortunatempel sowie eine römische Brücke aus Quadersteinen mit sieben Bögen, die die Mündung des Flusses *Mannu* überspannt.

Das bedeutendste Gebäude der Stadt ist die in lombardisch-pisanischem Stil erbaute Kirche **San Gavino* (11. Jh.). Im Innern sieht man romanische Säulen, die antike römische Kapitelle tragen. Die Längsseiten haben ornamentale Bögen und Zwillingstüren (15. Jh.) in gotisch-katalanischem Stil. In der Krypta verehrt man die in römischen Sarkophagen liegenden Reliquien der drei Märtyrer und Schutzheiligen dieses Gebietes, Gavinus, Protus und Januarius.

Sehenswert ist auch die sogenannte „Zielsäule", die das Ende der zu Beginn des 19. Jahrhunderts erbauten Straßenverbindung von Cagliari nach Porto Torres anzeigt; sie stammt aus einem römischen Tempel und wurde im 19. Jahrhundert klassizistisch verziert. Am Hafen steht ein aus dem 14. Jahrhundert stammender Wehrturm.

Empfehlenswerte Abstecher führen zu kleinen Seebädern und zu malerischen Klippen in der nächsten Umgebung der Stadt, sowie zu dem an der Westseite des *Golfo dell'Asinara* liegenden Fischerdorf *Stintino,* das zwischen einem Salzssee (Salinen und Thunfischverwertung) und einem schönen Badestrand liegt. Dem nahen Kap Falcone vorgelagert liegen die kleine Insel *Piana* und die größere Insel *Asinara,* letztere mit den Resten einer Burg, die der berüchtigte algerische Seeräuber Chaireddin Barbarossa erbauen ließ. Überall hat man gute Möglichkeiten zum Unterwassersport.

Von Porto Torres führt die Straße 131, vorbei am Hügel *Monte d'Accodi* mit Resten eines Steinzeitaltars und zwei Menhiren, aufrecht stehenden Steinen mit vorgeschichtlichen Gravierungen, nach

***Sassari,** 241 km, der von Gärten und Olivenhainen umgebenen zweitgrößten Stadt Sardiniens. In der früher ganz von Mauern umschlossenen Altstadt sieht man noch die gewundenen mittelalterlichen Gäßchen mit uralten Häusern, die sich um die Kathedrale drängen. Im Gegensatz dazu ist die neue Oberstadt mit großen Grünflächen und modernen Wohnblocks angelegt.

Die Kathedrale **San Nicola* (13. – 17. Jh.) zeigt verschiedene Baustile, die vom ursprünglich romanischen über den gotisch-katalanischen bis zum spanischen Barockstil reichen. Im Innern beachte man die sehenswerte Madonna am Hochaltar, die ein sardischer Meister des 16. Jahrhunderts einer florentinischen Arbeit aus dem 14. Jahrhundert nachgebildet hat.

Hinter dem Dom steht der *Palazzo del Duca* (18. Jh.), in dem heute das Rathaus und ein Folkloremuseum untergebracht sind.

Nur wenige Schritte entfernt liegt die romanische Kirche *Santa Maria di Betlem* (13. Jh., im 15. Jh. umgestaltet) mit pisanischem Portal und wertvollen barocken Schnitzaltären im Innern. Den Kreuzgang schmückt ein Brunnen aus dem 14. Jahrhundert. Sehenswert sind auch die zahlreichen anderen Kirchen der Stadt, die zum größten Teil aus dem 13. und 14. Jahrhundert stammen, später jedoch barockisiert wurden.

Besondere Touristenattraktionen sind die vielen religiösen und weltlichen Feste und Veranstaltungen der Stadt mit prunkvollen Trachtenumzügen und alten Bräuchen.

Sardische Tracht

Zu erwähnen sind vor allem die Prozessionen in der Karwoche (eindrucksvoll die Prozession des „Toten Heilands" am Karfreitag), der „Sardische Ritt" mit Amazonen und Reitern, Volksgruppen, Trachten und traditionellen Tänzen am Himmelfahrtstag sowie die „Prozession der Kerzenleuchter", ein Umzug der mittelalterlichen Gewerbe- und Bauernzünfte zu Ferragosto (Mitte August).

B: ÜBER TEMPIO PAUSANIA

Man verläßt *Olbia* im Westen auf der Straße 127 und fährt durch eine einsame Berglandschaft mit Macchia, Oliven- und Korkeichenhainen über *Telti,* 16 km (Reste einer römischen Militärstation), ständig bergan nach *Calangianus,* 35 km, wo Korkrinde verarbeitet wird. In der Umgebung liegen Nuragen (s. S. 55), Dolmen (vorgeschichtliche Grabkammern aus dicken Steinplatten oder -blökken) und ein Hünengrab. Ein Abstecher führt auf der rechts abzweigenden Straße 427 durch Korkeichenwälder zum 17 Kilometer entfernten Stausee *Liscia,* an dessen Nordufer mehrere gut erhaltene Nuragen liegen. Auch

Tempio Pausania, 45 km, lebt weitgehend von seiner Korkindustrie. Darüber hinaus haben ihre schöne Lage und gute Ausflugsmöglichkeiten in die umliegenden Berge die kleine Stadt zu einem beliebten Ferienort werden lassen. Sehenswert sind der Dom (15. Jh.) und die gegenüberliegende Kirche **San Pietro,* die ursprünglich im romanischen Stil erbaut war und später barockisiert wurde.

Ein Spaziergang führt durch den *Viale Fonte Nuova* (schöne Aussicht) und das reizvolle *Aggius-Tal* zur Thermalquelle *Rinaggiu,* aus der ein stark mineralhaltiges, heilkräftiges Wasser sprudelt.

Abstecher zum Limbara-Massiv und zum *Lago del Coghinas

Wenn man Zeit hat, kann man einen Abstecher (17 km) auf einer schönen Panoramastraße in das *Limbara-Massiv,* zum *Monte Balistreri,* machen. Die Straße führt in eine Höhe von 1300 Metern. Vom höchsten Punkt aus genießt man einen umfassenden Rundblick über ganz Nordsardinien.

Ein anderer lohnender Ausflug führt auf der Straße 392 über den Paß *La Variante* (676 m) zum 25 Kilometer entfernten **Lago del Coghinas.* Eine 350 Meter lange Brücke überspannt einen Arm des riesigen Stausees (52 m hoher Staudamm). Von dort hat man einen schönen Blick auf die Ruinen des alten *Castello Acuto.* Kurz nach der Brücke erreicht man *Oschiri,* das mit seiner kuppelgekrönten Pfarrkirche etwa in der Mitte der Fernverkehrsstraße Olbia – Sassari liegt. Eine Zufahrt führt zum Ostufer des Sees mit der Kirche *Nostra Signora di Castro* (14. Jh.), nahe gelegenen Ruinen einer mittelalterlichen Burg, Nuragenresten und Bauresten aus römischer Zeit.

*

Man verläßt *Tempio Pausania* (s. S. 335) im Westen und überquert den Hauptfluß Sardiniens, den *Coghinas.* Von hier führen zwei Straßen weiter nach Sassari. Wegen der prachtvollen Landschaft lohnt es sich, die rechts abzweigende (nördliche), kurvenreichere Straße über Perfugas, Nulvi und Osilo zu wählen.

Perfugas, 71 km, liegt malerisch über dem Fluß *Altana,* der drei Kilometer nördlich des Ortes in den *Lago di Castel Doria* (s. S. 333) mündet. Hier sollte man die in gotisch-katalanischem Stil errichtete Kirche *San Giorgio* (15. Jh.) besuchen, die ein Polyptychon eines sardischen Meisters aus dem 16. Jahrhundert bewahrt.

Abstecher nach *Sedini (8 km)

Hinter Perfugas lohnt sich ein Abstecher auf der rechts abzweigenden Straße 134 zur romanisch-pisanischen Kirche **San Pietro delle Immagini* (11. – 13. Jh.) und über den Ort *Bulzi* weiter nach

***Sedini.** In dem an einem Steilhang liegenden Ort sollte man die gotisch-katalanische Kirche *Sant'Andrea* (1517) und die antiken Felsengräber *(Domus de Janas),* die später zu Höhlenwohnungen umgestaltet wurden, besuchen.

Ein Spaziergang von etwa 40 Minuten führt zu den Ruinen der in lombardischen Stil von Benediktinern errichteten Kirche **San Nicola di Silanis* (12. Jh.). In der Nähe liegen Dolmen (s. S. 335) und ein Nurage (s. S. 55).

Wenn man dieser Straße weiter nach Norden folgt, so gelangt man nach *Castelsardo* (s. S. 333).

*

Wieder auf die Straße 127 zurückgekehrt, kommt man zuerst nach *Laerru,* in dessen Umgebung einige Nuragen und Kalksteingrotten mit Tropfsteinen liegen. Der folgende Ort

Martis, 87 km, hat eine schöne gotische *Pfarrkirche.* Ein etwa halbstündiger Fußweg führt von hier aus zum „Versteinerten Wald", seltsam geformten Felsen und Blöcken aus Kalkstein.

Von *Nulvi,* 97 km, aus, wo sich noch die alten Volkstrachten und uralte Bräuche erhalten haben, führen Fußwege zu mehreren Nuragen. Vom Nuragen „Orria“ (3 km südöstlich), der über 400 Meter hoch liegt, hat man einen weiten Rundblick.

Die kehrenreiche Straße führt weiter nach

Osilo, 115 km, mit den Ruinen einer **Burg* aus dem 13. Jahrhundert, von deren noch erhaltenen Türmen man ebenfalls einen weiten Blick genießt.

Durch fruchtbares Land mit Wein- und Olivengärten fährt man nun hinunter nach

***Sassari,** 129 km, s. S. 334.

Die Weiterfahrt erfolgt am besten auf der Straße 127-bis die mehrmals die Bahngeleise und dann den Fluß *Mannu* überquert. In der Nähe der Straße stehen Nuragenreste. Die etwas eintönige Landschaft nimmt nun bald gartenartigen Charakter an, es folgen Obst- und Weingärten, sowie Blumenpflanzungen. Schließlich erreicht man

****Alghero,** 167 km, den beliebtesten Ferienort Sardiniens. Die von Olivenhainen und Pinienwäldern umgebene Stadt besitzt einen wichtigen Fischereihafen, einen fünf Kilometer langen Sandstrand, eine malerische Klippenküste und sehr gute touristische Einrichtungen. In der *Bucht von Alghero* werden dunkle Korallen gefischt und in der Stadt zu kunstvollem Schmuck verarbeitet, was der Küste den Beinamen „Riviera del Corallo“ eintrug.

Die eindrucksvollsten Bauten sind die *Bastionen* und die *Stadtmauer,* die noch heute die Altstadt umschließen. Sie wurden von den Genuesen und von den Spaniern zwischen dem 12. und 14. Jahrhundert errichtet. Die Spanier, besonders die Katalanen, die 1355 die Stadt in Besitz nahmen, haben in der Architektur vieler ihrer Häuser und Kirchen, im Aussehen der Promenaden (hier „Ramblas“ genannt) und nicht zuletzt im Idiom der Einheimischen bis heute deutliche Spuren hinterlassen.

Sehenswert sind der im Stadtpark stehende alte Torturm *Porta Terra,* die im 14. Jahrhundert erbaute und später klassizistisch veränderte *Kathedrale,* die in der mittelalterlichen *Via Principe Umberto* stehende *Casa Doria* (16. Jh.) mit schönem Renaissanceportal, die nahegelegene Kirche *San Francesco* (14. – 15. Jh.) mit zweistöckigem Kreuzgang (16. Jh.) und der auf der gleichnamigen Piazza am Meer stehende **Torre di Sulis,* ein Überbleibsel der genuesischen Befestigungsanlage aus dem 13. Jahrhundert. Hier beginnt die Meerespromenade *Lungomare Dante* (sehr schöne Ausblicke; herrliche Sonnenuntergänge).

Sehr lohnend ist der kurze Abstecher (auch mit dem Ausflugsboot, etwa 40 Min. Fahrt) zum *Capo Caccia* (13 km), einem 170 Meter hoch steil aus dem Meer aufragenden rötlichen Kalkfelsen. Das Kap schließt den ***Golf von Porto Conte* ab, der schon von den Dichtern des Altertums wegen seiner Schönheit besungen wurde. Dort gibt es einen Hafen, einen herrlichen Strand, einen Schatten spendenden Pinienwald, Hotels, Wassersportmöglichkeiten und andere touristische Einrichtungen. In die Felsküste hineingeschnitten ist die ***Grotta di Nettuno (Neptungrotte),* die schönste Grotte Sardiniens, mit einem See

und phantastischen Tropfsteinformationen. Man kann die Grotte entweder mit dem Boot oder über 620 in den Felsen gehauene Stufen erreichen.
Zwischen Alghero und *Porto Conte* liegt das moderne Seebad *Fertilia*.
Andere interessante Ausflüge führen zur unterirdischen, vorzeitlichen Nekropole ***Anghelu Ruiu* (13 km) mit Felsgravierungen aus der frühen Bronzezeit, ferner zur schönen Wallfahrtskirche von *Valverde* (8 km) sowie durch das Bergland *Scala Piccada* (Lavaschichten wechseln mit Lagen vulkanischen Tuffsteins ab) und über den 618 Meter hohen Paß **Su Pischinale* (prachtvoller Blick), in dessen Umgebung viele Nuragen stehen, nach *Villanova Monteleone* (25 km). Von dort aus kann man, wenn man Zeit hat, weiterfahren nach dem romantischen Bergdorf **Monteleone Rocca Doria* mit Genuesenburg (15. Jh.) und spätromanischer Kirche.

Route 27: *Sassari – Macomer – *Oristano – Iglesias – **Cagliari (219 km)

Man verläßt **Sassari* (s. S. 334) auf der Straße 131 und folgt nach 15 Kilometern einer Zufahrtsstraße (links) zum Kloster

****Santissima Trinità di Saccargia,** 17 km. Es wurde im 12. Jahrhundert in romanisch-pisanischem Stil erbaut. Die Wände der Abteikirche und des Campanile sind mit weißem Kalkstein und schwarzem Basalt horizontal gestreift. Im Innern beachte man vor allem die Fresken aus dem 13. Jahrhundert.

Kloster Santissima Trinità

Kurze Abstecher führen von hier zu den alten Landkirchen *San Michele di Salvénero* (12. Jh.) und *Sant' Antonio di Salvénero* (13. Jh.) sowie nach *Ardara*, wo auf einem Hügel die romanisch-lombardische Kirche **Santa Maria del Regno* (1170) mit einem schönen spätgotischen Altarbild steht. Etwa sechs Kilometer weiter östlich kann man die Kirche **Sant'Antioco di Bisarcio* besuchen, die 1150 als Kathedrale auf den Resten eines 1090 abgebrannten kleineren Gotteshauses erbaut wurde. Sie besitzt eine dreibogige Vorhalle mit Ziermotiven, Monolithsäulen mit kunstvollen Kapitellen und am Gesims einen Rundbogenfries.

Torralba, 39 km, ist der Ausgangspunkt für Abstecher zu der roma

..isch-pisanischen Kirche **San Pietro di Sorres* (12. Jh.) nahe dem Dorf *Borutta* sowie zum

****Nuragenpalast Sant'Antine** aus dem 9. oder 10. Jahrhundert v. Chr. Im Mittelturm dieses größten, besterhaltenen und mit 16 Metern höchsten vorgeschichtlichen Bauwerks der Insel kann man noch den zum Obergeschoß führenden Spiralgang sehen. Die Ecktürme haben Wehrgänge mit Schießscharten. In der unmittelbaren Umgebung stehen zahlreiche kleinere Nuragen.

Von der Straße 131 zweigt kurz nach Sant'Antine links eine Nebenstraße ab nach *Bonorva* (Pferde- und Rinderzucht; Pfarrkirche mit gotisch-katalanischen Bauteilen). Neun Kilometer weiter östlich liegt die

****Grotta Sant'Andrea Priu** mit dem größten *Domus de Janas* der Insel: Die 20 in den Fels gehauenen Grabkammern aus der Nuragenzeit (2. Jt. v. Chr.) haben große Ähnlichkeit mit den um tausend Jahre jüngeren etruskischen Gräbern Mittelitaliens. Später wurden die Grabhöhlen zu Höhlenwohnungen umgewandelt.

Macomer, 75 km, war schon zur Zeit der Römer eine wichtige Poststation. Im Mittelalter und später war es ein militärischer Stützpunkt. Heute ist Macomer ein Eisenbahn- und Straßenknotenpunkt sowie ein Zentrum der sardischen Käseherstellung. In der Umgebung befinden sich viele Nuragen aus der Steinzeit.

Etwa 29 Kilometer weiter westlich liegt *Bosa,* das von dem mittelalterlichen *Castello di Serravalle* überragt wird. Ein Spaziergang führt von dort zu der etwa zwei Kilometer nördlich liegenden Kirche **San Pietro* (11. Jh.), der ältesten romanischen Kirche Sardiniens. An der Küste liegt der Fischerhafen *Bosa Marina* mit einem schönen Badestrand. Ein Damm führt zur *Isola Rossa* mit Leuchtturm und spanischem Wachtturm (16. Jh.).

Nach Osten führt von Macomer die Straße 129 über **Silanus* (vorromanische Kirche *Santa Sabina,* romanische Kirche *San Lorenzo* aus dem 12. Jh., zweistöckiger Nurage *Sarbana*) und andere kleine Dörfer mit schönen mittelalterlichen Kirchen nach *Nuoro* (s. S. 345).

Auf der Straße 131 erreicht man *Abbasanta,* 91 km, wo links eine Straße zum nahen **Lago Omodeo,* einem der größten Stauseen Europas, abzweigt. Kurz nach Abbasanta sieht man rechts neben der Straße den dreistöckigen Nuragen **Losa,* 93 km, mit mehreren Gängen, Räumen und Kuppeln.

Bei *Tramatza,* 113 km, empfiehlt sich ein Abstecher nach dem sechs Kilometer westlich liegenden *Milis,* das mit seiner romanischen Kirche San Paolo (12. – 13. Jh.) inmitten großer Zitronen- und Orangenpflanzungen liegt. Auch in den umliegenden Dörfern gibt es alte romanische Kirchen, in ihrer Umgebung Nuragen.

Die nächste größere Stadt ist

***Oristano,** 125 km, eine lebhafte Handelsstadt und Mittelpunkt einer landwirtschaftlich reichen Gegend. Zu den Sehenswürdigkeiten der Stadt gehören die *Torre di San Cristoforo* (13. Jh.) und die Reste der mittelalterlichen Stadtmauer, der *Dom* (13. Jh., im 18. Jh. umgestaltet und vergrößert) mit achtekkigem Campanile aus dem 14. Jahrhundert, das *Museo Arborense* in der Via V. Emanuele 8 (Funde aus der Nuragenzeit, punische und römische Waffen, Krüge, Schmuck), die klassizistische Kirche *San Francesco* in der Via Sant'Antonio mit gotischen Bauresten und wertvollen Kunstschätzen im Innern, der *Palazzo Eleonora d'Arborea* (Via Parpaglia 4) aus dem 14. Jahrhundert mit Frührenaissancefenstern sowie ein Denkmal der Eleonora von Arborea, die von 1383 bis 1404 Oberhaupt des Guidicato Arborea war, die sardische Verfassung „Carta de Logu" erließ und vergeblich versuchte, die Spanier von Sardinien zu vertreiben, um der Insel die Unabhängigkeit zu geben.

Acht Kilometer entfernt liegt *Marina di Torre Grande,* der beliebte Badestrand von Oristano, mit einem festungsartigen spanischen Rundturm.

Ausflüge führen zum nahen, sehr fischreichen Lagunensee *Stagno di Cabras,* zum Fischerdorf *Cabras* mit mittelalterlicher Burg (Landsitz der „Richter von Arborea") sowie auf die Halbinsel *Sinis* mit den frühchristlichen Kirchen **San Salvatore* (Krypta mit spätantiken Fresken; römischer Brunnen) und **San Giovanni in Sinis* mit Resten eines byzantinischen Baus aus dem 5. Jahrhundert.

Auf der Südspitze der Halbinsel liegen die

***Ruinen von Tharros,** einer ursprünglich wahrscheinlich phönizischen Siedlung, die später karthagisch und dann römisch wurde. Freigelegt sind die Reste eines phönizischen Tempels, Grundmauern römischer Häuser, Bäder, Tempel und Theater, die Reste einer Wasserleitung und eine phönizische Nekropole mit Römergräbern aus dem 5. bis 2. vorchristlichen Jahrhundert.

Auf der Weiterfahrt nach Süden stößt man kurz nach Oristano auf die auf einer Anhöhe stehende Kirche ***Santa Giusta* (11.–12. Jh.), eines der schönsten Beispiele pisanisch beeinflußter sardisch-romanischer Architektur.

Santa Giusta

Die Straße 131 führt nun durch ein sehr fruchtbares Gebiet (Getreide- und Weinanbau) nach *Uras,* wo die Straße zwischen Hügeln und Nuragen wieder anzusteigen beginnt.

Sardara, 165 km, verdient wegen seiner romanisch-gotischen Kirche *San Gregorio* (14. Jh.) einen kurzen Aufenthalt. Außerdem kann man hier in der Nähe einen Nuragen mit Brunnen aus dem 9. vorchristlichen Jahrhundert sehen. In der kleinen Kirche *Sant'Anastasia* sind noch byzantinische Bauteile erhalten.

Das benachbarte *Terme di Sardara* war wegen seiner Heilquellen schon im Altertum bekannt. Das Thermalwasser hilft bei Rheuma, Arthritis, Blasensteinen und anderen Leiden.

Südlich des Ortes steht auf einem Hügel die mittelalterliche Burg *Monreale,* die durch den heldenhaften Widerstand der Sarden gegen die Aragonesen, die die Burg 1478 stürmten, bekannt ist.

Sanluri, 174 km, wird von einem Schloß aus dem 14. Jahrhundert überragt, das heute ein Museum mit einer Waffensammlung enthält. Kurz vor *Serrenti* lohnt sich ein Abstecher nach der sechs Kilometer westlich liegenden Ortschaft *Samassi,* die vor allem wegen ihres dem spanischen „Jerez" (engl. „Sherry") ähnlichen Weines „Nasco" bekannt ist. Sehenswert sind die *Pfarrkirche* mit gotischem Campanile und die romanisch-gotische Kirche *San Gemiliano* (13. Jh.) mit schönem Renaissance-Grabmal im Innern.

Über *Nuraminis, Monastir,* 197 km, und an Klosterruinen aus dem Mittelalter vorbei führt die Straße 131 nun durch die fruchtbare Landschaft des *Campidano* weiter nach

***Cagliari,** 219 km, s. S. 342.

Umweg über Guspini und Iglesias

Wenn man Zeit hat, lohnt sich von *Sardara* (s. S. 340) oder von *Sanluri* (s. o.) aus der Umweg über *Guspini* (gotische Kirche San Nicola di Mira aus dem 15. Jh.) und auf einer landschaftlich eindrucksvollen Bergstraße (Nuragenreste; herrliche Ausblicke auf das Meer), die kehrenreich über Pässe und durch felsige Schluchten und Täler führt, nach

Iglesias (77 km von Sanluri). Die lebhafte Stadt ist seit dem Mittelalter der Hauptort des sardischen Bergbaus (Blei, Zink, Silber). Die schöne **Altstadt* mit Türmen und Resten der Stadtmauer ist an den Hang des *Monte Altare* gelehnt. Oben steht die Burg *Salvaterra* (13. Jh.), die 1325 von den Aragonesen erneuert wurde. In der Stadt gibt es viele mittelalterliche Kirchen, die teils in romanisch-pisanischem, teils in gotisch-katalanischem Stil erbaut sind. Besonders sehenswert sind *San Francesco* (16. Jh.) und *Santa Maria die Valverde* (13. – 14. Jh.). Die einschiffige romanische Kathedrale **Santa Chiara* (1288) wurde später gotisch umgebaut.

Interessante Stein- und Halbedelsteinsammlungen mit antiken Fundgegenständen kann man im Mineralienmuseum des *Istituto Tecnico Minerario* sehen.

Lohnend ist ein Spaziergang zur 330 Meter hoch liegenden Kirche **Nostra Signora del Buon Cammino,* von der aus man einen herrlichen Rundblick genießt.

In der Umgebung von Iglesias, vor allem im Gebiet um die drei Kilometer entfernte Stadt *Monteponi,* wird seit mehr als 2000 Jahren Bergbau getrieben. Durch den Abbau von Millionen Kubikmetern Gestein entstanden hier über hundert Meter tiefe Krater und Trichter, deren Wände je nach den im Gestein enthaltenen Mineralien goldgelb, braun oder rötlich schimmern. Das Gebiet ist besonders für Geologen interessant, da sich hier die ältesten Erdschichten finden, die es auf italienischem Boden gibt.

Die Weiterfahrt erfolgt auf der Straße 130 über *Domusnovas,* in dessen Nähe (3 km nordwestlich)

man die 750 Meter lange und 20 Meter hohe **Tropfsteinhöhle San Giovanni* besuchen sollte. Sie wird von einem Bach durchflossen und von einer schmalen Straße durchlaufen (mit Auto befahrbar).

Über *Siliqua* und *Villaspeciosa* (rechts lohnt sich ein Abstecher nach *Uta* mit der romanischen Kirche Santa Maria aus dem 12. Jh.) führt dann die Straße 130 nahe am Flughafen *Elmas* vorbei nach

****Cagliari** (58 km von Iglesias), s. rechte Spalte.

Umweg um die Südspitze Sardiniens

Wer von Iglesias nicht die direkte Straße 130 nach Cagliari fahren will, kann einen weiteren Umweg über die Südspitze, genauer die Südwestspitze, Sardiniens machen. Von *San Giovanni Suergiu* kann man über einen Damm auf die Insel **Sant'Antioco,* (das antike Sulcis, eine erst punische, später römische Siedlung) fahren, wo es eine Klippenküste (Unterwassersport) und Badestrände gibt. In den Katakomben der Kirche *Sant'Antioco,* 1102 über dem Grab des Heiligen und dessen Mutter, der heiligen Rosa, errichtet, kann man noch punische, römische und byzantinische Säulen, Altäre und Gräber sehen. Mit dem Fährschiff kann man dann von *Calasetta* auf die Insel **San Pietro* weiterfahren, auf der das Seebad *Carloforte* und an deren Steilküste interessante Grotten liegen.

Von der Straße 195, die um die Südspitze Sardiniens herumführt, zweigen mehrere Nebenstraßen und Wege zu Badestränden, Lagunenteichen, Nuragen und archäologischen Ausgrabungsfeldern ab. Vom **Capo Teulada,* dem südlichsten Punkt Sardiniens, fallen die Felsen 22 Meter tief zum Meer ab. Etwas weiter nordöstlich liegt das mit guten touristischen Einrichtungen ausgestattete Seebad **Santa Margherita di Pula.* Von *Pula* (spanischer Wachtturm aus dem 16. Jh.) führt eine Straße zum Ruinenfeld der ursprünglich punischen, ab dem 3. vorchristlichen Jahrhundert römischen Siedlung **Nora,* das aus einem Gewirr von Straßen und Gassen mit überdeckten Wasserleitungen und Abflußkanälen, mit Ruinen von Häusern, Tempeln und Thermen besteht.

In der unmittelbaren Umgebung von *Sarroch* steht der sehenswerte Nurage **Dome e s'Arcu* (16. Jh. v. Chr.). Durch Zitronen- und Orangenplantagen, Weingärten, Mandel- und Olivenbaumhaine führt die Straße weiter nach Cagliari.

**CAGLIARI

Die Hauptstadt Sardiniens liegt vor dem Hintergrund steiler Berge malerisch am gleichnamigen Golf. Schon im Altertum war die von den Phöniziern gegründete Stadt ein wichtiger Hafen. Die *Castello* genannte Altstadt lehnt sich an eine Felswand, während sich die neueren Teile an der Küste entlangziehen.

Man erreicht die Altstadt vom neugotischen *Rathaus* (1897) aus über den eleganten Boulevard *Largo Carlo Felice,* der zur *Piazza Yenne* führt. Der Platz ist nach dem Vizekönig Yenne benannt, unter dem 1822 der Bau der Straße „Carlo Felice" (zwischen Cagliari und Sassari, s. S. 334) begonnen wurde. Eine Gedenksäule und ein Denkmal des Königs Carlos Felice erinnern an dieses Ereignis.

Hier betritt man das alte Burgviertel, dessen Mauern und Wälle teilweise noch gut erhalten sind.

Wenn man durch den wuchtigen **Elefantenturm (Torre dell'Elefante;* 1307) geht, gelangt man durch enge und steile Gäßchen und Treppen auf den Burghügel und zur Piazza Castello.

Gegenüber dem Elefantenturm steht die im 17. Jahrhundert gegründete *Universität.*

Man kann von der Piazza Yenne auch durch die alte Ladenstraße *Via Mannu,* deren Häuserfassaden typisch spanische Balkongitter schmücken, und über eine prunkvolle Freitreppe zur *Terrazza Umberto I* (herrliche Aussicht über die Stadt und den Golf) hinaufsteigen, und gelangt von dort über weitere Treppen durch die Altstadt zur *Piazza Castello* mit dem

***Dom.** Er hat eine romanisch-pisanische Fassade. Im Innern beachte man die frühromanische *Kanzel* (12. Jh.), das Grab von Martin II. von Aragon (17. Jh.) und die *Krypta* (17. Jh.) mit Gräbern von Fürsten aus dem Hause Savoyen und Reliquen frühchristlicher Märtyrer. Das **Dommuseum* enthält einen reichen Kirchenschatz.

Die *Via Martiri* führt von hier zum nahen

****Archäologischen Museum,** das mehr als 400 Bronzestatuen aus dem 8. bis 5. vorchristlichen Jahrhundert, eine reiche Sammlung von punischen Ausgrabungsstükken und viele römische und griechische Skulpturen besitzt. Angeschlossen ist eine *Pinakothek* mit Werken spanischer und sardischer Meister.

Wenige Schritte von hier entfernt steht der Festungsturm *San Pancrazio* (1304). Durch die *Porta Cristina* (19. Jh.) gelangt man links auf die Promenade *Buon Cammino* mit schönem Blick auf die pisanischen, spanischen und pie-

Cagliari

montesischen Wälle und Basteien. Wenn man wieder nach links abbiegt, erreicht man das imposante, in den Fels gehauene

***Römische Amphitheater** (3. Jh.), das bedeutendste römische Baudenkmal auf Sardinien. Im Sommer werden hier gelegentlich Opern aufgeführt. Vor dem Amphitheater erstreckt sich der *Botanische Garten.* Etwas weiter südlich steht die Barockkirche *San Michele* mit reichen Stuck- und Marmorverzierungen.

Die *Via Tigellio* führt vom Botanischen Garten zur **Casa di Tigellio,* den gut erhaltenen Resten eines römischen Hauses.

Auf dem Hügel nördlich des Botanischen Gartens liegt die **Punisch-römische Nekropole* mit in die Felsen gehauenen Grabkammern (5. Jh. v. Chr. – 3. Jh. n. Chr.).

Interessant ist auch das römische *Felsengrab der Attilia Pomptilla* am *Viale Sant'Avendrace.*

Auf einem kleinen Hügel im Süden der Stadt steht das *Santuario di Bonaria,* eine Wallfahrtskirche, die der Schutzheiligen der Insel und der Seeleute geweiht ist. Davor erstreckt sich der „Monumentalfriedhof". Nahebei liegt die Basilika **San Saturnio,* eine frühchristliche Kirche aus dem 4. Jahrhundert, deren Ostteil in frühromanischem Stil aus dem 11. Jahrhundert stammt. Weiter nördlich kommt man zu der frühgotischen Kirche *San Domenico* mit gotisch-katalanischem **Kreuzgang.*

Lohnende Abstecher führen nach dem malerisch in einer Felsenbucht liegenden *Calamosca* (4 km) mit kleinem Badestrand, ferner nach dem Villenvorort *Poetto* (6 km) mit sanft abfallendem Strand und zu den Ausflugsorten *San Gregorio* und *Campu Omu* (22 km) am Hang des Bergzuges *Sette Fratelli* (1023) m).

Östlich von Cagliari breitet sich die **Küste von Villasimius* (50 km) mit malerischen Klippen und Badestränden (gute Hotels und touristische Einrichtungen) aus.

Route 28: **Cagliari – *Barumini – Sorgono – *Nuoro – *Olbia (339 km)

Man verläßt ***Cagliari* (s. S. 342) im Norden auf der Straße 131 und fährt über *Monastir,* 22 km, einen orientalisch anmutenden Ort inmitten des getreidereichen und hügeligen Bezirks *Trexenta,* nach *Nuraminis,* 29 km (Dom aus dem 16. Jh.), und weiter nach *Villasanta,* 42 km, wo man rechts auf die durch Olivenhaine, Kornfelder und Weinberge führende Straße 293 abbiegt.

Villamar, 52 km, verdient wegen seiner kleinen romanischen Kirche *San Pietro* (13. Jh.) und seiner schönen spätgotischen *Pfarrkirche* einen kurzen Aufenthalt.

***Barumini,** 63 km, gehört zu den archäologisch bedeutendsten Orten Sardiniens. Es wird von einer mächtigen **Nuragenburg* beherrscht, die eines der besten Beispiele megalithischer Kultur im westlichen Mittelmeerraum darstellt. Rund um die Nuragenburg liegen Mauerreste der alten Nuragensiedlung (etwa 1300 v. Chr.), während sich östlich davon die heutige Ortschaft befindet.

In der Nuragenburg gibt es fünf miteinander durch Galerien verbundene Türme, einen großen Waffensaal und in den Höfen einige Brunnen.

Nordwestlich von Barumini liegt der Tafelberg *Giara di Gesturi,* der vulkanischen Ursprungs ist. Dort gibt es kleine Kraterseen mit seltenen Vögeln, einen wilden Buschwald und viele Nuragenreste.

Über *Nuragus*, 74 km (viele Nuragen in der Umgebung), erreicht man *Nurallao*, 78 km, wo man auf die nach Norden führende Straße 128 stößt. Auf der kehrenreichen, einsamen Bergstraße zeichnet sich rechts das Massiv des *Gennargentu* mit seinen beiden Hauptgipfeln *Bruncu Spina* (1829 m) und *Punta La Marmora* (1834 m) ab.

Über *Laconi*, eine Sommerfrische mit mittelalterlichen Schloßruinen, gelangt man auf die etwa 600 Meter hoch gelegene Ebene von *Pranu Guttutorgio* und über kleine Bauern- und Hirtendörfer weiter nach *Sorgono*, von wo aus man Bergwanderungen und Touren unternehmen kann.

Es beginnt nun ein landschaftlich besonders schöner Streckenabschnitt mit vielen herrlichen Aussichtspunkten. Man hat dann die Wahl, entweder über das 1000 Meter hoch gelegene Hirtendorf *Fonni* (Sommerfrische und Wintersportort) auf der Straße 389 oder über die von Wäldern umgebene Sommerfrische *Gavoi* (Pfarrkirche San Gavino, 16. Jh.), *Orani* und *Oniferi* (in der Nähe Nuragenreste und Hünengräber) auf der Straße 128 weiterzufahren nach der Provinzhauptstadt

***Nuoro,** 205 km. In dieser noch sehr ursprünglichen sardischen Stadt haben sich die alten Sitten und Bräuche der Insel unverfälscht erhalten. Die neuen Stadtteile mit ihren Hochhäusern stehen in eigenartigem Kontrast zu den uralten, aus Granit gebauten niedrigen Häusern der alten Stadtviertel.

Von der klassizistischen *Kathedrale* (19. Jh.) führt rechts der *Viale Sant'Onofrio* auf den gleichnamigen Aussichtshügel mit schönem Park und *Volkskundemuseum*. Im alten Stadtviertel *San Pietro* steht das Geburtshaus der Romanschriftstellerin Grazia Deledda (1871 – 1936), die 1926 den Nobelpreis für Literatur erhielt. Ein Spaziergang von etwa 15 Minuten führt durch den *Viale Ciusa* zur *Chiesa della Solitudine;* die ländliche Kapelle aus dem Jahre 1625 wurde 1959 umgebaut zu einem „Pantheon von Nuoro", um die sterblichen Reste der Schriftstellerin aufzunehmen. Von hier aus führt eine etwa acht Kilometer lange Straße durch Wälder und an hohen Granitfelsen vorbei auf den 955 Meter hohen

***Monte Ortobene** mit Hotels, Gaststätten und Sommerhäusern. Auf dem Gipfel steht eine sieben Meter hohe *Christusstatue* (1901). Man hat von hier eine besonders schöne Aussicht.

Zwölf Kilometer südlich von Nuoro liegt am Fuß des gleichnamigen Dolomitberges der besuchenswerte Ort

Oliena. Er ist vor allem durch seinen von Gabriele d'Annunzio besungenen Wein, aber auch durch seine reichen Volkstrachten – am schönsten sind die Trachten der Frauen – bekannt. Eine wildromantische Felsenschlucht reicht von den fast senkrecht abfallenden Dolomitwänden des *Supramonte* (1463 m) bis an das Dorf heran. In den umliegenden Bergen findet man die größten Höhlen der Insel.

Nördlich von Nuoro erstreckt sich eine mit Felstrümmern übersäte Dolomitlandschaft. In den dort liegenden Dörfern erinnert noch viel an das Brauchtum der sardischen Hirten, besonders, wenn man durch die steilen Gassen des malerischen Bergdorfs **Orune* geht, dessen Häuser zum großen Teil aus rohen Felsblöcken gefügt sind.

Anstatt von Nuoro auf der modernen Fernverkehrsstraße nach *Siniscola* (s. S. 347) weiterzufahren, sollte man die landschaftlich sehr schöne Straße 129 wählen. Bei der Kreuzung *La Traversa,* 225 km, zweigt rechts eine Zufahrt ab zum 2,5 Kilometer entfernten Nuragendorf

****Serra Orrios.** Die Nuragensiedlung besteht aus etwa 70 Rundbauten, die sich gruppenweise um einen Platz mit Brunnen scharen.

Nuragendorf

Dazwischen sieht man noch die Pflasterspuren der Gassen. In der Umgebung liegen weitere Nuragensiedlungen, die zum Teil erst erforscht werden.

Galtelli, 237 km, ist ein mittelalterlicher Bischofssitz. Man findet hier Kirchen mit antiken und mittelalterlichen Kunstschätzen. In der Nähe gibt es ebenfalls Nuragen sowie vorgeschichtliche Höhlengräber. Dann erreicht man die hübsche kleine Hafenstadt

Orosei, 245 km, Mittelpunkt eines landwirtschaftlich reichen Gebietes. Hier stehen sehenswerte Kirchen und Adelshäuser aus dem 15. bis 18. Jahrhundert. Eine Zufahrt führt nach *Marina di Orosei.* An der Nordseite des gleichnamigen Golfes gibt es einen schönen Strand.

Entlang der Ostküste von **Cagliari nach Orosei

Eine andere Möglichkeit, von ***Cagliari* (s. S. 342) nach *Orosei* zu gelangen, bietet die Straße 125, die zum Teil an der Ostküste Sardiniens entlangführt.

Man kommt dabei durch *Muravera,* das von Orangenhainen und Mandelbäumen umgeben ist, durch *Villaputzu,* ein afrikanisch anmutendes Dorf mit weißen Häusern aus Lehm und Kalkstein, und durch *Tortoli,* von wo aus eine Zufahrtsstraße nach der fünf Kilometer östlich liegenden Ortschaft

***Arbatax** (145 km von Cagliari) führt. Der Hafen des großen Fischerdorfes ist von roten, unmittelbar aus dem Meer aufsteigenden Porphyrfelsen umgeben. Wegen seiner schönen Lage, wegen des viele Kilometer langen weißen Sandstrandes und wegen seiner guten Unterwassersportmöglichkeiten hat sich Arbatax zu einem beliebten Ferienort und Seebad entwickelt. Lohnende Bootsfahrten führen um das malerische Kap *Bellavista* mit interessanten Felsbildungen und Grotten herum. – Von der weiter nach Norden führenden Straße 125 hat man of herrliche Ausblicke über die wilde Felslandschaft und auf das Meer.

***Dorgali** (65 km nordwestlich von Arbatax) war ursprünglich eine Sarazenensiedlung. Die Frauentracht des Ortes – schwarzer Rock, schwarzer Schleier, rotes Mieder – soll deshalb arabischen Ursprungs sein. Der Ort liegt im Schutz von Kalkbergen in einer malerischen Dolomitlandschaft, die archäologisch sehr interessant ist. In dem nahen Tal von *Lanaitto* gibt es mehrere Nuragendörfer. Auf der Straße nach *La Traversa* (s. S. 346) steht der große Nurage *Oveni*. Dorgali ist auch wegen seines Kunsthandwerks (Keramiken, Filigranarbeiten, Lederwaren, Teppiche) sehr bekannt.

Sardisches Kunsthandwerk

Neun Kilometer östlich von Dorgali liegt an einer von vielen Grotten und Höhlen durchlöcherten Steilküste der kleine Hafen

Cala Gonone. Der malerische Ort ist wegen seines schönen Strandes auch zu einem beliebten Seebad geworden. Mit Ausflugsbooten kann man zahlreiche Höhlen besuchen. Die bekannteste, die **Grotta del Bue Marino (Grotte des Meerochsen)*, liegt etwa fünf Kilometer weiter südlich und umfaßt fünf Kilometer unterirdischer Galerien mit Stalagmiten und Stalaktiten.

Schön ist auch das benachbarte Seebad *Cala Luna* mit weißem Sandstrand, umgeben von hohen, von Grotten ausgehöhlten Felsen.

21 Kilometer nördlich von Dorgali (s. linke Spalte) liegt Orosei (s. S. 346), wo die Straßen 125 und 129 zusammenmünden.

*

Über *Santa Lucia*, 281 km (Feriendorf, schöner Sandstrand), gelangt man nach *Siniscola*, 289 km, in dessen Nähe die sehenswerte Grotte *Cane Cortoe* und Reste des Nuragendorfes *Lututai* liegen. *La Caletta*, der Hafen von Siniscola, hat einen schönen Sandstrand.

Die Straße führt nun in unmittelbarer Nähe der Küste weiter nach Norden; rechts führen Zufahrten zu schönen Badestränden. Am Salzteich von *San Teodoro* vorbei, päter mit schönen Ausblicken auf die 560 Meter hohe Felseninsel *Tavolara* und die Insel *Molara*, kommt man schließlich nach

***Olbia,** 339 km, s. S. 330.

SPEZIELLE PRAKTISCHE HINWEISE

In diesem Kapitel werden Hinweise zu den in den Stadt- und Routenbeschreibungen genannten Orte gegeben, die für den Touristen entweder ihrer Sehenswürdigkeiten wegen oder aber als Ferienorte von einiger Bedeutung sind.

Auf den Ortsnamen folgen die Höhenangabe (außer bei Küstenorten) und die Einwohnerzahl.

Bei Orten, die sich für Ferien eignen bzw. als Sommerfrischen oder Wintersportplätze schon bekannt sind, ergänzt eine kurze Charakteristik die Hinweise, wobei folgende Markierungen verwendet werden:

FM = Ferienort am Meer
FS = Ferienort an einem See
FG = Ferienort im Gebirge
S = Sommerfrische
W = Wintersportplatz

Die Abkürzung K bedeutet, daß der Ort als Kurort (oder Thermalbad) Bedeutung hat.

Nach dem Zeichen i = „Information“ werden die Kurverwaltungen, Verkehrsvereine oder andere öffentliche Auskunftsstellen angegeben. Möchte man schriftlich Auskünfte einholen, so schreibe man an die *Azienda Autonoma di Soggiorno e Turismo;* es folgen die Adresse und am Schluß der Name des betreffenden Ortes.

Die Bezeichnung „Pro Loco“ bedeutet, daß es in dem genannten Ort eine nicht näher bezeichnete Informationsstelle für Touristen gibt. Sie befindet sich meist im Rathaus. Schriftliche Anfragen richte man in diesem Fall an: *Associazione Turistica Pro Loco* ... (es folgt der Ortsname).

Besitzt der Ort einen Flugplatz, so folgen das Zeichen ✈ und der Name des Flughafens bzw. des nächstgelegene Ortes mit einem Flugplatz und die Entfernungsangabe dorthin.

Das Zeichen ⛴ bedeutet, daß der Küstenort auch als Hafen Bedeutung hat. Wichtige Schiffsverbindungen sind angegeben.

Das Zeichen 🚆 bedeutet, daß der Ort an einer Eisenbahnlinie liegt. Liegt er nicht an einer Bahnstation, so ist der Ortsname des nächsten Bahnhofes hinzugefügt, zu dem es stets eine Autobusverbindung (Corriera) gibt.

Bei der Hotelrubrik ist zu beachten, daß die offizielle italienische Klassifizierung (s. S. 26) beibehalten wurde. Es werden pro Hotelklasse jeweils nur einige Hotels angegeben, was aber – bei dem Vorhandensein mehrerer Hotels in derselben Preisklasse – kein Qualitätsurteil sein soll. Motels werden mit 🏠🏠🏠 M und 🏠🏠 M gekennzeichnet.

Auch Einrichtungen wie ⛺ Campingplätze (s. S. 28) und ⚠ Jugendherbergen (s. S. 13) sind angegeben.

ABANO TERME (I-35031)

14 m/8400/K.
ℹ Via Pietro d'Abano 18. — 🚌.
⌂⌂⌂ L „Grand Hotel Royal Orologio". ⌂⌂⌂ 1 „Hotel President" (Italhotel); „La Residence". — ⌂⌂ Columbia"; „Smeraldo". — ⌂ „Firenze"; „Milano"; „Verdi".

ACIREALE (I-95024)

161 m/47 000/S/K.
ℹ Corso Umberto 177.
✈ in Catania/🚌 Catania.
⌂⌂⌂ 2 „La Perla Jonica"; „Aloha d'Oro". — ⌂⌂ „Pattis" — ⛺.

ÄGADISCHE INSELN/ ISOLE EGADI (I-91023)

—/6000/FM.
ℹ Trapani, Piazza Saturno.
⛴ Trapani.
⌂⌂⌂ 2 „L'Approdo di Ulisse", „Favignana. — ⌂ „Egadi", Favignana; „Paradiso", Levanzo.

AGRIGENTO (I-92100)

230 m/41 000/S.
ℹ Piazzale Roma.
🚌.
⌂⌂⌂ 1 „Jolly dei Templi" (mit Schwimmbad); „Tre Torri". — ⌂⌂⌂ 2 „Della Valle"; „Colleverde"; „Pirandello". — ⌂⌂ „Bella Napoli"; „Paris". — ⛺ in San Leone.

ALASSIO (I-17021)

6 m/14 000/FM.
Viale Gibb 26.
🚌.
⌂⌂⌂ 1 „Spiaggia"; „Mediterranée"; „Diana Grand". — ⌂⌂⌂ 2 „Corso"; „Beau Sejour"; „Majestic". — ⌂⌂ „Helvetia"; „Bristol"; „Eden"; „Rio"; „Beau Rivage". — ⌂ „Ada"; „Lux"; „Ida". — 3 ⛺.

ALBENGA (I-17031)

5 m/14-000/FM.
ℹ Viale Martiri della Libertà 17.
🚌.
⌂⌂ „Derf"; „Europa". — ⌂ „Torino"; „Ancora d'Oro"; „Marisa". — 20 ⛺.

ALBEROBELLO (I-70011)

428 m/7000/S.
ℹ Pro Loco.
🚌 Bari.
⌂⌂⌂ 1 „Dei Trulli". — ⌂⌂⌂ 2 „Astoria". — ⌂⌂ „Lanzilotta".

ALESSANDRIA (I-15100)

95 m/79 000.
ℹ Via Savona 26.
🚌.
⌂⌂⌂ 2 „Alli due Buoi Rossi"; „Lux". — ⌂⌂ „Royal"; „Domus". — ⌂ „Napoleon"; „Piemontese"; „Italia"; „Falcone".

ALGHERO (I-07041)

7 m/29 000/FM/S.
ℹ Piazza Porta Terra 9.
✈ in Fertilia (6,5 km)/🚌 Sassari. — ⌂⌂⌂ 2 „Villa Las Tronas"; „Oasis"; „Calabona"; „Carlos V"; „Continental"; „Gran Catalunya". — ⌂⌂ „Internazionale". — ⌂ „Normandie"; „Sardegna". — 3 ⛺. — ⛺.

AMALFI (I-84011)

6 m/4000/FM/S.
ℹ Corso delle Repubbliche Marinare 25.
⛴ Ischia, Capri, Salerno, Positano, Neapel/🚌 Vietri sul Mare.
⌂⌂⌂ „Il Saraceno"; „Santa Caterina". — ⌂⌂⌂ 1 „Luna". — ⌂⌂⌂ 2 „Aurora"; „Dei Cavalieri"; „Residence"; „Miramalfi". — ⌂⌂ „Sant' Andrea"; „Lidomare".

ANCONA (I-60100)

16 m/88 000/FM.
Via Thaon de Revel 4 und Via Marcello Marini 14.
Brindisi, Korfu/.
1 „Grand Hotel Palace“; „Jolly“; „Grand Hotel Passetto“. — 2 „Fortuna“; „Roma e Pace“. — M „Motelagip“, Palombina Nuova, an der Nationalstraße 16, km 293.

ANZIO (I-00042)

10 m/25 000/FM/S.
Via Zanardelli 105.
Pontische Inseln und Formia/ Rom.
2 „Dei Cesari“; „Lido Garda“; „Casa Lieta“. — „Riviera“; „La Bussola“; „La Tavernetta“. — „Il Pioniere“ (Lavino Lido di Enea).

ÄOLISCHE (LIPARISCHE) INSELN (I-98055)

5 m/10 000.
Lipari, Corso Vittorio Emanuele 253.
Messina, Neapel, Milazzo, Capo Orlando, Cefalù, Palermo u.a.
1 „Carasco“, *Lipari.* — 2 „Giardino sul Mare“, „Gattopardo“, *Lipari;* „La Sciara Residence“, *Stromboli;* „Garden Vulcano“, „Eolian“, „Arcipelago“, *Vulcano.* — „Villa Diana“, *Lipari;* „Lisca Bianca“, *Panarea;* „Punta Scario“, *Salina;* „Scari“, *Stromboli.*

AOSTA (I-11100)

583 m/35 000/FG.
Piazza Emilio Chanoux 8 und Piazza Narbonne. — .
1 „Valle d'Aosta“. — 2 „Europe“; „Roma“; „Norden“. — „Joli“; „La Ca' Rossa“. — „Les Geraniums“; „Gallina“; „Monte Emilius“. — .

ARENZANO (I-16011)

6 m/9000/FM.
Via Pierino Negrotto Cambiasi 2.
.
1 „Grand Hotel Arenzano“. — 2 „Miramare“; „Enea“. — „Piccolo“; „Vittoria“. — „Massa“; „La Marittima“.

AREZZO (I-52100)

296 m/57 000.
Piazza Risorgimento 116.
.
2 „Drago“; „Minerva“; „Continentale“; „Europa“. — „Astoria“; „Da Cecco“. — „Roma“; „San Remo“. — .

ARONA (I-28041)

212 m/11 500/FS.
Piazza Stazione.
.
1 „Antares“; „Atlantic“. — 2 „Florida“; „Giardino“. — „Clipper“; „Cristallo“. — „Splendor dal Bimbo“; „San Carlo“.

ASCOLI PICENO (I-63100)

143 m/55 000.
Via Malta 1; Corso Mazzini 229.
.
1 „Marche“. — 2 „Gioli“; „Pennile“. — „Piceno“; „Tornasacco“. — „Nuovo Picchio“. — .

ASSISI (I-06081)

424 m/5000.
Piazza del Comune 12.

🚗.
⌂⌂⌂ 1 „Subasio“; „Fontebella“. – ⌂⌂⌂ 2 „Umbra“; „Dei Priori“; „San Francesco“. – ⌂⌂ „Da Angelo“; „Sole“. – ⛺.

BARDOLINO (I-37011)

65 m/3200/FS.
i Piazza Matteotti 53.
🚗 Verona.
⌂⌂⌂ 2 „Du Lac“; „Nettuno“. – ⌂⌂ „Bologna“; „Speranza“. – 6 ⛺.

BARI (I-70100)

5 m/340 000/FM.
i Via Melo 253; Corso Vittorio Emanuele 68.
✈ in Palese (12 km)/🚢 Ancona, Brindisi/🚗.
⌂⌂⌂ 1 „Ambasciatori“; „Palace“; – ⌂⌂⌂ 2 „Grand Hotel e d’Oriente“. – ⌂⌂ „Victor“; „Boston“; „7 Mari“; „Plaza“; „Majestic“. – 3 ⛺ in Bari und Monopoli. – ⛺.
In Bari – Torre a Mare:
⌂⌂⌂ M „Motelagip“, an der Nationalstraße 16, km 816.

BARLETTA (I-70051)

15 m/75 000/FM.
i Piazza Aldo Moro.
🚗.
⌂⌂⌂ 2 „Artù; „Helios Residence“; „Royal“. – ⌂⌂ „Il Focolare“; „La Terrazza“; „Centrale“. – ⌂ „Longano“.

BATTAGLIA TERME (I-35041)

11 m/3900/K.
i Traversa Terme 23a.
🚗 Padua.
⌂⌂ „Terme Euganee“; „Nuovo Regina“. – ⌂ „Primavera“.

BAVENO (I-28042)

205 m/2200/FS/K.
i Piazza Dante 15.
🚗.
⌂⌂⌂ 1 „Splendid“. – ⌂⌂⌂ 2 „Romagna“; „Simplon“. – ⌂⌂ „Beau Rivage“; „Ankara Touring“; „Florida“. – ⌂ „Gardenia“; „Ortensie“; „La Ripa“. – 6 ⛺.

BELLAGIO (I-22021)

229 m/3500/FS.
i Lungolago A. Manzoni 1.
🚗 Como.
⌂⌂⌂ L „Grand Hotel Serbelloni“. – ⌂⌂⌂ 2 „Belvedere“; „Du Lac“; „Florence“. – ⌂⌂ „Fioroni“; „Roma“; „Suisse“. – ⌂ „Giardinetto“; „Pergola“; „Silvo“.

BELLUNO (I-32100)

383 bis 1014 m/22 000/FG/W in Belluno-Nevegal (Seilbahn).
i Via Psaro 21; Piazza Martiri 27.
✈/🚗 in San Pinetto in Campo (7 km).
⌂⌂⌂ 2 „Astor“, „Villa Carpenada“. – ⌂⌂ „Europa“; „Dolomiti“; „Centrale“; „Sole“. – ⌂ „Taverna“; „Bel Sit“; „Da Mares“.
In Nevegal:
⌂⌂⌂ 2 „Pineta“; „Olivier“. – ⌂⌂ „Nevegal“. – ⛺.

BENEVENT (I-82100)

135 m/49 000.
i Via N. Sala 31, Via Giustiniani 34. – 🚗..
⌂⌂⌂ 1 „President“.
⌂⌂⌂ 2 „Italiano“; „La Cittadella“. – ⌂ „Del Sole“; „Genova“.

BERGAMO (I-24100)

249 m/125 000.
ℹ Viale V. Emanuele; Via Tasso 2.
🚗.
⌂⌂⌂ 1 „Excelsior San Marco". – ⌂⌂⌂ 2 „Arli"; „Piemontese"; „Città dei Mille"; „Cappello d'Oro e del Moro". – ⌂⌂ „Agnello d'Oro"; „Commercio". – ⌂ „San Giorgio"; „Sant' Antonino". – △.

BIBIONE (I-30020)

–/1700/FM.
ℹ Viale Aurora 20; Viale dei Ginepri.
🚗 Portogruaro.
⌂⌂⌂ 1 „Principe". – ⌂⌂⌂ 2 „Danieli"; „Ariston"; „Palace"; „Regina"; „Leonardo da Vinci"; „Las Vegas". – ⌂⌂ „Garni Renania". – ⌂ „Sole". – 4 △.

BOLOGNA (I-40100)

54 m/484 000.
ℹ Via Leopardi 1; Piazza Nettuno 1; Hauptbahnhof.
✈ in Borgo Panigale (7 km)/🚗.
⌂⌂⌂ L „Royal Hotel Carlton". – ⌂⌂⌂ 1 „Crest", Piazza Costituzione 1; „Elite" (Italhotel), Via A. Saffi 36. – ⌂⌂⌂ 2 „Alexander", Viale Pietramellara 47; „Cristallo", Via S. Giuseppe 5. – ⌂⌂ „Tre Vecchi", Via Indipendenza 47; „Astor", Via Fioravanti 42. – ⌂ „Eliseo", Via Testoni 3.
In Bologna-Borgo Panigale:
⌂⌂⌂ M „Motelagip", Via E. Lepido 203/4, s.S. 9, km 119. – △ in Sasso Marconi.

BOLSENA (I-01023)

350 m/3500/FS.
ℹ Pro Loco. – 🚗 Orvieto.
⌂⌂⌂ 2 „Columbus Hotel del Lago". – ⌂⌂ „Lido"; „Le Naiadi"; „Moderno". – ⌂ „Eden"; „Nazionale". – 5 △.

BORDIGHERA (I-18012)

5 m/9000/FM.
ℹ Via Roberto 1.
🚗.
⌂⌂⌂ 1 „Grand Hotel del Mare"; „Ampelio" (Italhotel). – ⌂⌂⌂ 2 „Centro"; „Della Punta"; „Britannique et Jolie"; „Astoria"; „Excelsior". – ⌂⌂ „Rosalia"; „Soetjè"; „Vittoria"; „Bel Pensiero". – Bungalowsiedlung.

BORMIO (I-23032)

1225 m/4000/FG/S/W.
ℹ Via Stelvio 10.
🚗 Tirano.
⌂⌂⌂ 1 „Palace". – ⌂⌂⌂ 2 „Baita dei Pini"; „Funivia"; „Posta"; „Aurora"; „Terme". – ⌂⌂ „Olimpia"; „Dante"; „Cervo". – ⌂ „Serena"; „Villa Rina"; „Adda". – 2 △.

BOZEN/BOLZANO (I-39100)

262 m/103 000/S.
ℹ EPT Pfarrplatz 11–12; AA Waltherplatz 8. – 🚗.
⌂⌂⌂ L „Parkhotel Laurin", Laurinstraße 4; ⌂⌂⌂ 1 „Grifone", Waltherplatz 7. – ⌂⌂⌂ 2 „Città di Bolzano", Waltherplatz 21; „Lewald", Pfarrhofstraße 17 u. 19; „Pircher", Meraner Str. 52. – ⌂⌂ „Stecher", Romstr. 96; „Adria", Perathonerstraße 17; „Ariston", Romstr. 82. – ⌂ „Bel Sit", Romstr. 9. – △.

BRESCIA (I-25100)

149 m/190 000.
ℹ Corso Zanardelli 38. – 🚗.
⌂⌂⌂ 1 „Ambasciatori", Via Crocifissa di Rosa 92; „Master", Via Apollonia 72. – ⌂⌂⌂ 2 „Alabarda", Via Dalmazia 82. – ⌂⌂ „Cristallo", Viale Stazione 12/A. – ⌂ „A la Comida", Via Triumplina 32. – ⌂⌂ M „Motelagip", Viale Bornata 42.

BRINDISI (I-72100)

15 m/77 000/FM.
ℹ Via Bastioni Carlo V. ✈ in Casale (5 km)/⛴ Ancona, Korfu, Piräus u.a./🚗.
⌂⌂⌂ 1 „Majestic“, Corso Umberto 151; „Corso“, Corso Roma 87. – ⌂⌂⌂ 2 „L'Approdo“, Via del Mare; „Torino“, Largo Palumbo 6. – ⌂⌂ „Bologna“, Via Cavour 41. – ⌂ „Doria“, Via Fulvia 38. – ⛺. – ⛺.

BRIXEN/BRESSANONE

(I-39042)/559 m/13 000/S/W.
ℹ Bahnhofsallee 9. – 🚗.
⌂⌂⌂ 1 „Dominik“. – „Elefant“; ⌂⌂⌂ 2 „Gasser“; „Jarolim“; „Temlhof“. – ⌂⌂ „Goldenes Kreuz“; „Burgstall“. – ⌂ „Goldene Rose“; „Trametsch“; „Tallero“.

BRUNECK/BRUNICO (I-39031)

830–960 m/5200/FG/S/W:
ℹ Europastraße. – 🚗.
⌂⌂⌂ 1 „Royal“. – ⌂⌂⌂ 2 „Andreas Hofer“; „Post“. – ⌂⌂ „Forellenhof“; „Prack“; „Blitzburg“; „Corso“. – ⌂ „Goldener Hirsch“. – ⛺.

CAGLIARI (I-09100)

–/211 000/FM.
ℹ Piazza Deffenu 9; Via Mameli 97 ✈ in Elmas (8 km)/⛴ Genua, Neapel, Palermo/🚗.
⌂⌂⌂ 2 „Mediterraneo“, Lungomare Colombo 46; „Moderno“, Via Roma 159; „Italia“, Via Sardegna 31; „Panorama“, Viale A. Diaz 231. – ⌂⌂ „Residence Ulivi e Palme“; Via Bembo 29. – ⌂ „Flora“, Via Sassari 43. – ⌂⌂ M „Motelagip“, Circonvallazione Pirri.

CALTANISSETTA (I-93100)

568 m/53 000/S.
ℹ Viale Conte Testasecca 20. – 🚗.
⌂⌂⌂ 2 „Di Prima“; „Europa“.

CAMPOBASSO (I-86100)

701 m/36 000/FG/S.
ℹ Piazza della Vittoria 14. – 🚗.
⌂⌂⌂ 1 „Roxy“. – ⌂⌂⌂ 2 „Eden“; „Skanderberg“. – ⌂⌂ „Tricolore“. – ⌂ „Italia“.

CANAZEI (I-38032)

1465 m/900/FG/S/W.
ℹ Via Roma 24.
🚗 Bozen.
⌂⌂⌂ 2 „Diana“; „Tyrol“; „Faloria“; „Croce Bianca“; „Rosa“. – ⌂⌂ „Italia“; „Gries“. – ⛺.

CAORLE (I-30021)

–/6300/FM.
ℹ Piazza Giovanni XXIII 3; Corso Genova 21 (Porto S. Margherita).
🚗 San Dona di Piave.
⌂⌂⌂ 1 „Airone“. – ⌂⌂⌂ 2 „Excelsior“; „Savoy“; „Garden“. – ⌂⌂ „Maria“; „Stellamare“. – 11 ⛺.

CAPRI (I-80073)

142 m/13 000/FM/S.
ℹ Piazza Umberto 19.
⛴ ab Marina Grande nach Neapel, Ischia, Sorrent, Amalfi, u.a.
⌂⌂⌂ L „Quisisana & Grand“. – ⌂⌂⌂ 1 „Luna“; „Regina Cristina“; „La Scalinatella“. – ⌂⌂⌂ 2 „Gatto Bianco“; „La Pineta“; „Flora“; „La Vega“. – ⌂⌂ „Villa Sarah“; „Villa Krupp“; „De la Ville“; „Florida“.

In Marina Grande:
⌂⌂⌂ 2 „Excelsior Parco“. – ⌂⌂ „Belvedere e Tre Re“, „Maresca“. – ⌂ „La Tosca“; „Villa del Sole“.

In Marina Piccola:
2 „Carlton". — „Quattro Stagioni".

In Anacapri:
1 „Caesar Augustus"; „Europa Palace". — 2 „San Michele". — „Bellavista"; „Biancamaria"; „Villa Patrizia".

CARPI (I-41012)

26 m/42 000.
Pro Loco. — .
1 „Touring". — „Duomo"; „Orizzonte". — „Ancora".

CASERTA (I-81100)

68 m/52 000.
Corso Trieste 39.
.
2 „Jolly"; „Europa". — „Vittoria"; „Belvedere". — „Royal".

CATANIA (I-95100)

7 m/395 000/FM.
Largo Paisiello 5.
in Fontanarossa (5 km)/ Palermo, Siracusa u.a./.
1 „Excelsior", Piazza Verga; „Centrale Palace", Via Etnea 218. — „Nettuno", Viale Lauria 121. — „Italia", Via Etnea 310; „Moderno" Via Alessi 9. — . — M „Motelagip", nahe der Ortschaft Ognina, an der Straße 114. „Motel Plaja", Lido di Plaja.

CATANZARO (I-88100)

320 m/52 000.
Galleria Mancuso; Piazza Prefettura. — .
1 „Guglielmo", Via Tedeschi 9. — 2 „Grand Hotel", Piazza Matteotti 8. — „Casalbergo", Via Plutino 21; „Belvedere", Via Italia 33. — M „Motelagip" am Viadukt über den Fluß Fiumarella.

In *Catanzaro/Lido:*
2 „Lido"; „Niagara"; „Stillo".

CATTOLICA (I-47033)

– /16 000/FM.
Piazza Nettuno 1. —
1 „Caravelle"; „Victoria Palace"; „Negresco"; „Royal"; „Madison", „Savoia". — 2 „Europa Monetti"; „San Marco"; „Vienna". — „Sole"; „Ines".

CERNOBBIO (I-22012)

201 m/8000/FS.
Via Regina 33. — Como.
L „Villa d'Este". — 1 „Regina Olga Reine du Lac". — 2 „Miralago"; „Centrale"; „Terzo Crotto". — „Giardino".

CESENATICO (I-47042)

– /12 000/FM.
Viale Roma 112. — .
2 „Esplanada", „Britannia". — „Silvie Rose"; „Domus Mea". — „Orly"; „Ida"; „La Bussola". — 3 .

CHIETI (I-66100)

330 m/32 000/S.
Via B. Spaventa 29.
Chieti-Scalo.
2 „Grande Albergo Abruzzo"; „Sole"; „Dangio". — „Marrucino"; „Garibaldi".
In Chieti-Scalo:
„Nuovo". — „Degli Amici".

CHIOGGIA SOTTOMARINA

(I-30015)/ – /24 000/FM.
Lungomare Adriatico Centro. — .
2 „Ritz"; „Anzoletti"; „Bristol"; „Vittoria Palace". — „Florida"; „Capinera"; „Park Hotel"; „Stella d'Italia". — 9 .

CIVITAVECCHIA (I-00053)

10 m/42 000/FM.
Viale Garibaldi 42. – /.
1 „Sunbay Park Hotel". – 2 „Mediterraneo-Suisse". – „Traghetto"; „Miramare". – „Roma Nord"; „La Medusa". – .

COMO (I-22100)

201 m/73 000/FS.
Piazza Cavour 16.
.
1 „Metropole e Suisse"; „Barchetta Excelsior"; „Villa Flori". – 2 „Como"; „Park Hotel"; „Plinius". – „Tre Re"; „Agnello". – . – in Breccia.

CORTINA D'AMPEZZO (I-32043).

1211 m/7300/FG/S/W.
Piazzetta S. Francesco 8; Piazza Roma 1.
Calalzo, Pieve di Cadore.
L „Miramonti"; „Cristallo". – 1 „Savoia" (Italhotel). – 2 „Majoni"; „Regina"; „Serena". – „Pocol"; „Nord"; „Silvano". – „Fiames". – 4 . – M „Motelagip", Via Roma 118.

COSENZA (I-87100)

238 m/95 000/S.
Via Tagliamento 15. – . 2 „Imperiale", Via Trieste 50; „Centrale", Via dei Tigrai. – „Alexander", Via Monte S. Michele 3; „Nuovo Excelsior", Piazza Stazione"; „Mondial", Via Molinella 24. – „Bruno", Corso Mazzini 27. – M „Motelagip", SS 19, km 268.

COURMAYEUR (I-11013)

1224 m/1400/FG/S/W/K.
Piazzale Monte Bianco.
Pré Saint Didier.
1 „Royal" (Italhotel). – 2 „Courmayeur"; „Centrale"; „Croux". – „Berthod"; „Svizzero"; „Vittoria". – „Ferrato"; „Agip".
In Entrèves:
1 „Des Alpes". 2 „La Brenva"; „La Grange"; „Pilier d'Angle". – „Aiguille Noire". – „Chalet Chanton". – 6 in Val Veny.

CREMONA (I-26100)

45 m/76 000.
Piazza del Comune 5.
.
1 „Continental". – 2 „Este"; „Astoria"; „San Giorgio". – „San Marco"; „Bologna". – M „Motelagip", Nordausfahrt.

CROTONE (I-88074)

8 m/44 000/FM.
Via Firenze 43.
/.
2 „Bologna"; „Casa Rossa". – „Italia"; „Tortorelli". – „Pace"; „Europa". – 5 .

CUNEO (I-12100)

534 m/42 000/S.
Corso Nizza 17. – .
2 „Fiamma"; „Principe"; „Royal Superga"; „Smeraldo"; „Torrismondi". – „Cavallo Nero". – „Amici"; „Cavallo Bianco"; „Ciriegia"; „Ligure"; „Olimpic". – .

DESENZANO (I-25015)

67 m/15 000/FS.
Piazza Matteotti 27.
.
2 „Park Hotel". – „La

Vela“; „Mayer e Splendid“; „Europa“; „Benaco“; „Nazionale“. – ⌂ „Flora“. – 3 ▲.

DIANO MARINA (I-18013)

– /6000/FM.

i Corso Garibaldi 60.

⇆.

⌂⌂⌂ 1 „Diana Majestic“; „Bellevue & Méditerranée“. – ⌂⌂⌂ 2 „Sasso“; „Caravelle“; „Golfo e Palme“; „Tiziana“; „Palace“. – ⌂⌂ „Metropol“; „Caprice“; „Piccolo Hotel“. – 3 ▲.

DUINO (I-34013)

39 m/800/FM.

i Pro Loco.

⇆ Triest.

⌂⌂ „Alla Dama Bianca“. – ⌂ „All'Istriano“. – ⌂⌂⌂ 2 M „Motelagip“, Autostrada A 4, Ausfahrt Duino-Süd.

ENNA (I-94100)

931 m/28 000/FG/S.

i Piazza Garibaldi.

⇆.

⌂⌂⌂ 2 „Belvedere“; „Grand Albergo Sicilia“. – ⌂⌂ „Riviera“; „La Giara“ (beide in Enna-Pergusa).

FANO (I-61032)

12 m/31 000/FM.

i Viale C. Battisti 10.

⇆.

⌂⌂⌂ 1 „Elisabeth“. – ⌂⌂⌂ 2 „Continental“; „Plaza“; „Excelsior“. – ⌂⌂ „Astoria“; „Europa“; „Cristallo“; „Orfeo“. – ⌂ „Alla Lanterna“. – 5 ▲.

FERRARA (I-44100)

9 m/98 000.

i Largo Castello 22.

⇆.

⌂⌂⌂ 1 „Astra“, Viale Cavour 55. – ⌂⌂⌂ 2 „Europa“, Corso Giovecca 49; „Astra“, Viale Cavour 55; „Touring“, Viale Cavour 11. – ⌂⌂ M „Nord-Ovest“; Viale Po 52; „Santo Stefano“; Viale S. Stefano 21. – ⌂ „Annunziata“; Piazza della Repubblica 5; „Nazionale“, C. S. Porta Reno 32; „Alfonsa“; Via Padiglioni 5. – ▲.

In Lido degli Estensi:

⌂⌂⌂ 2 „Tropicana“; „Conca del Lido“; „Logonovo“. – ⌂⌂ „Corallo“; „Moderno“. – ⌂ „Pulcinella“. – ▲.

In Lido delle Nazioni:

⌂⌂⌂ 2 „Delle Nazioni“. – ⌂⌂ „Quadrifoglio“; „David“. – ▲.

In Lido degli Scacchi:

⌂⌂⌂ 2 „Alfiere“. – ⌂⌂ „Eden“. – 3 ▲.

In Lido di Pomposa:

⌂⌂⌂ 2 „Park“. – ⌂⌂ „Lido“; „Donatella“. – ⌂ „I Pini“. – 2 ▲.

In Lido di Spina:

⌂⌂ „Gallia“; „Continental“; „Europa Park“; „Caravel“. – ▲.

In Porto Garibaldi:

⌂⌂ „Ariston“. – ⌂ „Canoa“. – ▲.

FINALE LIGURE (I-17024)

5 m/12 000/FM.

i Via S. Pietro 14.

⇆.

⌂⌂⌂ 1 „Moroni“; „Residenza Punta Est“. – ⌂⌂⌂ 2 „Miramare“; „Colibri“; „Internazionale“. – ⌂⌂ „Bel Sit“; „Principe“; „Edy“; „Italia“. – ⌂ „Azzurra“; „Ferrero“; „Rivera“. – 2 ▲.

FIUGGI (I-03015)

747 m/5000/K/S.

i Piazza G. Frascara 4.

⇆ Rom, Anagni.

⌂⌂⌂ 1 „Silva Hotel Splendid“; „Vallombrosa & Majestic“. – ⌂⌂⌂

2 „Astoria"; „Alfieri"; „San Giorgio"; „Tripoli"; „Michelangelo"; „Sforza". – ⌂ „Mirage"; „Kennedy"; „Esedra"; „Edison". – ⌂ „La Fontanina".

FLORENZ (I-50100)

50 m/440 000.
i EPT Via Manzoni 16; AA Via Tornabuoni 15.
✈ in Peretola (5 km)/🚗.
⌂ L „Excelsior", Piazza Ognisanti 3. – ⌂ 1 „Rivoli", Via della Scala 33; „Kraft", Via Solferino 2. – ⌂ 2 „Balestri", Piazza Mentana 7; „Hermitage", Vicolo Marzio 1; „De la Pace", Via Lamarmora 28. – ⌂ „Boboli", Via Romana 63; „Casa del Lago", Lungarno Vespucci 58. – 2 ⛺. – ⌂ M „Motelagip", Autobahnausfahrt Firenze-Nord.
In Fiesole:
⌂ L „Villa San Michele". – ⌂ 2 „Aurora". – ⌂ „Villa Bonelli". – ⛺. – ⛺.

FOGGIA (I-71100)

76 m/137 000.
i Via Senatore E. Perrone 17.
✈ Rom/🚗. ⌂ 1 „Cicolella", Viale XXIV Maggio 60; „Palace Hotel Sarti", Viale XXIV Maggio 48. – ⌂ 2 „President", Via Ascoli 80. – ⌂ „Motel Holiday" an der SS 90.

FORLÌ (I-47100)

34 m/83 000.
i Corso della Repubblica 23.
✈ (4 km)/🚗.
⌂ 1 „Air Hotel", Via Morandi 7; „Della Città", Via Fortis 8; „Principe", an der SS 9. – ⌂ 2 „Masini", Corso Garibaldi 28. – ⌂ „Astoria", Piazza Ordelaffi; „Lory", Via Lazzarini 20. – ⌂ „La Pergola".

FORMIA (I-04023)

– /19 000/FM.
i Viale Unitá d'Italia 30–34.
🚗.
⌂ 1 „Grande Albergo Miramare". – ⌂ 2 „Ariston"; „Romantic". – ⌂ „Del Golfo"; „Marino"; „Paradiso"; „Europa". – ⌂ „Little Garden". – 3 ⛺.

FORTE DEI MARMI (I-55042)

– /9300/FM.
i Piazza Marconi.
🚗.
⌂ L „Augustus". – ⌂ 1 „Atlantico"; „Raffaelli Park"; „Ritz"; „Byron". – ⌂ 2 „Bandinelli"; „Belvedere"; „Tirreno"; „Le Pleiadi". – ⌂ „Pigalle"; „Olimpia"; „La Pace". – ⛺.

FRANCAVILLA AL MARE (I-66023)/ – /8000/FM.
i Piazzale Sirena.
🚗.
⌂ 2 „Punta de l'Est"; „Mare Blu"; „Royal". – ⌂ „Vittoria"; „Principe". – ⌂ „Renato". – 2 ⛺.

GAETA (I-04024)

–/22 000/FM.
i Piazza Traniello 19.
🚗.
⌂ 2 „Aenaea's Landing"; „Flamingo". – ⌂ „Rock Garden".
In San Vito:
⌂ 2 „Il Ninfeo"; „Le Rocce".
In Serapo:
⌂ 2 „Mirasole"; „Serapo". – ⌂ „Sabbia d'Oro". – ⌂ „Viola". – ⛺.

GALLIPOLI (I-73014)

12 m/17 000/FM.
i Pro Loco.

🚌 Lecce.
🏨 1 „Costa Brada". — 🏨 „Rivabella"; „Cristina". — 🏨 M „Motel di Mattina", Torre Pizzo. — 3 ⛺.

GARDA (I-37016)

67 m/3000/FS.
ℹ Lungolago Regina Adelaide. 🚌 Peschiera.
🏨 L „Flora". — 🏨 2 „Regina Adelaide"; „Terminus e Garda"; „Cortina". — 🏨 „Conca d'Oro"; „Tre Corone"; „San Marco". — ⛺.

GARDONE (I-25083)

120 m/2200/FS.
ℹ Via Roma 8.
🚌 Desenzano.
🏨 1 „Grand Hotel" (Italhotel). — 🏨 2 „Bellevue"; „Il Riccio"; „Villa Ella"; „Monte Baldo". — 🏨 „Du Lac"; „Villa Bellaria". — 🏨 „Garda e Suisse"; „Nord".

GELA (I-93012)

46 m/67 000/FM/S.
ℹ Via Palazzi 66.
🚌.
🏨 2 „Caposoprano". — 🏨 „Excelsior"; „Sole". — 🏨 M „Motel Gela", bei der Ortschaft Giardinelli, an der Straße 117- bis.

GENUA (I-16100)

19 m/780 000.
ℹ Via Porta degli Archi 10-5, Via Roma 11, an den Bahnhöfen und am Flughafen.
✈ in Sestri Ponente (6 km)/🚢 Neapel, Korsika, Sizilien, Nordafrika und alle Kontinente/🚌.
🏨 L „Colombia". — 🏨 1 „Savoia-Majestic" (Italhotel), Via Arsenale di Terra 5. — 🏨 2 „Aquila & Reale", Piazza Acquaverde 2; „Crespi", Via A. Doria 10; „Vittoria Orlandini", Via Balbi 45. — 🏨 „Bertola", Via Colombo 1/4; „Fiume", Via Fiume 9r; „Torinese", Via A. Gramsci 291r. — 🏨 „Ricci", Piazza Colombo 4/8; „San Marco", Via A. Doria 4A; „Lausanne", Via Balbi 33A. — ⛺ in Quarto.

In Nervi (I-16167):
ℹ Piazza Pittaluga 4R.
🏨 1 „Astor Residence". — 🏨 2 „Esperia"; „Nervi". — 🏨 „Panoramica"; „Riposo". — 🏨 „Piccolo Eden".

In Pegli (I-16155):
🏨 2 „Mediterranée". — 🏨 „Dei Gerani". — 🏨 „Miranda". — ⛺.

GÖRZ/GORIZIA (I-34170)

84 m/36 000.
ℹ Corso Verdi 100/f. — ✈ in Ronchi (22 km)/🚌.
🏨 2 „Internazionale"; „Palace". — 🏨 „Alla Transalpina". — 🏨 „Silvano"; „Al Pula".

GRADO (I-34073)

– /9000/FM/K.
ℹ Viale Dante Alighieri 72.
🚌 Cervignano, Udine.
🏨 1 „Savoy"; „Adria". — 🏨 2 „Diana"; „Tiziano Palace"; „Friuli"; „Mar del Plata"; „Al Bosco". — 🏨 „Cristina". — 5 ⛺.

GROSSETO (I-58100)

10 m/50 000.
ℹ Via Monterosa 206.
🚌.
🏨 2 „Lorena"; „Nalesso". — 🏨 „Maremma"; „Tirreno"; „Quattro Strade"; „Leon d'Oro". — 🏨 „Vittoria"; „Il Giappone". — ⛺. — 🏨 M „Motelagip", Südausfahrt an der Nationalstraße 1.

GUBBIO (I-06024)

522 m/12 000.
Piazza Oderisi 6.
Fossato di Vico.
1 „Ai Cappucini“. – 2 „Bosone“; „San Marco“; „Pinolo“. – „Oderisi“; „Emma“; „Gattapone“.

IMOLA (I-40026)

47 m/42 000.
Pro Loco.
1 „Olimpia“; „Imola“. – 2 „Molino Rosso“. – „Del Turismo“; „Campana“.

IMPERIA (I-18100)

10 m/38 000/FM.
Viale Matteotti 22.
2 „Kristina“; „Corallo“; „Croce di Malta“; „Centro“. – „Ariston“; „Italia da Edy“. – „Adria“; „Costa“; „Ambra“.– 3.

INNICHEN/SAN CANDIDO (I-39038)/1175 m/2000/FG/S/W.
Piazza del Magistrato 2.
1 „Weißes Rössl“. – 2 „Innichen“; „Rainer“; „Post“. – „Schwarzer Adler“; „Lindenhof“; „Grauer Bär“; „Capriolo“. – „Zum Löwen“; „Tolderhof“; „Villa Waldheim“; „Brugger“.

ISCHIA (I-80077)

14 m/47 000/K/FM/S.
Neapel, Via Vittorio Emanuele 32; Porto d’Ischia, Via Fornaci 10 und Scalo Portosalvo; Lacco Ameno, Corso Angelo Rizzoli 2; Via Iasolina.
Hubschrauberdienst/ Neapel, Capri u.a.

Porto d’Ischia (I-80077):
1 „Majestic“; „Excelsior“; „Punta Molino“; „Aragona Palace Terme“. – 2 „Alexander“; „Continental Terme“; „Nuovo Lido“; „Central Park Terme“; „Ischia“; „Ambasciatori“; „Bellevue“; „Hermitage & Park Terme“; „Regina Palace“. – „Villa Diana“. – „Noris“. – 2.

Casamicciola Terme (I-80074):
1 „Cristallo Palace“; „La Madonnina“; „Manzi“. – 2 „Gran Paradiso“; „Elma“; „Stefania“. – „Gemma“; „Candia“.
– „Magnolia“; „Quisisana“; „Piccolo Paradiso“.

Forio (I-80075):
2 „Parco Maria“; „Zaro“; „Splendid“. – „Villa Teresa“; „San Francesco“; „Il Gattopardo“. – „Albatros“.

Monterone (I-80075):
2 „Villa Thomas Therme“. – „Casa Colella“.

Lacco Ameno (I-80076):
L „Regina Isabella“. – 1 „San Montano“. – 2 „Antares“; „Don Pepe“; „La Pace“; „Principe“. – „Bristol“; „Terme Marina“. – „Villa Angelica“; „Da Mario“.

Barano d’Ischia – Maronti (I-80070):
2 „Parco Smeraldo“; „Tirreno“; „Helios“; „Villa San Giorgio“. – „La Mandorla“; „Da Franceschina“; „Maronti“; „Villa al Mare“. –
Serrara Fontana – Sant’Angelo (I-80070):
2 „Vulcano“ – „San Michele“; „La Palma“. – „Conte“; „Loreley“; „Roman-

tica". — „Margherita"; „Villa Franz"; „Del Sole". — 2 .

ISERNIA (I-86170)

423 m/13 000/S.
Via Farinacci 9.
.
2 „Europa"; „Tequila"; „Sayonara". — „Emma".

IVREA (I-10015)

253 m/27 000.
Corso Vercelli 1.
.
2 „Ritz"; „Sirio"; „Eden"; „Moro". — „Aquila Antica"; „Monferrato". — .

JESOLO (I-30017)

– /4200/FM/K.
Piazza Marconi 3; Piazza Brescia 13. — / San Dona di Piave.
1 „Las Vegas"; „Anthony"; „Cavalieri". — 2 „Brioni"; „Cairo"; „Agorà". — „Adria"; „Arena"; „Capri"; „D'Annunzio"; „Janeiro"; „Midi". — „Dolomiti"; „Poker". — 4 . — .

KLAUSEN/CHIUSA (I-39043)

523 m/1700/FG/S.
Pro Loco.
.
2 „Sylvanerhof"; „Post". — „Grauer Bär"; „Sonne". — „Enzian"; „Zum Hirschen". — .

LAIGUEGLIA (I-17020)

– /2500/FM.
Via Milano 33.
.
1 „Splendid". — 2 „Bristol"; „Mediterraneo". — „Dalia"; „Windsor"; „Delfino". — „Castello"; „Armida"; „La Quiete"; „Olivella". — .

L'AQUILA (I-67100)

714 m/36 000/FG/S.
Via XX Settembre 8.
.
1 „Grand Hotel del Parco". — 2 „Duca degli Abruzzi"; „Le Cannelle"; „Castello". — „Italia". — „Aurora". — M „Amiternum"; „Gran Panorama".
In Campo Imperatore (2130 m; W): „Campo Imperatore".
In Fonte Cerreto (1120 m; W): 2 „Fiordigigli".

LA SPEZIA (I-19100)

– /117 000.
Via Mazzini 47.
Portovenere, Lerici, u.a./ .
1 „Jolly"; „Residence". — 2 „Tirreno"; „Astoria"; „Genova". — „Astra"; „Corallo"; „Diana"; „Firenze e Continental". — „Terminus"; „Bellavista". — M „Motelagip", in Sarzana, an der Umgehungsstraße zur Via Aurelia.

LATINA (I-04100)

21 m/53 000.
Via Duca del Mare 19.
Latina Scalo.
1 „Garden". — 2 „De la Ville"; „Park"; „Miramare"; „Tirreno" (beide Lido di Capoportiere); „Europa". — „Fogliano" (am Lido di Capoportiere); „Caty" (am Lido di Foceverde). — „Giusi"; „Centrale". — 5 .

LECCE (I-73100)

49 m/79 000.
Piazza Sant'Oronzo.
/.
1 „President", Via Salandra 6. — 2 „Delle Palme", Via Leuca

90; „Risorgimento“, Via Imperatore Augusto 19. — „Patria-Touring“, Piazzetta G. Riccardi 13. — Frigole, Torrechianca.
Lecce-San Cataldo (FM):
. — .

LECCO (I-22053)

214 m/53 000/FS.
Via Nazario Sauro 6. — .
„Don Abbondio“; „Giordano“; „Croce di Malta“. — „Caviate“; „Due Torri“. — . — .

LERICI (I-19032)

10 m/5400/FM.
Via Roma 47.
La Spezia, Portovenere/ La Spezia.
2 „Europa“; „Byron“; „Shelley“. — „Italia“; „Florida“; „Miramare“. — .

LIDO DI OSTIA (I-00056)

– /62 000/FM.
Rom, Via Parigi 11.
Rom.
1 „Satellite Palace“. — 2 „Ping-Pong“; „Sirenetta“. — „Lido“; „La Scaletta“. — „La Nave“; „Bellavista“. — .

LIGNANO SABBIADORO

(I-33054)/ – /3200/FM.
Via Latisana 42.
Latisana.
1 „Eurotel“. – 2 „Marin“. – „Europa“; „Ambra“; „Eros“; „Italia“. – „Aurora“, „Elvia“; „Vittoria“; „La Perla“; „Vienna“. – 2 .
In Lignano-Pineta:
Piazza Rosa dei Venti; Via dei Pini.
1 „Greif“. — 2 „Continental“; „Colorado“. — „Carlton“; „Erica“; „Olympia“. — „La Perla“; „Giardino“.

LIMONE PIEMONTE (I-12015)

1009 m/1500/GF/S/W.
Via Roma 30.
.
2 „San Secondo“; „Principe“; „Touring“. — „Panice“; „Edelweiß“. — „Mignon“; „Luis Matlas“; „Minerva“. — .
Colle di Tenda:
„Cabanaira Panoramic“.

LIMONE SUL GARDA

(I-20510)/66 m/1000/FS.
Via Comboni 15.
Desenzano.
1 „Ideal“; „Leonardo da Vinci“. — 2 „Lido“; „San Giorgio“. — „Splendid“; „Europa“; „Garden“; „Mignon“. — „Mercedes“. — 3 .

LIVORNO (I-57100)

– /170 000/FM.
Piazza Cavour 6. /.
2 „Gran Duca“; „Boston“; „Touring“; „Giappone“; „Universal“. — „Giardino“. — M „Motelagip“, in der Ortschaft Stagno (8 km nördlich), an der Nationalstraße 1. – .

LODI (I-20075)

87 m/43 000.
Pro Loco. — .
2 „Europa“. — „Anelli“; „Ferrovie“. — „Castello“; „Nazionale“; „Sant' Alberto“.

LORETO (I-60025)

127 m/58 000/S.
Via G. Solari 3. — .
2 „Bellevue & Marchigiano“; „Giardinetto“. — „Pellegrino e Pace“; „Santuario“; „Casa San Francesco“; „Casa San Gabriele“. — „Vecchia Fattoria“.

LUCCA (I-55100)
19 m/54 000.
Piazza Guidiccioni 2; Via Vittorio Veneto 40.
.
1 „Villa la Principessa". — 2 „Universo", Piazza Puccini 1. — „La Luna", Corte Compagni 12; „Ilaria", Via del Fosso 20; „Rex", Piazza Stazione 2; „Moderno", Via Civitali 9. — „La Pace", Corte Portici 2. — .

MACOMER (I-08015)
563 m/9500/FG/S.
Pro Loco. — .
„Marghine"; „Nuraghe". — 2 M „MOTELAGIP", an der Nationalstraße 131, Corso Umberto I.

MADERNO-TOSCOLANO (I-25080)/86 m/5000/FS.
Lungolago Zanardelli 18.
Desenzano.
2 „Benaco"; „Maderno"; „Milano". — „Splendid"; „Eden"; „Garden". — „Giardino", „La Pergola"; „Garda". — 6 .

MADONNA DI CAMPIGLIO (I-38084)/1522 m/700/FS/S/W.
Piazza Righi 110.
Trento.
1 „Savoia"; „Golf"; „Dahu"; „Edith". — 2 „Il Caminetto"; „Palù"; „Bonapace"; „Cristania". — „Rododendro". — „Diana"; „Dosson"; „Genzianella".

MAILAND/MILANO (I-20100)
122 m/1,7 Mill.
Via Marconi 1, Hauptbahnhof.
in Linate (7 km) und Malpensa (16 km)/.
L „Palace", Piazza della Repubblica 20; „Principe di Savoia", Piazza della Repubblica 17. — 1 „Executive", Viale Luigi Sturzo 45; „Fiera Milano", Via Boezio 20; „Auriga", Via Pirelli 7; „Royal", Via Cardano 1; „Manin", Via Manin 7/9. — 2 „Ariosto"; Via Ariosto 22; „Florida", Via Lepetit 33; „Star", Via dei Bossi 5; „Mediterraneo", Via Muratori 14; „Astoria", Viale Murillo 9. — „Mistral", Via Toffetti 4; „Garden", Via Rutilia 6; „Cervo", Piazza Principessa Clotilde 10. — „Bruna", Via Ghiberti 26. — . — In Baréggio Monza, San Donato. — M „Motelagip", an der Südausfahrt der Autobahn, in San Donato; „Motelagip" in Mailand-West (Assago) an der Autostrada Tangenziale.

MALCESINE (I-37018)
89 m/1600/FS.
Via Capitanato del Porto 1.
Peschiera, Rovereto.
2 „Du Lac"; „Excelsior"; „Vega". — „Diana"; „Sirena"; „Meridiana". — „Al Marinaio"; „Il Querceto". — 12 .

MANFREDONIA (I-71043)
5 m/45 000/FM.
Corso Manfredi 26.
/.
2 „Azzurro"; „Gargano"; „Svevo". — „San Michele". — .
Manfredonia-Siponto (FM):
2 „Golfo Nuovo"; „Panorama del Golfo". — „Ninfa Marina". — .

MANTUA (I-46100)
19 m/60 000.
Piazza Andrea Mantegna 6.
.
1 „Rechigi". — 2 „Dante"; „Mantegna"; „Apollo"; „Broletto". — . — .

MARSALA (I-91025)

12 m/35 000.

i Via Mario Rapisardi 8.

/.

2 „Stella d'Italia"; „Cap 3000". – M „Motelagip", SS. 115, Ausfahrt Mazara del Vallo.

MATERA (I-75100)

399 m/43 000.

i Piazza Vittorio Venetò 19.

.

2 „President"; „De Nicola". – „Italia". – „Moderno"; „Roma". – M „Motel Park".

MENAGGIO (I-22017)

203 m/2000/FS.

i Via Lusardi 8; Piazza Garibaldi 7.

Como.

1 „Grand Hotel Victoria". – 2 „Bellavista". – „Loveno"; „Miralago"; „Corona". – „Meneghet"; „Vapore". – 2 . – .

MERAN/MERANO (I-39012)

325 m/31 000/K/S.

i Freiheitsstraße 45.

Bozen.

L „Palace". – 1 „Irma"; „Atlantic"; „Meranerhof". – 2 „Livonia"; „Baviera". – „Iris"; „Elsa"; „Kofler". – „Mondschein"; „Prantl".– .

MESSINA (I-98100)

– /204 000/FM.

i Piazza Cairoli 45; EPT Via Calabria is. 301 bis; Stazione FS.

Villa San Giovanni, Reggio di Calabria u.a./.

1 „Jolly", Via Gabribaldi 126; „Riviera Grand Hotel", Viale della Libertà, isol. 516. – 2 „Royal Palace", Via Tommaso Canizzaro; „Venezia", Piazza Cairoli 4; „Europa" an der SS 114 in Pistunina. – „Moderno Terminus", Via I. Settembre 15; „Panoramic" in Colle San Rizzo. – 3 .

MILAZZO (I- 98057)

– /19 000/FM.

i Pro Loco.

Äolische Inseln/.

1 „Residenzial". – 2 „Eolian Inn Park"; „Silvanetta Palace"; „Saverly"; „Mignon Riviera". – „Central". – 3 .

MISURINA (I-32040)

1752 m/100/FG/S/W.

i Viale Roma 22.

Calalzo, Pieve di Cadore.

2 „Lavaredo". – „Sorapiss"; „Miralago"; „Gran Misurina". – „Cristallo"; „Sport".

MODENA (I-41100)

34 m/149 000.

i Corso Canalgrande 1A.

.

1 „Fini Hotel" (Italhotel), Via Emilia Est; „Canalgrande", Corso Canal Grande 6. – 2 „Eden", Via Emilia Ovest 666; „Europa", Corso V. Emanuele 52; „Estense", Viale Berengario 11; „Libertà", Via Blasia 10. – „La Torre", Via Cervetta 5. – . – M „MOTELAGIP", Autostrada-Nordeinfahrt.

MODICA (I-97015)

296 m/31 000.

i Pro Loco. – .

M „Motel di Modica". – „Minerva".

MOLFETTA (I-70056)

15 m/63 000/FM.

i Corso Dante 38.

/ Bari.

2 „Garden"; „Tritone".

MONDELLO LIDO (I-90151)

11 m/9000/FM.
ℹ siehe Palermo.
⛴/🚆 Palermo.
⌂⌂⌂ 1 „Mondello Palace". – ⌂⌂⌂ 2 „Splendid Hotel la Torre". – ⌂⌂ „Conchiglia d'Oro"; „Esplanade". – ⌂ „Villa Resi".

MONOPOLI (I-70043)

9 m/30 000/FM.
ℹ Pro Loco.
🚆 Bari.
⌂⌂⌂ 2 „Gemini 2"; „Max". – ⌂ „Al Picchio"; „Monopoli". – ⛺.

MONREALE (I-90046)

310 m/20 000.
ℹ siehe Palermo.
🚆 Palermo.
⌂⌂⌂ 2 „Carrubella". – ⌂⌂ „Il Ragno".

MONTECATINI TERME

(I-51016)/29 m/19 000/K.
ℹ Viale Verdi 66.
🚆.
⌂⌂⌂ L „Grand Hotel & La Pace". – ⌂⌂⌂ 1 „Croce di Malta". – ⌂⌂⌂ 2 „Astoria". – ⌂⌂ „Torretta"; „Biondi"; „Reale". – ⌂ „Giusti"; „Umbria"; „Palo Alto".

MONTEGROTTO TERME

(I-35036)/11 m/4400/K.
ℹ Viale Stazione 56.
🚆 Padua.
⌂⌂⌂ 1 „International Bertha". – ⌂⌂⌂ 2 „Augustus Terme"; „Garden Terme"; „Terme Neroniane"; „Continental". – ⌂⌂ „Terme Cristallo"; „Vulcania"; „Eliseo"; „Luna"; „Mondial". – ⌂ „San Marino"; „Antiche Terme". – ⛺.

MONTEPULCIANO (I-53045)

605 m/4000/S.
ℹ Pro Loco.
🚆.
⌂⌂⌂ 2 „Tre Stelle". – ⌂⌂ „Panoramic"; „Marzocco". – ⌂ „Tiziana"; „Ambra".

MUGGIA (I-34015)

–/7800/FM.
ℹ Corso Puccini 5.
🚆 Triest.
⌂⌂ „Lido". – ⌂ „Sole"; „Montedoro". – ⛺.

MÜHLBACH/
RIO DI PUSTERIA (I- 39037)

777 m/800/FG/S.
ℹ Fremdenverkehrsamt.
🚆.
⌂⌂⌂ 2 „Falkensteinerhof". – ⌂⌂ „Zur Linde". – ⌂ „Ansitz Straßhof"; „Leitner"; „Hubertus".
In Meransen (1414 m; W):
⌂⌂⌂ 2 „Meransnerhof"; „Erika"; „Gitschberg". – ⌂⌂ „Kircherhof". – ⌂ „Alpenhof"; „Mühlsteiger".

NEAPEL/NAPOLI (I-80120)

17 m/1,2 Mill./FM.
ℹ Palazzo Reale; Via Partenope 10a; Via San Carlo 15; Stazione Centrale; Stazione Mergellina; Stazione Marittima; Stazione Circumvesuviana; Aeroporto Capodichino.
✈ in Capodichino (5 km)/⛴ Capri, Procida, Ischia, Sorrent, Cagliari, Palermo, Catania, Messina, Äolische Inseln u.a./🚆.
⌂⌂⌂ L „Excelsior", Via Partenope 48. – ⌂⌂⌂ 1 „Vesuvio" (Italhotel), Via Partenope 45; „Royal", Via Partenope 38; „Jolly", Via Medina 70; „Paradiso", Via Catullo 11. – ⌂⌂⌂ 2 „Palace Hotel", Piazza Garibaldi 9; „Rex", Via Palepoli 12; „Serius", Viale Augusto 74. – ⌂⌂ „Cristal", Via Torino 108; „Eden", Corso Novara 9; „Sayonara", Piazza Garibaldi 59; „Miravalle", Via Astroni 380;

„Europa“, Corso Meridionale 15; „Pugliese“, Via G. Pica 14. – ⌂ „Astoria“, Via Santa Lucia 90; „Colibri“, Via Caracciolo 10; „Centrale“, Via Maddalena 40. – ⛺. – ⌂⌂⌂ M „Motelagip“, in Secondigliano, an der Nationalstraße (7 bis 8 km vom Stadtzentrum) . – ⛺. – ⛺.

NOLI (I-17026)

—/2500/FM.
i Corso Italia 8. — 🚗.
⌂⌂⌂ 2 „Capo Noli“; „Miramare“. — ⌂⌂ „Diana“; „El Sito“. — ⌂ „Liliana“; „Villa Letizia“.

NOVARA (I-28100)

159 m/93 000.
i Corso Cavour 2. — 🚗.
⌂⌂⌂ 1 „Italia“; „La Rotonda“. — ⌂⌂⌂ 2 „Maya“; „Il Girarrosto“. — ⌂⌂ „Los Angeles“. — ⌂ „Moderno“; „Moroni“; „Stazione“.

NUORO (I-08100)

546 m/31 000/FG/S.
i Piazza Italia 9.
🚗.
⌂⌂⌂ 1 „Grazia Deledda“. — ⌂⌂⌂ 2 „Sandalia“; „Nuovo Grillo“; „Paradiso“. – ⌂⌂⌂ M „Motelagip“, Viale Trieste.
In Monte Ortobene (960 m):
⌂⌂⌂ 2 „Fratelli Sacchi“.

OLBIA (I-07026)

15 m/21 000/FM.
i Via Catello Piro 1.
⛴ Genua, Civitavecchia u.a. -
🚗 Civitavecchia
✈ Olbia (3 km).
⌂⌂⌂ 1 „President“. — ⌂⌂⌂ 2 „De Plam“. — ⌂⌂ „Gallura“; „Minerva“. — ⌂ „Mastino“. — ⛺.
Olbia-Porto Rotondo:
⌂⌂⌂ 1 „Relais Sporting“, „San Marco“.
Olbia-San Pantaleo:
⌂⌂⌂ 2 „Rocce Sarde“.
Olbia-Pittulongu:
⌂⌂⌂ 2 „Pozzo Sacro“.
Costa Corallina:
⌂⌂⌂ 2 „La Capanna“.

ORTA SAN GIULIO (I-28016)

294 m/700/FS.
i Piazza M. Motta. — 🚗.
⌂⌂⌂ 1 „San Rocco“. ⌂⌂ „Orta“; „La Bussola“. — ⌂ „Antico Agnello“.

ORVIETO (I-05018)

325 m/9000/S.
i Piazza del Duomo 24.
🚗.
⌂⌂⌂ 2 „Maitani“; „Aquila Bianca“; „Italia“; „La Badia“. — ⌂⌂ „Virgilio“, „Europa“; „Kristal“; „Orvieto Residence“. — ⌂ „Corso“. — ⛺.

OSPEDALETTI (I-18014)

5 m/2700/FM.
i Corso Regina Margherita 1.
🚗.
⌂⌂⌂ 1 „Le Rocce del Capo“. — ⌂⌂⌂ 2 „Petit Royal“; „Floreal“; „Firenze“. — ⌂⌂ „Lia“; „Savoia“; „Marisida“. — ⌂ „Italia“.

OTRANTO (I-73028)

15 m/4000/FM.
i Via Garibaldi 9.
🚗 Lecce.
⌂⌂⌂ 2 „Miramare“. - ⌂ „Bellavista“; „Ester“. — 3 ⛺.

PADUA/PADOVA (I-35100)

12 m/208 000.
i Piazzetta Pedrocchi 18; Atrio Stazione ferroviaria.
🚗.
⌂⌂⌂ 1 „Plaza“, Corso Milano 40. — ⌂⌂⌂ 2 „Grande Italia“, Corso del Popolo 81. — ⌂⌂ „Igea“, Via Ospedale Civile 87; „Mignon“, Via Luca Belludi 22. — ⌂ „Piccola

Vienna“, Via Beato Pellegrino 133; „Basilea“, Via Sanmicheli 54.

PAESTUM – CAPACCIO (I-84063)/17 m/300/FM.
ⅰ Via Aquilia.
🚌 Salerno.
⌂⌂⌂ 2 „Calypso“; „Cerere“; „Schuhmann“; „Taverna dei Re“; „Mec“; „Ariston“. – ⌂⌂ „Olimpia“; „Villa Rita“. – ⌂ „Clorinda“; „Laura“. – 12 ⛺. – ⌂⌂⌂ M „Park Motel“; „Ambassador Paestum“.

PALERMO (I-90100)
14 m/560 000/FM. ✈ in Punta Raisi (30 km)/⛴ Neapel, Cagliari, Tunis, Tripoli u.a./🚌.
ⅰ Piazza Castelnuovo 34–35; Villa Igiea; Piazza S. Sepolcro; am Bahnhof, Hafen und Flugplatz.
⌂⌂⌂ L „Villa Igiea Grand Hotel“, Salita Belmonte 43. – ⌂⌂⌂ 1 „Jolly“, Foro Italico; „Politeama Palace“, Piazza Ruggero Settimo 15. – ⌂⌂⌂ 2 „Centrale“, Corso Vittorio Emanuele 327; „Sole“, Corso Vittorio Emanuele 291. – ⌂⌂ „Bristol“, Via Maqueda 437; „Sausele“, Via Errante 12; „Moderno“, Via Roma 276. – ⌂ „Firenze“, Via Candelai 68; „Orientale“, Via Maqueda 26. – ⛺. – ⌂⌂⌂ M „Motelagip“, Viale della Regione Siciliana.

PALESTRINA (I-00036)
450 m/9000.
ⅰ Pro Loco.
🚌.
⌂⌂⌂ 2 „La Meridienne“.

PALMI (I-89015)
228 m/15 000.
ⅰ Piazza I. Maggio 4.
🚌.
⌂⌂⌂ 2 „Stella del Sud“. – ⌂⌂ „Oscar“. – ⌂ „La Quiete“ (Profania).
Palmi-Tonnara: (FM)
⌂ „Miami“.
Palmi-Pietrenere: (FM)
⌂⌂ „South Paradise“. – ⛺.

PANTELLERIA (I-91017)
21 m/5000/FM.
ⅰ Pro Loco.
✈ nach Trapani oder Palermo/⛴ Trapani, Palermo, Ägadische Inseln.
⌂⌂⌂ 2 „Del Porto“; „Punta Tre Pietre“. – ⌂⌂ „Turistico Residenziale; „Agadir“; „Miryam“.

PAOLA (I-87027)
94 m/11 000.
ⅰ Pro Loco.
🚌.
⌂⌂⌂ 2 „Giulia“; „Terminus“; „Alhambra“. – ⌂⌂ „L'Ostrica“.
In Paola Marina:
⌂ „Elena“.

PARMA (I-43100)
57 m/152 000.
ⅰ Piazza Duomo 5.
🚌.
⌂⌂⌂ 1 „Park Hotel Toscanini“, Viale A. Toscanini 4; „Park Hotel Stendhal“, Via Bodoni 3; „Palace Hotel Maria Luigia“, Viale Mentana 140. – ⌂⌂⌂ 2 „Daniel“, Via Gramsci 16; „Savoy“, Via 20 Settembre 3; „Button“, Borgo Salina 7. – ⌂ „Farini“, Via Salina 3. – ⛺. – ⛺.

PASSIGNANO SUL TRASIMENO (I-06065)
289 m/2300/FS/S.
ⅰ Pro Loco.
🚌.
⌂⌂⌂ 2 „Belvedere“; „Lido“. – ⌂⌂ „La Vela“. – ⌂ „Aviazione“; „Florida“. – 2 ⛺.

PATERNÒ (I-95047)

225 m/42 000.
ℹ Pro Loco.
🚆.
⌂⌂ „Sicilia".
Paterno-Serra La Nave: (FG/W) ⌂⌂ „Grande Albergo Etna".

PAVIA (I-27100)

77 m/81 000.
ℹ Corso Garibaldi 1.
🚆.
⌂⌂⌂ 2 „Ariston"; „Palace"; „Rosengarten". – ⌂⌂ „Excelsior"; „Splendid". – ⌂ „Regisole"; „Bella Napoli". – △.

PERUGIA (I-06100)

493 m/66 000.
ℹ Corso Vannucci (Palazzo Donnini) 94/a.
🚆.
⌂⌂⌂ L „Brufani", Piazza Italia 12. – ⌂⌂⌂ 1 „Rosetta", Piazza Italia 19; „Grifone"; Via S. Pellico 1. – ⌂⌂⌂ 2 „Tirrenus", Via Tuderte 75; „Astor", Piazza V. Veneto 1. – ⌂⌂ „Ideal", Via Tuderte 1 G. – ⌂ „Signa", Via del Grillo 9. – 2 △.

PESARO (I-61100)

– /72 000/FM.
ℹ Via Mazzolari 4 und Via Trieste 164.
🚆.
⌂⌂⌂ 1 „Vittoria"; „Savoy". – ⌂⌂⌂ 2 „Excelsior"; „Vesuvio". – ⌂⌂ „Capitol"; „Adriana"; „Vienna". – ⌂ „K 2"; „Fabbri". – 3 △. – △.

PESCARA (I-65100)

–/121 000/FM.
ℹ Via Nicola Fabrizi 171; Corso Umberto 65.
✈/🚆.
⌂⌂⌂ 1 „Carlton", Via Riviera 35; „Singleton", Piazza Duca d'Aosta 4. – ⌂⌂⌂ 2 „Maja", Viale Riviera 201. – ⌂⌂ „Igea", Via Milano 81; „Alba", Via Forti 14; „Adria", Via Firenze 141. – ⌂ „Marisa", Viale Regina Margherita 39; „Stella" Piazza Garibaldi 43. – △. – ⌂⌂⌂ M „Motelagip", an der Autostrada – Nordeinfahrt, in Montesilvano Marina.

PESCHIERA DEL GARDA (I-37019)/68 m/5000/FS.
ℹ Piazzale Betteloni 15.
🚆.
⌂⌂ „Laura"; „Milano"; „Peschiera"; „Bel Sito"; „La Perla". „Piccolo Mondo". – ⌂ „Cristallo"; „Fornaci"; „Fortuna"; „Speranza". – 9 △.

PIACENZA (I-29100)

61 m/100 000.
ℹ Via San Siro 17; Piazzetta dei Mercanti 10.
🚆.
⌂⌂⌂ 1 „Grande Albergo Roma". – ⌂⌂⌂ 2 „Del Capello"; „Florida"; „Nazionale". – ⌂⌂ „Milano"; „Stella". – ⌂ „Cavalletto".

PIAZZA ARMERINA (I-94015)

697 m/22 000/FG/S.
ℹ Piazza Garibaldi.
🚆 Enna.
⌂⌂⌂ 1 Jolly". – ⌂⌂⌂ 2 „Selene"; „Park Hotel Paradiso".

PIETRA LIGURE (I-17027)

– /6800/FM.
ℹ Piazza Martiri della Libertà 31.
🚆.
⌂⌂⌂ 1 „Royal"; „Sartore"; „Paco". – ⌂⌂⌂ 2 „Capri"; „Geppi". – ⌂⌂ „Minerva"; „Rex". – ⌂ „Rosengarten"; „Lido"; „Villa Pada".

PIEVE DI CADORE (I-32044)

878 bis 1054 m/2400/FG/S/W.
ℹ Via XX Settembre 18.

.
„Progresso“; „Giardino“. — „Cavallino“; „Al Pelmo“.
In Pozzale:
„Al Tabià“; „Budapest“. — „Sociale“; „Cadore“.

PIOMBINO (I-57025)

21 m/36 000/FM.
Piazza Premuda.
Elba/.
2 „Centrale“. — „Esperia“; „Colledi“; „Tuscania“.
„Italia“; „Moderno“.

PISA (I-56100)

4 m/88 000.
Lungarno Mediceo 42, Piazza Duomo.
in San Giusto (3 km)/.
1 „Grand Hotel Duomo“ (Italhotel), Via Santa Maria 94; „D'Azeglio“, Piazza Vittorio Emanuele 18b; „Cavalieri“, Piazza Stazione 2. — 2 „Terminus“, Via Colombo 45; „Arno“, Piazza della Repubblica 6. — „Amalfitana“, Via Roma 44. — .
Marina di Pisa: (FM)
Piazza Sardegna.
„Manzi“; „Milena“. — .
Pisa-Tirrenia: (FM)
Largo Belvedere.
1 „Continental“. — 2 „Bristol“. — „Vittoria“; „Maximo“; „Piccolo“. — „Annarosa“; „Grazia“. — 3 .

PISTOIA (I-51100)

67 m/55 000.
Piazza del Duomo (Palazzo Vescovi).
.
2 „Milano“; „Patria“; „Le Rose“; „Residence il Convento“. — „Appennino“; „Leon Bianco“. — „Giappone“; „Autisti“; „Firenze“.

PIZZO (I-88026)

44 m/8000/FM.
Pro Loco.
.
2 „Grillo“. — „Sonia“. — „Murat“. — 5 . — .

POMPEJI (I-80045)

14 m/13 000/K/S.
Via Sacra 1.
Neapel.
2 „Bristol“; „Del Santuario“; „Villa Laura“. — „Palma“; „Diomede“; „Europa“; „Fauno“. — „Casa Mia“; „Amleto“; „Degli Amici“; „Due Pini“. — M „Villa dei Misteri“, Pompeji Scavi. — 2 .

PONZA-INSELN (I-04027)

10 m/6000/FM.
Via Roma 3 (Ponza).
Neapel, Anzio, Formia, Terracina.
1 „Chiaia di Luna“. — 2 „Bellavista“; „La Baia“; „Cernia“. — „Mari“; „Del Capitano“. — „Ortensia“ (in Le Forna).

PORTO AZZURRO (ELBA)

(I-57036)/2600/FM.
siehe Portoferraio.
Piombino.
2 „Plaza“; „Cala di Mola“. — „Due Torri“; „Rocco“; „Belmare“. — „Lido“ (Pension); „Barbarossa“ (Pension). — 6 .

PORTO EMPEDOCLE

(I-92014)/—/16 000/FM.
Pro Loco.
/.
1 „Dei Pini“. — 2 „Tiziana Residence“. — „Stoccarda“.

PORTOFERRAIO (ELBA) (I-57037)/8000/FM.
i Calata Italia 26.
⛴/🚗 Piombino.
⌂⌂⌂ 1 „Fabricia". – ⌂⌂⌂ 2 „Picchiaie Residence"; „Massimo". – ⌂⌂ „Nuova Padulella"; „Touring". – ⌂ „Il Faro"; „Santo Stefano". – 5 ⛺ in Lacona.

PORTOFINO (I-16034)
– /700/FM.
i Via Roma 35.
⛴ Santa Margherita, San Fruttuoso, Chiavari u.a./🚗 Santa Margherita Ligure.
⌂⌂⌂ L „Splendido". – ⌂⌂⌂ 1 „Nazionale". – ⌂⌂⌂ 2 „Piccolo"; „San Giorgio". – ⌂ „Eden"; „Puny".

PORTO TORRES (I-07046)
17 m/16 000/FM.
i Corso V. Emanuele 9; Porto. – ⛴ Genua, Civitavecchia/🚗.
⌂⌂⌂ 2 „Torres", „La Casa". – ⌂⌂ „Da Elisa. – ⌂ „Royal". – ⌂⌂⌂ M „Libissonis". – ⛺.

PORTOVENERE (I-19025)
– /1200/FM.
i siehe La Spezia.
⛴ La Spezia, Lerici/🚗 La Spezia.
⌂⌂⌂ 1 „Royal Sporting". – ⌂⌂⌂ 2 „Belvedere"; „San Pietro". – ⌂⌂ „Paradiso"; „Le Grazie" (Ortsteil Le Grazie); „Genio".

POSITANO (I-84017)
30 m/2500/FM.
i Via del Saracino 4.
⛴/🚗 Neapel, Salerno.
⌂⌂⌂ L „Le Sirenuse". – „San Pietro". – ⌂⌂⌂ 1 „Royal"; „Poseidon". – ⌂⌂⌂ 2 „Eden Roc"; „Buca di Bacco"; „Casa Albertina"; „Covo dei Saraceni"; „Montemare"; „L'Ancora"; „Savoia". – ⌂⌂ „Casa Maresca"; „Vittoria"; „Santa Caterina". – ⌂ „Casa Guadagno"; „Pupetto" (Fornillo); „Maria Luisa".

POTENZA (I-85100)
819 m/47 000/FG/S.
i Via Alianelli. – 🚗.
⌂⌂⌂ 2 „Park"; „Tourist". – ⌂⌂ „Miramonti"; „Casa del Sacro Cuore": – ⌂ „Monticchio"; „Galgano".

POZZUOLI (I-80078)
28 m/54 000/K/FM.
i Via Campi Flegrei 3.
🚗 Neapel.
⌂⌂⌂ 2 „Tennis Hotel"; „Solfatara". – ⌂⌂ „Mini Hotel"; „Terme Puteolane". – ⌂ „Flegreo". – ⛺.
Arco Felice-Lucrino:
⌂⌂ „Alba"; „Belvedere delle Rose"; „Villa Verde". – 3 ⛺.

PRAIA A MARE (I-87026)
6 m/4000/FM.
i Pro Loco. – 🚗.
⌂⌂⌂ 2 „Germania"; „Mondial"; „Garden". – ⌂⌂ „Branca"; „Astor"; „Chiaia". – 3 ⛺.

PRATO (I-50047)
61 m/108 000.
i Via Luigi Muzzi 51; Via Cairoli 48. – 🚗.
⌂⌂⌂ 1 „Palace"; „President". – ⌂⌂⌂ 2 „Moderno"; „Flora"; „San Marco". – ⌂⌂ „Giardino". – ⌂ „Centrale"; „La Collina di Prato".

PREDAZZO (I-38037)
1018 – 1515 m/3800/FG/S/W.
i Piazza Santi Filippo e Giacomo 2.

Trento.
2 „Bellaria“; „Touring“; „Vinella“; „Liz“. – „Maria“; „Cimon“.
In Predazzo-Bellamonte: 2 „Bellamonte“; „Sole“. – „Canada“; „Antico“. – „Zaluna“.

PRÉ SAINT DIDIER

(I-11010)/1004 bis 1267 m/200 FG/S/W/K.
2 „Monte Bianco“. – „Edelweiss“; „Dora“. – „Alpino e Terme“.
In Pallusieux (1108 m):
„Beau Séjour“. – „Alpechiara“ (Pension).
In Verrand (1267 m):
2 „Etoile des Neiges“. – „Cime Bianche“.

PROCCHIO (ELBA) (I-57030)

6 m/100/FM.
i siehe Portoferraio.
/ Piombino.
1 „Del Golfo“; „Desirée“. – 2 „La Perla“; „Brigantino“. „Delfino“. – „L'Edera“; „La Pergola“.

PROCIDA (I-80079)

27 m/10 000/FM.
i Pro Loco.
Neapel, Ischia.
„Arcate“; „Riviera“. – 4 .

RABBI-SAN BERNARDO

(I-38020)/788 bis 1222 m/1900/ FG/S/W/K.
i Viale Marconi, Malè.
Mezzocorona.
„Miramonti“. – „Corona“.

RAGUSA (I-97100)

502 m/56 000/S.
i Via Natalelli 131; Palazzo Camera di Commercio.
2 „Jonio“; „Montreal“; „Mediterraneo“. – „Tivoli“. – „Belvedere“. – 2 .

RAPALLO (I-16035)

– /22 000/FM.
i Via Diaz 9.
1 „Rosa Bianca“; „Grande Italia e Lido“; „Eurotel“. – 2 „Astoria“; „Miramare“; „Giulio Cesare“; „Riviera“; „La Lucciola“. – „Claridge“; „Canali“; „Rapallo“. – „Giardino“; „Astor“; „La Vela“. – 2 .

RAVELLO (I-84010)

350 m/1500/S.
i Piazza Duomo 10.
Vietri Sul Mare/Amalfi.
L „Palumbo“. – 2 „Caruso“; „Villa Cimbrone“; „Rufolo“. – „Giordano“; „Parsifal“; „Toro“; „Villa Amore“; „Bonadies“. – „La Rosa dei Venti“.

RAVENNA (I-48100)

4 m/75 000.
i Via Salara 8—10, Via delle Industrie (März—Okt.).
1 „Mameli“, Piazza Mameli 1; „Bisanzio“, Via Salara 30. – 2 „Centrale“, Via IV Novembre 14; „Trieste“, Via Trieste 11. – „Diana“, Via G. Rossi 49; „Cappello“, Via IV Novembre 41. – „Piccolo“, Via Baiona 54; „Teodorico“, Via delle Industrie 36.

Casalborsetti: (FM)
„Turismo Europa“. – „Cantuccio“; „Bella Romagna“ (Pension).

Lido di Savio: (FM)
i Viale Romagna 168.
2 „Casacci"; „Cosmopol". – „Rex"; „Venus". – „Venturi". – .
Lido di Classe: (FM)
2 „Adler"; „Astor"; „Brasilia". – „Sorriso". – 2 .
Marina di Ravenna: (FM)
i Viale delle Nazioni 159.
1 „Park Hotel". – 2 „Marepineta"; „Internazionale"; „Rivaverde". – „Alba"; „Belvedere"; „Luna". – „Stella Azzurra"; „Anita"; „Bristol"; „Da Zama". – 2 .
Marina Romea: (FM)
i Viale Italia 112.
2 „Corallo"; „Solaria". – „Aida"; „Eden"; „Ondina" (Pension); „Millipini" (Pension). – „Lido". – .
Punta Marina: (FM)
i Via della Fontana 4.
„Elite"; „Clipper"; „Otello"; „Adria"; „Dafne"; „Medusa".
2 . – .

REGGIO DI CALABRIA

(I-89100)/31 m/111 000/FM.
i Via C. Colombo 9; Via Roma; Aerostazione; Stazione Centrale.
/ Messina/.
1 „Excelsior", Via V. Veneto 66. – 2 „Miramare", Via Fata Morgana 1; „Palace Masoanri's", Via V. Veneto 95. – „Abruzzo", Via Caprera 5; „Eremo", Via Eremo Botte; „Esperia", Via Palamolla 14; „Primavera", Via Nazionale 177. – „Moderno", Via Torrione 67; „Noel", Via Zerbi 13; „Saturnia", Via Caprera 5. – .

REGGIO NELL'EMILIA

(I-42100)/58 m/102 000.
i Piazza C. Battisti 4.
.

L „Astoria" (Italhotel). – 2 „Posta"; „San Marco"; „Park Hotel"; „Europa". – „Morandi". – „Cairoli"; „Brasile".

RICCIONE (I-47036)

12 m/25 000/FM/K.
i Piazzale Ceccarini 10, Palazzo del Turismo.
.
1 „Savioli"; „Atlantic"; „Abner's"; „Augustus": – 2 „Adlon"; „ABC"; „Lungomare"; „Ambasciatori"; „Daniel's"; „Poker". – „Atlas"; „Gioia". – „Regen"; „Karina"; „Gardenia"; „Ninfea". – 4 .

RIETI (I-02100)

405 m/27 000/K.
i Via Cintia 87; Piazza Vittorio Emanuele 17.
.
2 „Quattro Stagioni"; „Miramonti". – „Europa"; „Serena". – „Meli"; „Stella".
In Terminillo Pian de Valli (FG/S/W/1620 m):
1 „Togo Palace"; „Cristallo". – „Cavallino Bianco"; „Bucaneve"; „La Lucciola". – .

RIMINI (I-47037)

–/102 000/FM.
i Piazzale Indipendenza.
in Miramare (5 km)//.
L „Grand Hotel", Piazzale Indipendenza. – 1 „Bellevue", Piazzale Kennedy 12; „Ambasciatori", Viale A. Vespucci 22. – 2 „National", Viale Vespucci 42; „Jana", Via Giusti 13; „Admiral", Viale Regina 67. – „Lotus", Via Rovani 2; „Audi", Via Regina 56/A; „Bikini", Via Colombo 4; „Brig", Via Firenze 12; „Sole Blu", Via Manzoni 1; „Eurogarden",

Via Lettimi 3. – „Nancy“, Viale Leopardi 11; „Atlas“, Viale Regina Elena 74.

In Rivazzurra di Rimini (FM): 2 „Grand Meeting“, Viale Regina Margherita 46; „De France“, Viale Regina M. 48. – „Christian“, Viale Lecce 4.

In Miramare di Rimini (FM): 2 „Touring“, Viale Regina Margherita 22; „Coronado Airport“, Via Flaminia 390; „Ascot“, Viale Principe di Piemonte 38. – „Kadett“, Via Marconi 30; „Giannini“, Viale Principe di Piemonte 10; „Belvedere“, Viale Regina Margherita 80. – . – .

In Rimini-Viserba (FM): „Byron“; „Donella“; „3 G“. – „Bologna“; „Aurora“; „Costa Azzurra“; „Romagnola“. – .

In Rimini-Viserbella (FM): „Albatros“; „Sirio“. – „Diana“; „Gioiosa“; „Biagini“. – .

In Torre Pedrera (FM): 1 „Punta Nord“. – 2 „El Cid“; „Mosè“; „Ideal“. – „Acapulco“; „Arabesco“; „Doge“; „Graziella“. – „Milanese“; „Ben Hur“; „Conti“; „Angeli“. – .

RIVA DEL GARDA (I-38066)

73 m/9000/FS.

i Giardini di Porta Orientale 8. Rovereto.

1 „Du Lac et du Parc“. – 2 „Astoria“. – „Bastione“; „Benini“. – „Alpino“; „Villa Minerva“. – . – .

ROM (I-00100)

20 m/2,6 Mill.

i ENIT, Via Marghera 2; außerdem Auskunftsbüros in der Stazione Termini, am Flughafen Fiumicino, in der Via Parigi 11 und an den Einfahrten der A1 und A2.

in Fiumicino (30 km)/.

L „Ambasciatori Palace“, Via Vittorio Veneto 70; „Eden“, Via Ludovisi 49 (Italhotel). – 1 „Commodore“; Via Torino 1; „Victoria“; Via Campania 41. – 2 „Madison“, Via Marsala 60; „Milani“, Via Magenta 12; „Aretusa“, Via Gaeta 14. – „Stazione“, Via Gioberti 36; „Aberdeen“, Via Firenze 48. – „Azzurra“, Via del Boccaccio 25; „Bergamo“, Via Gioberti 30. – 4 und 1 in Ostia. – . – M „Motelagip“, an der Nationalstraße 1 (bei km 8,4), Via Aurelia.

ROVERETO (I-38068)

204 m/27 000.

i Via Dante 63; Bahnhof.

2 „Rovereto“; „Leon d'Oro“; „Rialto“; „Ancora“. – „Sant' Ilario“. – „Quercia“; „Villa Cristina“; „Agip“.

ROVIGO (I-45100)

7 m/31 000

i Via H. Dunant 10; Corso del Popolo 78. – .

1 „Europa Palace“. – 2 „Corona Ferrea“. – „Bologna“. – „Belvedere“; „Al Corno“.

SACILE (I-33077)

25 m/11 000.

i Pro Loco. – .

„Residence Italia“. – „Edera“; „L'Ostricaio“; „Sirenella“.

SAINT VINCENT (I-11027)

575 m/3700/K/S/W.

i Via Roma 50. – .

1 „Billia“. – 2 „Elena“. – „Corallo“; „Delle Rose“; „Dina“; „Henry“. – „Mentino“; „Scudo di Francia“; „Suisse“.

SALERNO (I-84100)

– /147 000/FM.
Via Velia 2; Piazza Amendola 7; Piazza Ferrovia.
/.
1 „Jolly“, Lungomare Trieste 1. – 2 „Plaza“, Piazza Ferrovia 42; „Fiorenza“, Via Trento 145; „Montestella“, Corso Vittorio Emanuele 156. – „Salerno“, Via G. Vicinanza 42; „Suisse“, Via G. B. Amendola 62; „Garibaldi“, Via Torrione 54. – „La Nina“, Via Trento 193; „Italia“, Corso Vittorio Emanuele 84; „Santa Rosa“, Corso Vittorio Emanuele 14; „Amorelli“, Via De Luca 6. – .

SALÒ (I-25087)

75 m/8100/FS.
Lungolago Zanardelli 39.
Desenzano.
1 „Duomo“. – 2 „Metropole“; „Benaco“; „Vigna“. – „Eden“; „Conca d'Oro“; „Gambero“.

SALSOMAGGIORE TERME (I-43039)/157 m/14 000/K/S.
Viale Romagnosi 7.
.
L „Grand Hotel Milano“. – 1 „Centrale Bagni“; „Porro“. – 2 „Valentini“; „Capitol“; „Panda“. – „Ciclamino“; „Europa“. – „Ancelle del Santuario“; „Giardino“; „Villa Carla“. – .

SALURN/SALORNO (I-39040)

224 m/2100/S.
Verkehrsverein, 39040 Salurn. – .
„Buchholz“. – „Grünwald“.

SAN FELICE CIRCEO (I-04017)

98 m/4000/FM.
Piazza Luigi Lanzuisi.
Terracina.
1 „Maga Circe“. – 2 „Le Pleiadi“; „Circeo“; „Neanderthal“; „Punta Rossa“. – „Golfo Sereno“; Da Alfonso al Faro“. – „Mastropeppe“. – .

SAN GIMIGNANO (I-53037)

324 m/4000.
Piazza del Duomo 1.
Poggibonsi.
2 „La Cisterna“. – „Bel Soggiorno“; „Pescille“; „Leon Bianco“. – .

SAN GIOVANNI ROTONDO (I-71013)/566 m/20 000/FG.
Piazza Europa 104.
Foggia.
2 „Gaggiano“; „Parco delle Rose“; „Suore San Giuseppe“. – „Vittoria“; „San Pietro“; „Santoro“; „Santa Maria delle Grazie“. – „Bianco“; „Sollievo“.

SANKT CHRISTINA/SANTA CRISTINA (I-39047)

1428 m/900/FG/S/W.
Via Chemun 25b.
Ponte Gardena.
1 „Diamant“; „Monte Pana“. – 2 „Post“; „Cristallo“. – „Gardena“; „Max“. – „Tannenheim“; „Geier“; „Mastle “

SANKT KASSIAN/SAN CASSIANO (I-39030)

1537 m/120/FG/S/W.
Fremdenverkehrsamt.
Bruneck.
2 „Villa Fanes“; „Rosa Alpina“; „Diamant“. – „Tofana“. – „Irsara“. – .

SANKT LORENZEN/SAN LORENZO DI SEBATO (I-39030)/810 m/320/FS/S.
Fremdenverkehrsamt.
.

2 „Sonnenburg". — „Lanerhof"; „Mondschein"; „Traube". — „Goldener Löwe"; „Onach"; „Kreuzwirt".

SANKT ULRICH/ORTISEI

(I-39046)/1234 m/3400/FG/S/W.
Piazza Stetteneck.
Ponte Gardena.
1 „Adler"; „Grien". 2 „Gardena"; „La Perla". — „Astoria"; „Digon"; „Ladinia". — „Villa Demetz"; „Somont".

SAN LEO (I-61018)

589 m/320/FG/S.
Piazza Dante 14.
Rimini.
„Castello".

SAN MARTINO DI CASTROZZA (I-38058)

1444 m/500/FG/S/W.
Via Passo Rolle 165.
Trento.
1 „Excelsior Cimone"; „Des Alpes"; „Savoia". — 2 „Rosetta"; „Alpino"; „Regina". — „Delle Nazioni"; „Miramonti". — „Colverde"; „Flora". — .
Auf dem Passo di Rolle (1990 m): 2 „Venezia". — „Passo Rolle"; „Vezzana". — „Cemin"; „Malga Fosse".

SAN MINIATO (I-56027)

140 m/3200.
Pro Loco.
.
„Miravalle".

SANREMO (I-18038)

15 m/48 000/FM/K.
Largo Nuvoloni 1.
.
L „Royal" (Italhotel). — 1 „Grand Hotel Londra"; „Miramare"; „Des Etrangers". — 2 „Bobby Motel". — „Morandi"; „Nizza"; „Oasi". — „Amici"; „Heliopolis". — .

SANTA CESAREA TERME

(I-73020)/56 m/2500/K.
Via Roma 209.
Lecce.
2 „Palazzo"; „Le Macine". — „Oriente"; „La Salute".

SANTA MARGHERITA LIGURE (I-16038)

13 m/11 000/FM.
Corso Rainusso 2, Via XXV Aprile 2/b.
Portofino/.
L „Imperial Palace". — 1 „Grand Hotel Miramare" (Italhotel); „Lido Palace"; „Metropole". — 2 „Minerva"; „Helios"; „La Vela"; „Mediterraneo". — „Jolanda"; „Europa"; „Conte Verde"; „Terminus"; „Lombardia & Bristol". — „Rosy"; „San Giorgio".

SANTA MARIA CAPUA VETERE (I-81055)

36 m/31 000.
Pro Loco.
.
2 „Milano". — M „Motel delle Mostre".

SANTA MARINELLA (I-00058)

7 m/7000/FM.
Via Aurelia 363.
Rom.
2 „Cavalluccio Marino"; „Le Naiadi". — „Portofina". — .

SANT'ANTIOCO, INSEL

(I-09017)/11 000/FM.
Piazza De Gasperi.
/.
„La Fazenda", Capo Sperone; „Maladroxia" in Maladroxia. — „Firenze"; „Moderno" (beide in S. Antioco).

SANTA TERESA DI GALLURA (I-07028)/42 m/2200/FM.
Piazza Vittorio Emanuele 24.
Palau.
1 „Shardana". — 2 „Capo Testa e dei due Mari" (beim Capo Testa); „Corallaro"; „Li Nibbari". — „Al Porto"; „Marinaro". — „Bocche di Bonifacio"; „Riva"; „Scano". — .

SAPRI (I-84073)

– /6600/FM.
Pro Loco.
.
2 „Mediterraneo". — „Santa Caterina"; „Tirreno"; „Vittoria". — „Da Attilio". — .

SASSARI (I-07100)

225 m/94 000/FM.
Piazza d'Italia 19.
in Fertilia (35 km)/ in Porto Torres (19 km)/.
1 „Grazia Deledda", Viale Dante 47. — 2 „Frankhotel", Via A. Diaz 20; „Marini Due", Via Chironi. „Giusy", Piazza Sant'Antonio 21. — „Paradiso" (Pension), Via Cavour 55; „Famiglia" (Pension), Viale Umberto 65. — 2 M „Motelagip", in Serra Secca (2 km vom Zentrum).
In Sassari-Stintino:
2 „Cala Reale"; „Rocca Ruja"; „Sporting". — „Lina". — „Silvestrino".

SAVONA (I-17100)

4 m/76 000/FM.
Via Paleocapa 9 und 59.
/.
1 „Riviera Suisse". — 2 „Ariston". — „Acqui"; „Ghione"; „Naso di Gatto". — „Nazionale". — 2 . — M „Motelagip", in Zinola, Via Nizza 62.

SCANNO (I-67038)

1050 m/2800/FG/S/W.
Piazza Santa Maria della Valle 12.
2 „Mille Pini"; „Miramonti"; „Seggiovia"; „Vittoria"; „Del Lago". — „Belvedere"; „Centrale"; „Roma". — „Eden".

SCHLUDERBACH/ CARBONIN (I-39034)

1437 m/20/FG/S.
Verkehrsverein.
Toblach.
2 „Clementine"; „Ploner".

SCIACCA (I-92019)

60 m/30 000/K/FM.
Corso Vittorio Emanuele 84.
/.
1 „Delle Terme". — .
In Sciacca-San Calogero:
„Monte Kronio".

SEIS/SIUSI (I-39040)

998 m/700/FG/S/W.
Verkehrsverein.
Bozen.
1 „Edelweiss". — 2 „Diana"; „Dolomitenhof"; „Enzian"; „Bad Ratzes". — „Ortler"; „Plunger". — „Villa Paula"; „Schlern"; „Salego".

Auf der Seiseralm/Alpe di Siusi (2200 m/FG/W):
1 „Eurotel Sciliar"; „Plaza". — 2 „Steger-Dellai". — „Paradiso"; „Santer". — „Monte Piz"; „Icaro"; „Zorzi"; „Tirler".

SENIGALLIA (I-60019)

– /25 000/FM.
ℹ Piazza Morandi 2. – 🚌.
⌂⌂⌂ 1 „Excelsior". – ⌂⌂⌂ 2 „City"; „Cristallo"; „Baltic"; „Italia". – ⌂⌂ „Mareblu"; „Olimpia". – ⌂ „Simona"; „Garden". – 17 ⛺(C).

SERRA SAN BRUNO (I-88029)

790 m/6200/FG/W.
ℹ Pro Loco.
🚌 Chiaravalle.
⌂⌂ „Certosa". – ⌂ „Centrale".

SESTRIERE (I-10058)

2035 m/800/FG/S/W.
ℹ Piazza Agnelli 11.
🚌 Turin.
⌂⌂⌂ 1 „Grand Hotel Sestriere"; „Cristallo"; „Belvedere". – ⌂⌂⌂ 2 „Miramonti"; „Olimpic"; „Sud-Ovest". – ⛺(C).

SIENA (I-53100)

322 m/57 000.
ℹ Via di Città 5; Banchi di Sotto 20; Piazza del Campo. – 🚌.
⌂⌂⌂ 1 „Park Hotel", Via di Marciano 16; „Certosa di Maggiano", Strada di Certosa 82; „Villa Scacciapensieri" (Italhotel), Via di Scacciapensieri 24. – ⌂⌂⌂ 2 „Castagneto", Via dei Cappuccini 55; „Garden", Via Custoza 2; „Minerva", Via Garibaldi 72 . – ⌂⌂ „Lea"; Viale 24 Maggio 10. – ⛺(J). – ⛺(C).

SIRMIONE (I-25010)

68 m/800/FS/S/K.
ℹ Località Colombare; Viale Marconi 2.
🚌 Desenzano.
⌂⌂⌂ L „Grand Hotel Terme". – ⌂⌂⌂ 1 „Continental". – ⌂⌂ „Luna"; „Miramar". – ⌂ „Venezia"; „Ganfo". – 2 ⛺(C).

SONDRIO (I-23100)

307 m/20 000/S.
ℹ Via Cesare Battisti 12; Piazza Garibaldi 28.
⌂⌂⌂ 2 „Posta". – ⌂⌂ „Europa". – ⌂ „Gembro".

SORRENTO (I-80067)

50 m/13 000.
ℹ Via Luigi de Maio 35; Via Correale 7.
⛴ Neapel, Capri, Ischia/🚌 Neapel.
⌂⌂⌂ 1 „Vesuvio"; „Aminta"; „Bel-air"; „Carlton"; „Cesare Augusto"; „Continental"; „Europa Palace"; „Excelsior-Vittoria"; „Imperial-Tramontano"; „Parco dei Principi"; „President"; „Bristol"; „Royal". – ⌂⌂⌂ 2 „Atlantic"; „Admiral"; „Central"; „Claridge"; „Cavour"; „Eden"; „La Solara"; „Plaza"; „Ascot"; „Bellevue Syrene". – ⌂⌂ „Astoria"; „Britannia"; „Del Mare"; „Desiree"; „Girasole"; „Gardenia"; „Villa Igea"; „Harris". – ⌂ „Elios"; „Il Pozzo"; „Linda"; „Schweizerhof"; „Rivoli"; „Del Corso". – 4 ⛺(C). – ⛺(J).

SORSO MARINA (PLATAMONA) (I-07037)

5 m/3000/FM.
ℹ Pro Loco.
🚌 Porto Torres.
⌂⌂⌂ 2 „Toluca"; „Golfo"; „Pineta Beach" (Bungalow). – ⌂ „Tonnara".

SPERLONGA (I-04029)

55 m/3000/FM.
ℹ Corso S. Leone 22.
🚌.
⌂⌂⌂ 2 „La Playa"; „Parkhotel Fiorelle". – ⌂⌂ „Amyclae"; „La Sirenella"; „Mayor"; „Aurora"; „Saloon". – ⌂ „Corallo". – M ⌂⌂ „Miralago". – ⛺(J). – 2 ⛺(C).

SPOLETO (I-06049)

396 m/18 000.
Piazza della Libertà 7.
.
1 „Gattapone". – „Nuovo Clitunno"; „Europa". – „Casaline"; „San Giovanni". – 2 . – M „Motelagip", SS. 3, Ausfahrt Foligrio.

SPOTORNO (I-17028)

7 m/4100/FM.
Via Aurelia 43. – .
1 „Tirreno"; „Royal". – „Ligure"; „La Pineta"; „Bristol"; „Roma"; „Aurora". – „Giardino"; „Vallega"; „L'Inglese". – 3 .

STERN/LA VILLA

(I-39030)/1483 m/130/FG/S/W.
Verkehrsverein.
Bruneck.
1 „Christiania". – 2 „Dolasilla"; „Dolomiti"; „Aurora". – „Cristallo"; „Des Alpes". – „Astro"; „Camoscio"; „Edera".

STERZING/VIPITENO

(I-39049)/948 m/3600/FG/S/W.
Fremdenverkehrsamt, Stadtplatz, 39049 Sterzing.
Station an der Brennerlinie: München, Innsbruck, Brenner, Brixen, Bozen, Trient, Verona, Venedig, usw.
2 „Schwarzer Adler"; „Conny"; „Fugger". – „Goldenes Kreuz"; „Hubertushof"; „Wipptaler Hof" (garni). – „Sterzinger Hof"; „Faerbe"; „Klara"; „Elisabeth"; „Sterzl"; „Helene". – in Gasteig/Casateia.

STRESA (I-28049)

200 m/3800/FS.
Piazzale Europa 1. – .
L „Grand Hotel et des Iles Borromées". – 1 „Regina Palace"; „Milan au Lac"; „Astoria"; „Speranza du Lac". – „Della Torre"; „Royal"; „La Fontana". – „Ca' Mea"; „Da Cesare"; „Mon Toc".
Isola Bella:
„Elvezia".
Isola dei Pescatori:
2 „Verbano". – „Belvedere".

STROMBOLI

Siehe Äolische Inseln, S. 350.

SUBIACO (I-00028)

408 m/7000/S.
Via Cadorna 59.
Rom.
„Belvedere"; „Roma".
In Subiaco – Monte Livata (1324 m; FG/W):
2 „Livata". – „Italia"; „La Genziana". – .
In Subiaco – Campo dell'Osso (1650 m; FG/W):
2 „Europa".

SULMONA (I-67039)

405 m/18 000/S.
Via Roma 21.
.
2 „Artu"; „Traffico". – „Salvador"; „Armando's"; „Nuovo Madrigale". – „Stella"; „Della Stazione".
In Scanno (I-67038; 1050 m; FG/S/W) s.S. 375.

SUSA (I-10059)

503 m/5800/FG/S.
Pro Loco.
.
2 „Napoleon". – „Meana". – „Stazione"; „Sole"; „Tre Corone".

SYRAKUS/SIRACUSA (I-96100)/17 m/93 000/FM.
ℹ Via Maestanza 33; Hauptbahnhof.
⛴ Catania, Messina, Neapel, Malta, u.a./🚆.
⌂⌂⌂ 1 „Jolly“, Corso Gelone 45. – ⌂⌂⌂ 2 „Panorama“, Via Necropoli Grotticelle 33; „Villa Politi“, Via Politi 2; „Park“, Via Filisto 80. – ⌂⌂ „Scala Greca“, Via Avola 7; „Riviera“, Via Eucleida 9. – ⌂ „Aretusa“, Via F. Cripsi 75; „Centrale“, Corso Umberto 141; „Milano“, Corso Umberto 10. – ⌂⌂⌂ M „Motelagip“, Viale Teracati 30/32.
Siracusa-Priolo (FM):
⌂ „Royal“; „Trinacria“.

TAGGIA-ARMA DI TAGGIA

(I-18011) 12 m/9700/FM.
ℹ Via P. Boselli.
🚆.
⌂⌂⌂ 1 „Vittoria-Grattacielo“. – ⌂⌂⌂ 2 „Miramare“; „Arma“. – ⌂⌂ „Europa“; „Svizzera“. – ⌂ „Milano“; „Giuan“; „Roma“.

TAGLIACOZZO (I-67069)

740 m/4000/FG/S/W.
ℹ Piazza Andrea Argoli.
🚆.
⌂⌂⌂ 1 „Garden“. – ⌂⌂⌂ 2 „Bocconcino“; „Miramonti“; „Marina“. – ⌂⌂ „Gatto d’Oro“. – ⌂ „Stella“.

TAORMINA (I-98039)

204 m/7000/S/FM.
ℹ Largo Santa Caterina; Corso Umberto 144.
✈ in Catania/🚆 Giardini-Taormina.
⌂⌂⌂ L „San Domenico Palace“. – ⌂⌂⌂ 1 „Miramare“; „Excelsior Palace“; „Timeo“; „Bristol Park Hotel“; „Méditerranée“. – ⌂⌂⌂ 2 „Villa Riis“; „Villa Paradiso“; „Continental“; „Sole-Castello“; „Villa San Michele“. – ⌂⌂ „Condor“; „La Campanella“; „Villa Schuler“. – ⛺.
Taormina-Mazzarò (FM):
⌂⌂⌂ L „Mazzarò Sea Palace“ (Italhotel). – ⌂⌂⌂ 1 „Capo Taormina“. – ⌂⌂⌂ 2 „Baia Azzurra“; „Isola Bella“. – ⌂⌂ „Ionic Hotel Mazzaro“. – ⌂ „Villa delle Rose“ (Pension); „Elisabetta“ (Pension).
Giardini-Naxos (FM):
Inf.: Pro Loco.
⌂⌂⌂ 2 „Arathena Rocks“; „Kalos“; „Nike“; „Sporting Baja“. – ⌂⌂ „Costa Azzurra“; „Panoramic“. – ⌂ „La Riva“ (Pension); „Del Sole“ (Pension). – ⛺.

TARENT/TARANTO (I-74100)

15 m/205 000/FM.
ℹ Corso Umberto 113.
✈ in Grottaglie (20 km) ⛴/🚆.
⌂⌂⌂ 1 „Mar Grande Park Hotel“, Viale Virgilio 90; „Delfino“; Viale Virgilio 66. – ⌂⌂⌂ 2 „President“, Via Campania 136; „Plaza“, Via d’Aquino 46. – ⌂⌂ „Imperiale“, Via Pitagora 94; „Miramare“, Via Roma 4; „Edelweiß“, Viale Virgilio 111; „Sorrentino“, Piazza Fontana 7. – ⌂ „Aquila’Oro“, Via Margherita 8; „Dandolo“, Piazza Fontana 3.
Taranto-Lido Azzurro (FM):
⌂⌂ „Lido Azzurro“.

TARQUINIA – (I-01016) LIDO DI TARQUINIA

2 m/10 000/FM.
ℹ Piazza Cavour 1. – 🚆.
⌂⌂⌂ 1 „G. H. Helios“. – ⌂⌂⌂ 2 „Tarconte“. – ⌂⌂ „Velca Mare. – ⌂ „Miramare“. – 3 ⛺.

TARVIS/TARVISIO (I-33018)

732 m/3100/FG/S/W.
ℹ Via Roma 10. – 🚆.

⌂⌂⌂ 2 „Nevada“. – ⌂⌂ „Valle Verde“; „Italia“. – ⌂ „Trieste“; „Regina“; „Haberl“, „Tre Abeti“. *Monte Santo di Lussari* (1766 m): ⌂ „Al Santuario“. – ⛺.

TEMPIO PAUSANIA

(I-07029)/566 m/11 000/FG.
i Piazza Gallura.
🚆 Sassari.
⌂⌂⌂ 2 „Petit Hotel“; „Delle Sorgenti. – ⌂⌂ „San Carlo“.
Bassacutena:
⌂ „Bassacutena“.

TERAMO (I-64100)
265 m/31 000/S.
i Via del Castello.
🚆.
⌂⌂⌂ 2 „Abruzzi“; „Garden“; „Gran Sasso“; „Sporting“. – ⌂ „Vittoria“.

TERLAN/TERLANO (I-39018)
248 m/800/S.
i Verkehrsverein.
🚆.
⌂⌂⌂ 2 „Moarhof“; „Weingarten“. – ⌂⌂ „Greifenstein“; „Platzer“. – ⌂ „Hubertus“; „Seebacher“.

TERMINI IMERESE (I-90018)
77 m/24 000/K/FM.
i Via Municipio 1.
✈/⛴.
⌂ „Elena“; „Euraco“.

TERMOLI (I-86039)
15 m/14 000.
i Piazza Melchiore Bega.
⛴ Isole Tremiti/🚆.
⌂⌂⌂ 1 „Corona“. – ⌂⌂⌂ 2 „Meridiano“; „Rosary“; „Savoia“. – ⌂ „Serino“; „Stella Adriatica“; „Al Caminetto“. – ⛺.

TERNI (I-05100)
130 m/76 000.
i Via Cesare Battisti 7/A. – 🚆.
⌂⌂⌂ 1 „Valentino“. – ⌂⌂⌂ 2 „Garden“; „De Paris“; „Allegretti“. – ⌂⌂ „Brenta II“; „Domus Gratial“. – ⌂ „Villa Laura“. – 3 ⛺.

TERRACINA (I-04019)
22 m/24 000/FM.
i Via Lungolinea 156, Via Leopardi. –
⌂⌂⌂ 2 „L'Approdo Grand Hotel“; „River“; „Riva Gaia“. – ⌂⌂ „Meson Feliz“; „Piccolo Hotel“; „Torino“. – ⌂ „Astoria“; „Lido“; „Hegelberger“; „Villa Selma“. – 2 ⛺.

TINDARI (I-98060)
274 m/100.
i Pro Loco Patti.
🚆 Patti Stazione.
⌂⌂ „Tyndaris“. – ⛺.

TIVOLI (I-00019)
235 m/28 000/S.
i Vicolo Missione 3; Piazzale Nazioni Unite.
🚆 Rom.
⌂⌂⌂ 1 „Torre S. Angelo“. – ⌂⌂ „Padovano“. – ⌂ „Monte Ripoli“; „Eden Sirene“. – ⛺.
Bagni di Tivoli (K/S):
⌂⌂⌂ 2 „Delle Terme“. – ⌂ „Delle Rose“; „Grottino“; „Albula“.

TOBLACH/DOBBIACO

(I-39034)/1256 m/1300/FG/S/W.
i Via Roma. – 🚆.
⌂⌂⌂ 2 „Cristallo“; „Union“; „Park Hotel Bellevue“. – ⌂⌂ „Sonne“; „Rosengarten“; „Hubertushof“. – ⌂ „Miramonti“; „Waldruh“. – 2 ⛺.

TODI (I-06059)

40 m/5700.
Piazza del Popolo.
.
L „San Valentino". — 2 „Villa Luisa". — „Zodiaco".

TORBOLE (I-38069)

85 m/1800/FS.
Via Lungolago Verona 19.
Rovereto.
1 „Piccolo Mondo". – 2 „Ifigenia"; „Paradiso". – „Santa Lucia". – „Monte Baldo"; „Ischia". – 4 .

TORRE CANNE TERME

(I-72010)/300/K/FM.
Fasano, Piazza Ciaia 9.
Fasano.
1 „Terme". — 2 „Del Levante". — .

TORRE DEL LAGO PUCCINI

(I-55048)/2 m/5400/FS/S.
Viale Marconi 209.
Viareggio.
2 „National Park". — „Da Antonio". — „Da Pina"; „Butterfly" (Pension); „Giuly" (Pension). — 4 .

TORTONA (I-15057)

122 m/24 000/S.
Pro Loco. — .
„Aurora-Girrarosto"; „Vittoria". — „Oasi".

TOSCOLANO-MADERNO

s. MADERNO S. 362

TRAFOI (I-39020)

1543 m/100/FG/S/W.
Verkehrsamt.
Spondigna, Prato allo Stelvio.
2 „Madatsch". — „Post". — „Tuckett"; „Hochleiten".

Stilfser Joch (2758 m):
1 „Thöni 3000". — 2 „Passo dello Stelvio". — „Ortler-Haus"; „Tibethütte".

TRANI (I-70059)

7 m/41 000/FM.
Corso Cavour 83.
.
2 „Holiday"; „Trani". — „Capirro"; „Riviera". — „Italia"; „Romagna".

TRAPANI (I-91100)

–/61 000.
Corso Italia 10; Piazzetta Saturno.
in Birgi (14 km)/ Ägadische Inseln/.
2 „Nuovo Russo". — „Cavallino Bianco"; „Vittoria". — „Messina"; „Maccotta".

TREMEZZO (I-22019)

225 m/1300/FS.
Via Regina 3.
Como.
1 „Grand Hotel Tremezzo". — 2 „Bazzoni & Du Lac". — „Rusall"; „Azalea"; „Villa Edy". — .

TREMITI-INSELN (I-71040)

San Domino:
60 m/200/FM.
Pro Loco.
Manfredonia, Vieste, Rodi Garganico, Termoli, Vasto, Ortona u.a./ über Termoli.
2 „Kyrie". — „San Domino". — „Gabbiano". — .

TREVI (I-06039)

412 m/1200.
Piazza Mazzini 6.
.
1 „Della Torre". — „Il Cochetto"; „Del Pescatore".

TREVISO (I-31100)

15 m/85 000.

i Via Toniolo 41.
✈/🚆.
⌂⌂⌂ 1 „Continental". – ⌂⌂⌂ 2 „Carlton"; „Al Foghèr"; „Cà del Galletto". – ⌂⌂ „Campeol"; „Al Cuor".

TRIENT/TRENTO (I-38100)

200 m/64 000.
i Via Alfieri 4; Piazza Dante 1. – 🚆.
⌂⌂⌂ 1 „Grand Hotel Trento". – ⌂⌂⌂ 2 „America"; „Alessandro Vittoria". – ⌂ „Ancora"; „Venezia"; „Port' Aquila". – ⛺.

TRIEST/TRIESTE (I-34100)

– /257 000.
i Via G. Rossini 6/I. Castello di San Giusto; Hauptbahnhof.
✈ in Ronchi (3 km)/🚆.
⌂⌂⌂ 1 „Jolly", Corso Cavour 7; „Grand Hotel Duchi d'Aosta", Unità d'Italia 2. – ⌂⌂⌂ 2 „Colombia", Via della Geppa 18; „San Giusto", Via Belli 3; „Continentale", Via San Nicolò 25. – ⌂⌂ „Abbazia", Via della Geppa 20; „Brioni", Via Ginnastica 2; „Istria", Via Timeus 5. – ⌂ „Al Collio", Piazza Venezia 4; „Fiore", Via Zonta 4. – ⌂⌂⌂ M „Motelagip"; Autostrada A4, Ausfahrt Duino-Süd.
In Sistiana (FM):
⌂⌂⌂ 1 „Europa". – ⌂⌂⌂ 2 „Posta". – ⌂⌂ „Alla Pineta"; „Belvedere"; „Dolina". – ⌂ „Alabarda"; „Eden". – 2 ⛺.
In Opicina:
⌂⌂ „Daneu". – ⌂ „Malalan"; „Diana"; „Valeria". – 2 ⛺.
In Grignano (FM):
⌂⌂⌂ 1 „Adriatico Palace". – ⌂⌂⌂ 2 „Riviera". – ⌂⌂ „Mignon". – ⛺.

TROPEA (I-88038)

61 m/7000/FM.
i Pro Loco.
🚆.
⌂⌂⌂ 2 „La Pineta"; „Virgilio". – ⌂⌂ „La Perla"; „Miramare"; „Sacro Cuore". – ⌂ „Vulcano". – 2 ⛺.

TURIN/TORINO (I-10100)

239 m/1,2 Mill.
i Via Roma 222; Stazione Porta Nuova. ✈/🚆.
⌂⌂⌂ 1 „Jolly Hotel Principi di Piemonte", Via P. Gobetti 15; „Turin Palace Hotel" (Italhotel), Via Sacchi 8; „Jolly Hotel Ambasciatori", Corso Vittorio Emanuele 104; „Concord", Via Lagrange 47; „City", Via Juvara 25; „Royal", Via Regina Margherita 249. – ⌂⌂⌂ 2 „Patria", Via Cernaia 42; „Venezia", Via XX Settembre 70; „Genio", Corso Vittorio Emanuele 47/B; „Victoria", Via Nino Costa 4. – ⌂⌂ „Eden", Via Donizetti 22; „Cristallo", Corso Traiano 28/9; „Giada", Via Gasparo Barbera 6. – ⌂⌂⌂ M „Motelagip", Settimo Torinese (Autostrada A4/A5 – Nordeinfahrt). – ⛺. – ⛺.

TUSA (I-98079)

35 m/2500/FG.
i Via Nazionale.
⌂⌂⌂ 2 „Al Kawarib". – ⛺.

UDINE (I-33100)

113 m/94 000.
i Via dei Missionari 2/1.
🚆.
⌂⌂⌂ 1 „Astoria Hotel Italia", Piazza XX Settembre 24; „Ambassador Palace", Via Carducci 46. – ⌂⌂⌂ 2 „Continental", Viale Tricesimo 73; „Friuli", Viale Ledra 24; „President", Via Duino 8; „Cristallo", Piazzale D'Annunzio 43. – ⌂⌂ „Quo Vadis", Piazzale Cella 28.

URBINO (I-61029)

485 m/8000.
i Piazza Rinascimento 1.
🚗.
⌂⌂⌂ 1 „Bonconte“. – ⌂⌂⌂ 2 „Montefeltro“. – ⌂⌂ „Due Querce“; „Italia“. – ⌂ „Feltria“. – ⛺.

USTICA, INSEL (I-90010)

49 m/1000/FM.
i Piazza Vito Longo 7.
⛴ Palermo.
⌂⌂⌂ 2 „Grotta Azzurra“. – ⌂⌂ „Cottage“; „Patrice“; „Stella Marina“. – ⌂ „Clelia“; „Castelli“.

VALLOMBROSA (I-50060)

958 m/100/FS/S.
i Siehe Florenz.
🚗 Florenz.
⌂⌂⌂ 2 „Grand Hotel Vallombrosa“. – ⌂⌂ „Croce di Savoia“; „Abetina“. – ⌂ „Milton“. – ⛺.

VARAZZE (I-17019)

5 m/12 000/FM.
i Viale Nazioni Unite.
🚗.
⌂⌂⌂ 1 „Cristallo“; „Eden“; „Palace“; „Savoy“; „Torretti“. – ⌂⌂ „Ideale“; „Europa“. – ⛺.

VASTO (I-66054)

144 m/17 000/S.
i Piazza del Popolo 18–20.
🚗.
⌂⌂⌂ 2 „Panoramic“; „Total“. – ⌂⌂ „Palizzi“; „Nuova Italia“.
In Marina di Vasto (FM):
i Rotonda del Lungomare Dalmazia.
⌂⌂⌂ 2 „Royal“; „Baiocco“; „Adriatico“. – ⌂⌂ „Bristol“; „Europa“; „Lido“. – ⌂⌂ M „Perrozzi“. – 7 ⛺.
Vasto-Punta Penna (FM):
⌂ „Faro“; „La Vela“.

VENEDIG/VENEZIA (I-30100)

–/108 000/FM.
i Castello, 4421; San Marco 71c; Piazzale Roma; Stazione Santa Lucia.
✈ in Tessera (8 km)/🚗.
⌂⌂⌂ L „Bauer Grünwald“. – ⌂⌂⌂ 1 „Monaco & Grand Canal“, San Marco 1325 (Italhotel); „Luna“, San Marco 1243. – ⌂⌂⌂ 2 „Capri“, Santa Croce 595; „Boston“, San Marco 848. – ⌂⌂ „Atlantico“, Castello 4416; „San Fantin“, San Marco 1930A. – ⌂ „San Giorgio“, San Marco 3781. – ⛺. – ⛺.
In Venezia-Lido (FM):
⌂⌂⌂ L „Excelsior“. – ⌂⌂⌂ 1 „Des Bains“. – ⌂⌂⌂ 2 „Cappelli's“; „Rigel“. – ⌂⌂ „Sorriso“; „Cristallo“; „Reiter“. – ⌂ „Villa Edera“.

VENTIMIGLIA (I-18039)

9 m/20 000/FM.
i Via Cavour 61.
⌂⌂⌂ 2 „Bel Soggiorno“; „Francia“. – ⌂⌂ „Sole e Mare“; „Calypso“. – ⌂ „Lido“; „XX Settembre“. – 3 ⛺.

VERBANIA – PALLANZA (I-28048)/197 m/13 000/FS.

i Corso Zanitello 6.
🚗.
⌂⌂⌂ 1 „Majestic“. – ⌂⌂⌂ 2 „Astor“; „Belvedere“; „San Gottardo“; „Miralago“ in Intra. – ⌂⌂ „Sant' Anna“; „Italia“. – ⌂ „Touring“ in Intra.

VERCELLI (I-13100)

130 m/55 000.
i Viale Garibaldi 90.
🚗.
⌂⌂⌂ 2 „Viotti“; „Modo“; „Europa“. – ⌂⌂ „Cerruti“; „Brusasca“. – ⌂ „Valsesia“; „Sport“.

VERONA (I-37100)

59 m/227 000.
Piazza Bra 10.
Verona-Villafranca/.
L „Due Torri“, Piazza Sant’ Anastasia 4 (Italhotel). – 1 „Colomba d’Oro“, Via C. Cattaneo 10; „Accademia“, Via Scala 12; „Victoria“, Via Adua 8. – 2 „Italia“, Via G. Mameli 64. – „Piccolo“, Via Camuzzoni 2–3b. – 2 . – . – M „Motelagip“, Via Unità d’Italia 346 (Nationalstraße 11, Osteinfahrt).

VIAREGGIO (I-55049)

– /50 000/FM.
Viale G. Carducci 10, Stazione FF.SS.
.
1 „Astor & Residence“ (Italhotel). – 2 „Miramare“; „Liberty“. – „Metropol“; „Lupori“. – „Bahamas“; „Dal Fattore“; „Capitol“ (Pension). – 3 .

VIBO VALENTIA (I-88018)

476 m/18 000.
Piazza Diaz 8.
.
1 „501 Hotel“. – „Risorgimento“. – „Il Terrazzino“; „Miramonti“.
In Vibo Valentia Marina (FM):
2 „Lido degli Aranci“. – „S. Venere“; „Miramare“.

VICENZA (I-36100)

40 m/120 000.
Piazza Duomo 5; Piazza Matteotti. – .
L „Alfa“, Via dell’ Oreficeria 52. – 1 „Europa“; Viale San Lazzaro. – 2 „Cristina“, Corso SS. Felice e Fortunato 32; „Continental“, Viale Trissino 89. – „Castello“, Via Castello 26. – „Trieste“, Viale Trieste 81. – M „Motelagip“, Via degli Scaligeri 68, Fiera (Messezone).

VIETRI SUL MARE (I-84019)/80 m/6000/S/FM.
Pro Loco. – .
1 „Raito“ (in Raito). – 2 „La Lucertola“; „Bristol“; „Voce del Mare“. – „Vietri“.
In Vietri-Marina: „Ancora“.

VILLA SAN GIOVANNI (I-89018)/15 m/900/FM.
Hauptbahnhof.
Messina/.
1 „Piccolo“. – 2 „Cotroneo“. – „Moderno“; „Orientale“.
In Cannitello:
2 „Castello di Alta Fiumara“; „Santa Trada Residence“; „Home“. – M „Autostello ACI“.

VITERBO (I-01100)

325 m/56 000.
Piazza dei Caduti 16; Piazza Verdi 4a.
.
2 „Mini Palace“; „Balletti Park“ (in San Martino al Cimino). – „Leon d’Oro“; „Oasi“ (an der SS 2). – „Tuscia“; „Minerva“.

VOGHERA (I-27058)

96 m/37 000.
Pro Loco. – .
2 „Domus“; „Rallye“; „Reale d’Italia“; „Zenit“.

VOLTERRA (I-56048)

531 m/11 000.
Via Turazza 2. – .
1 „San Lino“. – 2 „Nazionale“. – „Etruria“. – .

REGISTER

Sind hinter dem Namen eines Ortes oder einer Sehenswürdigkeit mehrere Seitenzahlen genannt, so weist die fettgedruckte Zahl auf die Seite hin, auf der die ausführliche Beschreibung des Ortes oder der Sehenswürdigkeit beginnt.

Polyglott führt – wohin Sie auch reisen. Für mehr als 250 Feriengebiete und Reiseziele in aller Welt gibt es Polyglott-Reiseführer: Länderführer, Gebietsführer, Städteführer, Inselführer. Dazu kommen Reiseführer für spezielle Zielgruppen, z. B. für Familien. Sie können also den für Sie passenden Reiseführer auswählen, mit genau der gewünschten Informationsmenge.

Wenn Ihre Reise über die Grenzen des deutschen Sprachraums hinausgeht – nutzen Sie die 37 Polyglott-Sprachführer von „Afrikaans“ bis „Ungarisch“ (inklusive „Bairisch für Nichtbayern“). Ergänzend für die wichtigsten Reiseländer gibt es die Polyglott-Menü-Sprachführer. Auto-Sprachführer und Reisewörterbücher. (Das gesamte lieferbare Polyglott-Programm ist umseitig aufgeführt.)

Wollen Sie Ihre Sprachkenntnisse weiter vertiefen, empfiehlt Polyglott das umfangreiche Fremdsprachenprogramm des Langenscheidt-Verlages für Urlaub und Reise. Es gibt Reisesprachkurse, Schnellkurse (beide mit Buch und Cassette), Wörterbücher für unterwegs, Sprachführer für mehr als 26 Sprachen und viele weitere Angebote.

Ihr Buchhändler berät Sie gerne – fragen Sie nach „Polyglott“ und „Langenscheidt“.

Das Polyglott-Rei

Polyglott-Reiseführer Bundesrepublik Deutschland

Aachen/Dreiländereck · Allgäu/Bayerisch Schwaben · Bayerische Alpen · Bayerischer Wald/Donauebene · Berlin · Bodensee/Oberschwaben · Deutsche Weinstraße · Düsseldorf · Eifel · Franken · Frankfurt/Rhein-Main-Gebiet · Hamburg · Harz/Hannover/Lüneburger Heide · Heidelberg/Nördliches Baden-Württemberg · Hessen · Hunsrück · Köln · Mosel · München · Münster/Münsterland · Niederrhein/Ruhrgebiet · Nordrhein-Westfalen · Nordschwarzwald · Nordseeküste und Inseln · Nürnberg/Mittelfranken/Altmühltal · Oberbayern* · Oberbayern Ost · Oberbayern West · Ostseeküste · Pfalz/Saarland · Regensburg/Oberpfalz · Rhein · Romantische Straße · Sauerland · Schwarzwald · Spessart/Rhön · Stuttgart/Schwäbische Alb · Südschwarzwald · Weserbergland · Würzburg/Unterfranken · Travel Guide Berlin · Travel Guide Munich

Polyglott-Reiseführer Europa

Belgien* · Brüssel · ***Bulgarien*** · ***Dänemark**** · Bornholm · Dänische Inseln · Jütland · Kopenhagen · ***Deutsche Demokratische Republik*** · Leipzig, Dresden, Erfurt, Weimar · ***England**** · London* · Mittelengland/Wales · Nordengland/Lake Distrikt · Schottland · Südengland · ***Finnland*** · ***Frankreich**** · Auvergne-Limousin · Bretagne · Burgund · Côte d'Azur · Elsaß und Lothringen · Französische Alpen · Französische Atlantikküste · Französische Pyrenäen · Ile de France · Korsika · Languedoc-Roussillon · Nordfrankreich · Normandie · Paris* · Provence · Straßburg/Vogesen · Südfrankreich* · Tal der Loire · ***Griechenland**** · Ägäische Inseln · Athen · Attika · Griechische Inseln · Korfu/Ionische Inseln · Kreta · Kykladen · Mittelgriechenland · Nordgriechenland · Peloponnes · Rhodos · ***Irland**** · ***Island*** · ***Italien**** · Apulien/Kalabrien · Elba · Florenz · Gardasee · Italienische Adriaküste · Italienische Riviera · Mailand · Mittelitalien* · Neapel/Capri/Ischia · Oberitalien* · Oberitalien östlicher Teil · Oberitalien westlicher Teil · Rom* · Sardinien · Sizilien · Süditalien* · Südtirol/Dolomiten* · Toskana · Venedig · ***Jugoslawien**** · Istrien/Slowenien · Jugoslawische Küste · Nord- und Mitteldalmatien · Süddalmatien/Montenegro · ***Malta*** · ***Niederlande*** · Amsterdam · Holland* · ***Norwegen**** · ***Österreich**** · Burgenland · Kärnten · Niederösterreich · Oberösterreich · Salzburg · Steiermark · Tirol · Vorarlberg · Wachau · Wien* · ***Polen*** · ***Portugal**** · Lissabon · Madeira/Azoren · Algarve · ***Rumänien*** · ***Schweden**** · Südschweden · ***Schweiz**** · Graubünden · Nordschweiz/Zentralschweiz/Berner Oberland · Ostschweiz/Graubünden · Tessin · Westschweiz/Wallis · Zürich · ***Skandinavien**** · ***Sowjetunion*** · Krim/Sowj. Schwarzmeerküste · Leningrad · Moskau/Leningrad* · Moskau und Umgebung · ***Spanien**** · Balearen · Costa Blanca · Costa Brava · Costa del Sol · Gran Canaria · Ibiza · Kanarische Inseln · Madrid/Zentralspanien · Mallorca* · Menorca · Nordspanische Atlantikküste · Südspanien · Teneriffa · ***Tschechoslowakei*** · Prag · ***Ungarn*** · Budapest · Plattensee (Balaton)

Polyglott-Schiffsführer

Nordland-Schiffsreisen · Östliches Mittelmeer/Schwarzes Meer · Ostsee-Schiffsreisen · Westliches Mittelmeer/Östlicher Atlantik

Polyglott-Reiseführer Afrika

Ägypten* · Kairo · ***Algerien*** · ***Kenia/Nordtansania*** · ***Marokko**** · ***Ostafrika**** · ***Seychellen/Madagaskar/Mauritius*** · ***Sahara**** · ***Südafrika*** · ***Tunesien**** · ***Westafrika***

führer-Programm

Polyglott-Reiseführer Amerika

Nordamerika · Kanada* · Kanada östlicher Teil · Kanada westlicher Teil · ***USA**** · Boston/Neuengland-Staaten · Florida · Große Seen und Chicago · Hawaii · Kalifornien · New Orleans/Mississippi · New York · Rocky Mountains · Texas · USA östlicher Teil · USA westlicher Teil · Washington und die Ostküste der USA ***Karibische Inseln* · Mexiko**** · Mexico City · ***Südamerika · Argentinien/Uruguay/Paraguay · Brasilien*** · Rio de Janeiro/São Paulo · ***Kolumbien/Venezuela · Peru/Bolivien/Ecuador***

Polyglott-Reiseführer Asien

Nahost: ***Israel**** · Jerusalem · ***Jordanien · Saudi-Arabien/Emirate/Jemen · Syrien/Jordanien/Irak · Türkei**** · Istanbul · Türkische Mittelmeerküste · Türkische Westküste · ***Zypern*** · Fernost: ***Ceylon*** (Sri Lanka) mit Malediven · ***China*** · Peking · ***Hongkong/Macao · Indien* · Indonesien*** · Bali · ***Japan**** · Tokio · ***Malaysia · Nepal · Philippinen · Singapur · Südkorea · Taiwan · Thailand*** · Bangkok

Polyglott-Reiseführer Australien und Ozeanien

Australien · Hawaii · Neuseeland · Pazifische Inseln · Südsee-Inseln

Polyglott-Familienreiseführer

Costa Brava · Dänemark · Holland · Italienische Adriaküste · Kärnten · Ostseeküste · Südtirol/Dolomiten

Polyglott-Drei-Sterne-Sehenswürdigkeiten Europas

Polyglott-Städteführer Europa

Polyglott-Städteführer Österreich

Polyglott-Städteführer Schweiz

Polyglott-Welt-Reiseführer

Polyglott-Straßenatlas USA

Beachten Sie bitte auch die **Polyglott-Sprachführer** für 37 Sprachen (von Afrikaans bis Ungarisch), die **Polyglott-Wörterbücher** Englisch, Französisch, Italienisch, Spanisch, die **Polyglott-Menü-Sprachführer** Englisch, Französisch, Italienisch, Spanisch und die **Polyglott-Auto-Sprachführer** Französisch, Italienisch, Spanisch, Serbokroatisch.

Die mit einem * gekennzeichneten Titel erhalten Sie auch bzw. als „Der Große Polyglott".

125 146 159 198 208 214 226 230 236 265 270 291 295 296 301 306 313 318 324 325 226